Lyon et sa région

Lyon, Théâtre de Guignol, marionettes.
T. Bognar/Photononstop

Les régions du guide :
(voir la carte à l'intérieur de la couverture ci-contre)

SOMMAIRE

B. Rieger/hemis.fr

NOS INCONTOURNABLES

NOS COUPS DE CŒUR

NOS ITINÉRAIRES

DÉCOUVRIR LA RÉGION

POUR CHAQUE SITE, RETROUVEZ NOS ADRESSES

COMPRENDRE LA RÉGION

LA RÉGION AUJOURD'HUI

GASTRONOMIE ET VINS

NATURE ET PAYSAGES

HISTOIRE

QUELQUES PORTRAITS

ART ET ARCHITECTURE

ORGANISER SON VOYAGE

VENIR DANS LA RÉGION

AVANT DE PARTIR

SUR PLACE DE A À Z

EN FAMILLE

MÉMO

NOS INCONTOURNABLES

★★★ Vaut le voyage ★★ Mérite un détour ★ Intéressant

★★

Musées de St-Étienne

Cité ingénieuse autant qu'industrielle, St-Étienne ne se livre pas au premier coup d'œil. De la mine au design, la découverte de ses musées affutera votre regard. Alors, vous verrez ses trésors **(p. 305)**.

Ch. Guy/hemis.fr

J. Damase/Photononstop

★★

Monts du Forez

Les « Montagnes du soir » n'ont pas volé leur nom : forêts de sapins et landes dénudées, rochers de granit et tourbières profondes,… dépaysement garanti. En prime, un soupçon de mystère **(p. 366)**.

russellkord.com/age fotostock

★★★

Lyon

Au carrefour du Nord et du Midi, aux portes de l'Italie, Lyon est un concentré d'art de vivre et d'histoire, aux multiples facettes. Son énergie est palpable, de Fourvière à la Croix-Rousse, de l'Île Barbe à la Confluence. **(p. 27).**

★★★

Grand Colombier

Géant jurassien, le Grand Colombier offre à son sommet une vue grandiose sur la vallée du Rhône, les Alpes et les lacs d'Annecy, du Bourget et Léman **(p. 220).**

Gregory_DUBUS/iStock

F. Guiziou/hemis.fr

★★

Sites gallo-romains de Vienne

Des thermes au théâtre, du temple aux ateliers d'artisans… Vienne vous invite à plonger dans la vie quotidienne des Gallo-Romains. Émouvant et passionnant **(p. 242).**

★★

Cité médiévale de Pérouges

Si les arbres de Pérouges pouvaient parler, ils raconteraient les heures glorieuses et batailleuses de cette cité fortifiée, sise sur un éperon qui domine la Dombes… et très cinégénique. **(p. 192).**

Office de tourisme de Pérouges

★★

Vignoble du Beaujolais

Parce qu'on ne saurait résumer ce vignoble au seul vin nouveau, parce que ses collines rayées de vignes et parsemées de bourgs invitent à la promenade **(p. 120).**

B. Jaubert/age fotostock

F. Guiziou/hemis.fr

F. Guiziou/hemis.fr

★★★

Crêts du Pilat

Du crêt de la Perdrix (1432 m) au crêt de l'Œillon (1364 m), une randonnée de toute beauté : à vos pieds, la vallée du Rhône; plus loin, les Alpes, le mont Ventoux, le Jura **(p. 322)**.

★★★

Monastère royal de Brou

Quand les derniers feux de l'art gothique se marient aux prouesses de la Renaissance… Un poème d'amour et de marbre **(p. 166)**.

www.parcdesoiseaux.com

★★

Parc des Oiseaux

Réserve naturelle et parc ornithologique, ce lieu sans pareil accueille près de 3 000 oiseaux du monde entier. Point d'orgue de la visite, un spectacle réunit 70 espèces différentes en vol. Féérique ! **(p. 174)**.

NOS COUPS DE CŒUR

Montée vers Fourvière.
J. Elliott/robertharding/Getty Images

TOP 5 **avec des enfants**

1. Le Parc des oiseaux (p. 174)
2. Un spectacle de Guignol (p. 46)
3. La ViaRhôna à vélo (p. 230)
4. Les gorges de la Loire en bateau (p. 312)
5. Le jardin ferroviaire de Chatte (p. 289)

Jardin ferroviaire à Chatte.
I. Lainey/Michelin

❤ **Vivre un grand amour** (par procuration) et se laisser émouvoir par le fier chagrin de Marguerite, trois fois reine et trois fois veuve, qui voulut donner à son dernier mari le plus beau des tombeaux… **Voir p. 166**.

❤ **Entendre des voix** aux accents célestes sous la voûte étoilée de l'église de Firminy, réalisée d'après les plans de Le Corbusier. **Voir p. 316**.

❤ **Affronter les courants** à bord d'un canoë dans les lônes du Rhône, petits rapides façonnés dans ses anciens lits par le fleuve, autrefois réputé terrible, aujourd'hui bien assagi. **Voir p. 225**.

❤ **Humer des parfums** qui font du bien et découvrir les vertus de l'aromathérapie appréciée de Cléopâtre autant que de Louis XIV, à Saint-Antoine-l'abbaye. **Voir p. 287**.

❤ **Vibrer à l'unisson** de tout un stade, de toute une ville, le temps d'un match de foot. Scanderez-vous « Allez les Verts ! » au stade Guichard de St-Étienne, ou chanterez-vous « qui ne saute pas n'est pas lyonnais » à Gerland ou Décines ? **Voir p. 31 et 315**.

❤ **Déjeuner dans un restaurant étoilé** pour moins de 35 € et découvrir les produits locaux en version sublimée. **Voir p. 152, 237 et 344**.

C. Moirenc/hemis.fr

Île Barbe.

❤ Se laisser décoiffer

par le souffle d'Hector Berlioz, durant le festival que lui consacre chaque année La Côte-Saint-André. Ce pionnier du « poème symphonique », bouleversant rythmes et associations sonores, contribua à assouplir la musique dite classique. **Voir p. 282**.

❤ Partir en exploration

aux portes de Lyon, remonter la Saône jusqu'à l'île Barbe et ses trésors : une charmante église romane perdue dans la verdure, les brioches aux pralines de Jocteur, le musée Jean Couty et ses peintures hautes en couleurs… **Voir p. 103**.

Col des Supeyres.

TOP 5 **Patrimoine industriel**

1. À St-Étienne, musée d'Art et d'industrie (p. 305)
2. À Lyon, musée de l'Imprimerie et de la Communication graphique (p. 63)
3. À Rochetaillée, musée de l'Automobile Henri-Malartre (p. 103)
4. À Charlieu, musée de la Soierie (p. 351)
5. À Chazelles-sur-Lyon, musée du Chapeau (p. 237)

Musée du Chapeau.
D. Ulmer/Atelier-Musée du Chapeau

❤ **Sentir la caresse** fluide d'une soie de qualité ou le frôlement d'une mousseline, succomber aux motifs chamarrés d'un jacquard de coton… Découvrir les savoir-faire derrière ces produits *made in France* qui ont fait vivre des générations de travailleurs dans la région et continuent de le faire ici ou là. **Voir p. 77, 84, 87, 205, 351 et 361**.

❤ **Jouer au passe-muraille** dans les traboules du Vieux-Lyon. **Voir p. 37**.

❤ **Humer, tâter, goûter** les fruits et légumes, poulardes et chapons de Bresse, côtes de bœuf et fromages, poissons de la Dombes… vendus au rythme des saisons sous la magnifique charpente des halles de Châtillon-sur-Chalaronne. **Voir p. 182**.

❤ **Se prendre pour un Romain** aux Nuits de Fourvière. Puis jeter son coussin sur scène à la fin du spectacle ! Une tradition très appréciée qui permet de coter l'enthousiasme des festivaliers dans l'amphithéâtre. **Voir p. 460**.

❤ **Apprivoiser la solitude** des Hautes Chaumes : pas une voiture, pas un passant, rien que le vent, le ciel, les hautes herbes, quelques moutons… et vous. **Voir p. 370**.

Maison des Canuts, à Lyon.
H. Rogers/Art+Directors&Trips Photo/age fotostock

Crêt de la Perdrix.

❤ **Tutoyer les sommets** depuis le Crêt de la Perdrix : le plus haut point du massif du Pilat (1432 m.) offre un panorama à 360° sur 7 départements, la vallée du Rhône et la chaîne des Alpes. **Voir p. 322**.

Domaine de Corps de Loup, AOC Côte-Rôtie.
H. Hughes/hemis.fr

❤ **Rire à gorge déployée** devant l'un des multiples *stand up* présentés sur les scènes lyonnaises. En plus d'avoir donné naissance à des humoristes de renom, Lyon fait toujours bon accueil aux comiques de passage. Laissez-vous guider par la programmation des cafés-théâtres. **Voir p. 46 et 87**.

❤ **Pousser la porte** des vignerons, des côtes roannaises aux côtes du Rhône pour se faire une idée de ses vins préférés. **Voir p. 135, 325, 346 et 373**.

❤ **Braver la peur du vide** pour monter au sommet de la tour de Chambles : vous serez récompensé par une vue époustouflante sur les gorges de la Loire. **Voir p. 310**.

TOP 5 Festivals musicaux

1. Les Nuits de Fourvière (p. 460)
2. Jazz à Vienne (p. 460)
3. Continents et culture en Beaujolais (p. 460)
4. Festival d'Ambronay (p. 237)
5. L'Estival de la Bâtie (p. 365)

Festival Jazz à Vienne.
A. Viguier/Jazz à Vienne

Croquer du chocolat sans complexe : il faut bien comparer les mérites respectifs des palets d'or de Bernachon, des grands crus de Pralus, des nougastelles de Weiss, des coussins de Voisin, des perles de Bel, des Petits Richarts, des maca'Lyon de Bouillet, des damnations de Jouvenal, des folies Dufoux… et bien d'autres encore. **Voir p. 77, 87, 97, 285, 314, 345 et 355**.

Contempler 2000 ans d'histoire du haut du mont Pipet qui surplombe le site gallo-romain de St-Gall. **Voir p. 247**.

Réviser ses préjugés devant un spectacle de Guignol (la fameuse marionnette n'est pas réservée aux enfants) et se régaler du parler lyonnais : ohé, les gones! V'là Guignol! **Voir p. 46**.

Chocolats Bernachon.
M. Cellard

Cité du Design à Saint-Étienne.
P. Grasset/Cité du design

❤ **Jouer le jeu** à la Biennale du Design de St-Étienne, s'asseoir sur les bancs exposés partout dans la ville, donner son avis sur le mobilier urbain mis au point par les créateurs invités, expérimenter un design qui joue ici la carte du collectif, du fonctionnel et du ludique. **Voir p. 315**.

❤ **Frissonner** à l'écoute d'une trompette, découvrir la puissance émotionnelle du tuba, s'étonner det la diversité de registres d'un cor – du cirque à l'opéra, du chant de chasse à la musique de film – lors d'un festival tout entier dédié aux cuivres, au beau milieu des étangs de la Dombes. **Voir p. 179**.

❤ **Faire la course** avec les nuages, à vélo sur la ViaRhôna – qui suit le cours du Rhône de sa source à la mer Méditerranée. De Seyssel à Roussillon, comptez 7 jours rythmés par de nombreuses pauses pour contempler le jeu fascinant du soleil sur la surface du fleuve aux couleurs changeantes. **Voir p. 230**.

❤ **Flâner, nez au vent,** sur les rives lyonnaises du Rhône et de la Saône, aménagées pour la balade à pied, en skate ou en vélo, danser, prendre un verre, contempler les œuvres d'art qui jalonnent les quais, lever les yeux vers Fourvière, faire de la musique à ciel ouvert…
Voir p. 66 et 91.

TOP 5 Paysages et points de vue

1. Grand Colombier (p. 220)
2. Crêt de l'Œillon (p. 322)
3. Lac de Grangent (p. 309)
4. Signal St-André (p. 150)
5. Col de la Faucille (p. 214)

Col de la Faucille.
Cultura/hemis.fr

Berges du Rhône et pont Wilson à Lyon.
P. Jacques/hemis.fr

Préparez votre voyage en retrouvant tous nos coups de cœur sur notre site internet ***voyages.michelin.fr***

Retrouvez-nous également sur Facebook® ***fr-fr.facebook.com/MichelinVoyage***

Un grand week-end à Lyon
en 3 jours

no_limit_pictures/iStock

En bref : entre visites et « moments de vie », un aperçu des plus beaux sites, atmosphères, plaisirs...

• J-1 Le Vieux-Lyon et Fourvière

Le matin, découverte du Vieux-Lyon à pied **(p. 34)** suivie d'un déjeuner dans un bouchon **(p. 45)** ; puis montez par le funiculaire jusqu'à la terrasse de Fourvière, pour visiter la basilique **(p. 50)**, les théâtres romains et leurs musées **(p. 52)**.

Conseil : Pensez à réserver une visite guidée du Vieux-Lyon, excellente introduction à l'histoire complexe de la ville. *p. 32.*

Place Saint-Jean.
P. Jacques/hemis.fr

• J-2 La Croix-Rousse et la Presqu'île

Rendez-vous en métro au plateau de la Croix-Rousse **(p. 82)** pour goûter l'atmosphère du quartier avant de rejoindre, en flânant le long des pentes, le centre de Lyon ; promenade sur la Presqu'île (**p. 56**, visite du musée des Beaux-Arts ou des Tissus). Pour rejoindre le quartier de la Confluence **(p. 71)**, vous avez le choix entre le bateau ou le vélo.

• J-3 La rive gauche

Passez rive gauche ! Selon le temps, commencez par le centre d'histoire de la Résistance et de la Déportation **(p. 92)**, avant de rejoindre par les berges du Rhône (à pied, en Vélo'V ou en tram/bus) le parc de la Tête-d'Or **(p. 89)** et la Cité internationale **(p. 88)**.

Conseils : dans sa formule 3 jours, la Lyon City Card est particulièrement avantageuse car elle vous fait bénéficier de l'accès gratuit aux transports en commun, aux musées et d'une visite guidée au choix. *p. 32.*

Boucle bucolique entre Bresse et Dombes en 4 jours

En bref : à la découverte sur 220 km des trésors que recèlent villes et fermes, étangs et forêts.

• J-1 & 2 La Bresse

Première étape : Pérouges **(p. 192)**, et son atmosphère évocatrice des films de cape et d'épée. Rendez-vous dans l'après-midi au monastère de Brou **(p. 166)** qui vous éblouira avec ses chefs-d'œuvre de la Renaissance… avant de rejoindre Bourg-en-Bresse **(p. 156)** pour la soirée et la nuit. Le lendemain, place aux paysages plus sauvages du nord, rythmés par les fermes en pisée, à cheminée sarrasine **(p. 163)**. Le musée de la Bresse de St-Cyr-sur-Menthon **(p 160)** illustre la vie paysanne dans ce pays d'élevage et de bois. Rejoignant Châtillon-sur-Chalaronne **(p. 180)**, pour y passer la nuit, vous franchirez imperceptiblement les frontières de la Dombes.

• J-3 & 4 La Dombes

Composez-vous un pic-nic au marché de Châtillon, puis en route pour le merveilleux parc des Oiseaux à Villars-les-Dombes **(p. 174)**. Le lendemain, sur la route du retour, faites une halte au château de Fléchère **(p. 184)** avant de déjeuner à Trévoux **(p. 188)**, connu pour ses précieux tréfilages.

Conseils : toute l'année, marchés et foires vous feront découvrir les talents de l'agriculture et de la gastronomie locales. Comme souvenir de votre périple, outre les produits de bouche, pensez aux faïences de Meillonnas ou aux émaux de Bourg. *p. 165.*

Musée de la Bresse.
Mattes/mauritius images/age fotostock

Saint-Étienne : « IN » et « OFF »
en 4 jours

Sancho/Photononstop

En bref : 250 km pour découvrir St-Étienne dans son écrin de verdure.

● J-1 Condrieu et le Pilat

Cap vers le sud ! Avant d'obliquer vers l'ouest, faites une halte pour déjeuner à Condrieu **(p. 323)**, port fluvial entouré de vignes. Profitez de l'après-midi pour musarder à Ste-Croix-en-Jarez **(p. 326)**. Au cœur du PNR du Pilat, le chemin qui relie les Crêts **(p. 322)** offre, par temps clair, de belles perspectives sur les Alpes, les monts du Forez et la vallée du Rhône (comptez 2h30). Par temps couvert, préférez le Gouffre d'enfer **(p. 320)**, agréable promenade et intéressante introduction à l'histoire de St-Étienne (comptez 2h).

La vallée du Rhône, depuis St-Sabin.
B. Rieger/hemis.fr

Conseils : Ne passez pas à côté des savoureux trésors du Pilat. p. 325.

● J-2 & 3 St-Étienne

Deux jours sont un minimum pour découvrir St-Étienne **(p. 296)** : aux visites culturelles s'ajoutent les bonnes adresses de design. Côté musées, vous avez le choix entre l'Art et l'Industrie ou l'Art moderne et contemporain. Le Puits Couriot et le Planétarium sont particulièrement recommandés aux familles.

Conseil : À défaut d'assister à un match, plongez dans la légende au Musée des Verts. p. 308.

● J-4 Firminy et les gorges de la Loire

À Firminy, laissez-vous étonner par l'ensemble architectural dessiné par Le Corbusier pour la cité industrieuse **(p. 316)** avant de gagner le lac de Grangent et partir en croisière (1h) dans les gorges de la Loire **(p. 311)** : décontraction garantie !

Petites et grandes histoires en Dauphiné en 5 jours

L. Montico/Hemis.fr

En bref : 400 km entre Rhône et Vercors – à la rencontre d'un territoire haut en saveurs.

• J-1 & 2 Vienne

Réservez un hébergement pour deux nuits à Vienne **(p. 257)**. Remontez le temps dans la cité gallo-romaine de St-Romain-en-Gal, le Temple d'Auguste et Livie (1er s.) puis l'ancienne cathédrale St-Maurice (12e-16e s.). Promenez-vous le long du Rhône sur le chemin de hâlage **(p. 258)**. Le samedi matin, ne manquez pas le marché !

Conseil : Louez un vélo à l'OT pour explorer la ViaRhôna. p. 242.

• J-3 La Côte-St-André et St-Antoine-l'Abbaye

Place aux sensations : honneur à l'ouïe à La Côte-St-André, où vous (re)découvrirez la musique de Berlioz en même temps que sa maison natale **(p. 282)** ; déjeunez à St-Antoine-l'Abbaye avant de parcourir le petit musée où vous aiguiserez votre odorat **(p. 287)** ; À l'heure du goûter, rendez-vous à Vinay, où la noix de Grenoble se dévore des yeux… puis à belles dents **(p. 290)**.

Cathédrale St-Maurice à Vienne.
T. Bognár/age fotostock

Fromage St-Marcellin.
G. Lacz/age fotostock

Conseil : Pour les 3 nuits suivantes, Bourgoin-Jallieu offre une bonne base d'où vous pourrez rayonner facilement. *p. 264.*

• J-4 Lac de Paladru

Le lac de Paladru invite à l'escapade **(p. 277)**. Comptez 5h pour en faire le tour à pied. Autres options : baignade, barque ou kayak… Si le temps se gâte, gagnez le musée du Tisserand dauphinois **(p. 260)**.

Conseil : Faites un détour par la butte de Montceau pour le joli point de vue.

• J-5 Crémieu et La Balme

Promenez-vous dans les ruelles médiévales de Crémieu avant d'y déjeuner **(p. 265)**. Terminez votre escapade par la visite insolite des grottes de la Balme **(p. 268)**.

Conseil : à Crémieu, goûtez au sabodet (saucisson à cuire) et à la foyesse (brioche).

Marché à Vienne, place François-Mitterand.
C. Moirenc/ hemis.fr

Le tour du Bugey
en 7 jours

passimage/iStock

En bref : 400 km autour du Rhône sauvage et méconnu.

• J-1 & 2 Nantua

Sur la route, faites halte au musée du Cheminot **(p. 231)**, aux Soieries Bonnet **(p. 205)** ou dans les vignobles **(p. 203 et 201)** – pour découvrir l'un des visages du Bugey méconnu.

Le lendemain, à Nantua, visitez l'église abbatiale et le musée d'histoire de la Résistance, avant une promenade au bord du lac ou même sur le lac. **(p. 200)**

• J-3 & 4 Vallée de la Valserine

Rejoignez les monts Jura par le pont des Pierres et la D 991. Comptez deux jours pour découvrir la vallée de la Valserine **(p. 212)** et remonter jusqu'au col de la Faucille. Au retour, empruntez la route de Gex (détour possible par Ferney) qui vous ramène à Bellegarde-sur-Valserine**(p. 213)**.

Musée de la Résistance et de la Déportation de l'Ain, Nantua.
Agathe Gaubert/Musée de la Résistance et de la Déportation de l'Ain

● J-5 Barrage de Génissiat

Suivez le Rhône : le barrage de Génissiat **(p. 216)** vous entraîne au plus près du fleuve. Un peu plus au sud, le plateau de Retord **(p. 218)** offre une belle vue sur la vallée.

● J-6 Grand Colombier

Journée « sportive » et randonnées faciles au Grand Colombier **(p. 221)** qui, comme l'observatoire du Fenestrez **(p. 221)**, tout proche, réserve de splendides panoramas sur la vallée du Rhône et les Alpes.

● J-6 Belley

Découvrez Belley **(p. 226)** et ses belles maisons médiévales. À quelques kilomètres, la maison d'Izieu **(p. 228)** évoque les pages sombres de la Seconde Guerre mondiale, période marquante pour l'identité du Bugey.

Conseils : ces paysages, irrigués de rivières et de torrents, sont très impressionnants après les fortes pluies du printemps et à l'automne.

Festival d'Ambronay.
B. Pichène/CCRAmbronay

Le Roannais et le Forez en famille
en 7 jours

F. Guiziou/hemis.fr

En bref : 400 km Le plein de bon air, d'atmosphères et de rencontres.

• J-1 Charlieu

Comptez une journée pour gagner Charlieu **(p. 347)** et profitez pleinement de ses richesses.

Conseil : faites une halte à Roanne pour les magasins d'usine de grandes marques de textile.

• J-2 Le Roannais

Flânez dans les « villages de caractère » du Roannais **(p. 340-343)**.

Conseil : ouvrez votre Guide Michelin pour réserver une table étoilée à moins de 30€ à l'heure du déjeuner.

• J-3 Villerest/Pommiers

Faites une halte à Villerest **(p. 342)** et visitez son fascinant musée de l'Heure et du Feu. Le charmant village de Pommiers **(p. 357)** séduira les enfants avec ses murailles médiévales.
Par beau temps, rendez-vous au belvédère de la Sauveté **(p. 359)** avec, à la clé, un beau panorama.

Au château de la Bastie-d'Urfé **(p. 361)**, admirez le charme baroque de la grotte de rocaille.

• J-4, 5 & 6 Le Forez

Pour découvrir les paysages lunaires des monts du Forez, parcourez la route des Métiers **(p. 367)**, alternez une randonnée à la Pierre-sur-Haute (accessible par télécabine – **p. 370**), la visite d'une fromagerie qui fabrique la fourme de Montbrison **(p. 380)**, ou de l'écomusée des monts du Forez à Usson-en-Forez **(p. 386)**.

Conseil : pour goûtez pleinement l'atmosphère des Hautes Chaumes, passez vos nuits dans une jasserie.

Confection de dentelle, spécialité du Forez.
J. Damase/Photononstop

DÉCOUVRIR LYON ET SA RÉGION

Lyon, site historique classé Patrimoine Mondial de l'UNESCO, colline de Fourvière, théâtre romain.
P. Jacques/hemis.fr

LYON

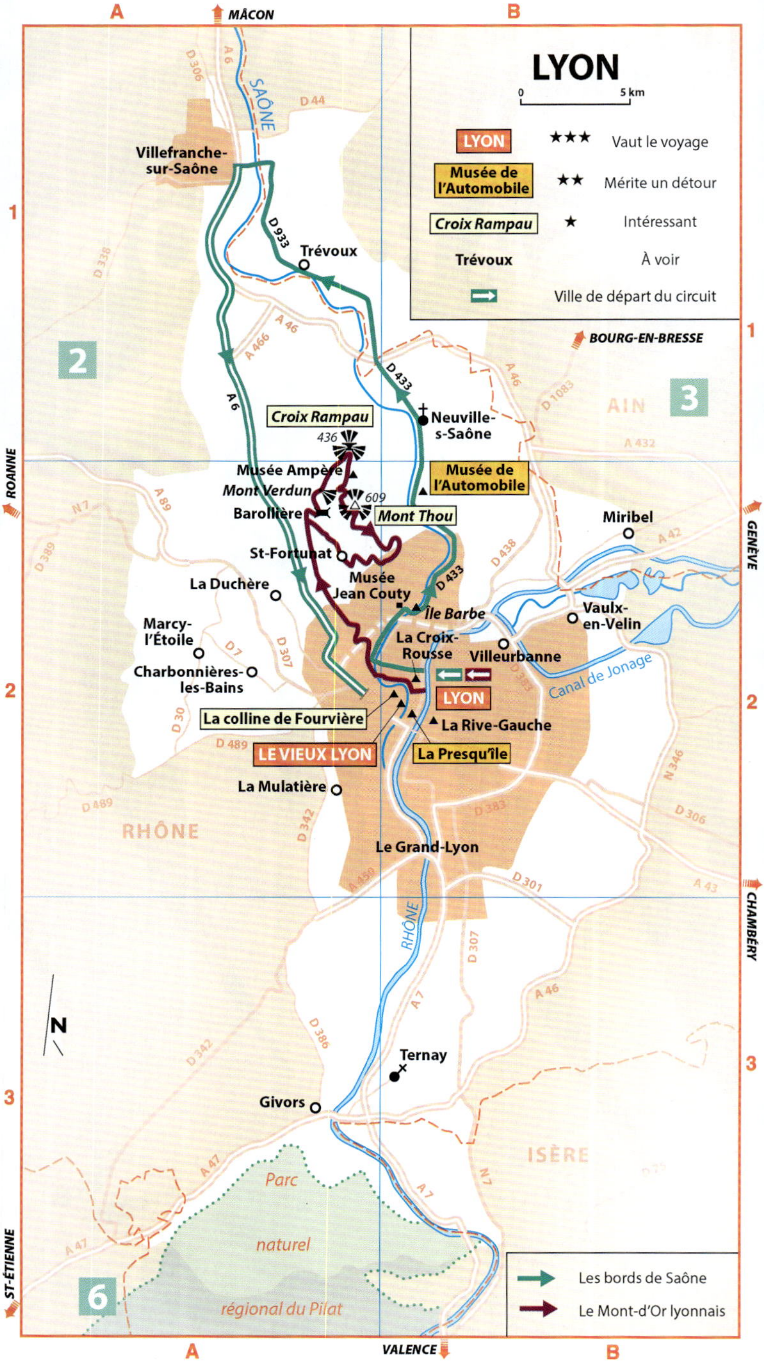

LYON
0 5 km
LYON ★★★ Vaut le voyage
Musée de l'Automobile ★★ Mérite un détour
Croix Rampau ★ Intéressant
Trévoux À voir
Ville de départ du circuit
MÂCON
BOURG-EN-BRESSE
ROANNE
GENÈVE
CHAMBÉRY
ST-ÉTIENNE
VALENCE
Villefranche-sur-Saône
Trévoux
Neuville-s-Saône
Croix Rampau
436
Musée Ampère
Mont Verdun
609
Barollière
Mont Thou
Musée de l'Automobile
St-Fortunat
Musée Jean Couty
La Duchère
Île Barbe
Marcy-l'Étoile
Charbonnières-les-Bains
La Croix-Rousse
Villeurbanne
Miribel
Vaulx-en-Velin
Canal de Jonage
LYON
La colline de Fourvière
LE VIEUX LYON
La Presqu'île
La Rive-Gauche
La Mulatière
Le Grand-Lyon
RHÔNE
AIN
ISÈRE
Ternay
Givors
Parc naturel régional du Pilat
SAÔNE
RHÔNE
N
Les bords de Saône
Le Mont-d'Or lyonnais

Lyon 1

★★★

Carte Michelin Départements 327 H5, I5 – Plan de ville Michelin 31 – Rhône (69)

1 567 537 habitants (agglomération), 491 268 Lyonnais.

LYON

0
400m
Mur des Canuts
Maison des Canuts
LA CROIX - ROUSSE
Gros Caillou
Montée de la Grande-Côte
Cour des Voraces
Amphithéâtre des Trois-Gaules
R. des Tables-Claudiennes
Pl. Chardonnet
Place Rouville
Mon Brunet
St-Polycarpe
«Condition publique des Soies»
Les Subsistances
Quai
Saint-Vincent
Pl. Sathonay
Salle Rameau
Hôtel de ville
Pl. L.-Pradel
Fresque des Lyonnais
La Martinière des Jeunes Filles
Pl. des Terreaux
Opéra
St-Paul
MUSÉE DES BEAUX-ARTS
Pl. St-Paul
R. Lainerie
Le Guignol de Lyon
Mée de l'Imprimerie et de la Communication graphique
R. Juiverie
Tour métallique
Musées Gadagne
Pl. du Change
St-Nizier
Pl. de la Bourse
Parc des Hauteurs
FOURVIÈRE
Pl. du Gouvernement
Palais du Commerce
Montée du Garillan
N.-D. de Fourvière
R. du Bœuf
LE VIEUX-LYON
St-Bonaventure
R. Mercière
Musée de Fourvière
Mée Miniature et cinéma
R. St-Jean
Musée gallo-romain
Pl. St-Jean
Pl. des Jacobins
République
Antiquaille
Grand théâtre
St-Jean
Parc archéologique
Parking des Célestins
Hôtel Dieu
Odéon
Place Bellecour
Montée du Gourguillon
Clocher
Musée des Automates
PRESQU'ÎLE
TUNNEL DE FOURVIÈRE
Chapelle des Jésuites
Musée des Arts décoratifs
St-Martin-d'Ainay
Musée des Tissus
Place Carnot
RIVE-GAUCHE
PERRACHE
SAÔNE
RHÔNE
N

LES PLUS BEAUX QUARTIERS ET MONUMENTS DE LYON

MUSÉE DES BEAUX-ARTS	★★★	Très vivement recommandé
Rue St-Jean	★★	Recommandé
Musée Gadagne	★	Intéressant
Gros Caillou		Autre site décrit dans ce guide

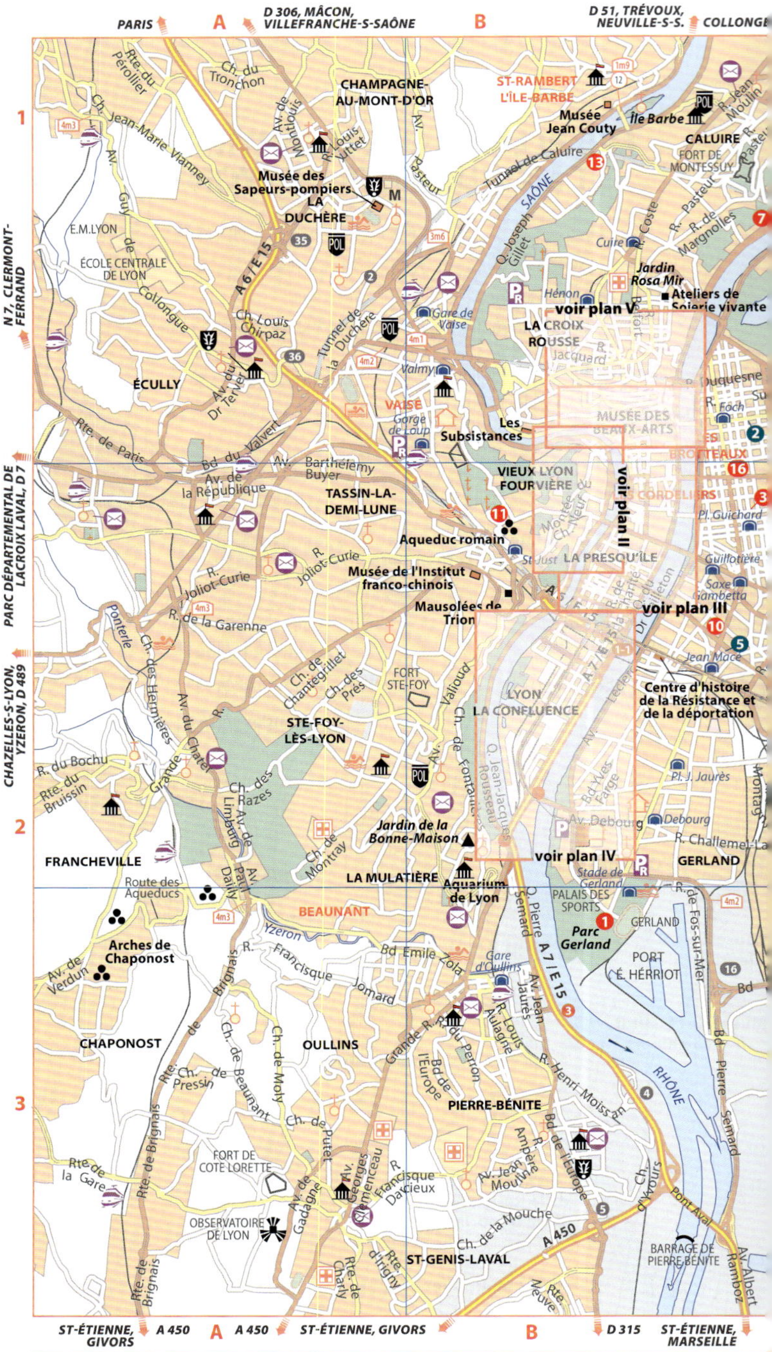

SE LOGER

Au Patio Morand 2
Hôtel Ariana 7
Hôtel de la Tête-d'Or 9
Mama Shelter 5

SE RESTAURER

Argenson Gerland 1
Café Sillon 10
Fond Rose 13

La Brunoise	5	La Terrasse St-Clair	7	L'Est	12
La Campagne	11	Le Gourmet de Sèze	8	Le 33	9
L'Alexandrin	3	Le Splendid	6	Merle	16

Lyon, mode d'emploi

« Porte du Midi » trop souvent contournée par des vacanciers pressés, Lyon s'est orientée, au cours de son histoire, tantôt vers le nord de l'Europe, tantôt vers le sud. L'ancienne Lugdunum traverse actuellement une phase méridionale. Bien sûr, ses quais de Saône aux façades ocres, roses et terre de Sienne jouent un petit air de Toscane. Mais cela va plus loin. En 2006, la journaliste Alice Géraud écrivait « Lyon la catholique, industrieuse et repliée sur elle-même, n'est plus ». C'est vrai ! On pourrait même parler d'une fierté nouvelle, rehaussée d'une volonté d'indépendance face à la capitale et d'ouverture à l'Europe. Lyon affiche désormais une vie nocturne intense et un patrimoine historique classé, depuis 1998, au patrimoine mondial de l'Unesco. Pour le valoriser davantage, la toute nouvelle Métropole se refait une beauté. De toute part, elle s'aère, se modernise, se rénove, se construit… surprenant ses habitants et séduisant, à coup sûr, ses visiteurs.

S'INFORMER

Office de tourisme de Lyon – *Pl. Bellecour - 69002 Lyon - ✆ 04 72 77 69 69 - www.lyon-france.com - 9h-18h - fermé 1er janv., 25 déc.*

Visite guidée – *L'office de tourisme propose des visites guidées d'excellente qualité assurées par des guides-conférenciers (www.lyon-france.com - réserv. obligatoire - 12-15 €). Pour une découverte moins académique, laissez-vous guider par un habitant de la ville qui vous fera bénévolement visiter son quartier (www.lyoncitygreeter.com).*

Lyon City Card – *Ce passeport Culture et loisirs, valable 1, 2 ou 3 jours vous offre un accès illimité aux transports publics (bus, métro, tram et funiculaire), à tous les musées dont un accès prioritaire au musée des Confluences, à des visites guidées, croisière promenade, des spectacles de Guignol, à des circuits avec Lyon City Tram, Parc Animé miniature Mini-world, plus de 13 réductions parmi des activités de loisirs et spectacles : théâtres, café-théâtres, opéra…. avec une offre shopping Privilège ! Disponible à l'office du tourisme de Lyon et sur www.lyoncitycard.com - 42 € (-15 ans 23,50 €).*

Bon à savoir – Pour les sorties, spectacles et expositions, achetez l'hebdomadaire *Lyon Poche* au kiosque. Vous pouvez aussi consulter *Le Petit Paumé (www.petitpaume.com),* city-guide annuel et site internet, plein d'adresses pour sortir et boire à Lyon animé par les étudiants de l'EMLyon Business School.

Pour assister à un match de l'OL, rendez-vous dans les boutiques **OL Store** *(85 r. É.-Herriot, 60 av. T.-Garnier et au nouveau stade Décines-Charpieu).*

TRANSPORTS

Voiture – La meilleure solution pour se garer reste les parkings souterrains, présents aux endroits stratégiques (Célestins, Terreaux, République).

Bon à savoir – Pour connaître en temps réel les places disponibles, téléchargez gratuitement l'application mobile Onlymoov'.

Transports urbains – Le Ticket Liberté 1 jour permet d'utiliser, sans limitation du nombre de voyages et pendant 24h, toutes les lignes du réseau urbain lyonnais *(5,60 €)*. Le Ticket Liberté 2h fonctionne sur le même principe *(3 €)*. Renseignements auprès des agences TCL, notamment à Bellecour (dans la station de métro) et à La Part-Dieu (11 bd Vivier-Merle) *- fermé dim. - ✆ 820 427 000 - www.tcl.fr.*

Les berges du Rhône et l'ancien Hôtel-Dieu.
B. Rieger/hemis.fr

Vélo – Vélo'V est un système de location de vélos en libre-service fonctionnant par abonnement *(30 premières minutes gratuites ; 1h avec la Lyon City Card – www.velov.grandlyon.com)*.

HÉBERGEMENT

Le Vieux-Lyon, prisé par les touristes, propose une pléiade d'hébergements aux tarifs variés. Comptez de 80 € la chambre d'hôte à 160 € pour un hôtel 3 étoiles du côté de **St-Paul**, à moins que vous n'optiez pour le charme d'une hôtellerie au cœur du **quartier Renaissance** ou, plus au calme, sur les pentes de **Fourvière**. La **Presqu'île**, idéale pour le shopping, propose, elle aussi, un large choix, contrairement au pittoresque quartier de la **Croix-Rousse** qui ne compte qu'une poignée d'hôtels à des prix abordables (entre 75 et 100 € la nuit). Autre ambiance sur la **Rive gauche** où chaînes et résidences hôtelières rivalisent. Hors du centre, le **Grand-Lyon** réserve de bonnes adresses de chambres d'hôte (*notre sélection d'adresses p. 44, 55, 75, 86, 95 et 108*).

PROGRAMMES

En **1 jour** : Vieux-Lyon (à pied), terrasse de Fourvière et théâtres romains (sans les musées et en utilisant le funiculaire) le matin ; musée des Tissus ou des Beaux-Arts et promenade sur le plateau de la Croix-Rousse l'après-midi.
En **2 jours** : le 1er pour le Vieux-Lyon, la colline de Fourvière (avec ses musées) et les quais de Saône. Le 2e, promenade sur le plateau de la Croix-Rousse puis visite à pied ou en vélo de la Presqu'île, avec l'un de ses musées (des Beaux-Arts, des Tissus, de l'Imprimerie, des Confluences).
En **3 jours** : *programme proposé p. 16.*

Le Vieux-Lyon

★★★

Sillonné de ruelles à l'italienne, tout d'ocre et de rose, le Vieux-Lyon marie avec grâce et élégance le Moyen Âge à la Renaissance autour de sa cathédrale. Attiré là par une tourelle, ici par une galerie ouverte, ici encore par une façade à blasons ou un escalier à vis, vous vous perdrez avec délice dans ce petit labyrinthe au gré des cours et des traboules.

NOS ADRESSES PAGE 44
Hébergement, restauration, achats, activités, etc.

SE REPÉRER
M° Vieux-Lyon-St-Jean, trolleybus C3 Gare-St-Paul – Plan I B2 p. 30-31 – Plan II p. 39.
Pris en étau entre la Saône et Fourvière sur plus d'un kilomètre de longueur, le Vieux-Lyon se compose des quartiers St-Jean, au centre, St-Paul, au nord, et St-Georges, au sud.

SE GARER
Le Vieux-Lyon est un quartier piéton. Il n'est accessible qu'aux résidents, aux taxis et aux voitures de livraison de 6h à 11h30. Se garer sur les quais, dans les parkings St-Paul, St-Georges ou de la Presqu'île.

À NE PAS MANQUER
La primatiale St-Jean et son chœur roman; les belles demeures de la rue St-Jean et des alentours; la galerie de Philibert Delorme au n° 8 de la rue Juiverie.

ORGANISER SON TEMPS
Préférez vous promener à St-Jean au petit jour, avant la foule, l'ouverture des magasins et des établissements touristiques, mais il vous faudra y repasser plus tard pour voir à l'œuvre l'horloge à automates de la cathédrale qui se met en marche à midi et toutes les heures de 14h à 16h. Si vous pensez continuer la balade à pied vers Fourvière par les escaliers, munissez-vous de chaussures confortables (et de courage, car cela grimpe dur!).

AVEC LES ENFANTS
Le musée des Automates, le musée Miniature et Cinéma, l'horloge astronomique de la cathédrale, le musée des Marionnettes du monde, un spectacle de Guignol (*p. 46*).

Se promener Plan II p. 39

C'était autrefois le cœur de la cité, où se regroupaient toutes les corporations, notamment les ouvriers de la **soie** – on comptait 18 000 métiers à tisser à la fin du règne de François Ier. Négociants, banquiers, clercs, officiers royaux y habitaient de magnifiques demeures.

Près de 300 d'entre elles ont été conservées, formant un exceptionnel ensemble urbain de l'époque Renaissance. On remarquera la variété de la décoration de ces logis, le soin apporté à leur construction, et leur hauteur qu'explique le manque de place : ces maisons vieilles de quatre siècles ont fréquemment quatre étages d'origine, car des étages supplémentaires furent ajoutés très tôt pour pouvoir exposer les métiers à tisser à la lumière du jour. L'aspect des logis, échelonné du 15e au 17e s., permet de distinguer plusieurs styles.

Quai de la Saône, cathédrale Saint-Jean et basilique Notre-Dame-de-Fourvière.
L. Montico/hemis.fr

Les **maisons fin gothique** se signalent par l'élégante décoration de leur façade de style flamboyant : arcs polylobés ou en accolades, fleurons, gâbles sculptés et ornés de crochets. Les fenêtres s'ordonnent souvent sur un rythme dissymétrique. Un couloir voûté d'ogives conduit à une cour intérieure où une tourelle d'angle abrite l'escalier à vis.

Les **maisons Renaissance fleurie** sont les plus belles et les plus nombreuses. La structure n'a pas changé, mais l'ensemble de la construction est plus important. De nouveaux détails décoratifs, d'inspiration italienne, apparaissent. Les tourelles d'escalier, polygonales, sont d'une parfaite exécution. Chaque cour possède ses galeries superposées, à arcs surbaissés.

Les **maisons Renaissance française** sont moins nombreuses. On y relève le retour à la référence classique avec l'apparition des ordres antiques. D'origine lyonnaise, Philibert Delorme (qui sera « architecte du roi » sous Henri II) lance ce nouveau style avec sa galerie sur trompes, 8 rue Juiverie. L'escalier, souvent rectangulaire, est établi au centre de la façade.

Les **maisons fin 16e s. et préclassiques** se signalent par la rigueur des lignes. La décoration des façades se concentre au rez-de-chaussée : frontons triangulaires avec claveau central en relief, appareil en bossage. Les galeries sur cour trahissent une influence florentine avec leurs arcades en plein cintre reposant sur des colonnes rondes.

SAUVÉ DE JUSTESSE !

Le Vieux-Lyon est aujourd'hui l'un des fleurons de la ville ; mais cela n'a pas toujours été le cas ! Laissé à l'abandon au 19e s., le quartier délabré, considéré comme « insalubre et dangereux », est menacé de destruction au 20e s. Seul l'acharnement d'associations de riverains lui permet d'obtenir en 1964 le statut de secteur sauvegardé créé par André Malraux. Il entame ainsi un ambitieux plan de restauration et de réhabilitation de la plupart de ses bâtiments, notamment dans le quartier Saint-Jean.

★★★ QUARTIERS SAINT-JEAN ET SAINT-PAUL

Au cours de la visite, appréciez les statues de la Vierge dans les cours ou dans les niches d'angle, les enseignes sculptées, les impostes et grilles en fer forgé, les traboules, les vieux puits, les amusants culs-de-lampe des retombées d'ogives dans les couloirs voûtés…

▶ *Circuit 1 tracé en vert sur le plan II p. 39. Partez de la place St-Jean.*

Place Saint-Jean E2-F2-3

Au centre se dresse une fontaine à quatre vasques surmontée d'un petit pavillon ajouré abritant la scène du baptême du Christ. Elle est bordée à l'est par la primatiale St-Jean et la manécanterie.

Manécanterie F3

Sur la place St-Jean, à droite de la façade de la primatiale, s'élève un édifice du 12e s., la manécanterie ou maison des chantres. Enfoncée de 80 cm par suite de l'élévation du sol, la façade, décorée d'une arcature aveugle, surmontée d'incrustations de brique rouge, de colonnettes et niches à personnages, a conservé, malgré des remaniements, une allure romane.

★★ Primatiale Saint-Jean F3

Commencée au 12e s., la cathédrale ou « primatiale » (siège du primat) St-Jean est un édifice gothique, élevé à partir d'une abside romane. Elle se signale extérieurement par ses quatre tours, deux en façade et deux sur les bras du transept, qui dépassent de peu la hauteur de la nef.

La façade a été récemment restaurée. Ses lignes horizontales sont mises en valeur par les gâbles aigus (panneaux de pierre surmontant les portails) et la pointe du pignon central, surmonté d'une statue du Père éternel. Les trois portails à gâbles et quadrilobes (motifs décoratifs en arcs de cercles) étaient ornés de statues, détruites pendant les guerres de Religion par les troupes du baron des Adrets ; mais les piédroits ont conservé leur remarquable **décoration★** du début du 14e s.

Le funiculaire de Fourvière.
B. Rieger/hemis.fr

LES TRABOULES

Le Vieux-Lyon se caractérise par ses nombreuses **traboules** (du latin *trans ambulare*, circuler à travers), notamment entre la rue St-Jean, la rue des Trois-Maries et le quai Romain-Rolland, la rue St-Georges et le quai Fulchiron. Faute de place pour aménager un large réseau de rues, ces passages perpendiculaires à la Saône relient différents immeubles. Ces couloirs sont souvent voûtés d'ogives ou ornés de plafonds à la française, et donnent accès à des cours intérieures à galeries Renaissance.

Bon à savoir – Les traboules sont des passages privés habituellement fermés au public. Un grand nombre d'entre elles sont néanmoins accessibles avant midi. Il est donc conseillé de faire le circuit le matin. Autre solution : suivre les visites proposées par l'office de tourisme, particulièrement intéressantes.

Plus de 300 médaillons forment une suite de scènes historiées : au portail central, les Travaux des mois, le Zodiaque, l'histoire de saint Jean Baptiste, la Genèse ; au portail de gauche, les histoires de Samson, de saint Pierre et l'Apocalypse ; à droite, la légende de Théophile.

À l'intérieur, remarquez l'absence de déambulatoire qui caractérise les églises du Lyonnais. La nef *(voir l'illustration p. 440)*, avec ses voûtes d'ogives sexpartites retombant sur de fines colonnes engagées, présente une belle unité gothique.

Le **chœur★★** constitue avec l'abside la partie la plus ancienne de l'église : la construction du soubassement date du 12e s. La décoration de l'abside est un exemple typique de l'art roman dans la vallée du Rhône. Sur le pourtour de l'abside, une série de pilastres (piliers) cannelés supporte une arcature aveugle, surmontée d'une frise de palmettes (ornements en forme de palmiers) en incrustations de ciment brun-rouge.

Deux autres frises de même style se développent au-dessus et au-dessous du triforium qui, avec ses pilastres et son arcature en plein cintre (en forme de demi-circonférence), contraste avec celui, gothique, de la nef.

Le **trône de l'évêque** est adossé au mur de l'abside. Remarquez, au-dessus du simple pilastre qui lui sert de dossier, un petit chapiteau roman représentant le Christ. Des **vitraux** du début du 13e s. garnissent les fenêtres basses du chœur. Les médaillons de la fenêtre centrale, consacrés à la Rédemption, sont les plus remarquables. Les vitraux des fenêtres hautes (13e s.), très restaurés, montrent des figures de prophètes.

Les roses du transept et la grande rose de la façade portent des verrières gothiques. Dans le croisillon gauche, une **horloge astronomique★** *(voir l'illustration p. 441)*, remontant au 14e s., donne une curieuse sonnerie dite de « l'hymne à saint Jean », avec chant du coq et jeu d'automates représentant l'Annonciation. *04 78 42 28 25 - http://cathedrale-lyon.cef.fr - jeux d'automates 12h, 14h, 15h et 16h.*

La **chapelle des Bourbons★**, de la fin du 15e s., présente une parure flamboyante d'une remarquable finesse.

Trésor – *Accès au fond du bas-côté droit - 04 78 92 82 29 - www.culturecommunication.gouv.fr - de mi-mai à mi-sept. : 9h-12h, 14h-18h30, merc. 11h-12h, 14h-18h30, 1 dim. sur 2 14h-18h30 ; reste de l'année : 9h30-12h, 14h-18h, merc. 11h-12h, 14h-18h, 1 dim. sur 2 14h-18h - fermé lun. et 1 dim. sur 2, 1er janv., 1er Mai, 25 déc. - possibilité de visite guidée sur demande (1h30) - gratuit.* Exposé au premier étage de la manécanterie, le trésor présente des pièces d'orfèvrerie religieuse (coffret en ivoire byzantin du 12e s., émaux limousins du 13e s.), des

LIEU HISTORIQUE
La primatiale Saint-Jean a abrité de nombreuses solennités. En 1245 et 1274 s'y tiennent les deux conciles de Lyon, le premier du temps de Saint Louis, le second proclamant le dogme du purgatoire et tentant une réconciliation avec l'Église grecque. Au siècle suivant, elle est le théâtre de la consécration du pape d'Avignon Jean XXII. En 1600, Henri IV y épouse en secondes noces Marie de Médicis. Plus près de nous, en 1943, s'y déroulent les festivités du 6e Grand Pardon (célébré le 2e dimanche après la Pentecôte) qui a lieu environ une fois par siècle, lorsque la Fête-Dieu tombe le 24 juin, jour de la Saint-Jean Baptiste, patron de l'église.

objets et ornements liturgiques ayant appartenu au cardinal Fesch, des tapisseries d'Aubusson et des Flandres du 17e s.
Contournez la cathédrale par la gauche (rue St-Étienne) et gagnez le jardin archéologique Girard-Desargues.

Jardin archéologique F2-3
Sur le site de l'église St-Étienne, au nord de la primatiale, ont été mis au jour les vestiges de plusieurs édifices qui se sont succédés depuis le 4e s. : thermes gallo-romains, baptistère paléochrétien, arcade de l'église Ste-Croix (15e s.).
L'étroite rue Ste-Croix conduit à la rue St-Jean.

★★ Rue Saint-Jean F2
C'était l'artère principale du Vieux-Lyon, empruntée par les cortèges royaux et les processions religieuses.
Juste à droite, au n° **37**, l'ancien **hôtel de la Chamarerie** (F2), fut édifié au 16e s. pour le chamarier de la primatiale, responsable de la surveillance du cloître. Sa façade, remaniée au 19e s., est de style gothique flamboyant.
Au croisement avec la rue de la Bombarde, engagez-vous légèrement sur la gauche pour admirer la cour de l'ancienne Maison des Avocats.
Avec ses galeries à arcades reposant sur des colonnes massives et ses dépendances revêtues de crépi rose, l'ancienne **Maison des Avocats★** (F2), forme, un bel ensemble du 16e s., d'inspiration italienne. Elle porte aujourd'hui le nom du musée à qui elle appartient et dont l'entrée se trouve rue St-Jean.
Musée Miniature et Cinéma *60 r. St-Jean - ☏ 04 72 00 24 77 - www.museeminiatureetcinema.fr - ♿ - 10h-18h30, w.-end, j. fériés et vac. scol. 10h-19h - fermé 1er janv., 25 déc. - 9 € (-4 ans 6,50 €).* Ce musée célèbre l'imagination humaine particulièrement à l'œuvre dans le septième art. Immergé dans la pénombre, le visiteur apprend tout de la préparation d'un long-métrage : secrets de caméra, élaboration des décors, des effets spéciaux… Entre vitrines et reconstitution grandeur nature, 300 objets originaux sont exposés, agrémentés de panneaux, maquettes, projections de films. Côté miniatures, une centaine d'œuvres d'artistes sont exposées « à la loupe » : mobiliers, maisons de poupées, scènes lyonnaises (intérieur d'un bouchon, d'un atelier de canut), origamis (dont l'arche de Noé). Au dernier étage, le passage devant la vitrine de l'atelier de restauration (en activité) clôt une visite riche et instructive.

★★ Rue Saint-Jean F2 *(suite)*
En poursuivant rue St-Jean, remarquez au n° **58** le puits à voûte tripartite, accessible à la fois de la cour, de l'escalier et de l'échoppe.
Le n° **54** ouvre sur **la plus longue traboule** du Vieux-Lyon qui traverse cinq cours avant d'aboutir au 27 rue du Bœuf.

LE VIEUX-LYON

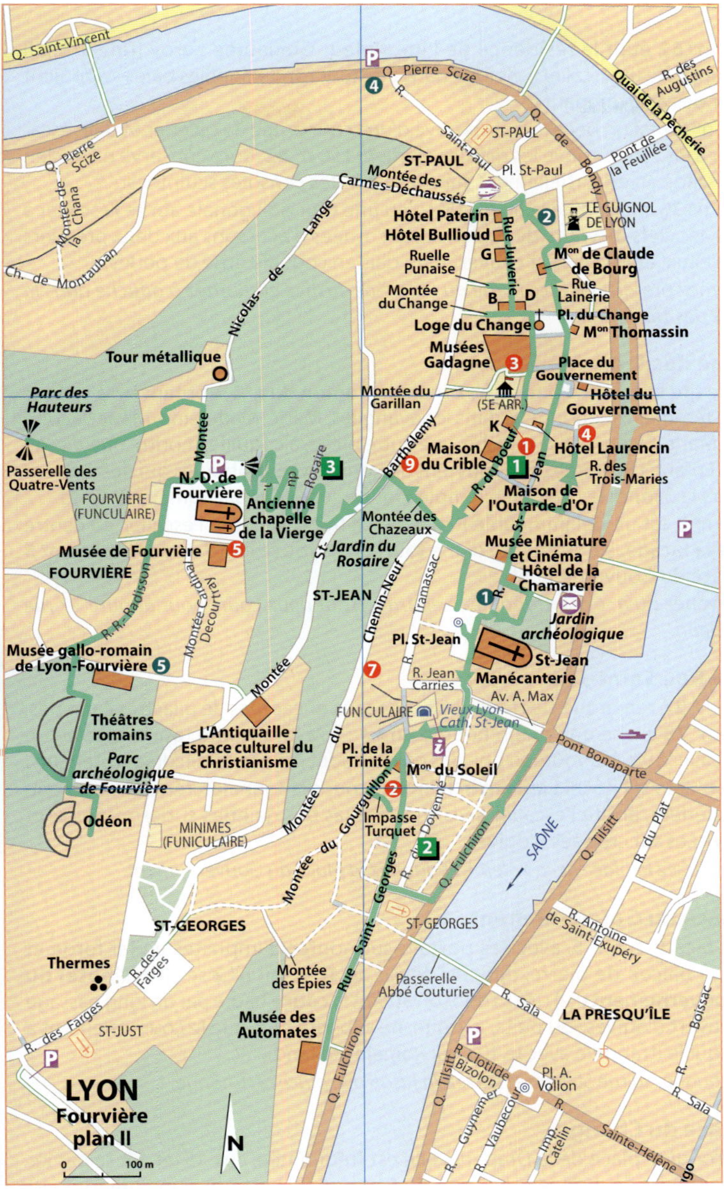

A
B

SE LOGER

Appart'observatoire Saint-Jean 1
Collège Hôtel 2
Home Sweet Home 5
La Grange de Fourvière 4

SE RESTAURER

AuxTrois Maries 4
Café-épicerie 1
Café Gadagne 3
Café-restaurant du Soleil 2
Daniel et Denise 7
Les Terrasses de Lyon 9
Restaurant de Fourvière 5

Maison d'Antoine Groslier de Servières .... **G**
Maison Baronat .... **B**
Maison Dugas .... **D**
Hôtel La Cour des Loges .... **K**

Le n° **52** était la résidence de l'imprimeur Guillaume Leroy (fin 15ᵉ s.). Il comporte un escalier à vis logé dans une tour ronde dont les baies s'appuient sur des arcs rampants.

Le n° **50** est un bel exemple rénové d'une cour ornée de galeries et d'un escalier à vis. On retrouve les mêmes éléments au n° **42**, qui a conservé un ancien passage en encorbellement supporté par des consoles sculptées.

Au n° **36**, maison de la fin du 15ᵉ s., où une tour polygonale abrite l'escalier à vis, les clefs de voûte des galeries sont ornées d'écussons aux deux premiers niveaux, et le puits est couvert d'un dais en coquille orné de perles.

Prenez presque en face la rue du Palais-de-Justice et tournez à gauche dans la rue des Trois-Maries.

Rue des Trois-Maries F2

Elle tire son nom d'une niche ornant le fronton du n° **5**, abritant trois statues de femmes mentionnées dans les évangiles, Marie-Madeleine, Marie-Jacobé et Marie-Salomé. À sa gauche, une autre niche, à coquille, montre une Vierge à l'Enfant. Du même côté s'ouvrent de nombreuses traboules qui descendent vers la Saône ; le n° **9**, par exemple, donne sur le 17 quai Romain-Rolland.

Le n° **3** est un bel immeuble Renaissance française dont l'escalier, au centre de la façade, est surmonté d'une tour ; on retrouve cette disposition au n° **5** place du Gouvernement.

Revenez au n° 6 et « traboulez » en traversant deux cours pour aboutir 27 rue St-Jean.

★★ Rue Saint-Jean F2 *(suite)*

Au n° **27**, remarquez les fenêtres à meneaux encadrées de pilastres cannelés.

Le n° **28** cache une magnifique **cour★★** ; son imposante tour renferme un escalier à vis ; les voûtes d'une des galeries sont ornées de décors surprenants.

Le n° **24** est l'**hôtel Laurencin** (F2) ; une tour octogonale, crénelée au niveau supérieur, abrite l'escalier à vis. Les loggias des galeries superposées sont voûtées sur croisées d'ogives.

Traversez la place de la Baleine et gagnez la place du Gouvernement.

Place du Gouvernement F2

La façade du n° **5**, avec ses portails surmontés d'impostes en fer forgé et d'un balcon de pierre, date du début du 17ᵉ s. Au n° **2** se situe l'**hôtel du Gouvernement** (F2) (16ᵉ s.) dont on atteint la **cour★** haute par un long passage couvert d'ogives ; du puits, à droite, ne subsiste plus que le couronnement à coquille (traboule avec le 10 quai Romain-Rolland).

Regagnez la rue St-Jean et suivez-la jusqu'à la place du Change.

Place du Change F2

À l'origine place de la Draperie, elle est fréquentée, aux 15ᵉ et 16ᵉ s., par les changeurs de monnaie. La **loge du Change** (F2) est pour une grande part l'œuvre de l'architecte Soufflot qui transforma l'édifice d'origine de 1747 à 1750 : à l'étage, des colonnes engagées sont surmontées de chapiteaux ioniques et d'entablements sculptés. Depuis 1803, le bâtiment est affecté au culte de l'Église réformée.

Au n° **2**, en face, la **maison Thomassin** (F2) possède une façade édifiée au 15ᵉ s. dans le style du 14ᵉ s. : au 2ᵉ étage, les baies accolées par des meneaux et se terminant par des arcs trilobés s'inscrivent dans des arcs en ogive où apparaissent des blasons.

Continuez tout droit et remontez la rue Lainerie.

Au bas de la montée du Gourguillon.
A. Spani/hemis.fr

Rue Lainerie F2 5

Peu homogène, elle a conservé quelques maisons intéressantes côté pair.
Le n° **18**, par exemple, présente un superbe **couloir voûté★** dont les ogives retombent sur des culs-de-lampe sculptés.

Au n° **14**, la **maison de Claude de Bourg** (F2) a été construite en 1516 pour ce riche magistrat lyonnais et présente une façade fleurie très caractéristique avec ses accolades abondamment sculptées. À hauteur du 2e étage, une niche d'angle à coquille abrite une Vierge. *On peut rejoindre, sur la droite, la rue Louis-Garrand où est situé le théâtre de Guignol.*

La rue Lainerie se termine par la place St-Paul avec la gare et, un peu en retrait, l'église éponyme qui se confond avec les bâtiments. Remarquez son portail. *Avant d'emprunter la rue Juiverie, avancez de quelques mètres dans la montée St-Barthélemy à gauche.* Visible de la montée St-Barthélemy, la cour de l'**hôtel Paterin** (F2) ou « maison Henri IV » (au n° **4** de la rue Juiverie) est un important témoin de l'art de la Renaissance ; l'**escalier**, dans la cour d'honneur, avec ses trois séries d'arcades superposées reposant sur des colonnes massives, produit un bel effet. À gauche, dans une niche, buste d'Henri IV. *Revenez sur vos pas et tournez à droite.*

★ Rue Juiverie F2

Aux 13e et 14e s., une importante communauté juive vivait ici. Chassée par Philippe le Bel dès 1311, elle fit place à de riches marchands et banquiers italiens, qui s'y installèrent, détruisirent l'ancien marché aux bestiaux et firent élever au 15e s. de somptueuses demeures.

Au n° **8**, la 2e cour de l'**hôtel Bullioud** (F2) s'orne de la célèbre **galerie★★** de Philibert Delorme, avec sa riche frise dorique, des trompes soutenant les pavillons d'angles décorés à l'antique. Il édifia ce joyau de l'architecture de la Renaissance française à Lyon en 1536, à son retour de Rome. La façade Renaissance de la **maison d'Antoine Groslier de Servières** (F2) (n° **10**) présente, au rez-de-chaussée, cinq arcades surmontées de frontons en marbre noir, triangulaires ou brisés.

Entre les n°s 16 et 18, la pittoresque **ruelle Punaise** (F2), pentue, rejoint la montée St-Barthélemy ; au Moyen Âge, elle servait d'égout à ciel ouvert.
Au n° **20**, une maison construite par un gentilhomme prospère du 15e s. La façade est ornée de fenêtres à meneaux flanquées de colonnettes. Dans la cour, remarquez la tour qui abrite un escalier à vis, et les galeries voûtées d'ogives.
Le n° **21** se distingue par ses fenêtres accolées aux frontons cintrés. Son sous-sol cache une cave gallo-romaine.
Le n° **22**, ladite **maison Baronat** (F2) possède une tourelle d'angle en encorbellement surplombant la montée du Change.
Au n° **23**, à l'angle formé avec la rue de la Loge, s'élève la **maison Dugas** (F2) dont la longue façade est ornée de bossages et de têtes de lions.
Tournez à gauche dans la rue de la Loge, puis à droite dans la rue de Gadagne.

★ Hôtel et musées Gadagne F2

1 pl. du Petit-Collège - ✆ 04 78 41 03 61 - www.gadagne.musees.lyon.fr - ♿ - 11h-18h30 - fermé lun.-mar., certains j. fériés - possibilité de visite guidée sur demande (2h) - 6 € (-18 ans gratuit) - 8 € billet combiné avec tous les musées de la ville - 6 € atelier enf.
Gadagne, à Lyon, c'est d'abord un nom : celui des puissants banquiers florentins – les Guadagni – qui occupèrent, de 1535 à 1581, les bâtiments formant aujourd'hui le plus vaste ensemble Renaissance du Vieux-Lyon. Cette splendeur architecturale se découvre de l'intérieur, en visitant les **musée d'Histoire de Lyon et musée des Marionnettes du monde**. De la grande cour majestueuse aux très inattendus jardins suspendus sur la colline, le visiteur parcourt l'histoire du bâtiment caractéristique des 16e et 17e s. (galeries couvertes, fenêtres à meneaux, escalier à vis, puits et fontaine). Un ensemble exceptionnel de quatre salles (16e et 17e s.) au décor fidèlement restauré dévoilent ainsi les enduits à la chaux, le surlignage des ouvertures à l'ocre et à la terre de Sienne, les volets intérieurs, etc. L'aile ouest a, quant à elle, récemment révélé son trésor : un **hypocauste romain**, astucieux système de chauffage par le sol élaboré à la fin du 2e s.
★ **Musée d'Histoire de Lyon** – Il nous promène à travers un dédale de 31 salles dans la mémoire et les transformations de la ville, de la capitale des Gaules à nos jours. La présentation de 1 500 objets choisis parmi les 80 000 que comptent les collections insiste sur les différents visages de Lyon au fil du temps et les enjeux urbains : plans et tableaux, complétés par les propos synthétiques d'universitaires lyonnais (audioguide et fiches documentaires à consulter dans chaque salle), sont éclairants. Des objets d'apparence anecdotique, tel ce billet de passage sur un pont de bois, nous plongent dans ce quotidien des Lyonnais qui fait régulièrement l'objet d'expositions thématiques temporaires (présentées au sous-sol de l'édifice).
★ **Musée des Marionnettes du monde** – La collection exceptionnelle de marionnettes (à tringle, fils, tige et théâtres d'ombres), provenant de France, Belgique, Hollande, Venise, Turquie, Russie, Angleterre et Extrême-Orient, fait prendre conscience de toute la richesse de cet art et de la diversité de ses écoles. Guignol et quelques autres truculents personnages créés par Laurent Mourguet *(voir p. 425)* ouvrent la visite. Grâce à l'audioguide, ne manquez pas de savourer l'accent et le parler lyonnais de Jean-Guy Mourguet, dernier descendant de la dynastie ! Les nombreuses vidéos projetées restituent l'ambiance vivante du castelet et rappellent l'actualité et l'intemporalité de la marionnette, que l'on visionne un sketch des *Guignols de l'info* ou un extrait du film *Dolls* (Takeshi Kitano, 2002) inspiré du *bunraku*, théâtre traditionnel japonais.

Au sud de l'hôtel de Gadagne s'ouvre la **montée du Garillan★** (*l'encadré p. 48*).
Traversez la place du Petit-Collège et gagnez la rue du Bœuf.

★ Rue du Bœuf E-F 2

Elle doit son nom à une statue de bœuf, enseigne attribuée à M. Hendricy et située à l'angle de la place Neuve-St-Jean, mais nul besoin d'être un naturaliste chevronné pour remarquer qu'il s'agit en fait d'un taureau ! La rue présente de beaux ensembles Renaissance, parfois occupés par des établissements hôteliers haut de gamme.

Au n° **6**, l'hôtel **La Cour des Loges** (F2) occupe un bel ensemble restauré de quatre immeubles.

Le n° **14** donne sur une cour à tour polygonale et galeries dont les arcs suspendus sont surmontés d'une frise grecque.

Au n° **16**, la **maison du Crible★** (F2), du 17e s., possède un riche portail à bossages et colonnes annelées (ornements composés d'anneaux), dont le fronton est orné d'une petite *Adoration des Mages*, attribuée à Jean de Bologne. Une allée voûtée d'ogives reposant sur des culs-de-lampe sculptés mène à une cour intérieure dont l'élégante tour ronde, aux ouvertures décalées, doit à son célèbre crépi le nom de « **Tour rose** ». *Ne montez pas vers les jardins suspendus.* La Tour rose est également le nom du célèbre complexe hôtelier qui a déménagé au n° **22** : il est possible, avec l'aimable autorisation de l'hôtel, de découvrir ses deux cours étagées ; un verre dans le bar de l'établissement peut être une occasion de contempler l'un des deux murs de jeu de paume du Vieux-Lyon encore visibles.

1

Place Neuve-Saint-Jean F2 7

Cette ancienne rue, transformée en place sous le Consulat, est signalée à une extrémité par l'enseigne de la rue du Bœuf et à l'autre par une niche qui abrite une statue de saint Jean Baptiste. Au n° **4**, en retrait, une vaste demeure avec un bel escalier sur arcs rampants correspondant à des galeries à arcs surbaissés.
Reprenez la rue du Bœuf.

La **maison de l'Outarde d'Or** (F2) se signale, au n° **19**, par son enseigne en pierre sculptée ; la cour est surtout intéressante pour ses deux tourelles : l'une, ronde, sur trompe, l'autre, en encorbellement, de section rectangulaire sur une pyramide renversée.

Le n° **27** est la traboule la plus longue (qui communique avec le 54 rue St-Jean).

Le n° **36** s'ouvre sur une belle cour ornée de galeries restaurées ; il est intéressant de les comparer (en se retournant) à celles du n° **38**, restées obturées par des constructions parasites (beaucoup de galeries ont été fermées au début du 20e s., avant la création du secteur sauvegardé, pour gagner de la place, obtenir une meilleure isolation et limiter la paupérisation grandissante du quartier).
Passez par le n° 31 qui traboule vers la rue de la Bombarde (à droite). Prenez en face (ou presque) la rue des Antonins qui ramène à la place St-Jean.

De la station de métro Vieux-Lyon, vous pouvez utiliser la correspondance avec le funiculaire menant à Fourvière, et y revenir après avoir visité la basilique et le site gallo-romain. Une visite rapide du quartier St-Georges peut aussi agréablement compléter celle que vous venez de faire.

QUARTIER SAINT-GEORGES

Circuit 2 tracé en vert sur le plan II p. 39. Gagnez la rue Mourguet que vous remontez jusqu'à la place de la Trinité.

Place de la Trinité E3

Vous la reconnaîtrez grâce à la **maison du Soleil** qui lui donne son charme vieillot. Sa façade est célèbre. Elle affiche un Guignol et un Gnafron en bois (figures classiques du théâtre de marionnettes), placés sous deux niches d'angles abritant, à droite, la statue de saint Pierre, à gauche, celle de la Vierge. Au centre du 1er étage, l'emblème du soleil surmonte une fenêtre à meneaux plats. À l'intérieur *(accès par le n° 2 rue St-Georges)*, la cour présente des balcons en ellipse.

Montée du Gourguillon E3

C'était au Moyen Âge la voie couramment empruntée par les charrois se rendant en Auvergne par les pentes de Fourvière ; on a peine à imaginer les lourds équipages gravissant une côte aussi raide. C'était également la communication directe entre le cloître St-Jean des chanoines-comtes et St-Just, la ville fortifiée des chanoines-barons. Au n° **2**, maison Renaissance. Un peu plus haut, l'**impasse Turquet** (E3) *(à gauche)* est pittoresque avec ses galeries de bois. Puis, dans les pentes de la rue Armand-Caillat, belle **vue** sur les toits de la ville derrière un rideau d'arbres.

Rue Saint-Georges E3

Au rez-de-chaussée du n° **3**, les arcs sont en anse de panier et, juste au-dessus du portail, l'imposte (moulure qui le surmonte) est décorée de deux lions debout en fer forgé. Au n° **3 bis**, l'imposte est ornée d'un phénix sur son bûcher. Au n° **6**, la maison du 16e s. possède une jolie cour intérieure (galerie d'art) ; l'escalier à vis est logé dans une tour ronde à ouvertures sur rampants. Le n° **10** traboule vers le n° 12.

Musée des Automates E3 – *100 r. St-Georges - ✆ 04 72 77 75 28 - www.museeautomates.com - ♿ - 14h-18h - fermé 1er Mai, 25 déc. - 7 € (-18 ans 5 €) - jeu de piste enf.* Élaborée à l'origine pour animer les vitrines des magasins pour le 8 décembre, Noël, etc., cette collection de 250 automates se déploient désormais dans les 7 salles du musée. Soyez attentif au coup de marteau et au bruit d'aiguille qui tintent parfois ici : des personnages continuent en effet d'être fabriquées sur place dans les ateliers *(ne se visite pas)*.

Du n° 10, tournez à droite au niveau de l'église St-Georges et revenez par le quai Fulchiron. Au passage, remarquez, au n° 7, une maison de style mauresque réalisée par l'architecte Bossan *(la colline de Fourvière p. 50)*.

NOS ADRESSES DANS LE VIEUX-LYON

HÉBERGEMENT

BUDGET MOYEN

Appart'observatoire Saint-Jean – *70 r. St-Jean - Ⓜ D Vieux-Lyon - ✆ 06 30 95 59 30 - www.gite-de-charme-lyon.com - 2 ch. 85/120 € et 110/145 €.* Deux gîtes nichés dans une tour 18e s., au coeur de Saint-Jean, sans ascenseur, mais avec vues saisissantes.

Chambre d'hôte La Grange de Fourvière – *89 quai P.-Scize - trolleybus C3 Gare-St-Paul - ✆ 04 72 33 74 45 - www.grangedefourviere.fr - P 10 € - 2 ch. 85/135 €* . Désormais installé dans le quartier St-Paul, ce gîte propose deux chambres, agréables et lumineuses sur les quais de Saône. La plus grande peut accueillir jusqu'à 3 personnes.

POUR SE FAIRE PLAISIR

Collège Hôtel – *5 pl. St-Paul - Gare-St-Paul (trolleybus C3) - ✆ 04 72 10 05 05 - www.college-hotel.com - P 18 € - ♿ - 40 ch. 130/160 € - 16 €.* Pot à crayons, cheval-d'arçon, mappemonde... : tout évoque l'univers de l'écolier. Chambres modernes, à la déco minimaliste, avec balcon ou terrasse. Bar le soir.

RESTAURATION

PREMIER PRIX

Café Gadagne (café-restaurant des musées) – *5 pl. du Petit-Collège - Ⓜ D Vieux-Lyon - ✆ 04 78 62 34 60 - cafe-gadagne.com - fermé lun.-mar., 12h-15h - 22/26 € - brunch le dim. 30 €.* Sur le toit du musée, la terrasse et son jardin offrent un cadre idéal pour se laisser tenter par une cuisine de toque légère et raffinée. Brunch le week-end.

BUDGET MOYEN

Aux Trois Maries – *1 r. des Trois-Maries - Ⓜ D Vieux-Lyon - ✆ 04 78 37 67 28 - www.aux-3-maries.fr - fermé lun. - 25/48 €.* Cuisine traditionnelle. Service soigné. Sans doute l'un des plus anciens bouchons de Lyon, qui n'a plus rien d'une gargotte!

Café-restaurant du Soleil – *2 r. St-Georges - Ⓜ D Vieux-Lyon - ✆ 04 78 37 60 02 - tlj sf lun. - formule déj. 16 € en sem. - 22/34 €.* Sympathique petite table installée quartier St-Georges, dans la fameuse maison du Soleil. Sa notoriété s'est construite sur ses quenelles (également vendues au détail).

Daniel et Denise – *36 r. Tramassac - Ⓜ D Vieux-Lyon - ✆ 04 78 42 24 62 - www.danieletdenise.fr - tlj sf dim.-lun., formule déj. 21 € sf w.-end.* Joseph Viola signe pour un bouchon au succès mérité. Ses andouillettes, pâté en croûte (primé!) et « mitonné de canut » sont mémorables.

POUR SE FAIRE PLAISIR

Café-Épicerie – *6 r. du Boeuf - Ⓜ D Vieux-Lyon - ✆ 04 72 77 44 44 - tlj 12h-22h30 - ♿ - formule déj. 19,50/32 €.* L'un des restaurants de l'hôtel La Cour des Loges déploie ses tables sur une terrasse ombragée ou dans un intérieur intimiste. La carte joue avec les verrines et produits du terroir. Olives, vins et épices de qualité sont en vente à l'épicerie.

BOIRE UN VERRE

La Cave des Voyageurs – *7 pl. St-Paul - Gare-St-Paul (trolleybus C3) - ✆ 04 78 28 92 28 - www.lacavedesvoyageurs.fr - tlj sf dim.-lun. et j. fériés 17h-1h - fermé août.* Chaleureux bar à vins au décor rétro où les crus locaux et du monde entier se dégustent avec foie gras maison, petite charcuterie et fromage.

Les Berthom – *2 pl. E.-Fousseret - trolleybus C3 Gare-St-Paul - ✆ 04 78 28 44 10 - www.lesberthom.com - lun.-jeu. 17h-1h, vend. 17h-2h, sam. 16h-2h, dim. 16h-0h.* Dans un quartier avare en bonnes adresses, un bar à bières bienvenu qui dispose d'une carte impressionnante. Ambiance animée et décor chaleureux.

FAIRE UNE PAUSE

Nardone – *3 pl. E.-Fousseret - trolleybus C3 Gare-St-Paul - ✆ 04 78 28 29 09 - www.glaciernardone.com - de mars à déc. : 9h-0h30 ; oct.-avr. : tlj sf lun. et mar. 10h-19h - fermé janv.-fév.* Pour déguster en terrasse les meilleures glaces de Lyon, fabriquées en famille depuis 1899!

La Boulangerie du palais – Plan II F2 - *8 r. du Palais-de-Justice - M° D Vieux-Lyon - ✆ 04 78 37 09 43 - lun., jeu.-dim. 7h-20h.* Ne vous laissez pas décourager par la file d'attente. Les spécialités à la praline (tartes, sacristains, pognes, croquants) sont délicieuses.

1

Terre adélice – *1 pl. de la Baleine - Ⓜ D Vieux-Lyon - ✆ 04 78 03 51 84 - www.terre-adelice.eu - à partir de 13h - mars-oct. : tlj, nov.-déc. : fermé lun.-mar., janv.-fév. : fermé lun.-jeu.* Cette entreprise ardéchoise transforme les fruits produits de la région en sorbets et glaces : verveine du Velay, marrons glacés d'Ardèche, mûres et myrtilles sauvages, pêches de la Drôme… Un délice !

À la marquise – *37 r. St-Jean - Ⓜ D Vieux-Lyon - ✆ 04 78 37 89 85 - www.alamarquise.fr - 8h30-19h30 - fermé lun. et mar.* Au pied de l'hôtel de la Chamarerie, un salon de thé pour déguster bugnes et autres « lyonnaiseries » à la praline.

Le Luminarium – Plan II B2 - *9 r. des Trois-Marie - ✆ 04 78 82 11 25 - tlj 13h-19.* D'abord, il y a la vitrine, doucement illuminée par les ampoules vintages, serties sur blocs de béton à la demande ; ensuite, il y a la sélection de bijoux et autres accessoires qu'on ne voit pas partout ; enfin, il y a l'embarras du choix devant les gourmandises (*cheese cake* en tête, pile dans la tendance sucrée mais pas trop, sans parler des cookies… par-faits), les thés, cafés ou smoothies du jour… Tout ça *made in Lyon* et servi par Julien, talentueux touche-à-tout et hôte aux petits soins.

SPECTACLES

Théâtre La Maison de Guignol – Plan II E3 - *2 montée du Gourguillon - ✆ 04 72 40 26 61 - www.lamaisondeguignol.fr - 10,80 € (-18 ans 8,80 €) - ce théâtre construit en 1965 a été restauré avec le souci de conserver son style d'origine un peu « rétro ». Spectacle traditionnel pour toute la famille (à partir de 3 ans) et possibilité de visite des coulisses après le spectacle.*

Théâtre Le Guignol de Lyon - Compagnie des Zonzons – Plan II F2 - *2 r. L.-Carrand - ✆ 04 78 28 92 57 - (théâtre en travaux, les spectacles sont joués hors-les-murs jusqu'au printemps 2016 - programme sur www.guignol-lyon.com) - mer., sam., dim. ; tlj pdt les vac. scol. - fermé en août - 10 € (-15 ans 7,50 €).* La compagnie des Zonzons mêle le burlesque au fantastique, dans l'esprit des *cartoons*. Pour les adultes, spectacles mordants inspirés de la vie lyonnaise.

Café-Théâtre Espace Gerson – Plan II B1 - *1 pl. Gerson - ✆ 04 78 27 96 99 - www.espacegerson.com - lun.-vend. spectacle à 20h30, sam. 19h et 20h30 - formule dîner-spectacle 20/60€.* Une valeur sûre dans le milieu des cafés-concerts lyonnais.

Café comique Le Boui-Boui – Plan II B2 - *7 rue Mourquet - ✆ 04 72 05 10 00 - www.bouiboui.com - mar.-sam. spectacle à 19h, 20h15, 21h30.* Une toute petite salle voûtée, une mini-scène, beaucoup de jeunes talents, réservation très conseillée !

ACHATS

Disagn'Cardelli - petit musée fantastique de Guignol – Plan II F2 - *6 r. St-Jean - M° D Vieux-Lyon - ✆ 04 78 37 01 67 - www.boutiquecardelli.fr - 10h30-18h30 - fermé lun. mat., 1er janv., 25 et 26 déc. 5 € (-16 ans 3 €).* À l'étage, les achats. Au sous-sol, le petit musée déroule l'univers des marionnettes lyonnaises.

Marché de la Création – Plan II F2 - *Quai R.-Rolland - dim. 8h-13h.* Grand rassemblement de créateurs : peintres, sculpteurs, bijoutiers, céramistes…

La colline de Fourvière

★

Monter vers Fourvière, c'est remonter le temps. Se frotter aux pierres de Lugdunum, capitale des Trois-Gaules, et à celles de la basilique qui fut érigée au même endroit des siècles plus tard, s'immerger aux sources de la chrétienté et de ses premiers martyrs, jouir de la quiétude de la « colline qui prie », avec ses jardins clos et ses couvents médiévaux. C'est aussi découvrir Saint-Just (prononcez « Saint-Ju »), petit quartier à l'atmosphère villageoise, hors des sentiers battus.

NOS ADRESSES PAGE 55
Hébergement, restauration, achats, activités, etc.

SE REPÉRER

Funiculaires Fourvière, Minimes et St-Just – Plan I B2 p. 30-31 – Plan II p. 39.
Située à l'ouest de la Saône, Fourvière domine le Vieux-Lyon.

À NE PAS MANQUER

La basilique et son incroyable décor symboliste de mosaïques, de vitraux et de sculptures ; la vue panoramique sur Lyon et les monts alentour depuis l'esplanade ou l'observatoire de la basilique ; le grand théâtre et l'odéon romains, l'architecture du Musée gallo-romain et son historique table claudienne.

ORGANISER SON TEMPS

L'idéal est de commencer cette balade le matin. En montant aux heures fraîches, vous éviterez les assauts du soleil au sommet (la partie basilique et théâtres romains du parcours n'est pas très arborée). Ici les petites tables se font rares. Et si vous tentiez un pique-nique ?

AVEC LES ENFANTS

Le parcours accrobranche de Fourvière Aventures au parc des Hauteurs (« Nos adresses à Fourvière » p. 55).

Se promener Plan II p. 39

La colline de « Fourvière » domine la vieille ville de plus de cent mètres. Son nom viendrait de *Forum vetus*, situé au cœur de la colonie romaine établie en 43 av. J.-C. et dont subsistent quelques vestiges : théâtre, odéon, aqueducs… Le forum, occupant l'emplacement de l'actuelle esplanade de la basilique, se serait effondré en 840.

À partir du 3e s., la colline fut abandonnée et on réemploya les pierres pour reconstruire la ville en contrebas. Au Moyen Âge, elle fut en grande partie remise en culture (surtout celle de la vigne). Au 17e s., de nombreux ordres religieux s'y implantèrent, ce qui inspira à l'historien Michelet l'opposition célèbre entre Fourvière, la « colline qui prie », et la Croix-Rousse, la « colline qui travaille ».

Aujourd'hui, avec sa basilique, ses monuments romains et son musée, Fourvière constitue un pôle touristique très attractif. L'histoire des édifices religieux élevés à l'emplacement du forum romain en l'honneur de la Vierge couvre une période de près de huit siècles. L'actuelle basilique, couronnant de sa silhouette massive – on l'a taxée d'éléphant renversé – la colline de Fourvière, fait partie intégrante du paysage lyonnais.

LES MONTÉES

Escaliers tortueux ou rues pentues, les « montées » escaladent la colline de Fourvière tout en offrant des vues plongeantes sur la vieille ville. Chacune possède son charme propre. Il est aussi arrivé que leur déclivité soit dangereuse : en 1930, dans la nuit du 12 au 13 novembre, d'importants glissements de terrain dévalèrent la colline autour de la montée du Chemin-Neuf, détruisant plusieurs immeubles et provoquant la mort de 40 personnes. La **montée des Carmes-Déchaussés** (E2) doit son nom au monastère fondé au début du 17e s. et occupé aujourd'hui par les Archives départementales ; elle comporte 238 marches. Si l'on y ajoute les 560 de la **montée Nicolas-de-Lange** (E2), c'est un total de 798 marches qu'il faut descendre pour atteindre la place St-Paul en partant de la tour métallique de Fourvière. La **montée du Change** (F2) réunit la rue de la Loge et la montée St-Barthélemy. À la descente, ses degrés offrent une vue amusante sur les flèches de l'église St-Nizier, surgissant des immeubles bordant la Saône. La **montée du Garillan★** (F2) est remarquable par ses escaliers en chicane (224 marches) tandis que des **montées du Chemin-Neuf** (E 2-3) et **St-Barthélemy** (E 2-3), on domine les toits du Vieux-Lyon et la primatiale. Enfin, la **montée des Épies** (E3) grimpe au-dessus du quartier St-Georges et domine l'église St-Georges, édifice néogothique dû à Bossan, architecte de la basilique de Fourvière.

FOURVIÈRE

Circuit 3 tracé en vert sur le plan II p. 39. Comptez 1/2 journée ou 3h sans la visite du sanctuaire et des musées. Partez de la cathédrale St-Jean.
Si vous ne vous sentez pas le courage de monter à pied, optez pour le funiculaire (aussi appelé « ficelle ») à la station Vieux-Lyon et limitez votre promenade en partant du sanctuaire de Fourvière.
Si vous êtes en jambes, prenez à droite la rue des Antonins, la rue de la Bombarde à gauche, puis sur quelques mètres la rue du Bœuf à droite. Vous trouverez la montée des Chazeaux à gauche.

Montée des Chazeaux E2

Ses 228 marches en plusieurs volées sont rudes à enchaîner. Profitez-en pour faire des pauses et vous retourner à plusieurs reprises : vous voyez surgir les toits du Vieux-Lyon, la cathédrale, puis la Saône et ses quais.
Courage, vous avez fait le plus dur ! Vous arrivez à la montée St-Barthélemy, que vous prenez à gauche sur quelques mètres pour trouver à droite l'entrée du jardin.

Jardin du Rosaire E2

Sa montée en lacet *(comptez 30mn)* est empruntée chaque jour par les étudiants (écoles à proximité), par les employés désespérant de se garer à proximité du Vieux-Lyon ou par les pèlerins : remarquez au sol les roses de laiton numérotées. Chacune marque une étape de la prière du rosaire. Les lacets sillonnent un sous-bois d'érables, d'ifs et de buis. Propriété de la basilique mais géré par les espaces verts de la ville de Lyon, le jardin se pare petit à petit de coquetteries botaniques : la collection de roses anciennes de la **roseraie★** est à voir pour ses fleurs et senteurs de mi-mai à mi-juin. La floraison hivernale et très parfumée des arbustes (viburnums et chimonanthes) est plus discrète mais plus longue. L'été, profitez des associations d'hydrangeas (famille des hortensias) bordées de buis taillés. Avec ses belles échappées sur la ville et

Le quartier de la Part-Dieu depuis la basilique Notre-Dame-de-Fourvière pendant la fête des Lumières avec le feu d'artifice du 8 décembre dédié aux Lyonnais.

C. Jacques/hemis.fr

Basilique Notre-Dame-de-Fourvière et la chapelle de la Vierge Noire surmontée de la Vierge Dorée.

R. Jacques/hemis.fr

Panorama depuis la colline de Fourvière.

P. Jacques/hemis.fr

sa fraîcheur ombragée, l'endroit est apprécié pour les pique-niques estivaux. La montée débouche par un grand escalier sur l'esplanade.

Points de vue E2 – L'**esplanade** offre une **vue★** célèbre sur la Presqu'île et la rive gauche du Rhône dominée par les tours du quartier de La Part-Dieu ; à l'arrière-plan vers l'ouest se profile un horizon montagneux : Bugey, Alpes, Chartreuse et Vercors.

Pour obtenir un **panorama★★**, on peut monter à pied à l'**observatoire** de la basilique (*287 marches – table d'orientation - ✆ 04 78 25 13 01 - www.fourviere.org - juin-sept. et vac. de la Toussaint : 11h, 14h30, 16h, dim. 14h30, 16h ; reste de l'année : se rens. - possibilité de visite guidée (10 pers. mini) horaires, se rens. - 340 marches*) d'où l'on découvre les monts du Lyonnais, le Mont Pilat et le Mont d'Or ; par beau temps, on distingue à l'est la chaîne des Alpes, à l'ouest, le Puy de Dôme.

DU ROSAIRE À LA BASILIQUE

Dès l'origine, le jardin du Rosaire s'intègre au projet de la basilique. Une première série de stèles, conçues par **Bossan** et sculptées par **Fabisch**, a disparu à une date inconnue. Les récentes étapes numérotées en rappellent le souvenir. L'autre raison du rosaire dans ce jardin, c'est la maison en contrebas de **Pauline Jaricot** (1799-1862). Déclarée vénérable (première étape vers la béatification) en 1963, elle est une personnalité du catholicisme à Lyon. En pleine révolte des canuts, cette jeune femme issue de la grande bourgeoisie prit plusieurs fois parti pour les ouvriers. Elle organisa aussi une grande chaîne de prière du chapelet, le « Rosaire vivant », ainsi que l'Association pour la propagation de la foi, futures œuvres pontificales missionnaires.

★ Basilique Notre-Dame-de-Fourvière E2

8 pl. de Fourvière - ✆ 04 78 25 13 01 - www.fourviere.org - ♿ - avr.-nov. : 9h-12h, 14h-17h, dim. 14h-17h - possibilité de visite guidée (1h) - offrande recommandée. - *Les Visites insolites « Nos adresses à Fourvière » p. 55.*

Lieu de pèlerinage célèbre, la basilique a été élevée sur les plans de l'architecte Pierre Bossan, après la guerre de 1870, à la suite d'un vœu de Mgr de Genouilhac : l'archevêque de Lyon s'était engagé à construire une église si l'ennemi n'approchait pas de la ville. Ses murailles crénelées pourvues de mâchicoulis et flanquées de tours octogonales constituent un mélange curieux d'éléments byzantins et moyenâgeux. Il vous paraît chargé ? Ce n'est rien à côté de l'exubérance du **décor intérieur★**.

Commencez par descendre à la crypte, relativement sobre. Elle est dédiée à saint Joseph, à qui Pierre Bossan vouait un culte particulier. La basilique repose sur elle, symboliquement, comme la vie matérielle de la famille de Joseph reposait sur son travail. Le maître-autel illustre la mort du saint (entouré de Marie et de Jésus pour son dernier souffle, Joseph est traditionnellement le patron de la bonne mort) et Bossan lui a donné ses propres traits. Dans la nef, une mosaïque contemporaine a été offerte par les pèlerins de St-Jacques-de-Compostelle.

L'église haute est l'aboutissement du pèlerinage qui passe par le jardin du Rosaire et la crypte. Avec ses mosaïques, ses ors, ses bois sculptés et ses marbres variés, cette « maison dorée » surprend et émerveille par la profusion de ses ornements et couleurs. Dans la nef couverte par trois coupoles, les **mosaïques★**, de la fin du 19e et du début du 20e s., relatent l'histoire de la Vierge, à droite dans l'histoire de France, à gauche dans l'histoire de l'Église.

LA FÊTE DES LUMIÈRES

Tous les ans, le week-end autour du 8 décembre, la fête de l'Immaculée-Conception est célébrée à Lyon avec un éclat particulier. À la nuit tombée, des milliers de lampions multicolores sont allumés aux rebords des fenêtres. Les monuments offrent leurs murs aux créations sons & lumières uniques réalisées par des artistes du monde entier. Un événement culturel considérable, qui draine 3 à 4 millions de visiteurs !

Cette fête religieuse vient de l'inauguration de la Vierge dorée de Fourvière en 1852. Des inondations retardèrent le travail du sculpteur Fabisch, qui ne put livrer la statue le 8 septembre, jour de la fête du « vœu des échevins ». La cérémonie fut reportée au 8 décembre, fête de l'Immaculée-Conception. Ce jour-là, de très fortes pluies menacèrent d'annuler la fête. Mais contre toute attente, elles cessèrent « miraculeusement » à l'heure prévue. Les riverains illuminèrent alors spontanément leurs balcons avec des lumignons. La tradition s'est perpétrée chez les croyants… et tous les Lyonnais.

À l'entrée, façade ouest, une dalle du pavement rappelle le passage du pape Jean-Paul II en 1986.

Ancienne chapelle de la Vierge E2

À droite de la basilique, la chapelle de pèlerinage proprement dite, du 18e s., abrite une Vierge miraculeuse (16e s.). La vierge dorée de Fabsisch (1852) qui orne son sommet, est à l'origine de la Fête des lumières (*l'encadré ci-dessus*).

Musée d'art religieux de Fourvière E2

8 pl. de Fourvière - 04 78 25 13 01 - www.fourviere.org - 10h-12h30, 14h-17h30 - fermé de déb. janv. à mi-mars, dim. de Pâques, 24-25 et 31 déc. - possibilité de visite guidée (2h) - 4-8 € selon les expositions.

Aménagé dans la chapelle et les bâtiments des jésuites, le musée abrite une collection de pièces d'orfèvrerie religieuse (18e-20e s.) dont celles qui constituent le **trésor** de la basilique (ostensoir de Fourvière, pièce maîtresse de l'orfèvre lyonnais Armand Calliat). Il est aussi dépositaire de collections d'objets historiques et artistiques consacrés au patrimoine chrétien français et étranger, régulièrement présentés dans le cadre d'expositions temporaires.

Prenez à droite de la basilique la montée Nicolas-de-Lange.

Montée Nicolas-de-Lange E2

Vous n'en parcourrez qu'une petite partie. Sans vous y rendre, sachez qu'au-delà de la Tour métallique, à droite, elle se transforme en escalier. Ses 560 marches s'ajoutent aux 238 de la montée des Carmes-Déchaussés pour atteindre la gare St-Paul.

Tour métallique E2

Bâtie en 1893 par l'ingénieur Eugène Collonge sur le modèle de la tour Eiffel en réduction (85 m de hauteur), elle sert aujourd'hui d'émetteur de télévision.

Prenez le chemin à gauche juste avant la Tour métallique.

Parc des Hauteurs E2

Le chemin longe et surplombe quelques grands jardins et potagers inattendus, puis s'élargit en vastes pelouses. L'ambitieuse réalisation du parc des Hauteurs a pour objectif la mise en valeur de la colline de Fourvière par la création de promenades panoramiques. Ces promenades réunissent divers sites de Fourvière. Le chemin mène à la principale originalité du lieu : la **passerelle des Quatre-Vents**, longue de 72 m, était autrefois le viaduc de la ligne de tramway la plus courte de France : 800 m seulement. Le train reliait Fourvière au **cimetière de Loyasse** et convoyait les corbillards. La voie étant unique, le train revenait en marche arrière, sans aucune visibilité. Ce n'est plus le cas aujourd'hui, la passerelle offrant une belle **vue★** plongeante sur Lyon et la Croix-Rousse. Prolongez de quelques pas la balade jusqu'au **jardin de pivoines**, qui abrite 35 variétés. À proximité, la **piste de Sarra**, longue pente gazonnée jadis dédiée aux skieurs, fait le bonheur des cyclistes.

Revenez sur vos pas et prenez la rue Roger-Radisson. Faites quelques pas à gauche dans la rue Cléberg. Puisque vous y accédez par le haut, profitez, depuis la vilaine petite terrasse à gauche de l'entrée, de la **vue★** plongeante sur les fouilles.

★★ Musée gallo-romain de Lyon-Fourvière E3

17 r. Cléberg - ✆ 04 72 38 49 30 - www.museegalloromain.grandlyon.com - ♿ - 11h-18h, w.-end 10h-18h - fermé lun., 1er janv., 1er Mai, 25 déc. - possibilité de visite guidée (1h) - 4 € (-18 ans gratuit) - 7 € avec exposition temporaire - gratuit 1er dim. du mois.

En 1975, l'architecte Bernard Zehrfuss a conçu un musée à l'originale **architecture de béton★★**, adossé à la colline et presque entièrement enterré. Ce musée présente, par thèmes, d'abondantes collections essentiellement gallo-romaines trouvées en grande partie à Lyon et dans la région ; l'ensemble épigraphique (inscriptions) est particulièrement riche.

Dans l'espace consacré à la préhistoire régionale est exposé un rarissime **char processionnel★**, trouvé à La Côte-St-André, sans doute utilisé pour le culte du soleil et datant du 8e s. av. J.-C. Les espaces suivants abordent la fondation de Lugdunum, son urbanisme, l'administration municipale et provinciale, l'armée, les religions, le théâtre et les jeux du cirque, la vie économique et domestique, le culte des morts et les débuts du christianisme en Gaule. La **table claudienne★★**, inscription sur bronze découverte en 1528 par un drapier de Lyon, est particulièrement remarquable parce qu'elle reproduit le discours historique de l'empereur Claude prononcé au Sénat romain en 48. Notez, grâce à la traduction, le style pompeux et peu littéraire de sa harangue. Le texte méritait pourtant d'être gravé dans le bronze : Claude, né à Lyon, ouvrait ainsi aux Gaulois l'accès à la magistrature, et donc à la vie politique romaine. D'autres pièces méritent l'attention : le **calendrier gaulois** de Coligny gravé dans le bronze à l'époque romaine, l'inscription dédicatoire de l'amphi-théâtre des Trois-Gaules, le buste de l'empereur Caracalla, le gobelet d'argent aux dieux gaulois, les larves ou masques funéraires, la mosaïque des Jeux du cirque, la maquette de la machinerie du théâtre voisin. L'activité des potiers, verriers, ferronniers et orfèvres est illustrée par des céramiques, des vases, des outils et des bijoux. Le trésor d'orfèvrerie, découvert en 1992 dans le quartier de Vaise, est venu enrichir la collection. Une vaste baie, aménagée dans la salle des maquettes des théâtres romains, permet d'en admirer les vestiges.

★★ Parc archéologique de Fourvière E3

6 r. de l'Antiquaille - ✆ 04 72 38 49 30 - www.museegalloromain.grandlyon.com - ♿ - de mi-avr. à mi-sept. : 7h-21h ; reste de l'année : 7h-19h - fermé 1er janv., 1er Mai, 25 déc. - entrée libre.

Le chantier de fouilles ouvert en 1933 a permis de mettre au jour, à Fourvière, des édifices publics antiques, qui sont présentés dans ce parc. Ils accueillent aujourd'hui un festival d'été très couru : les Nuits de Fourvière.

Théâtres romains★★ – L'ensemble monumental dégagé dans la montée de l'Antiquaille comprend un théâtre construit sous Auguste (1er s. av. J.-C.) et agrandi à plusieurs reprises depuis, ainsi qu'un odéon.

Grand théâtre – De dimensions analogues à ceux d'Arles et d'Orange (108 m de diamètre), mais moins vaste que celui de Vienne, ce théâtre est le plus ancien de France.

La première construction est antérieure à l'ère chrétienne. Plus tard, le nombre des gradins sera augmenté en prenant sur les promenoirs. Le dallage de marbre de l'orchestre a pu être reconstitué. La machinerie du rideau de scène, abritée dans la fosse, est l'une des mieux conservées du monde romain ; une maquette de son dispositif est visible au musée. L'anneau extérieur du théâtre montre des substructions où les archéologues reconnaissent le soin apporté par les constructeurs aux dégagements par des couloirs souterrains, et à l'assainissement du sol par un réseau de canalisations et d'égouts.

Gravissez l'escalier menant au sommet des gradins. Le théâtre apparaît dans toute son ampleur. Une voie romaine, faite de grosses dalles de granit, permet de le contourner sur sa partie supérieure.

Par la voie romaine, descendez en direction de l'odéon.

Odéon – Les odéons, réservés à la musique et aux conférences, accueillaient l'élite dans un cadre raffiné. Les dispositions d'ensemble sont identiques à celles du théâtre, mais les dimensions en sont plus réduites.

L'épaisseur du mur d'enceinte suggère qu'une toiture, suspendue en porte-à-faux, couvrait les gradins. Remarquez le **décor** géométrique du dallage de l'orchestre, reconstitué à partir d'éléments trouvés sur place : brèche rose, granit gris et cipolin vert.

Revenez sur vos pas pour prendre à gauche, entre le bosquet et les vestiges du quartier dominant le théâtre, les marches montant vers un pavillon ocre.

Quartier dominant le théâtre – Au-dessus de la voie dallée qui ceinture le théâtre, les fouilles ont montré qu'il n'existait pas de temple de Cybèle comme on l'a longtemps affirmé. Dès la fin du 1er s. av. J.-C. est construite à cet emplacement une très vaste et riche demeure de plan centré, bordée côté rue par une série de boutiques ouvrant sur un portique. Un vaste édifice public la recouvre au début du 1er s. On en perçoit surtout, au-dessus du théâtre, les puissantes fondations destinées à prolonger vers l'est une imposante plate-forme. À une date indéterminée fut construite une énorme citerne pour l'aqueduc du Gier.

À la hauteur du pavillon, empruntez le chemin de terre qui part à gauche. Il longe le petit jardin méconnu de la Visitation, qui appartenait au couvent du même nom. Ce dernier, autrefois occupé par les Hospices civils, est aujourd'hui reconverti en hôtel de standing. Son bâtiment est signé Bossan, architecte de Fourvière. Le jardin donne rue Roger-Radisson, que vous prenez à gauche.

Aqueduc romain Hors Plan II, E3

Au bout de la rue Roger-Radisson – ancienne voie d'Aquitaine – on peut voir, de part et d'autre de la chaussée, des vestiges intéressants de l'aqueduc du Gier, l'un des quatre qui alimentaient la ville en eau (*l'encadré p. 143*).

Redescendez, vers la gauche, par la rue du Cardinal-Gerlier que vous coupez par deux volées d'escaliers jusqu'à la rue de Trion.

Les eaux du Gier coulaient d'une fontaine offerte par Claude, dont les vestiges sont visibles place de Trion.

Revenez sur vos pas pour descendre la rue de Trion.

★ QUARTIER SAINT-JUST

La longue rue commerçante de Trion longe le site d'une ancienne nécropole que bordaient trois voies romaines, d'où son nom. Elle introduit petit à petit dans le quartier St-Just, avec son atmosphère de village, ses maisons aux façades ocre ou rose.

Prenez à droite la rue St-Alexandre.

La placette éponyme aligne quelques maisons peu élevées, dont une avec tourelle d'escalier. Empruntez à droite les charmantes rues des Macchabées et Vide-Bourse qui montent et se faufilent entre des murs de jardin.

Vous arrivez à l'église St-Irénée.

L'église et le **calvaire Saint-Irénée** qui la jouxte ont été reconstruits au 19e s., mais l'église occupe l'emplacement de l'ancienne basilique du 5e s., qui abrita les reliques de saint Irénée, un des fondateurs de la communauté chrétienne de Lyon au 2e s. Une belle porte monumentale fait face à l'église.

Prenez la rue des Macchabées, puis à droite la montée de Choulans.

Mausolées de Trion Hors Plan II, E3 et Plan I B2

Au centre de la place Wernert, cinq mausolées évoquent l'existence d'une nécropole gallo-romaine située hors les murs. Le plus ancien (1er s. ap. J.-C.), au centre, porte sur une face latérale une inscription rappelant que le monument fut érigé par des esclaves affranchis.

Rue des Macchabées Hors Plan II, E3 et Plan I B2

Elle doit son nom à l'ancien cloître des Macchabées, plus tard rebaptisé Saint-Just. Cet important établissement fut détruit par les protestants en 1562, mais une **fresque**, sur le mur du n° 17 (ainsi que les marques au sol du jardin archéologique un peu plus loin à droite), en ravive le souvenir. Sur la petite place, remarquez la **fontaine au taurobole** et, aux nos 17 bis et 19, la **maison du Bœuf couronné** et la **tour Bellièvre** (15e s.)

Continuez jusqu'à la rue de Trion et prenez à droite vers la rue des Farges.

Thermes romains Plan II E3

Passez sous le porche de la résidence qui fait face à l'église St-Just pour découvrir les fondations d'une partie des thermes municipaux construits vers 50 apr. J.-C. La partie visible correspond à la façade sud du bâtiment, marquée par les deux grandes absides des salles chauffées.

Revenez sur vos pas pour rejoindre la rue de Trion jusqu'au funiculaire de St-Just (II E3), par lequel vous pouvez regagner la cathédrale.

À voir aussi Plan II p. 39

Au pied des théâtres romains, sur le versant de Fourvière, le quartier de l'**Antiquaille** mérite un coup d'œil pour sa reconversion quasi achevée. On y trouve un restaurant gastronomique à la vue imprenable, un hôtel grand standing et au centre le nouvel **Espace culturel du christianisme** dont la visite complète la découverte historique de la colline.

L'Antiquaille - Espace culturel du christianisme Plan II E3

49 montée St-Barthélemy - ✆ 09 72 41 14 98 - www.antiquaille.fr - ♿ - 10h-18h, dim. 14h-18h - fermé lun.-mar., certains j. fériés - possibilité de visite guidée sur demande (2h) - 7 € (-12 ans 4 €).

Il manquait à la colline un lieu d'étude consacré aux premières heures du christianisme à Lyon. Voilà qui est réalisé. Un parcours didactique invite à découvrir l'histoire du christianisme depuis son apparition en Gaule jusqu'au 16e s. Points forts de la visite : la scénographie moderne et interactive de Piotr Zaborski. Et deux sites mémorables remis en lumière. Le **cachot de saint Pothin**, vénéré des fidèles depuis le 17e s., où le premier évêque de Lyon aurait été enfermé en 177 au côté de 47 chrétiens persécutés ; suivi de la **crypte des mosaïques** (1886), remarquablement rénovée qui illustre le cortège de ces martyrs.

NOS ADRESSES À FOURVIÈRE

HÉBERGEMENT

PREMIER PRIX

Chambre d'hôte Home Sweet Home – *6 r. Cléberg - Minimes (funiculaire) - ✆ 04 72 32 15 66 - www.home-sweet-home-lyon.fr - P - 3 ch. 59/72 € et 49/62 €* . Terrasse en ville et petit-déjeuner maison. Deux atouts de choix pour ces chambres coquettes situées dans la rue du Musée gallo-romain.

BUDGET MOYEN

Chambre d'hôte La Laurentine – *37 montée St-Laurent - ✆ 04 72 41 82 08 - www.lalaurentine.com - 2 ch. 109/170 €.* Une agréable maison perchée loin des touristes, avec double vue sur la Presqu'île sud et la Saône, terrasse privative et jardin. À l'étage, chambre double avec suite. Au rez-de-chaussée, studio de bonne taille.

RESTAURATION

BUDGET MOYEN

Restaurant de Fourvière – *9 pl. de Fourvière - Fourvière (funiculaire) - ✆ 04 78 25 21 15 - www.restaurant-fourviere.fr - tlj - formule déj. 17 € sf w.-end - 28/46 €.* La basilique Notre- Dame de Fourvière à portée de main et une vue exceptionnelle sur la ville… Admirablement situé, ce restaurant jouit d'un panorama superbe. On y savoure une cuisine traditionnelle aux couleurs lyonnaises : quenelle de brochet, gâteau de foies de volaille, etc.

La Campagne – *20 r. du Card.-Gerlier - St-Just (funiculaire) - ✆ 04 78 36 73 85 - www.restaurant-campagne-lyon.fr - tlj - formule déj. 19 € - 24/33 €.* Cuisine maison dans une ambiance guinguette, l'été en terrasse sous les lampions, l'hiver au coin du feu. Une adresse haute en couleurs… cachée au sommet de Saint-Just.

UNE FOLIE

Les Terrasses de Lyon – *25 montée St-Barthélemy - Fourvière (funiculaire) - ✆ 04 72 56 56 56 - www.villaflorentine.com - fermé dim.-lun. - P - formule déj. 39 € - 89/115 €.* Le panorama sur les toits est splendide, les saveurs raffinées et les parfums délicieux : un régal.

ACTIVITÉS

Fourvière Aventures – *3 pl. du 158e-Régt-d'infanterie - ✆ 04 78 36 31 75 - www.france-aventures.com - de mi-mars à fin mai : w.-end, j. fériés et vac. de printemps 13h-19h ; juin : merc. 13h-19h, w.-end 10h-20h ; juil.-août : tlj 10h-19h (vend. 21h) ; sept.-oct. : w.-end 13h-19h ; nov. : w.-end 13h-18h ; vac. de la Toussaint : tlj 13h-18h - fermé déc.-fév. - 11/23 €.* Tyroliennes, ponts de singe, passerelles… Les sept parcours sécurisés s'adressent aux enfants dès 4 ans comme aux grands en quête de sensations. En prime : de belles vues sur la ville.

VISITE

Les Visites insolites de la basilique de Fourvière – *✆ 04 78 25 13 01 - www.fourviere.org - juin-sept. : tlj sf dim. 11h, 14h30 et 16h ; avr.-mai et oct. : merc. et dim. 14h30 et 16h ; nov. : 14h30 et 15h30 - dép. devant la tour sud-ouest de la basilique - fermé déc.-mars, 15 août, 8 sept. - 6 € (-12 ans 3 €) - visite guidée (1h15) des lieux cachés de la basilique, du grand carillon de 23 cloches et montée à la terrasse St-Michel pour un panorama complet sur la ville.*

La Presqu'île

★★

Embrassée par la Saône et le Rhône, la très minérale Presqu'île est le cœur palpitant de Lyon. On s'y rend le samedi pour flâner dans les magasins, on y sort le soir dans les bouchons et au théâtre, on s'y retrouve les jours de grand rassemblement. Ici le patrimoine des grands musées historiques contraste avec une audace architecturale résolument contemporaine, celle du nouveau quartier de la Confluence, vitrine de la ville du 21ᵉ s.

NOS ADRESSES PAGE 75
Hébergement, restauration, achats, activités, etc.

SE REPÉRER

Métros Hôtel-de-Ville, Bellecour, Carnot, tram T1 Suchet, Montrochet, Musée-des-Confluences – Plan I B1-2 p. 30-31 – Plan III p. 59.

La Presqu'île est très bien desservie par le métro A. De grands axes commerçants la sillonnent du nord au sud entre la place des Terreaux et la place Carnot en passant par la place Bellecour. Le tramway T1 la prolonge jusqu'à la pointe de la Confluence.

À NE PAS MANQUER

Un café en terrasse sur la place des Terreaux ou sur la place Bellecour ; les collections du musée des Beaux-Arts ; l'animation de la commerçante « rue de la Ré » ; une balade « Rives de Saône » ; le parking à effet optique créé par Daniel Buren place des Célestins ; un tour au quartier Confluence, avec pause à la pointe, dans les jardins du musée.

ORGANISER SON TEMPS

Ces quartiers sont les plus riches en musées : impossible d'en faire le tour en une journée. Il faut donc faire des choix ; ceux des Beaux-Arts, des Confluences, de l'Imprimerie et de la Communication graphique sont de grande qualité. Côté shopping, prévoyez des haltes dans les magasins gastronomiques, tous présents sur la Presqu'île, sans oublier une visite au marché du quai St-Antoine *(tous les matins sauf le lundi)*.

EN FAMILLE

Rencontrer un typographe au musée de l'Imprimerie et de la Communication graphique ; devenir explorateur de trésors le temps d'un atelier au musée des Confluences.

La Saône, la Presqu'île, le quartier de la Croix Rousse et de la Part-Dieu vus depuis la basilique Notre-Dame-de-Fourvière.
AsianDream/iStock

Se promener Plan III p. 59

AUTOUR DE L'HÔTEL DE VILLE

Voici le centre institutionnel de Lyon, représenté par ses édifices les plus emblématiques : l'hôtel de ville, l'opéra, la place des Terreaux. Un lieu de passage, un repère. Ici commence le territoire de la Presqu'île.

1

★ Place des Terreaux B1

La place tire son nom du comblement, au moyen de terres rapportées ou terreaux, d'un ancien lit du Rhône ; c'est tout près d'ici que se trouvait le confluent, à l'époque romaine. Pour avoir conspiré contre Richelieu, le marquis de Cinq-Mars y fut décapité en 1642, devant une foule de spectatrices venues voir tomber une aussi jolie tête. À la Révolution, la place reprit cette sinistre fonction à l'encontre des Lyonnais eux-mêmes, déclarés coupables de contre-révolution. Aujourd'hui, la place est au cœur de l'animation lyonnaise. Son réaménagement, confié en 1994 à **Buren**, a conduit à la mise en place d'un dallage en granit assorti de 14 piliers et de 69 jets d'eau, complété par un éclairage nocturne élaboré. La célèbre **fontaine★** monumentale en plomb est due au sculpteur Bartholdi, auteur de la statue de la Liberté.

Hôtel de ville (B1 H) – À l'est de la place, cette remarquable construction, en partie Louis XIII, élevée d'après les plans de Simon Maupin, forme un grand rectangle de bâtiments, cantonné de pavillons et enserrant une cour d'honneur : l'originalité de celle-ci réside dans ses deux niveaux, séparés par un portique en hémicycle.

La façade primitive a disparu à la suite d'un incendie en 1674. Jules Hardouin-Mansart et Robert de Cotte, chargés de la réfection, transformèrent profondément cette façade ; les pavillons latéraux et le beffroi furent coiffés d'un dôme. Au centre, un grand tympan arrondi, soutenu par des atlantes, est orné, sous les armes de la ville, d'une statue équestre d'Henri IV.

Au sud, la place est bordée par la façade du palais des Arts ou **palais St-Pierre★** (B1). L'édifice, construit aux 17e et 18e s., était l'une des plus anciennes abbayes bénédictines de Lyon, celle des Dames de St-Pierre, recrutées dans la haute noblesse. Intérieurement, les bâtiments conservent une partie de leur décoration primitive, d'inspiration italienne, notamment le réfectoire et l'escalier d'honneur. Désaffecté à la Révolution, le bâtiment fut transformé en musée au cours du 19e s. En 1884, Puvis de Chavannes peignit *Le Bois sacré* dans l'escalier d'entrée. Il abrite aujourd'hui le **musée des Beaux-Arts**. *(p. 60)*.

Contournez l'hôtel de ville pour aboutir place de la Comédie, face à l'opéra.

Une presqu'île, au cœur de la ville

DU MARAIS AUX MARCHANDS

Le creusement d'un parking en 1966 a révélé que le quartier de Bellecour avait été drainé, à l'aide d'amphores renversées, dès la période romaine. Le sud de la Presqu'île était en effet marécageux, coupé par les **lônes**, bras morts que le Rhône laisse fréquemment sur son passage. C'est à la Renaissance qu'est réalisé le premier aménagement de la place d'armes de Bellecour B2-3, alors que la ville commerçante s'étend petit à petit de la rive droite à la rive gauche de la Saône. Pour ce faire, elle passe à l'époque par un pont de pierre qui enjambe la rivière : c'est devant lui que s'élance la rue Mercière, dont les rez-de-chaussée s'ouvrent en bancs d'échoppes. La rue abrite, durant les 15e et 16e s., les grandes merceries, les passementeries mais aussi les librairies et les boutiques d'imprimeurs. S'ensuivent diverses rues commerçantes dont la toponymie garde le souvenir : Tupins pour les potiers, Dubois pour les menuisiers, Grenette pour le blé, mais aussi Fromagerie, Poulaillerie, etc. Dans le même temps, s'installent diverses communautés religieuses dont on trouve aussi la trace places des Cordeliers B2, des Jacobins B2 ou des Célestins B2.

VERS LA VILLE MODERNE

De la Renaissance au 19e s., le quartier se peuple et se construit : il grignote à nouveau les terres du fleuve, gagnant sur les marécages et les îles vers les Terreaux B1. Au 17e s., le développement de l'industrie de la soie déplace le centre économique de la ville vers la Presqu'île, tandis que la construction de l'hôtel de ville B1 ancre là le centre de la vie administrative. L'Hôtel-Dieu B2, installé dans le quartier depuis le 14e s., fait l'objet, ainsi que le quartier qui l'entoure, d'une véritable opération immobilière de la part de **Soufflot** au 18e s. Il se crée, petit à petit, un écart entre la fonction du lieu et l'apparence des rues et maisons anciennes : la **rue Mercière** B2 reste la plus importante jusqu'au milieu du 19e s. C'est pourquoi le préfet Vaïsse entreprend, sous Napoléon III, les percées « haussmanniennes » des futures rues de la République B1-2 et Édouard-Herriot B2.

AU SUD, UN NOUVEAU VISAGE

Au 18e s., la ville souffre à nouveau de l'exiguïté de son territoire. Aussi l'acquisition de l'île Mognat (1735), au sud de la Presqu'île, invite à de belles perspectives. Les travaux d'assèchement entamés (1771), le « plan officiel de distribution de la presqu'île » annonce la couleur. Cette zone doit servir à diversifier l'économie lyonnaise. Une usine à gaz s'implante, des abattoirs, un arsenal. L'inauguration de la gare Perrache (1857) lance définitivement les activités industrielles. Dans son sillon s'installent une quarantaine d'usines et une communauté ouvrière. En 1926, le port de commerce Rambaud est inauguré. En 1961, l'ouverture d'un marché de gros confirme l'essor du quartier. Mais les années 1970 jettent leur ombre au tableau. Tandis que le passage de l'A7 et l'édification du centre d'échanges Perrache (une barrière de béton !) le coupent du reste de la Presqu'île, le contexte économique se complique (cessations d'activité, délocalisations). Dès la fermeture du port (1995), une réflexion est lancée pour redonner un souffle et rallier « la Confluence » au centre-ville. Le chantier de reconversion démarre en 2003. Un projet urbain colossal…

LA PRESQU'ÎLE

SE LOGER

- Élysée Hôtel 4
- Hôtel Alexandra 1
- Hôtel des Artistes 2
- Hôtel des Célestins 5
- Hôtel Saint-Pierre des Terreaux 8
- Les Toits de Lyon 6

SE RESTAURER

- Chez Abel 3
- Cuisine et Dépendances Acte II 5
- Le Bouchon des Filles 6
- Le Mercière 18
- Léon de Lyon 1
- L'Institut 2
- Thomas 21

Opéra de Lyon B1

De l'ancien théâtre néo-classique de 1831, signé Paul Chenavard, la façade a été restaurée. Le fronton conserve les muses que les impératifs de la symétrie avaient limitées au nombre de huit, excluant ainsi Uranie, la muse de l'Astronomie. Elles semblent aujourd'hui soutenir l'immense verrière semi-cylindrique, prouesse de l'architecte **Jean Nouvel**. Outre le foyer rococo d'origine, l'intérieur abrite, sur 18 niveaux (en partie enfouis), un amphithéâtre pour les concerts, une salle à l'italienne de 1 300 places, un studio de ballet et une salle de restaurant *(actuellement fermée)* située sous la verrière. À la nuit tombée, l'édifice attire le regard en se teintant d'éclairages rougeoyants.

Sous les arcades, de jeunes danseurs de hip-hop ou de rap s'adonnent fréquemment à des performances sportives.

Quant aux spectateurs, ils aiment à sortir dans les **rues de bouchons★** (B1) voisines. Vibrionnantes, elles concentrent terrasse et établissements à la mode. Le soir, les tables empiètent sur la chaussée et la circulation piétonne est dense.

Au nord-est de la place de la Comédie, la **place Louis-Pradel** (B1) décorée d'une fontaine et de sculptures d'Ipoustéguy annonce le quartier des Pentes.

AU MUSÉE DES BEAUX-ARTS

Le musée de Lyon figure **parmi les plus beaux musées** des Beaux-Arts **de France**. Ses collections offrent un panorama exceptionnel de l'art mondial et réservent une place de choix aux **artistes de la région**. Elles se sont enrichies grâce à la donation de 35 toiles impressionnistes et modernes de la collection Jacqueline Delubac, comédienne, épouse de Sacha Guitry et collectionneuse. Et plus récemment grâce au mécénat privé, avec l'acquisition d'œuvres de Pierre Soulages, Ingres ou Fragonnard.

★★★ Musée des Beaux-Arts B1

20 pl. des Terreaux - ✆ 04 72 10 17 40 - www.mba-lyon.fr - ♿ - 10h-18h, vend. 10h30-18h - fermé mar. et j. fériés - possibilité de visite guidée sur demande (1h) - 8 € (-18 ans gratuit).

De la place des Terreaux, on pénètre dans ce palais par un cloître aménagé au 19e s. en jardin. Il abrite aujourd'hui des statues de Bourdelle, Duret et Rodin. À l'intérieur, les collections permanentes sont organisées en cinq départements : peintures, sculptures, antiquités, objets d'art et médailles.

Peintures – Les salles exposent un choix d'œuvres des grandes périodes de l'art pictural européen, à commencer par la **Renaissance italienne**, avec l'*Ascension du Christ* du Pérugin, don du pape Pie VII à la ville de Lyon, la délicate *Nativité* de Costa et un ensemble de l'âge d'or vénitien : *Bethsabée au bain* de **Véronèse**, *Danaé* du **Tintoret**, deux scènes de bataille de **Bassano**. Le musée renferme également des œuvres des écoles bolonaise, napolitaine, florentine et romaine.

Tandis que **Le Greco** et **Zurbarán** illuminent de leurs œuvres la peinture espagnole, à côté de l'école de Cologne et de **Cranach l'Ancien** pour la peinture allemande, les artistes flamands et hollandais sont représentés par **Gérard David**, **Metsys** et plusieurs œuvres de **Rubens**.

La section de peinture française comprend un ensemble important d'œuvres des maîtres du 17e s., dont **Simon Vouet** *(La Crucifixion)*, **Jacques Blanchard** *(Danaé)*, Philippe de Champaigne *(L'Adoration des bergers)* et Charles Le Brun *(La Résurrection du Christ)*, cependant que le 18e s. est représenté notamment par **Greuze** *(La Dame de charité)* et **Boucher** *(La Lumière du monde)*.

Le « salon des Fleurs » annonce le passage au 19e s. avec une gracieuse statue de Juliette Récamier par J. Chinard, un charmant *Buste de fillette* de Houdon, et les compositions florales colorées d'A. Berjon. Une large place est consacrée à la peinture lyonnaise du 19e s. avec Jean-Michel Grobon, Fleury Richard et **Pierre Révoil**.

Figure de la peinture lyonnaise, ce dernier dirigea l'école des beaux-arts pendant vingt-cinq ans. À ces premiers maîtres succède une autre génération lyonnaise représentée par Bonnefond, Flandrin et, surtout, **Janmot** dont on peut admirer le *Poème de l'âme*, constitué de 18 tableaux mystiques.

De ce 19e s. florissant, le musée peut encore s'enorgueillir de toiles de **David**, **Delacroix**, **Géricault** (dont la belle *Monomane de l'envie*) ou **Corot**.

La peinture impressionniste se taille aussi une belle part des salles dans lesquelles se bousculent **Degas**, **Sisley**, **Renoir** et **Gauguin**. Après les Nabis, **Bonnard** et **Vuillard** préludent à un panorama de la peinture du 20e s., illustrée, au début, par des compositions de **Dufy** *(Bateau pavoisé)*, Villon *(L'Écuyère)*, Braque *(Le Violon)*, Jawlensky *(Méduse)*, Chagall *(La Corbeille de fruits, Le Coq)*, Severini *(La Famille du peintre)*, Foujita *(Autoportrait)*. Parmi les artistes modernes, on relève les noms de Masson *(Niobé)*, Atlan *(Bérénice)*, Max Ernst, Dubuffet et N. de Staël *(La Cathédrale)*.

Sculptures – Ce département s'étend du Moyen Âge au 20e s. On prête une attention particulière aux bustes de **Coysevox** et **Lemoyne**, aux *Trois Grâces* de **Canova**, aux œuvres de **Daumier** jusqu'aux marbres de **Bourdelle**, **Maillol** et **Rodin**.

Antiquités – Ce département est composé de trois sections organisées en salles thématiques. La mieux dotée est la **section égyptienne** qui couvre toutes les époques de l'ancienne Égypte ; le thème de « la vie après la mort » est illustré par de splendides sarcophages en bois polychrome, des amulettes ou des *ouchebtis* ; la période ptolémaïque est représentée par les portes monumentales du temple de Médamoud ; les cultes et la vie quotidienne sont largement évoqués par des stèles et masques funéraires, des instruments et objets usuels. Du **Proche et Moyen-Orient**, remarquez la « Tête de prêtre » d'Assyrie, les têtes de statues de Chypre et les sarcophages en plomb de la Syrie romaine (3e-6e s.) qui constituent les plus belles pièces. La dernière section couvre les civilisations **grecque et romaine**. Une exceptionnelle statue de Koré (jeune Athénienne) provenant de l'Acropole témoigne du degré de perfection atteint par la sculpture grecque antique tandis que les célèbres céramiques à figures noires rivalisent de beauté et de finesse avec la technique plus tardive des figures rouges, dans une vaste collection d'amphores, de cratères, d'hydries et autres vases.

Objets d'art – Cette section présente des collections très variées qui traversent les époques et les continents. Le **Moyen Âge** nous a laissé des ivoires ciselés, comme le triptyque attribué au maître du diptyque de Soissons ; cette qualité de travail se retrouve sur les émaux romans et gothiques, souvent de Limoges, ou sur les pièces d'orfèvrerie (bras reliquaire de la fin du 15e s.). L'**art islamique** est très bien représenté par des céramiques, des bronzes, ou par un bassin iranien de 1347, au décor particulièrement soigné (or et argent). La **Renaissance française** est illustrée par une armure de cheval dont le décor est d'une exceptionnelle précision. Cette période correspond au développement des faïences hispano-mauresques, des majoliques italiennes parfois historiées (assiette de 1533, *Hercule et Cacus*, Urbino), et des émaux peints, tel le retable de 27 plaques attribué à Jean Ier Limosin (fin du 16e s.). Les périodes suivantes ne sont pas oubliées avec des **faïences françaises du 18e s.**, le salon de La Norenchal (décor en trompe-l'œil caractéristique du néoclassicisme), le mobilier **Art nouveau** d'Hector Guimard…

LE GÉNÉREUX MAJOR ET SES ÉCOLES

Lorsqu'il s'engage dans la Compagnie française des Indes, **Claude Martin**, fils d'un tonnelier du quartier des Terreaux, a 17 ans. Il est loin d'imaginer le brillant avenir qui l'attend, d'autant plus qu'il est rapidement fait prisonnier par les Anglais alors que la France cède en 1763 la quasi-totalité de ses comptoirs indiens. Mais les Anglais repèrent son intelligence et trouvent le moyen de l'employer sans lui faire trahir son pays. Négociant avisé, il lance la culture et l'industrie de l'indigo. Militaire, diplomate, médecin au besoin, le major Martin se met au service du nabab de la province de Lucknow où il habitera durant vingt-quatre ans. Ces diverses activités lui permettent d'amasser une fortune qu'il lègue à sa mort, en 1800, pour l'éducation des garçons et des filles tant en Inde qu'à Lyon, sa ville natale. Ainsi naissent **les Martinières**, qui compteront parmi leurs élèves les frères Lumière. Elles sont encore actives dans leurs deux pays d'origine.

Remarquez également la collection Raphaël Collin qui rassemble de nombreuses **céramiques de Chine, de Corée et du Japon** (6e-19e s.).

Médailles – La salle du médaillier, remarquable par son plafond à caissons, expose plus de 40 000 pièces, de l'époque grecque à nos jours.

À L'OUEST DES TERREAUX

Les touristes ne pensent pas toujours à flâner au nord-ouest des Terreaux, dans cet entre-deux niché au pied de la Croix-Rousse et sur les quais de Sâone. C'est dommage! Les rues y sont authentiques et les Lyonnais y ont leurs habitudes.

Rue de la Martinière

Elle tient son nom d'un illustre Lyonnais, le major Martin, et des écoles qu'il fonda *(voir l'encadré ci-dessus)*. Au nº 35, **La Martinière des jeunes filles★** (A1), construite en 1906, a gardé son architecture Art nouveau, avec un élégant portail en fer forgé et des mosaïques vénitiennes. Parmi les éléments du décor, la ruche de gauche rend hommage au fructueux labeur du major, celle de droite célèbre la donatrice Mme de Cuzieu et Lyon par sa devise « Avant! Avant! Lion le *melhor!* ».

En face, la **salle Rameau** (A-B1) est de la même époque. Lyon gagnait avec sa construction un lieu où abriter des concerts et conférences, elle est donc ornée par les muses de la Rhétorique et de la Musique, en émaux de Venise. L'utilisation nouvelle du béton armé a permis de concevoir un vaste espace sans pilier, et l'intérieur garde des staffs et vitraux Art nouveau, dont profite encore l'académie de billard.

★ Fresque des Lyonnais A1

Réalisée en 1995 par CitéCréation, cette fresque est devenue l'un des points d'attraction de la ville. 31 personnages de la région y sont représentés, parmi lesquels Louise Labé, l'abbé Pierre, Bernard Pivot, Paul Bocuse, Frédéric Dard, les frères Lumière, Bertrand Tavernier, Mme Récamier, Saint-Exupéry avec son Petit Prince, Guignol et son inventeur…

La place donne à droite sur le **quai St-Vincent** (A1), dont la **charmante vue★** s'ouvre sur les maisons colorées du Vieux-Lyon et de Fourvière.

Quai de la Pêcherie

Les bouquinistes l'occupent tous les week-ends. D'ailleurs la **fresque Bibliothèque de la cité** *(r. de la Platière - A-B1)*, qui leur fait face, est dédiée aux écrivains de la région (Rabelais, Stendhal, Clavel, Saint-Exupéry, Chevallier…).

Parallèle au quai, la **rue Lanterne** offre un autre clin d'œil littéaire. Alphonse Daudet y vécut et en rapporte son souvenir noir dans *Le Petit Chose*. Remarquez, au n° 10, l'église évangélique de style néogothique.

Plus loin, la **rue Paul-Chenavard** permet de redescendre jusqu'au quartier de St-Nizier. Aux n°s 2 et 4 (19e s.) on reconnaît dans les médaillons divers hommes célèbres de la région : Soufflot, Delorme, Jacquard, Montgolfier… Au n° 21, vous pouvez découvrir une des façades du musée des Beaux-Arts. Au n° 23, remarquez l'étroite façade du 12e s. de l'**ancienne église St-Pierre** (B1) et le sobre portail roman encadrant de superbes vantaux de bois du 18e s. L'édifice abrite les sculptures du musée. Face à lui se dresse la place Meissonier, dont la fontaine centrale (19e s.) représente un bienfaiteur de la ville, Jean-Pierre Pleney. Ce dernier légua sa fortune aux orphelins ayant charge de famille.

AUTOUR DES CORDELIERS

De St-Nizier à St-Bonaventure, le quartier des Cordeliers a été marqué par les religieux. Mais plus encore, son histoire a été façonnée par les artisans et marchands. Aujourd'hui il en conserve le caractère. Ici on sort, on déambule et on « fait les boutiques » le week-end.

Quartier de Saint-Nizier

Église Saint-Nizier (B2) – Selon la tradition, l'église actuelle (qui doit son nom à Nizier, évêque de Lyon au 6e s.) s'élèverait à l'emplacement du plus ancien sanctuaire lyonnais. Son architecture monumentale date en grande partie du 15e s. La municipalité l'aurait bâtie pour asseoir son pouvoir sur les marchands et la bourgeoisie d'affaires qui la fréquentait alors. Sa cloche annonçait l'élection de la municipalité.

À l'extérieur, prenez d'abord du recul pour voir les flèches, qui constituent l'une des singularités du paysage urbain lyonnais. La flèche nord, gothique, construite en briques, contraste avec celle, ajourée, du clocher sud (19e s.). Le portail Renaissance, encadré de quatre colonnes doriques, est surmonté d'un cul-de-four à caissons dans sa partie supérieure. Il est surmonté d'un pignon néogothique. La nef est épaulée par des arcs-boutants doubles, bien visibles de la rue de la Fromagerie.

L'intérieur, restauré, est caractérisé par sa décoration flamboyante (15e s.) : la voûte, nervurée, comporte des clefs ornées d'armoiries. Un triforium très ouvragé orne le pourtour. Dans une chapelle du croisillon sud, remarquez la gracieuse **Vierge à l'Enfant★** de Coysevox.En sortant, contournez l'église pour admirer son chevet, ses échoppes (19e s) et ses gargouilles.

Rue Édouard-Herriot (B2) – Ancienne rue de l'Impératrice, elle ouvre une percée « haussmannienne » dans Lyon qui annonce le « Carré d'Or » lyonnais. S'y concentrent quelques banques et magasins de luxe. Repérez aux n° 38, les cariatide et atlante dus à Fabisch, sculpteur de la basilique de Fourvière. Plus bas, à l'angle de la rue de la Poulaillerie, l'horloge Charvet est animée par Guignol et sa compagnie.

★★ Musée de l'Imprimerie et de la Communication graphique B2

13 r. de la Poulaillerie - ✆ 04 78 37 65 98 - www.imprimerie.lyon.fr - 10h30-18h - fermé lun.-mar., 1er janv., 1er Mai, 1er nov., 25 déc. - possibilité de visite guidée sur demande (1h) - 6 €.

En entrant, admirez sa magnifique cour Renaissance. Le prestigieux **hôtel de la Couronne** (fin 15e s.) appartenait à l'origine à un marchand prospère. Depuis 1964, il abrite le musée de l'Imprimerie qui, pour fêter son 50e anniversaire, s'est offert un nouveau nom et une rénovation complète.

Sa présentation rajeunie, l'ensemble a gagné en pédagogie, en couleur, en luminosité. Outre des expositions temporaires plus originales, la collection permanente, toujours riche et pointue, s'est diversifiée pour consacrer une place plus large aux révolutions médiatiques contemporaines, avec davantage d'imprimés des 19e et 20e s. Ainsi la visite permet de voyager à travers six siècles de production graphique, en saisissant mieux, au-delà de l'aspect purement technique, la portée politique, sociale, culturelle, économique des très nombreux objets présentés.

Parmi eux, on découvre de rarissimes **incunables** (imprimés avant 1500), d'anciennes presses, un feuillet de la Bible imprimé par Gutenberg, un grand nombre de notices, d'éditions anciennes, d'estampes, de bois gravés, d'eaux-fortes, de lithographies… Le tout exposé à côté d'objets de communication plus triviaux, anecdotiques en apparence et pourtant stratégiques, tels que des affiches publicitaires, des imprimés de Mai 68, la pochette d'un vinyle, des supports de mémoire électronique, des photocomposeuses, un ticket de bus, des couvertures de magazines ou de journaux gratuits…

Le musée propose régulièrement des démonstrations et des ateliers pour tous les âges. Consultez le programme à l'accueil.

Rue de la République B1-2

C'est l'artère la plus célèbre de la ville. Sa première partie (depuis l'opéra) rappelle le prestige des rues impériales, avec ses façades caractéristiques des constructions lyonnaises du 19e s., percées de hautes fenêtres dont le linteau s'orne d'un lambrequin en tôle découpée.

Piétonne des Cordeliers à Bellecour, la « rue de la Ré » devient nettement plus populaire et commerçante, animée de grands magasins, boutiques, cinémas et brasseries particulièrement prisés en fin de semaine. En la descendant, vous y croiserez le charmant petit **passage de l'Argue**, désignant un outil à filer l'or et l'argent pour le tréfilage *(voir Trévoux p. 188)*. Sa verrière sur arcature métallique (1825) couve aujourd'hui une galerie marchande.

Quartier des Cordeliers B2

Il se repère à trois monuments. Le **palais du Commerce**, contemporain de la rue de la République. Sa façade massive est ornée des allégories du commerce, de la paix et de l'abondance. La **place de la Bourse★** qui le précède bénéficie d'agréables plantations de magnolias, rhododendrons et azalées, inscrites dans un dessin de buis taillés. Enfin l'église qui donna son nom au quartier.

Sanctuaire Saint-Bonaventure (B2) – Les Cordeliers, ou Franciscains, tenaient leur nom de la corde à trois nœuds qu'ils portaient en guise de ceinture ; saint Bonaventure, mort au 2e concile de Lyon, en 1274, fut une gloire de l'ordre franciscain. Du vaste couvent d'origine, il ne reste que l'église St-Bonaventure. Cet édifice, cher aux Lyonnais, a conservé son plan franciscain primitif. Le large vaisseau répond aux nécessités de la prédication, tandis que le dépouillement et la simplicité architecturale témoignent de l'attrait pour la pauvreté des frères de saint François. À l'intérieur, on trouve tout de même l'un des plus beaux orgues de Lyon et quatre tapisseries d'Aubusson du 18e s. sur la vie du saint.

Dans le prolongement de la place des Cordeliers, se faufile la **rue Grenette** *(B2)*, qui fut très commerçante à la Renaissance. Vous ne trouverez pourtant plus de traces manifestes de cette période ; même la « grenette », la halle aux grains, a disparu. Remarquez pourtant au n° 2 la façade ornée de boiseries sculptées et surmontée d'une Vierge de pierre. À l'angle de la rue Édouard-Herriot, jetez au moins un coup d'œil au décor de staffs et de miroirs du

Quartier Cordeliers, fontaine de la place des Jacobins.
C. Moirenc/hemis.fr

1

séculaire **Café des Négociants** (jadis lieu de négociation pour les soyeux et les diamantaires).

★ Rue Mercière B2

Aujourd'hui piétonnière et dévolue à des restaurants de qualité variable, elle fut pourtant l'une des plus importantes artères de Lyon. Elle portait alors le nom de rue Mercatoria, c'est-à-dire des marchands. Vous repérerez encore de nombreuses arcades, vestiges des anciennes boutiques, mais remaniées à diverses époques. Les n°s 48, 50 et 52 alignent de belles façades Renaissance de pierre rouge. Au n° 56 fut imprimé le premier livre en français. Cette **grande maison** cache une cour avec galeries à l'italienne. Au croisement de la rue de la Monnaie, remarquez la jolie perspective qui s'ouvre sous vos yeux.

AUTOUR DE LA PLACE BELLECOUR

Sa gigantesque place ne fait pas seulement la notoriété du quartier. « Bellecour » c'est aussi un ensemble de petites places, des plus charmantes de la ville, de petites rues, des plus chics de la ville. Et un monument colossal : l'Hôtel-Dieu.

Place des Jacobins B2

Entourée d'arbustes et de petits bancs (un lieu idéal pour une pause), elle est dominée par la majestueuse fontaine des Jacobins éclatante de blancheur, élevée en 1886 à la mémoire de quatre artistes lyonnais représentés en costume d'époque : Philibert Delorme (architecte), Hippolyte Flandrin (peintre), Guillaume Coustou (sculpteur) et Gérard Audran (graveur).

Prenez à droite la rue du Port-du-Temple jusqu'au quai.

Au nord, la place donne sur la rue de l'Ancienne-Préfecture qui débouche sur la rougeoyante passerelle du palais de justice. Lancée en 1984, celle-ci offre de belles vues sur la Saône, Fourvière, la Croix-Rousse. Elle conduit, sur l'autre rive, au **belvédère** métallique où trône la première statue érigée dans le cadre du projet « Rives de Saône » (*l'encadré p. 66*).

RIVES DE SAÔNE, INVITATION AU VOYAGE

Après le succès de l'aménagement des berges du Rhône, Lyon s'est lancée à la reconquête de la Saône. Sinueuse, bucolique, elle invite à la poésie. Un immense *river movie* artistique a été imaginé par Jérôme Sans sur les 50 km courant de la pointe de la Presqu'île à la commune de Genay (Val-de-Saône). À cette heure, les huit premières séquences ont été réalisées et offrent 15 km de promenades au fil de l'eau. De la Confluence à Rochetaillée-sur-Saône, en passant par le centre-ville de Lyon et de Caluire, il fait bon admirer les paysages variés, les œuvres d'art en plein air (23 signées de 13 artistes), déambuler entre chemin nature et plages vertes... Envie de tester ? Rejoignez les quais longeant la Saône ou le Pavillon Rives de Saône. Il détaille le projet et organise quelques visites guidées *(à l'angle du quai St-Antoine et du pont du Mal.-Juin-mai-oct. : mer. et sam.-dim. 10h-13h, 15h-19h ; nov.-avr. : mer. 14h-18h, sam.-dim. 10h-13h, 14h-18h)*.

★ Quartier des Célestins B2

De proportions agréables et plantée de magnolias à feuilles caduques, la charmante **place des Célestins** qui fait face au théâtre à l'italienne (19e s.) du même nom, suffirait à justifier la visite. C'est pourtant en sous-sol que se trouve la plus étonnante réalisation architecturale. Au milieu de la place, un périscope en donne un aperçu choisi.

Pour accéder au **parking des Célestins★,** prenez à droite l'ascenseur. La rampe hélicoïdale ajourée d'arceaux du parking s'enroule autour d'un puits central. Les lignes architecturales sont accentuées par un double jeu de lumière et d'alternance de peintures noire et blanche. En bas, un miroir circulaire incliné tourne pour en refléter les arches. C'est sur lui que donne le périscope. Intitulé *Sens dessus dessous*, ce parking a été dessiné par **Daniel Buren**, **Michel Targe et Jean-Michel Wilmotte**.

Place Bellecour B2-3

C'est l'un des repères les plus importants de la ville. Pour les Lyonnais, « Bellecour » représente un lieu de passage, de rendez-vous, d'événements (des manifestations culturelles et sportives se succèdent ici toute l'année).

Statue équestre de Louis XIV – Au centre, trône le « cheval de bronze », ainsi nommé par les riverains, dont le piédestal porte cette inscription : « *Chef-d'œuvre de Lemot, sculpteur lyonnois.* » Une première statue du grand roi, œuvre de Desjardins (1691), avait été dressée ici dès 1713. Considérée comme un symbole de la royauté, elle fut renversée, brisée et fondue sous la Révolution. La statue actuelle date de 1828. Chose rare, son inscription ne se rapporte pas à son sujet (Louis XIV), mais à son auteur, le sculpteur Lemot. L'inscription d'origine a été retirée : c'est en effet par ce subterfuge que le commissaire extraordinaire de la République sauva la statue, à son tour menacée de destruction, en 1848. Elle est encadrée par deux bronzes des frères Coustou, le Rhône et la Saône, orientés vers les rives concernées.

À l'ouest et à l'est, la place est bordée par d'immenses façades symétriques, de style Louis XVI, datant de 1800. Au sud, au nord et à l'est, elle débouche sur des rues et monuments célèbres.

Pavillons – Au sud de la place, deux pavillons se font face. L'un est utilisé par l'office de tourisme, l'autre pour son administration. Ils profitent désormais d'une promenade arborée avec aire de jeux, fontaines, petites échoppes, coin toilettes et deux buvettes. Aux beaux jours, la pause terrasse et chaises longues remporte un large succès. On y admire la silhouette du **clocher de**

l'ancien hôpital de la Charité (17e s.), isolée devant l'hôtel des Postes.

Carré d'Or – Au nord de la place s'ouvrent les rues les plus chics de la ville : la rue Émile-Zola dont les hautes arcades abritent des magasins de luxe, la rue Édouard-Herriot, et la rue Gasparin à l'angle de laquelle se trouve le sanctuaire du **Veilleur de pierre**. Signé Louis Thomas et Georges Salendre, il rend mémoire aux victimes de la Seconde Guerre mondiale, à l'endroit même où cinq résistants furent fusillés le 27 juillet 1944.

Rue de la République, admirez la belle **façade★** de l'ancien siège du *Progrès* au n° 85, encadrée de cariatides géantes. Le bâtiment Art déco du n° 79 est couronné par un coq Pathé géant. Il fut jadis le plus grand cinéma de Lyon. Au croisement de la rue Louis-Paufique, notez, au-dessus de la belle porte ancienne du n° 28, une plaque en mémoire de la **Belle Cordière** (*l'encadré ci-dessous*).

Rue de la Barre – Elle s'élance à l'est de la place Bellecour, vers le Rhône. En chemin, elle croise la **rue des Marronniers**, piétonnière et frangée de terrasses de nombreux bouchons. Elle débouche sur le pont de la Guillotière d'où l'on aperçoit la **façade★** de l'Hôtel-Dieu agrandie au 18e s. par Soufflot.

★ Hôtel-Dieu B2

Ce fut longtemps un emblème de la ville, car son fonctionnement exemplaire pour le soin et le secours des malades et des pauvres donna en son temps à Lyon le titre de « ville de la charité ».

Si les origines de l'Hôtel-Dieu remontent au 12e s. (Rabelais y fut médecin de 1532 à 1534), la plupart de ses bâtiments, dont la chapelle de style Louis XIII, datent du 17e s. Sa façade a été agrandie au 18e s. par Soufflot, à l'époque où l'Hôtel-Dieu brillait comme l'hôpital le plus moderne d'Europe.

Lorsque l'institution de santé ferme ses portes en 2010, le site inscrit au patrimoine mondial de l'humanité engage une reconversion complète. Lancé en 2015, le chantier du « Grand Hôtel-Dieu », conçu par l'atelier AIA/Constantin et financé par le groupe Eiffage, s'avère gigantesque. Sur plus de 50 000 m², il prépare un ensemble mixte avec grand hôtel de luxe, logements, bureaux et une vaste **cité de la gastronomie** déclinée sous une grande verrière façon Covent Garden londonien. Dès 2018, elle devrait proposer marché des terroirs, boutiques, restaurants, espaces d'exposition, de démonstration et un parcours du goût (consacré à la gastronomie française et mondiale, à l'art de la cuisine, mais aussi à l'alimentation santé)... L'ensemble comptera huit entrées sur la ville et la promesse de pouvoir flâner à travers coursives et jardins.

QUARTIER D'AINAY

Les quartiers situés au sud de la place Bellecour épousent les contours de l'ancienne **île des Canabae**, qui tient son nom des entrepôts installés là par

LA BELLE CORDIÈRE

Une Lyonnaise, **Louise Labé (1524-1566)**, incarne l'esprit de la Renaissance, par sa grâce, sa beauté et sa veine poétique. À 20 ans, Louise sait le grec, le latin, l'espagnol, l'italien et la musique. Le goût de l'aventure la fait partir, « envieuse de bruit », pour le siège de Perpignan, abandonnant les « habits mols des femmes ». De retour à Lyon, mariée au bonhomme cordier Ennemond Perrin, la « Belle Cordière » ouvre son salon aux poètes, aux artistes et aux érudits, comme le fera Mme de Sévigné un siècle plus tard.

les Romains. En ce temps-là, le quartier comptait de riches villas, dont les mosaïques ont été transférées au Musée gallo-romain de Fourvière. Édifié par les congrégations religieuses, puis habité par la bourgeoisie, « Ainay » conserve une certaine identité. C'est le quartier des « bonnes familles lyonnaises ».

Rue Victor-Hugo

Les hautes façades bordent cette artère piétonne très commerçante, qui relie Bellecour à la place Carnot. La rue a été percée entre la fin du 18e s. et le Second Empire, en gagnant sur les possessions de multiples communautés religieuses. Elle marqua longtemps une nette frontière entre les **congrégations et écoles privées à l'ouest** et les **rues actives à l'est**.

Remarquez au n° 14 les grilles ouvragées. Plus bas, au coin de la rue Sala, l'immeuble de style Art déco fut choisi en 1941 en raison du nombre de ses issues pour abriter la fondation du Mouvement lyonnais de Résistance. S'y tinrent plus tard des réunions auxquelles participa **Jean Moulin**, et le quartier général de l'armée secrète de la Résistance.

Les communautés religieuses sont à l'origine de l'urbanisation du quartier. Vous en trouverez la trace dans l'omniprésence de bâtiments religieux, même s'ils ont souvent été reconstruits depuis. À l'angle de la rue Ste-Hélène, remarquez la vaste façade néogothique de la **chapelle des Jésuites** (19e s.), construite initialement pour une communauté de clarisses (A3).

Place d'Ainay

Avant de vous tourner vers la basilique, remarquez à droite dans l'enfilade du porche, la **voûte d'Ainay** (18e s.), construite à l'emplacement de l'ancienne porte d'enceinte de l'abbaye et, au n° 20, la jolie **façade★** néoromane de l'ancien presbytère, qui s'harmonise avec le style de l'église.

★ **Basilique Saint-Martin-d'Ainay** (A3) – Monument majeur de l'art roman lyonnais, l'ancienne abbatiale renvoie aux racines de la chrétienté dans la cité. Une première basilique fut construite au 4e s. dans le quartier, peut-être à cet endroit même, suivie par une abbaye carolingienne. La basilique, consacrée par le pape Pascal II en 1107, a subi d'importants remaniements. Le clocher-porche se termine par une pyramide encadrée de curieux acrotères d'angle qui lui donnent sa silhouette caractéristique. Remarquez la frise d'animaux courant sous la corniche entre le 2e et le 3e étage, et sa **décoration à incrustations de briques**.

À l'intérieur, la nef est séparée des collatéraux par de grosses colonnes d'origine romaine ; les arcades sont en plein cintre. Les **chapiteaux★** romans historiés représentent à droite du chœur, Adam et Ève avec le serpent, l'Annonciation, le Christ en majesté ; à gauche, Caïn tuant Abel, l'offrande de Caïn et d'Abel, saint Michel terrassant le dragon, Jean Baptiste montrant le Christ.

Le 19e s. a fait l'objet de nombreuses restaurations dont émanent les peintures de l'**abside** signées Hippolyte Flandrin et de la **coupole** par Charles Lameire.

Sur le croisillon sud s'ouvre la chapelle Ste-Blandine, primitivement indépendante de l'édifice principal et qui passe pour avoir abrité dans sa courte crypte les restes des martyrs de 177.

À la sortie, longez l'église pour profiter, à l'angle des rues Bourgelat et Adélaïde-Perrin, de la **vue** dominée par le clocher de façade et la tour carrée du transept.

Place Ampère, la statue qui trône au centre est dédiée au physicien, théoricien de l'électromagnétisme, né à Lyon.

★★ Musée des Tissus B3

34 r. de la Charité - ✆ 04 78 38 42 00 - www.mtmad.fr - 10h-18h - fermé lun. et j. fériés - possibilité de visite guidée sur demande (1h) - 10 € (-12 ans gratuit).

L. Giraudou/hemis.fr

Vue aérienne de la place des Terreaux.

P. Verrier/MTMAD Lyon

Musée des Tissus et des Arts décoratifs.

B. Rieger/hemis.fr

Fontaine de Bartholdi sur la place des Terreaux.

Fondé par la chambre de commerce de Lyon, il y a plus d'un siècle, et aménagé dans l'hôtel de Villeroy (1730), ce musée, qui abrite aussi le Centre international d'étude des textiles anciens, constitue un véritable « conservatoire » du tissu d'art et fait la fierté des Lyonnais. Les prestigieuses **collections★★★** sont organisées autour de deux grands pôles : l'Occident et l'Orient. Un temps menacé de fermeture, le musée semble finalement devoir être maintenu dans ses murs et partiellement modernisé.
La première salle initie le visiteur aux différentes techniques utilisées dans le travail de la soie : le satin, le sergé, le taffetas, le velours… Les **tissus français** sont présentés à travers un ensemble de magnifiques étoffes exécutées surtout à Lyon depuis le début du 17e s., époque où la « Fabrique » lyonnaise (également appelée « manufacture des étoffes de soie ») se distinguait par son savoir-faire. Le 18e s. apporte beaucoup d'innovations, notamment grâce à **Philippe de Lassalle** et à **Jean Pillement** : les portraits brodés et les « chinoiseries » remportent un grand succès. On appréciera aussi le **Meuble Gaudin★**, célèbre tenture pour la chambre à coucher de Joséphine à Fontainebleau. Le début du 19e s. est marqué par le retour à l'antique : panneau à « motif pompéien » d'après les danseuses d'Herculanum. Dans la salle décorée d'un panoramique en papier peint avec des grisailles de Psyché, de petits **portraits★** en velours illustrent le haut degré de finesse obtenu par le procédé Grégoire (peinture sur fil de soie), au cours d'un siècle pendant lequel se développent les tissus imprimés à grande échelle et l'engouement pour les « châles des Indes ».
Le musée possède également un important ensemble de vêtements et d'**ornements liturgiques★** regroupant la production européenne du 12e au 18e s. D'Italie viennent des tissus palermitains et vénitiens, et de somptueux velours génois et florentins de l'époque Renaissance à décor stylisé de chardons et de grenades. D'Europe du Nord-Ouest, outre de précieux témoignages de l'art de la broderie, le musée possède des pièces caractéristiques de l'art franco-flamand du 15e s., tandis que l'Espagne est représentée par des tissus hispano-mauresques, au décor fortement influencé par l'art arabe, et d'admirables velours de soie du 16e s. Parmi les **costumes civils**, l'exceptionnel **pourpoint★** (32 pièces) de Charles de Blois, du 14e s., constitue l'une des plus belles pièces. La section réservée à l'**Extrême-Orient** présente des pièces raffinées du 16e au 19e s. : panneaux brodés et peints, kimonos du Japon, robes impériales en K'o-sseu (tapisserie au petit point) de Chine.
De l'**Orient**, le musée possède de nombreux éléments caractéristiques de civilisations anciennes : tapisseries coptes en laine ou en lin provenant des fouilles d'Antinoé, tissus sassanides à décor de scènes de chasse ou d'animaux affrontés, délicates broderies de l'Égypte des Fatimides, étoffes byzantines. De magnifiques **tapis★**, provenant de Perse, Turquie, Espagne, du 15e au 18e s., complètent cet ensemble remarquable.

★★ Musée des Arts décoratifs B3

34 r. de la Charité - ✆ 04 78 38 42 00 - www.mtmad.fr - 10h-18h - fermé lun. et j. fériés - possibilité de visite guidée (1h) - 10 € (-25 ans 7,50 €).

Il peut être fatigant d'enchaîner cette visite avec celle du musée des Tissus, mais les très riches collections méritent vraiment que l'on s'y attarde. Aménagé dans l'hôtel de Lacroix-Laval et ses écuries attribués à Soufflot (1739), le musée est principalement consacré au décor de la vie au 18e s. Sur trois étages, en parcourant les belles salles ornées de parquets et de boiseries, on peut admirer un important ensemble de meubles estampillés par de grands ébénistes (Hache, Oeben, Riesener), des objets d'art, des instruments de musique (magnifique **clavecin** de 1716), des tapisseries (Gobelins, Beauvais, Flandres, Aubusson), des porcelaines (Saint-Cloud, Sèvres, Meissen) et des faïences (Lyon, Moustiers, Marseille). Il est impossible de manquer, au deuxième étage, l'exceptionnel **décor de la salle à manger** ; les lambris dorés et sculptés (18e s.) rapportés d'un hôtel particulier de Lyon. Parmi les salles consacrées à l'art du Moyen Âge et de la Renaissance, on s'attachera particulièrement à la galerie contenant plus de 200 **majoliques italiennes★** du 15e et 16e s. Enfin, une section est consacrée à l'**orfèvrerie contemporaine**. Elle expose une centaine d'œuvres signées par les plus grandes maisons (Maeght, Alessi) d'après de célèbres designer.

En sortant du musée, baladez-vous dans les rues voisines. Vous découvrirez le **mur** de pierres de la rue de Fleurieu, héritage de l'ancien rempart médiéval du quartier ; la place Antoine-Gailleton, où il fait bon s'asseoir au soleil au pied du monument gigantesque érigé à la mémoire du dernier maire du 19e s., qui acheva en son temps les travaux d'urbanisation de la Presqu'île. Dans la **rue Sainte-Hélène**, les nos 29 et 31 traboulent joliment (cour des Fainéants décorée de stucs) vers la rue Sala. La **rue Auguste-Comte** est réputée pour ses boutiques d'antiquaires, ses galeries d'art et l'église St-François-de-Sales, à l'intérieur de laquelle un orgue monumental Cavaillé-Coll (1880) eut pour titulaire le père du compositeur Charles-Marie Widor.

★ QUARTIER DE LA CONFLUENCE Plan IV p. 73

Circuit tracé en vert sur le plan IV p. 73. À pied (1h30) ou à vélo (45mn).

De Perrache à la pointe sud de la Presqu'île, Lyon a lancé en 2003 une des plus vastes opérations d'aménagement de centre-ville en Europe. Ici se dessine la Confluence du 21e s., prolongement naturel de la Presqu'île. Le programme ambitieux inscrit le quartier « historique » de Ste-Blandine dans un ensemble pluriel mêlant écoquartier, immeubles ultramodernes, pôle tertiaire, universitaire et de loisirs. Pour l'heure, la ZAC 1 (côté Saône) est achevée. La ZAC 2 (côtés Rhône et sud) est lancée. En attendant, le quartier mérite déjà amplement une visite, ne serait-ce que pour découvrir le **musée des Confluences**.

Si vous avez peu de temps, visitez la Maison de la Confluence, lieu d'informations et d'exposition qui présente la maquette du projet urbain et détaille son évolution (73 r. Smith - ✆ 04 78 38 74 00 - www.lyon-confluence.fr - ♿ - 14h-18h, sam. 14h-18h30 - fermé dim.-mar. et j. fériés - possibilité de visite guidée (30mn).).

Place des Archives B1

Au pied de la gare Perrache, la place a fait l'objet d'un réaménagement complet dès le début du projet Confluence. Elle abrite, à l'est, le bâtiment des Archives municipales au bas duquel se déroulent une série d'expositions temporaires. À l'ouest, elle donne un bel aperçu du tout nouveau bâtiment de l'université catholique de Lyon, fruit de la réhabilitation audacieuse des ex-prisons St-Paul et St-Joseph (conçues par Louvier et Baltard).

En face, elle s'ouvre sur le **quartier Sainte-Blandine** et le **cours Charlemagne**, qui traverse la Confluence jusqu'à la pointe de la Presqu'île.

Suivez-le jusqu'au cours Suchet, que vous prenez pour rejoindre la Saône.

Rives de Saône A1-3

Du pont Kitchener-Marchand au débouché du cours Bayard, l'aménagement du **quai Rambaud** a été imaginé dans le cadre du projet « Rives de Saône » pour permettre aux passants de relier, à pied ou à vélo, le nord et le sud de la Presqu'île, en passant au large de la gare Perrache. Le projet des paysagistes Georges et Julien Descombes joue sur trois éléments : la rivière, un quai « haut » arboré, (dévolu aux terrasses, pistes cyclables, équipements ludiques et sportifs) et un quai « bas » minéral (aménagé au fil de l'eau).

Descendez vers le sud. La promenade, entre péniches et zones de détente, s'avère bucolique. À la hauteur du théâtre de verdure et son espace de jeux public (terrain de boules, de basket, skate-park, mini-stade de foot-ball), admirez la Saône et face à vous la colline de Sainte-Foy et ses maisons anciennes.
Poursuivez jusqu'à la place Nautique et rejoignez le quai Antoine-Riboud.

Place Nautique A2

Créée de toutes pièces (2005-2010) pour la première phase du projet Confluence, elle s'est imposée comme son centre névralgique. Aujourd'hui, la darse accueille port, capitainerie, estacade, navette fluviale (le Vaporetto qui relie St-Paul via Bellecour). Au nord, elle est bordée par le **quai Antoine-Riboud**, dont les façades contemporaines du Monolithe symbolisent le premier quartier durable de France labelisé WWF. À l'est, elle donne sur le chantier du futur quartier du Marché (place de l'ancien marché-gare), dont les plans ont été conçus par le promoteur Icade, les architectes Herzog & de Meuron et le paysagiste Michel Desvigne. L'**Hôtel de Région** (2011) signé Christian de Portzamparc se découpe à droite.
Prenez la passerelle. Elle débouche sur un **centre commercial** nouvelle génération qui abrite boutiques, salles de cinéma, espaces ludiques et restaurants panoramiques sur 53 000 m^2. *Longez-le pour remonter jusqu'à la Saône.*

Promenade des Docks Rambaud A2

Autrefois, les **Docks** symbolisaient le port de marchandises Rambaud (1926-1995). Aujourd'hui ils représentent la reconversion architecturale et économique du quartier, devenu pôle d'activités tertiaires et médiatiques.
Descendez vers le sud.
En chemin, vous croisez **jardins aquatiques**, terrasses de restaurant-lounge, édifices devenus emblématiques : le siège du quotidien régional *Le Progrès*, le « **cube orange** » (siège du groupe Cardinal) auquel répond le « **rectangle vert** » (siège d'Euronews) signés Jakob & McFarlane ; l'ex-pavillon des Douanes transformé par Wilmotte en restaurant et galeries d'art ; **La Sucrière**, entrepôt 1930, réhabilitée pour accueillir des expositions artistiques (la Biennale d'art contemporain) et sur son toit un club branché ; enfin le nouveau Pavillon 6, ex-Caisse des dépôts et consignations réhabilitée par Rudy Ricciotti.
Continuez de longer la Saône. Le chemin passe sous le pont ferroviaire et l'autoroute. Il devient étroit à mesure qu'il rejoint la pointe et permet d'entrer directement dans les jardins du **musée des Confluences.**

★★ Musée des Confluences Plan I B2 et Plan IV A3

86 quai Perrache - ✆ 04 28 38 11 90 - www.museedesconfluences.fr - ♿ - 11h-19h, w.-end et j. fériés 10h-19h, jeu. 11h-22h - fermé lun., 1er janv., 1er Mai, 1er nov., 25 déc. - possibilité de visite guidée sur demande (1h30) - 9 € (-18 ans gratuit).
Posé au confluent du Rhône et de la Saône, le musée tant attendu inauguré en décembre 2014, suscite déjà l'enthousiasme général.
Depuis le **jardin** qui l'entoure, son enveloppe singulière, conçue par l'agence autrichienne **Coop Himmelb(l)au**, questionne le visiteur autant qu'elle se laisse admirer. Constitué d'un « cristal » de verre agrégé à un immense « nuage » en inox (6 500 t) reposant par 14 piliers (seulement !) sur un « socle » minéral semi-enterré en béton architectonique, l'édifice a été pensé comme une métaphore de la connaissance. On y entre par la verrière transparente du cristal (image du monde connu) avant de s'avancer dans le nuage plongé dans la pénombre (image de l'inconnu, de la découverte). À l'intérieur, la vue est saisissante et l'impression de hauteur vertigineuse !

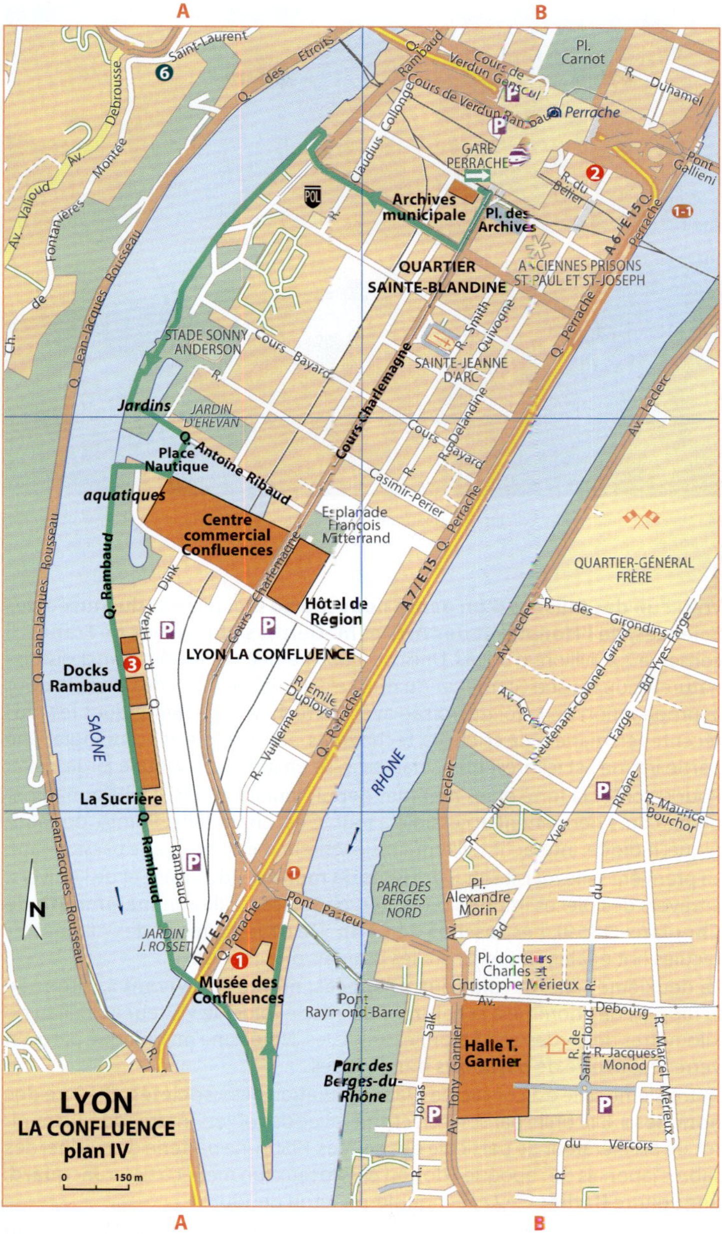

SE LOGER
Chambre d'hôte
La Laurentine 6

SE RESTAURER
Brasserie des Confluences .. 1
Brasserie Georges 2

Selcius 3

Musée des Confluences, conception par l'agence autrichienne Coop Himmelb(l)au Wolf D. Prix & Partner.
P. Jacques/hemis.fr

Voici **l'un des musées d'un genre nouveau au croisement du musée des Sciences, de l'Homme et des Arts et Métiers les plus riches de France.** Il conserve 2,2 millions d'objets. Une collection héritée de l'ex-Museum d'Histoire naturelle, du musée Guimet et du musée colonial de Lyon, des Œuvres pour la propagation de la foi et croisée avec les recherches scientifiques les plus récentes en matière de sciences, techniques, archéologie et ethnologie. Une partie infime est ici présentée, mais sa mise en lumière vaut une large visite. Pour raconter la terre et les hommes depuis leurs origines, il fallait imaginer un parcours permanent accessible à tous. C'est chose faite. Pointu, pédagogique, ludique, interactif… il entraine le visiteur dans un voyage passionnant.

La première salle revisite les **« origines du monde »** (du vivant et de l'univers) à travers des pièces impressionnantes, parmi lesquelles un **mammouth de Choulans (1859)**, des **fossiles de Cérin**. De courts films et des maquettes tactiles ont également été installés pour les plus jeunes.

La deuxième salle, dévolue aux **« espèces, mailles du vivant »,** interroge le rapport de l'homme à la nature… et laisse évoluer le visiteur au milieu de kilomètres de cordes et de momies animales. Notez une magnifique paroi en verre recouverte de **papillons** multicolores.

La troisième salle est consacrée à la structuration des **« sociétés, théâtre des hommes »**. Elle brille par son éclectisme, avec des objets inattendus (un minitel, un accélérateur de particule des années 1950, une batterie de cuisine, des sabres japonais de l'époque Edo), ou plus locaux (un métier à tisser **Jacquard**, une voiture **Berliet** C2 22 HP double-phaéton de 1908).

La quatrième salle, consacrée aux **« éternités, vision de l'au-delà »,** offre un regard conceptuel sur notre rapport à la mort, en explorant notamment les rites et les objets funéraires (masques, momies, nécropoles).

Bon à savoir – Pour un moment détente, montez au quatrième étage : délicieux petit comptoir et terrasse avec double vue sur le quartier Confluence et la colline de St-Just. Quant à la librairie (au rdc), elle propose une belle sélection sur tous les thèmes abordés dans le musée (livres, CD, DVD, jeux et objets déco).

Avant de partir ne manquez pas les jardins du musée, pour profiter de la vue sur le confluent. En sortant, la station de tramway offre une perspective sur la Presqu'île-côté Rhône. Et le pont Raymond-Barre (tram-piéton) des bancs accueillants.

NOS ADRESSES SUR LA PRESQU'ÎLE

HÉBERGEMENT

PREMIER PRIX

Hôtel Saint-Pierre des Terreaux – *8 r. P.-Chenavard - Ⓜ A/C Hôtel-de-Ville - ✆ 04 78 28 24 61 - www.hotelstpierredesterreaux.com - 17 ch. 76/130 € - ☕ 8 €.* Fraîchement rénové, cet hôtel 18e s. dispose d'une excellente situation, au coeur des Terreaux mais à l'écart de l'agitation. Service et chambres agréables.

Élysée Hôtel – *92 r. É.-Herriot - Ⓜ A Cordeliers-Bourse - ✆ 04 78 42 03 15 - www.elyseehotel.fr - 29 ch. 79/86 € - ☕ 8,50 €.* Cet hôtel familial très bien placé dans la Presqu'île occupe un immeuble du 19e s. sur six étages. Intérieur soigné et accueil attentif.

BUDGET MOYEN

Hôtel Alexandra – *49 r. V.-Hugo - Ⓜ A Ampère - ✆ 04 78 37 75 79 - www.hotel-alexandra-lyon.fr - P 28 € - ♿ - 34 ch. 89/299 € - ☕ 18 €.* Hôtel à deux pas de la gare Perrache. Les chambres sur le patio sont un peu étroites mais au calme. Sur rues, elles sont plus spacieuses.

Hôtel des Célestins – *4 r. des Archers - Ⓜ A/D Bellecour - ✆ 04 72 56 08 98 - www.hotelcelestins.com - P 11 € - ♿ - 29 ch. 168/360 € - ☕ 11 €.* Une situation de choix pour un large éventail d'hébergements : hôtel classique (discret, calme et bien entretenu), trois meublés et un appartement.

POUR SE FAIRE PLAISIR

Hôtel des Artistes – *8 r. G.-André - Ⓜ A/D Bellecour - ✆ 04 78 42 04 88 - www.hotel-desartistes.fr - 45 ch. 85/13,50 €.* Avec sa façade donnant sur l'adorable place des Célestins, cet hôtel possède des chambres coquettes. La salle des petits-déjeuners est ornée d'une fresque à la Cocteau.

RESTAURATION

BUDGET MOYEN

Brasserie Georges – *30 cours Verdun - Ⓜ A Perrache - ✆ 04 72 56 54 54 - www.brasseriegeorges.com - tlj 11h30-23h (w.-end 0h15) - formule déj. 16,75 € - 22,50/27,50 €.* « Bonne bière et bonne chère depuis 1836 », cadre Art déco magnifique, ballet des serveurs et ambiance ad hoc : cette brasserie classée est un incontournable.

Brasserie des Confluences – *86 quai Perrache - T1 Musée-des-Confluences - ✆ 04 72 41 12 34 - www.museedesconfluences-restauration.com - tlj sf dim. soir et lun. 12h-14h et 19h30-21h30 - formule déj. 24 €.* Un restaurant de verre posé sous le musée. En cuisine, le subtil mariage de deux toques - plats Lassausaie et desserts Pignol. Au final, une adresse mi- gastro mi-bistro qui tient ses promesses.

Le Bouchon des Filles – *20 r. Serg.-Blandan - Ⓜ A/C Hôtel-de-Ville - ✆ 04 78 30 40 44 - tlj - 19h-22h, midi le w.-end - 26 €.* À l'heure des nouvelles « mères lyonnaises », de jeunes cuisinières revisitent le traditionnel bouchon. Ambiance conviviale et saladiers des entrées accueillants.

Café comptoir Abel – *25 r. Guynemer - Ⓜ A Ampère-Victor-Hugo - ✆ 04 78 37 46 18 - www.*

1

cafecomptoirabel.fr - tlj - 25/49 €. Ce comptoir, l'un des plus vieux de Lyon, est resté « dans son jus », patiné et plein de charme. À l'écart, on y déguste une cuisine traditionnelle dont la quenelle de brochet, parfaitement préparée.

Léon de Lyon – *1 r. Pléney - Ⓜ A/C Hôtel-de-Ville - ✆ 04 72 10 11 12 - www.leondelyon.fr - tlj - formule déj. 19,50 € en sem. - 24/28 €.* La brasserie de Jean-Paul Lacombe n'a rien perdu de sa superbe. Dans son cadre cossu, on y sert une excellente cuisine bourgeoise et lyonnaise.

Le Mercière – *56 r. Mercière - Ⓜ A Cordeliers - ✆ 04 78 37 67 35 - lun.-jeu. 12h-14h30, 18h30-23h30, vend.-dim. 12h-14h30, 19h30-0h - menu à partir de 29 €.* Vieille maison pittoresque à débusquer dans une traboule s'ouvrant sur la célèbre rue de bouche. Cuisine traditionnelle 100 % régionale servie dans l'atmosphère typique des bouchons lyonnais.

Selcius – *43 quai Rambaud - T1 Montrochet - ✆ 04 78 92 87 87 - www.selcius.fr - tlj sf dim. soir 11h-14h30 et 17h30-1h (4h w.-end) - plat 15/29 €.* Un bâtiment gigantesque (ex-entrepôt des Salins du Midi), des canapés en terrasse, une vue imprenable sur la rivière… un bel endroit pour une pause déjeuner, dîner ou brunch le dimanche.

POUR SE FAIRE PLAISIR

Cuisine et Dépendances Acte II – *68 r. de la Charité - Ⓜ A Perrache - ✆ 04 78 37 45 02 - www.cuisineetdependances.com - tlj sf w.-end 12h-15h et 19h30-0h - P 4 € - menu 30 € en sem.* Tons contemporains (fuchsia et anthracite) pour une cuisine moderne, savoureuse et généreuse axée sur les produits de la mer. Cher le soir mais formules lunch très avantageuses.

L'Institut – *20 pl. Bellecour - Ⓜ A/D Bellecour - ✆ 04 78 37 23 02 - www.institutpaulbocuse.com - 12h30-14h - 32 € - réserv. uniquement sur internet.* À côté de l'hôtel Royal, le restaurant d'application de l'Institut Paul-Bocuse n'a rien d'une école ! Cuisines ouvertes, rigueur dans le service et surprises dans l'assiette. Mention très bien pour les chefs de demain.

Thomas – *6/8/3/1 r. Laurencin - Ⓜ A Ampère-Victor-Hugo - ✆ 04 72 56 04 76 - www.restaurant-thomas.com - fermé w.-end – formules déj. 18/22/33 € - 47 €.* Sous l'égide d'un jeune chef passionné, une cuisine fine et savoureuse dans une salle cosy. Plusieurs annexes dans la rue, avec d'aussi bons produits, dont les tapas du trendy Comptoir.

BOIRE UN VERRE

Les Terrasses Saint-Pierre (café du musée des Beaux-Arts) – *20 pl. des Terreaux - Ⓜ A/C Hôtel-de-Ville - ✆ 04 78 39 19 65 - www.les-terrasses-saint-pierre.com - 10h-18h, vend. 10h30-18h - fermé mar. - nocturne jusqu'à 22h30 le premier vend. de chaque mois.* Visite ou non à la clé, le café est idéal pour une pause. Terrasse donnant sur le cloître. Restauration légère (cakes, salades) ou plus élaborée (carte tendance fusion). Fresque monumentale de Raoul Dufy, La Seine, de Paris à la mer.

Broc'Bar – *20 r. Lanterne - Ⓜ A/C Hôtel-de-Ville - ✆ 04 78 30 82 61 - tlj 7h-1h.* Un bar plus « baroque que broc » aux airs de café parisien, où la clientèle d'habitués aime à se retrouver pour de longs pots en terrasse.

SORTIR

Opéra national de Lyon – *1 pl. de la Comédie - Ⓜ A/C Hôtel-de-Ville - ✆ 04 69 85 54 54 - www.opera-lyon.*

com - billetterie mar.-sam. 12h-19h, fermé 1er-15 août 12h-18h. L'Opéra réunit un orchestre, un ballet, un choeur et une maîtrise d'enfants. Programmation plus variée (cabaret, jazz, musiques du monde) dans l'amphithéâtre et au Péristyle (café-jazz en été).

Hot Club de Lyon – *26 r. Lanterne - Ⓜ A/C Hôtel-de-Ville - ✆ 04 78 39 54 74 - www.hotclubjazzlyon.com - merc.-sam. 20h-1h - fermé de juil. à mi-sept. - 11 €.* Tous les amateurs de jazz fréquentent ce club, installé dans une cave comme ses illustres prédécesseurs de St-Germaindes-Prés… Du style New Orleans au jazz fusion en passant par les standards de Duke Ellington, toutes les tendances y sont représentées.

Docks 40 – *40 quai Rambaud - T1 Montrochet - ✆ 04 78 40 40 40 - www.docks-40.com - ♿ - lun.-vend. 12h-14h30, merc.-sam. 19h-23h.* Un bar-restaurant- club de 600 m² au style industriel-moderne. Clientèle sélecte qui apprécie les concerts de jazz et les DJs, et les mojitos sur la superbe terrasse sur la Saône.

ACHATS

Pignol – *8 pl. Bellecour - ✆ 04 78 37 39 61 - www.pignol.fr - 8h-19h30 - fermé dim.* Après des débuts artisanaux (en 1954), le traiteur a multiplié les conquêtes. Il possède désormais cinq restaurants, huit boutiques et se voit régulièrement confier la restauration d'événements prestigieux organisés à Lyon.

Reynon – *13 r. des Archers - Ⓜ A/D Bellecour - ✆ 04 78 37 39 08 - www.reynonlyon.com - 8h30-13h30, 15h-19h30 - fermé dim.-lun. et de fin juil. à mi-août.* Maison tenue par la même famille depuis sa création en 1937. Saucissons, rosettes, jésus, cervelas… sont préparés avec beaucoup d'attention. Amateurs d'anecdotes et de recettes, lisez Le Fils du charcutier (1984) écrit par Claudius Reynon.

Bonnard – *36 r. Grenette - Ⓜ A Cordeliers - ✆ 04 78 42 19 63 - www.charcuteriebonnard.fr - 9h-13h30, 15h30-19h30, vend. 8h30-13h30, 15h-19h30, sam. 8h30-12h30, 15h-19h30 - fermé dim.-lun. et de mi- à fin août.* Créée en 1850, belle adresse pour qui veut faire provision de specialités lyonnaises comme le fameux cervelas truffé (5 %). Le cadre Art déco et la verrière surmontée d'une tête de lion en cuivre valent le coup d'œil.

Voisin – *28 r. de la République - Ⓜ A Cordeliers - ✆ 04 78 42 46 24 - www.chocolat-voisin.com - 9h-19h30, lun. 11h-19h - fermé dim., w.-end de pâques, 1er mai et 25 déc.* Cette maison fabrique chocolats, coussins, quenelles de Lyon, etc. Elle approvisionne aussi ses 18 boutiques lyonnaises en cafés torréfiés et en thés grands crus. Un must.

Tousoie – *19 r. A.-Comte - Ⓜ A Ampère/Victor-Hugo - ✆ 04 78 92 94 63 - www.tousoie.com - 10h-12h30, 14h-19h - fermé dim.-lun. et août.* Ce spécialiste de la mousseline propose depuis cent ans un vaste choix de tissus de qualité. Ses collaborations avec de grands couturiers lui confèrent une solide réputation.

Chocolats Richart – *1 r. du Plat - ✆ 04 78 37 38 55 - www.chocolats-richart.com - lun.-sam. 10h-13h30, 14h-19h.* D'excellents cacaos subtilement combinés avec d'audacieux aromates. La recette Petits Richarts se décline, du fruité à l'épicé, de l'herbacé au balsamique… : un monde s'ouvre aux gourmands.

La Croix-Rousse

Il flotte à la Croix-Rousse une atmosphère villageoise, en particulier les jours de marché, lorsque les Croix-Roussiens s'attablent en terrasse, leur panier de courses aux pieds, à l'heure de l'apéritif. Les plus irréductibles, enracinés sur « le plateau » (intégré à la ville de Lyon en 1852), contemplent de haut l'agitation d'en bas et peuvent, dit-on, passer des mois sans « descendre en ville ».

NOS ADRESSES PAGE 86
Hébergement, restauration, achats, activités, etc.

SE REPÉRER
Métros Croix-Paquet, Croix-Rousse, Hénon et Cuire – Plan I p. 30-31 – Plan IV p. 80-81.
La colline de la Croix-Rousse domine la Presqu'île au nord. On distingue deux grands quartiers : les pentes et le plateau.

SE GARER
Garez-vous de préférence sur la Presqu'île. Évitez en tout cas de stationner dans les pentes où la circulation est difficile.

À NE PAS MANQUER
Le mur des Canuts et la fresque des Lyonnais ; la vue plongeante sur le Rhône de la rue Justin-Godart ; la cour des Voraces ; un shopping mode autour du passage Thiaffait ; les ateliers de soierie ; les jardins et la vue de la Grande-Côte.

ORGANISER SON TEMPS
Par temps chaud, prévoyez de visiter les pentes de préférence le matin. Pour le plateau, préférez les matinées du week-end afin de partager la pause hebdomadaire qui suit le marché…

Se promener Plan V p. 80-81

LES PENTES

Circuit 1 tracé en vert sur le plan p. 80-81.
Partez de la place des Terreaux (F2), au pied de la Croix-Rousse. Prenez les rues Romarin et Ste-Catherine jusqu'à la rue St-Polycarpe que vous remontez en direction de l'église. Comptez 2h.

Établissement de Condition publique des Soies F1

Il s'ouvre au n° **7** par un porche dont l'arcade supérieure est décorée d'une majestueuse tête de lion et de feuilles de mûrier. Ici, au 19e s., on contrôlait le degré hygrométrique des étoffes de soie. Le tissu pouvant absorber jusqu'à 15 % de son poids en eau, il fallait en garantir le poids loyal et marchand.
Remontez la rue de l'Abbé-Rozier.
Dans l'axe se dresse l'**église St-Polycarpe** (F1), des 17e et 18e s., construite à même la colline, imbriquée dans les immeubles. Le cœur de **Pauline Jaricot** repose dans l'une de ses chapelles (*l'encadré p. 50*).
Tournez à gauche dans la rue R.-Leynaud.
Au n° **19** (face au n° 14), s'ouvre, encadré par deux colonnes, le **passage Thiaffait** devenu le repère des amateurs de mode (*Village des créateurs, pépinière de jeunes stylistes – 04 78 27 37 21 - www.villagedescreateurs.com - 14h-19h - fermé dim.-mar. et j. fériés.*) Il aboutit par un escalier à double volée à la rue Burdeau. En face du n° 36 s'élève la montée du Perron menant à la **place**

Le quartier de la Croix-Rousse, l'amphithéâtre des Trois Gaules et la colline de Fourvière en fond.
F. Guiziou/hemis.fr

1

Chardonnet (F1), dominée par le monument élevé à la mémoire du comte Louis-Marie Hilaire de Chardonnet (1839-1924), inventeur de la soie artificielle.
Gagnez la rue des Tables-Claudiennes que vous prenez sur la droite (escalier).

Rue des Tables-Claudiennes F1

Elle doit son nom aux inscriptions sur bronze découvertes par le drapier Gribaud dans sa vigne, à l'emplacement de l'amphithéâtre. Le n° **55** traboule vers le 20 rue Imbert-Colomès (escalier) (*le musée gallo-romain de Lyon-Fourvière p. 52*).

Prenez en face le n° 29 qui traboule vers la cour des Voraces (escalier et chemin à droite, tournez à gauche au niveau d'une lanterne, montez deux volées d'escalier).

Cour des Voraces F1

Cette cour intérieure, impressionnante par la taille de son escalier, était, au siècle dernier, le lieu de réunion d'une confrérie de canuts. Cette confrérie, dite des Voraces ou des Dévorants, aurait joué un rôle important dans la révolte de 1848. Vous arrivez sur la jolie place Colbert et son square.

Prenez à gauche la rue du Gén.-de-Sève (escalier), puis la rue J.-B.-Say qui débouche sur une grande esplanade.

★ Grande-Côte F1

La montée de la Grande-Côte porte bien son nom, mais vous la prenez… en descente. Pour compenser la destruction des maisons anciennes dans sa partie haute, elle a bénéficié d'un superbe réaménagement. L'agréable **jardin**★ de la Grande-Côte, où l'on peut s'asseoir, a été orienté de manière à garder les belles **perspectives** sur les quartiers St-Paul, St-Jean et Fourvière. Il étage, au pied de rubans de pelouse, des essences variées d'arbres et d'arbustes à parfum, une collection de cerisiers du Japon, mais aussi les incontournables mûriers à fruits rouges ou blancs en mémoire des canuts. Amateurs de botanique, remarquez tout de suite à gauche les inhabituels mûriers à papier *(Broussonetia papyrifera)* à fruits orange, poisseux, dont l'aubier était utilisé pour fabriquer du papier en Chine ou les fibres textiles des *tapa* en Polynésie.

SE RESTAURER
Hôtel de la Croix-Rousse 5
Nos Chambres en ville 3

SE RESTAURER
Balthaz'Art 2

LA CROIX-ROUSSE

Bistrot des Voraces............ 3
Grand Café de la soierie...... 1
L'Ourson qui boit 7
Maison Villemanzy............ 6

La montée, longtemps très populaire, a pris des airs bourgeois, que confirme la rue pavée qui s'ensuit. Repérez après le jardin quelques fenêtres à meneaux, vestiges de bâtisses Renaissance.
Descendez jusqu'à la rue des Tables-Claudiennes que vous prenez sur la droite.

Amphithéâtre des Trois-Gaules F1

Selon la dédicace découverte au fond d'un puits en 1958, ce lieu vénérable fut construit en 12 av. J.-C. par Rufus afin de réunir les délégués des soixante tribus gauloises. Agrandi sous l'empereur Hadrien, il connut une triste notoriété sous Marc Aurèle en devenant le lieu de supplice des nouveaux adeptes du christianisme, au nombre desquels figure **sainte Blandine** qui y périt égorgée, après avoir été épargnée par les lions, en 177 (un poteau dans l'arène signale le lieu du martyre). C'est là que trônaient, à l'origine, les Tables claudiennes *(voir p. 52).* De l'ensemble, composé d'une arène entourée d'un caniveau et d'un podium qui supportait les gradins, n'a été dégagée que la partie nord.

Jardin des Plantes F1

Il n'en reste pratiquement que le nom, et quelques grands arbres sur la place : l'orangerie, de la fin du 18e s., a été remontée à la Tête-d'Or en 1856. Pourtant, la présence d'un jardin au cœur du quartier de la soie était significative : les fleurs servaient de modèles aux dessins des soyeux. Le besoin constant d'innovation a longtemps motivé les collections de plantes et de roses *(p. 90).*
Prenez, dans la montée des Carmélites, la rue P.-Blanc à gauche, puis la rue de Flesselles.

Place Rouville E1

Elle offre un joli **coup d'œil★** sur Lyon : en face, la dernière boucle de la Saône est dominée par la colline de Fourvière, au pied de laquelle se dresse le clocher de St-Paul ; à gauche, de l'horizon de toits rouges de la Presqu'île émergent le beffroi de l'hôtel de ville, le quartier de La Part-Dieu dominé par la tour du Crédit Lyonnais et, plus à droite, les flèches de St-Nizier.
Au nord de la place, les nos **5** et **6** abritent la **maison Brunet** (E1) aux 365 fenêtres, caractéristique de l'habitat canut.
Prenez à gauche la rue de l'Annonciade – notez l'immense fresque et mur végétal à gauche – et descendez sur la droite dans la ruelle F.-Rey.
Vous traversez en biais la charmante placette Fernand-Rey, bordée de quelques agréables bouchons avec terrasse.

Place Sathonay F1

Ombragée de marronniers, elle est dominée au nord par l'escalier monumental de la montée de l'Amphithéâtre, encadré par deux lions crachant un filet d'eau.
Prenez la rue du Sergent-Blandan à gauche, puis prenez la rue des Capucins. Sur la place des Capucins, un escalier et la rue Ste-Marie ramènent à la place des Terreaux.

★ LE PLATEAU

Circuit 2 tracé en vert sur le plan V p. 80-81. Partez du métro Croix-Rousse sur la place de la Croix-Rousse. Comptez 2h sans les visites.

★ Ateliers de soierie vivante Hors Plan V, F1 et Plan I B1

21 r. Richan - ✆ 04 78 27 17 13 - www.soierie-vivante.asso.fr - 14h et 16h - tlj sf dim.-lun. et j. fériés - possibilité de visite guidée (30mn) - 7 € (-6 ans gratuit) - 10 € billet combiné avec la visite de l'atelier de tissage.
Depuis 1993, Soierie vivante se bat pour sauvegarder le patrimoine des métiers de la soierie à la Croix-Rousse. Avec succès ! L'association vient d'obtenir le

LA COLLINE QUI TRAVAILLE

Tirant son nom d'une croix de pierre colorée qui se dressait, avant la Révolution, à l'un de ses carrefours, le quartier de la Croix-Rousse ne fut pas toujours opposé à ceui de Fourvière, « la colline qui prie ». Ce n'est en effet qu'après la Révolution, et l'expulsion de communautés religieuses qui s'en suivent, que les canuts, ouvriers de la soie qualifiés et instruits, gagnent ses coteaux moins onéreux (ils tiennent leur nom de leur outil de travail, la canette, qu'ils glissent entre les fils de trame du métier à tisser). L'invention de nouvelles techniques par **Joseph-Marie Jacquard** (1752-1834) accélère l'abandon du quartier St-Jean et l'installation des canuts dans de hauts immeubles sévères aux larges fenêtres laissant passer la lumière. La fabrique de la soie se déplace vers la Croix-Rousse, qui gagne son surnom de « colline qui travaille ». Au 19e s., les rues retentissent du **« bistanclaque'pan »**, bruit des métiers à bras en action. Les traboules (*l'encadré p. 37*) de la Croix-Rousse, épousant la topographie du terrain, comptent de nombreuses marches qui permettaient de transporter les pièces de soie à l'abri des intempéries. En 1831, 1834, 1848 et 1885, elles furent le théâtre des sanglantes insurrections de canuts arborant pour la première fois le drapeau noir, symbole de deuil, où était inscrite leur devise : « Vivre en travaillant ou mourir en combattant. » En effet, leurs revendications n'étaient pas d'avoir plus de travail mais un meilleur salaire. Vers 1880, la colline comptait près de 45 000 canuts pour 40 000 métiers à tisser.

rachat par la ville de Lyon du « trésor » qu'elle défend depuis sa création : deux logis de canuts authentiques dont elle assure la visite guidée… remarquable. Voilà sans doute l'un des meilleurs moyens de plonger dans le quotidien des ouvriers d'antan et parvenir à comprendre le mécanisme des métiers à tisser. Les métiers en noyer ouvragé de Mme Letourneau, maître passementière, ont fabriqué des rubans en fils d'or, de soie et d'argent pendant plus d'un siècle. L'**atelier municipal de passementerie** les présente, en action, dans son ancien atelier-maison.

À 800 mètres de là, l'ancien atelier Ressicaud – devenu **atelier municipal de tissage** – conserve intacte le souvenir d'un atelier familial typique du 19e s. Un lieu de fabrication mais également un lieu de vie (65 m²), avec cuisine aménagée et soupente pour dormir. Il présente trois machines en fonctionnement : un « bistanclaque » (métier à bras du 19e s) et deux métiers électriques (1950, mécanique Verdol). Effet sonore garanti !

L'association propose aussi régulièrement des visites guidées et des ateliers pour les plus jeunes.

Sur la place de la Croix-Rousse se dresse la **statue de Joseph-Marie Jacquard**.

Prenez sur la droite le boulevard de la Croix-Rousse jusqu'à la place des Tapis.

Place des Tapis F1

Elle combine terrasses de cafés et marché quotidien. L'ensemble, très fréquenté par les Croix-Roussiens, vient d'être réaménagé pour offrir davantage de sécurité aux piétons. Il est agrémenté d'une fontaine, de jardinières, de bancs et de onze sièges en forme de cocons de soie où s'asseoir, s'allonger, se regrouper…

Par la rue Jacquard et la rue Villeneuve, rejoignez le boulevard des Canuts.

★ Quartier des Canuts F1

À l'intersection du boulevard des Canuts et de la rue Denfert-Rochereau se dresse le **mur des Canuts★** (F1), fresque évolutive peinte en trompe-l'œil (superficie : 1 200 m²), réalisée en décembre 1987, réactualisée dis anx plus tard puis en 2013. Œuvre de CitéCréation, coopérative d'artistes lyonnais, elle évoque de façon pittoresque la vie à la Croix-Rousse.

Prenez la rue Pelletier, puis la rue de Cuire et la petite rue piétonne V.-Fort.

Un petit marché s'abrite chaque matin sous les arbres de la place de la Croix-Rousse.

Enfilez l'étroite rue du Mail, commerçante, puis la rue d'Ivry sur la droite. La régularité des façades, égayées par l'alternance de divers tons d'ocre et de rose, est typique du quartier des canuts.

Maison des Canuts F1

12 r. d'Ivry - ✆ 04 78 28 62 04 - http://maisondescanuts.fr - ♿ - 10h-18h30 - fermé dim. et j. fériés - possibilité de visite guidée (50mn) - 7,50 € (-11 ans 4,50 €) - 12,50 € billet combiné avec la visite commentée des traboules de la Croix-Rousse.

Aux nos **10** et **12**, la maison des Canuts fait revivre les traditions des canuts lyonnais et apprécier le tissage du velours ciselé. Au cours de la visite guidée, on peut voir fonctionner un métier à la grande tire et un métier de velours. Une exposition de tissus anciens (lampas, damas, brochés, velours aux fers et aux sabres), des tableaux et portraits tissés sur soie instruisent sur cinq siècles de soierie lyonnaise.

Continuez la rue d'Ivry et tournez à droite dans la rue de Belfort, jusqu'à la rue J.-Godart.

Descendez-la doucement, pour profiter de la lente apparition de la Rive gauche en face, couronnée par la cime des arbres de la Tête-d'Or. La rue, en pente, étroite et calme, abrite l'**atelier municipal de tissage** qui fait partie des **Ateliers de soierie vivante** *(p. 82)*.

Continuez jusqu'à ce que la rue se transforme en escalier, que vous descendrez un peu, parmi les fleurs des sophoras en été, pour profiter de la superbe **vue★** sur le Rhône, les quais de la Presqu'île à droite, la Rive gauche et le parc de la Tête-d'Or à gauche.

Revenez sur vos pas pour prendre à gauche la rue Célu.

Esplanade du Gros-Caillou F1

Elle est formée d'un long rectangle de pelouse, puis d'une succession de jardins en terrasses descendant jusqu'à la place Bellevue. Le Gros-Caillou, imposant bloc de quartzite poussé par le front d'un glacier du quaternaire, trône face à ce vaste panorama sur l'est de l'agglomération, le Bugey et le massif du Mont-Blanc, clairement visible par beau temps.

Suivez les escaliers qui mènent jusqu'à la rue P.-Delorme pour rejoindre les quais.

Vous débouchez à droite du large cours d'Herbouville. Au n° 1 vécut Édouard Herriot. Un souterrain piétonnier peint – et barbouillé – permet de gagner la rue Royale, qui traboule joliment avec le **quai Lassagne** aux nos 13, 15, 17, 19 et 21. Profitez-en, les immeubles du quai Lassagne sont dus à Soufflot.

Rejoignez la place L.-Pradel par la place Tolozan.

Remarquez le bel immeuble (18e s.) au n° 19. Vous arrivez face à la statue, qui semble en équilibre instable, de *L'Homme de la Liberté*, du sculpteur César, puis place des Terreaux.

Bon à savoir – Pour sa rénovation, le célèbre tunnel routier qui traverse la Croix-Rousse jusqu'au quai Gillet a été doublé en 2013 d'un second « tube » sécurisé, réservé aux piétons et aux cycles : une promenade sous terre accessible depuis la place Chazette.

Lyon, quartier de la Croix-Rousse, le mur des Canuts.
F. Guiziou/hemis.fr

À voir aussi Plan V p. 80-81

★ Église Saint-Bruno-les-Chartreux E1

7 imp. des Chartreux - ✆ 04 78 90 75 08 - www.baroque-stbruno.org - ♿ - visite guidée sur demande préalable (1h30) 15h-17h - fermé dim. et j. fériés - gratuit.

Vestige de la chartreuse de Lyon, cet édifice construit dès la fin du 16e s. ne se verra doté de sa **façade néobaroque** actuelle qu'en 1870 grâce aux travaux dirigés par Louis Sainte-Marie Perrin (1835-1917). Le **dôme** est percé de huit grandes fenêtres ovales et sa couverture à pans bombés supporte le globe et la croix en plomb, armoiries des chartreux. À l'intérieur, la nef correspond à la campagne de travaux menée par l'architecte Ferdinand-Sigismond Delamonce (1678-1753) au 18e s. Elle comprend quatre travées et une voûte en anse de panier reposant sur les piliers de séparation des huit chapelles latérales. À la croisée du transept s'impose le **baldaquin**★ dessiné en 1738 par Jean-Nicolas Servandoni (1695-1766), élève du peintre italien Panini. Ses quatre colonnes en marbre du Valais soutiennent la couronne d'où retombent d'amples draperies trempées dans un bain de plâtre. Un véritable joyaux à la gloire du baroque.

Les Subsistances Hors Plan V, E2 et Plan I B1

8 bis quai St-Vincent - ✆ 04 78 39 10 02 - www.les-subs.com - 9h30-18h - fermé j. fériés - se rens. au moulin (accueil-billetterie tlj sf dim.-mar., août) pour visiter merc.-vend. 13h30-18h - application mobile Subs-circuit, disponible à l'accueil.

Elles regroupent un vaste ensemble architectural aux nuances ocre, qui s'étire en bord de Saône. On distingue à droite l'ancien cloître bâti pour les visitandines au début du 17e s., puis mis à disposition de l'armée (1807) pour le stockage des vivres. L'édifice fut complété d'une Manutention (devenue « Subsistances militaires ») constituée, à gauche, du grand bâtiment à base carrée et, au centre, de deux moulins. Voir en particulier les voûtes ogivales du cloître et la verrière de la cour centrale qui diffuse une douce lumière sur le pavement. Le site, aujourd'hui réhabilité, abrite l'École nationale supérieure des beaux-arts de Lyon et les « Subs », un laboratoire international de création artistique consacré aux nouveaux langages du spectacle vivant. Ce dernier accueille des artistes en résidence et organise de fréquentes manifestations artistiques (dont le festival Nuits sonores).

Jardin Rosa Mir Hors Plan V, F1 et Plan I B1

87 Grande-Rue-de-la-Croix-Rousse - ✆ 04 72 10 30 30 - http://nature.lyon.fr - avr.-oct. : sam. : 14h-17h30 - fermé j. fériés - gratuit.

Encastré à l'arrière des façades, ce charmant jardin de pierres et de coquillages, bien fleuri, évoque en miniature la mode des rocailles ou les fantaisies de Gaudí. Le maçon espagnol qui l'a composé l'a dédié à sa mère.

NOS ADRESSES À LA CROIX-ROUSSE

HÉBERGEMENT

PREMIER PRIX

Chambre d'hôte Nos chambres en Ville – *12 r. R.-Leynaud - Ⓜ C Croix-Paquet - ✆ 04 78 27 22 30 - www.chambres-a-lyon.com - 3 ch. 77/90 €* ☕. Chambres d'hôtes de charme, aménagées dans un ancien atelier canut sur les pentes de la Croix-Rousse, côté Village des créateurs. L'accueil est chaleureux.

Hôtel de la Croix-Rousse – *157 bd de la Croix-Rousse - Ⓜ C Croix-Rousse - ✆ 04 78 28 29 85 - www.hoteldelacroixrousse.com - 🅿 3 pl. réserv. obligatoire - 29 ch. 75/90 € - ☕ 8,50 €.* Très bien situé, cet hôtel simple propose de petites chambres à un bon rapport qualité-prix.

RESTAURATION

PREMIER PRIX

Grand Café de la soierie – *1 pl. des Tapis - Ⓜ C Croix-Rousse - ✆ 04 78 28 11 26 - tlj - 19,50 €.* Un bistrot centenaire et sans chichis, où s'installer pour refaire le monde, prendre un verre ou se ravigorer avec une petite andouillette ! Grande terrasse très agréable sous les platanes, prise d'assaut l'été.

BUDGET MOYEN

Balthaz'Art – *7 r. des Pierres-Plantées - Ⓜ C Croix-Rousse - ✆ 04 72 07 08 88 - www.restaurantbalthazart.com - fermé dim.-lun., mar.-merc. midi - formules déj. 17/20 € - 29/34 €.* Presque au sommet de Grande-Côté, ce restaurant - l'ancien QG du PCF - se mérite ! De la fantaisie, de la beauté dans la déco comme dans l'assiette… avec des vins bien choisis. Un régal pour les papilles, à deux pas d'une vue magnifique.

Bistrot des Voraces – *13 r. d'Austerlitz - Ⓜ C Croix-Rousse - ✆ 04 72 07 71 86 - www.bistrotdesvoraces.fr - fermé w.-end et j. fériés - formule 23 €.* Un jeune chef, une cuisine du marché soignée, fraîche et savoureuse, un excellent rapport qualité-prix… Ce bistrot de quartier a de quoi combler les gourmands et les plus voraces !

Maison Villemanzy – *25 montée St-Sébastien - Ⓜ C Croix-Paquet - ✆ 04 72 98 21 21 - www.maison-villemanzy.com - tlj sf lun. midi et dim. - fermé vac. de Noël - menu de saison 28,50 €.* Sur les pentes de la Croix- Rousse, cette maison offre en terrasse une vue splendide sur la ville. Intérieur façon bistrot rétro, recettes familiales et plats canailles.

L'Ourson qui boit – *23 r. Royale - Ⓜ C Croix-Paquet - ✆ 04 78 27 23 37 - oursonquiboit.fr - tlj sf merc. et dim. 12h-13h30, 19h30-23h30 - 18/28 €.* Un petit restaurant qui connaît un grand succès.

Belle cuisine locale rehaussée d'influences japonaises, accueil délicat, décoration épurée. Carte des vins intéressante et menus abordables. À réserver !

BOIRE UN VERRE

À chacun sa tasse – *2 r. du Griffon - Ⓜ A/C Hôtel-de-Ville - ☏ 04 72 87 06 45 - 8h-19h, sam. 9h-19h - fermé dim.* On se sent ici chez soi, accueilli avec le sourire. Seize variétés de cafés, une centaine de thés, des chocolats et d'infusions. Canapés à l'étage pour salon cosy.

Café Cousu – *14 r. R.-Leynaud - Ⓜ A/C Hôtel-de-Ville - ☏ 04 72 98 83 38 - www.cafecousu.com - fermé lun., mar.-vend. 11h–1h, sam. 11h–19h, dim. 11h–18h.* À l'entrée du passage Thiaffait, le fameux Café Cousu propose goûter, brunchs, petits plats et assiettes à partager… Le tout dans une ambiance très sympa, à la fois rétro et bobo.

EN SOIRÉE

Théâtre Le Nombril du monde – *1 pl. Chardonnet - ☏ 04 72 07 04 44 - www.lenombrildumonde.com - jeu.-sam.* La scène où Florence Foresti a fait ses premiers pas cultive sa singularité avec inventivité : troupe en résidence, ateliers, école… un lieu très vivant.

Les Tontons-flingueurs – *12 r. Romarin - ☏ 06 29 85 51 50 - www.tontonsflingueurs.com - jeu.-sam.* Bar à bière et beaucoup d'animation dans cette salle confortable.

Le Complexe du Rire – *7 r. des Capucins - ☏ 04 78 27 23 59 - www.complexedurire.com - lun.-sam.* Un bar à tapas, deux salles de spectacle, des cours d'impro, de mise en scène et même de yoga du rire. Cette sympathique adresse porte bien son nom. Le bon plan ? Le soir de première, le tarif est à 9€.

ACHATS

Marchés – *Tlj sf lun. 9h-13h30, merc. et jeu. 6h-13h30.* La place des Tapis - Plan V F1 - accueille un grand marché (alimentaire tlj, vêtements le mar.). Celui de la place de la Croix-Rousse est spécialisé dans les fruits et légumes.

Bouillet – *15 pl. de la Croix-Rousse - Ⓜ C Croix-Rousse - ☏ 04 78 28 90 89 - www.chocolatier-bouillet.com - 9h-19h30, sam. 8h30-19h30, dim. 8h30-13h, lun. 9h30-13h, 14h-19h .* Chez cet artiste du macaron, vous trouverez 18 variétés sucrées et 6 sucrées-salées à base de compotées de légumes. Délicieux !

L'Atelier de soierie – *33 r. Romarin - Ⓜ A/C Hôtel-de-Ville - ☏ 04 72 07 97 83 - www.atelierdesoierie.com - 9h30-13h, 14h-18h30, sam. 9h-13h, 14h-18h - fermé dim. et j. feriés.* L'atelier perpétue ce savoir-faire, mêlant l'utilisation de métiers traditionnels et la peinture à la main. Parmi ses spécialités, la panne de velours : une superbe mousseline de soie et de velours façonnée en relief. Visite possible.

Canova – *26 quai St-Vincent - ☏ 04 78 39 40 40 - www.ac-canova.com* Le célèbre soyeux produit peignoirs, cravates, carrés de soie d'une qualité rare et petite maroquinerie de luxe. Sa boutique vaut le coup d'oeil. Visite de l'atelier réservée aux groupes.

Mode – Les pentes accueillent de nombreux ateliers et petites boutiques branchées. Pour faire vos affaires, rendez vous autour du passage Thiaffait *(voir p. 78)* *et des* rues Leynaud et des Célestins.

1

La Rive gauche

« Go west ! » s'écriaient les colons américains, « Passons Rive gauche ! » pourraient dire les Lyonnais : la rive gauche du Rhône a permis à la ville, à l'étroit sur sa Presqu'île et au pied de Fourvière, de s'étendre à partir du 18e s. Du parc de la Tête-d'Or au très moderne Gerland, en passant par les bâtiments de verre et de brique de la Cité internationale et les superbes hôtels particuliers du boulevard des Belges, son extension, loin d'être achevée, a réuni les quartiers les plus divers. Ses quais aménagés y offrent aujourd'hui un exemple d'harmonie écologique, alliant eau et espaces verts sur une promenade de 5 km. Hormis les piétons, seuls les modes de transports doux, tels le vélo ou le roller, peuvent les arpenter. C'est le lieu de rendez-vous favori du week-end et des soirées d'été.

NOS ADRESSES PAGE 95
Hébergement, restauration, achats, activités, etc.

SE REPÉRER
Métros B et D, tram T1 et T4, trolleybus C1 et C3 – Plan I p. 30-31.
Au loin, le « Crayon », ex-tour du Crédit Lyonnais, et ses nouvelles tours en construction signalent le quartier de La Part-Dieu.

SE GARER
Place du Gén.-Leclerc ou dans la Cité internationale. Les différents points d'intérêt de la Rive gauche, quoique éloignés les uns des autres, sont aussi aisément accessibles en métro et bus.

À NE PAS MANQUER
Le magnifique parc à l'anglaise de la Tête-d'Or ; l'architecture du musée d'Art contemporain et de la Cité internationale ; les berges aménagées du Rhône.

ORGANISER SON TEMPS
Comptez une demi-journée pour la promenade.

AVEC LES ENFANTS
Le parc de la Tête-d'Or, pour ses grandes pelouses, ses animations (dont Guignol), son lac et ses animaux en semi-liberté ; le Musée africain ; le Musée Lumière ; le parc de Gerland.

Se promener Plan I p. 30-31

LES QUAIS DU RHÔNE DE LA CITÉ INTERNATIONALE À GERLAND

Pour aller d'un site à l'autre, utilisez le métro, le bus, le vélo ou la voiture.

Cité internationale C1
Trolleybus C1 Cité-Internationale.
Ce vaste ensemble, qui a pris place entre le parc de la Tête-d'Or et le Rhône, affirme la vocation internationale de la ville. Sur un site de 20 ha, une série de pavillons inspirés des serres du 19e s. abrite bureaux, hôtels, cinéma (14 salles), restaurants et logements, ainsi que le musée d'Art contemporain et le palais des Congrès dont l'extension est marquée par l'amphithéâtre, dit « salle 3000 », signé par l'architecte génois Renzo Piano. Inauguré en 2006, l'hémicycle ouvert à 180° peut accueillir jusqu'à… 3 000 personnes. En amont de l'amphithéâtre, une place publique de 4 000 m^2 ouvre sur le parc de la Tête-d'Or. Du quai Charles-de-Gaulle, admirez au passage la nouvelle **passerelle** qui relie la Cité aux parc des Berges de Saint-Clair à Caluire. Signée de l'architecte Dietmar Feichtinger, elle est réservée aux piétons et aux cycles.

Serres du Parc de la Tête-d'Or.
J. Held/Prisma/age fotostock

★ Musée d'Art contemporain C1 M1

Cité Internationale - 81 quai Charles-de-Gaulle - ✆ 04 72 69 17 17 - www.mac-lyon.com - ♿ - 11h-18h - fermé lun.-mar., 1er janv., 1er Mai, 25 déc. - possibilité de visite guidée sur demande (1h) - 8 € (-18 ans gratuit).

La structure moderne du pôle culturel de la Cité internationale, construit autour de l'atrium de l'ancien palais de la Foire, permet une grande flexibilité et une bonne mise en valeur des œuvres. Depuis sa première acquisition en 1984 (*Ambiente spaziale* (1967) de Lucio Fontana), le MacLyon est devenu un véritable « centre de production » qui accueille notamment les œuvres de Baldessari, Brecht, Filliou, Kosuth et Yvonnet. Partenaire-clé de la Biennale d'art contemporain, le musée mène toute l'année une politique d'expositions temporaires variées et originales, de grande envergure.

Bon à savoir – Le musée est fermé au public entre chaque exposition temporaire.

★ Parc de la Tête-d'Or C1

M° Masséna puis 10 minutes à pied ; ou trolleybus C1 Parc-Tête-d'Or. Pl. du Général-Leclerc - ✆ 04 72 10 30 30 - www.loisirs-parcdelatetedor.com - de mi-avr. à mi-oct. : 6h30-22h30 ; reste de l'année : 6h30-20h30 - gratuit.

Des grilles monumentales dorées (19e s.) signalent l'entrée principale, place du Général-Leclerc.

C'est en 1856 qu'est décidée la création du grand parc de Lyon. À cet effet, le préfet Vaïsse, qui veut « offrir la campagne à ceux qui n'en ont pas », achète la ferme de la Tête-d'Or et ses terres. Avec ses animaux domestiques, ses terres inondables et ses chemins en bord de lône (bras mort du Rhône, que le fleuve alimente lors de ses crues), le site remplit cette fonction de loisirs depuis longtemps. Il tire son nom d'une tradition d'après laquelle serait enterrée à son emplacement une tête de Christ en or massif – des fouilles furent réalisées au 19e s., vainement.

Le projet offre ainsi à la ville son plus grand et son plus bel espace vert. Pratiquement de la même taille (105 ha) que Kensington Park à Londres, il est parmi les plus vastes parcs urbains d'Europe. D'origine suisse, Denis Bühler, coauteur des parcs de Rennes et de Tours, opte pour un plan à l'anglaise, encore parfaitement lisible aujourd'hui malgré quelques modifications.

Parce que l'industrie de la soie subit alors une crise, ce sont les canuts qui travaillent au terrassement, en dépit de leur inexpérience.

Comptez 2h pour la visite complète du parc. Partez, boulevard des Belges, de la porte des Enfants-du-Rhône. Et faites le tour du lac par la gauche.

Parc à l'anglaise, îles et lac – Les arbres sont plantés par bouquets et l'espace, laissant place à de vastes pelouses, est sillonné d'allées en lacet. Bühler a conservé quelques platanes, aujourd'hui bicentenaires. Les lignes droites sont volontairement exclues et les perspectives ne s'embrassent jamais d'un seul regard, pour inviter à la découverte. Le parc est isolé de la ville et du Rhône par un remblai, couronné d'un rideau de conifères. Une partie du lône a été transformée en lac de 16 ha – l'île du Souvenir, avec le monument aux morts de Tony Garnier, dédié aux combattants de la Grande Guerre, étant aujourd'hui accessible par un passage souterrain.

★ **Roseraie de concours** – Aménagée le long du lac, du côté de la Cité internationale, elle est riche de 70 000 plants environ, représentant 350 variétés qui forment une superbe parure entre juin et octobre. La Société française des roses y organise le Concours international de roses nouvelles au cours duquel est décerné chaque année le Prix de la plus belle rose de France.

Si vous aimez la botanique, traquez au nord-est de la roseraie un rare spécimen d'*Ehretia Thyrsiflora*, arbuste à feuille épaisse et brillante, originaire d'Asie, à la floraison printanière blanche et parfumée *(renseignez-vous auprès des jardiniers si vous ne le trouvez pas)*.

★ **Jardin zoologique** – *Parc de la Tête-d'Or - ☏ 04 72 69 47 60 - www.zoo.lyon.fr - ♿ - visite guidée sur demande préalable (2h) mai-sept. : 9h-18h30 ; avr. et oct. : 9h-18h ; reste de l'année : 9h-17h - gratuit.* À ses débuts, le parc de la Tête-d'Or abritait des animaux domestiques, puis devint de plus en plus exotique avec notamment l'arrivée en 1878 des premiers crocodiles. Aujourd'hui, le zoo compte près de 450 pensionnaires sans compter les tortues de Floride. Récemment aménagée, la **plaine africaine** offre un bel espace aux animaux de la savane : girafes, zèbres, antilopes, autruches… Près de 130 animaux y évoluent en semi-liberté. Certaines de ces espèces, menacées d'extinction, font l'objet de programmes d'élevage européens. Ne manquez pas non plus l'enclos des ours, la primaterie et, dans la partie ouest du zoo, le **parc aux daims**.

LES ROSES ET LYON

Les roseraies du parc, reconnues parmi les 20 plus belles du monde, rendent hommage à la place que tient la ville dans la création horticole. Stimulés par la demande de modèles pour le dessin des soieries, les horticulteurs de Lyon ont quelques trophées à leur actif : plusieurs milliers de nouvelles variétés obtenues depuis le 19e s., la première exposition de roses (1840), la découverte par Jean-Baptiste Guillot de la greffe en écusson sur églantier (1849, technique généralisée depuis), la création par la même maison du premier hybride moderne ou hybride de thé, baptisé « La France » (1867), la création du premier hybride moderne à fleur jaune (1900). S'ils ne sont plus 80 comme à leur belle époque, quelques grands obtenteurs de roses demeurent. En 2015, accueillant le 17e congrès mondial des sociétés de roses, la ville a lancé la rose « OnlyLyon ». Pour son créateur Arnaud Delbard, cette fleur, coupée dotée d'un parfum intense et de pétales rose tendre poudré, rappelle par sa forme les roses d'autrefois.

★ **Serres et jardin botanique** – *☏ 04 72 82 36 41 - www.jardin-botanique-lyon.com - jardin alpin avr.-sept. : 9h-11h30 - serres avr.-sept. : 9h-17h30, dim. 9h-17h ; reste de l'année : 9h-16h30 - jardin extérieur avr.-sept. : 9h-18h ; reste de l'année : 9h-17h - gratuit.* Avec ses 21 m de haut, le dôme du pavillon central des **grandes serres** jouxtant le parc zoologique est le 3e plus haut d'Europe. Il coiffe un réseau de 7 000 m² abritant plusieurs ensembles : grandes serres, serre des plantes tropicales, vitrine des orchidées, serre à cactus, serre des milieux arides et de Madagascar.

Le **jardin botanique** s'étend sur 6 ha. Au pied de la serre hollandaise, la plus ancienne du jardin qui abrite les plantes carnivores et la serre Victoria, les espèces sont regroupées en jardins à thèmes par zones géographiques dans le jardin alpin ou par collections. Observer la forme des feuilles, des fleurs, des tiges et les parfums permet de comprendre, par exemple, que la menthe, la lavande et la sauge sont cousines (labiacées ou labiées). En mai-juin, ne manquez pas la floraison des 200 variétés de **pivoines**. Avec l'**arboretum**, le jardin compte aussi des arbres rares, parmi lesquels un beau pin de Bunge à écorce de platane. La **roseraie historique** s'est récemment transformée pour laisser place à un conservatoire de la rose, insistant entre autre sur le patrimoine des créations de variétés d'origines lyonnaises.

Animations – Sur la place de Guignol, des animations sont proposées aux enfants : manège, jeux et **spectacles de Guignol** présentés par l'équipe du Véritable Guignol du Vieux-Lyon *(☏ 04 78 28 60 41 - www.theatre-guignol-lyon.fr - ♿ - spectacle en sais. : w.-end, j. fériés, merc. et vac. scol. 15h, 16h, 17h et 18h ; reste de l'année : 15h, 16h et 17h - 4 € (-16 ans 3,50 €).)*

1

Quais du Rhône

Au sud de la Tête-d'Or, s'étend le quartier des **Brotteaux** *(M° Brotteaux)*. Ses rues géométriquement tracées occupent l'emplacement de bancs de sable déposés autrefois par le Rhône, dont il tire son nom. C'est au 18e s. que le terrain a été conquis sur la zone de crue du Rhône, tout d'abord pour former un lotissement de quelques hectares, destiné aux Lyonnais aisés, puis pour un habitat beaucoup plus massif et varié. Aujourd'hui, les Brotteaux constituent un des quartiers élégants de Lyon, où sont dispersées quelques belles constructions **Art nouveau** (boulevard des Belges et, surtout, place Jules-Ferry).

À hauteur de l'Hôtel-Dieu, le quai Victor-Augagneur est bordé d'immeubles bourgeois imposants, construits à la fin du 19e s.

Au fil du fleuve, les berges aménagées offrent une véritable **promenade** et une longue piste cyclable au cœur de la ville. Du pont Winston-Churchill, face à l'entrée principale du parc de la Tête-d'Or, le secteur du **Brétillod** – nom lyonnais qui désigne des milieux humides et petites îles de sable avançant sur le Rhône – fait place à un cordon végétal le long du bas-port où les péniches d'habitation, puis les bars et restaurants flottants restent amarrés aux quais. Suivent des aires de jeux et une vaste prairie jusqu'au pont Wilson. D'ici, la **vue**★ s'étend, en face, sur les pentes de la Croix-Rousse, où s'étagent les hautes maisons des anciens canuts.

Au sud du pont Wilson, le pont de la Guillotière remplace depuis 1958 un ouvrage établi au 13e s. par les frères pontifes. Il offre une bonne **vue** sur la colline de Fourvière. La cosmopolite **Guillotière** *(M° D Guillotière)*, à la population étudiante et multiculturelle, compte parmi les quartiers de Lyon en pleine métamorphose. Les berges déploient ici de vastes terrasses en gradins et un grand bras d'eau courante, bonheur estival pour les enfants. L'estacade nautique longe le **Centre nautique du Rhône** rénové, avec ses deux bassins à découverts (dont un ludique est réservé aux plus jeunes). Après le pont de l'Université, la ripisylve prolonge l'itinéraire jusqu'au parc de Gerland.

★ Centre d'histoire de la Résistance et de la Déportation B2

T2 Centre-Berthelot - 14 av. Berthelot - ✆ 04 72 73 99 00 - www.chrd.lyon.fr - ♿ - 10h-18h - fermé lun.-mar. et j. fériés - possibilité de visite guidée - 8 € (-18 ans gratuit).

Le musée rénové est établi dans une partie des bâtiments qui ont abrité, jusqu'au tout début des années 1980, l'École de santé militaire et abrité, d'avril 1943 à mai 1944, le siège lyonnais de la Gestapo. Le centre a pour vocation de perpétuer la mémoire des événements ayant trait à la Résistance, la déportation et la libération en France, et à Lyon en particulier.

À l'auditorium, la diffusion d'extraits du procès de **Klaus Barbie**, chef de la Gestapo à Lyon, permet de s'immerger d'emblée dans ce travail de mémoire avant d'entamer la visite à l'étage.

Celle-ci commence par un large portrait de la ville et des habitants au début de la guerre. Une mise en contexte composée de documents d'archives, panneaux, affiches, extraits de films, diffusions de discours et photographies signées **Émile Rougé**, **André Gamet** ou **Charles Bobenrieth**.

Puis vient le temps de la Résistance, dont Lyon est un foyer. Outre une cartographie précise, les dessins, témoignages et collection d'objets inédits tels que le **parachute** de Jean Moulin, illustrent avec force son développement : événements de juillet 1941, premiers mouvements de la Résistance lyonnaise, exécutions massives et publiques des otages par les Allemands en août 1944, préludes à l'insurrection et à la libération de la ville par les forces alliées et la 1re DB française, en passant par la rafle de Vénissieux en août 1942 et l'arrestation de **Jean Moulin** à Caluire en juin 1943. Ici, la parole est omniprésente : celle des **déportés**, de retour des camps ; celle de la propagande, affichée le soir sur les murs d'une placette lyonnaise reconstituée ; celle de **Radio-Londres** et ses « messages personnels » diffusés dans le poste d'un salon bourgeois que le visiteur traverse pour descendre… jusqu'à la cave où est reconstituée une **imprimerie clandestine**. Le parcours s'achève par un diaporama qui replace les événements dans le contexte mondial. Les sous-sols du bâtiment, utilisées comme cellules pendant l'Occupation, accueillent des expositions temporaires.

Halle Tony-Garnier B2

T1 Tony-Garnier - Mº B Stade-de-Gerland - 20 pl. des Drs-Charles-et-Christophe-Mérieux - ✆ 04 72 76 85 85 - www.halle-tony-garnier.com - visite guidée sur demande préalable fermé 1er janv. et 25 déc.

Dans le cadre de son projet de « Cité industrielle », l'architecte urbaniste lyonnais Tony Garnier crée, en 1914, la Grande Halle des abattoirs de La Mouche. Sa structure métallique incarne l'architecture de fer, de verre et de béton avec une surface de près de 18 000 m² d'un seul tenant, sans piliers de soutènement, sous une hauteur de 24 m. Après un long abandon, cette « cathédrale » de fer a bénéficié d'une heureuse restauration, avec notamment la mise en valeur de la charpente par un important ensemble de vitrages permettant une transparence optimale de la toiture et des façades latérales. La halle accueille aujourd'hui concerts, spectacles, salons et autres manifestations sportives.

Bon à savoir – Pour rejoindre la Presqu'île, empruntez le pont Raymond-Barre qui offre un nouvel accès piéton et tramway jusqu'au musée des Confluences.

Gerland B3

Mº B Stade-de-Gerland. La ligne B du métro dessert le **stade de Gerland**, autre œuvre de Tony Garnier. Face au confluent du Rhône et de la Saône, le quartier de Gerland se caractérise par un habitat morcelé et une population

Jean Moulin héros de la Résistance. Centre d'Histoire de la Résistance et de la Déportation (CHRD).
B. Rieger/hemis.fr

hétérogène. En pleine mutation, il est appelé à devenir une technopole spécialisée autour des biothechnologies et des sciences du vivant. L'aménagement en cours a déjà permis d'accueillir l'École normale supérieure, Lyonbiopôle, l'Institut Mérieux, l'Institut Pasteur et le palais des Sports. La Cité scolaire internationale, œuvre des architectes Jourda et Perraudin, constitue un ensemble en verre ouvert sur le **parc des Berges-du-Rhône** (ex-parc de Gerland). Ce dernier forme un triangle vert de plus de 5,5 ha, miroir du parc de la Tête-d'Or au nord. Espace voué aux loisirs (cerf-volant, vaste aire de jeux adaptés aux enfants de tout âge), aux sports (skate-park) et à la découverte de la nature, il doit s'étendre à terme sur près de 80 ha. Conçu par le paysagiste Michel Corajoud, il juxtapose une immense prairie et une mosaïque de jardins à thèmes : mégaphorbiaie (prairie dense de roseaux et de hautes herbes) et ses longues plates-bandes rectilignes bordées d'un canal, jardin pique-nique, jardin des oiseaux offrant haies et nichoirs… L'ancienne friche industrielle est devenue une porte d'entrée de la nature dans la ville, en lien avec la promenade des berges du Rhône.

DE LA PART-DIEU AU BOULEVARD DES ÉTATS-UNIS

La Part-Dieu C2

M° B La Part-Dieu. Sur un ancien terrain militaire couvrant 22 ha a été réalisé un vaste projet réunissant des services administratifs, des activités commerciales et bancaires, des sites culturels. L'ensemble comprend un grand nombre d'immeubles et de tours, parmi lesquels la cité administrative d'État, le centre commercial (trois niveaux de galeries marchandes sur 110 000 m²) et la bibliothèque. Bâti entre 1970 et 1977, puis agrandi dans les années 1980 lors de l'aménagement de la gare TGV *(voir page suivante)*, le deuxième quartier d'affaires en France après La Défense se réaménage depuis 2009. Son objectif ? Canaliser le trafic routier, en finir avec l'urbanisme sur dalle (suppression des passerelles piétonnes), aménager des voies vertes, des pistes cyclables,

moderniser ses équipements et enrichir la *skyline* lyonnaise de gratte-ciel d'entreprises et d'immeubles d'habitation.
Au nord-est se dresse l'**auditorium Maurice-Ravel de Lyon**, signée Henry Pottier et Charles Delfante, architecte en chef du quartier. En forme de soucoupe, il comporte une voûte d'une portée de 70 m et abrite depuis 1975 une salle de concert de 2 090 places où officie l'Orchestre national de Lyon.
À ses côtés, la nouvelle **tour Incity**, avec sa double « peau » de verre, domine avec ses 200 m. Son bâtiment bioclimatique, premier label HQE (haute qualité environnementale) de France, symbolise l'architecture responsable du 21e s. Mais réussira-t-il à concurrencer le « Crayon » (appelé ainsi en raison de son toit conique), repère symbolique si cher aux Lyonnais ? Depuis 1977, la **tour La Part-Dieu** (ex-tour du Crédit Lyonnais) affiche fièrement sa couleur brique, 165 m et 42 étages. Son sommet est occupé par un hôtel et sa plate-forme offre une vue panoramique au niveau de la colline de Fourvière. La **tour Oxygène** (115 m), repérable la nuit par l'éclairage de la feuille sculptée posée sur le toît, abrite à son sommet le World Trade Center lyonnais. À ses pieds, le centre commercial de La Part-Dieu concentre 25 boutiques sur cinq niveaux. C'est le plus vaste centre commercial de centre-ville en Europe.
À l'est, la **gare de La Part-Dieu**, inaugurée en 1983 pour permettre l'accueil du TGV et de 25 000 passagers par jour, en absorbe désormais plus de 130 000. Aussi un vaste projet de réaménagement est sur les rails. En 2020, la gare devrait doubler la surface d'accueil des voyageurs (30 000 m^2 en perspective) et faciliter leur accès aux quais. Pour l'heure, la gare s'ouvre sur deux façades ouest et est. Le niveau zéro correspond à la voirie urbaine. Il est réservé à la circulation routière. Les voies ferrées se trouvent au premier étage.
Enfin, vous ne quitterez pas La Part-Dieu sans avoir fait un tour aux **Halles de Lyon-Paul Bocuse** *(trolleybus C3 - 102 cours Lafayette - ✆ 04 78 62 39 33 - www.halles-de-lyon-paulbocuse.com - 7h-22h30, dim. et j. fériés 7h-13h ; restaurants jusque 16h30 - fermé lun.)*, grand marché couvert de Lyon qui se tenait aux Cordeliers et qui a été démoli et réinstallé dans le nouveau quartier de La Part-Dieu en 1971. Les halles demeurent un repère de la gastronomie lyonnaise où les meilleurs artisans de bouche tiennent boutique.

Musée africain C2

M° D Garibaldi - 150 cours Gambetta - ✆ 04 78 61 60 98 - www.musee-africain-lyon.org - 11h-18h - fermé w.-end et lun., août, 1er janv., dim. de Pâques, 25 et 31 déc. - possibilité de visite guidée sur demande (1h) - 8 € (-14 ans 2 €).

Appartenant à la Société des missions africaines de Lyon, ce musée présente sur trois niveaux 2 500 objets provenant de l'Afrique de l'Ouest, notamment du Bénin et de la Côte d'Ivoire. Parmi les collections illustrant la vie quotidienne, sociale, religieuse et artistique de ces contrées, on remarque, au 1er étage, les figurines de bronze du Bénin, les armes et les ouvrages de passementerie touareg, et surtout, au 2e étage, un ensemble de poids géométriques et figuratifs (ashanti du Ghana et baoulé de Côte d'Ivoire) servant à peser la poudre d'or. Au 3e étage, statuettes, masques et autres objets rituels témoignent d'un art où le symbole est roi.

Musée Lumière C2

M° D Monplaisir-Lumière - 25 r. du Premier-Film - ✆ 04 78 78 18 95 - www.institut-lumiere.org - 10h-18h30 - fermé lun. (sf lun. de Pâques et lun. de Pentecôte), 1er janv., 1er Mai, 25 déc. - possibilité de visite guidée (1h) - 7 € (-7 ans gratuit).

Antoine Lumière, père d'Auguste et de Louis, inventeurs du cinéma et de la plaque autochrome, fit construire de 1889 à 1901 cette demeure dans le style majestueux cher à la grande bourgeoisie de l'époque. Boiseries somptueuses, lustres sophistiqués, planchers en marqueterie constituent l'étonnant décor intérieur de cet édifice qui abrite l'Institut Lumière et accueille des rencontres autour de l'image fixe et animée. Une exposition de nombreux objets originaux retrace la vie de la famille Lumière, l'invention du cinématographe, la diffusion des premiers autochromes et photographies couleur. Projections dans le hangar où a été tourné le premier film de Louis Lumière, *Sortie d'usine* (1895), et soirées en extérieur l'été *(se rens.)*.

Musée urbain Tony-Garnier C2

T4 États-Unis-Tony-Garnier - trolleybus C16, C22 et C25 États-Unis-Tony-Garnier. Bd des États-Unis, de part et d'autre du boulevard, entre la rue P.-Cazeneuve et la rue J.-Sarrazin. Billetterie au 4 r. des Serpollières - ☏ 04 78 75 16 75 - www.museeurbaintonygarnier.com - 14h-18h - fermé dim.-lun. et j. fériés, 3 sem. en août et de fin déc. à déb. janv. - possibilité de visite guidée (1h30) - 8 € (-12 ans gratuit) - 3 € visite guidée de l'appartement 1930 (16h30, sam. 14h30 et 16h30) - 5 € (-26 ans 3 €) visite audioguidée (1h45) - visite libre en ext. à télécharger sur smartphone : http ://www.utopies-realisees.com.

Cet ensemble immobilier collectif a été construit dans les années 1930 par l'architecte urbaniste lyonnais Tony Garnier. À compter de 1991, les façades aveugles de ces grandes bâtisses ont bénéficié d'une mise en valeur originale par le groupe d'artistes **CitéCréation**. Ayant fait le choix d'un musée de plein air, ce collectif a réalisé une importante série de peintures murales monumentales suivant les thèmes de l'œuvre de Garnier. Il est toutefois possible de pénétrer à l'intérieur des habitations en visitant un **appartement-témoin**, décoré dans le style des années 1930.

NOS ADRESSES RIVE GAUCHE

HÉBERGEMENT

PREMIER PRIX

Hôtel de la Tête-d'Or – *62 r. Garibaldi - Ⓜ A Masséna - ☏ 04 78 89 48 04 - www.hoteltetedor.fr - 🅿 15 € - 23 ch. 67/160 € - ☕ 8,50/10 €.* C'est l'un des rares hôtels familiaux de bon rapport qualité-prix dans les environs du parc de la Tête-d'Or, à deux pas du métro.

Mama Shelter – *13 r. Domer - Ⓜ et T2 Jean-Macé - ☏ 04 78 02 58 00 - www.mamashelter.com/fr/lyon - 🅿 17 € - ♿ - 156 ch. 79/329 € - ☕ 9/17 €.* L'un des derniers-nés de la « chaîne » décorée par Philippe Starck, mêlant hôtel, restaurant, lounge, bibliothèque, coin atelier et salle de concert. Les prix sont raisonnables (tarifs intéressants sur Internet) et le buffet du petit-déjeuner mémorable.

BUDGET MOYEN

Au Patio Morand – *99 r. de Créqui - Ⓜ A Foch - ☏ 04 78 52 62 62 - www.hotel-morand.fr - 🅿 3 pl. - 31 ch. 56/155 € - ☕ 9,90 €.* Cet hôtel cache un patio où il fait bon prendre son petit-déjeuner. Les murs en pierre dorée donnent de la chaleur à une décoration design. Les chambres élégantes disposent de larges literies et d'écrans plasma.

RESTAURATION

BUDGET MOYEN

Café Sillon – *46 av. J.-Jaurès - Ⓜ B/C Saxe-Gambetta - ☏ 04 78 72 09 73 - www.cafe-sillon.com - fermé sam. mat., dim.-lun. - formules déj.*

15/23 € - 38/45 €. Une jolie adresse « bistronomique » cachée derrière la Guillotière. Sous une apparente simplicité, les assiettes se font raffinées et la cuisine inventive. Menu unique en soirée.

Merle – *102 cours Lafayette - Part-Dieu (trolleybus C1) - ✆ 04 78 62 30 29 - www.maison-merle.fr - tlj sf dim. soir ; mai : dim.-merc. 10h-14h, jeu.-sam. 10h-14h et 18h-22h - fermé juin-août - huîtres fines de Claire 25,30 €.* Au coeur des Halles, un restaurant de poche qui, depuis 1938, est une institution pour déguster des huîtres (spéciales de claire, d'Isigny, Gillardeau, Utah Beach…), à accompagner d'un pot de vin blanc. Bons desserts. Mieux vaut venir tôt le week-end.

Le Splendid – *3 pl. J.-Ferry - Ⓜ B et trolleybus C1 Brotteaux - ✆ 04 37 24 85 85 - www.lespritblanc.com - 12h-14h30 et 19h-22h30 - ♿ - formule déj. 24 € en sem. - 32/57 €.* Pour déguster la cuisine « de nos mères », mais signée Georges Blanc dans un cadre agréable, face à l'ancienne gare des Brotteaux (classée). Menus à tous les prix et service impeccable. Pensez à réserver.

L'Est – *14 pl. J.-Ferry - Ⓜ B et trolleybus C1 Brotteaux - ✆ 04 37 24 25 26 - www.nordsudbrasseries.com - tlj 12h-14h, 19h-23h - 23/27 €, menu spécial les dim. 32,90 €.* Une brasserie tendance avec cuisine ouverte sur la salle, rondes de trains miniatures au-dessus des têtes et saveurs des cinq continents dans l'assiette.

Argenson Gerland – *40 allée P.-de-Coubertin - Ⓜ B Stade-de-Gerland - ✆ 04 72 73 72 73 - www.argenson.com - tlj - 🅿 - 22,90/26,50 €.* Cette maison d'allure bourgeoise, propriété du groupe Bocuse et de l'OL à deux pas du stade, jouit d'une agréable terrasse. Carte du Sud en été.

33 Cité – *33 quai Ch.-de-Gaulle - trolleybus C1 Cité - ✆ 04 37 45 45 45 - www.33cite.com - tlj 12h-14h30, dim.-merc. soir 19h-22h30, jeu.-sam. 23h - fermeture annuelle en août - 22,50/26,50 €.* Les trois chefs réputés (Mathieu Viannay, Frédéric Berthod et Christophe Marguin) ont concocté des plats pour une brasserie chic aménagée par l'architecte Pier Luigi Copat.

UNE FOLIE

Le Gourmet de Sèze – *125 r. de Sèze - Ⓜ A Masséna - ✆ 04 78 24 23 42 - www.le-gourmet-de-seze.com - fermé dim.-lun. et jours fériés - formule déj. 29 € - 38/85 €.* Une belle adresse couleur chocolat, pour une cuisine pleine de fraîcheur. L'assiette est classique, actualisée avec doigté et le menu se renouvelle souvent.

BOIRE UN VERRE

La Passagère de Saint-Malo – *21 quai V.-Augagneur - Ⓜ D Guillotière - ✆ 04 72 73 36 98 - tlj 13h-3h.* Cet ancien petit ferry breton des années 1950 fut l'un des premiers bars flottants amarrés sur les quais du Rhône. Les habitués aiment à s'y retrouver le soir autour d'une bière et d'un concert.

Victoria Hall – *33 r. du Repos - Ⓜ B Jean-Macé - ✆ 04 37 28 07 97 - www.victoriahall.fr - 12h-14h, 19h30-23h30 - fermé dim.-lun.* Un peu à l'écart du centre-ville, cette maison bourgeoise fait dans le chic et le glamour. Le bar lounge est à l'étage.

SPECTACLES

Auditorium-Orchestre national de Lyon – *149 r. Garibaldi - ✆ 04 78 95 95 95 - www.auditorium-lyon.com - billeterie : 10h-18h, sam. 14h à fin concert - fermé dim.* Sa salle de

2 076 places programme tous les styles de musique : classique, jazz, musiques du monde, ciné-concerts… C'est le lieu de résidence de l'Orchestre national de Lyon (orchestre symphonique) qui s'y produit toute l'année.

Maison de la Danse – *8 av. J.-Mermoz - ✆ 04 72 78 18 00 - www.maisondeladanse.com - ♿ - lun.-vend. sur place 11h45-18h45, par tél. 11h45-18h, sam. de spectacle à partir de 18h - fermé dim. et 21 juil.-19 août variable.* Du flamenco aux claquettes en passant par les ballets et les danses traditionnelles, une maison emblématique où les plus grands noms se succèdent : Maurice Béjart, Carolyn Carlson, Grupo Corpo, Alain Platel, Sidi Larbi Cherkaoui, Bill T Jones…

SORTIR

Ninkasi Gerland – *267 r. M.-Mérieux - M° B Stade-de-Gerland - ✆ 04 72 76 89 00 - www.ninkasi.fr - lun.-merc. 10h-1h, jeu.-sam. 10h-4h, dim. 10h-0h* - Avec sa microbrasserie, son vaste café, sa terrasse d'été, son petit restaurant et sa grande salle où sont programmés concerts, soirées DJ et autres animations, l'ex usine demeure un lieu prisé à Gerland.

ACHATS

Bernachon – Plan I B2 - *42 cours Franklin Roosevelt - ✆ 04 78 24 37 98 - www.bernachon.com - mar.-sam. 8h30-19h, dim. 8h30-17h.* « Chocolatiers depuis toujours », la famille Bernachon maîtrise son art. La concurrence est rude mais les pavés d'or restent incomparables.

Les Halles de Lyon Paul Bocuse – Plan I B2 - *102 cours Lafayette - ✆ 04 78 62 39 33 - www.www.halles-de-lyon-paulbocuse.com - mar.-sam. 7h-19h (restaurants 22h30), dim. 7h-13h (restaurants 16h30).* On y vient pour les goûteux jésus de la charcuterie Bobosse, les petits Richarts *(voir p. 77)*, les Maca'Lyon de Bouillet ou les inventions chocolatées de Sève, les épices de Badahourian, les moelleuses quenelles de Giraudet, les fromages de la mère Richard… et on risque fort d'en repartir les bras chargés d'encore bien d'autres merveilles savoureuses.

Le Grand-Lyon

Le Grand-Lyon réunit 58 communes en couronne autour de Lyon. Depuis 2015, la communauté urbaine est devenue Métropole de Lyon. Avec 1,3 million d'habitants répartis sur 538 km², elle passe deuxième agglomération de France après Paris. Visiter le Grand-Lyon donne vite l'impression d'avoir échappé à la ville. Passé les gratte-ciel de Villeurbanne, en quelques tours de roues, vous vous trouverez sur les bords de Saône, au cœur du Mont-d'Or ou aux confins du pays des étangs de la Dombes.

NOS ADRESSES PAGE 108
Hébergement, restauration, achats, activités, etc.

SE REPÉRER

Plan I p. 30-31 et carte de microrégion p. 26.

Pas de forme géométrique simple pour ce Grand-Lyon qui accole des communes dans un rayon d'une vingtaine de kilomètres autour de la très centrale place Bellecour, allant de Genay au nord à Givors au sud, de La Tour-de-Salvigny à l'ouest à Jonage à l'est.

À NE PAS MANQUER

Le musée de l'Automobile et ses pièces uniques de la fin du 19e s. suivi d'une promenade « Rives de Saône » sur les berges de la Saône, un spectacle au TNP de Villeurbanne, réputé pour sa riche programmation, très contemporaine.

ORGANISER SON TEMPS

Comptez la journée pour la promenade et le circuit.

AVEC LES ENFANTS

Le planétarium de Vaulx-en-Velin, le domaine de Lacroix-Laval à Marcy-l'Étoile, l'aquarium de Lyon et le parc de Miribel-Jonage (*« Nos adresses dans le Grand-Lyon » p. 108).*

Villeurbanne et l'Est

VILLEURBANNE Plan I

Jouxtant le quartier de La Part-Dieu, Villeurbanne doit son nom à son origine romaine : *Villa Urbana* était une importante exploitation agricole établie par les Romains sur la colline de Cusset. Son développement est assez récent, et il est intéressant de remarquer l'indépendance qu'elle a toujours affichée envers Lyon. Après un premier afflux de soyeux à la fin du 19e s., le développement de la ville s'accélère au début du 20e s. Elle résiste aux pressions hégémoniques lyonnaises et consacre sa différence en construisant, dans les années 1930, le spectaculaire quartier des Gratte-Ciel.

La ville poursuit aujourd'hui son développement et continue de promouvoir ses ressources culturelles : le **Théâtre national populaire (TNP)**, une médiathèque ultramoderne, un musée d'art contemporain, la cité des Antiquaires (*« Nos adresses dans le Grand-Lyon » p. 108).*

Les Gratte-Ciel C1

M° A Gratte-Ciel. Vers 1930, tandis que s'étend une grave crise économique, Villeurbanne souffre de structures inadaptées à sa forte croissance démographique. À l'initiative de son maire socialiste, Lazare Goujon, un centre-ville

Villeurbanne, ensemble architectural des gratte-ciel construit de 1927 à 1934.
B. Rieger/hemis.fr

est inauguré en 1934. Il est baptisé « cité des Gratte-Ciel », son architecture unique rappelant davantage les constructions d'outre-Atlantique que celles des faubourgs lyonnais.

Mais, plus qu'une recherche d'originalité, cette réalisation de l'urbaniste Môrice Leroux résulte d'une volonté de démocratiser le cœur de la ville.

Ainsi l'entrée du quartier est annoncée par deux hautes tours de 19 étages qui ouvrent une perspective bordée de grands immeubles blancs. Les 6 blocs d'habitation regroupent à l'époque près de 1 500 logements sociaux modernes (avec eau, gaz, sanitaires, chauffage central collectif) répartis sur 9 à 11 étages.

L'avenue Henri-Barbusse se termine par l'imposant **hôtel de ville** dessiné à la même époque par Robert Giroud, dont la façade rythmée de colonnes cannelées est dominée par un beffroi de 60 m.

De l'autre côté, la place Lazare-Goujon est fermée par le **TNP** dont les 15 000 m² rénovés abritaient à l'origine le palais du Travail. Un lieu de culture et loisirs, où les ouvriers de la Cité aimaient à se réunir. Converti à la scène dès les années 1950, le bâtiment est choisi en 1972 par le ministère des Affaires culturelles pour offrir une seconde vie au Théâtre national populaire, hérité de Firmin Gémier et Jean Vilar (p. 159).

Institut d'Art contemporain C2 M2

Mº A République - descendez le cours de la République vers le cours Tolstoï qu'il faut traverser - trolleybus C3 Institut-d'art-contemporain - 11 r. du Dr-Dolard - 04 78 03 47 00 - www.i-ac.eu - ♿ - 14h-18h, w.-end 13h-19h - fermé lun.-mar., 1er janv., 1er Mai, 25 déc. - possibilité de visite guidée (1h) - 6 € (-18 ans gratuit).

L'association Nouveau Musée, créée en 1978, propose ici une section d'information et de documentation avec un espace de présentation d'art contemporain. Un partenariat efficace avec le FRAC (Fonds régional d'art contemporain) de Rhône-Alpes lui permet de proposer des expositions thématiques variées.

Bon à savoir – Le lieu est fermé au public entre chaque exposition temporaire.

VAULX-EN-VELIN Plan I p. 30-31

Planétarium D1

À 11 km à l'est de Villeurbanne - M° A Laurent-Bonnevay puis trolleybus C3 ou bus 57 arrêt Vaulx-Hôtel-de-Ville - Pl. de la Nation (face à l'hôtel-de-ville) - ✆ 04 78 79 50 13 - www.planetariumvv.com - ♿ - vac. scol. (zone A) : 10h30-18h ; reste de l'année : tlj sf lun. 10h30-18h - salle d'exposition 10h30-12h, 13h-18h - fermé 10 août-30 sept., 1er janv., 1er Mai, 25 déc. - 9 € (-12 ans 7 €).

En préambule de la séance d'astronomie, un animateur scientifique livre les secrets de la voûte céleste. L'écran hémisphérique de 15 m de diamètre assure ensuite une immersion totale au cœur de l'Univers grâce à de fabuleuses projections adaptées aux petits (séances 3-5 ans, 5-7 ans, dès 8 ans) comme aux grands (adolescents et adultes), rêveurs ou déjà savants. À la sortie, les amateurs peuvent creuser en visitant les nouveaux bâtiments consacrés à l'astronomie et aux grandes missions d'exploration spatiale. Une exposition interactive sur la formation et l'évolution de l'Univers y est présentée à côté d'expositions temporaires. Et pour aborder pratiquement les concepts scientifiques (avec sourire et pédagogie), un auditorium et des salles d'ateliers sont ouverts aux animations et activités *(programme sur demande)*.

Fin 2016, un jardin astronomique de 3600 m² vient clore le parcours, proposant un observatoire pour contempler le ciel nocturne, des jeux de plein air, un potager pour mener des expérimentations… et vérifier, par exemple, que la lune a bien une influence sur la pousse des végétaux !

MIRIBEL Carte de microrégion B2 p. 26

Carillon du Mas Rillier

À 13 km au nord-est de Villeurbanne, par l'A 46 puis l'A 42 sortie 4 Miribel - ✆ 04 78 55 61 16 - http://dombes-cotiere-tourisme.fr - durant les concerts uniquement - possibilité de visite guidée.

Construit entre 1939 et 1947 pour guider les pèlerins au pied de la madone Notre-Dame-du-Sacré-Cœur (1938) située sur la Côtière de la Dombes, son beffroi s'élève à 30 m de haut. Il domine le parc de loisirs, le canal de Miribel et sa table d'orientation offre un panorama splendide jusqu'à Lyon. Conçu par Louis Mortamet pour faire sonner au mieux les 50 cloches provenant de la fonderie Paccard d'Annecy, l'instrument à commande entièrement mécanique (ce qui est rare) est considéré comme l'un des meilleurs carillons du monde.

La Mulatière Plan I p. 30-31

★ Jardin de la Bonne Maison B2

Par l'A 7, sortie 2 La Mulatière. Prenez la direction Oullins-Centre. Au 2e carrefour, tournez à droite vers Ste-Foy-lès-Lyon, puis au 1er feu à droite. 101 chemin de Fontanières - ✆ 04 78 37 38 37 - www.labonnemaison.org - ♿ - 9h30-13h - fermé dim. et j. fériés, juil.-août et nov.-fév. - possibilité de visite guidée sur demande (1h30) - 10 € (-18 ans gratuit) - 8 € mars et sept.-oct.

Installé dans la partie résidentielle de La Mulatière, ce jardin offre son quasi-hectare de pente à une exceptionnelle **collection de roses anciennes★★**, d'arbustes (prunus, hydrangeas, viburnums), de vivaces (pivoines, hostas) et de bulbes. Quelque 750 variétés de roses horticoles et botaniques montent à l'assaut des arbres, couvrant les pergolas, ruisselant des murs ou formant des buissons. Mme Masquelier, propriétaire du jardin, est une spécialiste reconnue de ce fleuron de l'horticulture lyonnaise *(voir l'encadré p. 90)*. La floraison (d'avril à fin juin) est spectaculaire, suivie de septembre à novembre par les couleurs vives et les formes diverses des cynorhodons (fruits du rosier).

★ Aquarium de Lyon B3

Par l'A 7, sortie 2 La Mulatière, puis direction Oullins-Centre - M° B Oullins ou depuis Perrache bus 63, arrêt Bastéro. 7 r. Stéphane-Déchant - ☎ 04 72 66 65 66 - www.aquariumlyon.fr - ♿ - juil.-août et vac. scol. : 11h-19h ; reste de l'année : tlj sf lun.-mar. 11h-19h - fermé 1er janv. et 25 déc. - possibilité de visite guidée (1h30) - 15 € (-10 ans 11 €).

Sur les rives de la Saône, cette structure plutôt discrète propose une immersion dans les différentes eaux et mers du globe. Un petit tour s'impose, dans les **eaux douces tempérées** (département rare et complet) où les impressionnants silures *(voir p. 452)* jouent les vedettes. Non loin de là, la **fosse aux requins** (500 000 l sur 2 étages) retient l'attention. Plus petits mais si colorés, les hôtes des **lacs africains** et des **mers tropicales** assurent un spectacle permanent tandis que la **mangrove** fait l'objet d'un nouveau bassin. Le parcours s'achève par la **salle des cinq sens** (forêt tropicale) et le bassin tactile.

Bon à savoir – Les panneaux de présentation des bassins apportent des informations intéressantes, parfois cocasses, sur les caractéristiques et les mœurs des poissons. Pendant les vacances et le week-end, nombreuses animations pour les familles.

1

L'ouest lyonnais

LA DUCHÈRE Plan I p. 30-31

Musée des Sapeurs-Pompiers A1 M4

10 km au nord-ouest par l'A 6 (direction Paris) puis la D 342 - M° D Gare-de-Vaise, puis bus 21, arrêt Champagne - 358 av. de Champagne - ☎ 04 72 17 54 54 - http://museepompiers.com - merc.-vend. 9h-12h, 14h-17h, 1er w.-end du mois 14h-17h - fermé j. fériés - 6 € (-18 ans gratuit).

Installé au centre d'intervention de La Duchère, ce musée présente une impressionnante collection de matériels d'interventions du 18e s. à nos jours. **Pompes à bras, à vapeur ou à moteur** témoignent ici de la bravoure des hommes du feu. Une salle du souvenir abritant casques, portraits et drapeaux leur est dédiée, rappelant les épisodes funestes de Saint-Jean (1930) et Feyzin (1966). La visite se poursuit avec la présentation de près de 300 coiffures françaises et étrangères, sélectionnées parmi la collection privée de l'industriel Adrien Gallet, inventeur du casque F1 qui fait aujourd'hui encore référence dans le monde. Au sous-sol, place aux **matériels roulants** avec notamment l'échelle Merryweather (1923) ou l'autopompe Berliet (1909). Faute de place, seule une infime partie de l'importante collection est présentée.

MARCY-L'ÉTOILE Carte de microrégion p. 26, A2

Domaine de Lacroix-Laval

Sortez de Lyon par le nord-ouest (direction Mâcon), puis suivez la D 7 en direction de Charbonnières - bus 98 arrêt Parc-de-Lacroix-Laval - 1171 av. de Lacroix-Laval - ☎ 04 78 87 87 00 - www.lacroix-laval.com - ♿ - 7h-20h - gratuit.

Situé à l'ouest de l'agglomération lyonnaise dont il constitue un des poumons verts, il couvre une superficie de 115 ha.

Un **petit train touristique**, le Furet, propose une présentation ludique et documentée du château et de son parc *(✆ 06 09 93 66 03 - trajet en petit train merc., w.-end, j. fériés et vac. scol. 14h-19h - 3,70 € (-14 ans 3,30 €)*. La **poneyterie** du domaine propose également des balades très courtisées par les plus petits *✆ 06 34 15 92 36 - https://www.grandlyon.com - mai.-oct. : 6h-22h ; reste de l'année : 7h-20h - possibilité de visite guidée - la poneyterie du domaine propose également des balades très courtisées par les plus petits (✆ 06 34 15 92 36).*
À l'extrémité est du parc se dresse un élégant **château** du 16e s. *(voir l'illustration p. 439)*. Ne manquez pas, dans ses jardins, le **potager historique** du domaine avec 600 variétés de végétaux présentées sous différentes thématiques : l'horticulture lyonnaise, les plantes aromatiques et à parfum ou encore les cultures fruitières et légumières. Plus loin, observez la **roseraie** sans oublier le **verger plein-vent** près du **parc aux daims.**

Musée de Sciences biologiques Docteur Mérieux

Bus 98, arrêt Parc-de-Lacroix-Laval ou bus 72, arrêt Marcy-l'Orme - 309 av. Jean-Colomb - ✆ 04 37 20 01 01 - http://musee-docteur-merieux.com - 10h-12h30, 14h-17h, dim. 14h-18h - fermé lun.-mar., sam. et j. fériés - possibilité de visite guidée sur demande (1h30) - 5 € (-18 ans gratuit).
L'agglomération lyonnaise est leader en matière d'industrie pharmaceutique. D'ailleurs bioMérieux, n° 1 mondial du diagnostic bactériologique, siège à Marcy-l'Étoile. Ce petit musée présente l'histoire de la firme – une aventure familiale extraordinaire ! – mêlée aux grandes dates de la médecine humaine et vétérinaire du 20e s. Ses atouts, une présentation pédagogique des techniques les plus pointues et un parcours qui sensibilise habilement aux enjeux de santé publique actuelle (épidémies, maladies infectieuses, vaccination).

CHARBONNIÈRES-LES-BAINS Carte de microrégion p. 26, A2

10 km par le nord-ouest (direction Mâcon), puis D 307.
Dans un cadre de bois exploités jadis par des charbonniers, le vallon de Charbonnières constitue un lieu de détente traditionnel des Lyonnais. Pourquoi ces « bains » accolés au nom de la ville ? Selon la légende, les vertus reconstituantes des eaux du lieu auraient été découvertes par un innocent aliboron. Pelé et galeux, abandonné par son maître, l'âne errait dans les bois et vint boire à une source. On le vit réapparaître, peu après, tout ragaillardi. Plus officiellement, la **source ferrugineuse** fut mise au jour par un abbé en 1778. Un établissement de bains ouvrit, devint célèbre dans les années 1900, puis déclina, ferma et fut détruit il y a quelques années. Il reste un casino très fréquenté.
Le **rallye automobile Lyon-Charbonnières** est réputé pour ses étapes de montagne particulièrement exigeantes.

Le sud lyonnais

GIVORS Carte de microrégion p. 26, A3

20 km au sud par l'A 7, puis l'A 47.

« GUINGUETTES » ET « CLOS »
À la belle saison, les « guinguettes » et les « clos », autrefois pléthoriques sur les bords du fleuve, proposent de retrouver une ambiance festive en dégustant une friture arrosée de beaujolais (notamment autour de Collonges, à l'île Roy et à Neuville-sur-Saône). Idéal pour une pause détente.

Le quartier **Les Étoiles**, construit entre 1974 et 1981 sur les plans de **Jean Renaudie** pour établir un quartier populaire en plein centre-ville, a été classé « patrimoine du 20e s. » et photographié par Doisneau. Promenez-vous pour en découvrir les placettes, les ruelles et les multiples terrasses. À quoi ressemble l'intérieur de ces 370 appartements construits en étoiles superposées ? Quelques-uns ouvrent leur porte aux curieux mais, si vous voulez en savoir plus, l'office de tourisme de Lyon en propose une intéressante visite guidée *(p. 32)*.

Des ruines du château médiéval de Saint-Gérald *(accès par le lotissement Les Étoiles adossé au flanc de la colline)*, vue sur l'hôtel de ville, les deux églises de Givors et le Rhône.

TERNAY Carte de microrégion p. 26, B3

18 km au sud par la D 307 (direction Vienne par la N 7).

L'**église** (12e s.), perchée sur le rebord du coteau dominant le Rhône, est un intéressant témoin de l'école romane rhodanienne. Autrefois dédiée à saint Mayol, elle appartenait à un prieuré clunisien. À l'intérieur, la partie la plus attachante est l'abside principale avec sa voûte en cul-de-four et son arcature à pilastres. Les sculptures des chapiteaux forment un ensemble digne d'intérêt. Au sud de l'église, voir les vestiges du cloître.

1

Circuits conseillés Carte de microrégion p. 26

★ LES BORDS DE SAÔNE

Les versants escarpés, dominant la Saône, ont accueilli depuis le 18e s. maisons de maîtres et petits châteaux. Progressivement délaissé par les lavandières et les bateliers, les berges devinrent des lieux de baignade et de détente champêtre pour les Lyonnais. Remises en valeur depuis 2002 *(voir encadré p. 66)*, les rives de Saône offrent aujourd'hui une promenade des plus agréables : au fil de l'eau, se succèdent pistes cyclables, belvédères, plages vertes, œuvres d'arts et espaces de jeux. À la hauteur de Rochetaillée et de Fontaines-sur-Saône l'aperçu est magnifique.

Traversez la Saône pour gagner le quai Paul-Sédallian en direction de St-Rambert.

Saint-Rambert B2

Musée Jean Couty – *1 pl. Henri-Barbusse - ✆ 04 72 42 20 00 - www.museejeancouty.fr - merc.-dim.11h-18h - 6€ (-18 ans gratuit) - visite guidée (1h) 10 €.*

Installé à quelques pas de la maison où il vécut toute sa vie, le musée présente le parcours de cet artiste injustement oublié. Né à Lyon, **Jean Couty** (1907-1991) se destinait à l'architecture lorsque son professeur, Tony Garnier *(voir p. 426)*, lui conseilla de s'intéresser davantage à la peinture. Conservant l'acquis de ses années d'architecture – il transparaît dans la force de son dessin, la structure travaillée de ses tableaux – Jean Couty développe une palette vibrante. Celle-ci s'exprime avec puissance dans les toiles consacrées aux grands travaux qui transformèrent Lyon dans la seconde moitié du 20e s. : on croirait entendre le fracas du chantier, distinguer le mouvement des machines et le travail qui avance. D'autres œuvres, inspirées par les voyages du peintre, rendent sensibles les variations de la lumière d'un pays à l'autre. Toutes ont en commun une énergie communicative, qui transparaît également dans l'entretien filmé avec le peintre déjà âgé.

Île Barbe – Sur cette île s'établit au 5e s. la première abbaye de la région dont le rayonnement fut grand jusqu'aux guerres de religion. Son importance reste

perceptible – plus encore que dans les ruines – à travers les éléments d'architecture réemployés pour la construction des maisons voisines au fil des siècles.
Traversez l'île Barbe pour rejoindre la D 433 qui longe la rive gauche de la Saône, bordée d'épais ombrages jusqu'à Rochetaillée.

★★ Musée de l'Automobile Henri-Malartre à Rochetaillée-sur-Saône B2

Après la sortie de Rochetaillée-sur-Saône, suivez à droite les indications fléchées. La route serpente un moment jusqu'au musée très en hauteur. 646 r. du Musée - ✆ 04 78 22 18 80 - www.musee-malartre.com - juil.-août : 10h-19h ; reste de l'année : 9h-18h - fermé lun., de fin janv. à déb. fév., 1er janv., 25 déc. - possibilité de visite guidée (1h) - 6 € (-18 ans gratuit).

Dans ce château restauré du 15e s., acquis par la ville de Lyon, et dans son parc en terrasses au-dessus de la Saône, sont réunies de remarquables collections d'automobiles (1890 à 1986), cycles (1818 à 1960), motocycles (1904 à 1964) et véhicules de transports en commun (1886 à 1935), tous en état de marche. Henri Malartre gérait en 1929 une entreprise de démolition d'automobiles. Sa passion de collectionneur commença en 1931, avec une Rochet-Schneider de 1898 dont le moteur fonctionnait encore puis, deux ans plus tard, avec un double-phaéton Gobron-Brillié, pièce unique, également de 1898.

Sur les 150 **automobiles** exposées, 50 modèles sont antérieurs à 1914, 18 sont de fabrication lyonnaise, rappelant que, dans la région, une centaine de constructeurs se sont lancés dans l'aventure automobile.

Certaines pièces sont uniques comme la Gobron-Brillié (1898), la Luc-Court (1901), la Thieulin (1908) ; d'autres ont fait date dans le développement technologique, telles la Ford T (1910), la Peugeot BB (1913). L'omnibus à vapeur Scotte (1892), le prototype de la 2 CV Citroën (1936), maquillé en camionnette sous l'Occupation, cumulent les deux particularités.

On trouve aussi quelques voitures d'hommes célèbres : la Mercedes blindée (1942) d'Adolf Hitler, saisie en 1945 par la division Leclerc à Berchtesgaden, l'Hispano-Suiza (1936), coupé de ville utilisé par le général de Gaulle après la libération de Paris, la Renault Espace utilisée par le pape Jean-Paul II lors de son passage à Lyon en 1986.

Dans le hall Gordini, les **voitures de course** ont été pilotées par les plus grands champions : Rolland Pilain (1923), Talbot Lago (1949) et Gordini (1952). Une série de **cycles** allant de la draisienne au vélo d'Anquetil comprend ces étonnants

LE FRANC-LYONNAIS

De la superficie d'un canton actuel, le Franc-Lyonnais était composé de treize « marches » s'étendant entre la Dombes et la rive gauche de la Saône. Une enclave isolée, en amont de Trévoux, formait le « Petit » Franc-Lyonnais. Le territoire principal allait de Genay, en amont de Neuville-sur-Saône, jusqu'au plateau de la Croix-Rousse qui échappait ainsi à la juridiction de Lyon. Les Francs-Lyonnais, pour s'être séparés volontairement du reste de la Bresse et du duché de Savoie, obtinrent de François Ier, en 1525, un statut d'indépendance qui faisait de leur territoire une sorte de protectorat. Jaloux de leurs franchises et privilèges, refusant de payer aide, gabelle, taille et autres impôts, à l'exception d'un « don gratuit » de 30 000 livres au roi de France tous les huit ans, les habitants (à peine 4 000 au total) avaient à leur tête un syndicat général. Les Francs-Lyonnais n'hésitaient pas, lorsque leurs libertés étaient contestées, à en appeler au Parlement de Paris. La création des départements, sous la Révolution, mit fin à cette exception territoriale.

Vue de l'île Barbe sur la Saône.
SanderStock/iStock

« Grands Bi ». Plus de 50 **motocyclettes** sont présentées, parmi lesquelles une Herdtlé-Bruneau (1904), la Koehler-Escoffier (1935) de Georges Monneret, des side-cars et des Zundapp (1937) de l'armée allemande en Afrique et en Russie. Un hall est consacré aux **transports en commun**. On y voit un tramway hippomobile à impériale ouverte (1880) et à conduite bidirectionnelle (les deux chevaux pouvant être attelés indifféremment à l'avant et à l'arrière pour éviter de tourner le véhicule) ; la « motrice salon » (1900) utilisée par le président Poincaré à l'exposition de Lyon, en 1914 ; le premier trolleybus lyonnais (1935). Témoin d'un autre temps mais d'un besoin constant de nature, la motrice du *Train bleu* est bien connue des Lyonnais. C'est elle qui passait, jusqu'en 1957, au pied de Rochetaillée pour aller vers les lieux de baignades et les guinguettes de Neuville-sur-Saône.
Poursuivez en direction de la D 433 que l'on prend à droite.

Neuville-sur-Saône B1
La ville est joliment située à un coude de la Saône. Neuville, qui s'appelait jadis Vimy, fut, sous l'Ancien Régime, la capitale du Franc-Lyonnais *(voir l'encadré ci-contre)*. L'**église**, dominée par des clochers jumeaux du 17e s., abrite un ensemble de boiseries du sculpteur lyonnais Perrache (18e s.).

Trévoux (*p. 188*) A1
La D 933 puis la D 504 à gauche mènent à Villefranche-sur-Saône.

Villefranche-sur-Saône (*p. 114*) A1
Revenez à Lyon par l'A 6 (comptez 30mn).

★ LE MONT-D'OR LYONNAIS Carte de microrégion p. 26

55 km au nord de Lyon. Circuit tracé en violet sur le plan p. 106. Comptez 2h30.
Dominant la vallée de la Saône en amont de Lyon, le petit massif du Mont-d'Or constitue un pays au charme rural. Son nom fait référence à un point de mine d'or. Mais au 10e s., il s'appelait déjà *Mons aureus*, ce qui pourrait être une déformation de

Monte tauro (culte celtique du taureau). Ses sommets offrent d'admirables points de vue. Les pentes exposées au midi sont assez arides, piquetées de buis sauvages et d'arbustes. Les versants nord sont plus boisés. Vergers, vignes, jardinets fleuris, petites cultures et pâturages composent le joli décor des vallons intérieurs.

Quand on le découvre en venant par le nord, le Mont-d'Or semble un récif émergeant de l'ample Val de Saône en raison de ses dimensions modestes (6 km sur 12) et de l'altitude de ses sommets ; mont Verdun (625 m), mont Thou (609 m), mont Cindre (469 m). Les affleurements calcaires donnent au terrain une riche coloration ocrée. Des carrières y sont exploitées depuis le 15e s.

Quittez Lyon par la D 306 et empruntez à droite la D 42 vers Limonest. Au centre du bourg, tournez à droite dans la D 73 puis, à la sortie du village, prenez, à gauche, la D 92 en direction du col du mont Verdun.

Du 1er avr. au 30 oct., ce tronçon de la D 92 est interdit à la circulation automobile les w.-end, du sam. 10h au lun. 7h et les j. fériés. Il vous faut donc traverser Limonest et, à la sortie du bourg, prendre la première route sur la droite qui conduit à Poleymieux. Elle croise à nouveau la D 92, qu'il est autorisé de remonter sur cette partie pour rejoindre le col.

La route contourne le **château de la Barollière** (18e s.) A2, flanqué de tourelles carrées, et offre de belles **échappées★** vers les monts du Lyonnais.

Le col du **mont Verdun** A2 est occupé par un fort datant de 1875 *(accès interdit)*. *Au col, tournez à gauche.* La descente offre de jolies vues sur le Val de Saône. Les restes de l'habitat ancien, de type méridional, et des parcelles cultivées bordées de murs de pierre sèche subsistent, notamment autour de Poleymieux.

Aux premières maisons de Poleymieux, prenez à gauche, puis à droite dans un chemin de terre sur 200 m. L'accès à la croix Rampau se fait à pied par un sentier en montée à gauche.

★ Croix Rampau A1

Table d'orientation et aire de pique-nique. Le **panorama** s'étend, par temps favorable, du puy de Dôme au mont Blanc.

Regagnez le charmant bourg de Poleymieux en vous dirigeant vers l'église.

Vue intérieure du musée Jean-Couty.
Musée Jean-Couty

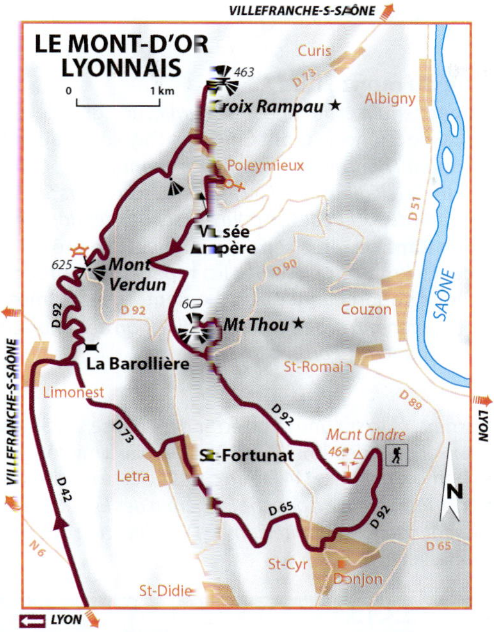

Si vous souhaitez allonger votre balade, profitez-en pour tester au départ de l'église ou de la vieille église le sentier des cabornes (enclos ou mur de soutènement en pierres), aménagé pour découvrir ces abris en pierre sèches aux architectures variées, typiques du paysage rural local (plan disponible sur www.montsdor.com).

Sinon, remontez le vallon jusqu'à la maison d'Ampère.

Maison d'Ampère et musée de l'Électricité à Poleymieux-au-Mont-d'Or A2

300 rte Ampère - ✆ 04 78 91 90 77 - www.amperemusee.fr - dim. 10h-12h, 14h-18h, sam. 14h-18h - possibilité de visite guidée sur demande (1h30) - 5 € (-13 ans 4 €) - 2 € audioguide - gratuit Fête de la science (oct.).

Le savant lyonnais **André-Marie Ampère** (1775-1836) passa ici son enfance et ses premières années de jeune homme. Ses découvertes en mathématiques, physique et chimie en font l'un des pionniers de la science au 19e s.

Sur onze salles, le **musée de l'Électricité★** retrace en détail la vie et l'œuvre du savant à travers de nombreuses reproductions de ses expériences fondamentales (sous forme de maquettes à faire fonctionner soi-même) et la présentation d'objets de son histoire personnelle. La « chambre à recevoir » évoque le cadre familial ; la salle des « Trois Ampère » rappelle la vie du savant, celle de son père mort sur l'échafaud en 1793 et celle de son fils Jean-Jacques, historien et littérateur. Dans les autres salles, c'est l'histoire de l'électricité qui se déroule, de la première étincelle à notre usage quotidien, illustré par une grande quantité d'appareils d'époque en tout genre (de la pile Volta aux lumières LED, en passant par la dynamo Gramme et la TSF).

Bon à savoir – Si vous n'êtes pas expert, privilégiez la visite guidée (1h30) ou audioguidée. En famille, réservez le musée aux plus de 7 ans, plus à même de l'apprécier.

Prenez la direction de St-Didier et, au premier carrefour, obliquez à gauche vers le mont Thou.

★ Point de vue du mont Thou A2

À 50 m du sommet *(terrain militaire, accès interdit)*, une grande esplanade offre une **vue** sur le Val de Saône, le mont Cindre et l'agglomération lyonnaise.

À la descente du mont Thou, dirigez-vous vers le mont Cindre. Contournez par la droite la tour-relais de télédiffusion, d'où la D 92 descend vers St-Cyr. Dans le premier grand tournant, départ pédestre pour le « sentier des Rapaces ».

Sentier des Rapaces – Ce sentier-découverte a été aménagé sur un chemin rural de 1,9 km pour observer les rapaces nombreux dans les airs du mont d'Or. Ils ne s'approchent pas facilement ; soyez calmes et patients.

À l'entrée de St-Cyr, prenez à droite la D 65 en direction de Limonest, puis encore à droite la route menant à St-Fortunat.

Saint-Fortunat A2

Ce village de carriers, étiré sur une raide échine rocheuse, est amusant à découvrir. Sa ruelle aux façades des 16e, 17e et 18e s. dévoile à mi-côte le portail flamboyant de son humble chapelle (14e s.) au chœur classé monument historique.

Du haut de St-Fortunat, prenez à gauche le chemin des Essarts, redescendez vers St-Didier et, aussitôt, tournez à droite dans la D 73 direction Limonest. Retournez à Lyon par Limonest et la D 306.

NOS ADRESSES DANS LE GRAND-LYON

HÉBERGEMENT

BUDGET MOYEN

Hôtel Ariana – *163 cours É.-Zola - 69100 Villeurbanne - Ⓜ A Gratte-Ciel - ☏ 04 78 85 32 33 - www.ariana-hotel.com - P 12 € - ♿ - 102 ch. - 99/139 € - ☕ 14 €.* Les chambres sont spacieuses, climatisées et bien insonorisées. À dix minutes du centre de Lyon en métro, l'hôtel se situe au pied du quartier des Gratte-Ciel. Tarifs w.-end très intéressants.

POUR SE FAIRE PLAISIR

L'Ermitage-Hôtel Cuisine-à-manger – *Chemin de l'Ermitage - 69450 St-Cyr-au-Mont-d'Or - Mont Cindre - ☏ 04 72 19 69 69 - www.ermitage-college-hotel.com - P ♿ - 28 ch. 150/165 € - ☕ 17 € - rest. 23/30 €.* On vient à cet hôtel perché sur le mont Cindre pour sa vue mémorable, sa terrasse panoramique, sa piscine en surplomb et ses chambres design. On y reste pour sa cuisine créative et sa buvette-guinguette propice aux pauses goûters du week-end.

RESTAURATION

BUDGET MOYEN

La Brunoise – *4 r. A.-Boutin - 69100 Villeurbanne - Ⓜ A/B Charpennes - ☏ 04 78 52 07 77 - www.labrunoise.fr - fermé 20 juil.-20 août, 2-7 janv., dim. soir-mar. - formules déj. 19/24 € en sem. - 29/39 €.* Les spécialités de la maison peintes sur la façade attirent le gourmand. Carte actuelle élaborée sur des bases classiques.

La Terrasse St-Clair – *2 Grande-Rue-St-Clair - 69300 Caluire-et-Cuire - bus 8 arrêt Bellevue - ☏ 04 72 27 37 38 - www.terrasse-saint-clair.com - fermé 2 sem. en août, 2 sem. à noël, w.-end - 28,50/32 €.* Hommage à la Fanny, des boulistes !, dans ce restaurant aux allures de guinguette et sur sa terrasse ombragée de platanes.

L'Orangerie de Sébastien – *69280 Marcy-l'Étoile - Domaine* *de Lacroix-Laval - ✆ 04 78 87 45 95 - www.orangeriedesebastien.fr - fermé fév. vac. scol. zone a, dim. soir, lun. et mar. - formule déj. 19 €, 33/43 €.* L'orangerie du château (17e s.) accueille une cuisine au goût du jour. Belle terrasse côté jardins.

POUR SE FAIRE PLAISIR

Fond Rose – *25 chemin de Fond-Rose - 69300 Caluire-et-Cuire - ✆ 04 78 29 34 61 - www.nordsudbrasseries.com - tlj 12h-14h, 19h30-22h (22h30 w.-end) – 26,50/34,70 €.* Une maison bourgeoise des années 1920 transformée en brasserie chic par le groupe Bocuse, avec sa terrasse d'arbres centenaires : une certaine idée de la quiétude. La cuisine se révèle généreuse et savoureuse, dans la tradition des bords de Saône : grenouilles, quenelles, etc. Une certaine idée du goût !

PETITE PAUSE

Jocteur – *5 place Henri Barbusse - ✆ 004 78 83 98 35 - www.boulangeriejocteur.com - mar.-dim. 7h-20h.* Fort du succès de ses tartes à la praline, le boulanger de l'île Barbe a ouvert d'autres boutiques à Lyon, mais voici l'adresse authentique où déguster en terrasse de goûteuses pâtisseries.

ACHATS

Les 150 boutiques de la Cité des Antiquaires – *117 bd de Stalingrad - 69100 Villeurbanne - ✆ 04 72 69 00 00 - www.cite-antiquaires.fr - jeu. et w.-end 10h-19h, vend. sur r.-v. - fermé dim. à 13h du 1er juin au 31 août.*

ACTIVITÉS

Parc de loisirs de Miribel-Jonage – *Chemin de la Bletta - 69120 Vaulx-en-Velin - ✆ 04 78 80 56 20 - www.grand-parc.fr - mai-sept. : 9h-21h, dim. et j. fériés 9h-20h ; reste de l'année : 9h-19h30, w.-end et j. fériés 10h-18h30 - fermé 25 déc.-1er janv.* Océan de verdure proche de la ville et nombreuses activités : randonnées, VTT, plages, pêche, équitation, etc. La base nautique du lac des Eaux-Bleues est accessible par l'une des pistes cyclables du parc.

Randonnées – Fiches pratiques sur demande dans les offices de tourisme du Grand Lyon.

EN SOIRÉE

Théâtre national populaire de Villeurbanne – *8 pl. L.-Goujon - 69100 Villeurbanne - Ⓜ A Gratte-Ciel - ✆ 04 73 03 30 00 - www.tnp-villeurbanne.com - ♿ - plein tarif 25 € (-15 ans 9 €) - spectacles à 14h et 19h30.* Héritier de Gémier et Vilar, il assure sa « mission » de TNP : l'excellence à portée de toutes les bourses. La programmation mêle répertoire et créations contemporaines. N'hésitez pas à tenter votre chance pour le jour même. La brasserie 33 TNP présente une carte dans la même veine, peu chère et savoureuse.

Le Beaujolais et les monts du Lyonnais 2

Carte Michelin Départements 327 et 328 – Loire (42), Rhône (69) et Saône-et-Loire (71)

Les vignobles dans le Beaujolais.
SGM/age fotostock

LE BEAUJOLAIS ET LES MONTS DU LYONNAIS
0
10 km
N
NANTUA
BOURG-EN-BRESSE
CHALON-SUR-SAÔNE
MONTCEAU-LES-MINES
MOULINS, VICHY
SAÔNE-ET-LOIRE
AIN
3
7
A
B
C
1
2
Mâcon
Roanne
Saône
Rhins
Gand
Riens
St-Amour-Bellevue
Juliénas
Chénas
Romanèche-Thorins
Corcelles
Belleville
Fleurie
Villié-Morgon
La Terrasse
660
Avenas
Beaujeu
Mont Brouilly
484
Le Beaujolais
Salles-Arbuissonnas-en-Beaujolais
Vaux-en-Beaujolais
St-Julien
Villefranche-sur-Saône
Signal de St-Bonnet
680
Montmelas-St-Sorlin
Claveisolles
Chénelette
953
Mont Tourvéon
Les Écharmeaux
Col de Favardy
862
St-Nizier-d'Azergues
Chambost-Allières
Chambost
Lac des Sapins
Amplepuis
St-Appolinaire
Ternand
Monts de Tarare
St-Laurent-d'Oingt
Oingt
Bagnols
Theizé
Le Boitier
Jarnioux
Marcy
D 23
D 10
D 385
D 116
D 504
D 62
D 337
D 306
D 98
D 313
D 70
D 1083
N 6
N 7
N 79
N 82
A 6
A 40
A 406

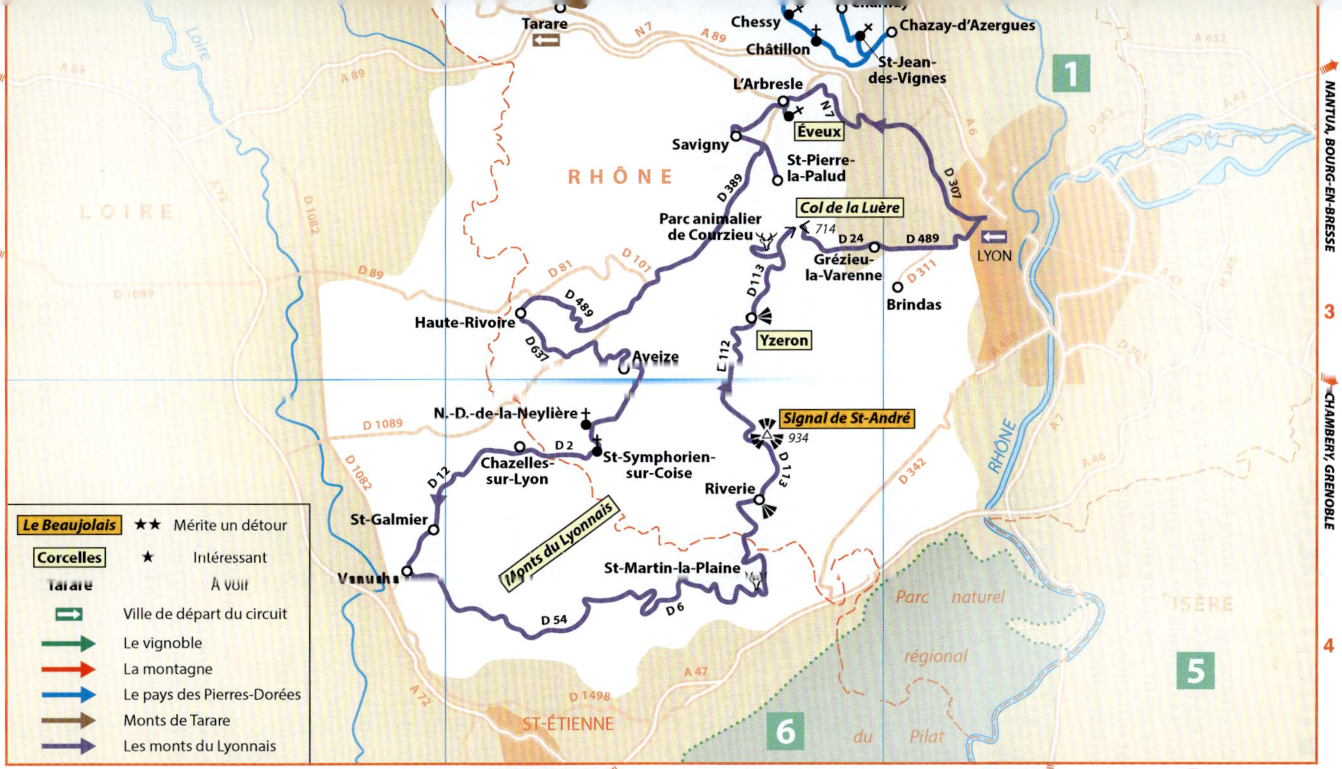

NANTUA, BOURG-EN-BRESSE
CHAMBERY, GRENOBLE
CLERMONT-FERRAND
LE PUY EN VELAY
VALENCE
Tarare
Chessy
Châtillon
Chazay-d'Azergues
St-Jean-des-Vignes
L'Arbresle
Éveux
Savigny
St-Pierre-la-Palud
RHÔNE
LOIRE
Col de la Luère
714
Parc animalier de Courzieu
Grézieu-la-Varenne
Brindas
LYON
Haute-Rivoire
Aveize
Yzeron
N.-D.-de-la-Neylière
St-Symphorien-sur-Coise
Chazelles-sur-Lyon
Signal de St-André
934
Riverie
St-Galmier
Monts du Lyonnais
St-Martin-la-Plaine
ST-ÉTIENNE
Parc naturel régional du Pilat
ISÈRE
RHÔNE
Loire
D 307
D 489
D 24
D 311
D 389
D 101
D 81
D 89
D 113
D 112
D 637
D 1089
D 2
D 12
D 1082
D 342
D 54
D 6
D 1498
N 7
A 89
A 6
A 72
A 47
A 7
A 46
1
3
4
5
6
A
B
C
Le Beaujolais ★★ Mérite un détour
Corcelles ★ Intéressant
A voir
Ville de départ du circuit
Le vignoble
La montagne
Le pays des Pierres-Dorées
Monts de Tarare
Les monts du Lyonnais

Villefranche-sur-Saône

35 640 Caladois – Rhône (69)

Villefranche, ou comment une charte peut changer le destin d'une cité. La ville doit en effet beaucoup à Guichard IV de Beaujeu qui en a fait la capitale du Beaujolais et l'a dotée de nombreux privilèges. On n'y vient pas pour un cœur historique ancien, mais pour sa fameuse et interminable rue Nationale qui synthétise bien l'originalité de son urbanisme.

NOS ADRESSES PAGE 118
Hébergement, restauration, achats, activités, etc.

S'INFORMER

Office de tourisme – *96 r. de la Sous-Préfecture - 69400 Villefranche-sur-Saône - 04 74 07 27 40 - www.villefranche-beaujolais.fr - mai-sept. : 9h-18h, sam. 9h-12h30, 13h30-18h, jeu. 10h-18h ; reste de l'année : 10h-17h, sam. 10h-12h30, 13h30-17h - fermé dim. et j. fériés - des visites guidées sont proposées par l'office de tourisme.*

SE REPÉRER

Carte de microrégion B2-C2 (p. 112-113)

L'A 6 et la D 306 relient la ville à Lyon, à 34 km au sud. Porte du Beaujolais, Villefranche est également proche de la Dombes, située de l'autre côté de la Saône.

À NE PAS MANQUER

La découverte de la peinture régionale au musée Paul-Dini.

ORGANISER SON TEMPS

Comptez 2h.

Se promener Plan de ville p. 116

Les sires de Beaujeu créèrent cette ville autour de la tour de péage de Limans, en 1140, pour faire pendant à la forteresse d'Anse appartenant aux archevêques de Lyon. Elle se développa rapidement et, en 1260, Guichard IV de Beaujeu accorda aux habitants une charte de libertés et franchises, d'où son nom de « Villefranche ».

Cours et maisons Renaissance

96 r. de la Sous-Préfecture - 04 74 07 27 40 - www.villefranche-beaujolais.fr - possibilité de visite guidée sur demande (20mn) - accès libre - possibilité de visite guidée « circuit des trésors cachés », se rens. à l'office de tourisme (plan disponible).

Érigées et transformées entre le 15e et le 18e s., elles bordent, de part et d'autre, la **rue Nationale** (B 1-2). Elles doivent l'étroitesse de leurs façades à un article de la charte de 1260 imposant aux nouveaux habitants, en contrepartie de la gratuité du terrain et des libertés et franchises accordées, une redevance

LES CALADES

Autrefois, les commerçants avaient coutume de tenir marché sur le parvis de l'église qui était pavé de pierres plates appelées « calades ». « Aller à la calade » signifiait « aller à la ville », et le nom de « Caladois » est resté pour désigner les habitants de Villefranche.

Musée Paul-Dini.
G. Perret/musée Paul-Dini, musée municipal, Villefranche-sur-Saône

annuelle de trois deniers par toise de largeur de façade (une toise équivalait à 1,95 m environ). La numérotation des maisons part soit de la rue Nationale, soit du nord de la ville :

Côté impair – Remarquez, au n° **[illegible]07**, la **maison de l'Italien** (B1), l'une des plus majestueuses de la rue, avec sa tour polygonale et sa balustrade en pierre sculptée au 3e étage.

Au n° **465** (visible au 17 r. Grenette), une tourelle d'escalier à claire-voie conserve l'ancien escalier d'un hôtel particulier avec un culot sculpté représentant un petit homme.

Au n° **561**, derrière la façade de 17[illegible], une voûte d'ogives retombant sur des culots sculptés mène à une cour du 16e s., au crépi rose.

La **maison de la Tourelle** (B2), au n° **761**, présente une façade du 18e s. avec voûtes sur quatre niveaux dans la cour, armoiries martelées et élégante tourelle abritant un escalier à vis.

Au n° **125** rue Corlin, une allée très étroite fait communiquer la rue de « derrière » avec une des plus belles cours gothiques de Villefranche.

Côté pair – Au n° **476**, à l'angle formé avec la rue du Faucon, se dresse une maison du 15e s. à encorbellement et pans de bois.

L'**auberge de la Coupe d'Or** (B1), au n° **528**, transformée au 17e s., était la plus ancienne auberge de Villefranche (fin du 14e s.).

À l'angle avec la rue Paul-Bert, aux nos **588** et **594** deux jolies façades : celle de droite est de la fin du 15e s. avec ses gâbles en accolade ornés de choux frisés et de pinacles à crochets ; celle de gauche, Renaissance, présente des fenêtres moulurées à meneaux, où s'intercalent des médaillons.

Le passage, au n° **810**, mène à une cour restaurée (Maison Giliquin avec puits, galerie et tourelle abritant un escalier à colimaçon).

L'ancien **hôtel de ville** (B2) au n° **816**, pillé en 1562 par les troupes du baron des Adrets, fut terminé en 1660. La façade, en pierres dorées de Jarnioux *(voir p. 131)*, possède un portail en chêne orné de clous forgés et d'une imposte à panneaux rayonnants.

LA VIERGE DU MARAIS

On raconte qu'un jour, dans les marais autour de Villefranche, des bergers trouvèrent une statue de la Vierge. On la transporta solennellement dans l'église Ste-Madeleine (actuelle collégiale N.-D.-des-Marais). Mais le lendemain, elle avait disparu. On la retrouva à l'endroit où les bergers l'avaient prise. Les habitants s'empressèrent alors de construire une chapelle à cet emplacement. Ce type de tradition est assez fréquent en France.

Musée Paul-Dini, musée municipal de Villefranche-sur-Saône B1

2 pl. Faubert - ✆ 04 74 68 33 70 - www.musee-paul-dini.com - ♿ - 10h-12h30, 13h30-18h, w.-end 14h30-18h, merc. 13h30-18h - fermé lun.-mar. et j. fériés - possibilité de visite guidée sur demande (1h) - 5 € (-18 ans gratuit) - gratuit 1er dim. du mois.

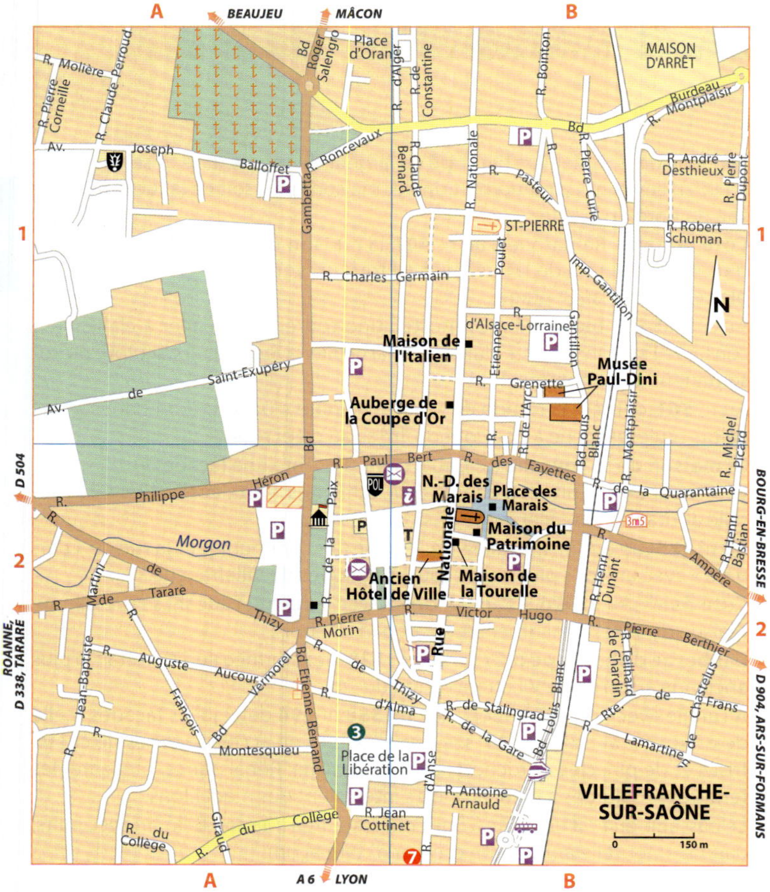

SE LOGER		SE RESTAURER	
Hôtel Plaisance	3	Le Juliénas	7

« LA VAGUE »

Chaque dernier dimanche de janvier, vers 11h, la **Fête des conscrits** anime la ville avec un défilé coloré et bon enfant. Brins de mimosa et œillets à la boutonnière, des rangées d'hommes de 20 à 90 ans, bras dessus bras dessous, forment « la Vague » de l'amitié. Ils défilent rue Nationale en costume noir, coiffés d'un gibus (chapeau claque) orné d'un ruban de couleur différente selon leur décennie (vert-20 ans, jaune-30 ans, etc.). Si l'événement a pris une ampleur considérable à Villefranche, tout le Beaujolais honore ses classes. Une tradition inscrite jusque dans les usages courants. Alors si vous rencontrez quelqu'un, ne soyez pas surpris s'il vous demande : « Et toi, t'es de la combien ? »

La donation de Paul Dini, directeur du *Dauphiné libéré* pendant plusieurs années, a donné naissance au musée qui porte son nom dans l'ancienne halle aux grains. Sa collection constitue un intéressant panorama de la peinture régionale de 1875 à aujourd'hui, où l'on repère l'influence des écoles impressionniste, fauviste, abstraite et cubiste. Elle révèle également la création contemporaine en Rhône-Alpes.

Cet art régional se dévoile dans le travail du paysagiste (Auguste Ravier), dans les compositions florales (François Vernay) qui rappellent qu'à cette époque le motif floral est très présent dans l'industrie de la soie. Les femmes peintres comme Suzanne Valadon, mère d'Utrillo, Émilie Charmy ou Jacqueline Marval sont à l'honneur de même que les toiles de l'ami de Renoir, Albert André. Chacune des salles se rapporte à un thème : géométrisme abstrait, symbolisme, portraits et autoportraits, figure, expressionnisme, paysage urbain, art brut, polyptyques… Le musée présente également les toiles de Jacques Truphémus qui ornait jusqu'en 1990 les murs du restaurant lyonnais Henry. En 2005, le musée a intégré l'ancien site industriel Cornil tout proche ; cette extension lui a permis de doubler sa surface d'exposition. Ce nouvel espace accueille désormais des expositions temporaires d'art contemporain.

2

Place des Marais B2

Jouxtant l'église au nord-est, cette place agrémentée d'une fontaine carrée est bordée de bâtiments modernes à arcades aux tons roses et ocre.

Dans le prolongement de la place, à l'angle avec la rue Nationale, une inscription rappelle l'octroi, en 1260, de la charte de Villefranche. Au-dessus, une décoration en céramique représente Pierre II de Bourbon et Anne de Beaujeu, en orants, d'après le fameux triptyque du maître de Moulins.

Collégiale Notre-Dame-des-Marais B2

Seul subsiste de la chapelle primitive du 13e s. un petit clocher de style roman, au-dessus du chœur. L'église a subi de nombreux remaniements : la tour centrale est du 15e s. ; la somptueuse façade flamboyante du 16e s. a été offerte par Pierre II de Bourbon et Anne de Beaujeu ; la flèche, détruite lors d'un incendie survenu en 1566, a été reconstruite en 1862.

À l'intérieur, la nef surprend par son élévation ; jolie voûte ouvragée à clefs pendantes ; orgues de 1835, dus au facteur Callinet et belle **chaire en marbre** du 17e s. *(voir l'illustration p. 441)*. Sur la façade nord, remarquez les gargouilles ; l'une d'elles représente la luxure.

Maison du Patrimoine B2

R. Roland - 793 rue Nationale - ✆ 04 74 60 39 53 - www.villefranche.net - horaires, se rens. - fermé dim.-mar. et j. fériés - possibilité de visite guidée sur demande (1h) - gratuit.

Au rez-de-chaussée, la maison du Patrimoine abrite des expositions temporaires qui valorisent les traditions et le patrimoine local. À l'étage, un petit **Musée des conscrits** propose, avec force pièces authentiques (costumes, photos et documents d'archives), une découverte amusante de la tradition et l'histoire des festivités conscrites caladoises (*l'encadré p. 114*).

NOS ADRESSES À VILLEFRANCHE-SUR-SAÔNE

HÉBERGEMENT

POUR SE FAIRE PLAISIR

Hôtel Plaisance – A2 - *96 av. de la Libération - 04 7465 33 52 - www.hotel-plaisance.com - fermé de fin déc. à déb. janv. - P - 68 ch. 89/119 € - 12 €.* Dans cet immeuble des années 1970 agréablement situé au coeur de la capitale du Beaujolais, de jolies chambres et des suites au look réactualisé vous attendent.

UNE FOLIE

Hostellerie la Ferme du Poulet – *180 r. Mangin - 04 74 62 19 07 - www.lafermedupoulet.com - fermé dim. et lun. - P - 9 ch. 138 € - 16 € - rest. 20/50 €.* Un coin de tranquilité à l'est de la ville, à l'abri d'une ancienne ferme en pierre du 17e s. Chambres soignées et cuisine raffinée d'un restaurant d'un chef « Toque Blanche ». Ses menus font honneur à la région.

RESTAURATION

BUDGET MOYEN

Brasserie Le Belooga – B2 - *384 bd L.-Blanc - dans l'hôtel « Ici et Là » - 04 37 55 28 28 - www.hotelicietla.com - tlj midi et soir - formule déj. 21 € - 19/52 €.* Cette brasserie gastronomique est l'une des très bonnes tables de la ville. On y apprécie une cuisine créative et colorée inspirée par le chef Guy Lassausaie.

POUR SE FAIRE PLAISIR

Le Juliénas – B2 - *236 r. d'Anse - 04 74 09 16 55 - www.restaurant-lejulienas.com - fermé 3 sem. en août, lun. soir, sam. midi et dim. - formule déj. 30 € - 49/83 €.* Vins de pays et savoureuse cuisine aux accents du Sud sont à l'honneur dans ce petit restaurant d'esprit bistrot aux tables simplement dressées.

À proximité

BUDGET MOYEN

Le Saint-Romain – *Rte de Graves - 69620 Anse - 04 74 60 24 46 - www.hotel-saint-romain.fr - fermé dim. soir - formule déj. 17 € en sem. - 27 € - 23 ch. 80 € - 9,50 €.* Sur la route des Pierres-Dorées, une très bonne cuisine de saison et de terroir, servie dans le cadre d'un hôtel authentique et bien rénové.

La Bicheronne – *01480 Fareins - 04 74 67 81 01 - www.bicheronne.fr - fermé janv., lun., jeu. et le soir - P - formule déj. 14 € - 28/32,50 €.* Cette ferme-auberge bien connue fait souvent salle comble. Depuis plus de vingt ans, la propriétaire régale ses hôtes de ses poulets, coqs et pintades maison, souvent accompagnés d'un gratin dauphinois. Ravissante terrasse ombragée courue en été.

Le Beaujolais

★★

Rhône (69)

« Lyon, dit-on, est arrosé par trois fleuves : le Rhône, la Saône et... le Beaujolais. » Certes, la région est connue pour ses domaines viticoles et son beaujolais nouveau mais elle possède des richesses touristiques qu'elle ne cesse de valoriser. D'un côté, de nombreux châteaux, musées et un patrimoine de pays conséquent. De l'autre, une forte identité rurale et une variété de paysages contrastés qui méritent d'être découverts et arpentés. Dans le Nord, la montagne est souvent sauvage, impression renforcée par les sombres bois de sapins Douglas. Tandis qu'au Centre et dans le Sud, les collines verdoyantes sont plus habitées. Sans cesse ponctuées de bourgs aux maisons traditionnelles ou de lumineux villages aux « pierres dorées » vibrant aux premières caresses du soleil.

NOS ADRESSES PAGE 132
Hébergement, restauration, achats, activités, etc.

S'INFORMER

Office de tourisme Beaujolais Vignoble – *Pl. de l'Hôtel-de-Ville - 69430 Beaujeu - ☎ 04 74 69 22 88 - www.beaujolaisvignoble.com - juil.-août : 9h30-12h30, 14h30-19h ; mai-juin et sept. : 9h30-12h30, 14h30-18h30 ; reste de l'année : tlj sf lun. 10h-12h, 14h30-18h - fermé déc.-fév.*

Office de tourisme de Belleville – *68 r. de la République - 69220 Belleville - ☎ 04 74 66 44 67 - www.beaujolaisvignoble.com - juil.-sept. : 10h-12h30, 14h-17h ; reste de l'année : tlj sf dim.-lun. 10h-12h30, 14h-17h - fermé de mi-déc. à mi-janv.*

Office de tourisme du Beaujolais des Pierres Dorées – *9 r. du 3-Septembre-1944 - 69480 Anse - ☎ 04 74 60 26 16 - www.tourismepierresdorees.com - 9h-12h30, 14h-17h30 - fermé dim. et j. fériés.*

SE REPÉRER

Carte de microrégion B1-2-3 (p. 112-113)

Séparé de la Dombes par la Saône, le Beaujolais s'étend au nord-ouest de Lyon. La circulation nord-sud se fait essentiellement par la vallée de la Saône (D 306), car elle est particulièrement difficile dans la montagne.

À NE PAS MANQUER

Le lacis inextricable de routes qui sillonnent les célèbres vignobles, la montagne du Beaujolais vert et le pays des Pierres-Dorées. Tout du long, vous pouvez faire halte dans des villages de caractère (souvent en fête au printemps ou à l'automne) et profiter d'une visite chez les producteurs pour acheter vins, fromages de chèvre, miels…

ORGANISER SON TEMPS

Comptez 2 jours pour parcourir la région et réservez de préférence un hébergement proche de votre circuit. Vous éviterez de longs détours.

AVEC LES ENFANTS

La tour d'Oingt, la tour du Télégraphe Chappe, l'apothicairerie de l'Hôtel-Dieu de Belleville. Tenter à pied, à vélo… les circuits randonnées au départ des villages.

Circuits conseillés Cartes de microrégion p. 112-113 et ci-contre

★ LE VIGNOBLE

98 km de Villefranche-sur-Saône à St-Amour-Bellevue. Circuit tracé en vert sur la carte ci-contre. Comptez 5h.

La route serpente à travers le vignoble, escaladant les coteaux, puis redescendant vers la vallée de la Saône.

Quittez Villefranche par la D 504. Prenez à droite la D 19 vers St-Julien, puis à gauche la D 44 vers Montmelas.

Montmelas-Saint-Sorlin B2

Le **château** du 10e s., remanié à plusieurs reprises puis restauré par Dupasquier, élève de Viollet-le-Duc au 19e s., appartient à la même famille depuis 1566! Juché sur un promontoire rocheux, il domine la vallée du haut de ses murailles crénelées, de ses tourelles et de son donjon. Sa vue est remarquable. Les propriétaires font visiter la demeure et déguster leur production. *04 74 67 32 94 - www.chateau-montmelas.com - visite guidée et dégustation (1h) juil.-août : mar.-jeu. 14h30 et 16h30, 1er sam. du mois 11h ; reste de l'année : 1er sam. du mois 11h - 8,70 € (-15 ans 5,50 €).*

De Montmelas, poursuivez jusqu'au col de St-Bonnet. Du col, à droite, un chemin non revêtu conduit au signal de St-Bonnet (30mn à pied AR).

Signal de Saint-Bonnet B2

Du chevet de la chapelle, on découvre un panorama, au premier plan sur Montmelas, puis sur le vignoble et les monts du Beaujolais et, au-delà, sur la vallée de la Saône ; au sud-ouest, vue sur les monts du Lyonnais et de Tarare.

Du col, empruntez à droite la D 20.

Saint-Julien B2

Ce village de vignerons est la patrie de Claude Bernard (1813-1878).

Musée Claude-Bernard – *Lieu-dit Chatenay - 414 rte du Musée - 04 74 67 51 44 - http://musee-claudebernard.fr - ♿ - 10h-12h30, 14h-18h - fermé lun. et mar., déc.-fév., 1er Mai - 5 € (-12 ans gratuit) - visite de la maison natale sur réserv. uniquement.* Au milieu des vignes se trouve la demeure acquise par le savant : « J'habite sur les coteaux qui font face à la Dombes… » Le musée, entièrement rénové, retrace de manière ludique et interactive la vie et les découvertes de Claude Bernard *(voir l'encadré ci-dessous)* à travers l'exposition de certains de ses objets. Le jardin qui longe les vignes accède à sa maison natale *(visite sur réserv.).*

Prenez la D 19 jusqu'à Salles-Arbuissonnas.

Salles-Arbuissonnas-en-Beaujolais B2

Cette commune possède un ancien **prieuré** fondé au 10e s. par les moines clunisiens et occupé à partir du 14e s. par un chapitre de religieuses bénédictines

LE PÈRE DE LA PHYSIOLOGIE

Fils d'humbles vignerons, **Claude Bernard** vient à Paris en 1834. Ses études sur la fonction glycogénique du foie font de lui le penseur de la physiologie. Ses travaux ont servi de base à la médecine moderne et ses méthodes, exposées dans l'*Introduction à l'étude de la médecine expérimentale*, font encore autorité. Chercheur, il enseignait dans les plus grands instituts : à la Sorbonne, au Collège de France ainsi qu'au Muséum d'histoire naturelle.

qui deviendront, au 18e s., chanoinesses-comtesses non cloîtrées, libérées du vœu de pauvreté comme l'atteste la taille de leur maison. Parmi elles se trouvait la future Mme de Lamartine, mère du poète.

On accède au site par le musée du Prieuré.

Sur la place, **l'église** s'ouvre par un beau portail roman de grès ocre, au décor floral de style clunisien. À l'intérieur, notez un chœur du 11e s., une jolie chaire du prieur du 16e s., un autel et des stalles du 18e s. À droite, admirez la petite porte de style flamboyant qui donnait autrefois accès au cloître.

Musée du Prieuré – *R. de l'Église - ✆ 04 74 07 31 94 - mars, mai-sept. et nov. : 10h-12h30, 14h-18h ; avr. et oct. : 10h-12h30, 14h-17h - fermé lun.-mar., déc.-fév., 1er Mai, 1er et 11 Nov. - possibilité de visite guidée sur demande (45mn) - 4,50 € (-12 ans gratuit).* Dans l'enceinte du chapitre, le nouveau bâtiment permet de découvrir l'histoire du dernier cloître roman du Rhône, avant d'en visiter ses vestiges. Maquettes tactiles, reconstitutions, diaporamas et expositions de pièces ayant appartenu aux religieuses retracent l'évolution du site depuis la préhistoire (objets retrouvés aux cours de récentes fouilles sur le site) jusqu'aux projets architecturaux du 18e s. Il permet d'accéder à la **cour** joliment rénovée, qui composait jadis le cimetière de la communauté. De l'ancien **cloître** roman, il ne reste qu'une galerie à gracieuse colonnade composée d'une colonne et de deux colonnettes jumelles. Elle ouvre sur la **salle capitulaire** (15e s.) dont les voûtes retombent sur un pilier central. Remarquez les élégantes clefs de voûte décorées des symboles des quatre évangélistes, ainsi que les fresques, malheureusement très abîmées. Le **parloir**, lui, est voûté d'ogives, avec une clef de voûte armoriée. En sortant du musée, contournez l'église pour rejoindre la **place du Chapitre**, bordée par le rythme régulier des petits balcons et escaliers des anciennes maisons de chanoinesses. Elle permet d'admirer la sobriété du chevet de l'église et de son clocher roman coiffé d'une toiture en pyramide, comme le sont souvent les églises bâties au 12e s. en Beaujolais.

De Salles, suivez la D 35, puis la D 49E à droite.

Vaux-en-Beaujolais B2

Ce village vigneron accroché aux pentes de la montagne beaujolaise a inspiré Gabriel Chevallier (1895-1969) pour écrire son truculent *Clochemerle* (1934). Grâce au succès populaire et depuis 1956 où l'auteur inaugura une cave et une rue à son nom, le village n'est plus tout à fait le même. De Vaux à Clochemerle, il n'y a désormais qu'une page. Pour glisser de l'une à l'autre, il suffit de flâner dans le bourg aménagé en hommage au roman. Rue Gabriel-Chevallier, six **jardinières bavardes** aux petits bancs diffusent des extraits de l'œuvre *(mars.-oct.)*. Place du Petit-Tertre, une **pissotière** trône royalement. Elle invite à admirer le **panorama** des vignes, les façades briques de la place, les jeux de scène d'un petit **manège théâtral** et une amusante **fresque** en trompe l'œil signée A. Fresco en 2012. Réalisée d'après les illustrations originales d'Albert Debout, elle met en scène sur 120 m² les principaux personnages de *Clochemerle* à redécouvrir au **musée Gabriel-Chevallier** et à la **Cave de Clochermerle** *(« Nos adresses dans le Beaujolais » p. 132).*

La D 49E traverse le Perréon. À l'église, prenez la D 62 vers Charentay puis prenez la D 19 jusqu'à Belleville.

Belleville C2

Située au carrefour des axes de circulation nord-sud et ouest-est, cette ancienne bastide fondée au 12e s. par Humbert III, sire de Beaujeu est à la fois un centre viticole et industriel (construction de machines agricoles).

L'**église** Notre-Dame du 12e s. faisait partie d'une abbaye de chanoines augustins, édifiée par les sires de Beaujeu. Le clocher carré fut construit au 13e s. sur le croisillon sud. Notez sur la façade ouest une intéressante rosace de 1175. Le beau portail roman, qui donne accès à la nef gothique voûtée de bleu de prusse (19e s.), présente une arcade extérieure décorée de motifs géométriques. À l'intérieur, les sculptures des chapiteaux, qui illustrent les péchés capitaux, sont d'une naïve verdeur.

L'Hôtel-Dieu *(68 r. de la République - ✆ 04 74 66 44 67 - www.beaujolaisvignoble.com - ♿ - juil.-sept. : 10h-12h30, 14h-17h, dim.-lun. 15h-17h ; reste de l'année : tlj sf dim.-lun. 10h-12h30, 14h-17h - fermé j. fériés, de mi-déc. à mi-janv. - possibilité*

Les vins du Beaujolais

Grâce à la culture de la vigne et à la réputation de ses vins, le Beaujolais est connu bien au-delà de nos frontières. La vigne cultivée ici depuis l'époque romaine, a connu des fortunes diverses : florissante au Moyen Âge, presque abandonnée au 17e s., elle bénéficie au 18e s. d'une véritable renaissance ; Lyon, « la pompe à beaujolais », cesse alors d'être l'unique débouché et des convois sont acheminés vers Paris. Les marchés s'élargissent avec le développement des réseaux routier et ferroviaire, et la culture de la vigne devient une monoculture.

Aujourd'hui, le vignoble s'étend de la côte mâconnaise au nord à la vallée de l'Azergues au sud, il recouvre les pentes des coteaux ensoleillés qui dominent la Saône. Le cépage, homogène, est constitué de gamay noir à jus blanc. Il produit des vins rouges frais et fruités dont le parfum varie selon la composition du sol. Le vignoble est divisé en deux régions dont les productions diffèrent :

Les coteaux du Beaujolais – Au nord de Villefranche, les terrains granitiques donnent en se décomposant le « gore », argile à l'aspect cendreux qui est caractéristique du vignoble beaujolais. C'est la région des beaujolais-villages et des 10 crus : moulin-à-vent, fleurie, morgon, chiroubles, juliénas, chénas, côte-de-brouilly, brouilly, saint-amour et régnié.

Le pays des Pierres-Dorées – Entre Villefranche et la vallée de l'Azergues, les terrains sédimentaires dominent et donnent un parfum différent au jus du gamay. C'est la région des beaujolais et beaujolais supérieurs.

LE BEAUJOLAIS EN PRATIQUE

Dans les pays de vignobles, il est souvent possible de visiter les chais et découvrir la grande variété des crus ; les visites sont accompagnées de dégustations de la production locale. Certaines caves sont célèbres, comme celles du château de la Chaize (108 m de long), de Clochemerle et de Villié-Morgon, mais il ne faut pas hésiter à rendre visite aux nombreux vignerons de la région. Il faut parfois prendre rendez-vous : renseignez-vous auprès de l'organisme « Pays Beaujolais ».

Site officiel du beaujolais : **www.beaujolais.com.**

notre sélection de caveaux de dégustation dans « Nos adresses dans le Beaujolais » p. 132.

	CARACTÉRISTIQUES	GARDE	PRIX MOYENS
Beaujolais	Essentiellement rouges. Belle teinte rubis profond, des arômes exprimant des notes de fruits rouges ou de bonbons anglais. En général des tanins soyeux malgré une bonne vinosité.	1 à 2 ans.	Entre 5 et 8 €.
Beaujolais-villages et crus	En vieillissant, ils prennent des notes de gibier, de sous-bois et « pinotent » à la manière des bourgognes.	3 à 5 ans, et plus pour les bons millésimes.	Entre 8 et 14 €.

de visite guidée sur demande (1h) - 6 € (-18 ans 4 €) - audioguide et livret (salles des malades et chapelles). Construit au 18e s. en remplacement du vieil hôpital, le bâtiment a été occupé jusqu'en 1991. Son très bon état de conservation permet de se faire une idée précise de la vie hospitalière des siècles derniers. Les trois salles des malades, reliées à deux chapelles cernées de grilles, sont meublées de lits, tables en bois, armoires à linge. Une vitrine d'ustensiles médicaux parfois amusants (sangsue vivante, cigarette antihistaminique, clystère) précède la reconstitution d'un petit bloc chirurgical du début du 20e s. L'apothicairerie renferme une belle collection de **faïences** des 17e et 18e s. (chevrettes, albarelles, bouteilles), porcelaines et verres, mises en valeur par des boiseries de noyer. La visite guidée, ludique, en apprend davantage sur les recettes et techniques de préparation des remèdes concoctés ici jusqu'en 1962. Parmi eux le « sirop de Belleville ».

Reprenez la D 337. Après Cercié, la route contourne le mont Brouilly.

Pour y accéder, empruntez la D 43, tournez à gauche dans la D 43E à La Poyebade puis 100 m plus loin, prenez à gauche la route de la « Montée de Brouilly ».

Mont Brouilly B2

Sur ses pentes se récolte le cru côte-de-brouilly, à la fois fruité et bouqueté ; ce cru est, avec le brouilly, produit dans les communes s'étendant autour du mont Brouilly, le plus méridional du vignoble beaujolais.

De l'esplanade, **vue★** sur le vignoble, les monts du Beaujolais, la plaine de la Saône et la Dombes. Au sommet (alt. 484 m), la chapelle Notre-Dame-aux-Raisins érigée en 1857 pour protéger le vignoble, demeure un lieu de pèlerinage.

Revenez à Cercié. À la sortie, prenez à gauche sur le rond-point la D 68E en direction de Pizay. À Pizay, prendre direction St-Jean-d'Ardières. Avant l'entrée du village, prendre à gauche vers Corcelles sur la D 119E.

★ Château de Corcelles B/C1

04 74 66 00 24 - www.chateaudecorcelles.fr - visite guidée (30mn) avr.-oct. : 10h-18h30 ; reste de l'année : 10h-12h30, 13h30-17h30 - fermé dim., certains j. fériés - 5 € (-6 ans gratuit) - visite suivie d'une dégustation des vins du domaine.

Ce château fort fut édifié au 15e s. pour défendre la frontière entre la Bourgogne et le Beaujolais. Aménagé au 16e s., il prit une allure de gentilhommière.

Au-dessus de l'entrée du donjon, armes de la famille La Madeleine de Ragny. La cour intérieure est agrémentée de galeries Renaissance et d'un puits orné de ferronneries du 15e s. La chapelle renferme des boiseries gothiques remarquables.

Le château de Corcelles figure parmi les célèbres domaines vinicoles du Beaujolais. Son grand **cuvier** du 17e s. compte parmi les plus beaux de la région.

Reprenez la D 9 à droite vers Villié-Morgon.

Cette route traverse les vignobles de crus aux noms prestigieux et offre de belles vues sur la vallée de la Saône. Dans chaque village, un caveau ou une cave coopérative propose la dégustation des grands vins.

Villié-Morgon B1

Son cru a pour caractéristique de bien vieillir. Produit sur des schistes décomposés, il a un parfum très fruité.

De Villié-Morgon, prenez au nord la D 68 vers Fleurie.

Fleurie B1

Ses vins « tendres » et légers se boivent jeunes.

De Fleurie, suivez la D 32, à l'est, puis la D 186, sur la gauche.

Romanèche-Thorins C1 (p. 137)

Par la D 266 traversant le charmant hameau du Moulin-à-Vent, rejoignez la D 68.

Chénas B/C1

Cette commune est le berceau de deux grands vins : le moulin-à-vent, charnu et robuste, dont elle partage les vignobles avec la commune de Romanèche-Thorins, et le chénas proprement dit, plus léger. Dans la cave voûtée du 17e s. du château de Chénas, vous pouvez déguster des vins du Beaujolais et de Bourgogne rouge et visiter les installations (« Nos adresses dans le Beaujolais » p. 132).

Juliénas B1

Ses vins corsés et résistants peuvent se déguster dans le **cellier** de la vieille église, décoré de scènes bachiques. À la sortie du village, par la D 137, la maison de la Dîme (16e-17e s.) présente une très belle façade à arcades. *04 74 04 42 98 - - mai-sept. : 10h30-12h30, 15h-19h ; reste de l'année : 10h30-12h30, 15h-18h.*

Gagnez St-Amour-Bellevue.

Saint-Amour-Bellevue C1

Située à la pointe nord du Beaujolais, cette commune produit des vins rouges colorés et charnus ainsi que des vins blancs de qualité.

★ LA MONTAGNE

134 km de St-Amour-Bellevue à Villefranche-sur-Saône. Circuit tracé en rouge sur la carte p. 121. Comptez 6h.

Ce circuit très pittoresque s'élève à travers les coteaux couverts de vignes, s'enfonce dans les sombres forêts de sapins, puis redescend sur la riante vallée de l'Azergues animée par ses scieries.

Saint-Amour-Bellevue et Juliénas B/C1 (description ci-dessus)

À Juliénas, prenez la D 26 qui s'élève jusqu'au col de Durbize (550 m), puis passe par le col du Truges (445 m).

Beaujeu B1

« À tout venant, beau jeu », telle était la devise de la capitale historique du Beaujolais qui, dans son centre ancien préservé, aligne les maisons basses le long d'une rue étroite, entre les collines tapissées de vignes.

UNE GRANDE FAMILLE DU BEAUJOLAIS

La **famille de Beaujeu** a donné son nom à la région. Il viendrait du latin *bellus* (beau) et *jugum* (montagne). Du 9e au 11e s., les sires de Beaujeu se taillent un territoire important entre le Mâconnais et le Lyonnais. Ils fondent Villefranche et l'abbaye de Belleville. En 1400, Édouard de Beaujeu fait don de ses terres aux Bourbon-Montpensier. Figure dans la région, Anne de France (1461-1522), fille de Louis XI épouse Pierre II de Beaujeu, fils cadet du duc de Bourbon. La « **Dame de Beaujeu** » assure avec sagesse la régence du royaume de France pendant la minorité de son frère Charles VIII, dont elle favorise le mariage avec Anne de Bretagne. Sous François Ier, les lourdes erreurs du connétable de Bourbon sont sanctionnées par la confiscation de ses terres, dont le Beaujolais, par la couronne ; mais, en 1560, les Bourbon-Montpensier en reprennent possession. À sa mort, Marie-Louise de Montpensier, **la Grande Mademoiselle**, lègue le Beaujolais aux Orléans qui le conserve jusqu'à la Révolution.

2

Église St-Nicolas – Les moellons irréguliers de roches noires ayant servi à sa construction lui donnent un aspect fort curieux. Édifiée en 1130, mais profondément remaniée au cours des siècles, elle a conservé son clocher roman.
La maison du terroir Beaujolais – *Pl. de l'Hôtel-de-Ville - ☏ 04 74 69 20 56 - www.lamaisonduterroirbeaujolais.com - ♿ - juil.-août : 10h-12h30, 14h-19h ; mars-juin et sept.-déc. : 10h-12h30, 14h-18h : dim. et j. fériés 10h-12h30, 15h-18h - possibilité de visite guidée sur demande (1h) - 7 € (-6 ans 3 €).* Cette maison Renaissance abrite un espace muséographique, une salle d'exposition temporaire et une boutique de produits régionaux. En entrant, ne manquez pas d'observer la cour intérieure avec ses colombages du 14ᵉ s. et ses fenêtres à meneaux du 16ᵉ s.
Musée des Traditions populaires Marius-Audin – *Pl. de l'Hôtel-de-Ville - ☏ 04 74 69 22 88 - www.beaujolaisvignoble.com - juil.-août : 9h30-12h30, 14h30-19h ; mai-juin et sept. : 9h30-12h30, 14h30-18h30 ; reste de l'année : tlj sf lun. 10h-12h, 14h30-18h - fermé déc.-fév. - 2 € (-12 ans gratuit).* Ce musée fut créé en 1942 par l'imprimeur érudit Marius Audin (1872-1951), enfant du pays. Il retrace la vie des sires de Beaujeu, la culture de la vigne, de la terre et la vie quotidienne dans le Beaujolais aux 19ᵉ-20ᵉ s., à travers de nombreux objets, documents, la reconstitution d'un intérieur paysan du 19ᵉ s. et d'une salle de classe 1900.
Caveau des beaujolais-villages – *Pl. de l'Hôtel-de-Ville - ☏ 04 74 04 81 18 - www.beaujolaisvignoble.com - mai-sept. : 10h30-13h, 15h30-20h ; reste de l'année : tlj sf lun. 10h30-13h, 15h-19h30 - fermé janv., 25 déc. - possibilité de visite guidée - dégustation (à partir de 8 €).* Dans les caves voûtées du musée Marius-Audin, signalé par une belle tête de Bacchus, un caveau de dégustation offre un vaste choix de beaujolais-villages à goûter (*« Nos adresses dans le Beaujolais » p. 132*).
Au nº 29 de la rue des Écharmeaux, l'**Huilerie Beaujolaise** peut se visiter. L'ancien moulin du 19ᵉ s. a repris son activité et ses huiles sont désormais exportées dans le monde entier (*« Nos adresses dans le Beaujolais » p. 132*).
Par les D 26 et D 18, montez à la Terrasse.

★★ La Terrasse B1

Alt. 660 m. Table d'orientation. Située à 1 km du col du Fût-d'Avenas, dans une boucle de la D 18.

UN RELIEF CONTRASTÉ

Le Beaujolais est un massif montagneux situé entre les bassins de la Loire et du Rhône, à la ligne de partage des eaux (Atlantique-Méditerranée). Ses limites sont nettes à l'est et à l'ouest, beaucoup moins au nord et au sud où il se rattache au Charolais et aux monts du Lyonnais. Si l'altitude est relativement peu élevée – le mont St-Rigaud, point culminant, est à 1 009 m –, on est frappé par l'abondance des plateaux, par les vallées sinueuses et encaissées, et surtout, par la dissymétrie entre les versants est et ouest. Alors qu'à l'ouest on s'élève par une pente assez douce, c'est un talus accentué qui domine à l'est la plaine de la Saône. Ce talus constitue la « Côte beaujolaise », tandis que tout le reste du massif forme la « Montagne ». Avec ses monts et ses vallées pittoresques, ses paysages variés, la Montagne est une région digne d'être visitée.
De la ligne de crête, et d'un grand nombre de belvédères, on découvre de vastes panoramas : au-delà de la plaine de la Saône apparaissent les contreforts du Jura et, plus loin, les hauteurs des Alpes. Aux bois de sapins et aux landes de genêts qui couvrent les sommets, succèdent, sur les pentes, forêts de chênes et paisibles clairières.

De ce lieu-dit se révèle un magnifique **panorama** semi-circulaire : au-delà de la vallée de la Saône, il embrasse les plaines de la Bresse, le Jura et, par temps clair, les Alpes avec le mont Blanc, le massif de la Vanoise et le Pelvoux.

Avenas B1

Avenas est situé sur l'ancienne voie romaine reliant Lyon à Autun. Ce petit village vit du travail du bois et de la fabrication d'un fromage de chèvre, le « blanc de Faye ».

Son **église** date de la seconde moitié du 12e s. et renferme un magnifique **autel★** en calcaire blanc de la même époque. Sur la partie antérieure, le Christ en majesté lève la main droite en signe de bénédiction. Il est entouré des symboles des évangélistes, tandis que les apôtres, disposés de chaque côté sur deux registres, tiennent le livre de leurs écrits. Sur les faces latérales, on voit, à gauche, des scènes de la vie de la Vierge, à droite, le roi Louis VII offrant l'église d'Avenas au chapitre de St-Vincent de Mâcon.

Suivez la D 18E, puis la D 32.

Avant le col de Crie, une très belle vue se dégage vers le nord par la trouée de la Grosne orientale. En redescendant, sur la droite, une route mène à l'imposant **mont St-Rigaud** (alt. 1 009 m - carte p. 121), point culminant de la région dont la « fontaine sacrée » possèderait selon la légende des vertus miraculeuses. Le sommet du mont est coiffé d'une tour d'observation accessible par différents sentiers de randonnées. Certains partent du col de Crie. *(04 74 04 70 85 - www.beaujolaisvignoble.com - informations au bureau d'information touristique du Haut-Beaujolais, avr.-oct. : 10h-17h - fermé lun.-mar.)*

Chénelette B1

Agréablement située dans une région boisée, cette petite commune est connue pour abriter la tourbière du Couty, dernière du genre dans le département. Elle est dominée par le **mont Tourvéon** (alt. 953 m - B1) au sommet duquel se dressait l'énorme château fort, dit « de Ganelon ». Il aurait été rasé sur ordre du roi Louis le Débonnaire. *Accès aux ruines : 45mn à pied AR.*

Les Écharmeaux B1

Au milieu des herbages cernés de forêts de sapins, situé sur l'ancienne route de Lyon à Autun, le col des Écharmeaux forme un important nœud routier du Beaujolais, à 720 m d'altitude. De ce carrefour, belle vue sur les monts du Haut-Beaujolais.

À partir des Écharmeaux, la D 10 en direction de Ranchal passe par le col des Aillets, puis celui des Écorbans à travers la forêt.

Entre Ranchal et St-Nizier-d'Azergues, la D 54 offre des **vues★** sur la vallée de l'Azergues. Après le **col de Favardy** (alt. 862 m - B2), un belvédère offre un beau **panorama★** vers le nord-est : au premier plan sur la vallée de l'Azergues et, au loin, sur la masse du Tourvéon et les derniers contreforts du Beaujolais.

Saint-Nizier-d'Azergues B2

Ce petit bourg occupe un site agréable au-dessus de la vallée de l'Azergues.

Prenez la D 9 pour rejoindre la gare, prenez à droite la D 385 en direction de Lamure.

De cette route, on distingue la « **boucle ferroviaire** » de 4 500 m construite en 1900 pour desservir la gare de Claveissolles sur le tracé Lyon/Paray-le-Monial. Elle se ferme avec deux ouvrages d'art près de la gare de St-Nizier où l'on aperçoit un tunnel surmonté d'un viaduc édifié 43 m plus haut.

Au Gravier, prenez à gauche la D 9 en direction de Claveissolles.

2

Claveisolles B2

Ce petit village est surtout connu pour ses résineux, appelés aussi pin d'Oregon dit Douglas, importés d'Amérique du Nord au 19e s. par le comte du Sablon. C'est l'un des plus beaux peuplements forestiers de France.

Revenez sur la D 385 et prenez à gauche la direction de Chambost-Allières.

Chambost-Allières B2

Cette commune est formée de deux villages distincts. Allières, dans la vallée, est actif. C'est un lieu de passage. **Chambost**, que l'on atteint par la D 116 s'élevant au-dessus de la vallée, est un hameau au charme rural. Sur la place de l'église romane et gothique (11e et 13e s.), le tilleul a été planté sous Henri IV.

De Chambost-Allières à Cogny par Le Saule-d'Oingt, le **parcours★★** est pittoresque. La route s'élève jusqu'au col du Joncin (alt. 735 m). C'est une agréable route de crête d'où, par temps clair, on découvre une très belle **vue★** sur les Alpes.

Au Saule-d'Oingt, prenez à gauche la D 31, puis encore à gauche la D 19.

Le panorama s'étend à la vallée de la Saône, la Bresse et aux contreforts du Jura.

La D 504 ramène à Villefranche.

★★ LE PAYS DES PIERRES-DORÉES

59 km au dép. de Villefranche-sur-Saône. Circuit tracé en bleu sur la carte p. 121. Comptez 4h. Quittez Villefranche par la D 70 au sud.

Cette jolie **route de crête★** offre des vues dominantes sur la vallée de la Saône.

Marcy B2

À l'extérieur du bourg *(suivre le fléchage « Tour Chappe » dans le bourg)* se dresse la **tour Chappe**, tour de télégraphe, construite par Claude Chappe en 1799, dont le mécanisme à bras mobiles, restauré, a servi à transmettre des messages optiques jusqu'en 1850 *(Montezain - ✆ 04 74 60 26 25 - www.cotetour.fr - avr.-oct. : dim. 14h30-18h - possibilité de visite guidée (1h) - 2 €.*

Du pied de la tour, la vue embrasse la vallée de la Saône, la Dombes, les monts du Lyonnais et du Beaujolais.

Charnay B3

Située au sommet d'une colline, cette petite bourgade possède des vestiges de fortifications provenant d'un château féodal du 12e s. Sur la place, entourée de maisons des 15e et 16e s. en pierres dorées, l'**église** abrite une très belle

Le Beaujolais, Montmelas-Saint-Sorlin, château de Montmelas.
L. Lourdel/Photononstop

statue gothique de saint Christophe en pierre polychrome (12e s.). Plus haut, l'imposant château du 17e s., appelé « la Mansarde », abrite la mairie.
Prenez à droite de l'église une route étroite menant à St-Jean-des-Vignes.

Saint-Jean-des-Vignes B3

La petite église perchée offre, dans son cadre fleuri, une très belle vue sur l'ensemble du pays lyonnais.

Espace Pierres Folles – *116 chemin du Pinay - ✆ 04 78 4[illegible] 69 20 - www.espace-pierres-folles.com - ♿ - mars-nov. : 10h-12h30, 14h-17h, merc., w.-end et j. fériés 14h-17h - fermé lun., 1er Mai - possibilité de visite guidée sur demande (1h) - 6 € (-18 ans 4 €).* Les « pierres dorées » et la présence de sites géologiques importants dans les environs sont à l'origine de ce musée de la terre et du terroir. Le rez-de-chaussée déroule l'histoire de la planète à travers la composition du sous-sol, notamment beaujolais. Dans les vitrines et maquettes exposées, notez une centaine de fossiles et la réplique d'un ichtyosaure géant. À l'étage, le pôle préhistoire précède une partie consacrée à l'exploitation humaine du sol. À l'extérieur, un sentier géologique et le jardin botanique achèvent la visite.
Rejoignez la D 30 pour atteindre Chazay-d'Azergues.

Chazay-d'Azergues C3

De la cité fortifiée dominant l'Azergues subsistent un beffroi et quelques maisons des 15e et 16e s. Le château *(ne se visite pas)*, du 15e s., était la résidence des abbés d'Ainay. Au bout du chemin de ronde, la « porte du Baboin » doit son nom à un bateleur qui, revêtu d'une peau d'ours qui le fait ressembler à un singe, sauva d'une tour en feu la dame du seigneur et sa petite fille qu'il épousa.
Empruntez la D 30 jusqu'à Lozanne, puis la D 385 jusqu'à Châtillon.

Châtillon-d'Azergues B3

Ce village est dominé par une forteresse des 12e et 13e s. qui commandait l'entrée de la vallée de l'Azergues. Englobée à l'origine dans cette forteresse, la **chapelle Notre-Dame-du-Bon-Secours** du 12e s. *(accès en forte montée à gauche de l'église paroissiale - ✆ 04 78 43 92 66 - de mi-avr. à fin oct. : dim. et j. fériés 14h30-18h - possibilité de visite guidée sur demande (2h))* fut agrandie au 15e s. par Geoffroy de Balzac, gendre de Jean le Viste pour qui furent tissées, dit-on, les tapisseries de *La Dame à la Licorne* exposées au musée de Cluny à Paris. Il ajouta le double portail de style gothique flamboyant. Son clocher est de type clunisien. L'abside en encorbellement est très curieuse : elle possède des niveaux réservés, en bas au peuple, en haut aux seigneurs de Châtillon. À l'intérieur, tableaux de C. Lavergne et de H. Flandrin.

LE TRAGIQUE DESTIN DES ROLAND

Manon et **Jean-Marie Roland de La Platière** étaient aux débuts de la Révolution des Girondins convaincus. Dans le salon qu'elle tenait à Paris, Mme Roland recevait Robespierre, et intervenait aussi bien dans *Le Patriote français* que dans les discours de son mari lorsqu'il fut ministre de l'Intérieur. Mais les temps étaient instables et, tandis que M. Roland échappait de justesse à l'arrestation, Mme Roland fut emprisonnée, puis exécutée. En l'apprenant, son époux se suicida.

De l'esplanade du Vingtain, jolie vue sur le bourg en contrebas. À la sortie du village, sur la D 76 en direction d'Alix, pittoresque puits couvert dit « sarrasin ».
Suivez la D 385 bordée de terrils rouges.

Chessy B3

L'**église** de style gothique flamboyant abrite un beau bénitier du 16e s. et une sainte Marthe terrassant un dragon. Dans cette localité était exploité autrefois un important gisement de cuivre dont Jacques Cœur fut propriétaire. Le minerai, dit « chessylite », est une variété d'azurite aux beaux reflets bleus, très prisée des collectionneurs.
Empruntez la D 19 en direction de Bagnols.

Bagnols B2

Le village possède un château des 13e-15e s. restauré en château-hôtel haut de gamme. Bâti en pierres dorées, il demeure majestueux avec ses magnifiques tours rondes, son pont-levis, ses douves asséchées, sa cour pavée, ses jardins, ses peintures murales et ses magnifiques cheminées. L'**église**, de la même époque, possède une belle clef de voûte pendante. Sur la place, de très jolies maisons à auvent des 15e et 16e s.
Revenez sur la D 19, prenez-la à gauche. Arrêtez-vous au hameau du Boitier.

Le Boitier B2

À la sortie du hameau sur la droite se trouve le clos de la Platière où **Mme Roland** passa ses plus beaux jours.

Theizé B2

Parking à droite de la route. Prenez la rue qui grimpe à droite de la place de l'église.
L'agréable village de Theizé, typique de la région des Pierres-Dorées, a la particularité de posséder deux châteaux. Sur la partie haute du village, le **site de Rochebonne** est constitué d'une ancienne **chapelle** (16e s.) au chœur gothique flamboyant à clef pendante, aujourd'hui utilisée pour des concerts et des expositions temporaires. Au sommet, le **château de Rochebonne** se distingue par sa façade classique flanquée de deux tours et surmontée d'un fronton. En contrebas de la route, se trouve le **château de Rapetour** *(ne se visite pas)*, maison forte des 15e-16e s. rachetée en 1710 par Claude Brossette, fondateur de l'Académie de Lyon.

★ Oingt B2

De la redoutable forteresse d'Oingt, il ne reste que la porte de Nizy par laquelle on pénètre dans le village dont les rues piétonnes, la « Maison commune » du 16e s., restaurée, et de nombreux ateliers artisanaux (céramique, tissage, etc.) accentuent le charme. Des ruelles aux noms cocasses (Trayne Cul, Tire Laine), bordées de très belles maisons mènent à l'**église** haut perchée, ancienne chapelle du château (14e s.), où, sur les culs-de-lampe supportant les arcades du chœur, figurent les têtes sculptées de Guichard IV, son épouse et leurs six enfants. Dans une des chapelles sont exposés des objets liturgiques du 19e s. ainsi qu'une belle *pietà* du 15e s. Plus loin, dans la **tour** (18 m de haut) construite au 12e s. et qui faisait partie d'un ensemble de deux châteaux sont exposés des fossiles, des céramiques et des documents qui illustrent la vie locale du Moyen Âge à nos jours. *(Visite de la tour - ✆ 04 74 71 21 24 - www.oingt.com - de mi-juil. à fin août : 15h-19h ; du dim. de Pâques à fin juin et sept. : w.-end et j. fériés 15h-19h - possibilite de visite guidée sur demande (30mn) - 1,50 € (-12 ans gratuit)).* Un magnifique panorama sur les monts du Lyonnais, du Beaujolais et sur la vallée de l'Azergues se découvre à son sommet et depuis le bucolique jardin de l'église.

Continuez sur la D 96.

À **St-Laurent-d'Oingt**, remarquez l'église à auvent. En arrivant sur la D 385, tournez à droite. Sur la gauche se dresse le bourg fortifié du vieux Ternand.

★ Ternand B2

Autrefois bastion des archevêques de Lyon, Ternand a gardé des vestiges de fortifications : le donjon et le chemin de ronde, transformé en jardin public, qui offre une belle perspective sur les monts de Tarare et la vallée de l'Azergues. L'**église** *(Le Vieux-Bourg - ✆ 04 74 71 33 43 - www.ternand.fr - mai-sept. : dim. 14h-18h - possibilité de visite guidée sur demande (30mn))* est surtout intéressante par ses chapiteaux carolingiens dans le chœur et ses peintures murales de la même époque dans la crypte. Remarquez, au-dessus de l'entrée latérale, la **galonnière** du 15e s. : il s'agit d'un porche soutenu par des colonnes en pierre, couvert en tuiles creuses. Il était réservé aux funérailles des pauvres.

Faites demi-tour, traversez le lieu-dit Les Planches et suivez la D 31.

Ce **parcours**★★, qui passe par le col du Saule-d'Oingt, est captivant. À flanc de coteau, de très belles fermes dominent des pâturages. Du Saule-d'Oingt, en descendant vers Villefranche, on a une vue étendue sur la vallée de la Saône.

À la Maladière, tournez à droite vers Jarnioux.

Jarnioux B2

Le château *(540 r. du Château - ✆ 04 74 03 80 85 - visite guidée (1h) de déb. à mi-juil. et de mi-août à fin sept. : 14h-17h, mar. et jeu. 9h-11h - fermé w.-end et j. fériés - 6 € (-15 ans 4 €))*, à six tours, construit aux 15e et 17e s., comprend une très belle partie Renaissance. La majestueuse entrée, où subsistent des traces de pont-levis, donne accès à deux cours successives.

Revenez à Villefranche par la D 116 et la D 338.

1914-1918 : LA VIE QUOTIDIENNE À L'ARRIÈRE DU FRONT

Aménagé dans une maison de ville, à Anse, le petit musée **Engrangeons la mémoire** *(32 r. du 3-Septembre-1944 - 69480 Anse - ✆ 04 74 04 96 22 - www.ecobeauval.com - ♿ - visite guidée sur demande préalable (1h10) 9h30-12h, 14h-18h - fermé w.-end, lun. et j. fériés - 3,50 € (-10 ans 3 €))*, tenu par l'association EcoBeauval, immerge le passant dans le quotidien d'une famille beaujolaise entre 1914 et 1918. De l'appartement reconstitué au gourbi et à la tranchée, l'exposition de mobilier, armes, documents et lettres d'époque apportent un témoignage particulièrement évocateur en ce centenaire de la Première Guerre mondiale.

NOS ADRESSES DANS LE BEAUJOLAIS

HÉBERGEMENT

PREMIER PRIX

Camping La Grappe Fleurie – *R. de la Grappe Fleurie - 69820 Fleurie - 600 m au sud du bourg par la D 119E et à droite - ✆ 04 74 69 80 07 - www.camping-beaujolais.fr - avr.-mi-oct. - - réserv. conseillée - 89 empl. - 15/21 €.* Ce camping municipal bordé de vignes et très bien entretenu, propose des emplacements verdoyants bien délimités, des chambres tonneaux « Barrels », des chalets et mobile homes. Piscine, court de tennis, tables de ping-pong et jeux d'enfants, épicerie et snack.

BUDGET MOYEN

Chambre d'hôte Domaine de La Grosse Pierre – *La Grosse Pierre - 69115 Chiroubles - accès par la D 119 - ✆ 04 74 69 12 17 - www.chiroubles-passot.fr - fermé déc.-janv. - - 5 ch. - 80 €.* Adresse idéale pour une immersion complète en plein Beaujolais, ce beau domaine viticole (10 ha) met à disposition des chambres agréables, simplement aménagées, et un plaisant salon avec cheminée. Dégustation dans la cave voûtée.

Hôtel des Vignes – *Les Capitans - 69840 Juliénas - 3 km au sud-ouest de St-Amour-Bellevue par la D 17E - ✆ 04 74 04 43 70 - www.hoteldesvignes.com - fermé de déb. déc. à mi-fév. - P - 22 ch. 76/89 € - 9,50 €.* Cet hôtel à flanc de coteau et entouré de vignes abrite des chambres rénovées et fonctionnelles. Le petit-déjeuner et ses spécialités charcutières locales, servi dans une salle aux tons ensoleillés, mérite une mention. Accueil sympathique.

Chambre d'hôte Domaine Lagneau – *941 rte d'Huire - 69430 Quincié-en-Beaujolais - accès par la D 37, dir. Beaujeu et rte à gauche apr. la station Avia - ✆ 04 74 69 20 70 - www.domainelagneau.fr - fermé janv. - P - réserv. obligatoire - 4 ch. 72 €.* Cette belle bâtisse en pierres du pays constitue une « case départ » idéale pour visiter le vignoble alentour. Chambres sobrement décorées. Vue étendue sur les vignes et la plaine de la Saône. Dégustation de vins de la propriété dans un caveau du 12e s.

Chambre d'hôte Domaine de Romarand – *106 chemin Perrichon - 69430 Quincié-en-Beaujolais - 5,5 km au sud-est de Beaujeu par la D 37, la D 9, puis dir. château de Varennes - ✆ 04 74 04 34 49 - www.domainederomarand.com - fermé 25 déc.-1er janv. - P - 4 ch. 78/82 € - table d'hôte 29 € (sur réserv.).* Cette belle demeure tenue par un couple de viticulteurs ouvre sur les vignes. Les chambres, modernes et confortables, profitent d'un agréable panorama, d'une piscine et son jardin de rocaille fleuri. Pâtisseries maison le matin. Dégustation et vente de vin.

POUR SE FAIRE PLAISIR

Chambre d'hôte Les Picorettes – *Lieu-dit Montrichard - 69460 Vaux-en-Beaujolais - 2 km au sud de Vaux-en-Beaujolais par la D 49E - ✆ 04 74 02 14 07 - www.picorettes.com - P - 3 ch. 91/120 € (2 nuits min. de mai à oct.) - table d'hôte 29 € (sf dim.).* Josette et Francis Blettner ont aménagé trois chambres et une suite familiale dans cette jolie maison beaujolaise. Au 2e étage, la chambre « Vigne » offre la plus belle vue sur le village. Petit-déjeuner sucré-salé et cuisine traditionnelle (blanquette, poulet de Bresse) servie à la table d'hôte.

Chambre d'hôte Domaine de la Chapelle de Vâtre – *Le Bourbon - 69840 Jullié - ✆ 04 74 04 43 57 - fr.vatre.com - P - 3 ch. 85/115 €*. Domaine au sommet d'une colline, d'où le panorama est exceptionnel sur les vignobles et la vallée de la Saône. Trois chambres de caractère – mêlant l'ancien et le contemporain –, un gîte et une maison à louer tout aussi superbes. Belle piscine à débordement.

Trésor d'Alice – *87 chemin du Thiélas - 69430 Quincié-en-Beaujolais - ✆ 04 74 69 04 40 - www.tresordalice.fr - P - 2 ch. 105/108 € - plateaux repas (22 €) et pique-nique (8 €).* Silence, détente et apaisement au pied du mont Brouilly, dans une agréable maison de famille (jadis ferme du 18e s.). Deux chambres spacieuses aménagées au rez-de-chaussée face à la piscine. Petit-déjeuner maison, servi l'été sur la terrasse.

Chambre d'hôte Les Pasquiers – *Les Pasquiers - 69220 Lancié - 2,5 km au sud-est de Fleurie par la D 119E - ✆ 04 74 69 86 33 - www.lespasquiers.com - fermé août, Noël, mi-oct. à mars - P - 4 ch. 90/140 € - table d'hôte 32,50 €.* Un grand jardin clos entoure cette belle demeure du Second Empire qui a conservé ses aménagements d'origine : tapis, bibliothèque, piano à queue dans le salon… Les chambres du bâtiment principal possèdent de beaux meubles 19e s., celles de la dépendance ont un « look » plus contemporain.

Chambre d'hôte Les Terrasses Dorées – *403 chemin du Bois-du-Four - 69380 Châtillon - ✆ 06 84 35 36 62 - www.terrassesdorees.com - P - 2 ch. - 110 €*. Cette jolie maison de village soigneusement restaurée, au coeur de la région des Pierres-Dorées, propose deux chambres décorées avec beaucoup de goût, fraîches et totalement indépendantes. Accueil très chaleureux. Petit-déjeuner copieux en terrasse.

RESTAURATION

BUDGET MOYEN

Le Buffet de la Gare – *Pl. de la Gare - 69220 Belleville - ✆ 04 74 66 07 36 - www.lebuffetdelagare-restaurant.com - ouv. le midi en semaine, les jeu. et vend. soirs - fermé 3 sem. en août et 1 sem. en hiver - réserv. conseillée - formule déj. 16 €, 25/35 €.* Ce restaurant a du cachet avec son décor « vieux bistrot », ses banquettes, ses meubles en bois et ses vieilles affiches. On y sert d'appétissantes recettes régionales et un menu du jour, dans une ambiance chaleureuse et bon enfant.

La Boucle – *La Gare - 69870 St-Nizier-d'Azergues - ✆ 04 74 02 01 59 - www.labouclehotel.com - fermé dim. soir, lun. midi en hiver - P 5,50 €/nuit - rest. 21/41 € - 8 ch. 70/90 € - 8 €.* À deux pas de la boucle ferroviaire, une adresse authentique qui abrite à la fois restaurant, hôtel et boutique gourmande. Le chef, qui a cuisiné jadis à l'Élysée, propose une cuisine du terroir, simple et bonne.

Auberge Vigneronne – *Au bourg - 69430 Régnié-Durette - 5 km au sud de Beaujeu par la D 78 - ✆ 04 74 04 35 95 - www.aubergevigneronne.fr - fermé lun. soir, merc. soir et dim. soir - formule déj. 13,90 € en sem. - 18/28 €.* Derrière une façade en pierre dont la porte arbore un magnifique vitrail ce restaurant traditionnel sert des plats régionaux avec produits du terroir : coq au régnié, saucisson chaud, gratin d'andouillette… Cadre beaujolais et terrasse d'été, avec caveau de dégustation.

2

La Maison des Beaujolais – *441 av. de l'Europe, RN 6 - 69220 St-Jean-d'Ardières - ✆ 04 74 66 16 46 - www. lamaisondesbeaujolais.com - fermé 22 déc.-4 janv. et dim. soir - formule déj. 14,50 € - 24/39,50 €.* Une excellente adresse pour découvrir la cuisine et les vins d'ici. Menus et formules du jour préparés à partir de produits frais. Boutique, espace dégustation avec initiations (5 pers. min. et sur réserv.).

La Taverne du Coq – *Ancienne-place-du-Marché - 69840 Juliénas - ✆ 04 74 04 41 98 - www. taverneducoq.com - fermé nov.-fév., merc., jeu. et dim. soir - 24 €.* Au pays des vins, le coq est roi! Dans une maison pimpante, ce bistrot d'autrefois propose les spécialités du terroir : quenelles, saucisson cuit, charcuteries, sous l'œil d'une belle collection de coqs.

Chambre d'hôte Ferme-auberge des 17 Clochers – *Domaine de Lérieux - 69620 St-Vérand - ✆ 04 74 71 74 82 - www.ferme-auberge-beaujolais.com - ouv. vend. soir-dim. - rest. 23 € - 4 ch. 62 € ☕.* Cette ferme-auberge réputée profite d'une splendide vue sur les vignobles et les églises des 17 villages alentour. Ambiance rustique, cuisine du terroir et dégustations de vin ; les cuvées Vieille Vigne, Fût de Chêne et Sainte-Catherine Vendange Tardive valent le détour. Chambres d'hôte au confort simple.

POUR SE FAIRE PLAISIR

Les Platanes de Chénas – *Les Deschamps - 69480 Chénas - ✆ 03 85 36 79 80 - www.platanes-chenas.fr - fermé fév., Noël., mar. et merc. - P ♿ - formule déj. en sem. 21 € - 28/51 €.* En été sous les platanes de la terrasse, en hiver dans deux belles salles, votre regard s'étend sur les vignobles de Chénas et votre palais découvre les vins d'ici accompagnés d'une honnête cuisine au goût du jour.

La Terrasse du Beaujolais – *Rte d'Avenas - 69115 Chiroubles - ✆ 04 74 69 90 79 - www.la-terrasse-du-beaujolais.fr - mars-nov. : ouv. tlj ; déc.-fév. : w.-end ; fermé jan. - P ♿ - 26/65 €.* Perché sur la Terrasse de Chiroubles, ce restaurant rénové jouit d'une vue exceptionnelle sur les monts du Beaujolais. Très bonne cuisine de terroir avec pain, terrines et pâtisseries maison. Salon de thé, en-cas l'après-midi et soirées festives au dehors l'été.

Les Terrasses de Pommiers – *706 montée de Buisante - 69480 Pommiers - ✆ 04 74 65 05 27 - www. terrasses-de-pommiers.com - fermé vac. scol., mar.-merc. - formule déj. 21 € bc - 36/56 €.* Belle vue sur la vallée de la Saône et les monts du Lyonnais par les vitres de la serre où l'on s'attable en été, devant des plats de saison. Salle intérieure en hiver.

Auberge de Clochemerle – *R. G.-Chevallier - 69460 Vaux-en-Beaujolais - ✆ 04 74 03 20 16 - www.aubergedeclochemerle. fr - fermé mar.-merc. (juil.-août : fermé lun. midi, mar., merc. midi), dernière sem. d'août et 3 premières sem. de janv. - 46/86 € - 10 ch. 60/120 € - ☕ 14 €.* Un restaurant pas comme les autres dans un village pas comme les autres. La carte présente les ingrédients et le chef étoilé concocte un menu surprise. Sa cuisine cultive les associations inédites agrémentées de petites herbes. Hébergement d'excellent rapport qualité-prix.

ACHATS

Huilerie Beaujolaise « Mireille et Jean-Marc » – *29 r. des Écharmeaux - 69430 Beaujeu - ✆ 04 74 69 28 06 - www. huilerie-beaujolaise.fr - 9h15-13h,*

14h-19h - fermé lun., dim., 1re quinz. de janv. et j. fériés. La vieille meule en pierre du moulin du 19e s. continue de broyer les fruits secs et des graines oléagineuses pour en tirer les huiles vierges les plus fruitées qui soient. Vous trouverez aussi vinaigres et produits fins.

Cave beaujolaise de Quincié – *69430 Quincié-en-Beaujolais - 5,5 km au sud de Beaujeu par la D 37E puis la D 37 - ✆ 04 37 55 50 33 - lun.-sam. 9h-12h, 14h-18h, dim. et j. fériés 10h-12h, 15h-18h (18h30 de juin à sept.) - fermé 1er janv., 1er nov. et 25 déc. et dim. janv.-mars.* Les différents crus (beaujolais-villages, régnié, brouilly, etc.) de cette coopérative viticole née en 1928 dispensent des arômes de fruits et de fleurs régulièrement primés dans les concours. Salle de vente et de dégustation moderne.

La Cave de Clochemerle – *Le bourg - 69460 Vaux-en-Beaujolais - 15 km au nord-ouest de Villefranche-sur-Saône par la D 43 - ✆ 04 74 03 26 58 - www.cavedeclochemerle.fr - 1er nov.-31 mars : 10h30-12h30, 16h30-19h30 ; 1er avr.-31 oct. : 10h30-12h30, 15h-20h (21h vend., 23h sam.) ; dim. 10h-12h, 15h-20h - fermé lun. mat., merc. mat., 25 déc. et 1er janv.* La cave inaugurée en 1956 par Gabriel Chevallier abrite une « vitrine » du beaujolais (gérée par une coopérative) qui propose dégustation et achat de beaujolais-villages. Sur ses murs de pierre, les dessins à l'encre et au crayon de l'illustrateur Paul Dufour croquent l'histoire de Clochemerle « à la Dubout ».

Cave des Producteurs des Grands Vins de Fleurie – *R. des Vendanges - 69820 Fleurie - ✆ 04 74 04 11 70 - www.cavefleurie.com - tlj 9h30-12h et 14h-18h (janv.-fév. : fermé le dim. apr.-midi).* Cette coopérative créée en 1927 est la doyenne des caves du Beaujolais. Elle vinifie un tiers du cru Fleurie, produit une gamme de vins par climat - La Chapelle des Bois, Les Garants, etc. - et s'enorgueillit d'y élever deux cuvées d'exception baptisées « Cardinal Bienfaiteur » et « Présidente Marguerite ».

Cave du château de Chénas – *La Bruyère - 69480 Chénas - 3,5 km au nord-est de Fleurie par la D 68 - ✆ 04 74 04 48 19 - www.cavedechenas.com - lun.-sam. 8h-12h, 14h-18h (avr.-oct. sam. 9h-12h, 14h-19h), dim. et j. fériés 10h-12h, 14h30-18h (de Pâques à Noël), fermé 1er janv., 1er nov. et 25 déc.* Dans le cadre magnifique du château de Chénas cette association de viticulteurs de 275 adhérents fut constituée en 1934. Le domaine de 280 ha produit plusieurs AOC élevées sous de superbes voûtes du 17e s.

Caveau des beaujolais-villages – *Pl. de l'Hôtel-de-Ville - 69430 Beaujeu - ✆ 04 74 04 81 18 - merc. et w.-end 10h30-13h, 16h-20h, mar. et jeu.-vend. 16h-20h - ouv. pdt les sarmentelles - fermé 25 déc. et 3 sem. en janv.* Ce « temple de Bacchus », créé en 1956 par les vignerons pour valoriser l'authenticité de l'appellation beaujolais-villages, concerne 38 communes et occupe les caves voûtées de la mairie. La statue de saint Vincent, patron des vignerons, et l'effigie en cire d'Anne de Beaujeu veillent sur les dégustations de beaujolais-villages rouge, blanc et rosé.

La Maison des Beaujolais – *441 av. de l'Europe, RN6 - 69220 St-Jean-d'Ardières - ✆ 04 74 66 16 46 - www.lamaisondesbeaujolais.com - 9h-14h, 19h-21h, dim. 9h-14h.* Cette maison fondée en 1952 par le vignoble se dédie entièrement aux vins du Beaujolais. Dégustation, boutique et

2

restaurant permettent d'en savoir plus sur la région viticole.

CAPA Vignes - Château Bel Air – *394 rte Henry-Fessy-Belleville - 69220 St-Jean-d'Ardières - ✆ 04 74 66 45 97 - 8h-17h - visite sur demande w.-end et j. fériés.* Dans l'enceinte du château, un espace éducatif pour tout savoir sur les métiers du vin. Visite complète avec dégustation, films sur les vendanges, parcours sur le sentier viticole, jardin aromatique et accès aux bornes interactives.

La Maison des Vignerons – *69430 Regnié-Durette - 4,8 km de Chiroubles - ✆ 04 74 04 35 77 - lun.-vend. 8h-12h, 14h-18h.* La maison assure une démarche qualité rigoureuse. Elle vinifie les récoltes d'environ 250 adhérents qui cultivent sur les aires d'appellations contrôlées chiroubles, fleurie, morgon, régnié, beaujolais-villages, chénas et saint-amour.

Château du Moulin-à-Vent – *Lieu-dit Le Moulin-à-Vent, 4 r. des Thorins - 71570 Romanèche-Thorins - 3,5 km à l'est de Fleurie - ✆ 03 85 35 50 68 - www.chateaudumoulinavent.com - 9h-12h, 13h30-18h, w.-end et j. fériés sur demande.* Vous voici sur les lieux de production d'une des plus fameuses appellations du Beaujolais. De couleur rubis, ronds, corsés et charpentés, les moulin-à-vent sont des vins puissants, racés aptes à bien vieillir. Dégustation sur place, millésimes anciens disponibles.

L'histoire du Vigneron en Beaujolais – *Domaine Paire, les Ronzières - 69620 Ternand - ✆ 04 74 71 35 72 - www.domainepaire.fr - ♿ - visite guidée sur demande (1h30) de déb. juil. à mi-sept. : 9h-19h ; reste de l'année : sam. et sur demande - fermé 20 déc.-1er janv. - visite et dégustation de vins bio : 5 €.* L'histoire de la vigne et du vin racontées dans les caves-musées d'un producteur, où est exposée une centaine d'outils traditionnels. Très bonne initiation à l'oenologie : Jean-Jacques Paire a le talent pour transmettre l'art de déguster les vins.

ACTIVITÉS

Forêt de la Flachère – *69620 Légny - rens. à l'office de tourisme ✆ 04 78 22 70 38.* Cet ancien domaine des chevaliers de Malte (13e s.) constitue l'une des rares forêts de feuillus du nord du département. Elle offre 3 km de sentiers aménagés pour la promenade, un sentier botanique et sylvicole de 2 km, deux étangs et des aires de pique-nique.

La Voie Verte du Beaujolais – *Sur le tracé de la voie ferroviaire qui reliait Belleville à Beaujeu, elle offre 15 km de nature à parcourir en vélo, en roller, à pied… entre Beaujeu et Belleville. Et pour approfondir la découverte, 3 boucles famille (env. 1h30 chacune) et 7 boucles cyclotouristiques (plus sportives) sont proposées. Détails sur http://rhone.fr ou dans les offices de tourisme.*

Romanèche-Thorins

1 905 Romanéchois – Saône-et-Loire (71)

Au cœur des beaujolais-villages, Romanèche-Thorins est réputé pour son célèbre cru du moulin-à-vent, « seigneur des beaujolais », qui doit son appellation à un vieux moulin situé au milieu des vignes, en haut d'une colline. Deux sites d'attractions majeurs, l'un consacré au monde animal, l'autre dédié à l'univers du vin et de la vigne, vous inviteront à y passer de bons moments.

NOS ADRESSES : VOIR LE BEAUJOLAIS P. 132

SE REPÉRER

Carte de microrégion C1 (p. 112-113)

Entre la Saône et la montagne beaujolaise, Romanèche-Thorins, traversé par la N 6, se trouve à 18 km au sud de Mâcon et à 35 km à l'ouest de Bourg-en-Bresse.

À NE PAS MANQUER

Admirez la démarche gracieuse des très rares tigres blancs royaux, et laissez-vous attendrir par le regard tendre des gorilles du Touroparc Zoo.

ORGANISER SON TEMPS

Comptez une journée pour visiter le Hameau Dubœuf et découvrir son théâtre d'automates, ses expositions, sa gare et son jardin. Vous pourrez, si vous le désirez, vous restaurer sur place.

AVEC LES ENFANTS

Avec ses animaux et ses attractions, Touroparc Zoo vous promet de bons moments. Vos enfants n'en apprécieront pas moins Cérès, Tchoutchou et Toine au Hameau Dubœuf… comme les maquettes des compagnons.

2

Visiter

★ Touroparc Zoo

400 r. du Parc - au carrefour de la Maison-Blanche, sur la N 6, prenez la D 466E route de St-Romain-des-Îles - ✆ 03 85 35 51 53 - www.touroparc.com - ♿ - 9h-19h - parc d'attractions juil.-août : 12h-18h ; reste de l'année : 13h30-18h - fermé 1er janv., 24-25 et 31 déc. - possibilité de visite guidée sur demande (2h) - 22,90 € (-12 ans 19,90 €).

Dans un cadre de verdure égayé de constructions ocrées, ce parc zoologique et d'attractions accueille, sur 12 ha, quelque 140 espèces d'animaux des cinq continents évoluant en semi-liberté. Ne manquez pas le belvédère des singes, avec ses gorilles, chimpanzés et orangs-outans, la serre tropicale, la maison des éléphants, le vivarium et les merveilleux tigres blancs royaux. Le Touroparc Zoo, qui participe activement à la conservation de cette espèce en voie de disparition, a eu à plusieurs reprises le privilège de voir naître en ses murs des petits. Le Touroparc Zoo est également un parc d'attractions dont le monorail aérien, le petit train, le « TGV des étoiles », les toboggans et jeux aquatiques divers feront le bonheur des enfants. Un petit musée propose un aperçu des métiers, du patrimoine et du sous-sol beaujolais.

★ Le Hameau Dubœuf

796 rte de la Gare - ✆ 03 85 35 22 22 - www.hameauduboeuf.com - 10h-18h - fermé 25 déc. - possibilité de visite guidée sur demande (2h) - 20 € (-15 ans 10 €) - 12 € (-15 ans 8 €) avec le Pass Jardin en Beaujolais.

« Stationné » en gare de Romanèche-Thorins, ce vaste œnoparc est avant tout un outil de promotion, conçu avec des moyens spectaculaires, du producteur de beaujolais Dubœuf, mais c'est aussi une très belle vitrine de l'univers de la vigne. La visite du **Hameau Dubœuf** commence dans la salle des pas perdus d'une gare 1900 *(reconstitution)*, où l'on prend son ticket pour partir à la découverte de l'univers du vin. Une succession labyrinthique de salles est consacrée à l'histoire du vignoble, aux outils du vigneron, aux goûts du vin et à leurs liens avec la terre, aux étapes de fabrication (impressionnant pressoir mâconnais de 1708), aux objets autour du vin (tonneaux, bouchons de liège, verre, étiquettes, etc.). De beaux objets bénéficient d'une muséographie résolument moderne, avec un théâtre d'automates, un cinéma dynamique et divers petits films, dont une comédie musicale en 3D mettant en scène Paul Bocuse et Bernard Pivot… Une dégustation vient logiquement clore la visite dans la **salle du limonaire★**.
En face du Hameau Dubœuf, la **gare** montre au visiteur le lien étroit qui unissait le vin et le rail aux 19e et 20e s. Elle abrite le beau **wagon impérial** qu'utilisait Napoléon III pour saluer la foule, une collection d'objets et de trains électriques circulant dans des maquettes de villes et paysages, et une exposition sur l'aventure du TGV.
Rendez-vous ensuite au **jardin en Beaujolais** *(prenez le petit train, ce n'est pas tout près)*, pour y découvrir les arômes propres aux vins du Beaujolais à travers des parterres thématiques (fleuri, végétal, boisé, fruits à coques, fruité, épices). Trônant au milieu de ce grand jardin de 5 000 m², le **centre de vinification** des vins Georges Dubœuf permet d'enrichir la visite avec la découverte, grandeur nature, de toutes les étapes de la production.

Musée du Compagnonnage

98 r. Pierre-François-Guillon - ✆ 03 85 35 22 02 - www.musee-compagnonnage71.fr - juin-sept. : 10h-18h ; reste de l'année : 14h-18h - fermé de mi-déc. à déb. janv. - possibilité de visite guidée (1h) - 4 € (-18 ans gratuit) - gratuit 1er dim. du mois.
Voici une belle illustration du compagnonnage à travers la collection de **Pierre-François Guillon** (1848-1923). Des chefs-d'œuvre (individuels et collectifs), des documents (épures, maquettes, objets compagnonniques) et des souvenirs ont été réunis dans cet atelier où, à la fin du 19e s., ce compagnon charpentier dirigeait une école de dessin appliqué à la construction en bois et en pierre.

LES VERTUS DE L'EAU DE VAISSELLE

Dans les années 1830, les vignes du Beaujolais furent dévastées par le « ver coquin » ou pyrale, et les vignerons se trouvèrent désemparés face à ce fléau. Un certain **Benoît Raclet** (1780-1844) observa qu'un pied de vigne planté le long de sa maison, près du déversoir d'eaux de ménage, s'épanouissait à merveille. Il tenta alors d'arroser ses ceps avec de l'eau chaude à 90 °C, dès le mois de février, afin de tuer les œufs de la pyrale. C'est ainsi qu'il sauva sa vigne, sous l'œil sceptique de ses voisins qui finirent pourtant par l'imiter. Les vignerons lui sont à jamais reconnaissants d'avoir découvert la technique de l'échaudage des vignes qui fut généralisée et utilisée jusqu'en 1945.
Chaque année, le dernier w.-end d'octobre, la Fête Raclet est organisée en mémoire de ce procédé. Elle marque aussi la première « grande sortie » des appellations beaujolaises et permet ainsi de voir ce que donneront les vins du millésime.

Monts de Tarare

★

Rhône (69)

Entre Beaujolais et Lyonnais, à la limite du Rhône et de la Loire, les monts de Tarare occupent un massif granitique agricole et boisé propice aux randonnées. Côté tradition, tous les 5 ans, Tarare s'enveloppe de rayonne et de kilomètres de voiles multicolores. Les Fêtes de la mousseline y sont célébrées depuis 1955. Certes les tissus synthétiques fins ont pris le pas sur la mousseline. Mais désormais quand vous regarderez les voiles flottées au mât des bateaux, vous aurez une pensée pour Tarare et son industrie florissante au 19e s.

NOS ADRESSES PAGE 141
Hébergement, restauration, achats, activités, etc.

S'INFORMER

Office de tourisme – *Lac des Sapins - 69550 Cublize - ✆ 04 74 89 58 03 - www.beaujolaisvert.com - juil.-août : 9h-12h, merc. et vend. 9h-12h, 14h-18h ; reste de l'année : 9h-12h, 14h-18h, sam. 9h30-12h30 - fermé dim.-lun. et j. fériés.*

SE REPÉRER

Carte de microrégion A-B/2-3 (p. 112-113)

Tarare, porte d'entrée des monts qui portent son nom, se situe sur la N 7 entre Roanne (à 42 km à l'ouest) et Lyon (à 46 km à l'est).

À NE PAS MANQUER

Les vallons et forêts de sapins de la route de crête, la fête des Mousselines au mois de juin (toutes les années multiples de 5).

AVEC LES ENFANTS

Se baigner au lac des Sapins et admirer les premiers vélocypèdes au musée.

2

UNE DÉLICATE ENVOLÉE

La mousseline – Ce tissu en laine originaire de Mossoul est très léger et aéré. En 1754, **Georges-Antoine Simonet** monte à Tarare les premiers métiers à mousseline, en s'inspirant des méthodes de fabrication qu'il a étudiées en Suisse. Il fait donc venir du coton du Levant : les gros ballots arrivent à Lyon et à Tarare et se vendent au détail. Mais les tissus qu'il obtient sont défectueux car les fils de coton sont irréguliers et épais. Il meurt ruiné en 1778. Son neveu, **Adrien Simonet**, réussit là où il a échoué en utilisant du coton de qualité importé de Suisse qu'il fait tisser au métier à bras dans les campagnes. Sous le Premier Empire, le blocus continental, en interdisant l'entrée en France de tissus étrangers, fait la fortune de l'industrie de la mousseline. En 1863 est introduit le tissage mécanique du coton pour faire face à la concurrence des manufactures d'Alsace et des Vosges.
Le synthétique – Après 1918, la reproduction des fils de rayonne augmente, ainsi que la fabrication et la vente des voiles : les tissus synthétiques fins remplacent la mousseline. Tarare s'affirme jusque dans les années 1980 comme un grand centre de tissage et de montage du rideau. Aujourd'hui, après une forte crise, cette spécialité perdure grâce à quelques usines, et des artisans qui se consacrent aux tissus dits nobles.

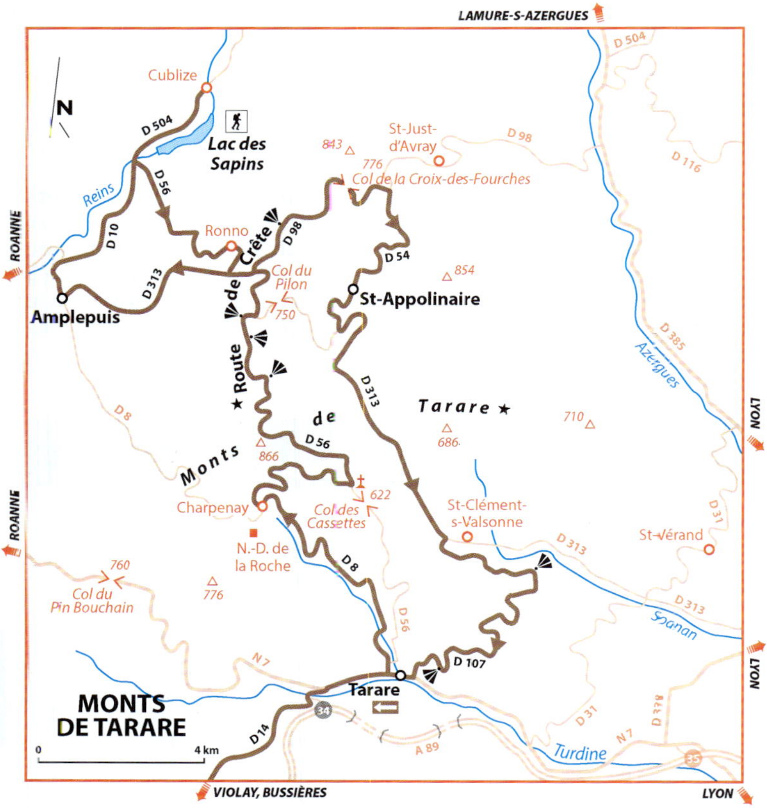

Circuit conseillé Cartes de microrégion p. 112-113 et ci-dessus

★ **MONTS DE TARARE**

113 km au dép. de Tarare. Circuit tracé en marron sur la carte ci-dessus. Comptez une demi-journée.

Au confluent de la Turdine et du Taret, **Tarare** est profondément encaissé dans le chaînon occidental des **monts du Beaujolais**.

Quittez Tarare par la D 8. Dans un virage, à l'entrée du Charpenay, situé au pied d'une butte rocheuse portant la statue de N.-D.-de-la-Roche, tournez à droite, à angle droit. À la hauteur de la croix du col des Cassettes, prenez à gauche la D 56.

Cette **route de crête**★ offre de belles échappées sur de profonds vallons ou traverse de sombres bois de sapins.

Tournez à gauche dans la D 313 pour gagner Amplepuis.

Amplepuis A2

Barthélemy Thimonnier (1793-1857), inventeur de la machine à coudre *(voir p. 424)*, a vécu à Amplepuis.

Musée Barthélemy-Thimonnier de la machine à coudre et du cycle – *Pl. de l'Hôtel-de-Ville - ✆ 04 74 89 08 90 - www.graha-museethimonnier.org - juil.-août : 10h30-13h, 14h-18h ; mars-juin et 1er sept.-8 déc. : tlj sf dim., lun. et j. fériés 14h-18h - 4,50 € (-18 ans 3 €) - gratuit 8 déc. (nocturnes).* En bas, une reconstitution évoque rapidement la mémoire du génial tailleur et des brevets.

À l'étage, une centaine de modèles français et étrangers (Berthier, Omega, Singer, Pfaff, etc.), propose une rétrospective complète, depuis le principe mécanique jusqu'à l'industrialisation de la machine, son design et sa diffusion publicitaire. La seconde partie du musée se consacre aux cycles. Où est le lien ? Dans la chaîne… et la roue ! À la fin du 19e s., plusieurs fabricants (Opel, Peugeot, Hurtu) décidèrent de diversifier leur production avec une invention à la mode, le cycle. Environ 50 sont exposés ici, de toutes époques.

Suivez au nord d'Amplepuis la D 8, la D 10 puis la D 504 en direction de Cublize. La route suit la verdoyante vallée du Reins.

Lac des Sapins B2

Formé par une retenue d'eau sur la vallée du Reins, le lac né en 1979 offre un site de détente agréable qui se déploye sur 105 ha à 440 m d'altitude. Enchâssé dans les prairies et les conifères, son plan d'eau de 38 ha se prête aux sports (base nautique avec canoë, kayak, aviron, catamaran) et jouit désormais d'une vaste **baignade biologique** (une belle plage enherbée et deux bassins aménagés sur 8 000 m² avec plan incliné).

Faites demi-tour et prenez à gauche la D 56 qui traverse la bourgade rurale de Ronno et débouche sur la D 313. À 1,5 km environ, reprenez à gauche la D 98 qui conduit au col de la Croix-des-Fourches (alt. 776 m), situé en pleine forêt.

Dans la montée, vaste panorama sur la chaîne du Forez, de Pierre-sur-Haute aux monts de la Madeleine.

Continuez vers St-Just-d'Avray et tournez à droite dans la D 54 vers St-Appolinaire.

Au cœur des sapins Douglas, **St-Appolinaire** est un important centre de sylviculture.

La D 313 mène à St-Clément-sur-Valsonne. À droite, la D 107 ramène à Tarare.

La route domine la vallée du Soanan et offre une jolie vue sur le site de Tarare.

2

NOS ADRESSES DANS LES MONTS DE TARARE

HÉBERGEMENT

PREMIER PRIX

Camping du lac des Sapins – *Pays d'Amplepuis-Thizy - 69550 Cublize - ✆ 04 74 89 52 83 - www.campinglacdessapins.com - ouv. avr.-sept. - réserv. conseillée - biologique - 182 empl. - 18 à 25 €.* Proche de la base de loisirs, ce camping dispose d'emplacements soignés et de chalets équipés. Terrain multisports, tennis.

POUR SE FAIRE PLAISIR

Chambre d'hôte Les jardins de l'Hacienda – *92 rte de Feurs - 69170 Tarare - ✆ 06 82 89 25 67 - www.lesjardinsdelhacienda.fr - P - 3 ch. - 89 € - table d'hôte vend. et sam. 28 €.* À la sortie de Tarare, cette jolie demeure propose chambres douillettes et colorées façon Amérique du Sud.

RESTAURATION

POUR SE FAIRE PLAISIR

Jean Brouilly – *3 ter r. de Paris - 69170 Tarare - ✆ 04 74 63 24 56 - www.restaurant-brouilly.com - fermé dim. soir-mar. - formule déj. 28 € - 30/78 €.* Au coeur d'un parc, cette maison cossue sert une cuisine délicate et de beaux vins de Bourgogne. Une valeur sûre.

Le Tilia – *Pl. du Plaisir - 69170 Joux - 2 km à l'ouest de Tarare par la N 7 - ✆ 04 74 05 19 46 - www.letilia.com - fermé de mi-août à déb. sept., 2 sem. déb. janv., dim. soir-mar. - formule déj. 15 € - 28/80 €.* Près du château, une maison cosy, aux boiseries claires, aux tables soignées. Cuisine traditionnelle et généreuse. Jolie terrasse d'été.

Monts du Lyonnais

★

Rhône (69)

C'est un dépaysement complet qui vous attend à deux pas de l'agglomération lyonnaise. Essentiellement couvert de coteaux et de monts (700-900 m), voici une région attachante et authentique, où les vieilles maisons rurales typiques sont nombreuses. Avec ses routes ondulées et ses paysages parfois tourmentés, elle offre un site idyllique pour les amateurs de verdure, de cyclisme, de patrimoine religieux et industriel.

NOS ADRESSES PAGE 149
Hébergement, restauration, achats, activités, etc.

S'INFORMER

Office de tourisme des Hauts-du-Lyonnais – *Pl. Bellecour - 69002 Lyon - ☏ 04 72 77 69 69 - www.lyon-france.com - 9h-18h- fermé 1er janv., 25 déc.*

Office de tourisme de Forez-en-Lyonnais – *9 pl. Jean-Baptiste-Gallan - 42140 Chazelles-sur-Lyon - ☏ 04 77 54 98 86 - www.forez-est.com - 9h-12h, 14h-18h, lun. 14h-12h, sam. 9h-12h - fermé dim. et j. fériés.*

Office de tourisme du pays de L'Arbresle – *18 pl. Sapéon - 69210 L'Arbresle - ☏ 04 74 01 48 87 - www.arbresletourisme.fr - mai-sept. : 9h30-12h,15h-18h ; reste de l'année : tlj sf jeu. 9h30-12h, 15h-18h - fermé dim., lun. et j. fériés.*

Office de tourisme des Vallons du Lyonnais – *18 montée de la Bernarde - 69126 Brindas - ☏ 04 78 57 57 47 - www.ccvl.fr - juil.-août : 10h-13h, 14h-18h ; de mi-avr. à fin juin et de déb. sept. à mi-oct. : tlj sf mar. 14h-18h, w.-end 10h-13h, 14h-18h ; de mi-mars à mi-avr. et de mi-oct. à mi-nov. : merc. et vend. 14h-18h, dim. 10h-13h, 14h-18h ; reste de l'année : merc. et vend. 14h-18h - fermé lun. et j. fériés.*

Office de tourisme des Balcons du Lyonnais – *Bd du Pilat - 69440 Mornant - ☏ 04 78 19 91 65 - www.otbalconslyonnais.fr - 9h-12h, 14h-18h, sam. 9h-12h - fermé dim., lun. et j. fériés - 2e bureau La Tour du Vingtain - pl. de la Liberté - de mi-juin à mi-sept. : 10h-12h, 14h-18h, dim. 15h-18h ; reste de l'année : merc., vend. et sam. 10h-12h, 14h-18h, dim. 14h30-17h30 - fermé j. fériés.*

Office de tourisme de Chamousset-en-Lyonnais – *Le Pontet - 69930 St-Laurent-de-Chamousset - ☏ 04 74 70 90 64 - www.tourisme.cc-montsdulyonnais.fr - 9h-12h, 14h-17h - fermé w.-end et j. fériés.*

Office de la Vallée du Garon – *Pl. Georges-Clemenceau - 69630 Chaponost - ☏ 04 78 45 09 52 - www.valleedugarontourisme.fr - avr.-sept. : 10h-12h, 14h-17h30, mar. et w.-end 10h-12h ; reste de l'année : 10h-12h, 14h-17h30, mar. et sam. 10h-12h - fermé lun. et j. fériés, de fin déc. à déb. janv.*

SE REPÉRER

Carte de microrégion A-B-C/3-4 (p. 112-113).

Les monts du Lyonnais s'interposent entre St-Étienne et Lyon, au-dessus du parc naturel régional du Pilat. Ils sont coupés de profondes dépressions – Brévenne et Azergues au nord, Gier au sud – qui séparent la montagne des massifs voisins : Pilat, monts de Tarare et du Beaujolais. À l'ère quaternaire, les glaciers ont raboté la partie orientale, donnant naissance au plateau lyonnais. Son rebord domine le Rhône de 100 à 150 m par un front de collines portant la trace d'anciennes moraines.

À NE PAS MANQUER
Les vestiges des aqueducs romains, notamment les arches de Chaponost; une visite à l'atelier-musée du Chapeau de Chazelles-sur-Lyon; l'architecture de Le Corbusier pour le couvent de Ste-Marie-de-la-Tourette.

ORGANISER SON TEMPS
Comptez deux journées pour parcourir la région qui est riche.

AVEC LES ENFANTS
Les rapaces en vol au parc de Courzieu, les gorilles du zoo de St-Martin-la-Plaine, les défis Gorgulu et les chevaliers de Salva Terra.

Découvrir Carte de microrégion p. 112-113

AQUEDUCS ROMAINS

Le plateau conserve de nombreux vestiges des aqueducs qui alimentaient Lyon en eau à l'époque gallo-romaine. La ville recevait journellement 75 000 m^3 d'eau de ses quatre aqueducs : Mont-d'Or, Brévenne, Yzeron et Gier. C'est l'aqueduc du Gier, le dernier construit, long de 86 km, qui a laissé le plus de vestiges. Sa construction, sous le règne d'Hadrien, au début du 2e s., fut particulièrement soignée : parement réticulé, à moellons clairs et foncés, disposés en nid d'abeilles, arcades à claveaux alternés de pierres et de briques, canal cimenté. Il était le seul à alimenter les hauteurs de la colline de Fourvière (*la maison de l'Araire à Yzeron p. 150*).

★ Arches de Chaponost

À **Beaunant**, dans le creux du vallon de l'Yzeron, envahi par les constructions suburbaines, subsiste une partie du pont-siphon.

Poursuivez par la D 50.

Au « Plat de l'Air », au débouché du plateau, admirez à droite une jolie **perspective★** sur l'enfilade de 72 arches subsistantes, sectionnées en tronçons.

Laissez la voiture à l'entrée du chemin et longez à pied l'aqueduc.

À l'extrémité de l'enfilade, l'ancien réservoir de chasse du pont-siphon de Beaunant est encore visible, sur la pile terminale. On distingue les orifices des tuyaux et l'enduit de ciment rougeâtre du canal *(15mn à pied AR)*.

Autres vestiges

D'autres vestiges subsistent à **Brignais** (mur réticulé, arches du pont-siphon), **Soucieu-en-Jarrest** (réservoir de l'aqueduc ou « chameau », en raison de sa silhouette bossue), **Craponne** (tourillons ou piles d'un réservoir) et **Mornant** : à 300 m du bourg – qui conserve une belle église gothique –, empruntez sur la D 63, direction St-Sorlin, un sentier, à droite, menant au pied d'une arche, dans le creux d'un vallon *(5mn à pied AR)*.

À Lyon même, on peut voir également des vestiges d'aqueduc comme l'entrée de l'ancienne voie d'Aquitaine, aujourd'hui rue Roger-Radisson.

LES PONTS-SIPHONS

Plus encore que pour leur architecture, les aqueducs romains nous impressionnent pour la science hydraulique dont ils témoignent. La technique des ponts-siphons fait l'originalité de ces aqueducs lyonnais. Ils permettaient de franchir les vallées sans avoir recours à de gigantesques et coûteux ponts-aqueducs, comme celui du Gard.

2

Circuit conseillé Carte de microrégion p. 112-113

ENTRE LYON ET SAINT-ÉTIENNE

203 km. Circuit tracé en violet sur la carte p. 146-147. Comptez deux jours sans la visite de Lyon ni celle des parcs à thèmes. Quittez Lyon, à l'ouest, par l'A 6. À la sortie de Tassin-la-Demi-Lune, suivez la N 7 jusqu'à L'Arbresle.

L'Arbresle B3

Au confluent de la Brévenne et de la Turdine, cette cité industrielle, qui était spécialisée dans la soierie, est dominée par les vestiges du château des abbés de Savigny et par les pinacles couronnant le clocher (19e s.) de l'église. L'Arbresle est la patrie de **Barthélemy Thimonnier**, inventeur de la machine à coudre. À l'office de tourisme *(voir p. 142)*, l'**Espace Découverte** présente les richesses du pays de l'Arbresle (art, savoir-faire, culture) dans une scénographie amusante.

Église – Remarquez, dans le chœur, les belles verrières (16e s.) des hautes baies et les stalles du 18e s. La première chapelle du collatéral gauche abrite une statue de saint Pierre et une *pietà* du 15e s.

Prenez la D 19 au sud-est de L'Arbresle.

★ Couvent de la Tourette, à Éveux B3

Rte de la Tourette - ✆ 04 72 19 10 90 - www.couventdelatourette.fr - visite guidée (1h30) juil.-août : horaires, se rens. ; reste de l'année : dim. horaires, se rens. - 7 € (-12 ans 5 €) - accès libre aux espaces extérieurs.

Situé à flanc de coteau et caché de la vallée, le couvent dominicain rénové de **Ste-Marie-de-la-Tourette,** édifié de 1956 à 1959 sur les plans de **Le Corbusier** (1887-1965), offre un surprenant exemple d'architecture moderne appliqué à la vie conventuelle. Construit en béton brut, symbole de dépouillement et de sobriété, il dessine un quadrilatère fermé au nord par une église impressionnante aux murs aveugles, éclairée latéralement par d'étroites fentes horizontales. À l'inverse, crypte et sacristie éclatent grâce aux « canons » et « mitraillettes » de lumière, rehaussés d'une palette de couleurs **Mondrian**. Elles se retrouvent par endroits dans l'édifice, comme au réfectoire. Une salle tournée vers l'extérieur, dont la baie vitrée est fragmentée par des « pans de verre ondulatoires » conçus par le compositeur **Iannis Xenakis**. Bâti à l'origine comme un lieu d'étude isolé, le couvent s'est depuis ouvert au monde. Il abrite désormais le centre culturel de la Tourette et héberge les laïcs qui viennent suivre une retraite. Si la visite guidée propose un bel aperçu de l'ensemble, quelques parties sont réservées à la communauté (toit-terrasse, cellule des religieux au format « Modulor » cher à l'architecte). Il est émouvant de se rappeler qu'en 1965 lors du transport du corps de **Le Corbusier**, depuis sa résidence de Roquebrune jusqu'à la cour du Louvre où il reçut des funérailles officielles, les dominicains veillèrent le défunt toute une nuit dans l'église qu'il avait lui-même achevée 5 ans plus tôt.

Retournez sur la D 389 pour rejoindre la D 159 sur votre droite.

Savigny B3

Ce bourg s'est bâti autour d'une abbaye bénédictine fondée au 8e s. Des bâtiments abbatiaux subsiste un corps de logis Renaissance. Un circuit historique piétonnier aboutit dans le cœur du bourg où un petit **musée lapidaire** *(R. de l'Abbaye - ✆ 06 80 57 92 52 - www.savigny-en-lyonnais-patrimoine.fr - de déb. juil. à mi-août : dim. 15h ; avr.-juin et de mi-août à fin oct. : 1er dim. du mois 15h - fermé j. fériés - possibilité de visite guidée - 3 € (-16 ans gratuit) - billet donnant accès à la*

Éveux-sur-Arbresle, couvent Sainte-Marie-de-la-Tourette bâti par Le Corbusier en 1953.
D. Caviglia/hemis.fr/LE CORBUSIER, Couvent Saint-Marie-de-la-Tourette © F.L.C. / ADAGP, Paris 2018

visite du village, de l'abbaye et à la tour de l'Horloge. expose une soixantaine de pierres sculptées des 12e et 14e s. provenant de l'abbaye bénédictine : clef de voûte, linteau présentant la Cène, chapiteaux richement sculptés, pied droit d'apôtre, entrelacs, fragments de clôture de chœur.

Dans l'église, remarquez une Vierge en majesté (13e s.) et un retable (16e s.).

Quittez Savigny par la D 7 et poursuivez-la après avoir traversé la D 389.

Musée de la Mine de Saint-Pierre-la-Palud B3

1 r. du Musée - 04 74 30 39 66 - www.musee-de-la-mine.free-h.net - ♿ - visite guidée des galeries et visite libre des salles d'exposition mars-nov. : w.-end et j. fériés 14h-18h ; vac. scol. (zone A) : jeu. et mar. 15h - possibilité de visite guidée (2h) - 6 € (-16 ans 4,50 €).

Cet ancien site minier sur lequel est implanté le musée fut prospère de 1840 à sa fermeture (1972), grâce à la pyrite de fer, riche en soufre, base de l'acide sulfurique qui a contribué au développement de la chimie à Lyon. Depuis les galeries reconstituées dans la pénombre, la visite se poursuit avec l'exposition de matériels miniers et la projection d'un documentaire où témoignent les familles de mineurs. Une collection de plus de 2 000 minéraux et une salle consacrée à la paléontologie régionale sont également présentés.

Terminez en suivant le sentier pédestre qui mène jusqu'au puits d'extraction, vestige de l'ancienne mine (accès, entre autres, à la salle des machines).

Rejoignez la D 389 en direction de St-Étienne. À Ste-Foy-l'Argentière, tournez à droite dans la D 489, puis la D 81 à gauche.

Parc Salva Terra, à Haute-Rivoire B3

Ancienne-Voie-Romaine - 04 74 26 35 92 - www.salva-terra.com - ♿ - juil.-août : 13h-20h ; vac. scol. (zone A) : tlj sf vend. et sam. 13h-18h30 ; reste de l'année : dim. et j. fériés 13h-18h30 - fermé sept. - 13,50 € (-7 ans 4,50 €).

Retour au Moyen Âge le temps d'une après-midi familiale et festive. Tandis que saltimbanques et troubadours accueillent les visiteurs dans leur cité fortifiée du 13e s., le seigneur narre avec drôlerie les réalités de la vie féodale. Dehors, les habitants à leur métier content, initient, chantent l'art de la calligraphie, du cuir, de la bataille, des armes… Le temps file, quand soudain la lice des chevaliers devient la scène de passes d'armes et démonstrations équestres.

Prenez la D 637 qui débouche sur la D 389 que l'on prend à gauche ; tournez à droite dans la D 633 et empruntez la D 4 jusqu'à Aveize.

Aveize B3

À l'entrée nord du bourg, de la D 4, **vue★** sur Ste-Foy-l'Argentière établie au creux de la dépression de la Brévenne.

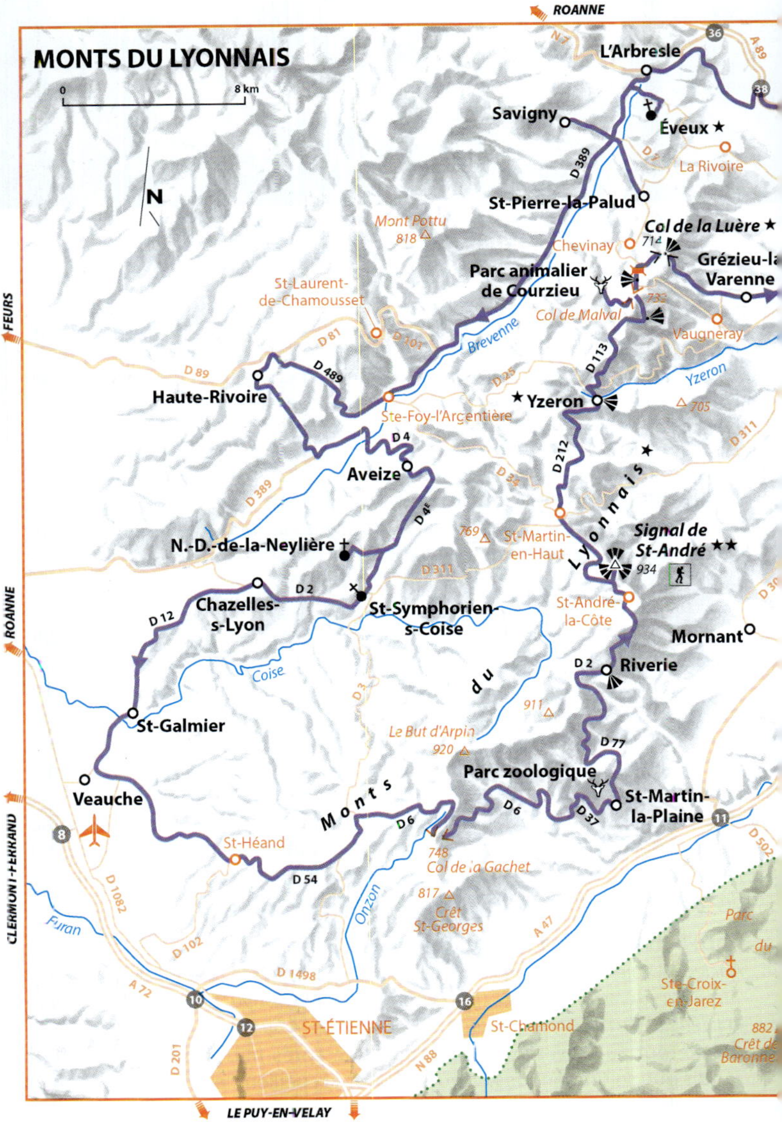

Prenez la direction de St-Symphorien-sur-Coise par la D 4, puis tournez à droite dans la D 662.

Notre-Dame-de-la-Neylière B4

La Neylière - 69590 Pomeys - ✆ 04 78 48 40 33 - www.neyliere.com - possibilité de visite guidée sur demande (1h) - outre la chapelle, possibilité de visiter le musée d'Océanie et le musée de Jean-Claude Colin - dim. à partir de 15h - rens. au préalable à la Neylière.

Maison d'accueil des pères maristes bâtie sur une colline dominant la vallée de la Coise. À l'étage, un musée évoque la mémoire du père **Jean-Claude Colin** (1790-1875), fondateur de la Société de Marie. Autour du bureau et de la chambre où il vécut la fin de sa vie, une bibliothèque et deux salles retraceront bientôt l'histoire de la congrégation, de ses grandes missions d'évangélisation en France et à l'étranger. Le **musée de l'Océanie** se consacre à la plus lointaine. Son exposition de nombreux objets traditionnels et rituels ouvre un voyage inattendu dans la culture des îles (Vanuatu, Fidji, Tonga, Samoa, Wallis et Futuna…), telles que les pères les ont découvertes. À l'oratoire, une **fresque** mariale (1971) peinte à la façon des îles orne la tombe du père Colin.

Saint-Symphorien-sur-Coise B4

Son église gothique du 15e s., bâtie à l'emplacement d'un château fort, domine cet ancien bourg fortifié, situé sur un point de passage naturel entre vallée du Rhône et vallée de la Loire. Des remparts, il ne reste que la porte Riverie. Un circuit proposé par l'office de tourisme parcourt la cité, son église, sa place Antoine-Pinay (né ici, fils de maître chapelier), ses maisons du Moyen Âge, celles des tanneurs aux balcons typiques… « St-Sym », jadis réputée pour ses peaux tannées (ses habitants sont les Pelauds, peleurs de peaux), est aujourd'hui un petit centre industriel où l'on fabrique du saucisson sec et le patchi, pâtisserie aux fruits et à la crème. Avant de partir, ne manquez pas de visiter la sympathique **Maison des Métiers** *(R. Henri-Petit - ✆ 04 78 48 64 32 - www.maisondes-metiers.fr - visite guidée (2h) juil.-août :*

mar. et vend. 15h ; reste de l'année : 2e dim. du mois 14h30-16h - 5 € (-16 ans 3 €). Dans des ateliers reconstitués, un groupe d'anciens professionnels partage ses savoir-faire traditionnels (tannerie, salaisons, chapellerie de paille…) en œuvrant sur des machines d'époque.

Chazelles-sur-Lyon B4

Chapeau bas à celle qui doit sa célébrité à la qualité de ses couvre-chefs en feutre ! Au 12e s., les hommes de la commanderie des chevaliers de St-Jean-de-Jérusalem (installée par le comte **Guy II de Forez)** auraient transmis aux habitants l'art de fouler le feutre… Une technique rapportée des croisades. Légende ou vérité, la tradition a offert cinq siècles de richesse à la bourgade. Il y a cent ans, elle comptait une trentaine de fabriques dont il reste le savoir-faire et une mémoire vivante servie par un atelier-musée fort bien rénové.

★ **Atelier-musée du Chapeau** – *31 r. Martouret - ✆ 04 77 94 23 29 - www.museeduchapeau.com - ♿ - visite guidée (55mn) juil.-août : 11h-18h30 ; reste de l'année : tlj sf lun. 14h-18h, dim. et j. fériés 14h30-18h30 - fermé 1er janv., 1er Mai, 25 déc. - 6 € (-6 ans gratuit).*

Aménagé sur le site de La Chapellerie, ex-usine **Fléchet** (début 20e s.), réhabilitée pour créer un pôle dédié à la mode, au luxe et au chapeau (centre d'exposition, de production, de formation, de documentation, pépinière de créateurs), le nouvel atelier-musée invite à saisir les étapes de la **fabrication** du feutre de luxe, depuis le soufflage et le « bastissage » du poil de lapin jusqu'au bichonnage et au garnissage. Entre **démonstrations** sur machines authentiques, hommage aux **métiers** issus de la chapellerie, **documentaires** filmés sur le travail à l'usine et l'histoire sociale de Chazelles, la belle **scénographie** replonge le visiteur dans l'ambiance (bruit et accent compris) de la fabrique. À l'étage, l'attendent de surprenants « chapeaux murmures » et une magnifique **galerie**, exposant 400 modèles griffés ou célèbres. Après tant de vitrines garnies, comment résister aux créations de la boutique ?

Saint-Galmier A4

Connues dès l'époque romaine, les eaux de la ville se rendirent célèbres au début du 19e s., grâce à **Auguste-Saturnin Badoit** qui, le premier en France, imagina mettre l'eau en bouteilles. Pour vaincre les préjugés – une eau qui perdrait ses vertus en route –, il organise une vaste campagne publicitaire. Sa société connaît un essor rapide. « L'eau qui pétille » est riche en gaz carbonique, sels de calcium et fluorures. Captée à 78 m de profondeur, elle est embouteillée en contrebas de la source, dans l'**usine** dont le bâtiment historique offre une belle **façade** végétalisée. Outre la visite guidée du site et de trois lignes de production, un **Espace découverte** ouvert l'été invite à découvrir son histoire et un **Kiosque de puisage** permet de se désaltérer toute l'année gratuitement (1 bouteille maximum).*Av. de la Coise - ✆ 04 77 54 06 08 - www.saint-etiennetourisme.com - visite guidée sur demande préalable (1h45) à l'office de tourisme - fermé w.-end et j. fériés - 6 € (-18 ans 4 €) - se munir d'une pièce d'identité - 8 ans mini.*

Vieux bourg – *L'office de tourisme propose une visite guidée sur demande préalable (5 €) des jeux de piste (selon l'âge des enfants), un circuit libre du patrimoine avec dépliant.* Quittant le site de Badoit, le parcours longe les remparts, en passant le pavillon des créateurs et l'atelier du souffleur de verre *(voir « Nos adresses » p. 153)*, pour pénétrer le vieux bourg par la porte St-Étienne. Les façades anciennes se succèdent dans ses ruelles : maison Renaissance, chapelle Notre-Dame-des-Pauvres (14e s.), ancienne châtellenie (17e s.)… jusqu'à la maison sur colonnes de la **place des Roches**, ancienne place du marché. En montant vers l'église et l'hôtel de ville, la porte de la Devise (1538) impose une halte.

Les Monts du Lyonnais, le village de Riverie.
F. Guiziou/hemis.fr

2

Église – De style flamboyant à trois nefs, elle est remarquable pour sa très belle **Vierge du pilier★** de l'école de Michel Colombe (16e s.) ; pour son **triptyque★** de l'école flamande (15e s.) dont le volet central, en bois sculpté et doré, représente une Vierge à l'oiseau, entre sainte Barbe et sainte Catherine. Notez dans l'abside, ses **vitraux** signés du maître-verrier baldomérien (nom des habitants de St-Galmier) **Mauvernay** (19e s.).

En sortant, prenez l'escalier Mauvernay puis la rue St-Barthélémy.

Ancien hôpital – *R. du Cloître - ☏ 04 77 36 05 00 - www.saint-galmier.fr - ♿ - possibilité de visite guidée (15mn).* Jadis couvent d'ursulines, sa chapelle arbore un retable en bois sculpté à colonnes torses (17e s.). Le cloître abrite un café-théâtre. Ses galeries (17e et 19e s.) donnent sur la plaine du Forez et le Casino.

Roseraie – *Prenez la direction de Cuzieu et suivez le fléchage du secteur de l'Étang des Rivières.* Créée en 2000, elle constitue l'un des sites de Lyon Rose 2015 *(voir l'encadré p. 90)* et réunit, sur moins d'un hectare, 300 variétés de roses anciennes et modernes au milieu d'arbustes et de plantes vivaces. Salon de thé, mini ferme et poney-club réservent une pause agréable à la sortie.

Veauche A4

Sur le rebord d'un coteau dominant la Loire, Veauche, village de tradition verrière, est connue des archéologues et des amateurs d'art. L'église était, à l'origine, un petit prieuré donné en 970 à l'abbaye de Savigny. Très modeste extérieurement, l'édifice a été presque entièrement rebâti aux 15e et 16e s. La partie préromane (deux premières travées de la nef) se distingue par une sobre arcature plaquée contre les murs des collatéraux.

Gagnez St-Héand par la D 54 et poursuivez par la D 6 (à partir de Fontanès) en direction de St-Martin-la-Plaine.

La route offre de très belles échappées sur les monts du Lyonnais et les vergers fleuris aux beaux jours du printemps. Les vues plongent au-dessus de la vallée du Gier, à droite, et du bassin de la Loire, à gauche.

Parc zoologique de Saint-Martin-la-Plaine B4

Lieu-dit Combe-Plotton - ☏ 04 77 75 18 68 - www.espace-zoologique.com - ♿ - visite guidée sur demande préalable (2h) avr.-oct. : 9h-18h ; reste de l'année : 10h-16h - fermé 25 déc., selon les conditions climatiques (hiver) - 15 € (-9 ans 11 €).

À flanc de colline, face au massif du Pilat, ce parc agréable à visiter le matin s'attache aux problèmes de reproduction des espèces menacées dans leur milieu naturel. Sur ses 900 animaux, beaucoup ont été placés en prêt par d'autres zoos pour l'élevage. Parmi les espèces rares : des tigres de Sibérie, loups à crinière des pampas d'Amérique du Sud, des binturongs, babiroussas… Et des **gorilles**, particulièrement mis en valeur dans la grande serre qui recrée les conditions climatiques des forêts humides équatoriales *(repas public vers 14h)*. Serpentant entre les enclos vitrés, les allées multiplient les points de vue sur les animaux. Intéressant parcours pédagogique autour du lion.

Gagnez St-Martin-la-Plaine et suivez la D 77 puis la D 126 jusqu'à Ste-Catherine, où vous prenez la D 2 à droite.

Riverie B4

Vieux bourg féodal établi sur un promontoire. De l'ancien chemin de ronde, vue bien dégagée en direction du sud-est.

Poursuivez sur la D 113 au nord.

★★ Signal de Saint-André B4

45mn à pied AR. À environ 800 m au nord-ouest du bourg de St-André-la-Côte, un sentier, partant de la D 113, mène au sommet du signal (alt. 934 m). Un **panorama** se révèle face aux Alpes et, en arrière, sur des villages perchés.

Empruntez la D 113 jusqu'à St-Martin-en-Haut, puis la D 122 vers Yzeron.

★ Yzeron B3

Ce village aux maisons de pierre est marqué par l'abondance de ses sources qui lui ont permis de conserver sa vocation rurale (production laitière, élevage de chèvres et culture de fruits rouges). La beauté de ses paysages est notoire.

Le **lac du Ronzey**, créé il y a plus de trente ans, vient de s'agrandir et de réaménager ses berges pour le plus grand plaisir des promeneurs et des pêcheurs. C'est dans ce pays que les Romains établirent le point de départ d'un aqueduc qui se dirigeait vers Lyon en passant par Vaugneray et Craponne. La **maison d'expositions de l'Araire** *(23 r. de la Cascade - ☏ 04 78 45 40 37 - www.araire.org - de mi-avr. à fin oct. : dim. et j. fériés 14h-18h - fermé certains j. fériés - 3 € (-14 ans gratuit) - possibilité de combiner la visite de l'exposition sur les aqueducs romains avec la découverte des vestiges de l'aqueduc romain du Gier)* explique la construction des quatre aqueducs qui alimentaient Lugdunum. Elle explore aussi d'autres facettes de l'histoire locale : le tissage de velours de 1830 à 1930, l'agriculture en pays lyonnais depuis les années 1950.

Avant de partir, admirez depuis la terrasse la **vue**★ sur la vallée du Rhône.

À environ 800 m au sud du col de Malval, un **panorama**★ se dégage sur la plaine du Rhône, le Mont-d'Or à droite, le mont Pilat à gauche et, au fond, les contreforts des Alpes. Plus loin, la D 113 ménage successivement des échappées sur la vallée de la Brévenne à gauche et la vallée du Rhône à droite.

Parc animalier de Courzieu B3

Chemin de Montmain-la-Côte - ☏ 04 74 70 96 10 - www.parc-de-courzieu.fr - de mi-mars à mi-nov. : 10h-18h - 14,50 € (-12 ans 10,50 €) - 4 rencontres/j. 11h30 les loups, 14h les aigles, 15h les escargots et 16h les chouettes (à partir du 1er Mai) - visite de la vallée des loups - jeux en rondin - restauration rapide.

Fini la peur du loup ! Promenez-vous dans les sous-bois de ce parc de 20 ha, suivez la promenade pédagogique, assistez au **repas de la meute** en fin de matinée… et vous comprendrez sa vie de prédateur. L'après-midi, place aux autres espèces. Un **spectacle de rapaces en vol★** *(30mn)*, ballet musical dans les traditions de la fauconnerie, précède la présentation de l'élevage des escargots et un spectacle dédié aux chouettes et hibous. Une cabane d'accueil, une aire de jeux et de pique-nique agrémentent la visite.

★ Col de la Luère B3

Agréable site forestier. Entre les cols de Malval et de la Luère, près du château de St-Bonnet-le-Froid, notez à gauche une jolie **vue★** sur la vallée de la Brévenne.
Poursuivez la D 24 jusqu'à Grézieu-la-Varenne.

Grézieu-la-Varenne B3

C'est ici qu'au 17e s. le linge des communautés religieuses de Lyon était lavé. C'est ici que travaille encore l'un des derniers blanchisseurs de la région. **L'écomusée de la Blanchisserie artisanale** *(✆ 04 78 57 40 84 - visite guidée sur demande préalable le 4e dim. du mois 14h-18h - fermé août - 2 € (enfant 1,50 €))* rend hommage à cette activité qui s'éteint. Du lavoir au tambour en bois, du poêle à coke à l'essoreuse toupie, tout est réuni pour comprendre l'évolution des procédés qui firent passer la blanchisserie de l'artisanat à l'industrie.
Revenez à Lyon par la D 489.

À voir aussi Carte de microrégion p. 112-113

Brindas C3

Ne vous fiez pas aux apparences. À l'intérieur de ce gros cube, se cache un petit musée inattendu. Au **Musée-théâtre Guignol** *(18 montée de la Bernade - ✆ 04 78 57 57 40 - www.ccvl.fr - ♿ - 14h-18h - fermé lun. et mar., certains j. fériés - possibilité de visite guidée sur demande (45mn) - 4 € (-18 ans 3 €).)*, vous découvrirez une partie de la très belle **collection** de 200 marionnettes et 2 000 costumes légués par **Jean-Guy Mourguet** (1929-2012), dernier descendant de la lignée du père de Guignol. Dans une mise en scène astucieuse (des dizaines de tiroirs à ouvrir pour se faire surprendre), témoignages audios et pièces originales détaillent la fabrication et la manipulation de la marionnette tout en montrant l'étendue de son répertoire. Spectacles (humour ou marionnettes) programmés au théâtre et stages créatifs à l'atelier.

NOS ADRESSES DANS LES MONTS DU LYONNAIS

HÉBERGEMENT

BUDGET MOYEN

Chambre d'hôte Le Chêne Patouillard – *69210 Bully - 8 km au nord-ouest de L'Arbresle par la N 7 et chemin à dr. - ✆ 04 74 26 89 50 - fermé vac. de noël - 5 ch. 69/79 € - table d'hôte 28 € (le soir sur réserv.).* Cette ferme se trouve en pleine campagne, au milieu des vignes et des pâturages, avec les monts du Lyonnais en toile de fond. Les chambres, sobres et bien tenues, portent des noms de plantes et offrent une jolie vue sur la nature.

Château Blanchard – *36 rte de St-Galmier - 42140 Chazelles-sur-Lyon - ✆ 04 77 54 28 88 - www.*

hotel-chateau-blanchard.com - fermé dim. soir, 2 semaines en fév., mi-août-déb. sept. - 12 ch 67/84 € - ☕ 8 € - rest. 22/55 € (fermé dim. soir., ven soir., lun.). Calme, confort, chambres et accueil impeccables dans cette bâtisse de caractère (1920) où la nuit est douce et le restaurant gastronomique

Chambre d'hôte La Source Dorée – *53 chemin du Chalet - 69210 St-Pierre-La-Palud - ✆ 04 72 84 94 01 - www.la-source-doree.fr - P - 5 ch. 89 € ☕ - table d'hôte sur réserv. 22 €.* Jolie vue, grand jardin, calme absolu et très belle demeure 1900 rénovée en cocon coloré. Idéal pour se reposer et plus encore… se ressourcer à l'espace bien-être, autour d'un thé, d'une délicieuse table bio ou d'activités créatives.

POUR SE FAIRE PLAISIR

Chambre d'hôte Chez Jacotte et Elia – *Le Plat - 42330 St-Galmier - à 3 km du centre sur la D 12 vers Chazelles, prenez une petite rte dir. Le Plat - ✆ 04 77 54 03 27 - jacotte.elia.free.fr - 🚭 🏊 - 4 ch. 80/90 € ☕ - table d'hôte 30 € (sur réserv.).* Cette authentique ferme fortifiée, isolée en pleine campagne, a été restaurée avec goût. La table d'hôte, dressée dehors aux beaux jours, invite à découvrir les légumes du potager et les produits locaux. Chambres climatisées et wifi. Tennis, jacuzzi extérieur et terrain de pétanque.

Hostellerie du Forez – *6 r. D.-Guetton - 42330 St-Galmier - ✆ 04 77 54 00 23 - www.hostellerieduforez.com - fermé 3 dernières sem., 10 jours à noël, dim. et lun. midi - P - 24 ch. 78/110 € - ☕ 10,50 € - rest. 15/33 €.* Au coeur de St-Galmier, l'ancien relais de poste jouit de chambres agréablement rénovées, d'un restaurant de terroir avec terrasse intérieure et caveau de dégustation.

Chambre d'hôte La Maison Dieu – *3 r. Dupuy - 42330 St-Galmier - ✆ 04 77 54 03 03 - www.la-maison-dieu.com - fermé déc. - 🚭 🏊 - 4 ch. 100/150 € ☕ - table d'hôte 35 €.* Vous serez séduit par le charme insolite de cette maison bourgeoise recélant une chapelle (1882) et, à côté du superbe jardin, une galerie en forme de cloître qui donne aux petits-déjeuners d'été une saveur inoubliable. Chambres raffinées et table d'hôte réputée : Martine Peycelon anime par ailleurs un atelier de cuisine.

RESTAURATION

BUDGET MOYEN

Ferme auberge le Plat – *69510 Yzeron - ✆ 04 78 81 03 02 - www.fermeleplat.com - sur réserv. - juil.-août : fermé mar. ; reste de l'année : fermé mar. et merc. - 22/32 €.* Une bonne cuisine de terroir et des spécialités régionales à goûter dans une ferme typique dotée d'une agréable terrasse, fleurie en été.

Le Plaisir des Gourmands – *2 rte des Courtines - 69850 Duerne - ✆ 04 72 30 04 46 - www.le-plaisir-des-gourmands.fr - fermé merc., lun.-jeu. soir - formule déj. 11,50 € en sem. - 20/31 €.* Pour le plaisir d'une bonne carte de saison, simple, locale et qui sait se faire raffinée. Grande terrasse aux beaux jours en plein cœur du village.

Au Chapelier gourmand – *4 r. M.-Gonon - 42140 Chazelles-sur-Lyon - ✆ 04 77 06 92 83 - www.auchapeliergourmand.fr - fermé lun., mar.-jeu. soir., dim. soir - P ♿ - formule déj. 14 € - 24,50/29 €.* Coup de chapeau pour le restaurant du musée de Chazelles où la cuisine de terroir est simple, légère, de bonne facture.

POUR SE FAIRE PLAISIR

Auberge du Château – *Pl. de l'Église - 69210 Bully - ✆ 04 74 01*

25 36 - www.aubergedu-chateau.com - fermé dim. soir, lun. et merc. - formule déj. 28 € - 45/55 €. Face à l'église, cette vénérable auberge de 1749 s'est transformée en un élégant restaurant étoilé, contemporain. La cuisine n'hésite pas à créer la surprise, produits de saison rimant avec inspiration.

ACHATS

Coteaux du lyonnais-La Cave – *Les Ragots - RD 389 - 69210 Sain-Bel - ✆ 04 74 01 26 13 - www.coteauxdulyonnaislacave.com - lun.-sam. 9h30-12h30 ; 14h-19h.* Une grande cave coopérative moderne, où l'on peut déguster, acheter les vins de ses 80 adhérents (aux 3/4 coteaux-du-lyonnais) tout en déambulant autour de 8 pôles muséographiques articulés autour du patrimoine viticole de la région. Vente de produits du terroir, épicerie fine et restaurant.

Pavillon des Créateurs – *Av. du 19-mars-1962 - 42330 St-Galmier - ✆ 04 77 54 05 06 - www.lepavillondescreateurs.odexpo.com - avr.-sept. : dim. 14h30-18h30.* Depuis quelques années, Saint-Galmier soutient ses artisans et artistes locaux (joaillier, verrier, potier-céramiste…). Si les ateliers-boutiques fleurissent partout en ville, leurs créations sont en partie exposées dans cet ancien local de Badoit réhabilité.

Pierre Marion - Souffleur de verre – *Manoir Philip -Av. du 19-mars-1962 - ✆ 06 79 67 81 31 - ♿ - juil.-août : 15h-18h ; avr.-oct. : 1er et dernier w.-end du mois 15h-18h - fermé 14 Juil., 15 août - possibilité de visite guidée (1h) - 2 €.* Après son apprentissage outre-Manche et son enseignement aux États-Unis, Maître Marion est revenu perpétuer ici la tradition verrière. Au cours d'une démonstration commentée, il transforme la matière brute en œuvre d'art.

Pépinière de la Chapellerie – *31 r. Martouret - 42140 Chazelles-sur-Lyon - ✆ 04 77 94 23 29 - www.museeduchapeau.com/la-chapellerie.html - mar.-sam. 14h-18h, dim. 14h30-19h ; en été : à partir de 11h.* Pour le plaisir de l'œil et de l'art, visitez les cinq ateliers-boutiques de ces artisans d'art (formier, sculpteur, créatrice…) hébergés pour quelques années en pépinière, sur le site du musée.

ACTIVITÉS

Le plateau d'Yzeron – *Ferme le Plat - 69510 Yzeron - ✆ 09 72 35 29 89 - www.plateaudyzeron.com - ouvert w.-end, vac. scol. et j. fériés de mi-avr. à déb. nov. - réserv. obligatoire - accrobranche 9,50/22 € selon le parcours et l'âge (à partir de 3 ans) - balade à dos d'âne ou poney : 23,50 € (1h30), 45 € (1/2 j.), 95 € (2 j. avec bivouac).* Perché sur une colline, un agréable petit parc d'activités sportives (accrobranche, balades en ânes et poneys, radonnées en VTT) où il fait bon se détendre en famille.

Les défis de Gorgulu. *Quatre jeux de pistes sympathiques (destinés aux 6-12 ans) concoctés pour visiter l'Atelier-musée de Chazelles, la Maison de l'Araire d'Yzeron, la Maison des Métiers de St-Symphorien et le Musée-théâtre Guignol de Brindas.*

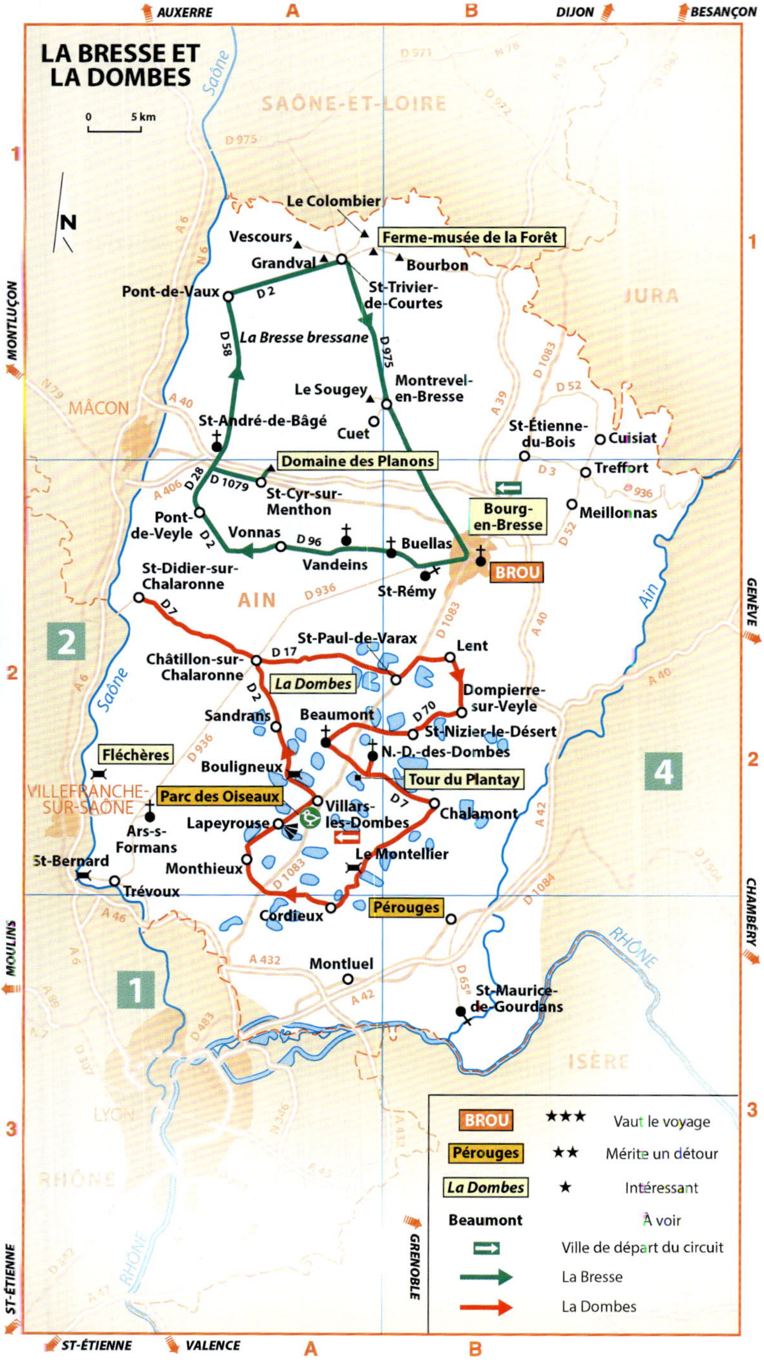
LA BRESSE ET LA DOMBES
AUXERRE
DIJON
BESANÇON
MONTLUÇON
MOULINS
ST-ÉTIENNE
VALENCE
GRENOBLE
GENÈVE
CHAMBÉRY
SAÔNE-ET-LOIRE
JURA
AIN
ISÈRE
RHÔNE
MÂCON
LYON
VILLEFRANCHE-SUR-SAÔNE
Le Colombier
Vescours
Ferme-musée de la Forêt
Grandval
Bourbon
Pont-de-Vaux
St-Trivier-de-Courtes
La Bresse bressane
Le Sougey
Montrevel-en-Bresse
St-André-de-Bâgé
Cuet
St-Étienne-du-Bois
Cuisiat
Domaine des Planons
Treffort
St-Cyr-sur-Menthon
Meillonnas
Bourg-en-Bresse
Pont-de-Veyle
Vonnas
Buellas
Vandeins
BROU
St-Rémy
St-Didier-sur-Chalaronne
St-Paul-de-Varax
Lent
Châtillon-sur-Chalaronne
La Dombes
Dompierre-sur-Veyle
Sandrans
Beaumont
St-Nizier-le-Désert
N.-D.-des-Dombes
Flèchères
Bouligneux
Tour du Plantay
Parc des Oiseaux
Villars-les-Dombes
Chalamont
Lapeyrouse
Ars-s-Formans
St-Bernard
Monthieux
Le Montellier
Trévoux
Pérouges
Cordieux
Montluel
St-Maurice-de-Gourdans
Saône
Ain
Rhône
BROU ★★★ Vaut le voyage
Pérouges ★★ Mérite un détour
La Dombes ★ Intéressant
Beaumont À voir
Ville de départ du circuit
La Bresse
La Dombes

La Bresse et la Dombes 3

Carte Michelin Départements 327 et 328 – Ain (01)

Bourg-en-Bresse

★

39 882 Burgiens – Ain (01)

Bourg est la capitale historique de la plantureuse région d'élevage de la Bresse. La production de volaille blanche assure son renom et, depuis le Moyen Âge, la ville est le grand centre de fabrication des meubles « rustique bressan » en bois fruitier et frêne, ainsi que des émaux. Mais c'est son monastère royal *(voir p. 166)* qui fait l'essentiel de sa renommée : une œuvre flamboyante où se grave une belle histoire.

NOS ADRESSES PAGE 164
Hébergement, restauration, achats, activités, etc.

S'INFORMER

Office de tourisme – *6 av. Alsace-Lorraine - 01000 Bourg-en-Bresse - ✆ 04 74 22 49 40 - www.bourgenbressetourisme.fr - 10h-12h, 14h-18h, sam. 9h30-12h, 14h-17h30, dim. (de mi-juin à mi-sept.) 9h30-13h30 - fermé j. fériés.*

Bon à savoir – *Le PassMusées (7 €) donne accès aux expositions permanentes et temporaires des cinq musées du département : musée de la Bresse-domaine des Planons, musée du Bugey-Valromey, musée du Revermont, musée de la Résistance et de la Déportation de l'Ain, musée des Soieries Bonnet. Tarif réduit au Fort l'Écluse sur présentation du pass. En vente à la billetterie des musées (se munir d'une photo d'identité). Rens. au ✆ 04 74 32 10 60.*

SE REPÉRER

Carte de microrégion B2 (p. 154).
Bourg se trouve à 62 km au nord-est de Lyon par la D 1083.

SE GARER

Sur le champ de foire.

ORGANISER SON TEMPS

En décembre ont lieu les Glorieuses, concours de volailles de Bresse.

AVEC LES ENFANTS

Apothicairerie de l'Hôtel-Dieu ; musée du Revermont à Cuisiat ; **maison de Pays** à St-Étienne-du-Bois ; musée de la Bresse à St-Cyr-sur-Menthon ; Maison de l'eau à Pont-de-Vaux ; ferme-musée de la Forêt à St-Trivier-de-Courtes ; base de loisirs de Montrevel-en-Bresse.

Se promener Plan de ville ci-contre

Maisons anciennes

Deux édifices à pans de bois, de la fin du 15e s., attirent le regard : la **maison Hugon** (B1), à l'angle de la rue Gambetta et de la rue V.-Basch, et la **maison Gorrevod** (A1), dans la rue du Palais.

On remarque également, à l'angle de l'hôtel de ville, l'**hôtel de Bohan** (A1), à la belle façade de pierre du 17e s. Rue Teynière, admirez l'élégant **hôtel de Marron de Meillonnas** (A1-2) édifié en 1774 pour le fondateur de la manufacture des célèbres faïenceries de Meillonnas *(voir p. 165)*. Récemment restauré, le « H2M » abrite désormais un pôle culturel, tourné notamment vers l'art contemporain et les arts visuels. Rue J.-Migonney, une rangée de maisons médiévales à pans de bois en encorbellement jouxte la **porte des Jacobins** (B2), datant de 1437.

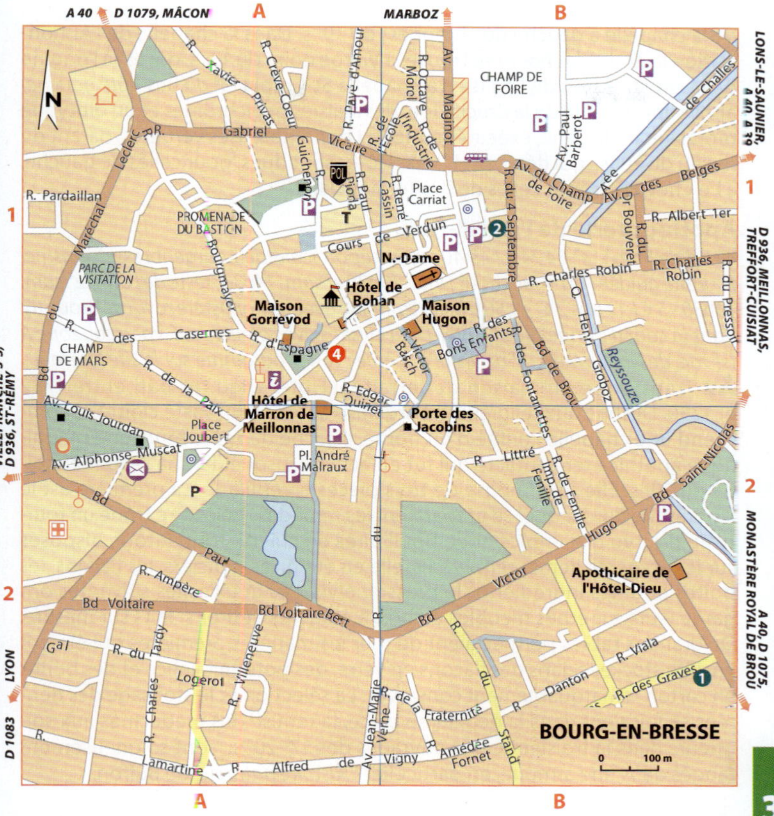

SE LOGER

Hôtel de France 2

Hôtel Logis de Brou 1

SE RESTAURER

Le Français 4

Église Notre-Dame B1

Commencée en 1505, cette collégiale n'a été achevée qu'au 17e sExtérieurement, elle présente une abside et une nef flamboyantes. Un triple portail Renaissance orne la façade. Le portail central est surmonté d'une Vierge à l'Enfant, copie d'une œuvre de Coysevox (17e s.). Le haut clocher a été élevé sous Louis XIV, mais le dôme et le lanternon sont du début du 20e s. Il faut une certaine ponctualité ou beaucoup de chance pour écouter le carillon qui joue à 7h50, 11h50 et 18h50.

Intérieur – Il est orné d'un mobilier et d'œuvres d'art dignes d'attention : dans l'abside, belles **stalles★** sculptées du 16e s. Le maître-autel, l'aigle-lutrin, la chaire et le buffet d'orgue, tous en bois sculpté, sont du 18e s. ; le luxueux autel

UN GROS VILLAGE

Prononcez « Bourk » : ce terme d'origine germanique signifiait « château fort » avant de désigner « un gros village ». Au 10e s., en effet, Bourg n'est encore qu'un village qui groupe ses chaumières autour d'une forteresse de la chapelle à gauche du chœur est du 19e s. Dans la chapelle de l'Annonciation *(à droite du chœur)* se trouve la Vierge noire du 13e s. qui est à l'origine de la construction de l'église. La chapelle St-Crépin *(3e du bas-côté gauche)* abrite une verrière de la Crucifixion, des statues polychromes et un diptyque représentant la Cène, exécutés au 16e s. Les nombreuses verrières, datant du milieu du 20e s., qui décorent les bas-côtés sont dues, pour celles de gauche, à Le Chevallier, pour celles de droite, à Auclair.

Apothicairerie de l'Hôtel-Dieu B2

47 bd de Brou - ✆ 04 74 22 49 40 - www.apothicairerie.bourgenbressetourisme.fr - visite guidée (1h15) juil.-août : mar. 10h30 et sam. 14h30 ; reste de l'année : sam. 14h30 - 5 € (-12 ans 2 €) - 9,50 € billet combiné avec le monastère royal de Brou - RV dans la cour d'honneur de l'Hôtel-Dieu - visites avec ateliers enf. vac. scol. zone A (sf vac. de Noël) : merc. 15h - visite à thème : voir programme sur le site Internet.

Transformé en maison de retraite, l'Hôtel-Dieu fut bâti entre 1782 et 1790. Destiné aux religieux, il s'organise autour d'un vaste cloître et comprend une chapelle coiffée d'un dôme. Il cache dans ses murs une magnifique apothicairerie intacte qui fut en activité jusque dans la seconde moitié du 20e s. Elle se compose de trois pièces en enfilade. La première est le laboratoire dans lequel se préparaient les remèdes : au centre trône un fourneau pourvu d'alambics et de bouilloires en cuivre. Tout autour, disposés sur les étagères demeurent la vaisselle en étain, les mortiers, les flacons, les boîtes pour les ingrédients, le pressoir à vis. Les deux salles suivantes ont gardé leurs superbes meubles en bois à étagères et tiroirs, faits sur mesure. De grandes tables permettaient de trier les matières premières qui étaient ensuite stockées dans des flacons en verre, des pots en faïence et des boîtes en carton remarquablement conservés. La sélection et le stockage des denrées se faisaient dans la deuxième pièce, la remise des médecines aux soigneurs dans la troisième. Des ouvrages des 17e-20e s., sont soigneusement rangés dans une armoire, en particulier l'*Histoire naturelle* de Buffon.

À proximité Carte de microrégion p. 154

★★★ Monastère royal de Brou B2 *(p. 166)*

Saint-Rémy B2

7 km à l'ouest.

Le bourg est dominé par sa petite église romane, intéressante par la belle charpente de sa nef et, dans le chœur, son harmonieuse arcature romane.

Meillonnas B2

12 km au nord-est.

Meillonnas fut longtemps célèbre pour ses faïenceries dont la production fut particulièrement prisée sous Louis XV. Elle s'industrialisa vers 1760, à l'époque où **Gaspard-Constant Hugues de Marron**, baron de Meillonnas, transformait son château en une **manufacture** de haute renommée. Ses descendants durent s'en séparer en 1839 et l'activité s'éteint progressivement. Depuis 1967, un atelier fait revivre cette tradition *(voir « Nos adresses » p. 165)* et quelques artisans-potiers se sont installés. Ne manquez pas les maisons du 16e s. autour de l'**église** qui contient des fresques des 14e et 15e s.

Treffort B2

15 km au nord-est.

Cette ville fortifiée a conservé tout le charme de son cadre médiéval. Empruntez les ruelles qui grimpent vers l'église, puis le Fiscal, surprenant

HABITAT RURAL ET TRADITIONS

Plutôt boisée mais pauvre en pierre, la terre bressane a favorisé la construction de fermes à pans de bois, en pisé ou en torchis; certaines arborent fièrement leur cheminée sarrasine. Les constructions postérieures ou monumentales sont en briques ou « carrons ». La terre est également utilisée pour les poteries ou la faïence, comme en témoigne la fabrique de **Meillonnas**. L'artisanat régional exploite avec bonheur d'autres ressources locales. Ainsi, le mobilier bressan doit son succès aux différentes essences de bois harmonieusement combinées dans sa fabrication.

chemin herbeux et fleuri. La Grande-Rue permet de gagner la halle du 15e s. L'église Notre-Dame (14e et 15e s.), surmontée d'un clocher à dôme, offre un ensemble de vingt-neuf stalles portant de remarquables médaillons sculptés.

Cuisiat B1

19 km au nord-est.

Musée du Revermont – *40 r. Principale - 04 74 51 32 42 - http://patrimoines.ain.fr - - avr.-nov. : 10h-12h30, 13h30-18h - fermé mar.-merc. - possibilité de visite guidée sur demande (1h) - 4 € (-26 ans gratuit) - 5 € billet combiné avec les cinq musées départementaux - gratuit 1er dim. du mois.*

Ce musée installé dans l'ancienne mairie-école du village évoque la vie des gens de la région du 18e s. à nos jours. La riche collection d'objets de la vie quotidienne et de documents écrits et photographiques est très bien mise en valeur par une présentation soignée, moderne et didactique : à voir absolument la reconstitution de la classe de l'école communale qui étonnera à coup sûr vos enfants ! Vous découvrirez aussi avec émotion les conditions de vie pas toujours faciles des enfants, en particulier des enfants abandonnés. Le travail de la vigne est également évoqué de même que celui de la faïence à Meillonnas. Un potager et un verger conservatoires vous dévoileront toutes sortes de plantes aromatiques, le cornichon d'âne, des variétés de pommes anciennes et d'autres plantes aux noms amusants.

Saint-Étienne-du-Bois B1

16 km au nord-est.

Maison de Pays en Bresse – *100 rte de Bourg-en-Bresse - 04 74 30 52 54 - www.maisondepaysenbresse.fr - juil.-août : 10h-18h (reste de l'année 17h), dim. et j. fériés 14h-18h - fermé lun., de mi-nov. à déb. mars, 1er nov. - possibilité de visite guidée (2h) - 5,50 € (-7 ans gratuit) - sentier pieds nus et jardin des sens.*

Il faut absolument vous y arrêter : vous y découvrirez cinq magnifiques habitats typiques de l'architecture bressane traditionnelle des 15e-18e s. et tout le mobilier qui va avec. Ces maisons et granges, construites en bois et pisé *(voir l'encadré ci-dessus)* pouvaient se démonter entièrement pour se reconstruire plus loin. Ainsi trois d'entre elles ont pu être sauvées de la destruction et reconstruites à l'identique. Le mobilier a retrouvé sa place, il ne manque plus que les anciens propriétaires ! C'est avec plaisir et émotion que vous entrerez dans ces maisons pourvues des célèbres cheminées sarrasines *(voir l'encadré p. 163)*. Au rez-de-chaussée se trouvaient les pièces de vie tandis qu'à l'étage étaient engrangées les denrées. Désormais ce sont des objets de la vie quotidienne, des costumes, des outils qui vous racontent la vie d'autrefois, le bistrot, l'école, la vigne, les champs… Dans les granges sont rangées toutes sortes de machines agricoles, l'outillage nécessaire à l'élevage du poulet de Bresse et à la confection du miel.

Circuit conseillé Cartes de microrégion p. 154 et ci-contre

★★ LA BRESSE

La Bresse bressane (ou savoyarde) est beaucoup mieux connue que sa voisine septentrionale, la Bresse bourguignonne, et a largement profité du dynamisme de sa capitale Bourg-en-Bresse.

104 km. Circuit tracé en vert sur la carte ci-contre. Comptez une journée. Quittez Bourg-en-Bresse vers l'ouest en direction de Villefranche-sur-Saône. À Corgenon, prenez à droite la D 45 jusqu'à Buellas.

Buellas B2

L'**église**, précédée d'un auvent rustique, est intéressante par la belle arcature romane du chœur et son ensemble de statues. Remarquez le geste des anges soutenant la gloire où s'inscrit le Christ.

Poursuivez sur la D 45 jusqu'à Vandeins.

Vandeins A2

L'**église** est ornée d'un portail sculpté datant du 12e s. Au **tympan★**, le Christ bénissant est une belle œuvre romane. La Cène, de facture plus grossière, est représentée sur le linteau, entre deux petits groupes de damnés.

Continuez sur la D 96 qui conduit à Vonnas.

Vonnas A2

Cette paisible petite ville abondamment fleurie est une fameuse étape gastronomique aux confins de la Bresse et de la Dombes. Si vous souhaitez goûter *la* volaille de votre vie, Georges Blanc, un des meilleurs cuisiniers de France, pourra vous soumettre sa « poularde de Bresse aux gousses d'ail et foie gras ».

Reprenez la D 96 en direction de Biziat et rejoignez la D 2.

Pont-de-Veyle A2

Arrosée par la Veyle, ceinturée par d'anciens fossés en eau, la bourgade s'est développée dès le 13e s. et a servi de havre aux protestants mâconnais jusqu'à la révocation de l'édit de Nantes (1685). Elle a conservé de beaux vestiges, dont la **porte de l'Horloge**, la maison du Guetteur (16e s.), la maison de Savoie (*66 Grande-Rue* - 15e s.) et l'église de style jésuite (1752).

Sortez de Pont-de-Veyle au nord par la D 28. 3 km plus loin, prenez à droite la D 1079 en direction de Bourg-en-Bresse.

Saint-Cyr-sur-Menthon A2

La commune rassemble plusieurs exemples exceptionnels d'architecture rurale. Au nord de la D 1079, on peut encore voir l'une des plus grandes **poypes** (mottes féodales) de la région : 46 m de diamètre et 9,50 m de haut. Un peu plus loin, le hameau de la Mulatière a conservé plusieurs fermes à cheminée sarrasine, dont la plus importante est celle du domaine des Planons.

★ **Musée de la Bresse - domaine des Planons** – *De St-Cyr-s.-Menthon, rejoindre l'A 40, direction Mâcon, puis sortir à « Musée de la Bresse ». 987 chemin des Seiglières - ✆ 03 85 36 31 22 - http://patrimoines.ain.fr - ♿ - de déb. mars à mi-nov. : 10h-18h - fermé mar. - visite guidée sur demande (1h30) - 4 € (-26 ans gratuit) - 5 € billet combiné avec les cinq musées départementaux - gratuit 1er dim. du mois.*

Ce très bel exemple d'architecture bressane accueille le musée de la Bresse, aménagé dans un bâtiment contemporain, semi-enterré. En suivant les panneaux de verre ondoyant comme le paysage environnant, vous y découvrirez toute la Bresse à travers les collections de costumes et de parures, dont de superbes émaux bressans, ainsi que les produits du terroir.

Suivant le plan d'une **ferme** à cour fermée, assez inhabituel en Bresse, le corps des bâtiments du domaine des Planons s'ouvre par un large porche ou « passou ». La maison d'habitation, remarquable par sa cheminée sarrasine, a été construite à partir de 1490 et restaurée selon les techniques traditionnelles. Un inventaire de 1784, retrouvé sur les lieux, permet de reconstituer fidèlement l'organisation et le mobilier d'une ferme à l'époque. Derrière la maison, le jardin potager a été recréé avec précision. Les autres bâtiments, dont certains bénéficient d'une animation sonore, présentent les dépendances d'une ferme, l'élevage du poulet de Bresse et quelques collections sur la vie rurale. Le vaste **parc** accueille des animations complémentaires : mare, jeu de quilles, exposition sur le bois, élevage moderne de volailles selon les règles de l'AOC.

Revenez à St-Cyr-sur-Menthon, et reprenez la D 1079 jusqu'au croisement avec la D 28. Tournez à droite vers Bâgé-le-Châtel. L'église est isolée sur la gauche.

Saint-André-de-Bâgé A1

L'**église** romane, bâtie à la fin du 11e s. grâce aux moines de Tournus, est isolée au milieu d'un cimetière. Un **clocher**★ octogonal très élégant, coiffé d'une flèche en pierre, domine l'abside et ses deux absidioles. Le chœur est tout à fait intéressant pour ses colonnettes et ses chapiteaux historiés.

Gagnez Bâgé-le-Châtel, et continuez au nord sur la D 58 jusqu'à Pont-de-Vaux.

Pont-de-Vaux

Cette cité est attachée à la mémoire du **général Joubert**, commandant en chef de l'armée d'Italie, glorieux compagnon de Bonaparte, mort à Novi en 1799 (souvenirs au musée) et inhumé dans l'église. Sa disparition obligea Sieyes

à choisir un autre militaire (Bonaparte) pour opérer le coup d'État contre le Directoire… Autrefois ville frontière de Savoie, la petite cité s'est développée dans une boucle de la Reyssouze, affluent de la Saône bien connu des pêcheurs. Le cours aval de celui-ci, canalisé, permet aux plaisanciers naviguant sur la Saône de venir faire escale dans cette bourgade au cadre agréable (maisons à pans de bois, édifices ou façades des 16e et 17e s.) et qui accueille en décembre l'une des quatre Glorieuses de Bresse (concours de volailles).

Musée Chintreuil – *66 r. du Mar.-de-Lattre-de-Tassigny - ✆ 03 85 51 45 65 - www.musee-chintreuil.com - ♿ - avr.-nov. : 14h-18h - fermé mar. - possibilité de visite guidée (1h) - 3,50 € (-26 ans gratuit) - gratuit 1er dim. du mois.*

Il expose notamment d'intéressantes toiles de Jules Migonney *(Vieille Mauresque)* et d'Antoine Chintreuil (élève de Corot).

Église Notre-Dame – Elle remonte au 15e s. Sa façade, de style jésuite, est ornée de coquilles baroques. Faute de place, l'église fut bâtie tout en longueur et s'achève par un chœur de style gothique flamboyant éclairé par de grandes verrières. Outre les boiseries, qui proviennent de la chartreuse de Montmerle (vendue à la Révolution), l'église est ornée de onze grandes peintures dues à un élève de Boucher, Nicolas Brenet (18e s.).

Sortez au nord-est par la D 2 en direction de St-Trivier-de-Courtes.

Maison du Tourisme, de l'Eau et de la Nature – *Rte de Fleurville - ✆ 03 85 33 03 34 - www.cc-pontdevaux.com - ♿ - juil.-août : tlj sf lun. 14h-18h ; de mi-avr. à fin juin et sept.-oct. : merc. et sam. 14h-18h - fermé certains j. fériés - possibilité de visite guidée (1h) - 3 € (-18 ans gratuit) - gratuit Fête de la nature et Fête de la science.*

Le canton de Pont-de-Vaux est riche en eaux et en espaces naturels à préserver : la prairie du Val de Saône, la tourbière des Oignons à Boz, les dunes de sables « Les Charmes » à Sermoyer et évidemment la Saône. Vous pouvez découvrir la richesse et la biodiversité de ces espaces à la maison du Tourisme à travers un parcours ludique et pédagogique (bornes et planchers interactifs, films en 3D, jeux divers, panneaux explicatifs…). Paires de jumelles, lunettes ornithologiques, kit de découverte nature et « balade interactive » (promenade géolocalisée sur visioguide) sont proposés à la sortie. Une façon de partir mieux armés à la découverte, « sur le terrain », des sites majeurs du canton !

LES VALEURS SÛRES DE LA BRESSE

Les « ventres jaunes » – De la rivalité entre les paysans bressans et leurs voisins du Revermont, les « cavets », dont les terres sont beaucoup plus inhospitalières, est né le sobriquet de « ventres jaunes ». Il rappelle l'importance du maïs dans la nourriture régionale ; le plat traditionnel bressan, « les gaudes », est en effet une bouillie à base de farine de maïs torréfié.

Les poulets de Bresse – La renommée de la volaille de Bresse remonte au 17e s. Son succès a fait la fortune de nombreux éleveurs et constitue encore une ressource importante pour la région. Les contraintes du marché ont nécessité de strictes réglementations assorties de l'attribution d'une AOC en 1957 (aujourd'hui AOP). Le poulet à plumes blanches est élevé quatre à cinq mois en liberté (minimum 10 m² par poulet). Il est nourri principalement au grain et termine sa vie dans une épinette (cage fermée) pour un bon engraissement. Les plus recherchés sont les poulardes à la chair tendre et juteuse, et les chapons (castrés à 10 semaines), qui sont engraissés plus longtemps et préparés avec un soin particulier pour les fêtes de fin d'année (ils sont alors roulés et serrés dans une toile végétale). À partir du 3e vendredi de décembre se déroulent le concours des Glorieuses de Bresse : à Bourg-en-Bresse, Pont-de-Vaux, Montrevel-en-Bresse et Louhans.

LES CHEMINÉES SARRASINES

Particulièrement répandues dans la Bresse savoyarde, elles ont été construites sur l'ancien domaine des sires de Bâgé depuis le 13e s. Une trentaine seulement, bâties entre les 15e et 18e s., sont conservées aujourd'hui; elles se caractérisent à l'intérieur par un énorme foyer, non adossé au mur, surmonté d'une hotte sous laquelle on peut se tenir debout, et d'un conduit de fumée en torchis et pans de bois. Ces « foyers chauffant au large » étaient répandus dans toute la France, mais la spécificité de ceux de Bresse est la présence d'une mitre ressemblant à un petit clocher – ou plus rarement à un reliquaire – qui coiffe le conduit.

De plan rond, carré (sur le modèle du clocher de St-Philibert-de-Tournus) ou octogonal (celui de St-André-de-Bâgé), et d'inspiration romane, gothique ou parfois byzantine, ces mitres sont ajourées sur un ou plusieurs étages et se terminent par un cône, une pyramide ou un clocheton de style baroque surmontés d'une croix en fer forgé *(une carte du domaine des Planons permet de les repérer)*. Leur appellation « sarrasine » date du 18e s. Elle ne traduit pas une localisation, que l'on ignore, mais une survivance du sens médiéval du mot, « appartenant à une civilisation étrangère, ancienne ou inconnue ».

Saint-Trivier-de-Courtes A1

Ancienne possession stratégique des sires de Bâgé, la ville fut érigée en comté en 1575. Elle est aujourd'hui célèbre pour les nombreuses fermes à cheminée sarrasine conservées dans les environs : **ferme de Grandval** *(1,5 km à l'ouest par la D 2)*; **ferme de Vescours** *(5 km à l'ouest ; à gauche à l'entrée du village)*; **ferme du Colombier à Vernoux** *(3 km au nord-est)*; **ferme de Bourbon à Saint-Nizier-le-Bouchoux** *(6 km à l'est)*.

★ **Ferme-musée de la Forêt** – *3 km à l'est. 1210 rte de la Ferme-de-la-Forêt - 04 74 30 71 89 - www.comcomsainttrivierdecourtes.fr - ♿ - de mi-juin à fin sept. : tlj sf lun. 10h30-12h30, 14h30-18h ; de déb. avr. à mi-juin et oct. : w.-end et j. fériés 10h30-12h30, 14h30-18h - possibilité de visite guidée (45mn) - 3,50 € (-11 ans gratuit).* Cette jolie ferme des 16e et 17e s. a été restaurée et transformée en musée fermier bressan. Le bâtiment – remarquez le balcon à croisillons de bois et la cheminée sarrasine – présente un intérieur traditionnel ; la cheminée à foyer ouvert, de 4 m de côté, est soutenue par une poutre de 4 t. Dans le second bâtiment, vous verrez une collection d'outillage agricole ancien.

Bon à savoir – *Animations en été et fête du « Vincuit » le 1er dim. d'oct.*

De retour à St-Trivier, prenez la D 975 au sud en direction de Bourg-en-Bresse.

Montrevel-en-Bresse A/B1

Ancien fief des Montrevel, la ville est aussi la patrie de saint Pierre Chanel (1803-1841), missionnaire martyrisé dans l'île de Futuna devenu saint patron de l'Océanie. Le village de **Cuet**, rattaché à la commune, en perpétue le souvenir (Musée océanien). La **ferme du Sougey** a conservé sa belle mitre carrée (17e s.).

Sur les gravières de la vallée de la Reyssouze, la **base de loisirs de Montrevel** constitue un important pôle d'attractions touristique de la Bresse.

Poursuivez sur la D 975 jusqu'à Bourg-en-Bresse.

3

NOS ADRESSES À BOURG-EN-BRESSE

HÉBERGEMENT

À Bourg-en-Bresse

POUR SE FAIRE PLAISIR

Hôtel de France – *19 pl. Bernard - ✆ 04 74 23 30 24 - www.bestwestern-hoteldefrance.com - P - 44 ch. - 85/105 € - ☕ 14 €.* Cet hôtel admirablement situé au cœur de la ville propose des chambres agréables au confort moderne. Le restaurant, pourvu d'une terrasse sous verrière, sert une cuisine régionale savoureuse à base de produits locaux.

Le Logis de Brou – *132 bd de Brou - ✆ 04 74 22 11 55 - www.logisdebrou.com - P - 30 ch. 85/105 € - ☕ 11 €.* Cet hôtel des années 1970 se refait peu à peu une jeunesse. Chambres avec balcon, colorées et aménagées dans divers styles. Jardin fleuri et bon petit-déjeuner.

À proximité

BUDGET MOYEN

Chambre d'hôte Le Château de Bourdonnel – *Pont-de-Veyle - 01290 St-André-d'Huiriat - ✆ 04 74 50 03 40 - 🚭 P - 3 ch. 69 € ☕ - table d'hôte 24 €.* Ce château, dont l'origine remonte à 1560, se niche dans un vaste parc. Meubles de famille et parquets anciens agrémentent les chambres. Grande salle à manger ornée de moulures tricentenaires.

Chambre d'hôte Les Vignes – *01310 Montcet - ✆04 74 24 23 13 - www.chambres-hotes-lesvignes.com - 🚭 P 🏊 - 3 ch. 70 € ☕ - table d'hôte 28 €.* Cette maison bressane bâtie en briques et bois est entourée d'un vaste jardin fleuri, agrémenté d'un labyrinthe d'herbes, d'une piscine et d'un étang poissonneux. Chaleureuses chambres.

POUR SE FAIRE PLAISIR

Hôtel Le Pillebois – *1851 rte de Bourg - 1340 Montrevel-en-Bresse - 66 km au sud - ✆ 04 74 25 48 44 - www.hotellepillebois.com - fermé 25 déc.-1er janv. et dim. soir de nov. à mars - P ♿ - wifi - 30 ch. 80/90 € - ☕ 10 € - 1/2 P possible - ✕ formule déj. au rest. de l'hôtel « Les vallons » 19 € - 27/48 €.* Une façade moderne de style bressan (brique rouge et bois) cache des chambres fonctionnelles bien tenues. Le restaurant suscite des envies de voyages avec son décor ethnique et propose d'intéressants plats du terroir revisité. Terrasse et piscine.

RESTAURATION

À Bourg-en-Bresse

BUDGET MOYEN

Le Chalet de Brou – *168 bd de Brou - ✆ 04 74 22 26 28 - www.auchaletdebrou.com - fermé lun. soir, merc. soir et jeu. - formule déj. en sem. 18,50 € - 34/67 €.* Un petit restaurant où règne une ambiance familiale face à la célèbre église de Brou. Boiseries, chaises rustiques et tapisseries font le charme un brin désuet de la salle à manger. Cuisine traditionnelle mâtinée d'influences régionales.

POUR SE FAIRE PLAISIR

Le Français – *7 av. Alsace-Lorraine - ✆ 04 74 22 55 14 - www.brasserielefrancais.com - fermé ponts de mai, 1er-25 août, 24 déc.-5 janv., sam. soir, dim. et j. fériés - 28,50/62,50 €.* Cette authentique brasserie 1900 en plein centre-ville est très sympathique avec ses hauts plafonds moulés et ses grands miroirs. La carte reflète le lieu et son banc d'écailler fera le bonheur des amateurs de fruits de mer.

À proximité

BUDGET MOYEN

Ferme-auberge du Poirier – *90 chemin du Muguet - 01340 Montrevel-en-Bresse - Bourg de Cuet - Le Poirier - ✆ 04 74 30 82 97 - www.fermeaubergedupoirier.fr - ouv. sam. midi, dim. midi et j. fériés, en sem. sur réserv. - fermé de nov. à mi-mars - P ♿ - 27/32 €.* Cette maison basse est typiquement bressane. Élevage en plein air de poulets et chapons, charolais et porcs. Salle à manger dans son jus (poutres, cheminée et sabots).

Le Comptoir – *9 Grande-Rue - 1340 Montrevel-en-Bresse - 66 km au sud - ✆ 04 74 25 45 53 - fermé 2 sem. en juil., 3 sem. en déc., lun. soir,mar. soir, merc. et dim. soir - ♿ - formule déj. 17 € en sem. - menu 21/34 €.* Si vous recherchez l'authenticité d'un café traditionnel, RV au Comptoir : banquettes, affiches, miroirs et cuisine de bistrot alléchante.

Téjérina-Hôtel-restaurant de la Place – *51 pl. de la Mairie - 01310 Polliat - ✆ 04 74 30 40 19 - fermé 2-16 janv., 24 juil.-14 août, dim. soir et lun. - 19/52 €.* Dans cette longue bâtisse donnant sur la place principale d'un charmant village, on y sert une vraie cuisine bressane. Chambres simples, pratiques et bien tenues.

POUR SE FAIRE PLAISIR

L'Ancienne Auberge – *Pl. du Marché - 1540 Vonnas - 75 km au sud-est - ✆ 04 74 50 90 50 - www.georgesblanc.com - 12h15-14h et 19h15-21h30 - fermé en janv. - formule déj. 25 € - menu 39/62 €.* Ce restaurant sur la place du marché s'est rhabillé à la mode du début du 20e s., époque où les grands-parents y servaient de la limonade. Les tables serrées et les banquettes en moleskine donnent le ton de ce décor bistrot convivial. Cuisine soignée.

ÉVÉNEMENTS

Les Ain'Pertinentes – *✆ 06 06 65 41 63 - www.lesainpertinentes.com - gratuit - visite guidée payante (rens. : OT - ✆ 04 74 22 49 40).* Imaginez les rues et places de Bourg-en-Bresse peuplées de gigantesques statues de poulets de Bresse, revisités par des artistes français et étrangers… et vous obtiendrez cette biennale culturelle et ludique (avant tout), qui vaut son pesant de volailles !

ACHATS

Marché – *Pl. du Champ-de-Foire - merc. et sam. 8h-13h.* Les volailles, orgueil de la plantureuse Bresse, tiennent le haut du pavé de ce marché de tradition. Chaque année, en décembre, elles sont présentées lors d'un concours qui suscite l'admiration gourmande !

Émaux bressans Jeanvoine – *5 r. T.-Riboud - ✆ 04 74 22 65 06 - www.emaux-bressans.fr - lun. 14h-18h, mar.-sam. 9h-12h30, 14h-19h - fermé lun. en juil.-août.* Créés par un émailleur parisien installé à Bourg-en-Bresse, les émaux bressans sont aujourd'hui réalisés par la maison Jeanvoine. Selon une tradition qui date de 1850, les nombreuses couches d'émail sont agrémentées de motifs en or.

À proximité

Faïencerie de Meillonnas – *101 r. de la Croix-Cèty - 01370 Meillonnas - ✆ 04 74 51 34 06 - 9h30-12h, 14h30-19h - visite gratuite de l'atelier tlj sf w.-end - réserv. conseillée.* La manufacture s'est éteinte depuis longtemps. Mais le savoir-faire traditionnel de la faïencerie fabriquée et décorée à main levée est heureusement sauvegardé depuis 1967. L'atelier est à visiter pour le plaisir de l'œil… et celui de la tentation !

Monastère royal de Brou

★★★

Ain (01)

Tandis que, dans la vallée de la Loire, les rois de France faisaient construire les chefs-d'œuvre que l'on sait, en pleine Bresse, une princesse éplorée faisait élever, en mémoire de son amour défunt et à la gloire de la dynastie qu'elle représentait seule désormais, un monastère de toute beauté. Marguerite d'Autriche, petite-fille de Charles le Téméraire et tante du futur Charles Quint, sut mobiliser les plus beaux feux de l'art gothique aussi bien que les inventions venues de l'Italie renaissante, toute proche.

S'INFORMER

Office de tourisme de Bourg-en-Bresse – *6 av. Alsace-Lorraine - 01000 Bourg-en-Bresse - ✆ 04 74 22 49 40 - www.bourgenbressetourisme.fr - 10h-12h, 14h-18h, sam. 9h30-12h, 14h-17h30, dim. (de mi-juin à mi-sept.) 9h30-13h30 - fermé j. fériés.*

SE REPÉRER

Carte de microrégion B2 (p. 154).

Autrefois établi à 3 km de Bourg, cet ancien prieuré bénédictin, autour duquel s'était formée une petite agglomération, se retrouve maintenant au cœur d'un quartier englobé par l'extension urbaine.

À NE PAS MANQUER

Brou est l'un de ces chefs-d'œuvre inoubliables, qui vaut largement le voyage pour ses tombeaux, ses stalles, ses vitraux et son jubé.

AVEC LES ENFANTS

Parcours énigmatique du monastère de Brou : jeu de découverte Alaric sous forme d'un livret distribué à l'entrée, pour explorer l'église et les cellules des moines tout en résolvant des énigmes.

L'INFORTUNÉE PRINCESSE

Sur le dais du tombeau de Marguerite d'Autriche est gravée sa **devise** : « *Fortune Infortune Fort Une* », que l'on peut traduire ainsi : « Fortune (le destin) infortune (accable, persécute) fort (durement) une (une femme). » Quelle fut cette douloureuse destinée ?

Fille de l'empereur Maximilien et petite-fille de Charles le Téméraire, elle perd sa mère Marie de Bourgogne à l'âge de 2 ans. L'année suivante, elle est élevée à la cour de Louis XI et on l'unit, par la cérémonie religieuse du mariage, au dauphin Charles, encore enfant. La Franche-Comté constitue la dot de la fillette. Le mariage blanc annulé, Marguerite épouse, à 17 ans, l'infant d'Espagne. Elle perd son mari après quelques mois d'union et met au monde un enfant mort-né. Quatre ans plus tard, son père, lui fait épouser en troisièmes noces Philibert de Savoie, jeune homme de son âge, volage et futile, mais qui respecte sa femme « intelligente pour deux » et la laisse pratiquement gouverner à sa place. Après trois années passées auprès de son « beau duc », le destin porte un nouveau coup à Marguerite : Philibert est emporté par un refroidissement attrapé à la chasse. Veuve pour la seconde fois, à 24 ans, elle reste fidèle à la mémoire de Philibert jusqu'à son dernier soupir.

Église Saint-Nicolas-de-Tolentin, monastère royal de Brou.
F. Guiziou/hemis.fr

Découvrir Carte de microrégion p. 154

★★ Église

63 bd de Brou - ✆ 04 74 22 83 83 - www.monastere-de-brou.fr - ♿ - juil.-sept. : 9h-18h ; avr.-juin : 9h-12h30, 14h-18h ; reste de l'année : 9h-12h, 14h-17h - fermé 1er janv., 1er Mai, 1er et 11 Nov., 25 déc. - possibilité de visite guidée (1h) - 8 € (-26 ans gratuit) - 4,50 € audioguide - gratuit 1er dim. du mois (nov.-mars).

Ce monument, où le gothique flamboyant est pénétré par l'art de la Renaissance, est contemporain du château de Chenonceau. En avant de la façade, on verra, à plat sur le sol, un cadran solaire géant, recalculé en 1757 par l'astronome Lalande, enfant de Bourg.

Extérieur – La façade principale, au pignon trilobé, est très richement sculptée dans sa partie centrale. Le tympan du beau **portail**★ Renaissance représente, aux pieds du Christ aux liens, Philibert le Beau, Marguerite d'Autriche et leurs saints patrons. Au trumeau, saint Nicolas de Tolentino, à qui l'église est dédiée (la mort de Philibert survint le jour de la fête de ce saint) ; dans les ébrasements, saint Pierre et saint Paul. Surmontant l'accolade du portail, saint André. Toute une flore sculptée, gothique flamboyant (feuilles et fruits) ou d'inspiration Renaissance (laurier, vigne, acanthe), se mêle à une décoration symbolique où les palmes sont entrelacées de marguerites. D'autres emblèmes de Brou, les initiales de Philibert et de Marguerite unies par des lacs d'amour (cordelière festonnant entre les deux lettres), alternent avec les bâtons croisés, armes de la Bourgogne. Les façades du transept, plus simples, offrent un pignon triangulaire à pinacles. La tour, carrée, élève ses cinq étages sur le flanc droit de l'abside.

Depuis 1996, la toiture de l'église de Brou (profondément modifiée lors de travaux réalisés en 1759 par les moines augustins) a bénéficié d'une ambitieuse campagne de restauration pour lui redonner son aspect originel : les charpentes à la Mansart ont été remplacées par un comble à la française, beaucoup plus pentu. La couverture a retrouvé sa polychromie d'antan grâce

3

à l'utilisation de tuiles plates vernissées et colorées ; le motif losangé est aux couleurs dominantes de la région (brun foncé, pain d'épice, jaune et vert).

Nef – En entrant dans l'église, après avoir longé le cloître orné d'un magnifique magnolia nain étoilé, on apprécie la clarté blonde qui baigne la nef et ses doubles bas-côtés. La lumière des fenêtres hautes illumine l'enduit des murs sur lequel a été dessiné un faux appareillage. Les piliers composés d'un faisceau serré de colonnettes montent d'un seul jet à la voûte, où ils s'épanouissent en nervures multiples aux clefs ouvragées. La balustrade qui court au-dessous des fenêtres de la nef est finement sculptée. L'ensemble architectural a beaucoup de noblesse.

Dans la 2e travée de la nef, à droite, une **cuve baptismale** en marbre noir du 16e s. porte la devise de Marguerite. Le bras droit du transept a un remarquable **vitrail** du 16e s. représentant Suzanne accusée par les vieillards *(en haut)* et disculpée par Daniel *(en bas)*.

La nef et le transept, accessibles aux fidèles, étaient séparés du chœur, domaine propre des religieux et sanctuaire des tombeaux, par le jubé. À sa droite s'ouvre la **chapelle de Montécuto**, dans laquelle se trouve une maquette du monastère tel qu'il était vers 1525. Sur la gauche du jubé sont exposées des stalles en chêne (15e s.) de l'église St-Pierre, l'église paroissiale qui précédait celle de Brou.

Jubé★★ – Observez l'étonnante richesse ornementale des arcs en anse de panier formant comme une dentelle de pierre sur cette clôture de séparation entre la nef et le chœur.

Chœur – Marguerite a tout mis en œuvre pour obtenir la perfection dans la magnificence. Prise dans son ensemble, l'ornementation sculptée de Brou frise l'excès ; mais le moindre détail (clefs de voûtes chiffrées, appareillage de fausses pierres, dessins des arêtes…) est traité avec maîtrise. L'enchantement est d'autant plus vif que l'examen est minutieux.

Stalles★★ – Elles bordent les deux premières travées de chœur. Au nombre de 74 (pour 12 moines), elles ont été taillées dans le chêne en deux ans seulement, de 1530 à 1532. Si leur structure est encore médiévale, remarquez l'esprit de la Renaissance flamande dans les torsions des corps allongés et les gestes vifs. Le maître Pierre Berchod, dit Terrasson, dut mobiliser tous les menuisiers sculpteurs d'une région où le travail du bois a toujours été à l'honneur. Leur dessin est attribué à Jean de Bruxelles. Les sièges, les dossiers, les dais présentent un luxe de détails ornementaux et de statuettes qui en font un des chefs-d'œuvre du genre. Les stalles du côté gauche offrent des scènes du Nouveau Testament et des personnages satiriques. Celles du côté droit se rapportent à des personnages et à des scènes de l'Ancien Testament.

Tombeaux★★★ – De nombreux artistes ont collaboré à ces trois monuments, point culminant de l'épanouissement de la sculpture flamande en Bourgogne. Les plans ont été tracés par **Jean de Bruxelles**, qui a fourni aux sculpteurs des dessins « aussi grands que le vif ». L'ornementation et la petite statuaire sont dues, pour la plus grande part, à un atelier flamand installé à Brou auquel collaboraient également des artistes français (**Michel Colombe**), des Allemands et des Italiens. Les statues des trois personnages princiers ont été exécutées entre 1526 et 1531 par **Conrad Meyt**, artiste allemand installé à Malines, au service de Marguerite dès 1512. Tout acquis aux idéaux de la Renaissance, Meyt a fait montre plusieurs fois de son goût pour les nudités de pierre. Les effigies du prince et des princesses sont taillées dans le marbre de Carrare. Les gros blocs, venant d'Italie, ont été transportés par mer, puis par la voie du Rhône. Ils ont ensuite voyagé sur des chars traînés par neuf chevaux, à l'allure de 5 à 6 km par jour. Philibert et les deux Marguerite sont représentés, sur chacun de leur tombeau, étendus sur une

Des traités et un vœu

D'UN SEIGNEUR À L'AUTRE

La lignée des seigneurs du pays s'éteint au 13e s. L'héritage revient aux puissants voisins, les ducs de Savoie, qui forment la province de Bresse. Bourg en deviendra la capitale. En 1536, lors de la 8e guerre d'Italie, le duc refuse la traversée de ses domaines à **François Ier**, qui veut envahir le Milanais. Le roi passe outre et, pour mieux assurer ses communications, met la main sur la Bresse, la Savoie et le Piémont. Le traité de Cateau-Cambrésis met un terme à la 11e guerre (1559), obligeant **Henri II** à restituer ces conquêtes au duc Emmanuel-Philibert. En 1600, au cours de la guerre franco-savoyarde, Bourg résiste à **Henri IV**, qui finit par envahir le duché. Le traité de Lyon, signé en 1601, contraint le duc de Savoie à échanger la Bresse, le Bugey, le Valromey et le pays de Gex contre le marquisat de Saluces, dernier vestige des possessions françaises en Italie. C'est le moment pour Bourg d'entrer définitivement dans l'histoire de France.

D'UNE DAME À L'AUTRE

En 1480, Philippe, comte de Bresse, puis duc de Savoie, a un accident de chasse. Sa femme, **Marguerite de Bourbon**, la grand-mère de François Ier, fait vœu, s'il guérit, de transformer en monastère l'humble prieuré de Brou. Le comte se rétablit, mais Marguerite meurt sans avoir pu accomplir sa promesse. Elle en laisse le soin à son mari et à leur fils Philibert le Beau. Passé le péril, on oublie la promesse...

Vingt années s'écoulent. Philibert, qui a épousé **Marguerite d'Autriche** en 1501, meurt inopinément. Sa veuve y voit un châtiment céleste. Pour que l'âme de son mari repose en paix, elle se hâte de réaliser le vœu de Marguerite de Bourbon, d'autant plus volontiers que cela doit lui permettre d'affirmer sa propre souveraineté et de rivaliser en prestige avec sa belle-sœur Louise de Savoie, bientôt régente de France. Les travaux commencent à Brou, en 1506, par les bâtiments du monastère. L'église du prieuré est ensuite abattue pour faire place à un édifice qui servira d'écrin aux trois tombeaux où reposeront Philibert, sa femme et sa mère. Marguerite réside en Flandre où elle dirige, en tant que régente, le royaume de son frère Philippe. Décédé, il laisse en effet une veuve, Jeanne la folle, et six enfants. Elle mène sereinement sa régence et confie le chantier de Brou à un maître maçon flamand, **Van Boghem**, qui sera à la fois architecte et entrepreneur général. Réalisateur remarquable, il réussit à élever l'édifice dans le temps record de dix-neuf ans (1513-1532). Marguerite suit de près l'avancée des travaux mais ne verra jamais son œuvre réalisée. Elle meurt en effet deux ans avant la consécration du monastère, âgée d'une cinquantaine d'années. Plus chanceuse que sa fondatrice, l'église de Brou traverse les guerres de Religion et la Révolution sans dommages irréparables. Le couvent est ensuite successivement transformé en porcherie, en prison, en caserne, en refuge pour mendiants, en asile. Il devient séminaire en 1823 et abrite aujourd'hui le musée. Mais, depuis quatre siècles, Brou est avant tout un symbole de l'amour conjugal...

dalle de marbre noir, la tête sur un coussin brodé. Suivant la tradition, un chien, emblème de la fidélité, est couché aux pieds des deux princesses ; un lion, symbole de la force, aux pieds du prince. Des angelots entourent les statues, symbolisant l'entrée des défunts au ciel.

Le tombeau de **Marguerite de Bourbon** occupe une niche creusée en enfeu dans le mur droit du chœur. Les deux autres tombeaux, formés chacun de deux dalles superposées, ont la particularité d'offrir du même personnage une double représentation, vif et mort. Celui de **Philibert** est placé au centre. La dépouille figurée du duc presque nu, sur la dalle du dessous, est particulièrement émouvante. Celui de **Marguerite d'Autriche**, sur la gauche du chœur, avec son énorme dais de pierre ciselée, prolonge le mur de clôture. Comme Philibert, Marguerite est représentée en double, dans son linceul : sur la plante du pied, on remarque la blessure qui, suivant la légende, a causé, par gangrène, la mort de la princesse.

Vitraux★★ – Les grandioses verrières ont été exécutées par des artistes lyonnais de 1525 à 1531. Elles illustrent surtout le thème de la résurrection. Celles de l'abside représentent, au centre, l'apparition du Christ ressuscité à Madeleine *(partie supérieure)* et la visite du Christ à Marie *(partie inférieure)*, scènes tirées de gravures d'Albrecht Dürer. À gauche et à droite, Philibert et Marguerite sont agenouillés près de leurs saints patrons. Au-dessus du couple sont reproduits, étincelants de couleurs, les blasons des familles (Savoie et Bourbon pour le duc, Empire et Bourgogne pour la duchesse), ainsi que les blasons des villes de l'État savoyard.

Chapelles et oratoires – À la gauche du chœur s'ouvre la remarquable **chapelle de Marguerite★★★**, dont un retable et un vitrail font l'orgueil. Le **retable★★★** représente les Sept Joies de la Vierge. Exécuté en marbre blanc, il nous est parvenu dans un état de conservation rare. C'est un prodige de finesse dans l'exécution, un véritable tour de force qui confond l'esprit. Dans chacune des niches ménagées à cet effet se détache une scène des Sept Joies : en bas, à gauche, l'Annonciation ; à droite, la Visitation ; au-dessus, la Nativité et l'Adoration des Mages ; plus haut, l'apparition du Christ à sa mère et la Pentecôte encadrent l'Assomption. Trois statues couronnent le retable : la Vierge à l'Enfant est entourée de sainte Madeleine et de sainte Marguerite.

De chaque côté du retable, on remarque saint Philippe et saint André. On note des influences multiples pour le **vitrail★★★**, d'une couleur somptueuse. Il est inspiré d'une gravure de Dürer représentant l'Assomption. La frise du vitrail, reproduction d'un dessin que Titien avait composé pour sa chambre, figure en camaïeu le Triomphe de la Foi : le Christ, dans son char, est tiré par les évangélistes et les personnages de l'Ancienne Loi ; derrière se pressent les docteurs de l'Église et les saints du Nouveau Testament.

Marguerite avait voulu qu'on installât, pour son usage personnel, deux oratoires superposés contigus à la **chapelle,** dite **de Madame**, le plus bas au niveau du chœur, l'autre à celui du jubé, et reliés par un escalier. Ces deux pièces, garnies de tapisseries, équipée chacune d'une cheminée, devaient constituer de véritables petits salons. Une fenêtre oblique, ménagée au-dessous d'une arcade, aurait permis à la princesse de suivre l'office. La **chapelle** voisine, qui porte le nom de **Laurent de Gorrevod**, conseiller de Marguerite, possède un superbe **vitrail★★** représentant l'incrédulité de saint Thomas, ainsi qu'un triptyque commandé par le cardinal de Granvelle.

À droite du chœur, dans la **chapelle du Prince**, sont exposés les vestiges d'un site funéraire antique découvert à Brou : sarcophages gallo-romains et burgondes, bijoux, éléments de parure, statuettes…

★ Musée

63 bd de Brou - ✆ 04 74 22 83 83 - www.monastere-de-brou.fr - juil.-sept. : 9h-18h ; avr.-juin : 9h-12h30, 14h-18h ; reste de l'année : 9h-12h, 14h-17h - fermé 1er janv., 1er Mai, 1er et 11 Nov., 25 déc. - possibilité de visite guidée - 8 € (-25 ans gratuit) - gratuit 1er dim. du mois (janv.-mars et nov.-déc.) - 4,50 € audioguide.

Il est installé dans les bâtiments du monastère, qui s'organisent autour de trois cloîtres à étages, cas unique en France. L'ancien prieuré bénédictin était si délabré et si humide que les moines obtinrent de Marguerite d'Autriche de commencer les travaux par le couvent et non par l'église.

Petit cloître – Cloître originel de Brou, il permettait aux moines de se rendre à couvert du monastère à l'église. Une galerie du 1er étage desservait l'appartement que Marguerite d'Autriche s'était réservé ; l'autre devait lui permettre de gagner directement la chapelle haute en passant par le jubé. Au rez-de-chaussée se trouvaient la sacristie et la première salle du chapitre, maintenant réunies en une seule salle affectée aux expositions temporaires. Des galeries, aujourd'hui dépôt lapidaire (fragments de corniches et pinacles), s'offre une **vue** sur le pignon du transept droit et le clocher.

Grand cloître – C'était celui où les moines déambulaient en méditant. Il donne accès à la deuxième salle du chapitre, devenue salle d'accueil du musée.

Premier étage – Un escalier permet d'accéder au dortoir, où les cellules des moines abritent des collections de peinture, de mobilier et d'art décoratif. Sur le palier et dans le renfoncement situé au milieu du grand couloir, on peut voir de beaux meubles bressans et une vitrine présentant la plus importante collection de faïences de Meillonnas *(voir p. 165)* du 18e s. Les cellules du côté sud sont dédiées à l'art du 16e au 18e s : on remarque parmi les tableaux hollandais le beau **portrait de Marguerite d'Autriche★** dû à son peintre de cour, B. Van Orley (vers 1518), et un triptyque de la même année *(Vie de saint Jérôme)* ; les pièces suivantes présentent des peintures des 17e et 18e s. de l'école italienne (Magnasco : *Moines se flagellant*) et de l'école française du 18e s. (Largillière, Gresly), ainsi que du mobilier bourguignon et lyonnais (meubles de Nogaret) et des objets d'art religieux français. Sur le côté nord, les salles de droite sont consacrées à la peinture française du 19e s. (Gustave Doré, Gustave Moreau, école lyonnaise) ; celles de gauche au style troubadour et à la peinture du début du 20e s. (L. Jourdan, Migonney, Utrillo). La grande salle des États abrite une collection d'art contemporain.

Dans l'angle sud-est du grand cloître, on pénètre au rez-de-chaussée dans le réfectoire où sont exposées des sculptures religieuses du 13e au 17e s., notamment une Vierge romane polychrome (12e s.), un Saint Sépulcre de 1443, Philibert et saint Philibert provenant du tympan de l'église de Brou (début du 16e s.).

De là, on accède au 3e cloître.

Cloître des cuisines – Destiné aux communs, à la différence des deux autres il conserve des traits caractéristiques de la région, tels les toits en pente douce couverts de tuiles creuses et les arcs en plein cintre.

La Dombes

★

Ain (01)

Qualifiée de « mauvaise Bresse » par Edgar Quinet, la Dombes a pris sa revanche sur une nature ingrate en devenant un haut lieu de la gastronomie et un pays élu pour le cheval, que l'on élève depuis le 15e s. dans ses riches herbages. Elle doit sa physionomie singulière et son charme à la présence de plus d'un millier d'étangs qui constellent sa surface. Les fermes en pisé, les châteaux en carrons (briques rouges), les villages fleuris et les haras parsèment les vastes paysages que survolent, par milliers, toutes sortes d'oiseaux venus pêcher ou se reposer sur ses étangs. Chaque année, le spectacle de nombreuses courses hippiques réjouit ici les passionnés.

NOS ADRESSES PAGE 178
Hébergement, restauration, achats, activités, etc.

S'INFORMER

Office de tourisme – *Pl. du Champ-de-Foire - 01400 Châtillon-sur-Chalaronne - 04 74 55 02 27 - www.dombes-tourisme.com - 9h30-12h30, 14h-17h30 (juin-sept. 18h), jeu. 9h30-12h30, 15h30-17h30 (juin-sept. 18h), sam. 9h-12h30, 14h-17h30 (juin-sept. 18h), dim. (de déb. juil. à mi-sept.) 9h30-13h30 - fermé j. fériés.*

SE REPÉRER

Carte de microrégion A/B2 (p. 154).
Carte ci-contre.

Entre Beaujolais à l'ouest et Bresse à l'est, le plateau de la Dombes se situe sur l'axe reliant Lyon à Bourg-en-Bresse.

À NE PAS MANQUER

Les paysages parsemés d'étangs ; les charmantes maisons en briques et galets ; le musée vivant de la Plante aquatique.

ORGANISER SON TEMPS

Comptez une journée. Si vous voulez profiter pleinement du parc des Oiseaux de Villars-les-Dombes, prévoyez une demi-journée de plus.

AVEC LES ENFANTS

Le parc des Oiseaux, en particulier lors du nourrissage qui permet de mieux approcher certaines espèces ; les bambous du Musée vivant de la plante aquatique.

Circuit conseillé Cartes de microrégion p. 154 et ci-contre

★ LA ROUTE DES ÉTANGS

99 km au dép. de Villars-les-Dombes. Circuit tracé en rouge sur la carte ci-contre. Comptez une journée.

C'est au 12e s. que de mauvaises terres commencent à être transformées en étangs fermés par des levées de terre battue, les chaussées ; le Grand Étang de Birieux, l'un des plus vastes, aujourd'hui morcelé, date du 14e s. Mais la trop grande étendue des eaux stagnantes rend la région malsaine et des maladies telles que le paludisme y sévissent. Au milieu du 19e s., sous l'impulsion des moines de l'abbaye Notre-Dame-des-Dombes, deux tiers des étangs sont asséchés et les surfaces libérées sont converties en cultures. Cependant,

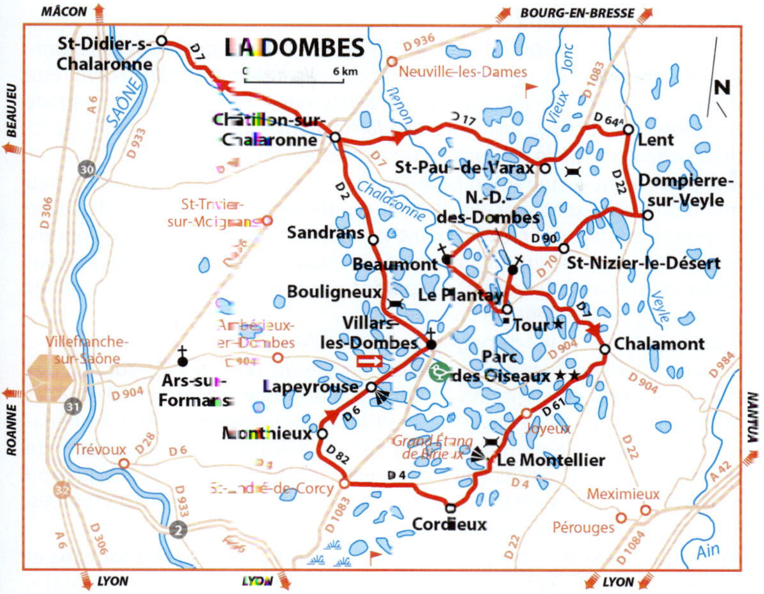

durant les cent années qui suivent, on remet en eau une partie de ces terres, en raison, notamment, des difficultés que connaît l'agriculture.

Aujourd'hui, l'eau couvre environ 10 000 ha. La plupart des étangs sont intermittents et constituent une chaîne de pièces d'eau contiguës qui se vident les unes dans les autres lors de la vidange précédant la pêche. Cette opération se fait à partir d'une vanne, le **thou**, installée à l'extrémité de l'étang de tête. Tour à tour, les étangs sont mis en eau et empoissonnés : c'est l'**évolage** qui dure deux à trois ans, puis mis en culture (assec) pendant un an, grâce à un procédé de labours en « billons », facilitant le drainage rapide du sol. La pêche avec environ 1 200 t de poissons par an (60 % carpes, le reste : tanches, brochets…) fait de la région la première région piscicole en eau douce de France.

À l'automne, ne manquez pas d'assister à la pêche dans un étang.

La Dombes est également un centre important de production laitière et de viande bovine. L'élevage de chevaux de demi-sang demeure une activité traditionnelle : il n'est pas rare d'apercevoir, enfoncés dans l'eau des étangs, des chevaux paissant la « brouille », sorte de trèfle des marais dont ils sont friands. Le paysage si particulier de la Dombes a servi de cadre à de nombreux films, tels *Les Enfants du marais* (1998, par J. Becker).

Villars-les-Dombes A2

3 pl. de l'Hôtel-de-Ville - 01330 Villars-les-Dombes - 04 74 98 06 29 - www.villars-les-dombes.com - avr.-sept. : 9h30-12h30, 14h-18h, dim. et j. fériés 9h-13h ; reste de l'année : tlj sf dim. et j. fériés 10h-12h, 14h-17h, sam. 8h30-12h30, lun. 14h-17h.

Villars-les-Dombes est une agréable cité fleurie bâtie sur la rive droite de la Chalaronne, au cœur de la Dombes, avec un joli patrimoine médiéval. Fondée au 11e s., l'église paroissiale en carrons (briques savoyardes), galets et pierres, a conservé son chœur du 15e s. et un tabernacle gothique en pierre sculptée.

3

★★ Parc des Oiseaux A2

1 km au sud de Villars, sur la D 1083. 04 74 98 05 54 - www.parcdesoiseaux.com - - juil.-août : 9h-19h, nocturne se rens. ; avr.-juin et sept.-oct. : 9h30-18h ; reste de l'année : 10h-17h30 - fermé de mi-nov. à déb. mars - visite guidée sur demande préalable (2h) - 19 € (-12 ans 14 €) - 58 € forfait famille (2 adultes + 2 enf.) - spectacle « oiseaux en plein vol » gratuit sur réservation au guichet.

On connaît cette région pour ses étangs et ses poissons, mais un peu moins pour son exceptionnelle diversité ornithologique. Ce territoire de pêche inépuisable attire, pour le plus grand bonheur des observateurs passionnés, une multitude d'oiseaux migrateurs et sédentaires (près de 130 espèces, dont certaines rares et vulnérables). Un parc et une réserve ont été créés pour les protéger et faciliter leur découverte.

Haut dans le ciel, le vol des cigognes signale de loin ce parc.

Situé à proximité de la réserve de la Dombes *(ne se visite pas)*, sur l'un des principaux axes de migration en Europe, il présente sur 35 ha 400 espèces venues des cinq continents. Le parc, véritable conservatoire d'espèces menacées, participe à de nombreux programmes d'étude, de sauvegarde et de réintroduction. Les sentiers relient les reconstitutions, en milieu clos plus ou moins restreint, des paysages où vivent naturellement les espèces présentées. *Commencez à droite de l'étang.*

Amérique du Sud – Après avoir traversé la **forêt tropicale des toucans** et admiré ses six différentes espèces, la passerelle de la **volière du Pantanal★**, à quelques mètres de hauteur, permet de surprendre les ibis rouges, flamants roses et spatules qui cohabitent dans un joyeux brouhaha. Passez les grillages de la **cité des perroquets**, pour cohabiter un peu avec ces oiseaux de feu aux cris stridents. Bien plus débonnaires, les manchots de Humboldt habitent une **crique★** de pierres volcaniques rouges semée de graminées légères. Lorsqu'ils plongent dans la piscine-hublot, leur pittoresque démarche se change en danse vive. Passez devant le couple de **condors** avant de rejoindre la **pampa des nandous**, grands oiseaux coureurs.

Afrique – Sur 1,5 hectare, l'espace accueille les espèces sauvages africaines, et en particulier l'un des plus grands rassemblements d'Europe de **calaos**. Une nouvelle volière offre d'approcher, entre autres, ombrettes du Sénégal, youyous du Sénégal, flamants nains, choucadors pourprés, pintades vulturines…

Australie – Le **bush australien**, vaste plaine sèche, accueille les wallabies de Bennett, seuls mammifères du parc. Une volière présente quelques espèces d'oiseaux typiques d'Australie.

Europe – Par l'éclat de leurs couleurs et l'élégance de leur allure, certains oiseaux sont à eux seuls une attraction telle que les **grues couronnées** de l'**île aux échassiers**, qui inspirent si souvent les estampes japonaises. Au fond du parc, un sentier en boucle pénètre dans la **petite Dombes** où sont présentés les divers milieux aquatiques de cette région d'étangs ; des observatoires complètent l'approche des oiseaux. Changement d'ambiance avec la **vallée des rapaces** où évoluent vautours fauves et vautours moines ainsi que quelques petits rapaces nocturnes et diurnes (chevêche d'Athéna, faucon crécerelle, buse, etc.).

Picorez des idées au **jardin des oiseaux** afin d'attirer chez vous les oiseaux sauvages.

STARS DE CINÉ

Pour les besoins du film de Jacques Perrin *Le Peuple migrateur*, des espèces ont été élevées dans le parc avec leurs « imprégnateurs » (nouveau type de dresseur se substituant dès la naissance aux parents de l'oiseau).

Parfaitement acclimatées, claquant du bec pour annoncer le passage d'un visiteur, les cigognes que l'on voyait voler de loin ont construit leurs nids sur les immenses mâts de bois du **champ des cigognes**.

Asie – Après être allé rendre visite aux plus vieux habitants du parc, les **pélicans**, dirigez-vous jusqu'à la **volière asiatique de Krabi** : aigrettes, spatules blanches ou hérons se promènent à travers les bambous et les hibiscus. Terminez votre voyage par la **maison des oiseaux** dédiée aux espèces tropicales (calao, goura, toucan), sans oublier la **nurserie** où naissent certaines espèces particulièrement fragiles.

Il est possible d'assister au **nourrissage commenté★** des manchots *(en bordure du bassin de la crique des manchots)*, des pélicans *(depuis le ponton de l'étang des pélicans)*, des oiseaux d'Amérique du Sud *(volière du Pantanal)*, des vautours *(vallée des rapaces). Demandez les horaires à l'entrée.*

Autre temps fort de votre visite, le **spectacle★★** éblouissant de 70 oiseaux en vol (rapaces, aras, ibis, pélicans, grues, oies bernaches…), accompagné de la lecture d'un texte de sensibilisation à la protection des espèces.

Quittez Villars à l'ouest par la D 2.

Bouligneux A2

À la sortie du village se dresse un **château** en briques rouges, fondé au 14e s. De plan carré, muni aux angles de trois tours carrées et d'une tour ronde, il se dresse telle une forteresse sur un tertre artificiel entouré d'un étang.

Remanié au 17e s., doté de deux ailes et d'une galerie à arcades, il fut mutilé à la Révolution, ses tours abaissées et son enceinte en partie détruite. La petite église romane du village (12e s.) et ses deux chapelles des 15e-17e s., n'est pas toujours ouverte. La restauration des peintures murales de son chevet, des 13e-14e s., vient d'être achevée avec notamment le dégagement de la polychromie du magnifique retable (15e s.). Une dernière tranche de travaux pour l'extérieur est prévue pour début 2016.

Sandrans A2

Ce village possède une **poype,** ancienne motte castrale caractéristique de la Bresse et de la Dombes ; très répandues au Moyen Âge, les poypes étaient parfois de véritables forteresses de terre cernées de fossés. Aujourd'hui subsiste un tertre entouré d'un fossé en eau, coiffé d'une tour circulaire en briques, et sur lequel on a reconstruit au 19e s. une maison bourgeoise.

L'**église**, au chœur d'époque romane, est par sa simplicité caractéristique de la Dombes : nef unique ; abside décorée d'une arcature romane dont les curieux pilastres en forme de fuseau portent des silhouettes humaines très étirées ; poutres de gloire à l'entrée du chœur.

Châtillon-sur-Chalaronne A2 (p. 180)

Prenez la D 7 en direction de St-Didier-sur-Chalaronne.

Saint-Didier-sur-Chalaronne A2

Musée vivant de la plante aquatique – *04 74 04 03 09 - http://musee.les-jardinsaquatiques.fr - - mai-oct. : 9h30-19h, dim. et j. fériés 14h-19h - fermé lun. - possibilité de visite guidée sur demande (45mn) - 5,50 € (-12 ans 3,90 €).*

L'entreprise « Les Jardins aquatiques » a créé un joli jardin paysagé où s'épanouissent patrimoine local et exotique, arbres et arbustes, fleurs et plantes aquatiques harmonieusement disposés autour de bassins, demeures des carpes Koï du Japon. S'ajoute un jardin des bambous qui met en scène une cinquantaine de variétés de bambous au milieu de cascades et de jets d'eau.

Reprenez la D 7 jusqu'à Châtillon puis la D 17 en direction de St-Paul-de-Varax.

3

LA TECHNIQUE DU PISÉ

Le pisé est le mode de construction traditionnel de la Dombes, région dépourvue de carrières de pierre. La terre argileuse qui se trouve sous la terre arable est utilisée telle quelle sans cuisson ni adjonction d'un liant. La terre à pisé est aérée pour qu'elle prenne du volume : c'est le « frassage ». On verse ensuite le pisé dans un coffrage en bois puis on le dame avec un « pisou », instrument en bois plein, avant de laisser sécher le mur. Les angles et soubassements sont protégés par des briques ou des galets.

Saint-Paul-de-Varax B2

Établi au milieu des étangs et des bois de la Dombes, ce village a conservé une belle **église** romane du 12e s.

La nef lambrissée est prolongée par un transept non saillant voûté en coupole. La façade ouest frappe par son bel appareil de pierres et son ordonnance d'arcatures en plein cintre. Deux arcs aveugles encadrent le portail central; au tympan est représenté le Christ en majesté entre deux anges. Une petite porte s'ouvre du côté droit de l'église; son tympan, fâcheusement mutilé, évoque un épisode de la vie de saint Antoine.

Le **château** est l'un des plus jolis manoirs de la Dombes *(ne se visite pas)*. Tout son charme provient de ses grands toits, de ses murs de briques et de sa tourelle d'angle qui se reflètent dans un petit étang.

Prenez au nord la D 1083, puis à droite la D 64A.

Lent B2

Ce village conserve de beaux monuments du 16e s., notamment un beffroi restauré au 18e s. et des maisons de bois. L'origine de l'église romane remonte au 9e s., mais son architecture date du 16e s.

Dompierre-sur-Veyle B2

Regroupée autour d'une vieille église romane, cette commune voisine avec le plus grand étang de la région : le Grand Marais, d'une superficie de 100 ha. En empruntant la D 90 en direction de St-Nizier-le-Désert, on longe sur la gauche les importantes étendues d'eau du Grand Marais.

Saint-Nizier-le-Désert B2

Agréable halte où sont aménagées des aires de loisirs (pêche, promenade).

Prenez la D 90 qui coupe la D 1083. Traversez Marlieux et rejoignez la D 7. À la sortie du tournant, prenez une petite route en direction de Beaumont.

Beaumont A2

Sur la petite place du hameau s'élève la **chapelle Notre-Dame-de-Beaumont** *✆ 04 74 24 51 29 - ♿ - mai-sept. : 8h-19h; reste de l'année : w.-end 10h-17h - 3 € - en cas de fermeture s'adresser à M. Pierre Brevet au ✆ 04 74 24 51 29, à Mme Janine Berthaud au ✆ 04 74 30 47 27 ou à l'office de tourisme de Villars-les-Dombes au ✆ 04 74 98 06 29.* Autrefois très fréquentée par divers pèlerinages, elle a connu une longue période d'abandon. De récentes restaurations ont mis au jour de splendides **peintures murales★** du 15e s.

Revenez en arrière sur la petite route d'arrivée jusqu'au premier embranchement. La route qui commence sur la droite passe par le hameau des Villardières, traverse la D 1083 et rejoint Le Plantay.

Villard-les-Dombes, la pêche d'étang organisée par le parc des Oiseaux.
F. Guiziou/hemis.fr

Le Plantay A2

Environnée des eaux de l'étang du Grand-Châtel, la **tour du Plantay★** *(Ne se visite pas.)* est remarquable par son appareil de grosses briques rouges décoré de pierres blanches.

Abbaye Notre-Dame-des-Dombes A2

Fondée par les cisterciens au 19e s., elle a contribué à la mise en valeur des terres cultivables et à l'assainissement de la région. Sa participation héroïque à la Résistance a valu à l'abbaye d'être décorée de la Légion d'honneur en 1946. Les moines cisterciens sont remplacés, depuis 2001, par la communauté du Chemin-Neuf qui perpétue la fabrication de la musculine, fortifiant à base de fruits, de miel et de tissus musculaire de bœuf.

Une boutique *(Horaires d'ouverture : rens. au ✆ 04 74 98 14 40)* vend ce produit inédit, ainsi que d'autres productions traditionnelles de l'abbaye (pommes du verger, pâtes de fruits, miel…).

Chalamont B2

À 334 m d'altitude, c'est le point culminant de la Dombes. L'îlot de la rue des Halles, dans le bourg, conserve quelques maisons anciennes restaurées du 15e s., avec des étages en encorbellement et un vieux lavoir.

Poursuivez par la D 61 en direction de Joyeux. On remarque à Joyeux une belle demeure du 19e s.

Avant le village du Montellier, on aperçoit sur la droite le château.

Le Montellier A2

Le **château** *(ne se visite pas)*, le plus imposant de la Dombes, construit en briques, est flanqué à une extrémité d'un donjon primitif dressé sur sa poype. Dans le village, l'église gothique renferme un beau retable sculpté du 18e s.

Cordieux A3

On y remarque un beau manoir en briques rouges.

Reprenez la D 4 en direction de St-André-de-Corcy, puis, après avoir franchi la D 1083, dirigez-vous vers Monthieux par la D 82. Poursuivez vers le nord jusqu'au croisement de la route vers Ambérieux-en-Dombes et vers Lapeyrouse.

Monthieux A2

La belle église romane en briques roses abrite les tombeaux des seigneurs de Damas. Le manoir de Breuil, du 16e s., qui fait partie des bâtiments du golf du Gouverneur, possède un intéressant puits sarrasin *(ne se visite pas)*.
Poursuivez vers Ambérieux et prenez la D 6 à droite.

Lapeyrouse A2

Du monument aux morts, **jolie vue** sur la chaîne des Alpes et, au premier plan, sur les étangs du Grand-Glareins et le château de Glareins, du 15e s. *Revenez à Villars par la D 904.*

NOS ADRESSES DANS LA DOMBES

HÉBERGEMENT

PREMIER PRIX

Chambre d'hôte Le Petit Bessay – *01400 Sandrans - 3 km au sud de Châtillon-sur-Chalaronne par la D 2 - 04 74 55 45 82 - perso.orange.fr/hubert.bouvier - fermé mi-déc. à fin mars - - P - 3 ch. 52 € - table d'hôte 18 €.* Un agréable parc agrémenté de parterres de fleurs entoure cette ancienne ferme entièrement rénovée. Les chambres et la suite familiale, dotées d'une excellente literie, affichent un décor simple. La propriétaire, qui réserve un accueil chaleureux, prépare petit-déjeuner avec confitures faites maison et cuisine de terroir.

BUDGET MOYEN

Ribotel – *80 chemin des Oures - 01330 Villars-les-Dombes - 09 70 35 70 42 - www.ribotel.com - fermé de mi-déc. à déb. janv. - P - 45 ch. 70 € - 9 € - rest. 18/34 € (soir et dim. midi).* À la sortie du village de Villars-les-Dombes, une adresse pratique pour les ornithologues de passage. De construction moderne, cet hôtel est en effet bien tenu et propret : ses chambres sont fonctionnelles, de bonne taille, sans surprise, mais très correctes.

RESTAURATION

PREMIER PRIX

Auberge de la Voûte – *Le Village - 01400 Sandrans - 04 74 24 53 50 - fermé mar. soir et merc. sf j. fériés. - formule déj. 13,50 € - 19/38 €.* Très prisée dans la région, cette petite auberge à l'ancienne propose gibiers et poissons selon la saison, cuisinés à partir de produits locaux.

Restaurants du Parc des oiseaux – *01330 Villars-les-Dombes - 04 74 98 05 54 - www.parcdesoiseaux.com*
La Carpe est un restaurant traditionnel qui sert en saison un menu « dombiste » composé de produits du terroir : terrine de carpe, poulet de Bresse, tarte au sucre *(Pass Dombiste : entrée du parc + menu à 35,50 €).*
Le Pélican frisé est un self-service proposant entrées et plats chauds *(entrée du parc + entrée ou dessert + plat du jour à 11/13 €).* Enfin, vous trouverez un choix de salades, sandwiches, tartes et glaces à **La Roselière** et à **La Petite Carpe**.

BUDGET MOYEN

Auberge des Bichonnières – *545 rte du 3-septembre-1944 - 01330 Ambérieux-en-Dombes - 11 km à l'ouest de Villars-les-Dombes par* *la D 904 - ✆ 04 74 00 82 07 - www.aubergedesbichonnieres.com - fermé 15 déc.-20 janv., dim. soir, mar. midi et lun. - P ♿ - formule déj. en sem. 18 € - 31/42 € - 9 ch. 70/95 €.* Cette ancienne ferme typique de la Dombes dispose d'un joli cadre champêtre (poutres apparentes, tomettes, mobilier agreste et poêle Gaudin). Vous savourerez sur son agréable terrasse ombragée et fleurie d'attrayantes recettes du terroir.

Hostellerie des Dombes – *Au bourg - 01330 Bouligneux - ✆ 04 74 98 08 40 - www.hostellerie-des-dombes.org - fermé dim. soir, lun. et merc. soir - 25,50/44 €.* Au centre du bourg, salle à manger d'esprit champêtre ou agréable terrasse estivale pour déguster une cuisine ancrée dans le terroir ; grenouilles et gibier en saison.

ACTIVITÉS

Sites remarquables du goût (✆ p. 450 – Depuis 1994, la Dombes des étangs est distinguée par ce label qui reconnaît l'authenticité de l'activité économique du pays des étangs associée à l'intérêt esthétique de son paysage et la qualité de l'accueil proposé. Pour en saisir toute l'étendue, parcourez sa célèbre route sur l'une des trois boucles balisées (circuits nord 110 km, sud 105 km, ouest 60 km) au départ de Villars-les-Dombes et du Parc des oiseaux. Pour cela, munissez-vous de la brochure de l'office de tourisme ou du guide audio téléchargeable sur application mobile *(Appstore, Androidmarket, zevisit.com ou www.routes-touristiques-ain.com).*

Les Attelages de la Dombes – *Domaine du Grand-Maréchal - 01400 Sandrans - ✆ 04 74 24 54 96 - www.attelages-dombes.com - ♿ - tlj 10h, 15h, 17h ; 12 € (-5 ans 6 €) - réserv. conseillée.* Quel plaisir de découvrir la région au son du petit trot. Au choix, 7 voitures neuves, toutes différentes, allant de la calèche-traîneau au chariot western. Promenades commentées s'étirant d'1h15 à la journée.

Pêche à la ligne – *01000 Bourg-en-Bresse - ✆ 04 74 22 38 38 - www.federation-peche-ain.com - tlj - 70/200 € (enf. 5/50 €).* Pour petits et grands, amateurs chevronnés et débutants. N'hésitez pas à lancer la ligne en compagnie d'associations sur leurs étangs.

ACHATS

Les Fermiers de la Dombes – *1211 av. Charles-de-Gaulle - 01330 Villars-les-Dombes - ✆ 04 74 98 16 66 - www.facebook.com/Les-Fermiers-De-La-Dombes-202308446794030/ - 9h-12h30, 15h- 19h ; dim. 9h-12h30 - fermé lun.-mar.* Une quinzaine d'agriculteurs vend en direct leurs produits fermiers. Poissons, fromages, volailles, charcuterie, pains, légumes, vins, fruits… : vous y trouverez tout ce qu'il faut pour vous remplumer !

Châtillon-sur-Chalaronne

4 940 Châtillonnais – Ain (01)

C'est à la belle saison qu'il faut venir flâner dans cette agréable ville réputée pour son décor fleuri. Les maisons à pans de bois avec hourdage en pisé ou en brique sont égayées par des brassées de fleurs disposées dans des paniers en osier dits « nids-de-poule ». Les halles, les ponts et les bords de la Chalaronne sont particulièrement attrayants tandis que, sur la rivière, des barques semblent crouler sous leur chargement multicolore.

NOS ADRESSES PAGE 183
Hébergement, restauration, achats, activités, etc.

S'INFORMER

Office de tourisme – *Pl. du Champ-de-Foire - 01400 Châtillon-sur-Chalaronne - ✆ 04 74 55 02 27 - www.dombes-tourisme.com - 9h30-12h30, 14h-17h30 (juin-sept. 18h), jeu. 9h30-12h30, 15h30-17h30 (juin-sept. 18h), sam. 9h-12h30, 14h-17h30 (juin-sept. 18h), dim. (de déb. juil. à mi-sept.) 9h30-13h30 - fermé j. fériés.*

SE REPÉRER

Carte de microrégion A2 (p. 154).

Dans le nord de la Dombes, Châtillon s'allonge dans la vallée de la Chalaronne. La ville se situe à 25 km au sud-ouest de Bourg-en-Bresse.

À NE PAS MANQUER

Le charme des vieilles halles, des rues et des ponts qui relient les rives de la Chalaronne ; le triptyque du Musée municipal.

ORGANISER SON TEMPS

Comptez 2h pour la promenade en ville.

AVEC LES ENFANTS

Se costumer au musée Traditions et Vie ; le marché du terroir.

Se promener Plan de ville ci-contre

L'arrivée par la route de Villefranche *(D 936)* procure une vue agréable sur les toits rouges du bourg d'où surgit le clocher de l'ancien hospice.

Place Saint-Vincent-de-Paul A2

Au centre de cette place, entourée de belles bâtisses en pierre et briques, se dresse la statue en bronze de saint Vincent, réalisée par Émilien Cabuchet.

Ancien Hôpital et apothicairerie A1-2

Pl. St-Vincent-de-Paul - ✆ 04 74 55 15 70 - www.museetraditionsetvie.fr - fermé lun., 1er janv., 1er et 11 Nov., 25 déc. - visite guidée sur demande préalable (45mn)

COMMERSON DÉCOUVRE LES HORTENSIAS

Philibert Commerson vit le jour à Châtillon en 1727. Botaniste royal, il accompagna le comte de Bougainville dans son expédition autour du monde (1766-1769) et rapporta du Japon un arbrisseau ornemental qu'il baptisa « hortensia » ; hommage possible d'un amoureux transi à Nicole-Reine Lepaute, femme de l'horloger, qui portait dans ses prénoms celui d'Hortense.

avr.-sept. : 14h, 15h30 et 17h - 3 € (-16 ans gratuit) - 4 € billet combiné avec le musée Traditions et Vie - gratuit RV aux jardins (déb. juin).

Élevés par le comte du Châtelard au 18e s., les bâtiments de l'ancien hôpital, devenus Centre culturel de la Dombes, ont conservé de nombreux éléments de leur passé. La **chapelle** centrale ouvre toujours au nord et au sud sur les salles qui accueillaient les malades. Ses boiseries et ses grilles ouvragées sont en excellent état. L'**ouvroir**, salle dans laquelle les religieuses travaillaient à leur ouvrage, sert de pièce d'exposition à une intéressante collection de costumes bressans. L'**apothicairerie**, de petite taille, est remarquablement conservée. Ses boiseries de style Directoire sont encore garnies de 120 pots en faïence de Meillonnas (il n'en manque aucun), de nombreux flacons en verre, et de tous les ustensiles nécessaires à la fabrication des remèdes et à leur présentation sous forme de comprimés. La tisannerie abrite toujours son grand meuble à tiroir dédié aux plantes et sert d'écrin au **triptyque★** de la *Déposition du Christ* exécuté en 1527 et entièrement restauré. La visite se termine par le **jardin** où sont cultivées, entre autres, des plantes médicinales.

Musée Traditions et Vie A2

24 imp. des Remparts - ✆ 04 74 55 15 70 - www.museetraditionsetvie.fr - avr.-sept. : 14h-18h - fermé lun. - 3 € (-16 ans gratuit) - 4 € billet combiné avec l'Ancien Hôpital et son apothicairerie - animations pour enfants., se rens.

Sur le chemin qui grimpe au château, ce musée évoque, à travers une riche collection d'objets, de costumes et de documents divers, la vie rurale en Bresse dans les années 1913-1920. Une succession de scènes avec personnages raconte les métiers, la vie quotidienne, les différents costumes et leur signification, le marché…

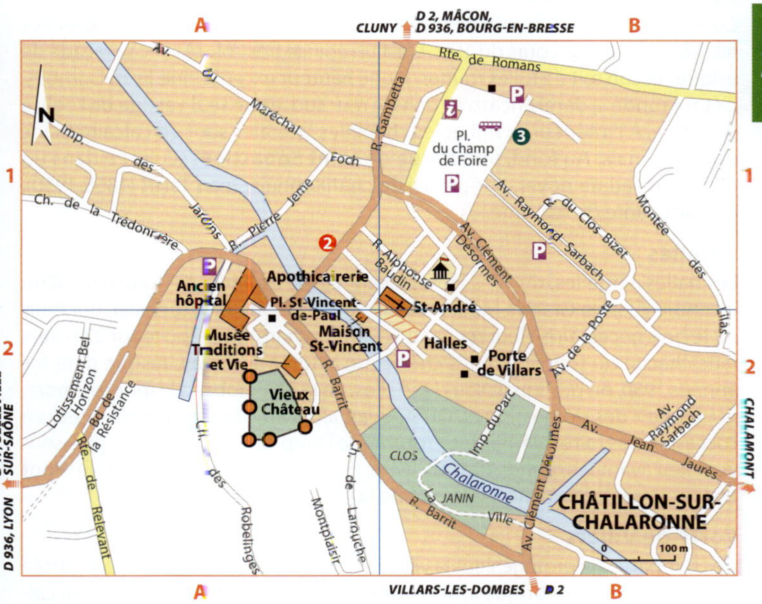

SE LOGER	SE RESTAURER
Chambre d'hôte L'Inattendu 3	Restaurant La Gourmandine 2

MONSIEUR VINCENT
Châtillon conserve, avec fierté, le souvenir du séjour qu'y fit **saint Vincent de Paul** ou « Monsieur Vincent ». Né à Pouy, près de Dax dans les Landes, d'une famille de paysans pauvres, il se destina très tôt à la prêtrise. Devenu précepteur des enfants de M. de Gondi, général des galères, il manifesta le désir d'exercer son sacerdoce dans une paroisse retirée.
Nommé curé de Châtillon-sur-Chalaronne en 1617, il n'y resta que quelques mois, assez cependant pour commencer son action auprès de ces « pauvres pêcheurs de sangsues ». Le 23 août, il créa la première confrérie de la Charité. En 1633, avec Louise de Marillac, il fonda la compagnie des Filles de la Charité, qui, aujourd'hui encore, poursuit son œuvre.

Remparts du vieux château A2
Le château du 11e s., l'une des plus importantes places fortes de la Bresse, fut démantelé à la fin du 16e s., lors de l'invasion de la région par Henri IV. C'est du château que vient le nom de la ville, Châtillon. Ce qui demeure des remparts se voit très bien depuis le jardin de l'ancien hôpital.

Maison Saint-Vincent A2
12 pl. des Halles - ✆ 04 74 32 97 88 - 10h-12h, 15h-18h - visite guidée sur demande préalable - gratuit - dons bienvenus.
Saint Vincent de Paul, curé de Châtillon pendant cinq mois, y fut hébergé par M. Beynier ; il fonda ici la compagnie des Filles de la Charité. Dans la chapelle élevée à l'emplacement de sa chambre est conservé l'acte de fondation de cette institution, signé de sa main.

Église Saint-André B1-2
Commencée au 13e s. par Philippe Ier de Savoie, elle subit de nombreuses transformations au cours du 15e s. C'est un édifice très coloré avec sa façade de briques et son toit de tuiles rouges, d'une hauteur exceptionnelle en Dombes. La tour ronde, à demi encastrée dans le mur sud, est le seul vestige de l'église primitive. À l'intérieur, la nef et les chapelles latérales sont en calcaire blanc du Mâconnais. Au fond, une statue de **saint Sébastien**, sculptée dans un seul morceau de noyer, par un artiste châtillonnais, Jean Tarrit (1865-1950), est saisissante de réalisme.

★ Halles B2
Les halles actuelles, du 17e s., remplacent celles de 1440, détruites lors d'un incendie. C'est la Grande Mademoiselle, duchesse de Montpensier, qui fournit le bois nécessaire à leur reconstruction : la charpente repose sur 32 piliers faits chacun du tronc d'un des chênes de la forêt de Tanay. Jusque dans les années 1950, on pratiquait sous les halles, de la fin octobre à la mi-novembre, la « louée » des domestiques. On pouvait alors embaucher des serviteurs à l'occasion des foires, véritables « forums de l'emploi », qui avaient le plus souvent lieu avant les grands travaux d'été. De vieilles maisons à échoppes sont restées encastrées à une extrémité de la construction.

Porte de Villars B2
Des remparts qui protégeaient la ville, ne subsiste, à l'est, que cette tour carrée du 14e s. en carrons (briques), dont les assises et les angles sont en pierre calcaire. C'est un bel exemple d'architecture militaire réalisé pendant la période savoyarde de Châtillon qui dura de 1272 à 1601, date du rattachement de la cité au royaume de France.

LES RENDEZ-VOUS
DE LYON
LYON
Rendez-vous avec la France !
GRAPHICA LYON

LES RENDEZ-VOUS DE LYON

A Lyon, vous avez "rendez-vous avec la France". D'abord avec l'Histoire, celle qui a débuté il y a vingt siècles, à une époque et en des lieux où s'enracine la France.

La rencontre se réalisera à Fourvière [1] où vous trouverez, avec des théâtres antiques [2] , un ensemble de vestiges et un Musée [3] qui évoqueront pour vous la splendeur de Lugdunum, la capitale des Gaules.

Puis, vous descendrez dans les quartiers St Jean, St Paul et St Georges [4] où battit durant plusieurs siècles le cœur de cette ville marchande aimée des rois et des poètes. Ici, sous la Renaissance, se réglait la vie du royaume et, à certains égards, celle de l'Europe.

C'était une vie de création à laquelle Lyon prenait une large part, comme vous le diront d'autres rendez-vous : au Musée des Tissus [5], au Musée historique de Lyon [6], au Musée de l'Imprimerie [7], au Musée des Hospices [8] etc.

Vous promenant dans la "Presqu'île" entre Rhône et Saône, où musent des rues piétonnes, vous rencontrerez de bons exemples de l'architecture française du XVIIe siècle avec l'Hôtel de Ville [9] ou le Palais St Pierre, Musée des Beaux Arts [10].

Vous monterez ensuite à la Croix-Rousse [11] la cité de la soie où flotte encore dans les traboules nostalgiques le souffle des canuts qui firent naître ici tant de merveilles. Lyon parait alors les élégantes de tous pays et il s'en est suivi la célébrité mondiale de la mode française.

La citadelle croix-roussienne qui a vu l'organisation professionnelle faire ses premiers pas dans les cortèges de 1831 et de 1834 vous fera, aussi, toucher à la France sociale.

Préférerez-vous les rendez-vous contemporains ? Cette métropole de 1 200 000 âmes peut vous en proposer dans tous les domaines : la technologie, la santé, l'art, la culture, l'urbanisme - l'urbanisme du Tonkin à Villeurbanne [12], de Montessuy à Caluire [13] ou de la Part-Dieu [14] image du Lyon de l'an 2000.

A côté des buildings d'affaire et d'un Centre commercial attractif, vous découvrirez l'auditorium Maurice Ravel [15] haut lieu européen de la musique, et qui rejoint dans la vie culturelle lyonnaise l'Opéra de Louis Erlo [16], le TNP de Roger Planchon [17], le festival Berlioz de Serge Baudo.

Si l'on parle des traditions, nous n'en retiendrons qu'une, celle de la cuisine qui connaît à Lyon une si brillante illustration.

Mais peut-être souhaitez-vous simplement un rendez-vous de silence et de beauté ? Alors du printemps à l'automne, sachez qu'au Parc de la Tête d'Or [18], quelques millions de roses vous attendent...

A VOTRE SERVICE :

L'OFFICE DE TOURISME DE LYON/COMMUNAUTÉ

- Accueil - Documentation - Renseignements
- Central hôtelier - Réservations
- Hôtesses - Interprètes
- Visites commentées de la ville

4 bureaux :

A - Place Bellecour **Tél. : 78 42 25 75**
B - Centre d'échanges de Perrache
C - A Villeurbanne, 3, avenue A. Briand **78 68 13 20**
D - Gare de la Part-Dieu

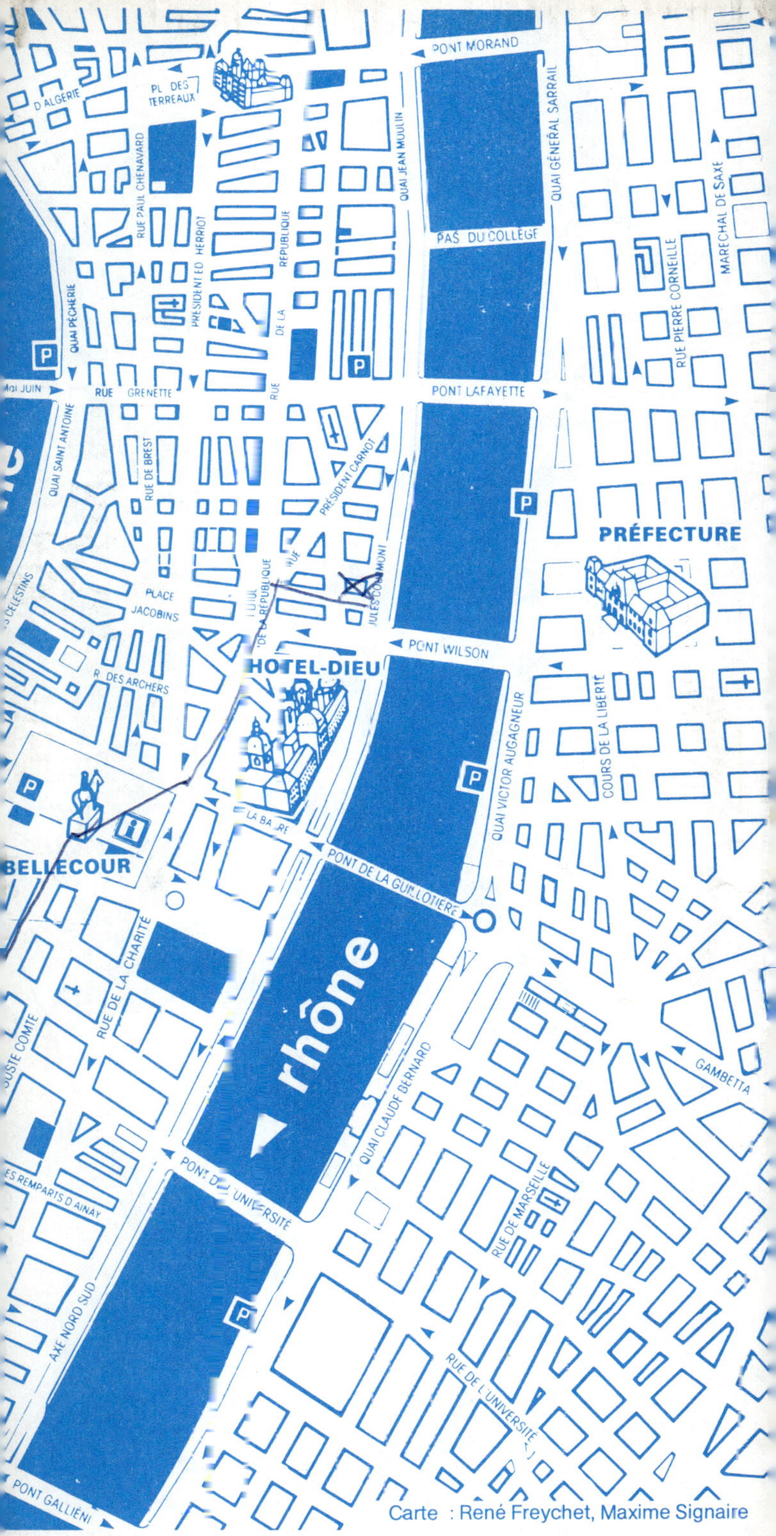

Carte : René Freychet, Maxime Signaire

Caluire
13
Croix Rousse
11
SAONE
Bd de la Croix-Rousse
Pt de Lattre de Tassigny
Rue D
PLACE
DES TERREAUX
9
16
10
Pt Morand
Crs Fr
Pt de la Feuillée
A6 Paris
FOURVIERE
1
Rue de Brest
Rue Ed. Herriot
Rue de la République
7
Pt Lafayette
6
4
3
2
Av. B. Buyer
Antiquaille
Pt Bonaparte
8
Pt Wilson
PLACE
BELLECOUR
Pt de la Guillotière
Rue Cdt Charcot
Rue Victor Hugo
Charité
Rue de la
5
Pt de l'Université
PLACE
CARNOT
Rue de Marseille
Gare de
Perrache
Pt Galliéni
Avenue Berthe
SAONE
PATINOIRE
RHONE
Marché de
Gros
Avenue Jean Jaurès
N
La Mulatière
A7 Marseille
PALAIS
DES SPORTS
STADE
MUNICIPAL

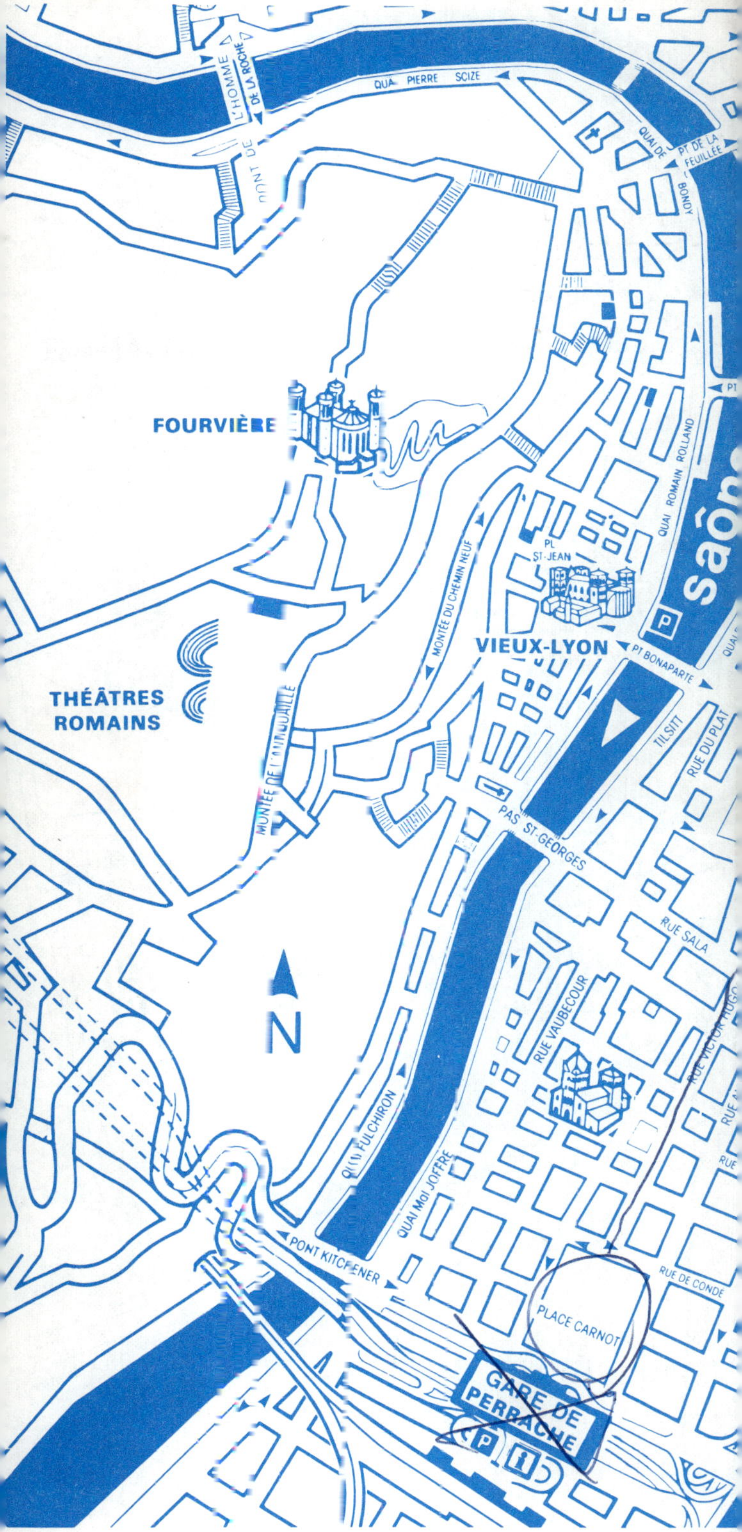

QUAI PIERRE SCIZE
L'HOMME
DE LA ROCHE
QUAI DE
PT DE LA FEUILLÉE
BONDY
FOURVIÈRE
PL ST-JEAN
QUAI ROMAIN ROLLAND
VIEUX-LYON
PT BONAPARTE
THÉÂTRES ROMAINS
MONTÉE DU CHEMIN NEUF
TILSITT
RUE DU PLAT
PAS ST-GEORGES
RUE SALA
RUE VAUBECOUR
RUE VICTOR HUGO
N
QUAI FULCHIRON
QUAI Mal JOFFRE
PONT KITCHENER
RUE DE CONDE
PLACE CARNOT
GARE DE PERRACHE

RHONE
PARC DES EXPOSITIONS
INSA
PALAIS DES CONGRES
18
12
Bd de Stalingrad
Av. Roger Salengro
VILLEURBANNE
Bd des Belges
quesne
Charpennes
C
Cours Vitton
Roosevelt
Cours Émile Zola
17
Rue du 4 Août
Cours Lafayette
15
Gare de la Part-Dieu
Rue Baraban
Cours Tolstoï
Rue Léon Blum
AUDITORIUM
de Saxe
Rue Garibaldi
14
Bd Vivier Merle
Cours Gambetta
Av. Félix Faure
Route de Genas
Hp. Neuro.
Hp. Cardio.
Avenue Lacassagne
Cours Albert Thomas
Hp. Edouard Herriot
Hp. Vinatier
Bd des Tchécoslovaques
Av. Rockefeller
Bd Jean XXIII
Bd A. Paré
Av. Jean Mermoz
Boulevard Pinel
BRON
Boulevard Laurent Bonnevay
aéroport Satolas
A43 Chambéry Grenoble
Av. Paul Santy
Bd des États-Unis
Rue Pierre Delore
Route de Vienne
HIPPODROME

RENDEZ-VOUS IN LYON

Make Lyon your rendez-vous with France ! The city's foundations reach back 2000 years to the very birth of our nation.

As you visit the city, you will comme face to face with history at the ancient site of Fourviere [1] with its Roman theatres [2] and the Gallo-Roman Museum [3] which brings to life the former splendour of Lugdunum, capital of Roman Gaul.

Then walk down the narrow streets of Renaissance Lyon [4], once the heart of the city, famed for its trade and celebrated by kings and poets. In the 16th century, Lyon's influence spread throughout France and across Europe.

Invention and creation have always been part of Lyon's heritage, as you can see in the city's museums : the Silk Museum [5], the Local History Museum [6], and Museum of Printing [7], the Hospital Museum in the Hôtel Dieu [8] and others.

Wander along the pedestrian precincts of Lyon's city centre, between the Rhône and Saône rivers, and admire the fine examples of 17 th century French architecture : the City Hall [9] and the Municipal Art Gallery [10].

Then climb the slopes of the Croix-Rousse [11], formerly the centre of the city's silk industry, where the quaint courtyards and alleyways evoke vivid memories of the weavers who clothed the elegant of Europe and made French fashion world famous.

The beginnings of French labour movements also have their roots here, with the silk workers' uprisings of 1831 and 1834.

In Lyon you will also meet with contemporary France. Today, with a population of 1.2 million, the Lyon conurbation is proud of its achievements in the fields of technology, health, fine arts, cultural activities and town planning. Recent housing developments can be seen in the Tonkin district in Villeurbanne [12] or at Montessuy in Caluire [13] while the Part-Dieu city-centre redevelopment [14] has carried Lyon resolutely into the future.

At the Part Dieu, beside the modern office blocks and an exciting shopping centre, you will discover the Maurice Ravel concert hall [15] renowned throughout Europe. Also part of the city's rich cultural life are the Lyon Opera House [16] directed by Louis Erlo, the TNP theatre [17] directed by Roger Planchon and the annual Berlioz Festival under Serge Baudo.

As for local tradition suffice it to say that Lyon cuisine is universally reputed.

And if it's peace and beauty you're looking for, why not take a stroll round the Tête d'Or Park [18], whose myriad rosebuds blossom from March to November...

A,B,C,D, : TOURIST OFFICE.

RENDEZ-VOUS MIT LYON

In Lyon sind Sie “mit ganz Frankreich verabredet”, zumindest mit seiner Geschichte, deren Geburtsstunde vor zwanzig Jahrhunderten schlug, als Frankreich hier seine Wurzeln tief in den Boden trieb.

Das geschah auf dem Hügel von Fourvière [1], wo die beiden römischen Theater [2], ein weites Ausgrabungsfeld und ein Museum [3] an den Glanz von Lugdunum, der Hauptstadt Galliens, erinnern.

Von dort steigen Sie herunter in die Altstadtviertel Saint Jean, Saint Paul und Saint Georges [4], in denen jahrhundertelang das Herz der von Königen und Dichtern geliebten und besungenen Handelsmetropole schlug. Von hier aus wurde in der Renaissance-Zeit das Leben im Königreich- und damit, in einem gewissen Grade, in Europa geregelt.

An dieser Epoche des Schaffens nahm Lyon einen regen Anteil : Das Seiden-Museum (Musée des tissus [5]), das Historische Museum von Lyon [6], das Druckereimuseum [7], das Museum der Hospices [8] u.a. legen reges Zeugnis hiervon ab.

Wenn Sie, den Fußgängerstraßen folgend, kreuz und quer durch die Halbinsel zwischen Rhône und Saône bummeln, stoßen Sie immer wieder auf typische Beispiele französischer Architektur des 17. Jahrhunderts, vor allem das Rathaus [9] und den Palast Saint Pierre, in dem das Museum der Schönen Künste [10] untergebracht ist.

Nun können Sie den Croix-Rousse Hügel [11] besteigen, das alte Seidenviertel, in dessen verschlafenen Traboules (Gänge, aus dem Lateinischen transambulare = hindurchgehen) noch heute der Geist der Weber weht, die hier solch unendliche Meisterwerke schufen. In Lyon kleideten sich damals die feinen Damen aus aller Herren Länder ein, was schließlich zum weltweiten Ruhm der französischen Mode führte.

Durch dieses Viertel hallten, in den Jahren 1831 und 1834 die Schritte der Weberaufstände, und mit dieser ersten Arbeiterbewegung begann Frankreichs Sozialgeschichte.

Sie möchten lieber ein Rendez-vous mit dem Heute ?
Lyon, Metropole mit 1.200.000 Seelen, hat hier in allen Bereichen etwas zu bieten : Technologie, Gesundheitswesen, Kunst, Kultur, Städtebau - Stadtviertel wie der Tonkin in Villeurbanne [12], Montessuy in Caluire [13] und vor allem die Part-Dieu [14] können Ihnen eine Idee vom Lyon des Jahres 2000 geben.

Dort steht neben Geschäftsgebaüden und einem attraktiven Einkaufszentrum das Auditorium Maurice Ravel [15], Hochburg der europäischen Musik-Szene, zusammen mit der Oper von Louis Erlo [16], dem TNP von Roger Planchon [17] und dem Festival Berlioz von Serge Baudo.

Aus dem Bereich der Traditionen sei hier nur eine erwähnt, die Lyoner Gastronomie mit ihren brillanten Vertretern.

Aber vielleicht suchen Sie auch nur eine Begegnung mit der Stille und der Schönheit ? Dann sollten Sie wissen, daß vom Frühjahr bis zum Herbst im Parc de la Tête d'Or [18] einige Millionen Rosen auf Sie warten...

A,B,C,D, : Fremdenverkehrsamte.

Ponts et berges de la Chalaronne
Il faut prendre le temps de se perdre dans les ruelles de Châtillon car les jolies maisons en pierre, briques et galets à colombage sont nombreuses et les berges de la Chalaronne forment un ravissant décor fleuri, en saison, notamment à hauteur de l'impasse de la Pietanée et de la rue Pasteur.

NOS ADRESSES À CHÂTILLON-SUR-CHALARONNE

HÉBERGEMENT

À Châtillon-sur-Chalaronne

POUR SE FAIRE PLAISIR

L'Inattendu – *150 pl. du Champ-de-Foire - ✆ 04 74 55 0[illegible] - www.inattendu-hotes.fr - fermé 25 déc.-1er janv. - P ♿ - 11 ch. [illegible] € ☕ - rest. (sur réserv. uniquement) [illegible] € bc.* Vous serez séduit par le charme de cette maison chaleureuse façon chambre d'hôte, avec ses grosses poutres, ses vieux meubles et son escalier en bois. Ses chambres douillettes sont un préambule au gargantuesque petit-déjeuner qui vous attend au réveil : ne le manquez pas !

À proximité

BUDGET MOYEN

Chambre d'hôte Ancienne École du Chapuy – *Les Bruyères - 01400 Romans - ✆ 04 74 55 63 3[illegible] - www.ecoleduchapuy.com - fermé nov.-mars (sur réserv. uniquement) - 🏊 - 2 ch. 65/80 € ☕.* Dans une ancienne école, que fréquentaient autrefois les enfants du pays, deux chambres lumineuses et romantiques, dotées de salle de bains ultra cosy. Au réveil, quand le temps le permet, le petit-déjeuner est servi sous la pergola.

RESTAURATION

À Châtillon-sur-Chalaronne

BUDGET MOYEN

Restaurant La Gourmandine – *142 r. Pasteur - ✆ 04 74 55 [illegible]5 92 - www.restaurantlagourmandine.fr - fermé 1 sem. fin août, 25 déc.-1er janv., dim. et lun., 12h-14h et 19h-21h - ♿ - formule déj. 18,50 € - 49 €.* Cette maison du 17e s., proche de la place des Halles, est remarquable avec ses murs de briques et galets qui donnent beaucoup d'allure à la salle à manger et ses poutres apparentes. La jolie terrasse au bord de la rivière se révèle très agréable en été. Plats régionaux.

À proximité

POUR SE FAIRE PLAISIR

Le Saint-Lazare – *Le Bourg - 01400 L'Abergement-Clémenciat - ✆ 04 74 24 00 23 - www.lesaintlazare.fr - ♿ - fermé merc., jeu. et dim. soir (pour fermetures annuelles : contacter le restaurant) - formule déj. 19 € - 29/85 €.* Salles à manger lumineuses, véranda s'ouvrant sur un jardinet méditerranéen : cette maison de famille, où le chef propose une cuisine au goût du jour, ne manque pas de charme.

ACHATS

Marché du terroir – *sam. 8h30-12h30.* Humer, tâter, goûter et même ouvrir grand ses yeux : aux plaisirs habituels du marché s'ajoute en effet ici celui d'admirer les belles halles reconstruites au 17e s. Tous les samedis matin, les petits exploitants occupent une place particulièrement importante, proposant une foule de produits fabriqués localement.

Château de Fléchères

★

Ain (01)

La réhabilitation d'un monument est toujours un moment d'une grande intensité, particulièrement à Fléchères, où celle-ci s'est accompagnée d'un lot de découvertes. L'architecture extérieure, tout d'abord, ne manque pas d'étonner par son originalité ; il s'agit en effet d'un exemple rare de château construit autour d'un temple protestant. L'intérieur n'est pas en reste grâce aux magnifiques fresques qui ornent dix pièces du château et qui, au fil de leur restauration, ont réapparu près de quatre siècles après leur exécution.

NOS ADRESSES PAGE 187
Hébergement, restauration, achats, activités, etc.

SE REPÉRER

Carte de microrégion A2 (p. 154).
À 6 km au nord-est de Villefranche-sur-Saône par la D 933, Fléchères se trouve sur la commune de Fareins.

À NE PAS MANQUER

La personnalité du « saint curé » à Ars.

ORGANISER SON TEMPS

Comptez 1h30 pour le parc et le château.

Visiter

130 allée de Fléchères - ✆ 04 74 67 86 59 - www.chateaudeflecheres.com - juil.-août : 10h-12h, 14h30-18h ; reste de l'année : w.-end et j. fériés 10h-12h, 14h30-17h30 - fermé de mi-nov. à fin mars - visite guidée (1h) - 9 € (-18 ans 4,50 €).

Extérieur

Le château est situé dans un parc de 30 ha qui garde de longues allées ombragées de platanes et de marronniers, des perspectives, terrasses et bassin à l'italienne, et un ensemble de buis taillés en topiaire.
Entouré de douves et autrefois accessible par un pont-levis, il s'élève sur une ancienne place forte qui contrôlait un gué sur la Saône. L'entrée dans la cour est du plus bel effet, dévoilant progressivement la rigoureuse façade rythmée de fenêtres à meneaux et encadrée de tours coiffées de dômes. Le motif maniériste de triangle brisé et inversé au-dessus de la porte (inspiré de la porte des Suppliques aux Offices de Florence), de même que l'architecture des anciens communs, affichent une allure italianisante. Les appartements privés sont limités aux ailes, d'ailleurs surbaissées, tandis que le corps central plus vaste était consacré au temple. Il était en effet impératif de séparer le lieu de culte et de réunion de la communauté, de l'espace privé.

Intérieur

Depuis la cour, on accède, sur la gauche, à la cuisine voûtée en demi sous-sol. Une vaste cheminée en occupe un côté. Les nombreux ustensiles racontent à eux seuls le travail quotidien en cuisine. Deux pièces servaient à entreposer la nourriture tandis qu'une autre était destinée aux domestiques. La visite se poursuit avec le château proprement dit. Le corps central est dévolu au temple. Un vaste escalier en pierre en occupe le centre.

Fareins, le château de Fléchères, la chambre de la Parade.
A. Chicurel/hemis.fr

Les surprises de Fléchères

UNE ARCHITECTURE CODÉE

L'architecture d'un bâtiment est le résultat de plusieurs intentions concordantes. Dans le cas de Fléchères, la référence religieuse associée à la volonté de marquer son statut social sont manifestes. En effet, Jean de Sève, calviniste convaincu bénéficiant de la « haute justice », a le droit d'organiser librement des réunions pour le culte. Il fait alors rapidement édifier le château à partir de 1608. Le **temple** prend donc place dans le château ou, plus exactement, le château s'installe autour du temple : ce dernier occupe comme il se doit le dernier étage (pour que rien ne soit au-dessus de Dieu), éclairé par des fenêtres au nombre biblique de 7 (dans la Genèse, le nombre de jours nécessaires pour créer le monde), couronné par 3 lucarnes en trompe-l'œil, au 3e étage (trois symbolisant La Trinité), et est orienté vers le sud, ce qui le différencie de ses voisins, tournés vers la Saône. Cette référence religieuse se poursuit dans les thèmes des décors. De plus, Jean de Sève, échevin et prévôt des marchands à Lyon, fait partie de la bourgeoisie montante lyonnaise et revendique depuis peu une parenté avec l'ancienne et noble **famille italienne des Seva**. Pour accréditer cette origine, le château emprunte à l'art italien quelques éléments architecturaux et la facture de ses fresques.

LA TRIPLE CHANCE DES FRESQUES

Selon les archives du château, le peintre italien Pietro Ricchi y séjourna un an, en 1632, pour un travail de fresques. Au 18e s., la mode change et son œuvre est masqué par des boiseries ou recouvert de plâtre. Si les boiseries protègent les couleurs, le plâtre s'accompagne en revanche d'un redoutable piquetage. La deuxième chance des fresques est d'avoir été découvertes il y a quelques années, et la troisième se trouve à la Bibliothèque nationale, qui en détenait les dessins préparatoires. Cette source assure la fiabilité de sa restauration.

UN DÉCOR DE CINÉMA

Le château sert régulièrement de décor pour des films de cinéma et de télévision. *Le Diable par la queue*, dans lequel Yves Montand donne la réplique à Madeleine Renaud et Marthe Keller, a été tourné à Fléchères. Dans cette comédie de Philippe de Broca (1968), des aristocrates désargentés ont transformé leur château en hôtel. Le butin de gangsters réfugiés chez eux permettrait de rendre son lustre d'antan à leur demeure… Plus récemment, d'autres tournages, comme celui de *La Religieuse* (2012), adaptation du roman de Diderot par Guillaume Nicloux, ont contribué à financer les campagnes de travaux.

À gauche, **l'antichambre des Chasses** servait de salle de réunion pour la famille qui s'y retrouvait au moment des repas. Les murs recouverts tardivement de boiseries ont révélé, tout comme dans d'autres pièces du château, un exceptionnel ensemble de **fresques★★** italiennes de **Pietro Ricchi** (1606-1675). Les scènes de chasse au sanglier, lion ou cerf et la panthère prise au piège de son reflet symbolisent respectivement la lutte contre l'instinct, l'orgueil, la mélancolie solitaire et l'illusion des sens. Sur la cheminée monumentale, datant de la construction, ont été sculptés le lion du prévôt de Lyon, la corne d'abondance de la prospérité, la licorne de l'honnêteté.

Au-dessus de cette salle se trouve le **grand salon** ou salle du conseil dans laquelle se réunissait la communauté protestante qui ne pouvait le faire en ville. Des boiseries couvrent les murs. Remarquez les éléments symboliques de la cheminée, en rapport avec le culte. Le temple proprement dit *(ne se visite pas)* se tient au dernier étage mais sa restauration n'a pas encore commencé. Ses murs gris ne comportaient aucun décor.

Les appartement privés du rez-de-chaussée ont été réaménagés façon 18e s., époque à laquelle on se préoccupait d'un certain confort : lit en alcôve, petit boudoir, salon tendu de soieries… Au premier étage, les chambres ont retrouvé leur atmosphère plus austère du 17e s. Les fresques de l'**antichambre de la Parade** évoquent le cortège des notables lors de l'entrée triomphale d'Henri IV à Lyon en 1595. Celles de la **salle des Perspectives** plongent vers de lointains paysages à travers des architectures à colonnes étonnantes.

Dans **la chambre des vertus** aux colonnes torses, les vertus cardinales sont personnifiées par quatre femmes tandis que dans une chambre du rez-de-chaussée sont peints de grands châteaux imaginaires.

À proximité Carte de microrégion p. 154

Ars-sur-Formans A2

▶ *6 km à l'est par la D 904.*

Ce petit village de la Dombes a eu pour curé **Jean-Marie Vianney** (1786-1859), originaire de Dardilly, canonisé le 31 mai 1925 par le pape Pie XI. Depuis sa canonisation, le **« curé d'Ars »** est invoqué comme saint patron des prêtres, et le village est devenu un lieu de pèlerinage très fréquenté. Le plus important est celui qui se déroule chaque année le 4 août, jour anniversaire de sa mort. La modeste église du village est maintenant soudée à une **basilique** élevée en 1862 sur les plans de Pierre Bossan. À l'intérieur, le corps du saint repose dans une magnifique châsse. À proximité s'allonge une crypte à demi souterraine de 55 m de longueur, en béton à nu, œuvre de l'un des architectes de la basilique St-Pie-X à Lourdes.

L'ancien **presbytère** a été conservé tel qu'il était à la mort du curé d'Ars. On y voit la cuisine et la chambre décorées de nombreux souvenirs du saint. Dans une salle proche du presbytère, un montage audiovisuel évoque la vie et le message du saint. Après la visite du presbytère, on ira voir la **chapelle du Cœur** (*✆ 04 74 08 17 17 - www.arsnet.org - horaires, se rens. - possibilité de visite guidée sur demande (10mn)*). qui contient le reliquaire où est conservé le cœur du curé d'Ars. La statue en marbre de Carrare représentant le prêtre en prière est une œuvre du sculpteur bressan Émilien Cabuchet (1819-1902)

Historial – *Descendez la rue principale. 621 r. Jean-Marie-Vianney - ✆ 04 74 08 10 76 - www.musee-ars.org - ♿ - avr.-sept. : 9h30-12h30, 13h30-18h, dim. et j. fériés 14h-18h ; reste de l'année : tlj sf dim. 10h-12h, 14h-17h - fermé 1er janv., 25 déc. - 6 € (-6 ans gratuit).*

Ce musée, qui abrite des personnages de cire créés par Grévin, complète heureusement la visite des lieux historiques encore marqués par le passage de ce curé peu commun. Dix-sept moments forts de sa vie ont été choisis pour illustrer l'étendue de son charisme : naissance de sa vocation, prédication, mort…

NOS ADRESSES À FLÉCHÈRES

Voir aussi Villefranche-sur-Saône, p. 118 et la Dombes p. 178.

HÉBERGEMENT

À proximité

PREMIER PRIX

Chambre d'hôte Mme Robin – *16 r. des Vignes - 01090 Amareins - « Le Marquet » - ✆ 04 74 69 30 90 - jeanetjosette.free.fr - 🚭 P 🏊 - 3 ch. 60 € ☕ - table d'hôte 24 € (sur réserv.)* Vous serez très bien accueilli dans cette charmante maison voisine du château de Fléchères. Chambres spacieuses et bien tenues. Malgré le léger désagrément des WC installés sur le palier, l'ensemble est vraiment très correct. Un petit parc arboré et fleuri, une piscine et un solarium viendront agrémenter votre séjour.

POUR SE FAIRE PLAISIR

Hôtel Émile Job – *12 r. du Pont - 01090 Montmerle-sur-Saône - ✆ 04 74 69 33 92 - www.hotelemilejob.com - fermé en sais. lun. et mar. midi, hors sais. dim. soir et lun. et mar. midi, 3 sem. à la Toussaint et 2 sem. en mars - 14 ch. 77/87 € - ☕ 10 € - rest. formule déj. 20 € - 31/59,50 €.* En bordure de Saône, cet hôtel familial aux chambres spacieuses et confortables, équipées en wifi, fait également restaurant. Cuisine traditionnelle de qualité servie dans la salle à manger ou sous la belle terrasse ombragée.

RESTAURATION

À proximité

BUDGET MOYEN

Au Petit Moulin – *615 rte d'Ars - 01600 Ste-Euphémie - ✆ 04 74 00 60 10 - www.aupetitmoulin-01.fr - ouv. le midi sf. lun. (sf. mar.-merc. de nov. à mars), et vend.-sam. soir - fermé 1er-15 janv. - 29/41 € - formule déj. 22 €.* Grenouilles, poissons d'eau douce et volailles, soigneusement mitonnés et généreusement servis, figurent sur la carte de cette modeste auberge de campagne voisine de la Dombes.

Trévoux

6 687 Trévoltiens – Ain (01)

Un parlement à Trévoux ? Non, vous ne rêvez pas, la ville est en effet l'ancienne capitale de la principauté de Dombes, indépendante jusqu'en 1762. Le duc du Maine ayant imposé à ses magistrats l'obligation de résidence, Trévoux fut dotée au 18e s. de quelques hôtels parlementaires, bordant les ruelles des vieux quartiers.

NOS ADRESSES PAGE 191
Hébergement, restauration, achats, activités, etc.

S'INFORMER

Office de tourisme – *Pl. de la Passerelle - 01600 Trévoux - ✆ 04 74 00 36 32 - www.ars-trevoux.com - avr.-sept. : 10h-18h, lun. 14h-18h, dim. et j. fériés 14h-18h ; reste de l'année : voir le site Internet de l'office de tourisme.*

SE REPÉRER

Carte de microrégion A2 (p. 154).
L'A 46 dessert cette ville, située entre Villefranche-sur-Saône et Lyon.

SE GARER

Sur la place de la Terrasse *(stationnement limité à 45mn)* qui domine la boucle de la Saône, ou sur le parking situé à mi-chemin du château.

À NE PAS MANQUER

La vieille ville, avec son Parlement et ses hôtels particuliers du 18e s.

ORGANISER SON TEMPS

Comptez 2h.

Se promener Plan de ville ci-contre

LA VIEILLE VILLE

Circuit tracé en vert sur le plan ci-contre.

Palais du Parlement B1

✆ 04 74 00 36 32 - www.ars-trevoux.com - avr.-sept. : w.-end et j. fériés 15h, visite guidée (1h), dép. de l'office de tourisme (pl. de la Passerelle) - 4 € (-18 ans gratuit) - la visite du parlement est précédée d'une visite de la ville médiévale.

Construit à la fin du 17e s., le parlement de Dombes y siégea de 1697 à 1771. Peut-être vous souvenez-vous des initiales SPQR (*Senatus Populusque Romanus* : le Sénat et le peuple romain) qui rendent hommage au peuple romain sur les grands monuments de Rome. Cette idée a été reprise au parlement où l'on peut lire, à l'extrémité droite de la deuxième poutre en partant du fond, les initiales SPQD *(Senatus Populusque Dumborum)*. À droite du vestibule s'ouvre la **salle d'Audience★** dont le beau plafond à la française est décoré de motifs peints.

UN CENTRE INTELLECTUEL

Aux 17e et 18e s., Trévoux fut un des centres intellectuels les plus brillants de France disposant d'une célèbre imprimerie. En 1704, les jésuites firent paraître la première édition du fameux *Dictionnaire de Trévoux* en français et en latin. Cet ouvrage traitait aussi bien la langue, la science que les techniques et les arts, et sa structure servit de modèle à l'*Encyclopédie*. Sous la direction des jésuites, le *Journal de Trévoux* mena campagne pendant trente ans contre Voltaire et les philosophes de l'*Encyclopédie*.

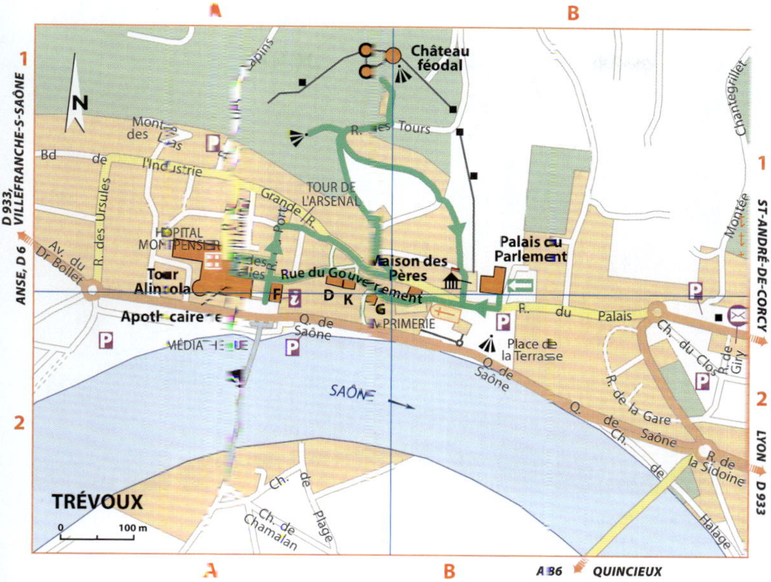

Exposition « Trévoux et ses trésors »........ **F**	**Hôtel de la Monnaie** .... **D**
Hôtel de la Grande Mademoiselle.......... **K**	**Hôtel du Gouverneur de Dombes**........... **G**

Rue du Gouvernement A1/B2

De part et d'autre de cette rue, située en contrebas de l'église, furent rédigés et imprimés le *Dictionnaire* et le *Journal de Trévoux*. Les jésuites habitaient la vaste et haute « **maison des Pères** » dont l'entrée principale se trouvait aux n°s 3 et 9 de la Grande-Rue ; ils n'avaient que la rue à traverser pour rejoindre l'imprimerie située en face. Plus bas, une suite de demeures anciennes : hôtels **du Gouverneur de Dombes**, de la **Grande Mademoiselle** et **de la Monnaie**, cachant derrière d'austères façades leurs terrasses dominant la Saône. Le carrefour avec la bien nommée rue Casse-Cou offre un amusant coup d'œil.

Musée Trévoux et ses trésors

Hôtel Pierre et Anne de Bourbon - 33 rue du Gouvernement de Dombes (entrée Place de la Passerelle) - ✆ 04 74 00 36 32 - www.ars-trevoux.com - ♿ - avr.-sept. : mar.-sam. 10h-18h, lun., dim. et j. fériés 14h-18h ; reste de l'année : lun. 14h-17h,

TRÉFILAGE, FILIÈRES ET FILAMENTS

C'est à Lyon que démarre au 16e s. cette activité : les tissus de soie intègrent alors des fils d'or et d'argent, et les premières filières ne sont pas en diamant, mais en rubis ou en saphir. Qu'est-ce que la filière ? C'est un disque de pierre très dure troué, par lequel est formé le fil de métal. C'est en 1845 qu'est découverte la technique permettant de percer la pierre la plus dure qui soit, le diamant, qui remplace alors toutes les autres matières. Trévoux devient pour un siècle la capitale mondiale de fabrication des filières, utilisées tant pour les fils barbelés que pour les filaments des ampoules électriques… Aujourd'hui, deux entreprises perpétuent cette spécialité.

Le Parlement, Trévoux.
Office de Tourisme Ars Trévoux

mar.-ven. 10h-12h, 14h-17h, sam. 10h-12h30, 14h-17h30, dim. et j. fériés : 14h-17h - fermé 1er janv. et 25 déc. - possibilité de visite guidée (1h) - 6€ (3,50€).

Depuis septembre 2017, l'hôtel Pierre et Anne de Bourbon réhabilité accueille l'exposition Trévoux et ses trésors. Dans un décor de bois blond, l'exposition retrace l'histoire singulière de la ville à travers les personnalités qui ont fait sa puissance et les objets qui ont fait sa richesse. La première chance de Trévoux fut sa situation : sur les rives de la Saône, longtemps à la frontière du Saint-Empire romain germanique et du royaume de France, au carrefour des grandes axes commerciaux : un lieu propice à l'enrichissement, grâce à la perception d'un péage fluvial. Sa seconde chance fut de tomber dans l'escarcelle des princes de Bourbon à la fois très proches du pouvoir royal et suffisamment puissants pour garder leur distance avec lui. Jusqu'à son rattachement au royaume de France (en 1762), Trévoux était la capitale d'une principauté indépendante. Les princes de Bourbon battaient monnaie et trouvaient leur profit en accordant de nombreux avantages aux artisans… et à leurs clients désireux d'échapper aux taxes croissantes des rois de France. Réputée pour son orfèvrerie, la ville se tourna ensuite vers le tréfilage, travail très spécialisé qui consiste à fabriquer des fils de métal *(voir encadré p. 189)*. Cette prospérité matérielle se reflète dans la vie intellectuelle, comme l'illustre le dictionnaire de Trévoux dont on peut manipuler un fac similé, dont on appréciera le contenu, la reliure… et le poids !

Apothicairerie de l'hôpital de Montpensier A2

3 pl. de la Passerelle - ✆ 04 74 00 36 32 - www.ars-trevoux.com - mar. et vend. 13h-19h, merc. 10h-12h, 13h-19h, sam. 10h-12h, 13h-17h, dim. 14h-17h - fermé 1er janv., 1er et 11 Nov., 25 déc. - possibilité de visite guidée (1h15) - 6 € - (en visite libre, on voit l'apothicairerie, mais sans pouvoir y entrer).

Fondé en 1686 par la Grande Mademoiselle, l'hôpital conserve sa pharmacie avec ses boiseries et une belle collection de pots de Nevers et de Gien. Sur le quai, la **tour Alincola** (13e-17e s.), est coiffée d'un dôme à lanternon.

Regagnez la rue du Port que vous remontez.

Rue de l'Herberie A

La rue de l'Herberie, à droite, était jadis réservée aux juifs. Le carrefour avec la Grande-Rue forme une placette triangulaire dominée par la tour carrée de l'Arsenal (1405), transformée plus tard en beffroi.

Par la montée de l'Orme, gagnez le château féodal.

Château féodal A-B

Allée du Château-Fort - ✆ 04 74 00 36 32 - www.ars-trevoux.com - avr.-sept. : w.-end et j. fériés 15h30 ; possibilité de visite guidée (1h) - 4 € (-12 ans gratuit).

Vestiges du château (14e s.). Les amateurs d'histoire ne manqueront pas la visite (1h30) proposée par l'office de tourisme. Elle permet d'apprécier l'architecture initiale du château, tout en constatant son importance stratégique, à la fois défensive et résidentielle à l'époque médiévale. Du sommet de la tour, vue magnifique sur la Saône et Villefranche.

La montée des Tours ramène place de la Terrasse.

À proximité Carte de microrégion p. 154

Château de Saint-Bernard A2

▶ *3,5 km à l'ouest - 52 av. Suzanne-Valadon - ✆ 04 74 00 37 62 - www.chateau-de-saint-bernard.fr - jardins de mi-avr. à fin sept. : dim. et j. fériés 14h-18h - visite guidée du château juil.-août : horaires, se rens. - fermé certains w.-end - 5 € (-12 ans gratuit).*

Construit au 13e s. par les seigneurs de Beaujeu, il marquait la frontière entre le Lyonnais franc dont il dépendait, la France et le Saint-Empire. Modifié aux 17e-19e s., il garde cependant son allure médiévale (tourelles, murailles, donjon, porte de pont-levis). En 1923, le peintre André Utter (1886-1948) l'achète comme résidence secondaire et y séjourne régulièrement jusqu'en 1932, accompagné de Suzanne Valadon (1865-1938) et de son fils Maurice Utrillo (1883-1955). Du passage du trio d'artistes (qualifié de « Trinité maudite »), les plus anciens gardent la mémoire d'anecdotes savoureuses. Et le monde de l'art conserve plusieurs toiles brossant le village, le château (principalement signées Utter) et la région (Utrillo s'est davantage attaché à Trévoux, Ars, Pérouges…).

NOS ADRESSES AUTOUR DE TRÉVOUX

RESTAURATION

À proximité

BUDGET MOYEN

Auberge de campagne du Petit Veyssieux – *Le Petit Veyssieux - 69650 Quincieux - ✆ 04 78 91 14 70 - www.aubpetitveyssieux.com - P ♿ - fermé janv. et août - ouv. sam. midi, dim. midi et j. fériés - 24,50 € sur réserv.* Cette auberge propose une cuisine généreuse préparée avec les produits de la ferme. Menu unique servi en famille.

Pérouges

★★

1 203 Pérougiens – Ain (01)

Venez voir une miraculée ! Pérouges n'oubliera pas le 20e s. au cours duquel elle est passée d'une longue phase d'abandon, voire de destruction, à une restauration exemplaire. Couronnant une colline, protégé par ses remparts, ce joyau d'architecture médiévale se découvre au fil de ses rues tortueuses bordées de vieilles maisons. Et le décor pérougien est si typique que le cinéma français l'affectionne particulièrement. Entre les années 1930 à 1960, cinéastes et comédiens de légende en avaient fait leur scène historique favorite. De « Monsieur Vincent » aux « Trois Mousquetaires » et « Angélique », plane à jamais le souvenir de Pierre Fresnay, Gérard Baray, Michèle Mercier et Robert Hossein...

NOS ADRESSES PAGE 197
Hébergement, restauration, achats, activités, etc.

S'INFORMER

Syndicat d'initiative – *9 rte de la Cité - 01800 Pérouges - 04 74 46 70 84 - www.perouges.org - mai-août : 10h-17h ; avr. et sept.-oct. : 10h-12h30, 14h-17h, sam. 14h-17h ; reste de l'année : tlj sf w.-end 10h30-12h, 14h-16h30 - fermé vac. de Noël.*

SE REPÉRER

Carte de microrégion B3 (p. 154).
Reliée à Lyon, tout proche, par l'A 42 et la D 1084, Pérouges est située au sud de la Dombes, non loin d'Ambérieu-en-Bugey.

À NE PAS MANQUER

La place du Tilleul.

ORGANISER SON TEMPS

Comptez 2h pour la ville et ses environs.

Se promener Plan de ville p. 195

★★ LA CITÉ

Circuit tracé en vert sur le plan de ville.
Laissez la voiture, à l'extérieur, à gauche de l'église ou sur le parking en contrebas.
La plupart des maisons de Pérouges, rebâties après le siège de 1468, sont du style de transition gothico-Renaissance. Les demeures seigneuriales ou de la riche bourgeoisie se distinguaient par l'importance de leurs dimensions et par leur luxe intérieur : hautes et vastes salles, plafonds à poutres sculptées, cheminées monumentales, fresques intérieures et extérieures. Celles des artisans et des marchands étaient beaucoup plus simples, les baies cintrées du rez-de-chaussée éclairaient l'atelier ou servaient à l'étalage des marchandises. Les plus anciennes maisons sont à pans de bois, avec des étages en encorbellement. Des rues sont restées telles qu'elles étaient au Moyen Âge.

★ Porte d'En-Haut A1-2

Entrée principale de Pérouges, elle était aussi la plus exposée, en raison de la pente douce du terrain à cet endroit. Sa défense était renforcée par l'église-forteresse et par une barbacane. Dans l'encadrement ogival apparaît

Place de la Halle à Pérouges
Office de tourisme de Pérouges

la maison Vernay. Du terre-plein, jolie vue sur la campagne, au-delà du fossé des fortifications.

★ Rue du Prince A1

C'était la voie principale. Les bouchers, vanniers, drapiers, l'armurier et l'apothicaire y tenaient boutique : on y voit encore les tables de pierre des éventaires. Elle est bordée par la **maison des Princes de Savoie**.

★★ Place du Tilleul A-B1-2

Au centre de la cité, elle offre l'un des décors les plus évocateurs de France. De son nom original place des Halles, il ne reste que le souvenir des bâtiments qui brûlèrent dans un incendie en 1839. De nos jours, elle rend hommage au splendide tilleul qui se dresse en son centre. Un arbre de la liberté planté en 1792. Presque toutes les maisons qui entourent la place sont pittoresques.

Ostellerie – Elle est signalée par une enseigne portant les armes de la cité. La façade, à pans de bois, est du 13e s., la façade sud Renaissance.

Musée du Vieux-Pérouges – *R. des Princes - ✆ 04 74 61 00 88 - www.comitepe-rouges.fr - juil. : 10h-12h, 14h-18h ; de mi-mai à fin juin et de déb. août à mi-sept. : tlj sf lun.-mar. 10h-12h, 14h-18h - 5 € (-12 ans gratuit).*

Consacré à l'histoire et l'archéologie de la Dombes et de la Bresse (gravures, ustensiles, mobilier, faïences de Meillonnas), il est aménagé dans une partie de la maison des Princes de Savoie et dans la maison Heer, qui donne sur la place par une galerie à piliers gothiques. Au rez-de-chaussée a été reconstitué un atelier de tisserand avec son métier.

Maison du Vieux-St-Georges – Sur la façade, une niche en coquille abrite une curieuse statue en bois du 15e s., représentant saint Georges, patron de Pérouges, en cavalier.

Prenez, au fond de la place, une ruelle en descente.

Maison Herriot – Avec ses vastes baies (en plein cintre, au rez-de-chaussée, à meneaux, à l'étage), elle a un aspect cossu.

Revenez sur la place et prenez la rue de la Place, au nord.

3

TENIR LE HAUT DU PAVÉ

Étroites et sinueuses, les rues avaient un pavage à double pente avec une rigole médiane pour l'écoulement des eaux usagées. Les toits des maisons, débordant très largement, abritaient le « haut du pavé », réservé aux personnes de qualité. Les gens du commun, pour leur céder la place, devaient s'aventurer vers la zone insalubre du milieu de la chaussée. De cette pratique, reste l'expression… et les pavés de Pérouges.

Maison Cazin – L'une des plus belles demeures de Pérouges présente des étages en encorbellement et à pans de bois. Au rez-de-chaussée, les fenêtres en plein cintre sont grillagées.

Prenez à droite la rue des Rondes. En face de la maison Cazin, adossé au rempart nord, s'élève le **manoir de l'Ostellerie**, ancienne maison Messimy.

★ Rue des Rondes A/B1-2

Elle a conservé, presque partout, son pavage ancien et sa rigole centrale. Les maisons anciennes qui la bordent, dont le **grenier à sel** et la **maison Thibaut**, sont protégées par des toits en surplomb.

Porte d'En-Bas B2

Plus ancienne que la porte d'En-Haut, elle est en plein cintre. Sur sa face extérieure, une inscription, d'un latin approximatif, est relative au siège de 1468. Elle peut se traduire ainsi : « Pérouges des Pérougiens ! Ville imprenable ! Ces coquins de Dauphinois ont voulu la prendre, mais ils n'ont pas pu. Cependant, ils emmenèrent les portes, les ferrures, les serrures et dégringolèrent avec elles. Que le diable les emporte ! »

Des abords de la porte, on a une jolie **vue★** sur les environs, les monts du Bugey et, par temps clair, les Alpes.

Poursuivant dans la rue des Rondes, on débouche sur la place de l'Église.

Église Sainte-Marie-Madeleine A1

Elle a l'aspect d'une forteresse. Édifiée au 15e s., elle présente au nord-ouest une muraille percée de créneaux, de meurtrières et de baies très hautes et très

GRANDEUR ET DÉCADENCE

Du Moyen Âge à l'annexion française (1601), les souverains du Dauphiné et de la Savoie se disputent la ville. Le siège de 1468, épisode de cette lutte, est resté fameux dans les annales locales.

Dans la cité, riche et active, des centaines d'artisans tissent la toile tirée du chanvre qu'on cultive tout alentour. Au 19e s., cette prospérité disparaît : Pérouges est loin du chemin de fer et l'artisanat ne peut soutenir la concurrence des usines. Des 1 500 habitants qu'elle comptait au temps de sa splendeur, l'agglomération tombe à 90. En 1909-1910, elle est sur le point de disparaître tout à fait. Beaucoup de propriétaires sont pris d'une fièvre destructrice. Des pâtés entiers de vieilles demeures tombent sous le pic. La ville aurait disparu sans l'intervention de passionnés regroupés au sein du Comité du Vieux Pérouges qui s'allient à quelques Lyonnais et aux Beaux-Arts. Leur intervention est vigoureuse : les maisons les plus intéressantes sont achetées, restaurées et classées. L'essentiel de la cité est ainsi sauvé. Le Comité du Vieux Pérouges poursuit aujourd'hui son action de sauvegarde.

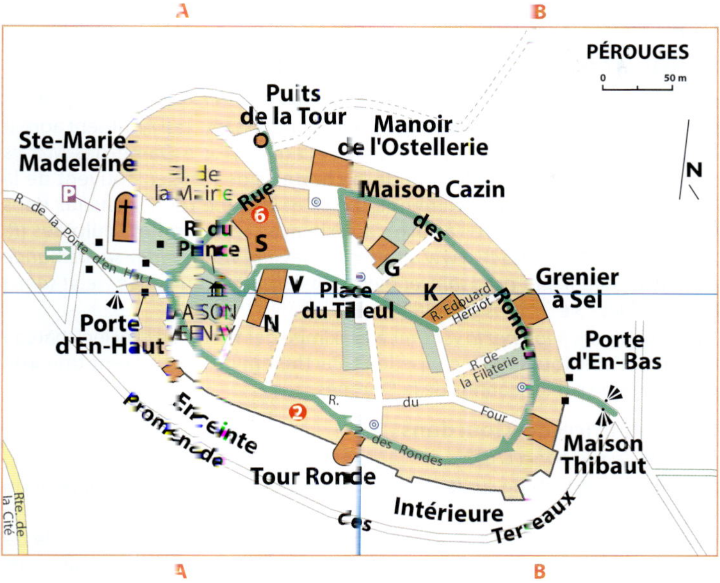

SE RESTAURER	Maison des Princes de Savoie ... T
Auberge du Coq ... 2	Maison du Vieux-St-Georges ... G
Ostellerie du Vieux Pérouges ... 6	Maison Herriot ... K
	Musée du Vieux-Pérouges ... V
	Ostellerie ... S

étroites. Le clocher, détruit sous la Révolution, a été reconstruit sous l'Empire et doté d'un dôme à quatre pans, à la manière franc-comtoise. Le chemin de ronde, qui entourait l'enceinte, passe dans l'église, au-dessus des voûtes latérales et dans les tribunes du mur de façade.

À l'intérieur, remarquez l'ensemble des clefs de voûte armoriées ; la voûte centrale, notamment, porte le blason de la Maison de Savoie et les symboles des quatre évangélistes. À droite du chœur, statue en bois polychrome, du 17e s., représentant saint Georges. *Par la rue des Rondes, gagnez la rue de la Tour.*

Puits de la Tour A1

Pendant longtemps, il suffit à fournir l'eau à toute la ville. Il doit son nom à la tour édifiée par les Romains, qui fut détruite en 1794, pendant la Révolution, et dont le presbytère marque l'emplacement ; avec une lanterne située à sa partie supérieure, on pouvait communiquer par signaux avec des tours analogues formant relais jusqu'à Lyon.

Les deux enceintes A/B2

La rampe partant de la porte d'En-Haut mène à la **promenade des Terreaux★** tracée dans le fossé de l'enceinte extérieure réduite à l'état de vestiges ; l'enceinte intérieure est presque complète : elle sert de soubassement aux maisons de la rue des Rondes. La **tour Ronde**, où s'adosse la maison du sergent de Justice, servait de prison.

À proximité Carte de microrégion p. 154

Montluel A3

9,5 km au sud-ouest. Quittez Pérouges par la D 1084 en direction de Lyon.

Ce bourg fleuri a conservé plusieurs édifices intéressants qui rythment agréablement une promenade à partir de la collégiale Notre-Dame-des-Marais (16e-17e s.) : remarquez la façade de la **chapelle** de l'ancien couvent de la Visitation, puis le porche St-Étienne (12e s.) et les fenêtres à meneaux dans la Grande-Rue, ou encore l'**apothicairerie** avec ses boiseries sculptées *(R. Neuve - 04 72 25 78 54 - www.apothicaireries.eu - visite guidée sur demande préalable (30mn) mai-oct. : sam. et merc. 15h-18h ; reste de l'année : seult sam. - fermé j. fériés - 3 € (-16 ans gratuit).*

Sur les hauteurs *(reprenez la voiture)*, à proximité des ruines de l'ancien château féodal, les alentours de la chapelle St-Barthélemy (13e s.) offrent une **vue** panoramique sur les confins de la Dombes.

Saint-Maurice-de-Gourdans B3

12 km au sud par la D 65B.

La bourgade est située sur le rebord d'un plateau dominant le confluent du Rhône et de l'Ain.

L'**église** date du 12e s. Une restauration adroite a mis au jour le mode de construction primitif ; pierres calcaires et cailloux roulés du Rhône, avec lits intercalaires de petites briques et de pierres plates.

L'**intérieur★** frappe par son aspect archaïque : la nef unique, basse, est un long berceau reposant sur une suite d'arcatures aveugles ornées de peintures murales. Disposées en bandeaux, elles illustrent dans un style naïf des scènes tirées pour la plupart des Évangiles. Dans la Création du monde, repérez Adam et Ève piégés par le serpent.

NOS ADRESSES À PÉROUGES

VISITES

Visite en famille – *5 € - pdt vac. scol., visite guidée pour les enf. avec « la dame de Pérouges » - réas. à l'office de tourisme.*

HÉBERGEMENT

À proximité

PREMIER PRIX

Chambre d'hôte M. et Mme Debeney-Truchon – *Lieu-dit « L'Hôpital » - 403 rue Principale - 01150 Chazey-sur-Ain - ✆ 04 74 61 95 87 - 🚭 P - 5 ch. 40/52 € ☕.* C'est l'accueil et la simplicité du cadre qui vous séduiront dans cette ferme villageoise. Les propriétaires, ravis de recevoir, regrettent juste de voir passer leurs hôtes si vite… Lui, surtout, adorerait montrer comment il fait son pain. Amateurs de pétanque bienvenus !

POUR SE FAIRE PLAISIR

Petit Casset – *Imp. du Petit-Casset - 01120 La Boisse - 9 km au sud-ouest de Montluel - ✆ 04 73 06 21 33 - www.lepetitcasset.fr - fermé 31 déc. - 🏊 - 17 ch. 84/120 € - ☕ 10 €.* Hôtel rénové, calme, dans un quartier résidentiel. L'atmosphère y est accueillante et les chambres toutes personnalisées, donnent sur un jardin fleuri et arboré.

RESTAURATION

À Pérouges

BUDGET MOYEN

Auberge du Coq – *R. des Rondes - ✆ 04 74 61 05 47 - aubergeducoqperoug.wix.com/aubergeducoq - fermé 3 sem. en fév., dim. soir, lun., et mar. - 17,90/39 €.* Dans une ruelle pavée de galets, ce restaurant évoque les échoppes d'autrefois. Le patron, un Italien gourmand natif de Pérouges, défend à sa table quelques belles spécialités comme le gâteau de foies blonds à la crème d'écrevisses, les grenouilles fraîches ou le poulet fermier aux morilles… À découvrir.

UNE FOLIE

Hostellerie du Vieux Pérouges – *Pl. du Tilleul - ✆ 04 74 61 00 88 - www.hostelleriedeperouges.com - fermé vac. de fév. - 28 ch. 136/257 € - ☕ 17 € - ✕ 39/67 €.* La célébrité de cette magnifique maison au cœur du village a dépassé les frontières depuis que Bill Clinton s'y est attablé en 1997… Il faut dire que c'est une belle étape, avec son décor typiquement bressan. Cadre médiéval ou ambiance bourgeoise au restaurant ; plats du terroir dont la fameuse galette.

À proximité

BUDGET MOYEN

Auberge de campagne du Mollard – *01320 Châtillon-la-Palud - ✆ 04 74 35 66 09 - www.aubergedumollard.com - P ♿ - ouv. tte l'année sur réserv., vend. soir, dim. midi et sam. - 4 ch. 80 € ☕ - table d'hôte 18 € - ✕ 18,20/37 €.* Cette ferme dombiste alanguie au milieu des champs vous ouvre ses portes : chambres garnies d'un joli mobilier en bois sculpté, salle à manger rustique avec mezzanine et cuisine à base de produits fermiers.

LE BUGEY

LE BUGEY
0 10 km
GRAND COLOMBIER ★★★ Vaut le voyage
Col de la Faucille ★★ Mérite un détour
Nantua ★ Intéressant
Belley À voir
PARC NATUREL RÉGIONAL DU HAUT-JURA
POLIGNY
DIJON
MÂCON
LYON
GENÈVE
ANNECY
GRENOBLE
5
6
Lac de Vouglans
Col de la Faucille
Petit Mont-Rond
Jura
Défilé de Sous-Balme
Vallée de la Valserine
Monts
Oyonnax
Lac Genin
Izernore
Viaduc et barrage de Cize-Bolozon
Pont des Pierres
Promenade sur l'Ain
Nantua
Lac de Sylans
Fort l'Écluse
Serrières-sur-Ain
BOURG-EN-BRESSE
Bellegarde-sur-Valserine
Cerdon
Val d'Enfer
Génissiat
HAUTE-SAVOIE
AIN
LE PLATEAU DE RETORD
Jujurieux
Ambronay
Mt Luisandre
Hauteville-Lompnes
Chute
Bge de Seyssel
Ambérieu-en-Bugey
St-Rambert-en-Bugey
Gges de l'Albarine
Seyssel
Les Allymes
Champagne-en-Valromey
Lochieu
GRAND COLOMBIER
Cluse de l'Albarine
Col de la Lèbe
LE GRAND COLOMBIER, VALROMEY
St-Sorlin-en-Bugey
Calvaire de Portes
Cade de Cerveyrieu
Obsre du Fenestrez
Réserve naturelle du marais de Lavours
Cluse des Hôpitaux
Lac de Barterand
Belley
Lac d'Ambléon
Lac d'Arborias
Lac d'Armaille
ISÈRE
RHÔNE
Lac du Bourget
Cade de Glandieu
Izieu
SAVOIE
CHAMBÉRY
Lac d'Aiguebelette
Ville de départ du circuit
Le haut Bugey
Les gorges de l'Ain et la Plastics Vallée
Défilé de l'Écluse
De Bellegarde au col de la Faucille
Le Valromey
La montagne d'Izieu
Le bas Bugey
LE PLATEAU DE RETORD Voir la carte détaillée du circuit

Le Bugey 4

Carte Michelin Départements 328 – Ain (01)

Nantua

★

3 651 Nantuatiens ou Catholards – Ain (01)

Le site de Nantua est classé depuis 1936 : son grand lac s'échappant d'une imposante cluse couverte de sapinières compose un site de caractère autour de maisons aux tons pastels. Promenades sur l'esplanade, baignades et loisirs aquatiques préparent délicieusement, entre deux dégustations de quenelles pour les gourmets, à la découverte du Haut-Bugey et des gorges de l'Ain.

NOS ADRESSES PAGE 210

S'INFORMER

Office de tourisme du Haut-Bugey – *14 r. du Dr-Mercier - 01130 Nantua - ✆ 04 74 12 11 57 - www.hautbugey-tourisme.com - juil.-août : 9h30 (lun. et j. fériés 10h30)-12h30, 14h-18h ; reste de l'année : voir le site Internet de l'office de tourisme.*

SE REPÉRER

Carte de microrégion A2 (p. 198).
Située à 86 km au nord-est de Lyon (A 42, puis A 404), la ville est à découvrir de la D 1084, qui longe le lac. TGV à Bourg-en-Bresse (41 km à l'ouest).

À NE PAS MANQUER

L'abbatiale St-Michel et son splendide *Saint Sébastien* d'Eugène Delacroix ; le musée d'histoire de la Résistance et de la Déportation ; le superbe point de vue sur la cluse de Nantua, près des Neyrolles ; les paysages naturels du Haut-Bugey, en particulier le belvédère du Cerdon et les gorges de l'Albarine.

ORGANISER SON TEMPS

Prévoyez trois jours pour la ville et les sites naturels qui l'entourent.

AVEC LES ENFANTS

Les lacs de Nantua et Genin pour leurs activités nautiques ; les grottes du Cerdon ; le site archéologique d'Izernore.

Se promener

★ Lac

Long de 2,5 km, large de 650 m, le lac s'est formé dans la cluse, derrière un dépôt laissé par un ancien glacier. De nombreuses sources contribuent à l'alimenter, dont la source des Neyrolles. Par le « Bras du lac », ses eaux se jettent dans l'Oignin, affluent de l'Ain. L'esplanade du lac, ombragée de beaux platanes, et l'avenue du Lac offrent de belles vues sur le plan d'eau encadré par les hauteurs du Haut-Bugey dont les falaises du côté nord s'achèvent par un talus d'éboulis boisé. Base nautique assez complète, le lac est pendant la haute saison le théâtre de nombreuses activités sportives et de loisirs : baignades surveillées, pédalo, canoë, voile, plongée, ski nautique, pêche…

★ Abbatiale Saint-Michel

Pl. d'Armes - ✆ 04 74 12 11 57 - www.saintmichelnantua.com - ♿ - 8h30-19h, dim. et j. fériés 14h-19h - gratuit.

La « sœur aînée de Cluny », également surnommée « église d'influence bourguignonne la plus à l'est », est l'édifice roman le plus important de l'Ain.

Nantua, le clocher de l'abbatiale Saint-Michel.
H. Hughes/hemis.fr

Dominée par un clocher du 19e s. très ouvragé, elle conserve les vestiges d'une abbaye bénédictine (12e s.) détruite à la Révolution. Son beau portail a été endommagé à la Révolution : on reconnaît à peine le Christ entouré des symboles des quatre évangélistes. C'est à l'intérieur qu'on découvrira ses trésors. À gauche, **la chapelle Ste-Anne** (16e s.) a conservé sa voûte Renaissance ornée d'un superbe réseau d'arcatures moulurées. Dans le chœur, l'autel de pierre porte de très beaux anges de marbre sculpté. À sa gauche, vous pourrez admirer le magnifique **Saint Sébastien secouru par les saintes femmes★★** (1836) par Eugène Delacroix ; il fut acheté par l'État et envoyé à Nantua à l'instigation du député de l'Ain Félix Giraud. Là, retournez-vous vers la nef et levez la tête : surprise, les piliers de la nef s'évasent en anse de panier ! Cette curiosité fut sans doute provoquée par un élargissement imprévu de

RETOUR AUX ORIGINES

Une abbaye bénédictine s'installe sur le site de Nantua dès le 7e s. Au Moyen Âge, ville franche fortifiée, elle entre dans le tourbillon des querelles qui opposent les gens du Bugey, de la Comté, de la Savoie, de Genève, sans oublier la France et l'Empire. Entre 1440 et 1449, un prieur de l'abbaye, Amédée VIII de Savoie, devient un des papes du grand schisme d'Occident sous le nom de **Félix V**. En 1601, **Henri IV** annexe la ville au domaine royal. Le surnom de **catholards** aurait été donné aux habitants de Nantua par les Suisses protestants en référence aux « cathèles », systeme de cordes et de poulies utilisé comme potence durant les guerres de Religion.

Le temps des diligences profite à Nantua, relais entre Bourg-en-Bresse et Genève. Mais, au 19e s., le chemin de fer fait tomber Nantua dans le marasme et l'oubli. Après l'armistice de 1940, la ligne de démarcation passant près de la ville, la population aide les clandestins. Dès l'été 1943, se forme le maquis avec le soutien des habitants ; nombre d'entre eux seront déportés. Aujourd'hui le développement de l'automobile et du tourisme redonne à ce site d'exception un second souffle.

la voûte. Remarquez aussi l'orgue (1847) : œuvre du facteur Nicolas-Antoine Lété, il compte près de 3 000 tuyaux.

★ Musée d'histoire de la Résistance et de la Déportation de l'Ain et du Haut-Jura

Dans la rue qui longe l'église - 3 montée de l'Abbaye - ☏ 04 74 75 07 50 - www.musees.ain.fr - fermé jusqu'en 2017. Réouv., se rens.

L'ancienne maison d'arrêt de Nantua, où des résistants furent internés, abrite ce musée qui refait sa scénographie pour être à la fois un lieu de mémoire de ses héros ordinaires mais également un lieu d'apprentissage de la citoyenneté d'aujourd'hui. Habilement mises en valeur par des **scénographies audioguidées★**, commentées en voix *off* par d'anciens maquisards français et un soldat anglais, les collections (dont 95 % proviennent de dons locaux) sont variées et restituent l'atmosphère des années 1940, l'Occupation, la Résistance, l'organisation des maquis et la déportation. Également un montage de films et de chants d'époque *(18mn)*, une collection d'affiches de propagande et deux salles d'exposition temporaire.

À proximité Carte de microrégion p. 198

Lac de Sylans B2

8 km à l'est. Quittez Nantua par la D 1084 au sud-est. Vous longerez le lac de Sylans par sa rive nord, 2,5 km après Les Neyrolles.

Ce grand lac (2 km de long et 300 m de large) occupe le fond d'une cluse ; ses eaux se sont accumulées derrière un barrage naturel formé par des éboulements. Elles s'écoulent dans deux directions opposées : une partie rejoint la Valserine, affluent du Rhône ; l'autre rejoint le lac de Nantua, dans le bassin de l'Ain. Enchâssé dans un val profond et étroit, le lac profite peu des rayons du soleil. Lors des hivers rigoureux, il se couvre d'une épaisse couche de glace. Celle-ci fut largement exploitée au début du siècle, avant l'apparition de la glace artificielle (1921), pour approvisionner Paris notamment. *☏ 04 74 12 11 57 - www.hautbugey-tourisme.com - possibilité de visite guidée sur demande (1h30) - se rens. à l'office de tourisme.*

Circuits conseillés Carte de microrégion p. 198

LE HAUT-BUGEY

130 km. Circuit tracé en vert sur les cartes p. 198 et 205. Comptez une journée. Quittez Nantua au nord par la D 1084. À Montréal-la-Cluse, suivez la D 1084 à gauche. 2 km après Ceignes, prenez à droite la route qui quitte la D 1084, suivez-la sur 300 m.

LA GOURMANDISE EST UN VILAIN DÉFAUT

En randonnant sur les hauteurs de Nantua, peut-être rencontrerez-vous un rocher en forme de femme avec une sorte de galette sur la tête. La légende affirme qu'il s'agit d'une femme du pays, l'infortunée Maria-Mâtre. La bonne chère n'est pas un vain mot en pays catholard, et cette fameuse cuisinière n'avait pas sa pareille derrière les fourneaux. Gourmande et créative, elle concocta un jour une croustillante galette aux écrevisses. Après l'avoir goûtée, elle la trouva si bonne qu'il n'en resta plus au retour de son mari. Affamé et furieux, ce dernier invoqua la justice divine qui s'abattit sur la malheureuse, la pétrifiant en statue de pierre.

« VOUS ALLEZ VOIR COMMENT ON MEURT POUR 25 FRANCS »
C'est le député nantuatien **Jean-Baptiste Baudin** (1811-1851), dont la statue orne la place d'Armes, qui prononça cette phrase célèbre sur les barricades parisiennes, le lendemain du coup d'État du 2 décembre 1851 (la rétribution d'un député était alors de 25 francs par jour). Autre grande personnalité locale, l'anatomiste **Xavier Bichat** (1771-1802) dont le nom fut donné au collège où il fit ses études, ainsi qu'à un grand hôpital parisien.

Grottes du Cerdon A2

À Labalme-sur-Cerdon, sur la D 1084. ☎ 04 74 37 36 79 - www.grotte-cerdon.com - juil.-août : 10h-18h ; vac. de Pâques (zone A) et vac. de la Toussaint (zone A) : 10h30-18h - fermé nov.-avr. - possibilité de visite guidée (1h30) - 15,50 € (-12 ans 14 €) - parcours pédagogiques - aire de pique-nique. Prévoir un pull, température entre 10 et 15 °C avec un passage à -2/4 °C - ateliers sur la préhistoire (feu et propulseur vac. scol. : sem. apr.-midi ; reste de l'année : dim., 3 €/atelier).

Situées sous d'anciennes fortifications, ces grottes furent longtemps utilisées comme cave de mûrissage pour le fromage local. Elles sont aujourd'hui aménagées pour la visite : un petit train conduit les visiteurs à l'entrée du site. Le circuit suit l'ancien lit de la rivière souterraine aujourd'hui disparue… et débouche sur un belvédère en plein milieu de falaise. C'est le lac de Nantua (beaucoup plus important autrefois) qui alimentait cette rivière. La galerie présente de belles stalactites (le dais), stalagmites (la statue cambodgienne) et draperies sonores, et mène à une immense salle s'ouvrant au jour par une arche de 30 m de haut. Accès à l'ancienne résurgence de la rivière en pleine falaise.

Poursuivez sur la D 1084.

Belvédère de Cerdon A2

En direction de Cerdon, un belvédère a été aménagé sur la droite de la route (au niveau du restaurant). Il offre une magnifique **vue★★** panoramique sur le vignoble de Cerdon et les paysages du Haut-Bugey.

Val d'Enfer A2

Près du village de Cerdon, qui eut cruellement à souffrir des représailles nazies, la route pénètre au creux d'une courbe du Valromey. Dans ce site sauvage du pont de l'Enfer, là où s'étaient regroupées d'importantes forces du maquis, a été érigé le **Mémorial des maquis de l'Ain et de la Résistance** en hommage à ses 700 morts. Cet imposant monument (œuvre de Charles Machet) présentant un buste de femme adossé à une muraille abrite la tombe du maquisard inconnu et domine le cimetière où reposent 88 résistants.

★ Cerdon A2

Niché au creux d'une vallée profonde, mais ensoleillée, que l'on découvre soit du belvédère de Cerdon, soit par la D 11, ce village est réputé pour son vin rosé pétillant bénéficiant de l'appellation VDQS (fabriqué selon la méthode champenoise ou celle de Die, dite « ancestrale »). Il produit également des vins AOC depuis 2009.

Les rues de Cerdon, très étroites, sont agrémentées de nombreuses fontaines et de ponts de pierre qui enjambent de petits cours d'eau.

Rejoignez la D 1084 que vous suivez en direction de Pont-d'Ain. Environ 6 km après, prenez à gauche la D 36 vers Ambronay. Il est également possible de rejoindre plus directement Jujurieux par la D 63, qui s'embranche en face de la sortie de Cerdon. Faites attention car la route, très pittoresque, est assez dangereuse.

Le Bugey

Une légende rapporte qu'un petit-fils de Noé se serait installé avec sa compagne **Bugia** dans les montagnes du Bugey, d'où l'origine du nom. Le **Haut-Bugey**, et ses sombres sapins, est appelé **Bugey noir**. Très accidenté, le **Bas-Bugey**, avec ses fameux vignobles, offre un tout autre paysage.

UN TERRITOIRE DISPUTÉ...

Au 9e s., le Bugey est rattaché au royaume de Bourgogne, puis au Saint-Empire. En 1077, une grande partie du territoire passe sous la domination du comte de Savoie qui, peu à peu, se l'approprie en totalité. En **1601**, la maison de Savoie cède, par le traité de Lyon, le Bugey ainsi que la Bresse, le Valromey et le pays de Gex à Henri IV, roi de France, en échange du marquisat de Saluces.
Sillonnées de passages transversaux (cluses), les petites montagnes du Bugey ont toujours été franchies aisément, ce qui leur a longtemps attiré bien des convoitises et de luttes armées. **Places fortes et châteaux** disséminés dans la région, aux endroits stratégiques, en témoignent.
Parallèlement, de nombreux **monastères et abbayes** s'y sont implantés, les monts apportant l'isolement et l'espace propices à la vie monacale. Elles sont devenues puissantes : gardant précieusement les reliques de leurs saints, elles attirèrent de nombreux pèlerins. L'Église prenant part aux luttes de pouvoir entre les différents suzerains, la jalousie des rois puis la Révolution mirent fin au règne des abbayes.
Au 18e s., les troupes espagnoles foulent le sol du Bugey lors de la guerre de Succession d'Espagne. Au 19e s., les nations coalisées contre Napoléon prennent la région comme théâtre de leurs combats. Il faut attendre 1855 et l'arrivée du chemin de fer Lyon-Genève par la cluse de l'Albarine pour que le Bugey tire enfin profit de sa position de lieu de passage. En 1871, la percée du mont Cenis et la construction de la ligne d'Italie font d'**Ambérieu** une gare importante ; c'est aussi au chemin de fer que **Bellegarde** doit son essor.
Le front de la Grande Guerre est resté éloigné de la région, mais les combats de 1939-1945 laisse une empreinte terrible en Bugey, qui a payé au prix fort le combat des maquisards et le courage de ses habitants.

... PUIS DÉLAISSÉ

Au lendemain de la guerre, la région doit se reconstruire. Mais l'exode rural vide les campagnes qui perdent la moitié de leurs habitants. Les petites villes industrielles du début du 20e s. voient leur activité décliner ; seule **Oyonnax**, dont le secteur industriel avait misé sur les nouveaux matériaux, prend le tournant de la modernité. Le travail du plastique, requiérant une main-d'œuvre peu qualifiée à bas salaires, sollicite des vagues de migration portugaises, puis maghrébines et turques.
Les années 1980 apportent de nouveaux espoirs à la région. Avec la construction de l'**A 40**, impressionnante et très coûteuse réalisation aux vertigineux viaducs (environ 100 m de haut) et interminables tunnels (plus de 3 km), et l'ouverture de la gare **TGV** de Bellegarde, dont la ligne relie Genève à Paris, le Bugey redevient un lieu de passage important. Mais cela ne se traduit pas en retombées économiques locales. Banlieue de Genève, parc de résidences secondaires, secteur industriel reposant sur quelques entreprises, le Bugey a du mal à trouver un nouveau dynamisme. Qualité de vie, nature préservée et patrimoine architectural seront sans doute les clés de son renouveau.

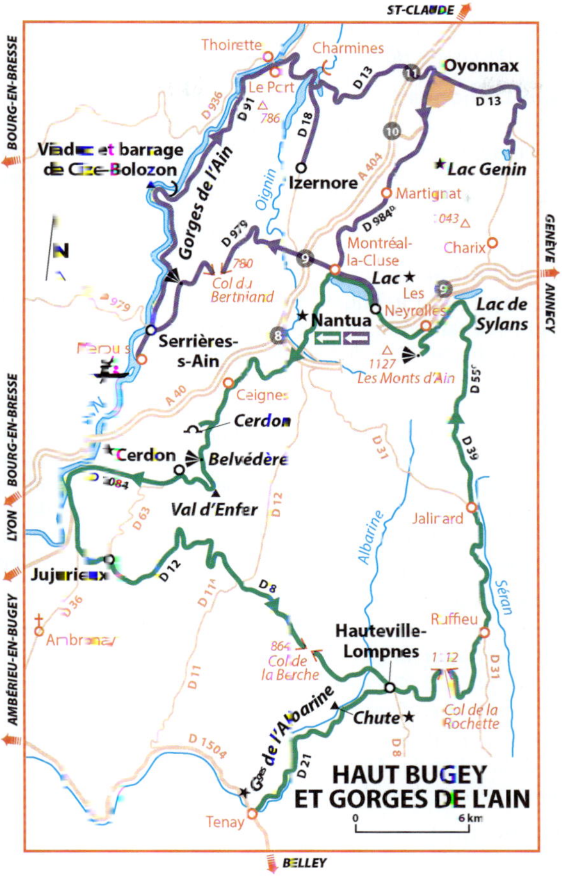

Jujurieux A2

Même si la crise industrielle lui a fait perdre de sa superbe, ce village aux 13 châteaux (excusez du peu !) conserve d'importants témoignages de l'extraordinaire développement qu'il a connu grâce au tissage au siècle dernier.

Soieries Bonnet – *Clos-du-Musée - ✆ 04 74 36 97 60 - http://tourisme-ain-cerdon.fr - mai-oct. : 10h-13h, 14h-18h - fermé lun.- possibilité de visite guidée (1h) - 5,50 € (-13 ans gratuit) - gratuit 1er dim. du mois.*

C'est en 1835 que **Claude-Joseph Bonnet**, grand fabricant de soie lyonnais, décide d'implanter une importante fabrique dans son pays natal. La manufacture devient rapidement l'une des plus importantes soieries en France. Loin des perturbations sociales, il regroupe les différentes étapes de la fabrication selon des conceptions managériales très paternalistes. Dans l'enceinte de l'usine, un grand pensionnat, encadré par des sœurs, accueillait près de 400 jeunes filles à qui l'on apprenait très tôt les métiers de la soie. En 2001, la production industrielle s'est arrêtée. Aujourd'hui, cet ensemble exceptionnel est au cœur d'un vaste plan de sauvegarde et d'inventaire scientifique, l'établissement ayant, au fil du temps, rassemblé quelque 300 000 objets et documents d'archives textiles. La visite des ateliers explique le processus de création d'une étoffe, de l'esquisse au tissu fini.

Rejoignez la D 12, que vous prendrez vers Corlier. À la sortie de ce village, empruntez à droite la D 8 jusqu'à Hauteville-Lompnes.

Hauteville-Lompnes A2

Située sur un plateau élevé (850 à 1 200 m), Hauteville-Lompnes (prononcez « Lone ») est réputée pour la pureté de son air. Station de moyenne montagne, elle bénéficie d'un cadre privilégié et d'équipements sportifs complets (VTT, ski de fond, équitation...).
Prenez à droite la pittoresque D 21, qui longe les gorges de l'Albarine.

★ Gorges de l'Albarine A2

De la route, on peut voir, à l'origine des gorges, la **chute★** de l'Albarine appelée « cascade de Charabotte », particulièrement majestueuse après de fortes pluies. L'eau tombe de 150 m du haut des falaises en hémicycle qui marquent le rebord du plateau de Hauteville.
Retournez à Hauteville et prenez vers l'est la D 9, par le col de la Rochette (1 112 m), jusqu'à Ruffieu. Prenez vers le nord la D 31, puis la D 31^{F} sur la droite à la sortie de Jalinard, puis à gauche, la D 39 et à droite la D 55^{C}. Au Replat, tournez à gauche sur la D 55^{D} vers Les Neyrolles. Après le tunnel, prenez en face la D 39. Après quelques lacets, on jouit d'une **vue★★** admirable sur les escarpements de la cluse de Nantua et son lac ; au coucher du soleil, le spectacle est magnifique. *Retournez au village des Neyrolles, où la D 39 rejoint la D 1084 qui, à gauche, ramène à Nantua.*

LES GORGES DE L'AIN ET LA PLASTICS VALLÉE

Circuit tracé en violet sur la carte p. 198. Comptez une journée.
Quittez Nantua par la D 1084 jusqu'à Montréal-la-Cluse. Prenez en face la D 979 en direction de Bourg-en-Bresse.
Après le col du Berthiand, un belvédère aménagé dans la descente dévoile une partie de la vallée de l'Ain.
Avant le pont, prenez à droite la D 91^{C} vers Serrières.

Serrières-sur-Ain A2

Très beau site autour d'un pont qui enjambe l'Ain d'une seule arche.
Prenez la D 91 vers le sud et Merpuis. Environ 2 km après le pont, tournez à droite en direction de Merpuis, puis, avant l'entrée du village, vers le plan d'eau d'Allement (très forte descente).

Promenade sur l'Ain A2

04 74 37 23 14 - www.ile-chambod.com - 13 € (-16 ans 8 €) - mai-sept. : tlj sf lun. deux promenades, l'une en dir. de Serrières (1h15), dép. 15h et 17h ; l'autre en dir. de Bolozon (2h30), dép. 10h - dép. de l'embarcadère de l'île Chambod, sur la rive droite - réserv. obligatoire.
Embarquez sur un bateau à fond plat qui vous fait découvrir quelques secrets de cette vallée, autrefois utilisée pour le flottage du bois et largement modifiée par les ouvrages hydroélectriques.
Revenez à Serrières et continuez sur la D 91 qui suit les gorges de l'Ain en direction de Thoirette.
La route suit le relief et découvre de superbes **vues★** sur la rivière, qui prend parfois des couleurs irréelles.

Viaduc de Cize-Bolozon A1

Détruit en 1944, cet élégant viaduc a été reconstruit en 1950. Dans un site assez sauvage, il en impose, avec ses 280 m de long et ses quelque 53 m de haut.
Continuez sur la D 91 en direction de Thoirette.

Le maquis de l'Ain

Dans le Bugey, ainsi que dans le Haut-Jura, les villes et les paysages sont marqués par une histoire à la fois douloureuse et glorieuse, celle de l'occupation allemande et du maquis de l'Ain pendant la Seconde Guerre mondiale.

LE MAQUIS S'ORGANISE

Alors que la Résistance dans l'Ain s'organise dès 1941, le phénomène des maquis débute en 1943, à la suite des émeutes à Oyonnax contre le STO, travail obligatoire en Allemagne ; les réfractaires rejoignent les montagnes du Bugey. Au cœur du massif protégé par les vallées du Rhône et de l'Ain et commandant d'importants passages routiers et ferroviaires, le maquis installe de nombreux camps. À partir de l'été 1943, le colonel Henri Petit, dit Romans, organise le maquis et le forme au combat ; il travaille aussi à l'image du maquis comme armée disciplinée pour contrer la propagande de Vichy et s'attirer le soutien des populations.

Le **défilé du 11 Novembre 1943 à Oyonnax** est l'événement déterminant pour l'avenir du maquis et de la lutte armée contre l'occupant. Les troupes du maquis défilent jusqu'au monument aux morts où ils déposent une gerbe avec l'inscription « Les vainqueurs de demain à ceux de 1914-1918 », entonnent *La Marseillaise* devant les habitants ébahis puis exaltés et quittent la ville pour rejoindre le maquis sans que l'occupant ne réagisse. Cette démonstration d'audace et d'organisation aurait décidé les forces alliées de Londres à soutenir le maquis en leur envoyant armes et argent. Fin 1943, 450 à 500 hommes occupent les camps, et les opérations de sabotage s'intensifient.

LA LUTTE ARMÉE

Aux opérations de harcèlement et de guérilla, les forces d'occupation répondent par **des déportations et des exécutions sommaires**. Nantua, pour ne citer qu'elle, subit une rafle de 150 hommes le 14 décembre 1943. La citadelle du maquis se trouve en Valromey ; en février 1944, elle est la cible d'une attaque allemande. Le 5 à l'aube, 5 000 Allemands encerclent le massif, puis en camion, à pied ou à skis montent à l'assaut des plateaux d'Hauteville, Retord et Brénod. La neige rend les opérations difficiles. Les forces de la Résistance doivent se disperser après des escarmouches ponctuelles. Du 6 au 12 février, les villages et les populations souffrent des sévices et des violences de l'ennemi. Le jour de Pâques 1944, une rafle de plus de 300 hommes est orchestrée par Klaus Barbie à St-Claude (Jura). Reconstitué, le maquis reprend ses opérations et sabote 52 locomotives à Ambérieu le 6 juin. Le débarquement en Normandie accentue les attaques allemandes. En juillet, une nouvelle attaque est étendue à tout le Bugey et au Haut-Jura. Neuf mille hommes, appuyés par l'aviation et l'artillerie légère, dispersent le maquis dont les groupes se replient sur les plus hautes chaînes. Le village de Cerdon est pillé et incendié le 11 juillet. Les maquisards participent aux batailles de l'avancée des Alliés. Besançon est libérée le 8 septembre mais le front se stabilise devant Montbéliard, qui n'est atteinte que le 17 novembre après d'intenses combats.

Entre 1940 et 1945 dans l'Ain, **700 maquisards sont morts** au combat ou ont été fusillés, **641 civils** sont morts, **sur les 891 déportés de l'Ain, 595 ne sont pas revenus**. Les chiffres sont encore plus élevés dans le Jura. À la Libération, Nantua et Oyonnax sont décorées de la **médaille de la Résistance**.

DES PEIGNES DE CHARME À LA « PLASTICS VALLÉE »

La fabrication, en hiver, par les montagnards, de très beaux peignes avec le buis des forêts jurassiennes, mais aussi avec le bois de hêtre et de charme, est dans la région une tradition ancienne. À la fin du 18e s. viennent s'ajouter progressivement d'autres matériaux, notamment la corne. En 1869, le **Celluloïd** est découvert aux États-Unis. Moins de dix ans plus tard, cette matière plastique est pour Oyonnax l'opportunité de nouveaux développements de la fabrication, non seulement du peigne, mais aussi d'objets de parure auxquels s'ajoutent les jouets. Quand, plus tard, la **Galalithe**, la **Bakélite**, l'**acétate de cellulose**, etc., apparaissent sur le marché, Oyonnax les utilise sans tarder et maintient sa prépondérance. À partir de 1924, une matière thermoplastique, le **Rhodoïd**, contribue de manière importante à la prospérité économique de la ville. Après la Seconde Guerre mondiale, l'industrie plastique repart de plus belle. Aujourd'hui, ce sont 458 entreprises qui forment, sur une superficie de 490 km², la « Plastics Vallée », nom donné par un journaliste américain en comparaison avec la Silicon Valley (*www.plasticsvallee.fr*).

Barrage de Cize-Bolozon A1

Surmonté d'une grue, ce barrage n'est pas de première jeunesse, car il a été construit entre 1928 et 1931. Il est de type « mobile » (156 m de longueur).

La vallée s'élargit progressivement, mais garde une majesté mise en valeur par les reliefs qui la bordent.

Continuez sur la D 91. Arrivé au Port, ne traversez pas le pont, mais prenez la D 18 en direction d'Oyonnax.

Après Matafelon-Granges, la route traverse la retenue formée par le barrage de Charmines.

Poursuivez la D 18 à droite et rejoignez Izernore.

Izernore la gallo-romaine A1

Izarnodurum était un village des Séquanes, puissante tribu de la Gaule antique. Placé sur une voie commerciale importante, ce village connut son apogée au 2e s., avec la construction d'un nouveau temple et de thermes. Ceux-ci constituent, avec quelques *villae* et le quartier des Amphores, les vestiges du village gallo-romain détruit par les invasions barbares au 4e s., puis de nouveau aux 8e et 10e s. Certaines thèses voudraient qu'Izarnodurum soit la fameuse Alésia, mais les preuves manquent.

Musée et site archéologique d'Izernore – *Pl. de l'Église - ✆ 04 74 49 20 42 - www.archeologie-izernore.com - juin-août : 9h-12h, 14h-18h ; reste de l'année : tlj sf mar. et sam. 9h-12h, 14h-17h - fermé dim.-lun. et j. fériés - possibilité de visite guidée (1h30) - 2 € (-18 ans gratuit) - gratuit J. de l'archéologie (juin).* Ce petit musée présente quelques pièces de la vaste collection d'Izernore mais surtout il retrace, à travers quatre salles aménagées, les étapes suivies par un objet archéologique, de sa mise au jour à son exposition.

En sortant du musée, suivez le chemin des Pierres (parcours pédagogique) jusqu'aux ruines du temple gallo-romain, dédié à une divinité des eaux.

Reprenez la D 18 vers le nord, la D 13 à droite vous emmène à Oyonnax.

Oyonnax B1

1 r. Bichat - 01100 Oyonnax - ✆ 04 74 12 11 57 - www.hautbugey-tourisme.com - juil.-août : 10h-12h30, 14h-18h, sam. 10h-12h30, 14h-17h ; reste de l'année : tlj sf sam. 10h-12h30, 14h-17h, lun. 14h-17h - fermé dim. et j. fériés - dépliants gratuits pour faire le tour du centre-ville ou se promener le long de la Sarsouile (2h).

Jadis célèbre pour ses peignes en bois, Oyonnax (prononcez « Oyona ») est aujourd'hui une cité industrielle très réputée pour le travail des matières plastiques. La création en 1985 de la « Plastics Vallée », qui groupe dans un rayon de 50 km une concentration exceptionnelle d'entreprises spécialisées, a fait d'Oyonnax la capitale des matières plastiques. Siège du lycée technique Arbez-Carme (École nationale des matières plastiques) depuis près d'un siècle, la ville est aussi celui du **Pôle européen de plasturgie** (ouvert en automne 1991), destiné à former, au niveau national, des ingénieurs plasturgistes.

Musée du Peigne et de la Plasturgie – *88 cours de Verdun - ✆ 04 74 81 96 82 - www.oyonnax.fr - ♿ - 14h-18h, 1er dim. du mois 14h-18h - fermé lun. et j. fériés, janv. et 3 premières sem. d'août - possibilité de visite guidée (1h) - 3,50 € (-16 ans gratuit) - gratuit 1er dim. du mois - ateliers vac. scol.*

Les collections de ce musée illustrent l'évolution et la variété de la production oyonnaxienne : peignes en buis, corne et Celluloïd, lunettes, boutons, boucles, bijoux, fleurs artificielles, etc. Des machines ayant servi à la fabrication de peignes en corne et en Celluloïd, de nombreux peignes du monde entier complètent l'exposition. De nombreux objets telles les mantilles en Celluloïd et les lunettes en plastique témoignent de l'habileté et du goût artistique des fabricants.

Depuis le centre-ville, la direction du lac Genin est indiquée. Empruntez la D 13, et après 7 km prenez à droite vers le lac.

★ Lac Genin B1

De taille modeste, ce lac, fierté d'Oyonnax, est situé dans un joli **site★** encadré de prairies et de pentes boisées. Ses rives ombragées constituent d'agréables promenades. Il offre diverses possibilités en fonction des saisons : baignades surveillées en été, patinage en hiver.

Revenez à Oyonnax, retournez devant le musée puis prenez la direction de l'A 404, puis de Martignat et de Montréal-la-Cluse (D 984^{D}). La D 1084 à gauche vous ramène vers Nantua.

NOS ADRESSES À NANTUA

HÉBERGEMENT

À Nantua

BUDGET MOYEN

L'Embarcadère – *13 av. du Lac - ✆ 04 74 75 22 88 - www.hotelembarcadere.com - P ♿ - 2 ch. - 47 ch. 68/83 € - ☕ 10,50 € - ✕ formule déj. 19 € - 25/73 €.* La moitié des chambres offrent une échappée sur le lac, et toutes se déclinent dans des tons chauds. La vue panoramique sur l'eau et la goûteuse cuisine régionale sont les atouts maîtres du restaurant, auquel on accède par une passerelle couverte.

À proximité

PREMIER PRIX

Lac Hôtel – *22 av. de Bresse - 1460 Montréal-la-Cluse - ✆ 04 74 76 29 68 - www.lac-hotel.com - fermé dim. soir, 2e sem. d'août et 19 déc.-1er janv. - P ♿ - 28 ch. 55 € - ☕ 8 €.* Chambres pratiques, tenue rigoureuse et prix « mini » sont les atouts de cet hôtel construit au voisinage d'un nœud routier. Accès Internet à disposition.

RESTAURATION

Ne manquez pas de goûter la fameuse sauce Nantua qui accompagne les quenelles de brochet ; elle doit son goût à un savoureux crustacé, l'écrevisse.

À Nantua

BUDGET MOYEN

Belle Rive – *23 rte de la Cluse - ✆ 04 74 75 16 60 - www.bellerive-nantua.com - dim., lun., merc. 12h-14h, jeu.-sam. 12h-14h et 19h30-21h30 - fermé 3 sem. en oct. - formules déj. 13/15 €. - 20/40 €.* En dégustant les spécialités locales, vous pourrez avantageusement profiter de la vue sur le lac dans ce restaurant tout en verrière.

À proximité

PREMIER PRIX

Auberge du lac Genin – *18 rte du lac Genin - 01130 Charix - ✆ 04 74 75 52 50 - www.lacgenin.fr - P - fermé de mi-oct. à déb. déc., dim. soir et lun. - formule déj. 13 € - 10/22 € - 3 ch. 55/65 € - ☕ 6,50 €.* Prenez la peine de monter jusqu'au lac Genin pour dénicher cette auberge de montagne, située dans un site boisé, sur les berges du plan d'eau. Salle à manger rustique où l'on prépare sous vos yeux des grillades cuites au feu de bois. Belle terrasse. Chambres modestes.

BUDGET MOYEN

Auberge Les Gentianes – *La Millière - 01130 Lalleyriat - 12 km à l'est de Nantua par les D 1084 et D 55B - ✆ 04 74 77 25 84 - fermé 5-31 janv., dim. soir et lun. sf j. fériés - formule déj. 15 € - 18/35 €.* La jolie façade abondamment fleurie de cette auberge vous invite à découvrir sa cuisine sagement personnalisée dans un cadre campagnard : belle cheminée en pierre et poutres apparentes. Petite terrasse d'été.

POUR SE FAIRE PLAISIR

Bernard Charpy – *308 r. de la Croix-Chalon - 1460 Brion - ✆ 04 74 76 24 15 - www.restaurant-bernard-charpy.fr - P ♿ - fermé sem. de l'ascension, 1 sem. août, sam. midi-lun., mar. soir - formule déj. 24 € en sem. - 32/61 € - réserv. conseillée.* Sous la charpente apparente de la salle à manger relookée version contemporaine, vous dégusterez une attrayante cuisine traditionnelle (très beau choix de poissons frais). ACHATS

Cave Girardi-Dupoyet – *4 r. de la Gumarde - 01450*

Cerdon - ✆ 04 74 39 95 50 - www.cerdon-girard.com - 8h-12h, 13h30-19h, w.-end 10h30-12h et 14h30-18h30 - fermé 1er janv. et 25 déc. Dégustation et vente de Cerdon (méthode ancestrale et méthode traditionnelle).

La Grand'Cave – *37 r. du 12-Juillet-1944 - 1450 Cerdon - ✆ 04 74 39 95 67 - www.closdescondamines.com - tlj.* La méthode ancestrale pratiquée dans le vignoble de Cerdon, se caractérise par une interruption de la première fermentation en cuve, conférant au vin un faible degré d'alcool et la naissance d'une mousse fine après la mise en bouteille. Visite commentée de la cave (pour les groupes sur réserv.) et vente directe des différents produits du terroir.

Cotélac – *4 r. du Dr-Mercier - ✆ 04 74 75 04 04 - www.cotelac.fr - lun.-sam. 9h15-19h - fermé dim. (sf en juil. 10h-12h et 14h-18h) et j. fériés.* Le Tricotage de Nantua (TN) a fait peau neuve en devenant Cotélac, griffe de marque de prêt-à-porter. Le magasin d'usine de Nantua propose 30 à 40 % de réduction sur les retours d'usine, les prototypes et sur la nouvelle collection avec petits défauts.

Fromagerie de Brénod – *60 pl. de l'Église - 1110 Brénod - ✆ 04 74 36 01 24 - www.comte.com/brenod - P ♿ - 8h45-12h15, mar. et jeu. 15h30-18h45, vend. et sam. : 14h30-18h45 - fermé lun. (sf vac. scol. 15h30-18h45) et merc.* La fruitière de Brénod transforme 3 millions de litres de lait par an en comté, crême, beurre et fromage blanc. Accès libre à la galerie de visite, panneaux explicatifs. Activités

Autoroute des Titans – *C'est à François Mitterrand, surpris par le gigantisme des ouvrages, que l'on doit ce nom qui désigne une portion spectaculaire de l'A 40. Aire du lac fermé - gratuit.*

Randonnée nature – *Les Crêts - 01130 Poizat - ✆ 06 11 17 27 14 - www.enpleinenature.fr - Cours de 1h à 2h : 12,50 € - Rando. avec les lamas 2h : 15 € (enf. -12 ans 8 €).* Découvrir et reconnaître les plantes sauvages, les cueillir et les cuisiner vous tente ? Spécialiste de marche nordique, Agnès Godard vous propose aussi randonnées, balades en raquettes et soirées autour du feu sous tipi ou yourte.

AGENDA

Estivales du Lac – *Juil. - Nantua. Animations au bord du lac.*

La Valserine

Ain (01)

Ce nom qui chante comme une cascade annonce un torrent qui descend du Haut-Jura pour se jeter dans le Rhône et rassemble, chemin faisant, de nombreux cours d'eau. Les paysages de cette vallée s'ouvrent idéalement sur les monts Jura et la Suisse toute proche.

NOS ADRESSES PAGE 215
Hébergement, restauration, achats, activités, etc.

S'INFORMER

Office de tourisme – *13 r. de la République - 01200 Bellegarde-sur-Valserine - ✆ 04 50 48 48 68 - www.terrevalserine.fr - juil.-août : 9h-12h30, 14h30-19h, dim. 9h-13h ; avr.-juin et sept. : tlj sf dim. 9h-12h30, 14h30-18h ; reste de l'année : voir le site Internet de l'office de tourisme.*

SE REPÉRER

Carte de microrégion B2 (p. 198). La Valserine est un affluent du Rhône qu'elle rejoint au niveau de Bellegarde-sur-Valserine, à proximité de la frontière suisse et de Genève.

À NE PAS MANQUER

Le spectacle naturel des pertes de la Valserine ; le défilé de l'écluse ; l'impressionnant fort l'Écluse.

ORGANISER SON TEMPS

Comptez deux journées pour visiter la vallée et ses alentours.

AVEC LES ENFANTS

Les pertes de la Valserine, le fort l'Écluse, la **fête médiévale du château de Musinens.**

Se promener

Cette excursion est à faire de préférence l'apr.-midi, en remontant la vallée du sud vers le nord.

La rivière Valserine a donné son nom au val de la haute montagne jurassienne où se déroule son cours. Elle naît dans les prairies du **Valmijoux**. Longue de 50 km, elle descend de 1 000 m depuis sa source jusqu'à son confluent avec le Rhône, à Bellegarde-sur-Valserine. Son régime est torrentiel : on a vu, en 1899, son niveau monter subitement de 26 m au pont des Oulles.

Le val s'allonge entre deux lignes de montagnes parallèles dont les sommets les plus connus sont le **crêt de Chalam** (1 545 m) et le **crêt de la Neige** (1 720 m). Il est ainsi nommé parce qu'il conserve, parfois toute l'année, la seule neige « éternelle » du Jura, dans quelques creux exposés au nord.

En 1884, grâce à un barrage construit sur la Valserine, les Bellegardiens furent parmi les premiers Français à bénéficier d'un éclairage public électrique.

★ Berges de la Valserine

Montez la rue de l'office de tourisme et, au rond-point, prenez la D 1084 vers Lyon. Garez-vous au parking situé derrière le viaduc du chemin de fer (rue L.-Dumont). *2h à pied AR.* La Valserine longe la ville, mais son cours encaissé a longtemps été difficile d'accès. Un sentier a été aménagé au départ du viaduc. Ce beau parcours qui mène jusqu'aux pertes de la Valserine nécessite un peu de souffle, car il y a de nombreux escaliers. Attention : par temps de pluie, le sentier est parfois boueux et les pierres peuvent être glissantes.

Village de La Grande Finière dans la vallée de la Valserine.
J.-C. et D. Prat/Photononstop

★ Pertes de la Valserine

Pour les rallier en voiture, quittez Bellegarde par la D 1084 au nord. Passez sous la voie ferrée et suivez la D 1084 sur environ 2 km. Parking à droite de la route.
45mn à pied AR. Descendez le sentier, sous bois et coupé de marches. Gagnez le site, très curieux, où la rivière disparaît dans les fentes étroites des rochers. Ce phénomène impressionnant se répète sur 200 m environ. Les profondes marmites de géants appelées « Oulles » ont été creusées et polies par le torrent. Le « pont des Oulles » est le nom d'un ancien ponceau métallique qui le franchissait. Les chutes de la Valserine se trouvent un peu en amont. Vous pouvez observer en direct, mais avec la plus extrême prudence, le travail de l'eau qui sculpte de superbes marmites avant de s'enfoncer dans la roche.

Circuits conseillés Carte de microrégion p. 198

★ DÉFILÉ DE L'ÉCLUSE

32 km au dép. de Bellegarde-sur-Valserine. Circuit tracé en bleu vif sur la carte de microrégion *(p. 198).*

Bellegarde-sur-Valserine B2
La ville de Bellegarde émerge au 19e s. avec l'arrivée du chemin de fer et de l'électricité. Elle comprend quelques éléments architecturaux intéressants de la fin du 19e s. et des années 1920-1930.
Prenez la D 1206 vers l'est qui vous mène dans la cluse.
C'est une forte belle cluse qui sépare le **grand crêt d'Eau** (1 621 m) de la **montagne de Vuache** (1 101 m). Le défilé de l'Écluse est surveillé par d'imposantes fortifications. Le fort inférieur est relié au fort supérieur par un escalier de 1 165 marches creusé dans le rocher ! Outre le fleuve et la voie ferrée, deux routes l'empruntent : la D 1206, grande voie de passage franco-suisse,

4

sur la rive nord, et la D 908^A, plutôt route de promenade, sur la rive sud. Toutes deux offrent des vues très pittoresques.
Passé Longeray, tournez à droite, juste avant l'entrée du tunnel, vers le fort.

★ Fort l'Écluse B2

Rte de Genève - ✆ 04 50 56 73 63- www.fortlecluse.fr - de mi-juin à mi-sept. : 10h-18h30; reste de l'année : sur demande - fermé 1er janv., 25-26 déc. - possibilité de visite guidée (1h) - 5 € (-16 ans 3,50 €).
Érigé à même la roche, le fort l'Écluse n'était qu'une simple tour à l'époque de Jules César. Il devint par la suite maison forte, remplacée au 13e s. par un fort. Il joua, au cours des siècles, un véritable rôle de frontière, verrouillant le défilé. À partir du traité de Lyon de 1601 et jusqu'à la moitié du 18e s., les ingénieurs du roi vont travailler à agrandir et renforcer les bâtiments. En 1815, après des jours de combats acharnés, les armées autrichiennes viennent à bout du fort, dévasté. Il se relèvera bientôt.
Bel ensemble de fortifications de montagne, le fort actuel fut bâti de 1820 à 1840 au-dessus du Rhône. Sa position stratégique lui valut d'être âprement disputé par les Allemands en 1944 : « Toujours l'ennemi s'use devant le fort l'Écluse » peut-on lire au-dessus de l'ancienne porte, au fond de la cour. Il faut beaucoup de courage pour gravir les 1 165 marches jusqu'au fort supérieur *(45mn à 1h AR, selon la condition physique)*, mais le point de vue de la **terrasse** le mérite ! Ce site remarquable prévoit à terme d'accueillir un musée du Pays de Gex consacré à l'identité de la frontière franco-suisse. Expositions annuelles.
Passez sous le tunnel et poursuivez par la D 1206 à droite. Dans Chevrier, prenez à droite la D 908^A et regagnez Bellegarde par la D 1508.

DE BELLEGARDE AU COL DE LA FAUCILLE

Circuit tracé en orange sur la carte de microrégion (p. 198). Comptez une demi-journée, plus si vous décidez de suivre la crête à pied, à partir du col de la Faucille.
Quittez Bellegarde-sur-Valserine par la D 1084. 4 km après Châtillon-de-Michaille, prenez à droite la D 14 puis, à Montanges, la D 14^A à droite.

★ Pont des Pierres B2

Il franchit la rivière entre Montanges et La Mulaz. Audacieuse et élégante, son arche unique, de 80 m d'ouverture, enjambe la gorge à une hauteur de 60 m. Par temps pluvieux, le spectacle est impressionnant : la Valserine, couverte d'écume, resserrée entre d'abruptes parois verticales, alimente de bruyantes cascades qui dévalent des deux versants, entraînant terre et pierres.
À La Mulaz, prenez à gauche la D 991.

Défilé de Sous-Balme B1

La route remonte la vallée en longeant des falaises boisées. Entre Chézery-Forens et Lélex, la Valserine traverse le sauvage défilé de Sous-Balme, long de 5 km, resserré entre le crêt de Chalam et le Reculet.
Remontez la vallée jusqu'à la station Monts Jura.

Monts Jura B1-2

Suivez la D 991 jusqu'au village de Mijoux. Empruntez ensuite la D 936 qui monte en lacet jusqu'au **col de la Faucille★★**, connu pour sa vue spectaculaire sur le Jura. Vous pouvez aussi gagner le **Petit Mont-Rond**, dont le panorama circulaire va du Jura français aux rives du lac Léman.

NOS ADRESSES DANS LA VALSERINE

HÉBERGEMENT

À Bellegarde-sur-Valserine

PREMIER PRIX

Hôtel Hermance – 19 r. J.-Bertola - *✆ 04 50 56 28 04 - www.hotelhermance.com - fermé 2 sem. déb. août - P ♿ - 24 ch. 56/65 € - ☕ 8 €.* Cet hôtel modeste, dont les chambres ont été récemment rénovées, est situé en plein centre-ville. Préférez celles du 4e étage (ascenseur) plus calmes. Les propriétaires habitent dans l'hôtel et l'accueil est agréable. Réservez absolument pour le w.-end.

À proximité

BUDGET MOYEN

Hôtel du Sorgia – 19 Grande-Rue - 01200 Lancrans - *✆ 04 50 48 15 81 - www.hotel-restaurant-sorgia.fr - fermé 1er mai, 15 août-08 sept., 22 déc.-17 janv., dim. soir - P - 9 ch. 69/75 € - ☕ 9,50 € - rest. 18/48 €.* Au cœur du village, la même famille reçoit les visiteurs dans son auberge depuis 1890. Hébergement simple mais propre et régulièrement rafraîchi. Salle à manger champêtre et terrasse fleurie dressée au bord du jardin. Carte du terroir régulièrement renouvelée.

ACTIVITÉS

Via Ferrata du Fort l'Écluse – *Lieu-dit Longeray - 01200 Léaz - ✆ 04 50 56 73 63 - www.fortlecluse.fr - tte l'année (interdit la nuit, à éviter par mauvais temps) - gratuit.* Surtout destinée aux pers. expérimentées, cette via ferrata, créée en août 2005, trouve sa place sur la paroi calcaire très raide du fort l'Écluse. Comptez 1h30 d'efforts pour venir à bout de ce parcours d'une longueur de 400 m, et de 150 m de dénivelée. On franchit le fossé par un pont de singe de 15 m. On en redescend par un sentier glissant (20mn) ou par le fort en été (1 €).

AGENDA

Fête du château de Musinens – *Mi-sept. - http://renaissance-chateau-musinens-bellegarde01.fr.* Des animations variées (défilé en costumes d'époque, démonstrations de combats à l'épée, à l'arc et à l'arquebuse, etc.) font revivre le château à l'époque du Moyen Âge et de la Renaissance.

BD dans l'Ain – *Nov. - www.bddanslain.fr - entrée payante.* Ce festival de BD accueille chaque année une vingtaine d'auteurs pour des séances de dédicaces et des expos. Marché de l'occasion. Une BD sur l'histoire de la ville du Moyen Âge à nos jours est en vente à l'office du tourisme *(13 €).*

Barrage de Génissiat

★

Ain (01)

Jusqu'en janvier 1948, date de la mise en eau du barrage de Génissiat, le Rhône, en arrivant à Bellegarde, disparaissait aux basses eaux dans une fissure profonde de 60 m. C'était la « perte » du Rhône. Le site a été transformé en un lac-réservoir long de 23 km. Il occupe les gorges taillées par le fleuve, deux falaises distantes de 1,70 m au point le plus resserré, qui réapparaissent pendant les « chasses », désormais très décriées.

NOS ADRESSES PAGE 219
Hébergement, restauration, achats, activités, etc.

S'INFORMER

Office de tourisme de Bellegarde - *13 r. de la République - 01200 Bellegarde-sur-Valserine - ✆ 04 50 48 48 68 - www.terrevalserine.fr - juil.-août : 9h-12h30, 14h30-19h, dim. 9h-13h ; avr.-juin et sept. : tlj sf dim. 9h-12h30, 14h30-18h ; reste de l'année : voir le site Internet de l'office de tourisme.*

SE REPÉRER

Carte de microrégion B2 (p. 198).
Le barrage se situe à 13 km au sud de Bellegarde-sur-Valserine, par la D 25, la D 991 à Billiat, puis la D 72[A].
Sur la crête de l'ouvrage, belles vues sur la retenue.

À NE PAS MANQUER

L'impressionnant ouvrage, haut de 104 m et le fonctionnement des canaux évacuateurs du Rhône, en période de hautes eaux.

ORGANISER SON TEMPS

C'est au début de l'été que le barrage est le plus spectaculaire, lorsque les canaux évacuateurs du fleuve fonctionnent à plein.

AVEC LES ENFANTS

Le « saut de ski », qui peut générer une splendide gerbe d'écume.

Découvrir

Site

En amont de l'emplacement choisi, le Rhône est encaissé entre de hautes falaises, ce qui permettrait de relever son niveau de 69 m sans provoquer de submersions importantes. La qualité du calcaire sur lequel devaient s'ancrer les 600 000 m^3 de béton de l'ouvrage était une question d'une importance primordiale : il aurait pu y avoir risque de voir les eaux passer sous le barrage par les fissures du sous-sol. L'homogénéité de la roche fut jugée satisfaisante, et les travaux purent commencer en 1937. Le barrage a été mis en eau au début de l'année 1948.

Barrage

Jadis surnommé le « taureau furieux », le Rhône est aujourd'hui corseté par une ceinture de barrages qui canalise ses emportements. Haut de 104 m à partir des fondations, long de 140 m à la crête, épais de 100 m à la base, le barrage de Génissiat est de type **barrage-poids**, c'est-à-dire qu'il résiste par sa seule masse à la poussée des eaux. La retenue d'eau, de 53 millions de m^3, s'étend sur 23 km jusqu'à la frontière suisse. Pour parer aux violentes crues du

Le Rhône, fleuve sous contrôle

Né en Suisse, à 2 200 m d'altitude, dans les cirques glaciaires de l'Oberland, entre les cols de la Furka et du Grimsel, le Rhône a, jusqu'à son arrivée dans le lac Léman (alt. 309 m), une allure torrentielle. Entré trouble et boueux dans ce lac il en sort remarquablement limpide : un nouveau fleuve, le Rhône de France, commence.

LA TRAVERSÉE DU JURA

La pente moyenne est sept fois moins forte que dans le cours suisse. Mais le régime demeure irrégulier ; la hauteur d'eau varie, suivant la saison, de 0,30 m à 5 m.

Peu de temps après avoir quitté Genève, le Rhône reçoit l'Arve, rapide et abondante, qui lui apporte les eaux des glaciers du Mont-Blanc. Trente kilomètres plus loin, il se heurte à la haute et abrupte barrière du Jura dont il lui faudra franchir les chaînons parallèles par une succession de cluses. La première de ces cluses est le pittoresque défilé de l'Écluse (*voir p. 213*). Le Rhône, large de 350 m à sa sortie de Genève, s'est ici fortement étréci pour se frayer un passage : il ne fait plus que 20 m.

LES CENTRALES

L'aménagement du fleuve a été confié, sur le territoire français, à la Compagnie nationale du Rhône.

De Genève à Lyon, neuf centrales utilisent les eaux du haut Rhône : deux en Suisse, celles de Verbois et de Chancy-Pougny ; sept en France, celles de Génissiat, Seyssel, Chautagne, Belley, Brégnier-Cordon, Sault-Brénaz et Cusset.

LES CHASSES DU RHÔNE

Les alluvions de l'Arve en provenance du massif du Mont-Blanc s'accumulent dans la retenue de Verbois ; si celle-ci n'est pas régulièrement vidangée, les crues inondent une partie de Genève.

Dès le début du 20e s. les « chasses » du Rhône étaient organisées pour les quelques barrages existant ; avec la multiplication des retenues, un accord franco-suisse (1967) devint nécessaire pour fixer la fréquence des chasses et régler leur organisation. Tous les trois ans, 1,5 million de tonnes de matériaux fins sont ainsi chassés de Suisse pour rejoindre la Méditerranée. Le barrage de Génissiat joue alors un rôle important dans la coordination de ce transfert, fortement dépendant des débits. Depuis 2003, un moratoire est envisagé afin de trouver une solution moins destructrice de l'environnement. La dernière grande chasse a eu lieu en 2012.

Désormais, des petites chasses sont organisées au coup par coup par nécessité mais dans une vigilance écologique extrême.

POUR OU CONTRE LES CHASSES ?

Elles consistent à vidanger partiellement les barrages situés sur le fleuve afin d'évacuer une partie des sédiments entassés en rives ou fond de lit. Ces variations hydrographiques peuvent mettre en danger la faune piscicole.

Rhône, dont le débit peut passer de 140 à 2 800 m^3 par seconde, deux canaux évacuateurs ont été construits, l'un à l'air libre sur la rive droite, le « saut de ski », l'autre en souterrain sur la rive gauche. Le « saut de ski » donne naissance, lorsqu'il fonctionne (généralement au début de l'été), à une majestueuse gerbe d'écume. *Un circuit de découverte à pied permet une balade entre « saut de ski », château et barrage avec des points de vue et des aires de pique-nique.*

Centrale Léon-Perrier

✆ 04 72 00 69 69 - http://cnr.tm.fr - la Compagnie nationale du Rhône (CNR) propose une visite guidée (1h45, demande préalable), interactive et pédagogique, où se mêlent l'art, l'histoire et la technologie hydraulique.

Au pied du barrage avec lequel elle fait corps, la centrale Léon-Perrier porte le nom du fondateur de la Compagnie nationale du Rhône. Elle peut produire 1,7 milliard de kWh en année moyenne. La **salle des machines** est l'une des réussites françaises pouvant être mises à l'actif de l'« esthétique industrielle ».

Circuit conseillé Carte de microrégion p. 198

LE PLATEAU DE RETORD

73 km au dép. du barrage de Génissiat. Circuit tracé en violet sur la carte ci-dessous. Comptez 3h.

Empruntez la D 72^A et traversez la D 991 pour prendre la D 30 vers le sud.

Col de Richemont

Après avoir traversé la Michaille, région ondulée qui s'étend au pied de la montagne depuis le Rhône, vous pénétrez dans la forêt pour n'en ressortir qu'après le col (alt. 1 036 m). Les arbres cachent malheureusement la vue mais, juste avant le monument au mort, à travers une futaie, vous pourrez entrevoir la vallée du Rhône, la montagne de Vuache et, par temps clair, la chaîne du Mont-Blanc. Une fois le col passé, la forêt s'ouvre sur de belles prairies

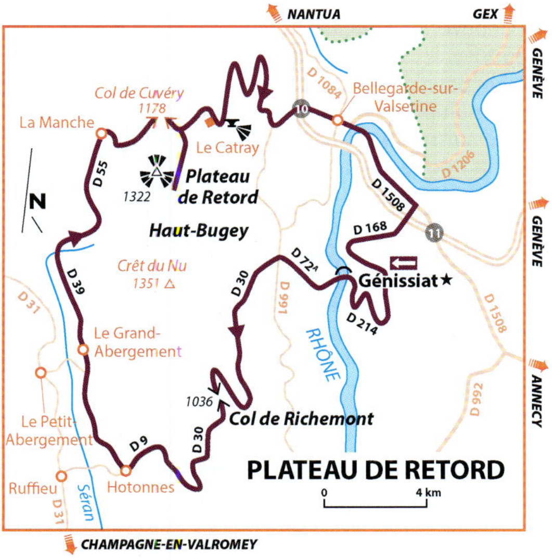

ondoyantes, on pénètre dans le **haut Valromey**. Le contraste avec la traversée de la forêt rend les paysages encore plus beaux.

Arrivés à Hotonnes, prenez à droite la D 39 vers Le Grand-Abergement. La route remonte le cours du Séran et vous emmène sur le plateau de Retord. Poursuivez au-delà du village pour rejoindre la D 55, qui longe le crêt du Nu par la droite. Tournez à droite dans la D 101 à la Manche, pour gagner les hauteurs du plateau.

Plateau de Retord B2

De molles ondulations herbeuses, coupées de bocages, se succèdent. Dans ce paysage très doux, très vert, on éprouve une sensation d'isolement, de calme, de repos. Fin mai, début juin, c'est un immense champ de narcisses. Pour les randonneurs, des vues s'offrent à la fois sur le Valromey, la vallée du Rhône, le Jura. L'itinéraire, bientôt, domine la Michaille : le **panorama★★** *(table d'orientation au Catray)* s'étend sur les Alpes (mont Blanc au sud-est), la Valserine, le défilé de l'Écluse et le lac du Bourget.

Regagnez Bellegarde par la D 101 puis poursuivez par la D 1508 vers le sud. Prenez à droite la D 168 vers St-Germain-sur-Rhône. La D 214 vous ramène au barrage de Génissiat.

NOS ADRESSES PRÈS DU BARRAGE

FAIRE UNE PAUSE

Auberge de Retord – *La Vézeronce - 01260 Le Grand-Abergement - Sur le plateau, juste à côté de la chapelle de Retord - ✆ 04 79 87 63 58 - tlj sauf lun. 12h-16h - fermé oct. - l'ouverture dépend surtout des conditions météorologiques, tél. avant une visite pour vous assurer que l'auberge n'est pas fermée.* L'endroit parfait pour vous abriter des vents de Retord ou dévorer un bon goûter après une longue randonnée. Boissons chaudes dans des grands bols et pâtisseries maison, feu de cheminée, trophées de chasse et animaux naturalisés : un agréable goût de retour en enfance dans cette chaleureuse auberge. Petite terrasse en été.

ACTIVITÉS

Le plateau de Retord est le lieu privilégié pour de nombreuses activités de plein air - www.plateauderetord.com.

Les Plans-d'Hotonnes concentrent les départs de la majorité des activités et des boutiques de location de matériel.

Pour tout renseignement, contactez l'OT Valromey-Retord.

Été – Dès l'éclosion des jonquilles, les randonneurs arrivent sur le plateau, de nombreux sentiers sont balisés avec des niveaux de difficulté variés. Le cyclotourisme est un moyen de visiter la région, mais c'est surtout le VTT qui vous permettra, avec 144 km de circuits depuis les Plans-d'Hotonnes et une partie de la GTJ VTT, de découvrir les recoins isolés et la nature sauvage du plateau.

Hiver – Si le plateau possède 15 km de pistes de ski alpin avec 9 remontées mécaniques aux Plans-d'Hotonnes, ce sont le ski nordique (150 km de pistes) et les raquettes (75 km de pistes, reprenant une partie du tracé de la GTJ) qui y règnent en maîtres. Luges, snowboards et chiens de traîneaux ne sont pas en reste et le lieu est équipé pour le biathlon.

Grand Colombier

★★★

Ain (01)

Culminant à 1 531 m, le Grand Colombier est le sommet le plus élevé du Bugey. Certes, les routes en lacet et les chemins pierreux ne facilitent pas son accès, mais les exceptionnels panoramas qui attendent les plus persévérants justifient largement cet effort. Les points de vue n'ont d'égal que la taille du massif... géants!

NOS ADRESSES PAGE 224
Hébergement, restauration, achats, activités, etc.

S'INFORMER

Office de tourisme Valromey-Retord-Grand Colombier – *3 pl. Brillat-Savarin - 01260 Champagne-en-Valromey - ✆ 04 79 87 51 04 - www.valromey-retord.fr - juil.-août: 10h-12h30, 14h-17h30, lun. 16h-20h; avr.-juin et sept.-nov.: tlj sf lun. 10h-12h30, 14h-17h30 - fermé dim. et j. fériés - 2e bureau aux Plans d'Hotonnes - Maison des Plans - vac. scol.: 9h-15h30; déc.-mars (hors vac. scol.): vend.-lun. 9h-15h30.*

SE REPÉRER

Carte de microrégion B2 (p. 198). De Bellegarde-sur-Valserine, prenez la D 25 jusqu'à Billiat, puis à gauche la D 991 jusqu'à Seyssel et tout droit jusqu'à Anglefort (D 992). La D 120A mène au sommet après 15 km de montée assez rude, mais qui en valent la peine! De Virieu-le-Petit ou de Culoz (desserte TGV), empruntez la D 120.

À NE PAS MANQUER

Les superbes panoramas.

ORGANISER SON TEMPS

Une journée entière vous permettra de faire le circuit du Colombier et le Valromey. À pied ou à vélo, prévoir la journée juste pour le massif.

AVEC LES ENFANTS

Profitez des paysages splendides qui vous entourent pour vous adonner aux joies du cyclotourisme en famille.

Découvrir Carte de microrégion p. 198

DE VIRIEU-LE-PETIT À CULOZ

29 km. Circuit tracé en vert vif sur la carte du Grand Colombier (p. 223). Comptez 2h (attention, zones de dénivelée à 14 %).

Au départ de Virieu, la route aborde la montagne du Grand Colombier par une série de lacets tracés dans un paysage pastoral. Après l'orée de la forêt, le parcours, traversant de magnifiques sapinières, devient très beau. On laisse à gauche la route de Lochieu, quand, peu après, vers la grange de Fromentel, un beau replat d'alpages offre des échappées sur le bassin de Champagne-en-Valromey. Après un nouveau kilomètre de montée en forêt, la route menant au relais-hôtel du Colombier se détache à gauche, alors qu'un dernier lacet à flanc de montagne permet d'atteindre le col.

Le Rhône depuis la montagne du grand colombier, au fond le lac du Bourget.
C. Moirenc/hemis.fr

★★★ Grand Colombier B2

Du parking, deux sommets sont facilement accessibles à pied : au nord, celui, arrondi, qui porte la croix *(30mn à pied AR - table d'orientation)* ; au sud, le point culminant qui se termine en arête abrupte sur le versant ouest *(45mn à pied AR)*. Ils révèlent des panoramas amples et magnifiques sur le Jura, la Dombes, la vallée du Rhône, le Massif central et les Alpes. Par beau temps, trois lacs scintillent au soleil : Léman, Bourget, Annecy.

Sur le versant oriental de la montagne, la route parcourt d'abord de hauts pâturages avant de pénétrer en forêt.

Dans un lacet, à 5 km du sommet, prenez à droite vers le Fenestrez.

★★ Observatoire du Fenestrez B2

Un sentier conduit au bord de la falaise d'où l'on domine, d'environ 900 m, la plaine de Culoz. On découvre, au sud-est, le lac du Bourget, puis Chambéry ; à l'est, le lac d'Annecy. Au-delà, la vue s'étend jusqu'à la chaîne des Alpes.

De retour à la route principale, la prendre à droite, descente à 15 %. À 4 km de là, on laisse à gauche la route vers Anglefort.

La descente sur Culoz *(12 % par endroits – 13 lacets)* offre des vues impressionnantes sur le Bugey, la vallée du Rhône et la plaine de Culoz, surtout lorsque la route est taillée au ras de l'abrupt, au pied de la forêt.

À proximité Carte de microrégion p. 198

Seyssel B2

13 km au nord de Culoz par la D 992.

Les habitants de Seyssel, autrefois grand port fluvial de la Savoie sur le Rhône, ne peuvent ignorer le fleuve qui coupe la commune en deux. Ils en ont logiquement profité pour développer un commerce fructueux avec Lyon, et fabriquaient sur place leurs fameuses **seysselanes**, grandes barques à fond plat, qui servaient au transport des marchandises.

Aujourd'hui Seyssel est surtout connu pour les excellents vins blancs de son terroir, identifiés généralement sous le nom du cépage producteur, l'altesse. L'agglomération, jadis partagée entre la France et la Savoie, reste écartelée entre les départements de la Haute-Savoie et de l'Ain. Le pont suspendu reliant les deux bourgs – qui ont conservé chacun leur noyau ancien – constitue le trait le plus caractéristique du paysage seysselan. Plus récemment, un pont à haubans a été construit au sud de l'agglomération.

Barrage de Seyssel B2

1,5 km en amont de Seyssel.

Ce barrage de compensation est destiné à régulariser le débit du Rhône à la sortie de Génissiat. L'ouvrage a créé un nouveau plan d'eau au pied de l'éperon qui porte l'église de **Bassy**, fort bien située. L'usine peut produire 50 millions de kWh par an.

Circuit conseillé Carte de microrégion p. 198

LE VALROMEY

72 km. Circuit tracé en vert pâle sur la carte ci-contre. Comptez 6h.

Ce circuit reprend le circuit proposé pour découvrir le Grand Colombier et l'élargit à la découverte du Valromey : inclus dans le Haut-Bugey, le Valromey est la vallée, descendante par marches successives, du Séran.

Champagne-en-Valromey B2

Actuel centre du Valromey, le pays dont le seul nom évoquait pour Aragon « plein de parfum et d'arôme », conserve encore quelques maisons anciennes.

Prenez la D 69ᶠ, puis la D 69.

Lochieu B2

Musée du Bugey-Valromey – *3 r. Centrale - ✆ 04 79 87 52 23 - http://patrimoines.ain.fr - ♿ - avr.-nov. : 10h-12h30, 13h30-18h - fermé mar. et merc. - possibilité de visite guidée sur demande (1h) - 4 € (-26 ans gratuit).*

Installé dans un ensemble de maisons, dont une datant de la Renaissance avec pigeonnier, il associe la conservation de la mémoire et l'évocation de la vie régionale. Une projection commentée sur une **carte en relief** montre l'étonnante densité des cours d'eau, les pôles économiques et leur histoire. Au travers des objets s'esquissent les activités, la vie religieuse, mais aussi les personnalités de quelques initiateurs de la randonnée touristique ou sportive (tenue portée par la « fiancée du mont Blanc », Henriette d'Angeville, lorsqu'elle le gravit en 1838). Le musée présente aussi une belle collection de 140 objets d'art contemporain en bois.

En sortant du musée, prenez à droite la direction de Virieu-le-Petit. Avant ce village, tournez à gauche sur la D 120ᶜ vers le Grand Colombier.

★★★ Grand Colombier B2

La montée, puis la descente par la D 120 sont abruptes (14 %) et en lacet. Dans Culoz, prenez à droite la D 904. À l'entrée de Béon, prenez à gauche la D 37 en direction de Ceyzérieu (attention au radar après la voie ferrée). Dans ce village, suivez la direction de la réserve de Lavours.

Réserve naturelle du marais de Lavours B2

Maison du marais - Aignoz - ✆ 04 79 87 90 39 - www.reserve-lavours.com - ♿ - 8 juil.-3 sept. : tlj sf lun. 10h-12h, 14h-18h ; reste de l'année : se rens. - visite guidée sur demande préalable (2h) - 6 € (-17 ans 3 €) - accès libre au sentier sur pilotis.

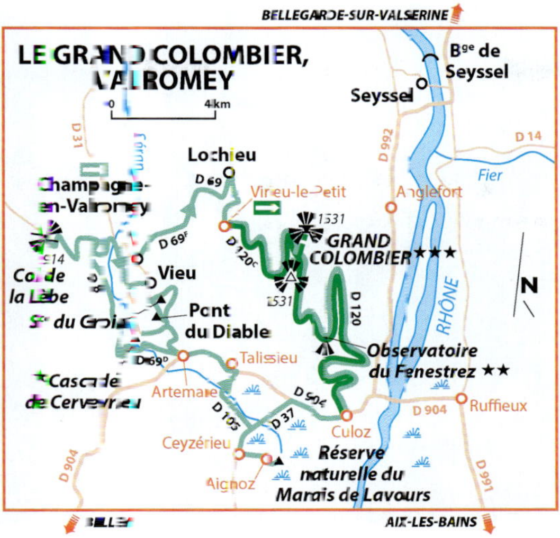

Le Rhône, rejoint par le Fier (dont le val franchit la montagne du Gros Foug) et le Séran, s'étale et divague dans un large lit de cailloux et de graviers encombré d'îlots formant les marais de Chautagne et de Lavours. L'ensemble (5 000 ha) constitue l'un des derniers grands marais continentaux d'Europe de l'Ouest. Il servit longtemps de réserve de tourbe pour les habitants de la région.

Vous ne pouvez pas accéder directement à la Maison du marais. Laissez votre voiture au parking et parcourez 500 m à pied dans le hameau d'Aignoz.

La **Maison du marais** propose, outre de petits films sur les milieux humides et la constitution de la tourbe, quelques raretés de la flore et de la faune ou des contes régionaux dans divers espaces interactifs.

Revenez à Ceyzérieu et prenez la D 37 puis la D 105 vers Talissieu. La D 904 à gauche vous emmène à Artemare. Traversez la ville et montez à Don (direction musée de Lochieu). Au carrefour sans Don, prenez tout droit puis à gauche.

Pont du Diable et source du Groin B2

Le pont du Diable (que l'on franchit) enjambe un vertigineux et sombre canyon, au fond duquel s'écoule le Groin. *Empruntez la D 31D, à droite, la route est mauvaise mais allez jusqu'au hameau de Vaux-Morets, où vous vous garez.*

Prenez le chemin de la Source à la sortie du hameau à droite, passez le petit pont, puis à gauche au croisement : l'étonnante cuvette turquoise de la source du Groin se trouve derrière le totem *(15mn AR, baignade interdite)*.

Poursuivez la D 31D jusqu'à Don. Au carrefour principal, prenez la D 31 à droite. À la sortie du hameau de Chassin, à gauche un panneau « Cascade » à l'envers vous indique la route à prendre. Garez-vous sur le parking après le pont.

★ Cascade de Cerveyrieu B2

Le Séran s'est creusé là un lit rocheux avant de se précipiter de 60 m de haut sur des rochers détachés de la falaise. Il peut être à sec à certaines périodes de l'année. Belle vue sur le château de la Cascade, sur Artemare et sa campagne.

Revenez à Artemare et tournez à droite sur la D 69D qui permet de voir la cascade d'en bas (propriété privée). Tournez à droite sur la D 8. 2 km après le monument aux morts, le chemin de l'observatoire est sur la droite.

Le Rhône à Seyssel.
C. Moirenc/hemis.fr

Col de la Lèbe B2

Observatoire de la Lèbe – *Chemin des Étoiles - ✆ 04 79 87 67 31 - www.astro-val-observatoire.fr - juil.-août : 11h-18h, sam. 14h-18h ; reste de l'année : tlj sf dim. 14h-17h, sam. se rens. - fermé vac. de Noël, 1er janv., 1er Mai - visites guidées sur demande préalable (1h) à 14h30 et 16h, se rens. - 6 € (-16 ans 4 €)*

À 914 m d'altitude, le col de la Lèbe n'est gêné par aucune pollution lumineuse ou atmosphérique. Par beau temps, observez les environs jusqu'au lac du Bourget, les éruptions solaires (sidérostat, lunette équipée d'un filtre), et, la nuit, les étoiles (télescopes de 530 à 610 mm). Une fresque sert de support à un rapide aperçu de l'histoire de l'astronomie. Le lieu est parrainé par l'astrophysicienne du CNRS Anne-Marie Lagrange, originaire du Bugey.

Revenez sur vos pas. Prenez à gauche la D 54. Tournez à droite dans la D 31 et guettez le chemin de Vieu sur votre gauche.

Vieu B2

Le village occupe l'emplacement de la ville romaine qui fut métropole du Valromey. L'église est du 12e s. Brillat-Savarin (*Belley p. 226*) avait là sa gentilhommière où, pour ses amis, il mettait en pratique ses conseils gastronomiques.

NOS ADRESSES PRÈS DU GRAND COLOMBIER

HÉBERGEMENT

À Belmont-Luthézieu

PREMIER PRIX

Au Vieux Tilleul – *Luthézieu - (10,5 km à l'ouest de Virieu-le-Petit par la D 69F, puis la D 54C) - ✆ 04 79 87 64 51 - www.le-vieux-tilleul.fr - tlj juin-août, sept.-mai : merc.-dim. - fermé à Noël - P - 15 ch. 68/75 € - ☕ 8,50 € - rest. 22/45 €.* Au décor qui s'harmonise autour d'un tissu bleu et jaune qu'on dirait peint par Van Gogh, ajoutez le calme, le confort des chambres et un bon accueil. Vue splendide sur le Grand Colombier ou la forêt. Cuisine, elle aussi, inspirée.

À Culoz

Camping Le Colombier – *Île de Verbaou (1,3 km à l'est, au carr. des D 904 et D 992, au bord d'un ruisseau) - ✆ 04 79 87 19 00 - www.camping-alpes.net - ♿ - de fin avr. à fin sept. - 58 empl. 14/33 € et 4 mobile homes 165/560 € par sem. pour 4 pers.* Ce camping bordant le plan d'eau compte des emplacements de confort globalement inégal. On préférera bien sûr ceux qui combinent pelouse et ombrage, plus éloignés des nuisances sonores éventuelles. Bloc sanitaire central fonctionnel et aires de jeux pour petits et grands.

BUDGET MOYEN

À Saint-Martin-de-Bavel

Chambre d'hôte Les Charmettes – *R. de la Fruitière - La Vellaz (11 km au nord de Belley par la D 1504 jusqu'à Chazey-Bons, puis la D 31C et la D 105) - ✆ 04 79 87 32 18 ou 06 84 85 55 15 - juliettejvincent@orange.fr - ♿ - 3 ch. 44/55 €.* Séjour agréable garanti dans les anciennes écuries très bien restaurées de cette ravissante ferme du Bugey. Les chambres y sont mignonnes et confortables ; l'une peut accueillir des pers. handicapées. Cuisine aménagée et machine à laver à disposition. Calme de la campagne assuré.

FAIRE UNE PAUSE

Boulangerie Journet – *01350 Ceyzérieu - ✆ 04 79 87 90 60 - 8h-13h30, 15h-19h30, sam. 8h-19h30, dim. 8h-13h15 - fermé lun.* L'adresse privilégiée pour déguster une tranche de salé aux noix et aux oignons (prononcez « ouanions ») ou aux pommes (1,50 €). À savourer sur un banc près de l'église, avec une fontaine à disposition pour les doigts gras !

ACTIVITÉS

Cyclotourisme – Circuits balisés de l'Ain à vélo (tous niveaux) ou montées jusqu'au col du Grand Colombier : renseignez-vous auprès des offices de tourisme. Faire l'ascension du Colombier au moins deux fois dans la même journée fera de vous un « fêlé du Colombier » ! *(www.felesducolombier.fr)*

Stade international de Biathlon – *Les Plans-d'Hotonnes - 01260 Hotonnes - ✆ 04 79 87 59 67 - www.plateauderetord.fr - de fin avril à déb. nov. - 2,3 km - tarifs initiation biathlon : biathlon laser (dès 8 ans) séance de 2h : 5 à 10 pers. : 18 euros/pers.* Dans un cadre verdoyant, un anneau pour la pratique du roller et une piste bitumée de 2 km pour le ski à roues. Location de matériel.

Descente du Rhône en canoë-kayak – *Prolynx Sports - 5 grande rue - 74910 Seyssel - ✆ 04 56 82 91 68 - www.prolynx-sports.com - départ de la base aqualoisirs de Seyssel.* Partez au ras de l'eau à la découverte des lônes et plages de galets du Rhône. Opterez-vous pour la « P'tite » *(5 km, durée 1h30 - 11/13 €)*, la « classique » *(14 km - durée 3h - 20/27 €)* ou « l'intégrale » *(23 km - 6h - 27/35 €)* ? Dans tous les cas, vous serez au meilleur poste pour observer castors et oiseaux et prendre un grand bain de nature.

AGENDA

Fêtes du four – Les fours banaux sont allumés chaque été pour cuire pains, galettes et tartes de pays à l'occasion de belles fêtes.

Belley

8761 Belleysans – Ain (01)

Capitale du Bugey, Belley (prononcez « Beulé ») s'étend dans un large bassin arrosé par le Furans et le Rhône. Détruite par un incendie en 1385, elle fut reconstruite et fortifiée par Amédée VII de Savoie. La Vieille Porte, vestige de ces remparts, clôt le boulevard du Mail. Ancienne ville épiscopale, ses monuments attestent sa riche histoire religieuse.

NOS ADRESSES PAGE 229
Hébergement, restauration, achats, activités, etc.

S'INFORMER

Office de tourisme – *34 Grande-Rue - 01300 Belley - ✆ 04 79 81 29 06 - www.bugeysud-tourisme.fr - mai-sept. : 9h-13h, 15h-18h ; oct.-avr. : tlj sf lun.-mar. 9h30-12h30, 14h-18h - fermé dim. et j. fériés - dépliant décrivant un circuit historique dans le centre-ville.*

SE REPÉRER

Carte de microrégion B3 (p. 198).
Belley se situe à 57 km au sud-est d'Ambérieu-en-Bugey, par la D 1504.

À NE PAS MANQUER

La cathédrale St-Jean-Baptiste et ses peintures murales colorées ; la balade dans le centre-ville ; le défilé de Pierre-Châtel.

ORGANISER SON TEMPS

Comptez 3h pour le tour de la ville, en jetant un coup d'œil aux pittoresques cours intérieures des maisons belleysanes.

AVEC LES ENFANTS

La ViaRhôna à vélo ou à rollers ; les bases de loisirs aménagées sur le Rhône ou les lacs de la région ; la maison d'Izieu.

Se promener

Cathédrale Saint-Jean-Baptiste

Pl. de la Cathédrale - ✆ 04 79 81 29 37 - www.paroisse-belley.com - 9h-17h - possibilité de visite guidée (30mn). Reconstruite presque entièrement au 19e s., elle a gardé son portail nord, du 12e s. À l'intérieur, l'édifice a conservé un vaste **chœur★** à chapelles rayonnantes datant de 1473 dont le triforium possède de belles balustrades ajourées. Cinq chapelles richement décorées s'ouvrent sur le déambulatoire. La **chapelle de la Vierge**, derrière le maître-autel, renferme une imposante statue de la Vierge, en marbre, œuvre de Chinard (1756-1813). Le **maître-autel** original, en marbre de Carrare sculpté de scènes bibliques, est dans la chapelle à droite de l'entrée. La châsse de saint Anthelme, évêque de Belley de 1163 à 1178 et patron de la ville, auparavant placée à gauche de l'autel, a été retirée pour la préserver des malveillances. En bronze doré orné d'émaux, elle retraçait la vie du saint en 12 scènes. Les peintures murales colorées du 19e s. ont été récemment restaurées.

Palais épiscopal

R. des Cordeliers. Dès 555, un évêque résidait à Belley. Le palais épiscopal du 18e s. aurait été construit d'après les plans de Soufflot, l'architecte du Panthéon à Paris, ou d'un de ses disciples. Il abrite la bibliothèque municipale et la société savante Le Bugey, il sert aussi pour des réceptions et expositions.

JEAN-ANTHELME BRILLAT-SAVARIN

Quand il naît à Belley, en 1755, sa carrière est déjà toute tracée : il sera avocat, comme son père. Il s'installe confortablement dans la quiétude de la vie belleysane, s'intéressant aux sciences et aux arts, animant les réunions de famille et d'amis à Belley ou à Vieu, dans sa maison de campagne.

En 1789, il est élu député du tiers état et ne se départira pas, dans l'exercice de ses fonctions, de sa bonhomie ni de sa tolérance. Il s'oppose à l'application de la Terreur à Belley dont il est maire, et devient l'objet des soupçons du régime. Girondin, il doit fuir devant les Montagnards, dominants en 1794. Après un séjour en Suisse, puis aux Amériques, il regagne la France où il devient conseiller à la Cour de cassation sous le Consulat. Là, il occupe ses loisirs à écrire, d'abord des ouvrages juridiques et politiques, puis le petit chef-d'œuvre qui lui vaudra la célébrité : *La Physiologie du goût*. En 30 méditations, Brillat-Savarin aborde tous les aspects du bien-manger et du bien-vivre : les principes philosophiques côtoient les réflexions sur la gourmandise, le sommeil, les rêves ; des théories scientifiques, il passe aux préceptes culinaires, sans jamais abandonner le ton débonnaire et joyeux qui a caractérisé toute sa vie d'érudit. Il meurt à Paris en 1826.

Maison de Saint-Anthelme

R. Ste-Marie. Cet imposant bâtiment est un ancien séminaire construit en 1932. L'évêché le transforma en maison d'accueil en 1966.

Rue du Chapitre

Au n° 8, belle maison Renaissance à tourelle du 16e s. avec une inscription gothique au-dessus de la porte.

Maison natale de Brillat-Savarin

Au n° 62 de la Grande-Rue. Construite en grande partie au 16e s., cette belle demeure à deux étages présente des cintres en façade. Sa cour intérieure, prolongée par un jardin, s'orne d'une loggia, d'une façade à 3 étages, de galeries (13e s.) et balustres et d'un vieux puits.

La promenade dans la Grande-Rue permet d'observer des maisons des 17e et 18e s., les cours intérieures étant souvent du 15e s. Le **buste** de Brillat-Savarin trône devant l'office de tourisme *(n° 34)*, ancienne maison du Baillage.

Randonnée Carte p. 228

Prenez la D 992 vers l'est jusqu'à Massignieu-de-Rives, puis à droite la D 37. Après Nattages, suivez la direction de Chemillieu.

La vue s'ouvre sur le bassin d'Yenne, la dent du Chat, le mont Revard (par la trouée du col du Chat) et le massif de la Chartreuse (Grand Som, Grande Sure). *Au hameau de Nant, laissez votre voiture près d'un lavoir. Prenez aussitôt à gauche un chemin goudronné, puis rocailleux (interdit aux véhicules), bientôt tracé en corniche étroite, au-dessus du défilé de Pierre-Châtel.*

Défilé de Pierre-Châtel

1h30 à pied AR. À Yenne, le Rhône a trouvé le défaut de la cuirasse des plissements jurassiens ; il perce en cluse la montagne au défilé de Pierre-Châtel. La cluse est dominée par les bâtiments de l'**ancienne chartreuse** de Pierre-Châtel. Fondée en 1383, elle fut très vite transformée en **chartreuse-forteresse**, puis en forteresse au 17e s., lorsque la position devint frontière du fait de l'attribution de la Bresse et du Bugey à la France.

Du sommet d'un banc rocheux, à gauche du chemin, **vue★** sur la cluse. L'élégante arche du pont de la Balme, jetée sur le Rhône, retient particulièrement l'attention.

Circuit conseillé Carte de microrégion p. 198

LA MONTAGNE D'IZIEU

45 km. Circuit tracé en rouge sur la carte ci-dessous. Comptez 2h30.
Quittez Belley par la D 992 vers le sud, jusqu'au-delà de Murs-et-Gélignieux.
L'itinéraire, en contournant la montagne d'Izieu, suit le Rhône qui, de nouveau, s'apprête à changer de direction : au confluent avec le Guiers, une rainure du plateau l'entraîne vers le nord-ouest.
Poursuivez par la D 19^{D} vers Izieu.

Izieu B3

La petite route grimpant en lacet, dans un paysage de maquis, de bois, de vergers, conduit à ce village dont le nom reste lié à l'une des tragédies les plus bouleversantes de la Seconde Guerre mondiale avant de devenir un émouvant lieu de souvenir. Dans un hameau d'aspect paisible, situé à quelque 800 m de là, une colonie d'enfants cachés avait trouvé asile. Le 6 avril 1944, la Gestapo de Lyon arrêta les 44 enfants qui s'étaient réfugiés dans la maison d'Izieu et leurs 7 éducateurs, parce qu'ils étaient juifs. Une personne parvint à s'échapper lors de la rafle, et une seule rescapée revint des camps.

★ **Maison d'Izieu, mémorial des enfants juifs exterminés** – *70 rte de Lambraz - ✆ 04 79 87 21 05 - www.memorializieu.eu - juil.-août : 10h-18h30 ; mars-juin et sept.-nov. : 9h-17h, sam. 14h-18h, dim. et j. fériés 10h-18h ; reste de l'année : tlj sf w.-end 9h-17h - fermé vac. de Noël, 1er Mai, 25-26 déc. - possibilité de visite guidée (45mn) - 7 € (-18 ans 5 €) - visite enf. (en famille) vac. scol. zone A : merc. 14h.*

En 1987, après la condamnation de Klaus Barbie pour crimes contre l'humanité, s'est constituée autour de Sabine Zlatin, directrice de la colonie en 1943 et 1944, l'Association du musée-mémorial des enfants d'Izieu.

À l'intérieur de la maison principale est évoquée ce que fut la vie quotidienne dans cet éphémère refuge (réfectoire, salle de classe partiellement

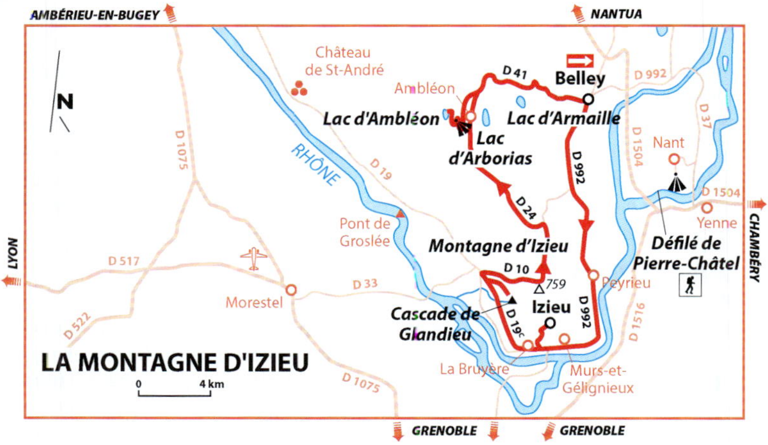

reconstituée, cortoirs). Dans la grange sont retracés les itinéraires des enfants et de leurs familles sous le régime nazi ; on peut y voir deux films dont l'un se compose d'extraits inédits du procès de Klaus Barbie *(20mn, 11h, 14h, 15h)*. Une salle est consacrée à la notion de « crime contre l'humanité ». Un centre de documentation est aménagé dans la magnanerie *(uniquement sur RV)*.

De retour à la Bruyère, prenez à droite l'ancienne D 19 qui traverse les villages de Brégnier-Cordon et de Glandieu.

Cascade de Glandieu E3

Les eaux de cette cascade sont utilisées en semaine par deux petites centrales hydroélectriques qu'elle surplombe.

Prenez la D 10 à droite puis empruntez à gauche la D 24 jusqu'à Ambléon.

Trois lacs E3

Sur la route du **lac d'Ambléon**, arrêtez-vous dans le virage pour une **vue** sur le Grand Colombier et le mont Blanc par temps clair. Les **lacs d'Arborias** et d'**Armaille**, desservis par de petites routes, parfois étroites et sinueuses, mais très agréables à parcourir, sont appréciés des amateurs de pique-nique.

Revenez à Belley par la D 41.

NOS ADRESSES À BELLEY

HÉBERGEMENT

À Belley

BUDGET MOYEN

Chambre d'hôte Au Saint Jean – *92 r. St-Jean - 04 79 81 55 27 - www.ausaintjean.com - P - 5 ch. 75 €.* Une maison de campagne en cœur de ville entourée d'un joli jardin arboré. Salle de petit déjeuner meublée avec style, chambres confortables et chaleureuses. Accueil sympathique. Parking privé.

Hôtel Sweet Home – *Bd du Mail - 04 79 81 01 20 - www.sweethomehotel.fr - 35 ch. 67/77 € - 9 € - 13/18,60 €.* Adresse utile pour l'étape en centre-ville. Chambres actuelles et fonctionnelles. Petit-déjeuner servi sous forme de buffet. Au restaurant : photos d'acteurs en noir et blanc, carte traditionnelle.

À proximité

PREMIER PRIX

Chambre et table d'hôte Ferme des Grands Hautains – *37 sentier de la Corniche (rte du Petit-Brens) - 01300 Brens - 3 km au sud de Belley par la D 31A - 04 79 81 90 95 - fermé 15 nov.-20 déc. et dim. - P - 2 ch. 50/52 € - table d'hôte 18 €.* Dans ce havre de paix, les chambres, aménagées sous les toits, sont douillettes, tout comme le salon. Vue superbe sur la vallée du Rhône et les montagnes de Savoie. À l'ombre des arbres en été ou au coin de la cheminée en hiver, vous dégusterez légumes du potager et viandes de la ferme. Terrasse indépendante.

RESTAURATION

À proximité

POUR SE FAIRE PLAISIR

La Fine Fourchette – *1300 Virignin - Les Routes RD 504 - 04 79 81 59 33 - www.restaurantlafinefourchette.fr - fermé dim. soir et lun. - P - 36/56 €.* En surplomb de la route, charmant pavillon tourné vers la campagne et le canal du Rhône. Les larges baies de la salle à manger, redécorée, s'ouvrent sur la terrasse. Cuisine classique.

4

FAIRE UNE PAUSE

La Cascade – *1300 St-Benoît - En face de la cascade de Glandieu - ✆ 04 79 87 22 34 - www.la-cascade-restaurant.com - P ♿ - fermé dim. soir., lun., mar., sf juil.-août - formule déj. 15 € - ✕ 24/38 €.* Pour une halte à l'ombre d'un grand platane bicentenaire, avec une glace ou une pâtisserie maison ou pour un repas plus consistant de plats du terroir. Décoration intérieure étrangement « stylée ».

ACHATS

Magasins d'usine – Maroquinerie Le Tanneur – *511 av. Charles-de-Gaulle - 01300 Belley - ✆ 04 79 81 03 97 - www.letanneur.com - lun. 13h30-18h30, mar.-jeu. 10h30-12h30, 13h30-18h30, vend.-sam. 10h30-18h30, fermé dim., lun. mat. et j. fériés.* Au milieu des bâtiments d'usine, belle collection de sacs de luxe à prix abordables (-40 % pour les retours de boutiques, -20 % sur la maroquinerie avec défauts de la nouvelle collection).

Distillerie Kario – *44 r. Ste-Marie - ✆ 04 79 81 02 55 - www.distillerie-kario.fr - 9h-12h et 14h-18h ; nov.-avr. : lun.-vend. ; mai-oct. : lun.-sam. - fermé dim. et j. fériés - visites guidées tte l'année sur RV.* Vous pourrez vous y procurer la célèbre boisson tonique aux plantes créée en 1905 par un frère de la Sainte-Famille, mais aussi maintes préparations naturelles, des compléments alimentaires au marc du Bugey.

Caveau Laubez René – *353 rte de Pugieu-Gevrin - 5 km au nord de Belley par les D 10 et D 1504 - ✆ 04 79 81 41 26* On retrouve toute l'authenticité du Bugey dans ce caveau. En plus de faire déguster ses vins (rouge, blanc, rosé, méthode traditionnelle et roussette de Bugey), le propriétaire vigneron et apiculteur offre une mine d'informations sur les charmes de la région.

ACTIVITÉS

Lacs et plans d'eau – Sur le Rhône : à **Massignieu**, 5 km à l'est par la D 992 (base de loisirs) et à **Murs-et-Gélignieux**, 12 km au sud par la N 504. Lacs : **Virieu-le-Grand**, 12 km au nord (baignade surveillée) et **Barterand**, 8 km au nord par la D 992 et la D 27 vers Saint-Champ (baignade surveillée).

ViaRhôna – *www.viarhona.com – Plus de 45 km de parcours pour vélos et rollers le long du Rhône. Rens. à l'office de tourisme.*

AGENDA

Les entretiens de Belley – *2e vend. d'oct.* En hommage à Brillat-Savarin, natif de la ville, des rencontres dédiées à la gastronomie, aux produits du terroir et aux tendances de la consommation accueillent scientifiques, chefs, professionnels et journalistes pour des conférences grand public.

Ambérieu-en-Bugey

13 839 Ambarrois – Ain (01)

De Saint-Exupéry à Laure Manaudou, l'exploit et le challenge font l'esprit d'Ambérieu, ville des sports et des transports. Sa position de carrefour permet de s'engouffrer rapidement dans les vallées du Bas-Bugey pour découvrir l'héritage historique et industriel de ces lieux de passage.

NOS ADRESSES PAGE 234
Hébergement, restauration, achats, activités, etc.

S'INFORMER

Point Info Tourisme – *Hôtel-de-Ville - pl. Robert-Marcelpoil - 01500 Ambérieu-en-Bugey - ✆ 04 74 46 17 00 - www.ville-amberieuenbugey.fr - 8h-12h, 13h30-17h30 - fermé w.-end et j. fériés ; Espace 1500, av. L.-Blum - ✆ 04 74 34 52 73 - 9h15-12h15, 14h-17h30 - fermé w.-end et j. fériés.*

Office de tourisme de la Vallée de l'Albarine - Maison de Pays - *7 av. de l'Europe - 01230 St-Rambert-en-Bugey - ✆ 04 74 36 32 86 - www.tourisme-albarine.com - juil.-août : 9h-12h, 14h-17h, dim. 8h30-12h30, lun. 13h30-17h30 ; reste de l'année : tlj sf dim.-lun. 9h-12h, 14h-17h - fermé j. fériés.*

SE REPÉRER

Carte de microrégion A2 (p. 198).
Accès par l'A 42 à l'ouest, les routes D 1084, D 1075 et D 1504 se rejoignent à Ambérieu.

À NE PAS MANQUER

La promenade au mont Luisandre, la route des cluses et les petites rues de St-Sorlin.

ORGANISER SON TEMPS

Ne consacrez pas trop de temps à la visite d'Ambérieu mais préférez les curiosités alentour. Comptez une demi-journée pour le circuit.

AVEC LES ENFANTS

Le musée du Cheminot d'Ambérieu-en-Bugey, le château des Allymes, le musée des Traditions bugistes de St-Rambert-en-Bugey.

4

Se promener

Important nœud de communications ferroviaires et routières, Ambérieu-en-Bugey se développe dans la plaine de l'Ain, au débouché de la cluse de l'Albarine. Base aérienne dès 1909, elle a joué un rôle important dans les deux guerres et accueilli de grands pilotes comme Louis Mouthier ou Antoine de Saint-Exupéry. C'est à l'aérodrome d'Ambérieu, dit alors de Bellièvre, que ce dernier prit son premier envol en 1912.

Musée du Cheminot – *26 bis r. Aristide-Briand - ✆ 04 74 46 84 67 - http://musee.cheminot.free.fr - de mi-juin à mi-sept. : 9h-12h, 14h-18h, dim. 14h-18h ; reste de l'année : sam. 9h-12h, 14h-18h, dim. 14h-18h - fermé lun., certains j. fériés - possibilité de visite guidée (2h30) - 4 € (-14 ans gratuit).*

Cette ville dont le développement a été fortement lié à l'histoire du chemin de fer méritait bien un musée ferroviaire à la fois riche et complet. Lampisterie, travail des rames, trains à vapeur, atelier des apprentis, pupitres de conduite, tout y est expliqué en suivant l'évolution des chemins de fer. Le premier étage présente des scènes de vie des cheminots – dortoir, infirmerie, billetterie –, tandis que le second étage propose des expositions temporaires. Les bénévoles vous feront vivre un moment ludique et passionnant !

À hauteur du parking de la grande surface d'Ambérieu, prenez à gauche une route en montée vers le château des Allymes. La route, étroite, traverse une zone résidentielle. Laissez votre voiture à l'entrée du hameau de Brey-de-Vent, d'où se font à pied les promenades au mont Luisandre et au château des Allymes.

★ Mont Luisandre A2

1h15 à pied AR.

Dans le village, à gauche du lavoir, prenez entre deux maisons le sentier caillouteux, en forte montée : après 15mn de marche, parvenu à un seuil, gravissez, à droite, à travers les pâturages et les friches, la rampe qui mène au sommet (805 m) surmonté d'une croix. En faisant le tour du bosquet, on jouit d'une **vue★** remarquable sur le château des Allymes, sur la Dombes où miroitent les étangs, sur le confluent de l'Ain et du Rhône, sur les monts boisés du Bugey.

Château des Allymes A2

Hameau de Brey-de-Vent - 04 74 38 06 07 - www.allymes.net - juin-sept. : 10h-12h30, 13h30-19h ; mars-mai et oct.-nov. : tlj sf vend. 13h30-18h ; reste de l'année : w.-end 13h30-18h - fermé 1er janv., 25 déc. - possibilité de visite guidée sur demande (1h30) - 5 € (-10 ans 2,50 €) - visite contée et théâtralisée, atelier enf.

Cette forteresse savoyarde du 14e s., édifiée sur plan carré, enferme une cour protégée aux angles par un robuste donjon carré et par une tour ronde à belle **charpente★**. En faisant le tour des courtines au 2e étage, on bénéficie, par les ouvertures, de vues sur la Dombes et la Bresse. *Expositions temporaires dans le donjon.*

Descendez dans la vallée vers St-Rambert-en-Bugey pour entamer le circuit.

Circuit conseillé Carte de microrégion p. 198

LE BAS-BUGEY

Circuit tracé en bleu sur la carte ci-contre. L'itinéraire emprunte les cluses de l'Albarine et des Hôpitaux, qui séparent les deux parties du Bugey.

Saint-Rambert-en-Bugey A2

L'arrivée en surplomb du site est avantageuse. S'étirant le long de l'Albarine, dans un vallon verdoyant, St-Rambert est une petite ville industrielle.

Musée des Traditions bugistes – *7 av. de l'Europe - 04 74 36 32 86 - www.tourisme-albarine.com - juil.-août : 9h-12h, 14h-17h, lun. 13h30-17h30, dim. 8h30-12h30, jeu. 9h-12h ; reste de l'année : tlj sf lun. 9h-12h, 14h-17h, jeu. 9h-12h - fermé mar. et j. fériés - possibilité de visite guidée (2h) - 4 € (-12 ans 2,50 €) - 6 € visite commentée gourmande (2h) avec dégustation de produits du terroir.*

Situé dans les mêmes locaux que l'office de tourisme, ce musée présente la vie dans la vallée de l'Albarine de 1850 à 1940. La demeure bugiste est expliquée, ainsi que les anciens métiers comme le charbonnier, le charron ou encore le « schappiste ».

La proximité de Lyon et de ses industries textiles est à l'origine du développement du travail de la **schappe**. Cette petite industrie consistait à récupérer des déchets de soie pour fabriquer un fil solide et bon marché. Entre Argis et Tenay, dans le fond de la cluse, des usines se succédaient le long de la route, entourées de cités ouvrières ; elles se reconvertirent dans le Nylon et ses dérivés. Un incendie en 1986 leur a porté un coup fatal. Aujourd'hui, l'activité de ces usines n'a plus de rapport avec le textile.

Le circuit suit la D 1504 en empruntant les cluses.

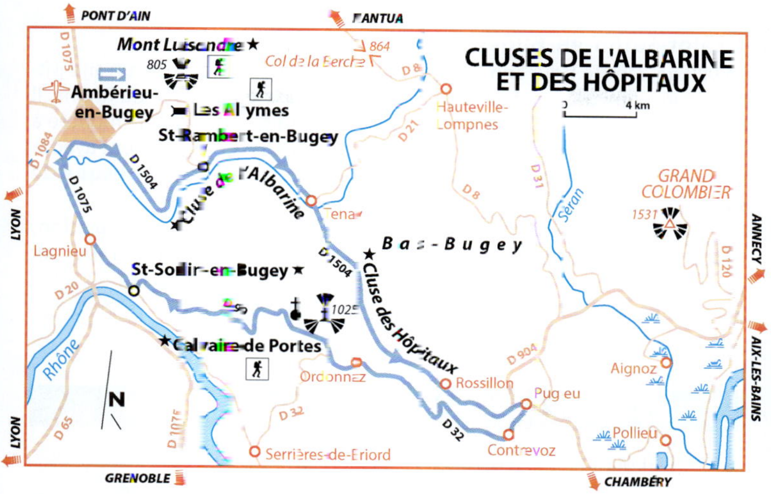

★ Cluse de l'Albarine A2

Elle va d'Ambérieu à Tenay. L'Albarine, le chemin de fer et la route y serpentent de compagnie entre des versants encaissés. Quelques rares vignes tapissent les pentes inférieures. Les pentes supérieures, boisées, se terminent par des escarpements calcaires où l'on distingue de nombreuses strates inclinées ou redressées, des rochers ruiniformes... La vallée est très sinueuse et se resserre rapidement. Vous aurez parfois l'impression qu'un cirque vous entoure et que vous allez buter sur sa paroi ; c'est au dernier moment que se découvre l'issue.

★ Cluse des Hôpitaux A2

Elle s'ouvre entre Tenay et Pugieu. Comme il n'y coule plus qu'un mince ruisseau, elle est bien moins verdoyante que la cluse de l'Albarine. Ses défilés, ses escarpements rocheux, plus élevés et plus sauvages que ceux de l'Albarine, lui donnent un aspect sauvage qu'accuse l'absence presque totale d'habitations. En passant le long de Rossillon, notez les nombreux pignons à redents, typiques du Bugey. Passé la ville, la vallée s'élargit.

Dans Pugieu, prenez à droite la D 32B jusqu'à Contrevoz (bel ensemble de pignons à redents), que vous traversez pour emprunter la sinueuse D 32. 4 km après Ordonnaz, prenez à droite la D 99.

★ Calvaire de Portes A2

Laissez votre voiture sur le parc de stationnement qui se trouve à côté de la route (D 99). On aperçoit le calvaire, qu'on atteint par un sentier *(15mn à pied AR)*. Il est situé au sud-est de la **chartreuse de Portes** *(habitée par des religieux, elle ne se visite pas)*, à l'extrémité d'une crête à 1 025 m d'altitude et offre un beau **panorama**★ sur les rides du Bas-Bugey. De la table d'orientation, on distingue, petite et pointue, la dent du Chat (1 390 m) ; sur la gauche se dresse, massif, le Grand Colombier (1 531 m). Sur la droite s'étend la plaine où l'Ain rejoint le Rhône.

La D 99 qui redescend vers Lagnieu offre quelques vues sur la vallée du Rhône et, au loin, le centre nucléaire de St-Étienne-d'Hières. La route descendant depuis la D 99 vers le vieux centre de St-Sorlin-en-Bugey permet à hauteur de l'ancien château d'avoir une belle **vue** sur le village et la vallée.

★ Saint-Sorlin-en-Bugey A2

Le village, réputé pour son exceptionnel fleurissement, occupe un site pittoresque au pied d'une falaise dominant un coude de la vallée du Rhône. Il faut absolument s'arrêter pour découvrir ses étroites ruelles et la montée à l'église qui dévoile des maisons très bien restaurées. Au croisement avec la montée des Sœurs, remarquez tout particulièrement la belle **fresque de saint Christophe** (16e s.).

L'église a connu plusieurs campagnes d'agrandissement et de restauration ; la plus importante a repris l'édifice intérieurement en rehaussant sa voûte et en édifiant de hauts piliers gothiques portant une voûte en réseau.

Revenez vers Ambérieu-en-Bugey par Lagnieu et la D 1075.

NOS ADRESSES À AMBÉRIEU-EN-BUGEY

HÉBERGEMENT

À Ambérieu-en-Bugey

BUDGET MOYEN

Hôtel Ambotel – *R. du Pr. L.-Montagné, ZA de Pragnat-Nord - (D 1075) - ✆ 04 74 46 42 22 - www.ambotel.fr - fermé 25-31 déc. - P - 35 ch. 75/80 € - 8,50 € - formule déj. 14 € - 17/35 €.* Cet hôtel se signale par son architecture rectiligne contemporaine et sa façade ocre. Chambres actuelles meublées en bois clair. Agréable salon-bar. La salle à manger joliment colorée propose une cuisine traditionnelle sans fioriture.

À proximité

PREMIER PRIX

Gîte des Allymes – *Hameau de Brey-de-Vent - 1500 Ambérieu-en-Bugey - ✆ 04 74 38 64 94 - www.gitedesallymes.com - - 5 ch. 55 €.* En face du four banal du village, une grande maison en pierre a été aménagée pour accueillir les visiteurs. Chambres dans l'ancienne grange (avec une cuisine indépendante), très beau gîte dans l'atelier-pressoir (min. 2 pers. pr 2 nuits, 2 ch., capacité 4 pers., 250 € les 2 nuits) et auberge dans le bâtiment central.

POUR SE FAIRE PLAISIR

L'Auberge Campagnarde – *Le Village - 01230 Évosges - ✆ 04 74 38 55 55 - contact@auberge-campagnarde.com - P - fermé 1er déc.-fin fév., mar. soir et merc. hors sais. - 15 ch. - 75/105 € - 10 € - rest. 22/63 €.* Savourez la quiétude de cette auberge tenue par la même famille depuis cinq générations. Accueil chaleureux, chambres simples mais impeccables, minigolf, piscine. Salle à manger champêtre (objets anciens), terrasse fleurie et cuisine féminine aux accents du terroir.

RESTAURATION

À proximité

POUR SE FAIRE PLAISIR

Auberge de Contrevoz – *Rte de Preveyzieu - 01300 Contrevoz - ✆ 04 79 81 82 54 - www.auberge-de-contrevoz.com - P - juil.-août : mar. midi et dim. midi, merc.-sam. ; reste de l'année : mar.-dim. midi. - fermé 2 sem. en janv. et 1re sem. des vac. de la Toussaint - formule déj. 21 € - 27/39,50 €.* On se sent bien dans cette maison régionale à l'intérieur rustique. Généreuse cuisine actuelle avec des touches terroir (menus à thèmes selon les saisons, truffe du Bugey…).

ACTIVITÉS

Lacs et plans d'eau dans les environs d'Ambérieu-en-Bugey. Lacs : **Virieu-le-Grand**, à 12 km au nord (baignade surveillée) et **Barterand**, à 8 km au nord par la D 992, puis la D 27 vers St-Champ (baignade surveillée). Sur le Rhône : à **Massignieu**, à 5 km à l'est par la D 992 (base de loisirs) et à **Murs-et-Gélignieux**, à 12 km au sud par la N 504.

Centre nautique Bugey Côtière - Espace Laure Manaudou – *Av. de Mering - 04 74 38 92 60 - www.piscine-amberieu.fr - juil.-août : lun.-mar. 11h-19h00, merc.-vend. 11h-21h, w.-end et j. fériés 10h-19h ; reste de l'année : contacter le centre nautique - 4,80 € (enf. 3,80 €).* Ici, activités aquatiques et espace bien-être pour se détendre ou se muscler… plus en douceur que la dynastie Manaudou ! En vous jetant à l'eau, souvenez-vous. Jadis, Laure s'est ici longuement entraînée. Comme Florent (son cadet) sous l'œil impitoyable de Nicolas (leur aîné).

Branche Évasion Parc Aventure – *Le Bois des Brosses - (à la sortie d'Ambérieu, sur la route du château des Allymes) - 04 74 39 95 82 - www.branche-evasion.fr - juil.-août : 10h-19h ; vac. scol. avr. : 13h15-19h ; mai : merc., sam. et « ponts » 13h15-19h, dim. 10h-19h ; juin : w.-end. 10h-19h ; reste de l'année : w.-end. 13h15-19h - fermé nov.-mars - 22,50 € (enf. 6/17,50 € selon âge).* Quatre hectares de chênaie vous attendent pour 11 parcours de difficultés différentes dans les arbres, dont certains avec des tyroliennes !

Pêche – La région permet divers types de pêche et les espèces sont variées : Albarine (rivière de 1re catégorie), étang de Buynand (aire de pique-nique), lac des Hôpitaux (pêche en barque), étang de la Cascade (réservoir mouche). *Se rens. à l'OT pour les contacts des sociétés de pêche, les règles et les tarifs, pour le Guide de la pêche en Ain.*

Via Ferrata de la Guinguette/ Canyoning – *01110 Hostiaz - 04 74 37 59 44 - fermé lun. - location de matériel : Marie Manas, gîte La fora - réserv. obligatoire - contacts des moniteurs : Pierre Goillard, 04 74 21 15 22 ; Stéphane Bodillard, 06 12 50 65 77 ; Xavier Poilbout, 04 74 23 34 71 - à partir de 12 ans - location matériel 15 €/j.* La via ferrata a deux circuits de niveau peu difficile à assez difficile (1h/2h30). Le canyon de Chaley est, lui, le site idéal pour découvrir le canyoning.

AGENDA

La Ronde des Grangeons – *Sept. - Ambérieu-en-Bugey - www.amberieumarathon.org.* Quinze kilomètres de course ou de marche sur les chemins viticoles. Les ravitaillements se font dans les grangeons, ces petit bâtiments au milieu des vignes où les viticulteurs pressaient leur raisin ou rangeaient leurs outils. Beau parcours que chacun peut faire à son allure.

4

Ambronay

2 365 Ambrunois – Ain (01)

Oubliée l'abbaye, remaniée du 13e au 17e s., transformée en grange, prison, logements ! Le refuge bénédictin fondé au 9e s. par saint Barnard, chevalier de Charlemagne, se mue, depuis 2003, en un lieu vivant pour les arts du spectacle, accueillant en résidence jeunes espoirs et artistes confirmés… Grâce à son acoustique exceptionnelle, il revêt chaque année une dimension internationale à l'occasion du Festival de musique baroque.

NOS ADRESSES PAGE 237
Hébergement, restauration, achats, activités, etc.

S'INFORMER

Office de tourisme du Pays du Cerdon – Vallée de l'Ain – *10 pl. Xavier-Bichat - 01450 Poncin - ✆ 04 74 37 23 14 - www.tourisme-ain-cerdon.fr - juin-août : 9h30-12h30, 14h-18h, w.-end et j. fériés 9h30-12h30 ; reste de l'année : voir le site Internet de l'office de tourisme.*

SE REPÉRER

Carte de microrégion A2 (p. 198). À 6 km au nord d'Ambérieu-en-Bugey par la D 36.

ORGANISER SON TEMPS

Haut lieu de la musique baroque et classique, Notre-Dame d'Ambronay accueille chaque automne un festival apprécié des mélomanes.

Visiter

Ancienne abbaye Notre-Dame - Centre culturel de rencontre

Pl. Thollon - ✆ 04 74 34 52 72 - www.ambronay.org - avr.-sept. : 9h-18h ; reste de l'année : 9h-16h - possibilité de visite guidée sur demande (1h30) - 5 € (-10 ans gratuit) - parcours enf. sur demande préalable vac. de Pâques, juil.-août et vac de la Toussaint.

De Notre-Dame d'Ambronay, plusieurs fois reconstruite, il reste l'église, le cloître, la salle capitulaire et la majorité des bâtiments conventuels.

★ **Abbatiale** – L'église est en majeure partie des 13e et 15e s., avec quelques vestiges plus anciens (sous l'avant-chœur ont été découverts des restes de l'ancienne église carolingienne). La façade a été mutilée. Sur le linteau du portail central, on distingue la Résurrection des morts (13e s.) : au centre, Abraham abrite les âmes dans son manteau.

Dans le chœur, verrières et stalles sculptées *(restaurées)* du 15e s. À gauche du chœur, la **chapelle Ste-Catherine** abrite le **tombeau★** de l'abbé Jacques de Mauvoisin (15e s.), restaurateur de l'église. Dans le bas-côté gauche, dans un enfeu, on remarque une *pietà* du 15e s. en pierre polychrome.

Cloître – *Accès par une porte du collatéral droit.* Il compose un bel ensemble de style gothique (15e s.). Il comporte, au-dessus d'arcades aux élégants fenestrages, une **galerie** à laquelle on accède par un **escalier d'angle Louis XIV** *(restauré)*. Dans l'escalier, regardez la peinture murale au plafond.

En sortant, prenez le temps d'une promenade tranquille autour des bâtiments et dans le parc.

NOS ADRESSES À AMBRONAY

HÉBERGEMENT

À proximité

PREMIER PRIX

Gîte La Championnière – *Lieu-dit La Championnière - sur la D 77D - 04 74 38 14 10 - - 2 ch. 55 € , 325 €/sem. pour 4 pers.* Aménagé sur 2 niveaux, ce gîte de 60 m, contigu à la maison des propriétaires, peut accueillir jusqu'à 6 pers. Cuisine, salle de séjour, 2 chambres, lave-linge. Terrasse avec salon de jardin.

BUDGET MOYEN

Chambre d'hôte Le Grand Noyer – *177 r. des Fermes - Merland - 06 08 40 46 89 - legrandnoyer.wixsite.com/legrandnoyerambronay - - 2 ch. - 65 € .* À côté des petites maisons de pierre du village, une nouvelle maison couleur ocre aux grandes baies vitrées qui donnent sur la vallée abrite ces belles chambres d'hôte. Possibilité de stages fromagers à la ferme des propriétaires.

RESTAURATION

POUR SE FAIRE PLAISIR

Auberge de l'Abbaye – *47 pl. des Anciens-Combattants - 04 74 46 42 54 - www.aubergedelabbaye-ambronay.com - 12h30-13h45, 19h30-21h30 - fermé dim. soir, lun. et merc. soir, 2 sem. en août, 23 déc.-3 janv. - réserv. conseillée - formule déj. 35 € en sem. - 52/110 €.* Cette auberge étoilée allie saveurs anciennes et contemporaines, dans sa déco comme dans son menu. Celui-ci est unique, renouvelé chaque jour en fonction des produits du marché. Belle cave où le client peut aller choisir sa bouteille.

ACHATS

Librairie du Centre culturel – *04 74 38 74 00 - 9h30-12h, 14h-17h30 - fermé w.-end.* Librairie musicale où vous pouvez trouver les enregistrements du Festival mais aussi disques et livres dédiés à la musique.

AGENDA

Festival de musique baroque – *De mi-sept. à mi-oct. - 04 74 38 74 00 - www.ambronay.org.* Un rendez-vous très apprécié des mélomanes, grâce à la merveilleuse acoustique de l'abbaye, à la richesse de la programmation ainsi qu'à la présence de nouveaux talents. Les principaux concerts ont lieu dans l'abbaye, mais sont complétés par des soirées musicales beaucoup plus intimistes à la tour Dauphine ou dans d'autres lieux privilégiés.

4

Le Bas-Dauphiné

5

Carte Michelin Départements 332 et 333 – Isère (38)

Vienne et son amphithéâtre.
Sime/Photononstop

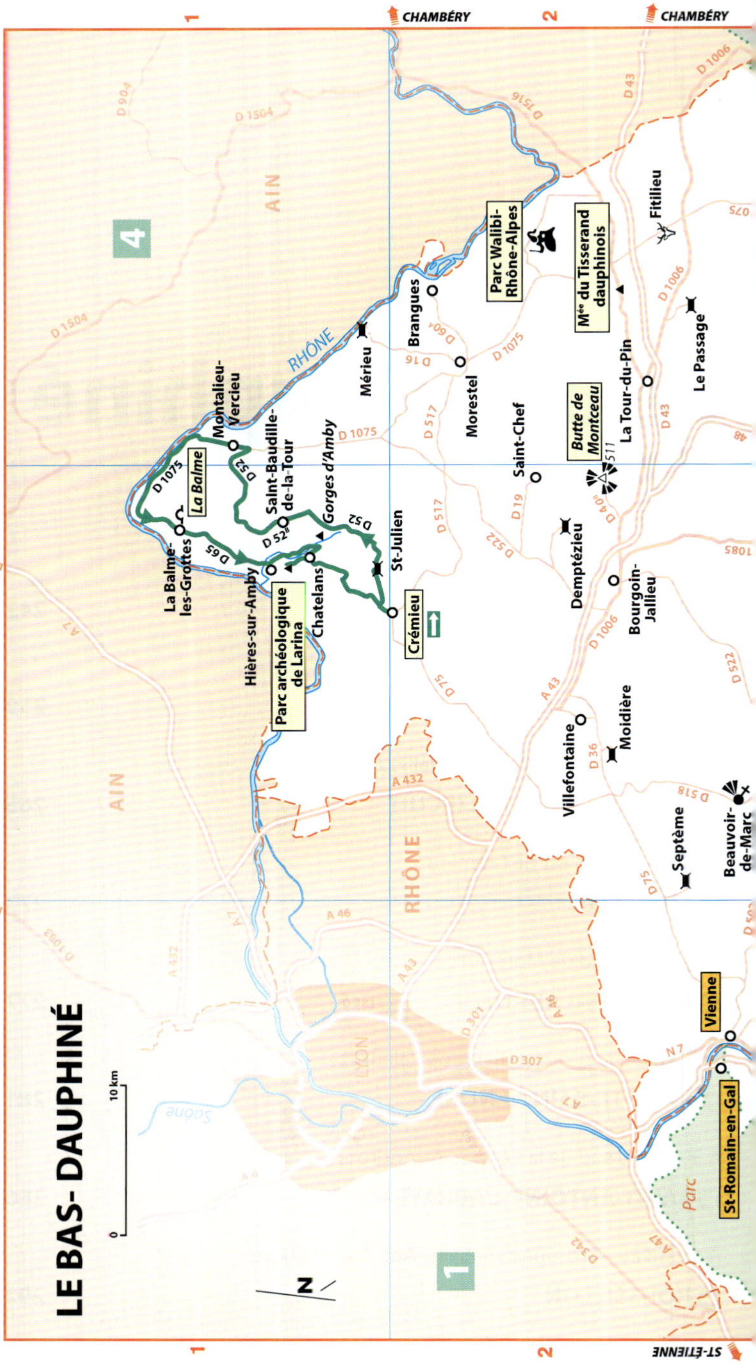
LE BAS-DAUPHINÉ
0
10 km
N
CHAMBÉRY
BOURG-EN-BRESSE
ST-ÉTIENNE
AIN
RHÔNE
La Balme
La Balme-les-Grottes
Montalieu-Vercieu
Saint-Baudille-de-la-Tour
Gorges d'Amby
Hières-sur-Amby
Parc archéologique de Larina
Chatelans
St-Julien
Crémieu
Mérieu
Brangues
Morestel
Parc Walibi-Rhône-Alpes
Mée du Tisserand dauphinois
Fitilieu
Le Passage
La Tour-du-Pin
Butte de Montceau
511
Saint-Chef
Demptézieu
Bourgoin-Jallieu
Villefontaine
Moidière
Septème
Beauvoir-de-Marc
Vienne
St-Romain-en-Gal
Parc
LYON
Saône
D 1075
D 52
D 65
D 517
D 1504
D 904
D 1516
D 1006
D 43
D 522
D 75
D 36
D 518
D 307
D 301
A 7
A 43
A 46
A 432
A 47
D 342
N 7
1
4
A
B
C
1
2

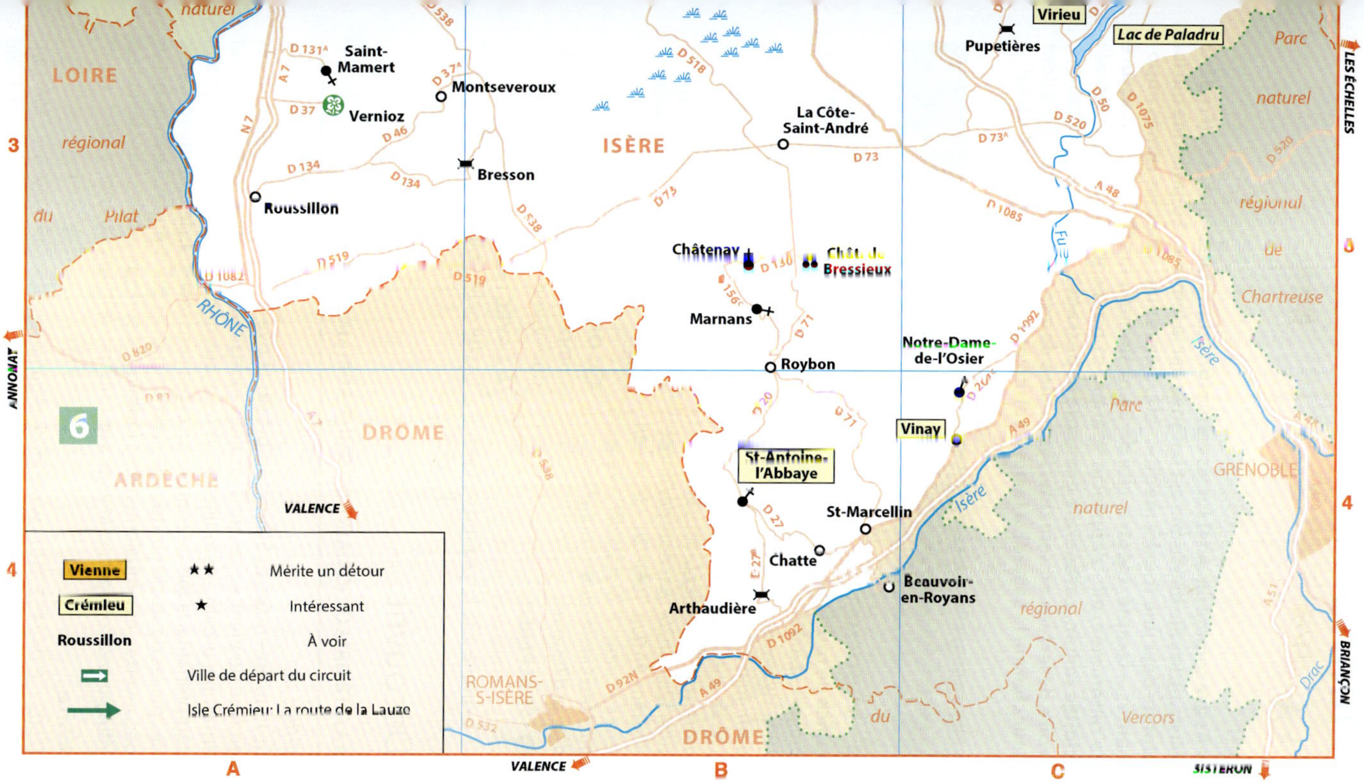
LES ÉCHELLES
BRIANÇON
SISTERON
VALENCE
ANNONAY
Lac de Paladru
Virieu
Pupetières
Saint-Mamert
Vernioz
Montseveroux
Bresson
Roussillon
La Côte-Saint-André
ISÈRE
Châtenay
Chât. de Bressieux
Marnans
Roybon
Notre-Dame-de-l'Osier
Vinay
St-Antoine-l'Abbaye
St-Marcellin
Chatte
Beauvoir-en-Royans
Arthaudière
ROMANS-S-ISÈRE
GRENOBLE
DRÔME
ARDÈCHE
LOIRE
Parc naturel régional du Pilat
Parc naturel régional de Chartreuse
Parc naturel régional du Vercors
RHÔNE
Isère
Drac
Fure
6
A
B
C
3
4
Vienne
Crémieu
Roussillon
★★ Mérite un détour
★ Intéressant
À voir
Ville de départ du circuit
Isle Crémieu: La route de la Lauze

Vienne

★★

28 800 Viennois – Isère (38)

« Assise comme un autel sur les contreforts du noble Dauphiné » (Frédéric Mistral), la ville de Vienne est baignée par la lumière rhodanienne qui lui donne déjà une touche méridionale. Site romain dont les ruines imposantes – temple, théâtre, cité de Saint-Romain-en-Gal – lui ont assuré la renommée, elle s'apprécie également pour son héritage médiéval : cloître roman, cathédrale gothique et passages couverts. Fort calmes, voire désertées en semaine, les ruelles de son centre ancien dévoilent leur charme le samedi, à la belle saison et dans la ferveur du festival.

NOS ADRESSES PAGE 257
Hébergement, restauration, achats, activités, etc.

S'INFORMER

Office de tourisme – *2 cours Brillier - 38200 Vienne - 04 74 53 70 10 - www.vienne-tourisme.com - de mi-juin à fin août : 9h-19h, dim. et j. fériés 9h-12h, 13h30-18h ; de déb. mars à mi-juin et sept.-oct. : 9h (lun. 10h)-12h, 13h30-18h ; reste de l'année : tlj sf dim. 9h (lun. 10h)-12h, 13h30-18h - fermé 1er janv., 1er Mai, 25 déc. - visites guidées dans le cadre du label Ville d'art et d'histoire.*

SE REPÉRER

Carte de microrégion A2 (p. 240-241). Située à 38 km au sud de Lyon et à 52 km à l'est de St-Étienne, Vienne est desservie par l'A 7 et la N 7.

À NE PAS MANQUER

L'importante cité gallo-romaine de St-Romain-en-Gal ; le théâtre romain à l'heure de Jazz à Vienne ; le temple antique d'Auguste et de Livie.

ORGANISER SON TEMPS

Comptez 3h pour St-Romain, autant pour Vienne.

AVEC LES ENFANTS

La cité gallo-romaine.

Découvrir Plan du site p. 244

★★ CITÉ GALLO-ROMAINE DE SAINT-ROMAIN-EN-GAL A2

Visite : 3h.

St-Romain-en-Gal et Ste-Colombe, sur la rive droite du Rhône, sont situés en face de Vienne : ces trois localités formaient à l'époque romaine un seul ensemble urbain. Les fouilles ont mis au jour, depuis 1967, un quartier urbain, comprenant à la fois de somptueuses maisons *(domus)*, des commerces avec des pièces de stockage, des ateliers d'artisans et des thermes. Les plus belles découvertes, essentiellement des mosaïques, sont présentées dans le musée. *Vous pouvez commencer la visite aussi bien par le musée que par le site.*

★ Site

D 502 - 04 74 53 74 01 - www.musees-gallo-romains.com - fév.-oct. : 10h-18h ; reste de l'année : 10h-17h - fermé lun., 1er janv., 1er Mai, 1er nov., 25 déc. - possibilité de visite guidée (1h) - 6 € (-18 ans gratuit) - billet donnant accès au musées de la

Saint-Romain-en-Gal, le musée gallo-romain.
F. Guiziou/hemis.fr

ville. Une passerelle descend du pavillon d'entrée vers le site et en offre une vue générale. Restez d'abord en hauteur.

Le site est très riche. Les vestiges actuellement dégagés sur plus de 3 ha attestent une occupation allant de la fin du 1er s. av. J.-C. au 3e s. apr. J.-C. La structure du quartier ne correspond pas au schéma de quadrillage en damier des rues habituellement adopté par les Romains : trois voies et deux ruelles déterminent cinq îlots irréguliers. Les ateliers d'artisans côtoient les grandes demeures et ne sont pas systématiquement regroupés dans un quartier spécifique.

La porte du pavillon d'entrée ouvre au-dessus des thermes à gauche et de la *domus* du Lion à droite. L'architecture du musée a été conçue pour aider à lire le site : surélevé par des pilotis, ce dernier est ancré dans les murs de la **maison au Lion** dont il occupe l'exacte surface (1 900 m²), ce qui donne une idée de son importance. Les restes de la maison elle-même ont été recouverts de sable, en attendant la reprise des fouilles à cet endroit.

Descendez la passerelle, prenez à gauche vers les thermes.

Remarquez les dalles des voies romaines : elles ont des ornières creusées par les roues des charrettes. La rue qui mène au Rhône était utilisée pour le chargement et le déchargement des marchandises.

Les vestiges des **thermes des Lutteurs** sont visibles au sol, avec leur *caldarium* (salle chaude), leur *tepidarium* (salle tiède) et leur *frigidarium* (salle froide). Le musée en reprend l'élévation probable (sans les pilotis). Deux autres thermes, plus grands, ont été découverts sur le site, ce qui donne une idée de l'importance de la ville. Remarquez dans les latrines, à gauche, la fontaine, la circulation des eaux usées, les peintures murales (des copies, les originales étant au musée) et l'hypocauste (1), système de chauffage par le sol : l'ensemble atteste le rôle majeur des thermes dans la vie sociale gallo-romaine. Les bains publics comme les latrines, outre leur fonction de confort et d'hygiène, sont un lieu de discussion, de rencontre, sans doute aussi de négociation.

Prenez en face la rue dite « des Thermes ».

Remarquez au sol l'inclinaison des dalles et l'évacuation des eaux : le système d'égouts, haut de 1,50 à 2 m, est encore efficace aujourd'hui. À droite, la rue mène à trois maisons dont les cours intérieures ont été approximativement reconstituées. À gauche, l'îlot triangulaire formé par les rues du Commerce et des Thermes est un **quartier artisanal** bordé à l'est et à l'ouest par des portiques. Les salles du bâtiment nord recèlent un système de canalisations ; lui fait suite, au sud, un atelier composé de neuf pièces s'ordonnant autour d'une cour. La présence de bassins couverts d'un mortier rose étanche et la découverte de produits colorants, à la jonction des rues du Commerce et des Thermes, signale une activité de foulons ou de **teinturiers** (3). La base du triangle, dite **« le marché »** (2), est occupée par des ateliers et des boutiques. Bordant la rue du Commerce, au nord-ouest, les **grands entrepôts**, ou *horrea*, s'étendent sur plus de 3 000 m². La façade côté est est percée par une entrée unique, adaptée au passage des charrettes. Une des salles (4) montre un ingénieux dispositif pour assainir les pièces, favorisant la conservation des denrées périssables : des amphores sphériques, fichées en terre par le col, créent un vide sanitaire.

La **maison des Dieux Océan**, qui s'élevait sur deux étages, est la plus belle et la plus spacieuse du site. Elle s'inscrit dans un rectangle de 110 m de long et 24 m de large et qui, à part l'entrée située au sud et l'accès à la ruelle par le grand péristyle au nord, ne comporte pas d'ouverture vers l'extérieur. Le sol du vestibule *(atrium)* était revêtu d'une mosaïque, comportant des têtes de dieux Océan barbus et chevelus, et des motifs marins, visible dans le musée. Vient ensuite un petit jardin *(viridarium)* à péristyle cernant deux bassins : l'un en U, l'autre rectangulaire. Au nord, le grand jardin à portique occupant le tiers de la surface est légèrement désaxé par rapport aux autres pièces. On peut observer un système, restauré, de chauffage par hypocauste (5).

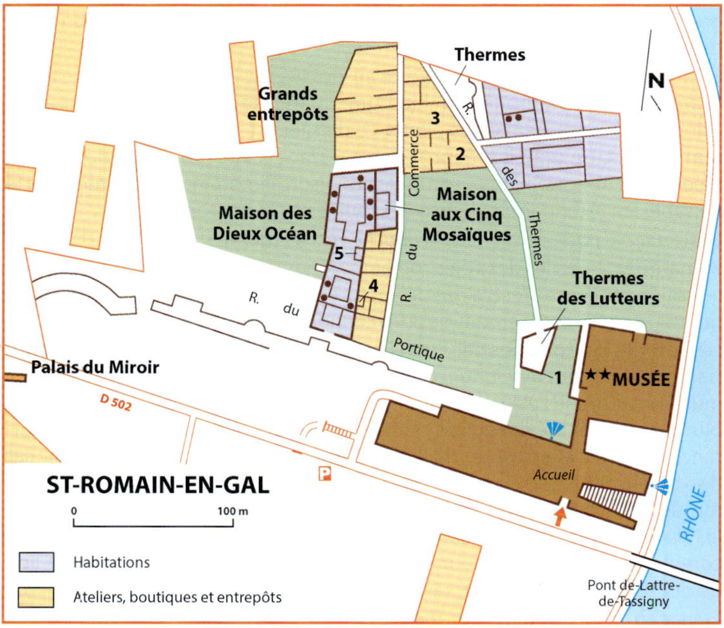

LES PLUS GRANDS ENTREPÔTS DE L'EMPIRE

Les sites découverts à St-Romain-en-Gal et à Vienne font estimer leur population à 30 000 habitants au 2e s. apr. J.-C., au plus fort de leur expansion romaine, soit 5 fois plus qu'au Moyen Âge. Une maquette du musée reconstitue les entrepôts installés sur la rive gauche du Rhône, à la hauteur de la pyramide. Leur dimension (près de 6 ha) les place parmi les plus grands de l'Empire. Plus qu'un lieu de commerce, ils pourraient être le lieu de stockage de l'annone (impôt en nature payé par la Gaule romaine).

À ses côtés la **maison aux Cinq Mosaïques** tire son nom des pavements que l'on a découverts, entre autres, dans le péristyle, la salle à manger *(triclinium)* et la salle de réception. Ces mosaïques sont remises en place de mai à octobre.

★★ **Musée** Plan ci-contre, plan de ville p. 250-251

Riche d'une belle collection de mosaïques et d'une architecture moderne parlante, le musée a été conçu comme une vitrine du site archéologique d'un côté, du Rhône et de la Vienne actuels de l'autre. Il se visite en boucle, en commençant par le rez-de-chaussée.

C'est la célèbre **mosaïque des Dieux Océan**★, devenue l'emblème du site, qui accueille le visiteur. Elle témoigne de la richesse de la ville, qui connut son heure de gloire grâce à de fructueux échanges avec la civilisation romaine. Les pilotis retrouvés dans le Rhône ou la reconstitution d'un bateau de commerce (d'après un modèle retrouvé à Toulon) rappellent l'importance du fleuve, vecteur d'activité primordial pour l'essor de la ville. Les céramiques (remarquez les grands *dolia* qui contenaient jusqu'à 1 000 l de vin), le travail de l'os et du tissu et deux maquettes illustrent avec une profusion de détails l'activité des immenses entrepôts de Vienne (60 000 m²) et de St-Romain-en-Gal. Y transitaient de l'huile, du vin et même du *garum*, une sauce de poisson séché originaire d'Espagne qu'on redécouvre aujourd'hui sous le nom de… nuoc-mam.

La principale richesse du site consiste en ces magnifiques **mosaïques de sol** qui rivalisent de beauté avec les pavements en *opus sectile* composés de carreaux de marbre beaucoup plus importants. Les pierres qui les composent sont originaires de Turquie, de Tunisie ou de plus loin encore. Les décors, souvent inspirés de la mythologie, mettent en évidence les goûts ou les principes du propriétaire des lieux ; ainsi, la mosaïque d'Orphée illustre la prédominance de la culture sur la nature. **L'ornementation murale** était plutôt peinte ; la magnifique peinture des **Échassiers**★ ou celle des **Lutteurs** révèle le degré de finesse de la décoration intérieure. Plusieurs passerelles aident à mieux visualiser certaines de ces pièces soigneusement reconstituées, et leur place dans l'organisation des vastes demeures patriciennes. Au centre du 1er étage, l'exceptionnelle mosaïque du **Châtiment de Lycurgue**★★ clôt en beauté ce voyage parmi les fastes de l'époque gallo-romaine. Deux carrés ont malheureusement été découpés et volés. S'y trouvaient pourtant des personnages essentiels à l'histoire : sans doute Ambrosia et Dionysos. Selon le mythe illustré ici, Lycurgue, roi de Thrace, aurait en effet chassé Dionysos qui voulait traverser son territoire et se serait attaqué à Ambrosia, une des bacchantes de sa suite. Alors, Ambrosia implora la Terre Mère, et la Terre s'ouvrit. Elle disparut en son sein et se changea en vigne qui, tissant des liens entourés sur eux-mêmes, enserra le cou de Lycurgue d'un nœud étrangleur.

Des bornes informatiques et une salle audiovisuelle (5 films) approfondissent la connaissance de la période comme les techniques actuelles de fouille et de

5

Une histoire bouillonnante

LA VILLE ROMAINE

L'origine de son nom *(Vigenna)* est celtique et signifierait soit « bourgade au bord de l'eau », soit « rive inondable, marais ». Les Allobroges en font leur capitale au cours du 1er s. av. J.-C. et, plus de cinquante ans avant la conquête de la Gaule par Jules César, la ville est assujettie par les légions romaines. Elle bénéficie d'une position géographique plus facile à exploiter que celle de Lyon : il n'y a qu'un fleuve à traverser. Les drapiers, peaussiers et potiers déploient une activité florissante et le poète Martial peut parler au 1er s. de « Vienne la Belle ». Les monuments publics s'élèvent au pied de la colline de Pipet, les résidences particulières comme les édifices à vocation commerciale ou artisanale s'étendent sur les deux rives, à Vienne et à l'emplacement des bourgs de Ste-Colombe et de St-Romain-en-Gal, au-delà du Rhône.

HEURS ET MALHEURS D'UNE « GRANDE BOURGOGNE »

En dépit de la confusion politique lors de la dissolution de l'Empire romain d'Occident, Vienne reste un foyer d'art : la construction de l'église-nécropole St-Pierre se poursuit ; l'abbaye de St-André-le-Bas est fondée. Avec les Carolingiens, les querelles incessantes pour l'héritage de Charlemagne permettent, en 879, à **Boson**, comte de Vienne, de se faire proclamer « roi de Bourgogne » au château de Mantaille. Il réside dans son palais à Vienne.

VIENNE, CITÉ SAINTE

L'autorité temporelle des archevêques, comtes de Viennois, s'exerce sur la cité. Autour de l'abbaye St-André-le-Bas, parvenue au faîte de sa puissance, une nombreuse colonie juive entretient la prospérité commerciale.
Deux grandes figures s'illustrent alors sur le siège du « primat des primats des Gaules » : Guy de Bourgogne (1088-1119), fait pape dans sa cathédrale sous le nom de **Calixte II**, et **Jean de Bernin** (1218-1266), qui préside notamment aux travaux d'agrandissement de la cathédrale St-Maurice. Divers conciles se tiennent dans la ville, en particulier celui qui prononce, en 1312, la suppression de l'ordre des Templiers.

UNE LUTTE INÉGALE

La présence de cette terre d'Église aux confins du Royaume et de l'Empire ne laisse pas la monarchie française indifférente. Dès 1335, Philippe de Valois annexe Ste-Colombe et fait élever une **tour** marquant cette prise de possession. En 1349, le Dauphiné est cédé en apanage aux fils aînés de la Maison de France. La mainmise apparaît totale au cours du 15e s. avec la réunion définitive de Vienne à la France.

LES TEMPS MODERNES

L'activité commerciale s'effondre et la population diminue d'un cinquième entre 1650 et le début du 18e s. Même le pont sur le Rhône, emporté par une crue en 1651, ne sera pas rétabli avant le 19e s. Une certaine renaissance industrielle se manifeste à la fin de l'Ancien Régime : les manufactures de drap s'alignent le long de la Gère. Aujourd'hui, Vienne est redevenue une ville active et commerçante.

restauration... Une équipe d'archéologues et un **atelier de restauration de mosaïques** d'envergure internationale travaille ici toute l'année.

Sainte-Colombe A1-2 Plan de ville p. 250-251

Ce faubourg était couvert à l'époque romaine de luxueuses résidences, décorées d'œuvres d'art et d'immenses mosaïques.

Palais du Miroir – *Vestiges visibles de la N 87, sur la gauche en venant du musée.* Les découvertes les plus importantes ont été faites dans ces vastes thermes. Leur nom serait dû aux revêtements de marbre poli habillant les murs du monument et réfléchissant la lumière comme un miroir.

Tour Philippe-de-Valois – Dressée à proximité du Rhône, Philippe de Valois la fit construire en 1343, après l'annexion de Ste-Colombe au domaine royal.

Église – Cette ancienne chapelle mérite une visite pour son remarquable **groupe sculpté★** du 14e s., en marbre blanc : sainte Anne instruisant la Vierge *(à gauche en entrant)*.

Se promener Plan de ville p. 250-251

Pour comprendre comment s'est ordonnancée cette ville dans son amphithéâtre de collines, montez au sommet du **mont Pipet**, occupé par une chapelle et une statue de Notre-Dame de La Salette. Le **point de vue★** est remarquable sur la ville et le magnifique vaisseau de la cathédrale. On distingue à gauche, au flanc du mont St-Just, les vestiges de l'odéon ; à droite, au-dessus de la trouée de la Gère, le mont Salomon portant les ruines du château épiscopal de la Bâtie et les bâtiments du nouvel hôpital. *Point de vue accessible en voiture ou par la rue Pipet (30mn AR à pied).*

★★ VIENNE ROMAINE ET CHRÉTIENNE

Circuit tracé en vert sur le plan p. 250-251. Comptez 1h30 sans les musées. Partez de la place St-Maurice.

★★ Ancienne cathédrale Saint-Maurice B2

Construite du 12e au 16e s., elle apparaît comme une œuvre majeure réunissant des éléments romans et gothiques.

Les portails – La façade, avec ses trois portails flamboyants, est imposante et d'une grande complexité. Si les guerres de Religion l'ont dépouillée des statues ornant les niches des piédroits et des tympans, la décoration ravissante des voussures (intérieurs des arcs) est heureusement intacte.

Le **portail méridional** *(à droite)*, de la fin du 14e s., comprend deux voussures : à l'intérieur, des prophètes assis sous des dais ; à l'extérieur, des anges musiciens très expressifs groupés par deux.

Le **portail central**, dont le gâble (couronnement triangulaire) a été coupé, date de la fin du 15e s. Les sculptures se lisent horizontalement sur les trois voussures, mettant en relation un épisode de l'Ancien et du Nouveau Testament. Dans le tympan du portail, au-dessus des colonnes torses, s'inscrivent deux statues personnifiant, à droite, l'Église, à gauche, la Synagogue.

Le **portail septentrional** *(à gauche)*, du milieu du 15e s., est consacré à la Vierge. Au sommet de la niche centrale, deux anges, ailes repliées, apportent la couronne de la Vierge. La voussure intérieure représente des chérubins à six ailes ; sur la voussure extérieure, des anges musiciens accomplissent différentes fonctions liturgiques.

Intérieur – Long de 97 m, l'ample et lumineux vaisseau à trois nefs, dépourvu de transept, est harmonieux et élancé, malgré une construction échelonnée

5

LE SAINT ÉGYPTIEN ET LA DÉCIMATION

Maurice (3e s.) et la légion thébaine (environ 3 000 hommes) qu'il commandait auraient refusé de sacrifier aux dieux païens de Rome, et auraient donc été décimés : un soldat sur dix fut tué. Du lieu supposé de ce massacre en Suisse est né le culte de saint Maurice, qui s'est répandu par la suite dans les Alpes et la vallée du Rhône. Son histoire est retracée sur des panneaux, à l'entrée de l'ancienne cathédrale Saint-Maurice de Vienne.

sur quatre siècles. Enchâssées dans le vaisseau gothique, les sept premières travées présentent une ordonnance romane jusqu'au-dessus des grandes arcades ; survivance des souvenirs romains, les piliers sont flanqués de pilastres à l'antique et de demi-colonnes cannelées. Cette campagne de construction, du début du 12e s., est contemporaine ou légèrement postérieure au pontificat de Guy de Bourgogne.

Un banc de marbre garnit le pourtour de l'abside ; le trône de l'évêque *(cathedra)* est dressé dans l'axe de la nef. Au-dessus du banc, des colonnettes soutiennent une corniche sous laquelle court une frise de marbre à incrustation de ciment brun ; une seconde frise de même style règne au-dessus du triforium. Cette technique décorative est d'inspiration orientale *(chapitre « Art et Architecture » p. 432)*.

Les **chapiteaux romans** constituent un ensemble décoratif étroitement inspiré de l'Antiquité. Ils présentent des scènes historiées *(collatéral droit)* ou des décors végétaux très denses.

À droite du maître-autel, le **mausolée baroque** des archevêques Armand de Montmorin et Henri-Oswald de La Tour d'Auvergne (1747), dû à Michel-Ange Slodtz, figure parmi les meilleures œuvres du 18e s. en Dauphiné.

Autour du chœur et de son mobilier contemporain, les **tapisseries des Flandres** représentent des scènes de la vie de saint Maurice (16e s.).

En hauteur, une splendide verrière Renaissance, l'**Adoration des Mages**, éclaire le chevet du collatéral droit. Les vitraux des fenêtres hautes du chœur datent du 16e s. ; à la baie centrale, on reconnaît saint Maurice, cuirassé, et saint Pierre.

Le collatéral gauche conserve des sculptures intéressantes dont un grand bas-relief du 13e s. représentant l'entrevue d'Hérode et des Rois mages : remarquez les deux têtes grotesques encadrant Hérode dont l'une, tournée vers les Rois, paraît les écouter avec gravité ; l'autre, hors de leur vue, ricane.

La cathédrale communiquait avec l'ancien cloître, disparu, par un passage voûté. Au-dessus de l'arc d'entrée se déroule une frise de marbre blanc reproduisant les **signes du Zodiaque** ; ils ont été replacés, au 16e s., dans l'ordre nouveau de l'année fixé par l'édit de Roussillon.

À l'intérieur du passage, une arcature gothique encadre trois statues romanes de facture archaïque : saint Pierre, saint Jean l'Évangéliste et saint Paul évoquent, par leurs drapés, l'art languedocien.

Sortez de la cathédrale par le passage voûté.

À l'extérieur, la décoration de la porte nord récemment rénovée mêle des éléments romans et gothiques à des fragments romains. Remarquez sous l'arc en ogive la délicate frise (vraisemblablement un réemploi romain) de griffons et de feuillages ornant le linteau. Levez la tête pour remarquer la fantaisie des colonnes brisées. Sur la place St-Paul s'étendait le cloître, aujourd'hui disparu.

Tournez le dos au Rhône et gagnez par la gauche la place du Palais.

Temple d'Auguste et de Livie.
S. Janini/age fotostock

On reste muet devant la beauté immuable du temple romain situé au centre de la place, qui contraste, sans heurter, avec les façades 18e s. des maisons encadrant le bel ovale de la place.

★★ Temple d'Auguste et de Livie C2

Cet édifice rectangulaire de proportions harmonieuses ressemble étrangement à la Maison Carrée de Nîmes (avec elle, ils figurent comme les deux seuls temples romains conservés à ce jour en France). Une rangée de six colonnes corinthiennes supporte l'entablement. La façade, tournée vers l'est, dominait le forum, remarquez sur le fronton les traces des lettres de la dédicace : il portait une inscription de bronze à la gloire d'Auguste et de Livie, son épouse, qui accède ici au rang de déesse. À l'intérieur se dressait la statue de l'empereur déifié. L'ornementation sculptée est mieux conservée du côté droit, notez néanmoins les trous carrés dans les colonnes rappelant qu'au Moyen Âge des habitations y étaient accolées. La partie arrière, la plus ancienne, date vraisemblablement de la fin du 1er s. av. J.-C. Le temple du forum aurait été construit entre 20 et 10 av. J.-C. pour symboliser la puissance impériale.

Le temple a subi de nombreuses modifications. Au Moyen Âge, il fut transformé en église et ses colonnes réunies par un mur. Siège du club des Jacobins sous la Révolution, il accueillit le culte de la déesse Raison. Il fut utilisé ensuite comme tribunal, musée, bibliothèque ; ce n'est qu'au milieu du 19e s. que ce bel édifice, redécouvert par Prosper Mérimée, fut dégagé des maçonneries disgracieuses qui l'enserraient. Il est classé monument historique dès 1840.

À droite du temple s'élève la tour du palais (1578).

Rue des Clercs C2

Quelques façades anciennes et arcades lui confèrent encore une petite allure médiévale. C'est au no 43 que mourut le créateur de Guignol Laurent Mourguet (*voir p. 425*). Le no 29 conduit à une cour intérieure Renaissance. Remarquez au no 19 une belle porte Louis XIV, jetez un coup d'œil en passant à l'harmonieux

LE BAS-DAUPHINÉ

SE LOGER

Chambre d'hôte
Le Pré neuf 9

SE RESTAURER

Barcarolle 1
La Chamade 2
Le Bec fin 3
Le Cloître 5

A 47, ST-ÉTIENNE,
N 7, LYON
C
D
Montée du Dr Maurice Chapuis
Ch. de Montarnaud
Maupas
N
R. de Gère
Girard
Montée de Rames
Thomas
Gère
ST ANDRÉ
Cloître
Place de Capucin
R. Rabelais
Ch. des Aqueducs
Victor
Faugier
R. Schneyder
R. Marchande
R. des Clercs
R. Teste du Bailler
R. Mermet
R. des Carmes
Pipet
Brenier
R. Ponsard
Jardin archéologique
Musée des Beaux-Arts et d'Archéologie
Mont Pipet
R. de Pipet
Ch. des Amoureux
Montée de l'Odéon
ODÉON
Montée Saint-Marcel
Tupinières
Ch. de Sainte-Blandine
Ch. de Pipet
R. Trémeau
Romestang
R. Victor Hugo
Montée de Coupe-Jarret
Montée des Tupinières
Ch. du Fort
Fort Saint-Just
Ch. du Fort
Imp. des Burgondes
Burgondes
Sentier de Coupe-Jarret
ST-GERVAIS
FORT SAINT-JUST
VIENNE
0
100 m
1
2
3
D 502
CRÉMIEU, L'ISLE D'ABEAU
A 43, CHAMBÉRY, GRENOBLE
D 538, BEAUREPAIRE-D'ISÈRE
C
D

L'Estancot 4

alignement de façades Renaissance de la rue du 4-Septembre, à gauche, et regardez la belle porte cloutée au n° 16.

★ Église Saint-André-le-Bas B1-2

1 pl. du Jeu-de-Paume - ✆ 04 74 78 71 06 - avr.-oct. : 9h30-13h, 14h-18h ; reste de l'année : 9h30-12h30, 14h-17h, w.-end 13h30-17h30 - fermé lun.

Plusieurs fois reconstruite, cette église, dans son ensemble, date du 12e s. Le grand mur pignon en pierre de taille est d'un effet décoratif original. L'ornementation est remarquable : piliers et colonnettes des baies géminées, petites arcatures en festons retombant sur des consoles aux masques expressifs. La nef était couverte de charpente ; la reconstruction de 1152 consista à la surélever et à la voûter, ce qui nécessita la construction des arcs-boutants extérieurs et le renforcement des murs par des arcades et des piliers.

L'ensemble de la décoration des **pilastres cannelés** est attribué à Guillaume Martin qui a signé et daté son œuvre (1152) sur le socle du 2e pilier à droite. Admirez particulièrement Samson terrassant le lion *(2e pilier à gauche)* et Job, réduit à la misère et grattant ses ulcères devant sa femme visiblement dégoûtée *(3e pilier)*. Les deux superbes chapiteaux corinthiens, à l'entrée de l'abside, proviennent d'un monument romain. Une salle d'exposition aménagée en contrebas de l'église présente une grande statue de bois figurant saint André (17e s.), dont le visage est magnifique ; le panneau de bois peint, l'*Adoration des Bergers* (1543), est exposé au musée des Beaux-Arts.

★ Cloître Saint-André-le-Bas BC1

Pl. du Jeu-de-Paume - ✆ 04 74 78 71 06 - www.musees-vienne.fr - avr.-oct. : 9h30-13h, 14h-18h ; reste de l'année : 9h30-12h30, 14h-17h, w.-end 13h30-17h30 - fermé lun., certains j. fériés - possibilité de visite guidée - 3 € (-18 ans gratuit) - 6 € billet combiné avec les trois musées, le théâtre romain et le musée de la Draperie - gratuit 1er dim. du mois. Accès par la salle d'exposition temporaire du cloître-musée, dont l'entrée se trouve au fond d'un jardin dominant le Rhône. Grâce à sa dernière restauration particulièrement réussie, la remarquable architecture du petit cloître du 12e s. brille à nouveau. Elle arbore une série d'arcatures en plein cintre, qui reposent alternativement sur des colonnettes géminées et des piliers délimitant les travées. L'ornementation des colonnettes de sa galerie sud témoigne d'une certaine fantaisie : cannelures en spirale, en zigzag, ou ornées de chapelets de perles, palmettes aux tiges nouées. Ses collections, dont la scénographie a été repensée avec des élements tactiles, exposent de nombreuses sculptures et inscriptions liées à l'histoire de l'abbaye. Parmi elles, les éléments déposés du clocher de l'église et une exceptionelle collection de **pierres funéraires inscrites** - épitaphes chrétiennes et de plaques obituaires (5e, 12e s.-14e s.). De la terrasse, vue sur le Rhône et Ste-Colombe.

La **salle du patrimoine** *(située en bas du cloître, face au Rhône)* retrace l'évolution de Vienne depuis le Moyen Âge. Borne interactive, cartes, photographies, maquettes, jeux, permettent de bien cerner les étapes clés de son histoire urbaine, industrielle et sociale. En face, le pont de-Lattre-de-Tassigny (1949) s'appuie sur une grande arche centrale de 108 m de portée. L'ancien pont suspendu, lui, sert de passerelle.

Revenez sur vos pas jusqu'à la rue de la Table-Ronde (souvenir d'une table de changeurs qui garantissait le droit d'asile aux commerçants en cas de litige).

Rue Marchande C1-2

Par ses multiples boutiques, elle mérite encore son nom. Elle garde de nombreuses arcades et des cours anciennes, souvent restaurées : porte cloutée au n° 28, et beau portail à voussures et claveau sculpté au n° 30. Le n° 64 ouvre

Festival annuel de Jazz à Vienne.
Jazz à Vienne

sur la jolie cour de l'**hôtel de ville**. Cet ancien hôtel particulier du 17e s., prolongé par deux ailes au 19e s., abrite dans son escalier d'honneur *La Danse* du sculpteur viennois Joseph Bernard (1866-1931). Au n° 85 *(visible lors des visites guidées)*, loggia et tourelle d'angle Renaissance.

Avancez dans la rue des Orfèvres. Le n° 11 *(visible lors des visites guidées)* cache une cour intérieure des 15e et 16e s. ; au n° 9, belle façade Renaissance. *Faites demi-tour et prenez à droite la rue du Collège qui grimpe hardiment jusqu'au théâtre antique.* Remarquez au n° 5 la porte Renaissance.

Église Saint-André-le-Haut C2

Anciennement chapelle du collège des jésuites, consacrée en 1725 à Saint Louis, elle possède une belle façade classique dans le style des églises baroques de Ste-Suzanne ou du Gésù, à Rome.

Tout en haut de la rue du Collège s'élève la porte monumentale de l'Ambulance (17e s.), qui marquait l'entrée du couvent des bénédictines de St-André-le-Haut. *Prenez, à droite, la rue des Ursulines pour rejoindre le théâtre romain.*

★ Théâtre romain CD2

R. du Cirque - ✆ 04 74 85 39 23 - www.musees-vienne.fr - ♿ - avr.-août : 9h30-12h30, 13h30-18h ; sept.-oct. : tlj sf lun. 9h30-13h, 14h-18h ; reste de l'année : tlj sf lun. 9h30-12h30, 14h-17h, w.-end et j. fériés 13h30-17h30 - fermé 1er janv., 1er Mai, 1er et 11 Nov., 25 déc. - 3 € (-18 ans gratuit) - 6 € billet combiné avec le musée St-Pierre, le musée des Beaux-Arts, le musée de la Draperie - gratuit 1er dim. du mois.

Abandonné depuis l'empereur Constantin, au début du 4e s., il était, en 1922, lorsque commencèrent les fouilles, enfoui sous 80 000 m^3 de terre ; son dégagement est aujourd'hui achevé. C'était l'un des plus vastes de la Gaule romaine ; son diamètre (131 m) dépasse celui du théâtre d'Orange, et n'est que d'un mètre inférieur à celui du grand théâtre de Marcellus à Rome.

Adossé au mont Pipet, il comptait 46 gradins établis sur une série de galeries de circulation voûtées, bien conservées. Près de 11 000 spectateurs pouvaient y prendre place. Les quatre gradins les plus proches de l'orchestre,

réservés aux personnages officiels, étaient isolés des autres par une balustrade de marbre vert. Le sol de l'orchestre montre encore une partie de son dallage de marbre et le support antérieur du plancher de la scène présente la copie d'une admirable frise d'animaux dont l'original (1er s.), en marbre blanc, se trouve au Musée lapidaire. Enfin – disposition exceptionnelle – un temple couronnait le sommet des gradins (offrant 28,50 m de dénivelée jusqu'à l'orchestre !).
Comme à Lyon, le grand théâtre se doublait d'un petit théâtre ou **odéon** *(ne se visite pas)*. Le grand théâtre sert, en été, de cadre au festival **Jazz à Vienne**.
Descendez la rue Pipet, traversez la rue Victor-Hugo et empruntez la rue de la Charité, la montée St-Marcel, jusqu'au passage St-Antoine à gauche.
L'arrière du théâtre municipal est illustré depuis les années 1990 par la *Scène de Vienne* de CitéCréation. Sa réalisation a permis de découvrir en hauteur une fenêtre du 16e s., intégrée dans la fresque. Le fond du décor est inspiré d'un tableau d'Étienne Rey, conservé au musée des Beaux-Arts. Se côtoient sur l'estrade les célébrités passées par la ville : Molière, Berlioz, Miles Davis, Dee Dee Bridgewater, Laurent Mourguet avec Guignol et Pierre Schneyder.
Descendez les marches sur votre droite. Elles conduisent au théâtre par le jardin.

Théâtre municipal C2

Pierre Schneyder consacra une grande partie de sa fortune à faire construire le théâtre municipal (1782) à l'emplacement d'un édifice public antique *(le portique à arcades et des galeries sont conservés en sous-sol, mais restent pour le moment inaccessibles)*. Les ducs de Bourgogne y avaient auparavant installé leur palais. La décoration et la façade du théâtre ont été refaites en 1930.

Jardin archéologique de Cybèle C2

Ici pas de muret ni même de barrières. Les ruines romaines forment le mobilier naturel d'un espace vert où les riverains aiment venir se poser. Ils y retrouvent une double arcade en pierre blanche, vestige d'un **portique** attribué à des thermes. À sa droite, un mur qui fermait au nord un **théâtre** que l'on pensait réservé aux représentations des Mystères de Cybèle (hypothèse toujours controversée). Ses décrochements correspondent aux passages d'accès aux gradins. Remarquez, près du jardin, la maison à encorbellement du 15e s.
À droite, la **place du Pilori** marque l'entrée dans le cœur de la cité médiévale.
Par les rues Chantelouve et Ponsard, gagnez le musée des Beaux-Arts.

Musée des Beaux-Arts et d'Archéologie C2

Pl. Miremont - ✆ 04 74 78 71 04 - www.musees-vienne.fr - avr.-oct. : 9h30-13h, 14h-18h ; reste de l'année : 9h30-12h30, 14h-17h, w.-end et j. fériés 13h30-17h30 - fermé lun., certains j. fériés - 3 € (-18 ans gratuit) - 6 € billet combiné avec le musée St-Pierre, le musée de la Draperie, le cloître St-André-le-Bas et le théâtre antique - gratuit 1er dim. du mois.
Au deuxième étage d'une halle du 19e s., il réunit des collections très diverses : antiquités préhistoriques et gallo-romaines (fouilles locales ou lointaines) ; une importante collection de faïences françaises des 17e, 18e et 19e s. (vaisselle, pots à pharmacie, bénitiers de Moustiers, Lyon, Roanne, Marseille, Strasbourg...). Enfin un salon de peintures (16e s.-début 20e s.) représentatives des écoles européennes, lyonnaise, viennoise et dauphinoise. Il abrite également des œuvres de Joseph Bernard, sculpteur viennois et du mobilier grenoblois du 18e s. Ne quittez pas le musée sans avoir admiré cette **argenterie** romaine du 3e s., découverte en 1984 place Camille-Jouffray, composée de coupes et plats finement ciselés à décor de scènes pastorales et de chasse.
Regagnez la place St-Maurice par la rue du Pape-Calixte-II.

Pyramide

En voiture, sortez au sud par le cours de Verdun, prenez à droite le boulevard F.-Point. Elle s'élève à une vingtaine de mètres et décorait le terre-plein central du vaste cirque de Vienne au 4e s. Au Moyen Âge, on crut y reconnaître le tombeau de **Ponce Pilate** : le procureur, ayant quitté Jérusalem pour Vienne se serait jeté dans le Rhône en proie au remord. Le nom du massif du Pilat aurait pour origine cet événement (une légende analogue court sur le mont Pilate, près de Lucerne, en Suisse).

Continuez sur le boulevard. Le petit **musée de la Draperie** rend hommage à un passage souvent oublié de l'histoire de la ville. L'industrie textile, notamment le travail de la laine cardée, a fait vivre la population viennoise pendant plus de deux siècles (mi-18e-mi-20e s.). Comment fabriquait-on techniquement les tissus de laine ? Une cinquantaine de machines en retracent le cycle, de la filature aux apprêts (finitions). *Espace Saint-Germain, av. du Gén.-Leclerc - ☏ 04 74 85 73 37 - www.vienne-tourisme.com - ♿ - du dim. de Pâques à mi-sept. : 14h-18h - fermé lun.-mar., certains j. fériés - possibilité de visite guidée (1h) - 2,80 € (-18 ans gratuit) - 3 € billet combiné avec le théâtre, le cloître, le musée St-Pierre et le musée des Beaux-Arts et d'Archéologie - gratuit 1er dim. du mois.*

À voir aussi Plan de ville p. 250-251

★ Ancienne église Saint-Pierre B3

Transformé dès 1872 en musée lapidaire, l'édifice remonte au 5e s. (sans doute fondé par saint Mamert). Souvent utilisée en basilique funéraire, des évêques de Vienne y étaient inhumés, l'église St-Pierre bâtie « hors les murs », eut à souffrir des dévastations des Sarrasins (725) et des princes carolingiens (882). Au 12e s., l'abbaye au faîte de sa prospérité éleva, sur plan rectangulaire, le beau clocher roman qui forme un porche au rez-de-chaussée. Les baies de l'étage intermédiaire s'ouvrent sous des arcs trilobés, évoquant l'art du Velay. À cette époque, la nef fut divisée en trois par de grandes arcades (restaurées au 19e s.).

Observez le **portail sud** (12e s.), qui donnait autrefois sur le cloître de l'abbaye. Deux colonnettes octogonales supportent des chapiteaux symbolisant, à gauche, l'Humilité et l'Orgueil et, à droite, la Charité. Et notez l'inscription du tympan, qui encadre une magnifique statue de saint Pierre.

Musée lapidaire – *Pl. St-Pierre - ☏ 04 74 85 20 35 - www.musees-vienne.fr - avr.-oct. : 9h30-13h, 14h-18h ; reste de l'année : 9h30-12h30, 14h-17h, w.-end et j. fériés 13h30-17h30 - fermé lun., 1er janv., 25 déc. - 3 € (-18 ans gratuit) - 6 € billet combiné avec le musée des Beaux-Arts, le théâtre antique, le cloître St-André-le-Bas et le musée de la Draperie - gratuit 1er dim. du mois.* À gauche et en face de l'entrée sont exposées deux œuvres romaines : une tête de Junon et une belle statue de marbre, la **Fortuna-Tychè** dite *Tutela* ou deesse protectrice de la ville. Dans l'abside, à gauche, se trouve le **sarcophage** en marbre de saint Léonien, moine viennois du 6e s., au décor symbolique de paons becquetant des raisins. Parmi les pièces les plus importantes, remarquez cette **Vénus accroupie** et la statue d'**Apollon Archer**, une collection d'amphores et d'**oscillas** (disques rituels). Enfin la **frise du pulpitum** originale du théâtre romain.

Église Saint-Martin C1

Elle est reliée au centre par un vieux pont en dos d'âne, du 15e s., qui franchit la Gère. Décorée de fresques du peintre nabi Maurice Denis, elle conserve un beau Christ ancien en bois sculpté.

5

À proximité Carte de microrégion p. 240-241

Pépinière Laurent

Sur la commune de St-Romain-en-Gal, dans les hauteurs. Par la D 502 vers Rive-de-Gier, faites 2,3 km et prenez à droite juste en face du calvaire blanc. 2374 rte de Rive-de-Gier - ✆ 04 74 53 03 80 - http://pepiniere-laurent.fr - ♿ - 10h-12h, 14h-18h - fermé dim., 1er janv., 25 déc. - possibilité de visite guidée (1h30) - gratuit.

Elle détient la **collection nationale de viburnum★**, qui comprend toute une famille d'arbustes aux diverses floraisons printanières blanches ou roses (dont les boules-de-neige et viornes), parfumées ou non, suivies de fruits et de feuillages colorés en automne (création de nouvelles espèces).

Les variétés s'intègrent parmi les roses grimpantes, les pommiers à petits fruits, les érables, et les vivaces d'un jardin caillouteux, fantaisiste, qui ne cesse de s'agrandir. L'ensemble surplombe la vallée du Rhône, et Vienne au loin.

Beauvoir-de-Marc B2

19 km à l'est de Vienne par la D 502, et, à La Détourbe, la D 53B à gauche.

La petite **église** des 11e-14e s., avec son plafond en bois peint à 70 caissons, occupe un site perché d'où part un sentier menant au sommet de la butte – remarquez, dans le tuf des talus, les couches de cailloux roulés. Au pied de la statue de la Vierge *(table d'orientation)*, **panorama★** sur les collines du Viennois, dominées à l'ouest par la masse sombre du mont Pilat.

Saint-Mamert A3

13 km au sud par la N 7, à gauche dans la D 131A.

La **chapelle St-Mamert**, au clocher-mur du 11e s. et intérieur du 17e s., est construite sur une terrasse de galets d'où la vue s'étend sur le massif du Pilat.

Septème B2

12 km à l'est par les D 502 et D 75.

Le nom de « Septème » (pour la septième borne milliaire de la voie romaine qui reliait Vienne à Milan) vient sans doute de l'établissement d'un camp militaire romain. De la ville féodale installée dans l'enceinte jusqu'au 19e s., il subsiste aujourd'hui une habitation qui fut, au 16e s., la conciergerie du château. L'ensemble imposant des remparts (13e s.), du vieux fort (11e s.) et du **château** forme une ville forte. Elle comprend des bâtiments des 14e et 15e s., remaniés au 16e s., disposés en rectangle autour d'une cour intérieure. Celle-ci offre deux étages de loggias Renaissance, une galerie de portiques et un vieux puits profond de 60 m. Longs d'environ un kilomètre, les remparts sont percés de meurtrières. L'ancien chemin de ronde subsiste par endroits. Catherine de Médicis s'y promena-t-elle en juillet 1564, lors de son séjour au château ? *351 rte des Remparts - ✆ 04 74 58 26 05 - www.chateau-de-septeme.fr - visite guidée sur demande préalable (45mn) - avr.-nov. : w.-end et j. fériés 14h30 et 16h - 7 € (-18 ans 5 €).*

NOS ADRESSES À VIENNE

HÉBERGEMENT

À Vienne

POUR SE FAIRE PLAISIR

Chambre d'hôte Le Pré Neuf – *9 r. des Guillemottes - ✆ 04 74 31 70 11 - aupreneuf.e-monsite.com - ⊬ P 🏊 - 3 ch. 80 € ☕ - table d'hôte 28 € (sur réserv.).* Proche du centre-ville mais déjà presque à la campagne, cette maison du 19ᵉ s. dispose d'un joli jardin arboré. Les chambres sont garnies de beaux meubles de famille ; à noter que celles du deuxième étage ont leur WC sur le palier. Table d'hôte alléchante et agréable piscine installée sous une véranda. Accueil charmant.

À proximité

BUDGET MOYEN

Chambre d'hôte Asphodèle et Agapanthe – *669 rte de Marmillon - 38200 St-Sorlin-de-Vienne - ✆ 04 74 57 80 55 - www.asphodele-agapanthe.com - P - 3 ch. 70 € ☕* À 8 km de Vienne, en campagne, cette maison de caractère, ancienne ferme restaurée aux chambres décorées avec soin offre calme, jardin et jolie vue. Un bon endroit pour se poser.

POUR SE FAIRE PLAISIR

La Gabetière – *269 Le Logis-Neuf - 38780 Estrablin - 8 km à l'est par la D 502 - ✆ 04 74 58 01 31 - www.la-gabetiere.com - P 🏊 - 12 ch. 80/88 € - ☕ 1 €* Un beau manoir du 16ᵉ s., entouré d'un parc, propose des chambres décorées avec recherche dans les styles « bonbonnière », provençal, ancien... piscine pour la belle saison et aire de jeux.

RESTAURATION

À Vienne

Bon à savoir – La visite de la ville vous a ouvert l'appétit ? Rendez-vous entre le cours Brillier et le boulevard de la République. Vous y trouverez un choix complet de restaurants : traditionnels, brasseries, sur le pouce…

PREMIER PRIX

La Chamade – *24 r. Juiverie - ✆ 04 74 85 30 34 - ouv. mar.-sam. midi, vend.-sam. soir - fermé en août. - ♿ - formule déj. 14 € - 18/27 €.* Un restaurant discret à la cuisine locale. Décor simple et soigné (nappes jaunes, éclairage indirect), service efficace et prix abordables.

La Barcarolle – *20 r. de la Charité - ✆ 04 26 05 32 56 - lun.-vend. 17h-1h, sam. midi - 35 €.* Un petit bar à vin chaleureux où l'on profite de la cave régionale, cuisine du cru et soirées à thèmes.

BUDGET MOYEN

L'Estancot – *4 r. de la Table-Ronde - ✆ 04 74 85 12 09 - de Noël à déb.-janv., dim., lun., mar. midi et j. fériés - ♿ - formule déj. 20 € - 26/35 €.* Voulez-vous goûter aux criques, les fameuses galettes de pommes de terre ardéchoises ? C'est derrière l'église St-André-le-Bas qu'il faut aller. À la carte, elles sont accompagnées de légumes, de foie gras ou de gambas…

Le Cloître – *2 r. des Cloîtres - ✆ 04 74 31 93 57 - www.le-cloitre.net - lun.-vend. 12h-13h30 et 19h30-21h - formule déj. 11,30 € - 22/37 €* Sa cuisine du marché se déguste dans une maison de charme, qui jouit en été d'une terrasse au calme.

POUR SE FAIRE PLAISIR

Le Bec fin – *7 pl. St-Maurice - ✆ 04 74 85 76 72 - ouv. mar.-dim. le midi, ven.-sam. le soir - formule déj. 28 € - 39,90/68,50 €.* L'adresse « de toujours » au pied de l'ancienne cathédrale. Voilà 35 ans que le chef régale sa clientèle

5

de délicieuses recettes dans la grande tradition gastronomique de la région lyonnaise : pieds paquets, terrine maison aux foies de volaille, grenouilles, soufflé grand marnier…

EN SOIRÉE

Bar du Temple – *5 pl. du Gén.-de-Gaulle - ✆ 04 74 31 94 19 - tlj sf dim. 7h-1h - fermé j. fériés et 15 jours en août.* À l'instar des Deux Magots parisien, ce café est LE café que tout le monde connaît… Son atout principal, une superbe terrasse au pied du temple d'Auguste et de Livie. En dépit des touristes, il a su conserver son cachet et sa clientèle d'habitués.

Théâtre de Vienne – *4 r. Chantelouve - ✆ 04 74 85 00 05 - www.theatredevienne.com - ♿ (2 places à réserv.) - billetterie mar.-vend. 13h30-18h - fermé août et j. fériés.* 1930 en façade, « à l'italienne » à l'intérieur, le théâtre de Vienne (1782) se visite pour les décors de son foyer… Et s'apprécie pour sa programmation variée (théâtre, musique, etc.) mêlant créations et têtes d'affiche.

ACHATS

Marché de Vienne – *7h-13h.* Chaque samedi, des rives du Rhône au Jardin de Cybèle, les rues du centre-ville débordent d'étalages alléchants. Entre les 400 forains qui vendent, c'est le moment de choisir quelques bouteilles de côtes-du-Rhône ou d'autres savoureux produits d'ici. Marchés restreints en semaine.

Maison J. Colombier – *523 rte de Marennes - 38200 Villette-de-Vienne - 15 km au nord de Vienne par la N 7 puis la D 36 - ✆ 04 74 57 98 05 - www.poire-colombier.com - 9h-12h, 14h-19h (18h sam.), fermé dim. et j. fériés.* Joannès Colombier est le créateur de la poire William's dans les années 1930 ! L'exploitation est aujourd'hui dirigée par la troisième génération d'arboriculteur-distillateur.
Il faut visiter cette boutique en septembre et en octobre quand l'alambic mijote et que d'exquises effluves d'eau-de-vie se répandent dans l'atmosphère…

ACTIVITÉS

Bon à savoir – Envie d'une visite qui change ? L'office du tourisme propose un panel de **visites à thèmes** (BD, enfants, œnotourisme, etc.) - *✆ 04 74 53 80 30.*

Chemin de hâlage – à 15 mn (en voiture) du centre de Vienne, ce sentier réaménagé permet de se promener le long du Rhône, sur le chemin où les hommes puis les chevaux tiraient, parfois par dizaines, les barques chargés de marchandises. *Renseignement : Office de tourisme de Chasse-sur-Rhône - quai Jean-Pierre Criner - ✆ 04 72 24 48 00.*

Bourgoin-Jallieu

26 390 Berjalliens – Isère (38)

Au pied d'une colline boisée, au croisement des anciennes routes de la soie, Bourgoin-Jallieu conserve les traces vivantes de sa spécialisation textile dans l'impression sur étoffe et le travail des soieries. Après les cours royales d'Europe, ce sont désormais les grands couturiers qui prisent ses tissus raffinés. Prenez le temps de vous arrêter. La ville réserve d'autres « impressions » : fines en bouche avec ses « chaudelets » parfumés à l'anis, énergiques lors des matchs de rugby du stade Pierre-Rajon. Et dans les communes alentour, de jolies surprises vous attendent.

NOS ADRESSES PAGE 264
Hébergement, restauration, achats, activités, etc.

S'INFORMER

Office de tourisme – *1 pl. Carnot - 38300 Bourgoin-Jallieu - 04 74 93 47 50 - www.capi-agglo.fr - 9h-12h, 13h30-17h30 ; sam. 9h30-12h30, 14h-17h ; lun. 13h30-17h30 - fermé dim., lun., jeu. après-midi et j. fériés.*

SE REPÉRER

Carte de microrégion B2 (p. 240-241). Située à 44 km au sud-est de Lyon, Bourgoin-Jallieu est desservie par l'A 43 et la D 1006. Ces grands axes routiers permettent de rejoindre Chambéry et Grenoble.

À NE PAS MANQUER

« L'ennoblissement textile » au musée de Bourgoin-Jallieu, les constructions en terre de Villefontaine, les triptyques et les maisons de La Tour-du-Pin, le décor unique de la chapelle des Anges de Saint-Chef et un match de rugby au stade Pierre-Rajon.

ORGANISER SON TEMPS

Comptez une demi-journée pour la ville et ses environs.

AVEC LES ENFANTS

Les fauves du zoo de Fitilieu ; le vivarium du château de Moidière.

Se promener

★ Musée de Bourgoin-Jallieu

17 r. Victor-Hugo - 04 74 28 19 74 - www.bourgoinjallieu.fr - ♿ - 10h-12h, 14h-18h, w.-end 14h-18h - fermé lun. et j. fériés - possibilité de visite guidée (1h) - gratuit - expositions permanentes et temporaires - ateliers pour enf. pdt vac. scol., se rens.

QUELQUES CÉLÉBRITÉS...

Le nom de la ville atteste une histoire de désunions et de retrouvailles. Jallieu n'a longtemps été qu'un lieu-dit de la « terre de Bourgoin ». Réunies en 1654, les deux cités se séparent en 1791 dans le tourbillon révolutionnaire pour fusionner définitivement en 1967.

Bourgoin-Jallieu et la toute proche ferme de Monquin (sud-est de Maubec) ont marqué une étape importante (1768-1770) de la vie errante de **Jean-Jacques Rousseau**. C'est là qu'il se « maria » avec sa compagne de toujours, Thérèse Levasseur, et qu'il rédigea une partie des *Confessions*. Elle est également la patrie d'autres célébrités, tel l'ancien boxeur **Brahim Asloum**, médaillé d'or aux JO de Sydney (2000).

LE RUGBY BERJALLIEN

Loin de ses succès passés (vice-champion de France en 1997 et demi-finaliste en 1995, 1999, 2004 et 2005), le rugby à Bourgoin a connu des heures assez sombres avec une relégation en Fédérale 1 sur fond de difficultés financières. Mais le club au maillot « ciel et grenat » est en pleine reconquête (retour en Pro D2 depuis la saison 2013/2014) et conserve un capital sympathie important au sein du rugby français. Il a formé et lancé la carrière de joueurs de grand talent : Marc Cécillon, Sébastien Chabal, Lionel Nallet, Morgan Parra, Julien Bonnaire, Julien Pierre, Pascal Papé, Florian Fritz, Yann David, etc.

Aménagé sur trois étages dans la chapelle des Antonins (1503) et dans l'Hôtel-Dieu (18e s.), le musée déploie habilement ses riches collections (de l'étoffe au matériel d'impression moderne via les machines) autour de l'**ennoblissement textile** – nom donné aux différentes étapes finales de traitement du tissu – qui a forgé l'identité industrielle de la région. Une seconde partie, en alternance avec des expositions temporaires, est consacrée à l'œuvre de **Victor Charreton** (1864-1936), peintre postimpressionniste qui fonda le musée en 1929.

Sur les traces de Jean-Jacques Rousseau

✆ 04 74 93 47 50 - www.bourgoinjallieu.fr - rens. et réserv. à l'office de tourisme - 5 € - durée 2h30 - voiture obligatoire.

Un circuit original pour retrouver pas à pas les lieux qui abritèrent le séjour berjallien de Jean-Jacques Rousseau.

À proximité Carte de microrégion p. 240-241

Le domaine de la Terre à Villefontaine B2

7,5 km à l'ouest par la D 1006. Prenez la direction de Vaulx-Milieu, puis du bourg et du vieux village, et suivez le fléchage.

Voici un quartier très particulier construit en 1985 pour assurer un habitat social moderne, régional, économe en énergie… en « terre crue » ! Coquettement arborées, ces HLM résidentielles donnent à voir les qualités et les multiples aspects de ce matériau traditionnel : briques et blocs de terre comprimée, pisé naturel et « terre-paille » (structure en bois emplie de paille trempée dans de l'argile).

La Tour-du-Pin C2

16 km à l'est par la D 1006.

Une cité agréable à parcourir tant pour son « miron » (confiserie enrobée de chocolat) que pour le patrimoine méconnu de sa vieille ville. On y découvre, entre autres, quelques logis Renaissance, dont la boulangerie de la rue d'Italie et le n° 29, dite **maison des Dauphins**, qui aurait accueilli François 1er. Du haut de l'église Notre-Dame-de-l'Assomption, deux **triptyques★** : celui de la Passion, peint en 1541 par un élève de Dürer, Georg Pencz et celui de la visite des mages, contemporain, peint par Arcabas en 2000. Pour une promenade sur mesure, demandez à l'office de tourisme sa très bonne brochure « balades urbaines » ou optez pour ses visites guidées classiques, artistiques, atypiques. *2 r. de Chabons - ✆ 04 74 97 14 87 - www.latourdupin.fr - horaires, se rens. - gratuit.*

Château du Passage C2

23 km à l'est par la D 1006, puis la D 73k à droite. Tournez à gauche à la hauteur de l'église. 2 rte de Virieu - ✆ 06 60 09 24 45 - http://chateau-du-passage.jimdo.com - visite guidée sur demande préalable (1h) de mi-juil. à fin août : horaires, se

Musée du Tisserand dauphinois à la Bâtie-Montgascon.
Musée du Tisserand dauphinois

rens. - 6 € (-12 ans gratuit) - possibilité de visites nocturnes lors des journées du patrimoine.

Construit au 18e s. sur les restes d'une maison forte, il a vu sa façade principale remaniée au 19e s. Le toit, fortement pentu et couvert de tuiles en écaille, est typiquement dauphinois.

Les étages sont desservis par un escalier monumental avec rampe en fer forgé, orné de **fresques** militaires en trompe-l'œil. Ces fresques, réalisées par un artiste italien au 18e s., se prolongent par des thèmes floraux dans les salons d'apparat.

Remarquez aussi le billard, le beau poêle alsacien, le portrait de soie tissée et la lettre de Napoléon.

★ Musée du Tisserand dauphinois à La Bâtie-Montgascon C2

24 km à l'est par la D 1006, puis la D 1516 à gauche. 76 r. des Tisserands - ☎ 04 74 83 08 99 - www.museedutisserand.fr - juil.-août : merc.-sam. 14h-18h ; mai-juin et sept.-oct. : merc.-dim. 14h-18h - fermé j. fériés - 4 € (-12 ans gratuit) - 5 € billet combiné avec l'atelier - joli choix de foulards à la boutique.

Fuyant la révolte des canuts de Lyon, l'industrie de la soie a gagné au 19e s. le Nord-Dauphiné où les cours d'eau étaient nombreux et la main-d'œuvre peu chère. On y fabriquait les « toiles de Voiron » depuis plus de deux siècles. Dans une ancienne usine de tissage réhabilitée, les dévidoirs, les canetières à pédales, les métiers à bras, façonnés et velours, la mécanique jacquard, entre autres, se remettent en marche le temps de fabriquer leur petit bout d'ouvrage. Une section est réservée aux métiers moins connus du tulle et de la dentelle. De la soie brute au produit fini, tout peut être observé, touché, expliqué par d'anciens salariés du tissage. Le musée réveille parfois, parmi les visiteurs aussi, le souvenir de longues et dures expériences de travail.

Domaine des Fauves à Fitilieu C2

26 km à l'est par la D 1006, puis la D 1075 à gauche. ☎ 04 76 55 28 88 - www.ledomainedesfauves.com - juil.-août : 10h-19h ; reste de l'année : se rens. - fermé nov.-janv. - possibilité de visite guidée sur demande (20mn) - 12 € (-4 ans gratuit) - aire de pique-nique et jeux enf., snack et rest.

Sur un espace relativement restreint sont réunis des pumas, des lynx, des panthères, des lions, mais aussi des ratons laveurs, des lémuriens, des loups, des singes, des perroquets et quelques herbivores.

Château de Moidière B2

12 km à l'ouest par les D 1006, D 36 et D 124. Au lieu-dit Les Eynards, prenez une petite route à gauche en direction de Bonnefamille, et à droite vers le château - 04 74 96 44 63 - www.chateau-moidiere.com - ♿ - juil.-août : 14h30-18h ; reste de l'année : w.-end et j. fériés 14h30-18h - fermé mar., de mi-nov. à fin fév. - 9 € (-12 ans 7 €) - animaux domestiques interdits.

Son toit, en pente très accusée couvert de tuiles à écailles, lui donne une allure dauphinoise. Premier jalon historique de la « route des Dauphins », ce château d'époque Louis XIV fut reconstruit sous l'Empire après avoir été détruit à la Révolution. À l'intérieur, le vestibule et l'escalier d'honneur sont décorés de peintures en trompe-l'œil, réalisées début 19e s. par des artistes italiens. On visite le grand salon et la chambre Empire. Dans les caves voûtées est installé un vivarium où évoluent des batraciens, reptiles, poissons et petits rongeurs.

Parc animalier – Au cours d'une agréable promenade entre bois, étangs, prairies, on découvre les animaux de la région : genettes, blaireaux, renards, rapaces nocturnes, lynx ou encore mouflons, bouquetins, daims, sangliers et loups. Un parc botanique présente plus de 2000 arbres d'espèces de la région, un zoo préhistorique et deux labyrinthes jeux de piste.

Saint-Chef B2

10,3 km au nord-est par la D 522 et la D 19.

1 pl. de la Mairie - 38890 St-Chef - 04 74 27 73 83 - www.saint-chef.fr - avr.-oct. : 10h-12h, 14h-18h, lun. et merc. 14h-18h, dim. 14h-18h ; reste de l'année : se rens. - fermé mar., 1er Mai.

Dans le cadre verdoyant des Balmes dauphinoises, St-Chef est une ancienne cité abbatiale qui a prospéré jusqu'à la Révolution. Les temps ont certes bien changé mais le village a conservé un charme unique, constitué de places médiévales, de maisons armoriées et du trésor de son église… de magnifiques fresques romanes, parvenues dans un étonnant état de conservation.

Église – *Pl. Marius-Riollet - 04 74 27 73 83 - www.saint-chef.fr - visite guidée fresques et chapelle haute (60mn) juil.-août : lun. et merc.-vend. 17h ; avr.-juin et sept.-oct. : dim. 16h - accès libre de la partie basse de l'abbatiale - possibilité de visite guidée sur demande (1h) - 7 € (-12 ans gratuit) - 10 € billet combiné avec le musée-maison du patrimoine de St-Chef.* L'église abbatiale des 10e et 11e s. est célèbre pour ses **fresques romanes** qui se trouvent dans la chapelle haute s'ouvrant sur le croisillon nord. Un petit escalier à vis mène à cette **chapelle des Anges★★**, qui a conservé le remarquable ensemble de sa décoration primitive. Autour du Christ en gloire, la cour céleste est représentée en une

L'ADIEU DU COMMISSAIRE

Qui n'a jamais entendu parler des incroyables aventures du célèbre commissaire **San-Antonio** ? Le style et le ton leste peuvent dérouter, mais comment ne pas être impressionné par le talent et l'imagination débridée de Frédéric Dard qui a écrit plus de 300 ouvrages avant de s'éteindre le 6 juin 2000. Il a choisi de se faire enterrer à Saint-Chef, son village familial.

Fresques romanes de la chapelle de Saint-Theudère, Saint-Chef.
F. Guiziou/hemis.fr

ordonnance admirable. Elle est composée de la Vierge entourée d'anges et de la Jérusalem céleste figurée par une tour surmontée de l'agneau mystique. Des anges complètent le chœur céleste. Au-dessous, sur les parois, prophètes, apôtres, saints, martyrs ou vieillards de l'Apocalypse occupent deux registres superposés. Une grande habileté transparaît dans l'exécution. Observez comment le peintre a joué avec l'attitude des personnages : les ailes des anges se dressent ou se ferment suivant la mission qui leur est attribuée.

Musée-maison du Patrimoine – *✆ 04 74 92 59 92 - www.saint-chef.fr - ♿ - avr.-oct. : lun., merc. et dim. 14h30-18h30, sam. 10h-12h ; reste de l'année : sur demande préalable - fermé 1er Mai - 5 € (-12 ans 3 €) - 10 € billet combiné avec l'église et ses fresques.* Un complément indispensable à la visite de l'église abbatiale. Le parcours sur l'histoire du bourg est largement consacré à la chapelle des Anges, que l'on approche de très, très près, grâce à un CD-Rom spécialement réalisé sur les fresques. Les dernières salles s'ouvrent sur les richesses locales, de la gastronomie (vins des Balmes dauphinoises) à la mémoire des « enfants du pays » (**Marius Riollet, Louis Seigner, Frédéric Dard** et sa machine à écrire) en passant par l'architecture (construction en pisé).

★ Butte de Montceau C2

▶ *9 km à l'est par la D 54B.*
Elle offre un panorama étendu sur la chaîne des Alpes et le mont Pilat.

Château de Demptézieu B2-C2

▶ *6 km au nord-est par la D 143C.*
Ancienne possession des plus prestigieuses familles du Nord-Dauphiné, l'édifice occupe le centre d'un ancien bourg fortifié établi sur les hauteurs de la colline de St-Savin. Cette forteresse médiévale, attestée depuis l'an mille, a été remaniée à l'époque moderne, mais conserve de beaux vestiges des 13e-15e s. Fortement endommagée par la Révolution, elle fait l'objet de restaurations attentives. *Visite extérieure libre tte l'année.*

NOS ADRESSES À BOURGOIN-JALLIEU

HÉBERGEMENT

À Bourgoin-Jallieu

BUDGET MOYEN

Hôtel des Dauphins – *8 r. F.-Bérier - Domarin - ✆ 04 74 93 00 58 - www.hotel-des-dauphins.fr - P - 20 ch. - 60/80 € - ☕ 9 €.* Proche de la gare et du centre-ville, un ensemble de trois bâtiments dont une ancienne maison de maître disposés autour d'un jardin et d'une piscine. Les chambres ont un style un peu vieillot mais sont bien tenues.

À proximité

BUDGET MOYEN

Chambre d'hôte Le St-Hilaire – *43 r. de la Tour-St-Benoît - 38460 St-Hilaire-de-Brens - ✆ 04 74 92 81 75 - www.le-st-hilaire.com - P - 5 ch. 75 € ☕ - table d'hôte 20 € (lun.-jeu.).* Au cœur d'un petit village, ce solide bâtiment en pierre abrite des chambres confortables, une grande salle à manger et un coin salon agrémenté d'une belle cheminée à feu ouvert. Petit-déjeuner et coin cuisine. Piscine dans la cour intérieure. Location de gîte.

RESTAURATION

À Bourgoin-Jallieu

POUR SE FAIRE PLAISIR

The Albion – *38 r. du 1er-Atelier - ✆ 04 74 28 26 86 - www.the-albion.fr - tlj. 11h-1h - formule déj. 14,50 €, brunch le dim. 10/15 € - 30/44 €.* Un pub à l'anglo-saxonne fondé par un rugbyman, dans un ancien bâtiment industriel textile. Ambiance et chaleur au rendez-vous. Le meilleur endroit de la ville pour prendre un burger, boire une bière en terrasse, regarder un match, écouter un concert…

À proximité

BUDGET MOYEN

La Taverne Rustique – *6 voie du Chapître - 38890 St-Chef - ✆ 04 74 92 42 97 - www.latavernerustique.com - fermé lun. soir. et mar. soir en hiver, merc. soir en été - P ♿ - formule déj. 13,50 € - 20/30 €.* C'est « l'auberge » la plus connue de Saint-Chef et la préférée de feu Frédéric Dard, parce qu'elle était tenue par sa « seconde maman »… Rustique dans le décor comme dans l'assiette, on y goûte une bonne cuisine de terroir copieuse et sans prétention. Et on s'y sent comme à la maison.

POUR SE FAIRE PLAISIR

Le Bec Fin – *1 pl. A.-Boucher - 38110 La Tour-du-Pin - ✆ 04 74 97 58 79 - www.le-bec-fin-restaurant.com - fermé 3 sem. en août, dim. soir, lun. et j. fériés - formule déj. 16 € en sem. - 26,80/50 €.* Installé dans une ex-maison de négociants et tenu par un jeune couple accueillant, le restaurant prépare de généreuses recettes régionales et de saison.

Tour de Saint-Hippolyte au-dessus de la ville de Crémieu.
CSP_wallaceweeks/Fotosearch/age fotostock

Crémieu

★

3 357 Crémolans – Isère (38)

Beau témoin du savoir-faire de nos ancêtres bâtisseurs, Crémieu garde fière allure dans son enceinte encore jalonnée de portes fortifiées. Rajeunie par une restauration réussie, elle séduit également les promeneurs curieux en dévoilant les charmes de ses places lumineuses, de ses étroites ruelles et de ses vénérables maisons qui ont défié les siècles.

NOS ADRESSES PAGE 272
Hébergement, restauration, achats, activités, etc.

5

S'INFORMER

Office de tourisme – *9 pl. de la Nation - 38460 Crémieu - ✆ 04 74 90 45 13 - http://balconsdudauphine.fr - avr.-oct. : 9h30-12h, 14h-18h, dim. 9h30-12h ; reste de l'année : 10h-12h, 14h-17h, dim. 10h-12h - fermé certains j. fériés.*

SE REPÉRER

Carte de microrégion B2 (p. 240-241). Crémieu est situé entre Lyon et Morestel à 22 km au nord de Bourgoin-Jallieu.

À NE PAS MANQUER

Les anciennes halles du vieux Crémieu, avec leur toit de lauzes ; les grottes de La Balme où logèrent des hommes préhistoriques et… le bandit Mandrin ; le parcours instructif du parc archéologique de Larina.

ORGANISER SON TEMPS

Comptez au moins une demi-journée pour l'ensemble des visites.

Se promener

En venant de Morestel, l'arrivée à Crémieu par la D 517 est spectaculaire. La route traverse les gorges de la Fusa et ne découvre la ville qu'au dernier moment.

LE VIEUX CRÉMIEU

Pour découvrir l'ensemble du vieux Crémieu, il faut monter *(si possible le matin)* sur la colline St-Hippolyte qui porte les restes d'un prieuré bénédictin fortifié, dont la **tour de l'Horloge**, du 16e s. Arrivez à cette tour, prenez à gauche un petit chemin qui conduit à une table d'orientation.

Circuit tracé en vert sur le plan page suivante. Partez de la porte de la Loi.

Porte de la Loi A2

Vestige de l'enceinte du 14e s., elle est coiffée d'un toit à quatre pans et a conservé les corbeaux de ses mâchicoulis.

Franchissez la porte des Augustins.

Place de la Nation A2

Elle tient son nom de la période révolutionnaire. Dans l'angle nord-est s'élève une fontaine à balancier construite en 1823.

Hôtel de ville A2

Pl. de la Nation - 04 74 90 70 92 - www.ville-cremieu.fr - ♿ - 9h-12h, 13h30-17h, vend. 9h-12h, 13h30-16h - fermé dim. et j. fériés - possibilité de visite guidée sur demande - gratuit.

Il occupe, sur la place de la Nation, une partie des bâtiments de l'ancien couvent des Augustins, fondé au 14e s. Le hall d'entrée conserve un plafond à la française ; à chacune de ses extrémités, des portes donnent accès, à gauche, à la salle du conseil municipal ornée également d'un plafond à l'italienne, et à droite, à la salle de justice, ancien chauffoir des moines ; ses voûtes d'ogives retombent sur un pilier central.

Cloître A2

L'ancien cloître du couvent des Augustins communique avec la place de la Nation par une belle grille en fer forgé réalisée en 1715. Remarquez, à droite en entrant, les dalles funéraires qui servent, depuis le 19e s., de pavement aux galeries voûtées d'arêtes. Sur certaines sont représentés des outils d'artisans dont le tranchet des adobeurs ou tanneurs de cuir. Dans un angle du cloître, près des dalles funéraires, on reconnaît sur une grille les armoiries des augustins : un cœur surmonté d'une flamme et transpercé de deux flèches.

Église A2

Chapelle du monastère, de 1318 à 1791, l'église a subi des transformations. La grille qui permet d'apercevoir l'intérieur est signée Redersdorff (1982). L'édifice abrite un mobilier intéressant : boiseries des stalles et de la chaire, grilles en

LE SAVIEZ-VOUS ?

C'est au 12e s. que l'on retrouve une mention de Cremiacum qui deviendra Crémieu. Le site appartient alors à la baronnie du Pin et reviendra à la France avec le Dauphiné en 1349. On sait par ailleurs qu'un prieuré de bénédictins s'est installé au 12e s. sur les falaises de St-Hippolyte. Rattachés à l'abbaye de St-Chef (1247), les moines abandonnèrent les lieux au 15e s.

SE RESTAURER
Auberge de la Chaite 2

fer forgé des chapelles latérales. Remarquez aussi la forme des piliers, tous différents, et les bas-côtés étroits aux voûtes d'ogives très serrées.
Du parvis, belle vue sur le château delphinal et les maisons anciennes décorées de génoises à double ou triple bandeau.
Par la rue Porcherie, gagnez les halles.

★ Halles B2

Elles ont été construites en 1434. Leur grand toit de lauzes repose à ses extrémités sur un mur épais, percé de trois arcades. Remarquez sous la charpente, magnifiquement ordonnée, les trois allées qui correspondent chacune à un commerce précis. Au fond des halles, à droite, subsistent des auges en pierre sur lesquelles s'adaptaient des mesures à grains, les goulottes permettant de remplir les sacs.
La rue Mulet, puis la rue du Four-Banal, à droite, mènent à la porte Neuve.

Portes fortifiées B1

Dite aussi « de François Ier », la **porte Neuve** a été édifiée au 16e s. La **porte de Quirieu**, avec ses degrés et sa rigole centrale, est du 14e s. Prenez la rue du Marché-Vieux. Remarquez, sur la droite, au no 14, la **fenêtre des Trois-Pendus** (14e s.).
Poursuivez par la montée St-Laurent.

Château delphinal A1

Les origines de ce château fort *(bar-restaurant, accès réservé aux consommateurs)*, situé sur la colline St-Laurent, remontent au 12e s. Sur la terrasse se dresse une chapelle dédiée à Notre-Dame de La Salette ; belle **vue** sur les toits de lauzes de l'église et de l'ancien couvent.

Faites demi-tour et prenez à droite la rue Frandin, puis à gauche la côte Faulchet en forte descente.
À l'intersection avec la rue du Four-Banal se dresse une demeure du 16e s., ajourée de fenêtres à meneaux, qui abrite la **maison du Colombier** (expositions).
Prenez la rue St-Jean, la rue du Lt-Col.-Bel et contournez les halles par l'ouest pour gagner la rue des Adobeurs. Elle est bordée de petites maisons basses qui abritaient autrefois des ateliers d'artisans dont de nombreux tanneurs.
Le passage Humbert, à gauche, mène au cours Baron-Raverat.
À hauteur du chevet de l'église, belle **vue** sur le clocher hexagonal dont la flèche se dresse au-dessus d'une ancienne tour d'enceinte.

Circuit conseillé Carte de microrégion p. 240-241

CRÉMIEU : LA ROUTE DE LA LAUZE

70 km. Circuit tracé en vert sur la carte page suivante. Comptez 5h.
L'Isle-Crémieu est un plateau calcaire détaché de son massif d'origine, le Jura. Avec de sublimes falaises en toile de fond, c'est un paysage parsemé de tourbières et d'étangs, de gentilhommières et de toits de lauzes, de champs bordés de dalles levées.
Quittez Crémieu par la D 52 en direction d'Optevoz.
La montée offre d'abord un joli coup d'œil sur l'étang de Ry et, en contre-haut, l'important **château de St-Julien**, moderne. Au débouché sur le plateau, les vues se développent vers le Bugey et en direction des Alpes.
À la sortie du frais bassin d'Optevoz, poursuivez par la D 52 jusqu'au lieu-dit La Plaine où vous empruntez, à gauche, une agréable petite route (D 52B) suivant un vallon verdoyant.

Saint-Baudille-de-la-Tour B1

Ce charmant village abrite une belle maison forte du 15e s., dite « des Dames », avec sa tour couverte de lauzes et son porche armorié.
Suivez la D 52B jusqu'à Torjonas où vous prendrez à droite la direction d'Ecottier, puis de Charette avant de rejoindre la D 52 en direction de Montalieu-Vercieu.

Montalieu-Vercieu C1

L'histoire de ce petit bourg est indissociable de celle du bassin carrier qui l'environne. Ici, la pierre de Montalieu est exploitée depuis près de deux mille ans, activité à laquelle rend hommage la **maison de la Pierre au Ciment** : carte en relief interactive des différentes zones d'extraction de la région, reconstitutions, vidéos et exposition d'outils de tailleurs de pierre. La visite s'achève dans une annexe du bâtiment où la **maison de Pays** reconstitue l'intérieur et le quotidien d'un tailleur de pierre de Montalieu à la fin du 19e s. *1 r. du Rhône - ✆ 04 37 06 10 71 - www.valleebleue.org - juil.-août : tlj sf dim.-lun. 14h-18h ; avr.-juin et sept. : sam. et merc. 14h-18h ; reste de l'année : merc. 14h-18h - fermé j. fériés, de mi-déc. à déb. janv. - visite guidée 5 € (enf. 3 €) - 3 € (-18 ans 2 €).*
Rejoignez La Balme-les-Grottes par la D 1075.

La Balme-les-Grottes B1

Cet agréable village est surtout connu pour ses grottes qui s'ouvrent au pied de la falaise marquant l'extrémité du plateau de l'Isle-Crémieu. Nombreux parkings et possibilités de restauration.
Grottes de La Balme★ – *R. des Grottes - ✆ 04 74 96 95 00 - www.grotteslabalme.com - avr.-sept. : tlj ; reste de l'année : vac. scol. (zone A) - horaires, se*

Les grottes de La Balme.
D. Jungers/Les grottes de La Balme

rens. - possibilité de visite guidée sur demande (1h15) - 10 € (-4 ans 6,50 €) - hors sais. 8 € (-12 ans 5,50 €) - animations pour enf. pendant vac. scol. zone A - 270 marches.

Habitées au paléolithique supérieur, connues dès le Moyen Âge, visitées par François Ier, célébrées comme une des « sept merveilles du Dauphiné », elles auraient, au 18e s., servi de repaire au brigand Mandrin, fameux contrebandier qui mena la vie dure aux fermiers généraux du coin. Un immense porche, haut de 40 m, sous lequel s'élèvent deux chapelles superposées, donne accès à une vaste salle à l'aspect chaotique, appelée Grande Coupole. De là partent plusieurs galeries. À gauche, la galerie de Mandrin, très étroite, mène au balcon du même nom, commandant l'entrée de la grotte. La galerie du lac longe un superbe ensemble de petits **gours**★★ (vasques naturelles) avant d'atteindre la rivière souterraine.

Après une escalade dans la partie appelée « Grottes supérieures » aux riches concrétions, on pénètre dans la galerie François Ier. Ce labyrinthe conduit à un balcon surplombant d'une trentaine de mètres le lit du torrent à l'entrée de la grotte. Un spectacle son et lumière anime la salle de la Grande Fontaine.

Faites demi-tour par la D 65, puis prendre à gauche pour rejoindre Hières-sur-Amby.

Hières-sur-Amby B1

La petite bourgade s'étend au débouché du val d'Amby, au pied du plateau de Larina. En contrebas de l'église, l'ancien presbytère du 18e s., couvert de lauzes, a été transformé en **musée-maison du Patrimoine** *(Montée de la Cure - 04 74 95 19 10 - www.musee-larina-hieres.fr - - avr.-sept. : 14h-18h ; reste de l'année : tlj sf w.-end 14h-18h - fermé j. fériés - 3,50 € (-18 ans 2 €).* Une partie de l'exposition archéologique est consacrée aux produits des fouilles effectuées sur le site de Larina *(voir ci-après)* : ossements, outils, monnaies, bijoux et maquette de ferme mérovingienne. Au rez-de-chaussée est reconstituée par un procédé électronique la tombe sous tumulus d'un prince celte (8e s.)

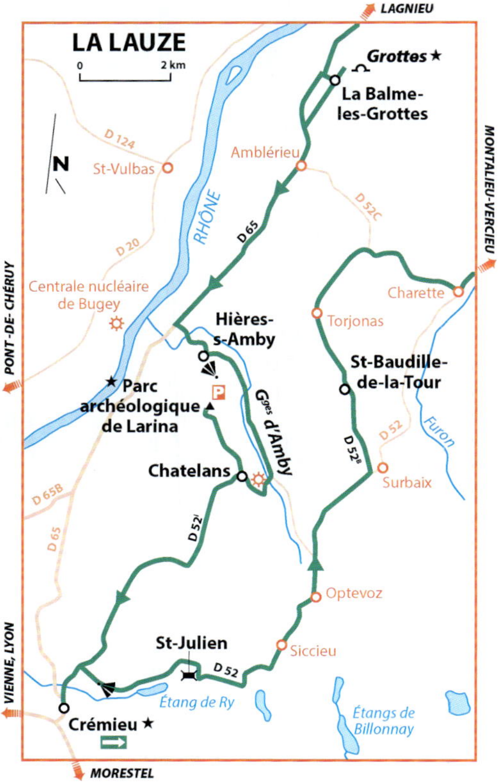

découverte en 1987 à St-Romain-de-Jalionas. Les objets mis au jour, bijoux en or, dont un torque (collier) et un bracelet, vaisselle, armes en bronze et le plus ancien couteau en fer découvert en Europe, sont présentés dans des vitrines voisines.

Si vous avez un peu de temps, nous vous conseillons un petit tour sur la D 65^{C} en direction du château du Cinglé. La route est très belle et dévoile de belles constructions à toits de lauzes.

Traversez Hières-sur-Amby, et tournez à gauche dans la D 52^{A}.

Gorges d'Amby B1

La rivière serpente au pied des parois piquetées d'arbrisseaux. On remarque au passage la maison forte de Brotel (15e s.), en à-pic.

Une étroite route, s'embranchant à droite sur la route des gorges, à hauteur d'une ancienne cimenterie, franchit l'Amby et conduit, par une forte montée, à Chatelans.

Chatelans B1

Au centre du village, dans une auberge, le **musée de la Lauze** présente de manière didactique les techniques traditionnelles de cette architecture qui caractérise l'habitat de l'Isle-Crémieu. *4 pl. de la Larina - ✆ 04 74 83 11 28 - www.auberge-de-larina.fr - ♿ - merc.-jeu. 9h-15h, vend.-sam. 9h-15h, 18h-22h30, dim. 9h-18h - fermé 25 déc. - gratuit.*

Prenez une petite route à droite, qui, en 2,5 km, mène à la pointe du plateau occupée par le site archéologique de Larina.

★ Parc archéologique de Larina B1

Montée de la Cure - ✆ 04 74 95 19 10 - www.musee-larina-hieres.fr - du lever au coucher du soleil - possibilité de visite guidée sur demande (1h30) - gratuit - circuits balisés et panneaux explicatifs.

Le camp de Larina s'étend sur 21 ha. Il est limité au nord et à l'ouest par des falaises dominant la plaine du Rhône et le val d'Amby ; au sud et à l'est, il est ceint d'un rempart de pierre long de près d'1 km, recouvert de végétation. L'occupation humaine du site est attestée par des objets datant de la période néolithique (vers 3000 av. J.-C.). Du 5e au 1er s. av. J.-C., un oppidum est édifié sur le plateau, enserrant dans son enceinte des cabanes en bois et torchis. La découverte d'un autel et de gros blocs de fondation attestent l'érection, à l'époque romaine, d'un temple dédié au dieu Mercure.

À la fin de l'Antiquité et pendant le haut Moyen Âge, deux grands domaines agricoles se succèdent. Le premier (établi aux 4e et 5e s.) regroupe, autour d'une villa à galerie, divers bâtiments d'exploitation (entrepôts, groupes…) construits en terre et en bois sur des fondations de galets encore bien visibles. Du 6e au 8e s., un second domaine se développe autour d'une vaste maison en pierre couverte de lauzes et de ses bâtiments annexes. Sur la butte au nord, deux nécropoles ont été installées ; de la seconde, on a retrouvé des tombes sous forme de coffres en dalles de lauzes.

La pointe nord de la falaise, où se dresse une statue de la Vierge, est un spectaculaire **belvédère** : au premier plan, sur le Rhône, la centrale nucléaire de Bugey et la tourbière de Larina ; plus loin sur les monts du Bugey, la côtière de la Dombes, les monts du Beaujolais, du Lyonnais, les torchères de Feyzin…

De retour à Chatelans, prenez à droite la D 52^{I} vers Crémieu.

5

NOS ADRESSES À CRÉMIEU

HÉBERGEMENT

À proximité

BUDGET MOYEN

Chambre d'hôte La Maison de la Noisette – *231 chemin de la Prairie - 38460 Annoisin-Chatelans - ✆ 04 74 83 86 09 - www.maison-noisette.com - P - 4 ch. 75 € - table d'hôte 25 €.* Vous serez accueilli à bras ouverts dans cette maison de campagne noyée dans la verdure. Ses chambres sont gaiement colorées. En été, vous pourrez faire des barbecues, profiter de l'agréable jardin et de la piscine.

Chambre d'hôte Les Basses Portes – *23 r. des Russes, Torjonas - 38118 St-Baudille-de-la-Tour - ✆ 04 74 95 18 23 - www.basses-portes.com - fermé 15 nov.-15 janv. - P - 3 ch. 75 € - table d'hôte 20/25 € sur réserv.* D'importants travaux ont permis de réhabiliter cette ancienne ferme sans rien ôter à son charme rustique originel. Mélange réussi de l'ancien et du moderne dans les chambres au décor parfois surprenant. Les salles de bains sont flambant neuves.

RESTAURATION

À Crémieu

BUDGET MOYEN

Auberge de la Chaite – *Pl. des Tilleuls - ✆ 04 74 90 76 63 - www.aubergedelachaite.com - fermé vac. de printemps et de Noël (zone A), fin août, dim. soir, lun. et merc. midi - P - 22/37 € - 9 ch. 70/85 € - 9,50 €.* Face à la porte de la Loi, cette maison de pays propose des plats traditionnels à déguster dans une salle rustique à souhait ou sur la terrasse ombragée. Chambres modestes.

À proximité

POUR SE FAIRE PLAISIR

Le Val d'Amby – *2 pl. de la République - 38118 Hières-sur-Amby - ✆ 04 74 82 42 67 - www.hotel-levaldamby.com - fermé de mi-avr. à fin avr., 3 sem. en août, 24-29 déc., dim. soir et merc. - formules déj. 14/27 € en sem. - 31/65 € - 13 ch. - 71/88 € - 9 €.* Sur la place du village, belle maison de pays en pierre. Menu du jour servi dans l'espace café et cuisine traditionnelle dans la salle à manger plus confortable. Terrasse. Chambres simples et bien tenues.

ACHATS

Spécialités – Parmi les spécialités locales, le sabodet (saucisson à cuire) et la foyesse (pâtisseries).

Maison Berlioux – *4 pl. de la Poype - ✆ 04 74 90 75 70 - 7h30-13h, 14h30-19h30, sam. 7h-19h30, dim. 7h30-18h - fermé lun. et congés variables.* L'atmosphère chaleureuse de cette belle pâtisserie à l'ancienne en séduit plus d'un. Mais l'on est définitivement conquis en goûtant les 25 références de chocolats, les viennoiseries, les crèmes glacées et les entremets. Ces délices n'éclipsent pas pour autant la spécialité locale, la foyesse, brioche au beurre, plate et sucrée.

Morestel

4 256 Morestellois – Isère (38)

Combien de voyageurs traversent la ville sans se douter de l'intérêt de cette ancienne « cité des peintres » ? Le site et la lumière si particulière de cette place forte ont en effet attiré, depuis le milieu du 19e s., de grands noms tels Corot, Daubigny ou Turner. Cette vitalité artistique perdure dans la vieille ville restaurée, qui accueille de nombreuses galeries d'art.

NOS ADRESSES PAGE 276
Hébergement, restauration, achats, activités, etc.

S'INFORMER

Office de tourisme – *100 pl. des Halles - 38510 Morestel - ℘ 04 74 80 19 59 - www.morestel.com - juil.-août : 9h-12h30, 14h30-18h30, dim.-lun. et j. fériés 9h30-12h ; reste de l'année : 9h-12h30, 14h30-18h, dim.-lun. et j. fériés 9h30-12h - fermé 1er janv., 25 déc.*

SE REPÉRER

Carte de microrégion B1 (p. 240-241). Morestel se trouve à 20 km au nord-est de Bourgoin-Jallieu. Le Jura et la Savoie sont à deux pas, en poursuivant vers l'est.

À NE PAS MANQUER

Le site du château de Mérieu.

ORGANISER SON TEMPS

Comptez 1h.

AVEC LES ENFANTS

Le parc d'attractions Walibi-Rhône-Alpes.

Se promener

Les espaces consacrés à la peinture étant nombreux, nous ne citons que les deux plus connus :

Maison Ravier

302 r. Auguste-Ravier - ℘ 04 74 80 06 80 - www.maisonravier.fr - 14h30-18h30 - fermé mar., 1er Mai, entre 2 expositions temporaires - possibilité de visite guidée sur demande (1h) - 5 € (-18 ans gratuit).

Les peintres ont souvent bon goût comme en témoigne cette très belle maison dans laquelle l'artiste a vécu de 1867 à 1895. Rachetée par la ville, elle est aujourd'hui un centre culturel connu pour la qualité de ses expositions.

Tour médiévale

Cet ancien donjon est le principal vestige de la forteresse qui dominait la ville dès le 11e s. Il constitue un excellent belvédère sur la région (*table d'orientation*) et connaît une reconversion réussie en lieu d'expositions. *R. Ravier - ℘ 04 74 33 04 51 - www.morestel-expositions.com - avr.-oct. : 14h30-18h30, dim. et j. fériés 10h-12h, 14h30-18h30 - fermé lun. - possibilité de visite guidée - gratuit.*

DES PAYSAGES PITTORESQUES

La région, sublimée par les plus grands peintres paysagistes, répond aujourd'hui au nom évocateur de « pays de la fine lumière dorée ». Parmi les peintres qu'elle séduisit figure **Auguste Ravier** (1814-1895), qui finit ses jours à Morestel. Cet ami de Corot s'était spécialisé dans les crépuscules, dont il savait rendre à merveille les multiples nuances.

5

UN FAIT DIVERS STENDHALIEN

En 1827, un ancien séminariste, **Antoine Berthet**, originaire de Brangues, tira un coup de feu dans l'église du bourg sur l'épouse d'un notable de la région. Condamné à mort, Berthet fut guillotiné l'année suivante. L'église, où eut lieu le drame, a été remplacée par un autre édifice, mais on peut voir encore, en contrebas du chevet, la petite maison qu'habitait Berthet, fort jolie d'aspect, avec son grand toit débordant et son grenier à fourrage. Inspiré par ce fait divers, Stendhal écrivit *Le Rouge et le Noir*, roman qui parut au début de l'année 1830. La scène y est transposée à Verrières en Franche-Comté.

À proximité Carte de microrégion p. 240-241

Château de Mérieu C1

8 km au nord par la D 16.

Datant en majeure partie du 17e s., il occupe un **site★** magnifique sur la rive gauche du Rhône, dans un cadre de prairies et de bois se détachant sur les escarpements du Bugey méridional.

Brangues C2

6 km à l'est par la D 60A.

Sur la route historique Stendhal, ce bourg du Bas-Dauphiné est remarquable pour la belle apparence de ses maisons de calcaire blanc aux grands toits de tuiles plates; plusieurs demeures présentent encore des pignons à mantelure. Brangues intéressera, en outre, les touristes sensibles aux souvenirs littéraires. Paul Claudel (1868-1955), l'auteur du *Soulier de satin*, s'était attaché au **château** de Brangues *(ne se visite pas)*, grosse gentilhommière du 18e s. située aux abords nord-ouest du bourg. Chaque année, il y réunissait autour de lui sa descendance et y recevait ses proches.

Espace Claudel-Stendhal – *154 r. du Village - ☏ 04 74 80 32 14 - http://claudel-stendhal.com - juil.-août : tlj sf mar. 10h30-12h, 15h-19h ; avr.-juin : w.-end et j. fériés 10h30-12h, 14h-18h ; reste de l'année : w.-end et j. fériés 14h-18h - fermé mar., déc.-mars, 1er Mai - possibilité de visite guidée (2h) - 2 € (-12 ans gratuit).* Étrange coïncidence qui réunit là ces deux écrivains, quand on lit le mépris qu'avait le second pour le premier. Illustré par de nombreuses photos et citations, le lieu s'avère une bonne occasion de découvrir, au-delà du diplomate et de l'auteur de théâtre, Paul Claudel le converti, le travailleur acharné, le grand-père tendre, l'homme de tous les jours, qui s'émerveille de la nature, doute de lui-même ou se prépare à mourir.

Tombe de Paul Claudel – *Accès par la D 60 à l'ouest de Brangues.* Il avait écrit « Alors salut, étoile du soir ! Il y a pour t'indiquer pensivement dans le ciel, au fond du parc, dans le coin le plus reculé de mon jardin, un long peuplier mince, comme un cierge, comme un acte de foi, comme un acte d'amour ! C'est là, sous un vieux mur tapissé de mousses et de capillaires, que j'ai marqué ma place. C'est là, à peine séparé de la campagne et de ses travaux, que je reposerai, à côté de ce petit enfant innocent que j'ai perdu, et sur la tombe de qui je viens souvent égrener mon chapelet. » Selon son vœu, il est inhumé là, avec sa femme et l'un de ses petit-fils mort à l'âge de deux ans. Un petit jardin japonais, hommage du pays dont cet ambassadeur s'était épris, intègre désormais les tombes en son sein.

★ Parc Walibi-Rhône-Alpes C2

▶ *Desservi presque directement par l'A 43 qui relie Lyon à Chambéry, le parc est établi sur la commune des Avenières, à 13 km au sud-est de Morestel.*

1380 rte de la Corneille - ✆ 0 820 42 64 36 - www.walibi.com - de déb. juil. à mi-août : 10h-18h ; reste de l'année : w.-end 10h-17h - fermé nov.-mars, Vend. saint - 30 € (enfant 24 €).

À l'heure où les parcs d'attractions connaissent un grand succès en France, le parc Walibi-Rhône-Alpes tient bien sa place grâce à un développement régulier. Environné d'étangs, ce parc de 35 ha propose toute une gamme d'attractions et de spectacles de qualité pour satisfaire petits et grands plus ou moins téméraires. Il est devenu un pôle touristique majeur de la région.

Attractions – Les amateurs de sensations fortes seront sans doute comblés par les trois loopings avant et arrière du **Boomerang**★, par les redoutables descentes du **Totem**★ et de l'**Aquachute**, à moins qu'ils ne préfèrent une croisière mouvementée (pied marin recommandé) dans le traditionnel **Bateau pirate** ou les secousses du **Zigzag**. La petite mais vive **Coccinelle** rouge vous invite à partager sa course folle, avant de partir à l'aventure sur les flots tumultueux de la **Radja River**★ ou de tenter la descente de la **Rivière canadienne**. L'évasion est au rendez-vous avec le **Tamtamtour**, balade exotique en bateau qui vous plonge au cœur de la jungle tropicale.

Les jeunes enfants ne sont pas oubliés et de nombreuses activités leur sont dédiées : vieux tacots, ranch à poneys, mini jets du **Baron rouge**, manèges ; on peut faire le tour du parc dans un petit train et parcourir l'étang à bord d'un bateau à roues.

Aqualibi★ – La partie la plus courue, à la belle saison, est sans doute l'espace nautique : la piscine à vagues, le Colorado (grands toboggans) et, surtout, le Rapido (torrent jalonné de tunnels et de trous d'eau) vous attendent dans une eau maintenue à 25 °C.

Spectacles – Parmi les spectacles qui rythment la vie du parc, ne manquez pas la **Légende de Prince Thibaud**★, un spectacle équestre sur fond d'histoire médiévale.

NOS ADRESSES À MORESTEL

HÉBERGEMENT

À Morestel

PREMIER PRIX

Hôtel Servhotel – *89 rte de Grenoble - ✆ 04 74 80 06 22 - www.servhotel-hotel.com - P ♿ - 20 ch. 55 € - ☕ 7 €.* Cet établissement avant tout fonctionnel est une adresse utile à seulement 10 km du parc d'attractions Walibi-Rhône-Alpes. Les chambres offrent un confort simple et moderne. Terrasse, aire de pique-nique privée et grand parking. L'accueil y est cordial.

À proximité

PREMIER PRIX

Chambre d'hôte La Paumarelle – *498 rte du St-Martin - 38630 Corbelin - ✆ 04 74 83 77 72 - www.lapaumarelle.com - fermé de fin sept. à mi-oct., vac. de Noël - P - wifi - 3 ch. 64 € ☕ - table d'hôte 25 € (sur réserv.).* Les chambres portent les noms des trois massifs – la Chartreuse, la Belledonne, la Dent du Chat – que l'on peut contempler depuis cette ferme en pisé entièrement restaurée. Aménagements intérieurs sobres et chaleureux, copieux petits-déjeuners et appétissante cuisine traditionnelle à base de produits frais.

RESTAURATION

À proximité

Bon à savoir – Il est bien connu que les sensations fortes, ça creuse ! Et plus particulièrement à **Walibi-Rhône-Alpes**. On sera donc satisfait de trouver au sein du parc des sandwicheries (**Le WAB Corner**), des fast-foods (**Le Skunx Corner**, **Sound Burger**), des restaurants (**Hard Skunx Café**) pour se requinquer et faire une pause avant de repartir à l'aventure.

POUR SE FAIRE PLAISIR

Ambroisie – *64 rte du Lac - 38110 St-Didier-de-la-Tour - 18 km au sud-est de Morestel par la D 16 puis la N 6 - ✆ 04 74 97 25 53 - www.restaurant-ambroisie.com - fermé 10 j. fin août, dim. soir, mar. et merc. - menu 30/80 €.* Bordant un lac, ce pavillon vous ouvre les portes de sa salle moderne aux tons grèges et chocolat ou de sa terrasse sous les platanes, devant la vue. Cuisine gastronomique concoctée avec des produits simples, par un chef d'origine provençale.

Auberge Au Coq en Velours – *1800 rte de St-Genix - 38490 Aoste - ✆ 04 76 31 60 04 - www.au-coq-en-velours.com - P - fermé janv., dim. soir et lun. - formule déj. 27 € - 32/65 € - 7 ch. - 75/102 € - ☕ 10 €.* Pimpante auberge de village tenue par la même famille depuis 1900. Chaleureuse salle à manger contemporaine et terrasse ombragée dressée dans un jardin fleuri.

Lac de Paladru

★

Isère (38)

Le lac de Paladru occupe une dépression d'origine glaciaire parmi les collines verdoyantes du Bas-Dauphiné. Ses eaux émeraude forment une jolie nappe étirée en longueur sur 392 ha. Pendant la belle saison, cette dernière attire de nombreux Lyonnais et Grenoblois, amateurs de sports nautiques et de randonnées.

NOS ADRESSES PAGE 280
Hébergement, restauration, achats, activités, etc.

S'INFORMER

Office de tourisme du pays voironnais – *230 r. des Bains - 38850 Charavines - ☏ 04 75 93 17 60 - www.paysvoironnais.info - avr.-sept. : 9h-12h30, 14h30-18h ; reste de l'année : tlj sf w.-end 9h-12h, 14h-17h, jeu. 9h-12h - fermé de déb. déc. à mi-janv.*

SE REPÉRER

Carte de microrégion C3 (p. 240-241).
À un peu plus de 20 km à l'est de La Côte-St-André, ce lac est finalement très proche de Grenoble grâce à l'A 48.

À NE PAS MANQUER

Le tour du lac en voiture, une randonnée et une baignade, remonter la vallée de la Bourbre et admirer la belle architecture du château de Virieu.

ORGANISER SON TEMPS

Comptez 2h, en associant le tour du lac en voiture et la visite du musée.

AVEC LES ENFANTS

Les villages engloutis au musée de Charavines ; profiter du lac.

Se promener

Musée archéologique du lac de Paladru à Charavines

15 pl. de l'Église - ☏ 04 76 55 77 47 - www.museelacdepaladru.fr - mai-sept. : 14h-18h ; reste de l'année : vac. scol. (zone A) et dim. 14h-17h - fermé 1er janv., 1er et 11 Nov., 25-25 déc. - possibilité de visite guidée sur demande (1h30) - 4 € (-18 ans gratuit).

Il présente le résultat des fouilles subaquatiques des villages engloutis du néolithique et du haut Moyen Âge. La présentation des plus belles pièces mises au jour, de superbes maquettes et des audiovisuels font revivre au visiteur la vie quotidienne des habitants à deux époques charnières de l'histoire du lac.

En sortant du musée, une petite baignade (gratuite !) sur la plage municipale de Charavines offre un bon moyen de vous « immerger » dans l'eau de l'histoire. Sur votre gauche, le site néolithique. Sur votre droite, l'An Mil !

LE SAVIEZ-VOUS ?
Dans le film *On connaît la chanson* d'Alain Resnais (1997), le personnage joué par Agnès Jaoui évoque son travail de thèse sur les « chevaliers-paysans de l'an mil » au lac de Paladru. Le succès du film suscita une vive curiosité pour le site et contribue encore à sa notoriété.

5

★ Tour du lac

En voiture, **deux jolies routes** – D 50 et D 50^D (prolongée par la D 90) – permettent de faire le tour du lac (15 km). Elles relient la station animée de **Charavines**, à la pointe sud du lac, au village plus paisible de Paladru, à l'autre extrémité. Elles permettent d'admirer en plusieurs points les évolutions des cygnes et des oiseaux habitant les nombreuses roselières.

Quelques sentiers pédestres ont été aménagés en bord de lac. Au nord, le chemin de la **Véronnière** (entre Paladru et Montferrat) ; au sud-est, depuis la plage de Charavines (direction Bilieu), une voie verte conduit sur 800 m au **Bois d'Amour** où vous profiterez de belvédères, tables, jeux pour les enfants.

Pour les marcheurs confirmés, il existe également une randonnée « Tour du lac » (5h45, 510 m de dénivelée). *Cartes et informations à l'office de tourisme.*

Grange Dîmière

Rte de la Grange-Dîmière - ✆ 04 76 55 64 15 - www.grangedimiere.com - ♿ - juil.-août : 14h-18h ; mai-juin et sept. : w.-end et j. fériés 14h-18h - possibilité de visite guidée (45mn) - gratuit.

Les traditionnelles fermes des coteaux dominant le lac et la vallée supérieure de la Bourbre sont identifables par leur vaste toiture débordante. Sur la commune du Pin, la **Grange Dîmière**, ancienne dépendance du monastère de la Sylve Bénite (fondé par l'ordre des Chartreux en 1116, vendu en 1798) est remarquable. Admirez son architecture : 22 m de long, murs en pierre, porche d'entrée monumental surmonté d'un globe crucifère (symbole chartreux). Et à l'intérieur, ne manquez pas sa **charpente** culminant à 18 m. Une maquette vous éclairera sur l'histoire mouvementée du bâtiment, reconstruit en 1655, réduit en 1906 suite à un incendie. Dédié à l'origine au stockage des récoltes et de la dîme (impôt) perçue par les moines, il abrite aujourd'hui des rendez-vous d'art contemporain : expositions, festival, animations, stages de créations.

La grange se situe sur une jolie boucle de randonnée qui relie Charavines à la Sylve Bénite « sur les traces des Chartreux » *(2h30)*, à la découverte des paysages façonnés par les moines. Rejoignez ce sentier pour apercevoir, à une centaine de mètres, les murs de l'ancien monastère *(site privé, pas de visite).*

À proximité Carte de microrégion p. 240-241

★ Château de Virieu C3

7,5 km au nord-ouest par la D 17. 1245 rte du Château - ✆ 04 74 88 27 32 - www.chateau-de-virieu.com - juil.-août : 14h-18h ; du w.-end de Pâques à fin juin et sept.-oct. : w.-end et j. fériés 14h-18h - fermé lun. - possibilité de visite guidée (1h) - 8 € (-16 ans 4,50 €).

La construction, échelonnée du 11e au 18e s., fut restaurée au début du 20e s. Le château eut l'honneur d'accueillir Louis XIII, en 1622, à son retour de Montpellier où il avait signé la paix avec les protestants. Lors de son passage, le monarque fit don de plusieurs **canons**, conservés avec leurs affûts fleurdelisés sous les arcades de la cour intérieure. On y visite la chambre de Louis XIII, la cuisine avec sa cheminée à arc surbaissé de la fin du 15e s., la Grande Salle…

Château de Pupetières C3

Au sud de Virieu. 100 rte de Virieu - ✆ 06 14 30 27 31 - http://pupetieres.jimdo.com - ♿ - 1er juil.-20 août : 14h-18h - fermé j. fériés - possibilité de visite guidée (1h) - 5 € (-6 ans gratuit).

C'est dans le cadre agreste de la vallée de la Bourbre, au château de Pupetières, que **Lamartine** composa, en 1819, son célèbre poème, *Le Vallon*, publié l'année

Un lac habité de longue date

LA CIVILISATION DU BOIS

Dans sa partie méridionale, le lac de Paladru recèle deux sites archéologiques immergés d'un grand intérêt. Loin de conforter l'existence de cités palafittes (bâties sur pilotis), la découverte de nombreux pieux et madriers émergeant par basses eaux a permis d'affirmer que ceux-ci constituaient l'ossature de maisons construites sur des hauts-fonds de craie lacustre, qui furent, à plusieurs reprises, affectés par des variations du niveau du lac.

La variété et l'abondance des vestiges mis au jour, ainsi que l'analyse des pollens contenus dans les sédiments, ont contribué à définir la nature du manteau forestier environnant et les activités quotidiennes des habitants, largement orientées vers l'exploitation du bois.

LA STATION DES « BAIGNEURS »

Ce village néolithique d'agriculteurs a connu autour de 2700 av. J.-C. deux phases d'occupation successives se rattachant à la civilisation Saône-Rhône. Grâce à la présence de manches de haches et de cuillères en bois, de silex taillés, de fusaïoles ainsi que de débris calcinés, on a pu mettre en évidence, outre la production artisanale, la pratique, après déforestation, de l'écobuage – fertilisation des sols par brûlage des arbres abattus – précédant la mise en culture (blé, pavot, lin).

LE SITE DE L'AN MIL

Actuellement noyé sous 6 m d'eau, le site de Colletière révèle un habitat fortifié établi à la fin du 10e s. à la suite d'une baisse sensible du niveau du lac correspondant à une embellie climatique. Les habitants ont vécu là jusqu'au début de l'an mil le, lorsqu'une montée brusque des eaux les a obligés à quitter précipitamment les lieux en abandonnant leurs biens. L'intérêt archéologique exceptionnel de Colletière réside dans l'absence, depuis son immersion, de pillage ou de dégradation.

Les habitants étaient à la fois cultivateurs, éleveurs et pêcheurs. La découverte d'équipements d'équitation, de lances et d'armes lourdes atteste qu'ils assuraient aussi la défense de la communauté. Cette société préféodale était régie par des règles égalitaires devant le travail et paraissait subvenir largement à ses besoins. Les archéologues estiment probable une population d'une centaine d'individus.

Le milieu lacustre a parfaitement protégé de nombreux objets usuels fragiles qui d'habitude nous parviennent rarement : chaussures en cuir intactes, textiles, instruments rares de musique en bois (tambourin, hautbois, embout de cornemuse), ces jeux (intégralité d'un jeu d'échecs) et même des jouets reproduisant ces armes (arbalète).

Vers 1040, à l'abandon des habitats littoraux, la colonisation du lac de Paladru se poursuit avec l'apparition sur les collines environnantes des premières « mottes castrales ». Remplacées pour bon nombre d'entre elles par des constructions en pierre au cours du 13e s., elles constituent les noyaux des futurs fiefs des grandes familles dauphinoises : tour de Clermont, les Trois Croix (à Paladru), château de Virieu…

suivante avec ses *Premières Méditations* : « Repose-toi, mon âme, en ce dernier asile, Ainsi qu'un voyageur qui, le cœur plein d'espoir, S'assied, avant d'entrer, aux portes de la ville, Et respire un moment l'air embaumé du soir. » On l'admire, depuis la route, pour la polychromie de ses tuiles vernissées. On y entre l'été grâce à Eugène Viollet-le-Duc qui, en 1861, restaura audacieusement l'édifice du 13e s. ravagé par la Révolution.

NOS ADRESSES À PALADRU

HÉBERGEMENT

À Paladru

PREMIER PRIX

Camping Le Calatrin – *799 r. de la Morgerie - ✆ 04 76 32 37 48 - www.camping-paladru.fr - ouv. déb. avr.-fin sept. - réserv. conseillée - - 60 empl. - 17,80 à 22,30 €.* À l'instar de ses voisins, ce camping dispose d'emplacements bien entretenus, aménagés en terrasses, et de deux bengalis (19,15 €). Un grand bâtiment abrite l'accueil et un bloc sanitaire classique et correct.

À proximité

BUDGET MOYEN

Hostellerie du Lac Bleu – *10 r. Principale - 38850 Charavines - ✆ 04 76 06 60 48 - www.lacbleu.fr - fermé 15 oct.-15 mars - P - 10 ch. - 68/74 € - 8,50 € - pique-nique 15 €.* Oubliez la décoration des petites chambres et le passage (inévitable) des voitures pour ne retenir que le meilleur : une belle bâtisse face au lac, hôtel simple, plutôt accueillant où le restaurant offre une bonne terrasse en saison.

Chambre d'hôte La Maison de Joanny – *1490 rte de la Guilletière - 38850 Chirens - ✆ 06 70 06 23 34 - www.maison-de-joanny.com - P - 4 ch. 79 € - table d'hôte 25 €.* Une ancienne grange dauphinoise à l'écart du lac, au calme de la commune de Chirens (l'occasion d'admirer son prieuré). Les chambres sont colorées, douillettes et l'accueil bien sympathique. Sauna et jolie table.

RESTAURATION

À proximité

Bon à savoir – Besoin de forces avant ou après la balade ? Autour du lac, vous trouverez bars, restaurants de plage, snacks…

BUDGET MOYEN

Hôtel des Bains – *345 r. Principale - 38850 Charavines - ✆ 04 76 06 60 20 - www.hoteldesbains-charavines.com - réserv. conseillée - 18/45 €.* Des bains, oui mais des bains… -marie et la plonge, dans l'évier ! Car ce lieu est bien un restaurant. Sa cuisine traditionnelle, sa spécialité de friture et son chaleureux décor à l'ancienne – parquet, mobilier bistrot, assiettes fleuries… – en ont même fait un incontournable.

ACTIVITÉS

Bon à savoir – Le lac de Paladru est privé. La baignade est interdite en dehors des 4 plages surveillées, toutes payantes à l'exception de la plage municipale de Charavines aménagée pour tous. Outre la pêche, des activités nautiques sont ouvertes aux amateurs dans les clubs du lac. Les communes alentours offrent le point de départ de nombreuses randonnées balisées (à pied, en VTT…) *✆ 04 76 06 60 31.*

La maison de Berlioz à La Côte-Saint-André
I. Lainey/Michelin

La Côte-Saint-André

4 886 Côtois – Isère (38)

Il faut venir à La Côte pour comprendre la passion qui anima Berlioz, épris de ce site qui « domine une assez vaste plaine, riche, dorée, verdoyante ». Les mots manquent en effet pour décrire ces lumières de la Bièvre si particulières et qui ont inspiré tant de peintres, cette architecture en galets roulés ou ces pavillons qui apparaissent au détour d'une place ou au versant d'une vigne. Cette symphonie resterait toutefois « inachevée » sans la touche gastronomique apportée par les délicieuses liqueurs et autres produits locaux.

NOS ADRESSES PAGE 285
Hébergement, restauration, achats, activités, etc.

5

S'INFORMER

Office de tourisme Bièvre-Isère – *5 pl. Hector-Berlioz - 38260 La Côte-St-André - ☎ 04 74 20 61 43 - http://tourisme-bievrevalloire.com - juil.-août : mar. et jeu.-vend. 9h30-12h30, 14h-18h, merc. et sam. 9h-12h30 ; reste de l'année : se rens.*

SE REPÉRER

Carte de microrégion B3 (p. 240-241). Entre Vienne (à 39 km à l'ouest) et Grenoble (51 km à l'est), La Côte-St-André s'étend sur le versant d'une longue colline.

À NE PAS MANQUER

Le musée Hector-Berlioz, consacré à la vie et à l'œuvre du musicien.

ORGANISER SON TEMPS

Comptez 3h pour la promenade en ville et la visite au musée Hector-Berlioz.

AVEC LES ENFANTS

Une visite gourmande au Paradis du chocolat.

UN AMOUREUX DES SONORITÉS

Hector Berlioz, fils d'un riche médecin côtois, naît à La Côte-St-André en 1803. À 17 ans, il monte à Paris pour étudier la médecine. Il suit quelques années les cours de la Faculté, mais fréquente plus assidûment les théâtres lyriques ainsi que la bibliothèque de l'École royale de musique, où, trois ans plus tard, il s'initie à la composition auprès de Lesueur et de Reicha. En 1828, premier succès avec *Huit Scènes de Faust*. 1830 est l'année du Grand Prix de Rome et de *La Symphonie fantastique*.

Par la suite, il partage son temps entre la critique musicale, qui l'aide à vivre, et la composition où il rencontre des alternances de succès et d'échecs : *Le Requiem, Benvenuto Cellini, Roméo et Juliette, La Marche hongroise, La Damnation de Faust, L'Enfance du Christ, Les Troyens…*

Romantique, Berlioz ? Il répond : « Je ne sais pas ce que cela veut dire. Je suis un classique. » Parmi les musiciens européens, il est considéré comme l'un des pionniers du « poème symphonique », genre nouveau et hardi, qui, par son rapprochement avec la littérature, aboutit à une structure plus flexible, à une riche orchestration avec des associations sonores inattendues, et à une définition rythmique plus souple qu'auparavant, exprimant les aspirations de l'idéal romantique au fantastique et au grandiose. C'est à l'étranger qu'il reçoit le meilleur accueil : Berlin, Weimar, Vienne, Prague, Saint-Pétersbourg. Il ne reviendra que fort rarement à La Côte-St-André. Mort à Paris en 1869, ce génie, méconnu de son temps, connaîtra une gloire posthume.

Il laisse derrière lui une œuvre écrite incontournable, dont un *Grand Traité d'instrumentation et d'orchestration modernes*.

Se promener

Il faut monter au niveau du château Louis XI ou à la table d'orientation de Notre-Dame de Sciez pour bien comprendre le site.

Musée Hector-Berlioz

69 r. de la République - ✆ 04 74 20 24 88 - www.musee-hector-berlioz.fr - festival Berlioz (de mi-août à déb. sept.) : 10h-20h ; de déb. juil. à mi-août : 10h-12h30, 13h30-18h ; oct.-juin. : tlj sf mar. 10h-12h30, 13h30-18h - fermé 1er janv., 1er Mai, 25 déc. - possibilité de visite guidée (1h30) - gratuit.

Il est installé dans la maison natale du compositeur, demeure bourgeoise construite à la fin du 17e s. et restaurée en 1969.

La collection est constituée d'un ensemble précieux de partitions, livrets et instruments de musique anciens, ainsi que de portraits, caricatures, reproductions de lettres autographes et de lithographies d'Henri Fantin-Latour inspirées par l'œuvre du musicien. L'aménagement thématique du musée s'attache, sur trois étages, à la vie et à l'œuvre de Berlioz comme à la place que celui-ci occupe dans l'histoire de la musique. La visite de la cuisine, de la salle à manger, du cabinet du Dr Berlioz ou de la chambre natale d'Hector permet de faire plus ample connaissance avec le romantisme, les femmes qu'il a aimées (en particulier Harriet Smithson) et d'apprécier pleinement son héritage artistique. Au rez-de-chaussée, dans l'auditorium, un programme interactif vous donne la possibilité de découvrir ou d'approfondir l'écoute des œuvres de Berlioz.

Halles

Construites au 13e s., elles frappent par leurs dimensions exceptionnelles (29 m x 76 m). Cinq allées sont ménagées sous la charpente.

En contrebas de la place s'ouvre l'étroit passage de la Halle où, dans un retour à gauche, on remarque de vétustes maisons à balcons de bois.

Église

Élevée du 11e au 15e s., elle est intéressante par son clocher construit en galets roulés et en briques, contrastant avec ses chaînages d'angle en calcaire blanc. Sa silhouette et sa riche coloration ont souvent inspiré le peintre Jongkind. À l'intérieur, remarquez dans le chœur, un Christ de jubé du 18e s.

Château Louis XI

Bâtie au 13e s. par Philippe de Savoie sur un beau site défensif, cette construction, conçue à la fois comme forteresse et château résidentiel, fut dévastée par les guerres du 16e s., et réédifiée par la suite.

Le Paradis du chocolat – *R. des Remparts - ✆ 04 74 20 35 89 - www.paradis-chocolat.fr - ♿ - de mi-juil. à fin août : 15h-18h ; de déb. à mi-juil. : 15h-17h30 ; avr.-juin et sept.-oct. : w.-end, vac. scol. (zone A) et j. fériés 15h-17h30 ; reste de l'année : dim. et j. fériés 15h-17h30 - possibilité de visite guidée (1h) - 4 € (-6 ans gratuit).*

C'est à une famille de chocolatiers réputés, les Jouvenal, que l'on doit cette incursion chocolatée dans le château. Elle ne manquera pas de séduire les palais les plus exigeants. Depuis l'histoire du cacao jusqu'aux délicieuses créations, tout y est, même la dégustation.

De la terrasse supérieure s'offre une **vue** étendue sur les toits rouges de La Côte, la plaine de la Bièvre et les Alpes.

Musée des liqueurs

R. Camille-Rocher - ✆ 04 74 93 38 10 - www.cherryrocher.com - ♿ - du 2e mar. de juil. à fin sept. : tlj sf lun. 15h-18h ; reste de l'année : dim. et j. fériés 15h-18h - fermé janv.-fév., 14 Juil., 15 août - possibilité de visite guidée sur demande - 2,50 € (-14 ans gratuit).

Fondée en 1705 par **Barthélemy Rocher** (1675-1747) dans un hôtel de style néoclassique, la distillerie **Cherry Rocher** propose une visite commentée des étapes de la fabrication de ses breuvages.

La collection, installée dans une cave voûtée, comporte une série d'appareils anciens (pressoir à fruits, alambics, colonnes à rectifier, « infuseurs »). Parmi les chais, remarquez une énorme cuve en chêne de Hongrie, d'une capacité de 32 400 l. Affiches et étiquettes présentent des placards publicitaires truculents, sur les liqueurs, eaux-de-vie et autres élixirs.

La visite s'achève par la dégustation d'une des liqueurs artisanales à base de fruits rouges.

5

À proximité Carte de microrégion p. 240-241

Château de Bressieux B3

8 km par la D 71 au sud et la petite route s'amorçant, à gauche, à la sortie de St-Siméon-de-Bressieux. Au centre du village, à l'endroit où la route décrit un coude, empruntez le sentier à gauche (15mn à pied AR).

Isolés sur une butte, en haut du village de Bressieux, les vestiges du château composent un décor attachant.

Église de Châtenay B3

11 km au sud, par la D 71.

L'abbé Combalot, natif de Châtenay, professeur au séminaire de Grenoble et tourné vers les arts, dota cette église au 19e s. de ses deux raretés : un **mobilier** – autels, chaire, chemin de croix – en fonte peinte et un **carillon** de

19 cloches de la maison Bollée (Orléans). Ce qui vaut au village une école et un festival de carillonneurs. ✆ *04 74 20 09 82 - audition du carillon horaires, se rens. à la mairie - possibilité de visite guidée sur demande.*

Marnans B3

18 km par la D 71 au sud, la D 130, Viriville et la D 156^C.

Dans un repli retiré du plateau de Chambaran, cet humble village possède une belle **église** romane. Dans la partie basse de la façade ouest s'ouvre le portail principal en plein cintre, aux voussures moulurées de boudins, de denticules et de palmettes, et au tympan orné d'une croix grecque ; dans la partie haute s'ouvre une baie en plein cintre, surmontée d'un œil-de-bœuf.

Le chœur présente une travée très courte, voûtée en berceau, précédant un hémicycle voûté en cul-de-four et percé de trois baies flanquées de colonnettes.

Remarquez la triple baie au-dessus de l'arc triomphal : celle du milieu est en forme de croix.

Roybon B3

17 km au sud par la D 71.

Ce petit bourg pentu de la forêt de Chambaran possède un charmant ensemble de façades traditionnelles, typiques de ce pays sculpté dans la glaise et le bois, décoré de galets (remarquable église néoromane St-Jean-Baptiste). Ce patrimoine ancien, doté d'un vestige de rempart médiéval, reçoit une surprenante touche de modernité avec sa statue de la Liberté, l'une des treize répliques françaises du modèle new-yorkais.

Ruines du château de Bressieux.
I. Lainey/Michelin

NOS ADRESSES À LA CÔTE-SAINT-ANDRÉ

HÉBERGEMENT

À proximité

BUDGET MOYEN

Chambre d'hôte La Ferme des Collines – *446 r. des Castilles - 38260 Gillonnay - ☎ 04 74 20 27 93 - www.lafermedescollines.com - ⌿ P - 4 ch. 60 € ☕.* Endroit idéal pour se ressourcer que cette ancienne ferme juchée sur une colline, face à la vaste plaine qui inspira Berlioz. Plaisantes chambres garnies de meubles chinés par le propriétaire, antiquaire ; celles en duplex plaisent beaucoup aux familles.

RESTAURATION

À La Côte-Saint-André

POUR SE FAIRE PLAISIR

Hôtel de France – *16 pl. St-André - ☎ 04 74 20 25 99 - www.hoteldefrance-csa.fr - P 10 € - fermé sam. midi dim. soir et lun. sf j. fériés – formule déj. en sem. 25 € - 32/71 € - 13 ch. - 77/87 € - ☕ 10 €.* Cette imposante maison rose est également un bastion de la cuisine traditionnelle française : une table de qualité où les habitants de la région viennent déguster homard en nage d'agrumes aux sauternes et citrus, pigeonneau en croûte d'herbes et autres belles assiettes composées des meilleurs produits du terroir alentour. Quelques chambres sans chichis permettent de faire étape.

À proximité

POUR SE FAIRE PLAISIR

Auberge du Château – *Le Bourg - 38370 Bressieux - ☎ 04 74 20 91 01 - www.aubergedebressieux.fr - tlj sf dim. soir (sf juil.-août), mar. et merc. - ferm. 1 sem. fin fév. et/ou déb. mars, dernière sem. de juin et vac. de la Toussaint - menu 32/38 € - 54/68 €.* Au faîte d'un vieux village perché, accueillante maison ancienne bien restaurée dont la terrasse ombragée offre un beau point de vue sur la vallée et les monts du Lyonnais.

ACHATS

Chocolaterie Jouvenal – *25 r. de la République - ☎ 04 74 20 31 77 - www.paradis-chocolat.com - magasin : 8h-19h15, lun. 10h-12h et 14h30-18h - visite libre (15h-17h30, 4 €, -6 ans gratuit) ou commentée (15h30, 7 €, 6-12 ans 4 €), comprenant une dégustation.* Depuis 1912, la famille Jouvenal transmet sa passion du chocolat de génération en génération. Même si, au comble de l'Obsession, vous succombez à la Tentation, la Damnation (ce sont les 3 spécialités maison) vous conduira au Paradis… du chocolat, véritable petit musée où vous saurez tout sur la divine fève du cacaoyer.

Saint-Antoine-l'Abbaye

★

1 032 Antonins – Isère (38)

Que fait une abbaye d'une telle magnificence ici, perdue entre la grande forêt de Chambaran et un si petit village ? Aujourd'hui encore, elle abrite les précieuses reliques du grand saint Antoine l'Égyptien, qui fut au 3e s. le premier moine et ermite de l'histoire du christianisme. Ici s'installa donc la maison mère de l'ordre religieux et hospitalier des Antonins, aujourd'hui disparu après plusieurs siècles de rayonnement sur toute l'Europe et de soin apporté aux malades.

NOS ADRESSES PAGE 291
Hébergement, restauration, achats, activités, etc.

S'INFORMER

Office de tourisme – *Pl. Ferdinand-Gilibert - 38160 St-Antoine-l'Abbaye - 04 76 38 53 85 - www.tourisme.pays-saint-marcellin.fr - juil.-août : 9h30-13h, 14h-18h (mai-juin et sept. : 17h30), dim. 10h30-13h, 14h-17h30, jeu. 9h30-13h, sam. 14h-17h30 ; reste de l'année : tlj sf lun. et jeu. 14h-17h30 - fermé de mi-déc. à fin mars, 1er Mai, 1er et 11 Nov.*

SE REPÉRER

Carte de microrégion B4 (p. 240-241). St-Antoine-l'Abbaye se situe à 24 km au nord-est de Romans-sur-Isère. Aux confins de la Drôme et de l'Isère, le village apparaît dans un vallonnement du plateau de Chambaran. La vue est particulièrement spectaculaire en descendant du col de la Madeleine par la D 27.

À NE PAS MANQUER

Le Christ en ivoire du trésor ; l'architecture et les fresques de l'abbatiale ; le Grand Séchoir des noix de Grenoble à Vinay, le site de Beauvoir-en-Royans.

ORGANISER SON TEMPS

Renseignez-vous sur les visites guidées pour ne pas rater l'accès au trésor. Comptez une journée pour le village et ses environs.

AVEC LES ENFANTS

L'exposition interactive sur les parfums (musée municipal) ; le grand circuit de trains miniatures de Chatte ; la découverte des noix et de leur exploitation au Grand Séchoir.

Se promener

Bâtiments conventuels

Laissez la voiture sur le parking aménagé env. 100 m derrière l'OT et montez à pied.
Dans la partie haute du bourg, l'accès à l'abbatiale se fait par l'**entrée d'honneur** du 17e s., le long de l'ancienne porterie occupée aujourd'hui par l'hôtel de ville, et se signalant par la mosaïque de ses tuiles vernissées. Trois portails à fronton brisé décorent la façade. L'encadrement du portail central, qui a conservé ses vantaux de bois sculpté, est constitué de deux colonnes ioniques. Les portails latéraux portent des bossages en pointes de diamant. Ils marquaient autrefois la frontière entre l'abbaye et la ville.
Arrêtez-vous sous le portail : un plan situe l'abbaye et les rues parallèles. Vous rejoignez une grande esplanade rectangulaire qui occupe l'emplacement de deux

Vue de l'abbaye
F. Guiziou/hemis.fr

anciens cloîtres. Des artisans (potier, tailleur de pierre, relieur) se sont installés dans les édifices en pierre qui la longe. À droite, le **bâtiment des étrangers** a pris, au 17e s., la place des infirmeries du Moyen Âge, sans doute rendues inutiles par la raréfaction du « feu de St-Antoine » *(voir p. 288)*. Il accueillait les hôtes de marque et leurs équipages. Son salon d'apparat, orné de gypseries, d'une toile du palais abbatial et d'une fontaine pétrifiante, se visite.

À gauche, les **anciennes écuries** sont désormais occupées par une exposition permanente sur les herbes médicinales, les remèdes et les parfums. De grands panneaux explicatifs très clairs et très bien illustrés renseignent les parfums que vous pouvez sentir : parfum impérial, parfum des gants, civette… Vous serez plus d'une fois surpris par ces odeurs ! À l'extérieur, quelques-unes des plantes mentionnées ornent le jardinet médiéval. La visite se termine par la boutique dont les articles concernent l'ensemble de l'abbaye.

Musée de Saint-Antoine-l'Abbaye

Le Noviciat - ☎ 04 76 36 40 68 - www.musee-saint-antoine.fr - ♿ - juil.-août : tlj sf mar. 10h30-12h30, 14h-18h ; mai-juin : lun., merc., jeu., vend. 14h-18h ; mars-avr. et sept.-oct. : tlj sf mar. 14h-18h ; reste de l'année : se rens. - gratuit.

Installé dans l'ancien noviciat du monastère, il propose un itinéraire de découverte (panneaux illustrés et objets) sur le monachisme, les pèlerinages, les maladies et leurs remèdes au Moyen Âge, les Antonins, mais aussi des œuvres de **Jean Vinay** (1907-1978), peintre paysagiste, et de ses amis de l'École de Paris.
Contournez l'église à gauche, et prenez du recul pour observer la façade.

★ Abbatiale

Façade – L'église, construite entre le 12e et le 15e s., est visiblement inachevée : il manque le couronnement de son portail, et peut-être une flèche. Les portails flamboyants de la façade sont prolongés de chaque côté par les fenêtres basses des premières chapelles latérales.

Le **portail central★**, décoré de trois voussures ornées de statuettes, est l'œuvre d'Antoine Le Moiturier qui séjourna à St-Antoine de 1461 à 1464, avant d'aller

5

LE FEU DE SAINT-ANTOINE

Au 11e s., un noble du Viennois, Jocelyn de Châteauneuf, accomplit un pèlerinage en Terre sainte. À son retour, il rapporte de Constantinople les ossements de saint Antoine, le premier des moines qui vécut au désert. Les reliques sont confiées par l'évêque de Vienne à des bénédictins venus de l'abbaye de Montmajour et installés à La Motte-St-Didier. Un premier monastère s'élève et le village change de nom. Peu après, en 1089, éclate en Dauphiné une redoutable épidémie, le **mal des ardents**, appelé plus tard feu de Saint-Antoine. Cet empoisonnement du sang, causé par un champignon parasite du seigle, brûle et gangrène les membres. Les reliques du saint attirent une foule de malades et de pauvres gens. De nombreux miracles se produisent et, pour venir en aide aux malades, un groupe de jeunes nobles crée une confrérie : les frères de l'Aumône. Au 13e s., les frères évincent les bénédictins. En 1297, la confrérie devient l'ordre hospitalier de Saint-Antoine. Les « antonins » fondent des hospices dans toute l'Europe. Dans la grande abbatiale de St-Antoine, dont la construction, commencée au 12e s., se poursuivra jusqu'au 15e s., viennent s'agenouiller devant les reliques nombres d'empereurs d'Allemagne, de papes et de rois de France.

exécuter à Dijon le tombeau du duc de Bourgogne, Jean sans Peur. Au centre du portail, le Christ Pantocrator (« tout-puissant ») est entouré d'angelots. Au rang inférieur sont représentés plusieurs personnages parmi lesquels on reconnaît, assis, à droite, Moïse avec les Tables de la Loi et en dessous, la Sibylle. Ces personnages en hauteur ont été endommagés par les troupes du baron des Adrets pendant les guerres de Religion (à cette époque, le toit et le clocher furent incendiés, les vitraux brisés, les arcs-boutants abattus). À hauteur d'homme, une série de niches restent vides, mais il est possible que les statues qu'elles devaient abriter n'aient jamais été réalisées.

Intérieur – *✆ 04 76 36 54 95 - www.saintantoine-patrimoine.com - ♿ - entrée libre - trésor juil.-août : 14h-18h ; avr.-juin et sept.-oct. : 14h-17h30 - possibilité de visite guidée (30mn) - 5 € (-12 ans gratuit).* Le vaisseau est ample : 62 m de longueur, 22 m de hauteur, sur 36 m de largeur. La nef de sept travées est flanquée de collatéraux sur lesquels s'ouvrent des chapelles. Les 2e et 6e chapelles du bas-côté gauche ainsi que les 2e, 4e et 7e du bas-côté droit conservent des **fresques★** des 15e et 17e s., progressivement restaurées. Remarquez dans la 2e chapelle de gauche la finesse des traits de la **Pesée des âmes★** et de la rare Crucifixion asexuée. Les trois travées du chœur se terminent par une abside à pans dont le soubassement circulaire (13e s.) est la partie la plus ancienne de l'édifice. Les 97 stalles du maître menuisier François Hanard meublent le chœur.

LE COCHON DE SAINT ANTOINE

Au Moyen Âge, l'imagerie de **saint Antoine** affublé d'un cochon se répand partout en France. On dit que pour l'anachorète de la Thébaïde (ermite contemplatif), il est un compagnon de vie à l'écart du monde. Un attribut endossé par les Antonins, qui s'entourèrent de troupeaux de cochons, symbolisant la vocation hospitalière de l'ordre et le bien des pauvres. Leurs bêtes, repérables à leurs clochettes, étaient autorisées à se ravitailler dans les villes et divaguer sur les terres de tous. Leur viande nourrissait ensuite les malades et les nécessiteux, et le saindoux était incorporé dans des onguents.

Le maître-autel, conçu comme un mausolée de marbre revêtu de bronzes ciselés, abrite la châsse de saint Antoine, recouverte de plaques d'argent repoussé (17e s.). Il est couronné par une colombe dont l'ombre s'inscrit deux fois par an dans un triangle au sol, symbolisant l'Esprit saint dans la Trinité. Le buffet d'orgues, du 17e s., a été restauré et sert à nouveau pour des **concerts**. Dix tapisseries d'Aubusson (17e s.), représentant l'histoire de Joseph, décorent le chœur, le transept et les chapelles du bas-côté droit. Elles portent les armoiries des Antonins, reconnaissables au T ou « tau » figurant la croix de St-Antoine.

Trésor★ – Il réunit de nombreuses châsses, des bustes-reliquaires, des instruments de chirurgie légués par le dernier malade soigné par les Antonins et rappelant la vocation hospitalière de ces religieux, *Sainte Marie l'Égyptienne* peinte par Ribera, et un somptueux **Christ en ivoire★★** de 33 cm, dont la veinure s'apparente à un écorché. Une 3e salle, décorée de ravissantes boiseries de style rocaille, renferme un intéressant chapier (meuble où sont disposées des chapes, manteaux de chœur portés par les religieux pendant les offices) riche de beaux **ornements**.

Revenez au parvis de l'église.

Deux portes monumentales se font face : l'une ouvre sur les anciens jardins (*ouverts à l'occasion des Journées du patrimoine et de concerts*), l'autre domine un degré descendant vers le bourg. Remarquez de la terrasse le plan des ruelles.

Bourg

Il s'étage le long de deux rues parallèles reliées par divers « **goulets** », passages entièrement ou en partie couverts. Dans la rue haute (Grande-Rue), remarquez les façades travaillées, l'élévation des constructions et quelques bancs d'échoppe ; empruntez quelques goulets pour surprendre les façades arrière, quelques jardinets et observez, dans la rue basse, les constructions en galets : vous distinguez ce qui fut le quartier des notables et celui des faubourgs.

À proximité Carte de microrégion p. 240-241

Château de l'Arthaudière B4

7 km au sud par la D27B qui longe des falaises de molasse.

Élevé sur une maison forte du 13e s., le château (16e-19e s.) a été de multiples fois modifié. Les **écuries** du 18e s., restaurées, accueillent désormais une exposition permanente sur l'architecture régionale. *240 allée du Château - 04 76 38 63 88 - www.chateau-arthaudiere.com - juil.-août : tlj sf mar. et vend. 15h-19h ; juin et sept. : w.-end 15h-19h - visite libre des jardins - gratuit.*

Remarquez le puits couvert (18e s.) et l'élégant lanternon de la grange. Le château garde **une galerie Renaissance** à croisées d'ogives, ornée de médaillons en réemploi et des jardins en terrasses (vue sur le Vercors et la Chartreuse). L'ensemble, très endommagé par des années d'abandon et un incendie, est en cours de restauration.

Chatte B4

8 km au sud-est par la D 27.

Le petit bourg est connu pour son **Jardin ferroviaire**. C'est un vrai petit monde en réduction qui a été recréé dans ce jardin où le train miniature *(échelle 1/22,5)* s'intègre dans une nature exubérante composée d'environ 200 espèces de plantes. Une trentaine de convois circulent sur plus d'1 km de voies, pour la plus grande joie des petits et des grands. *2 rte de Lyon - 04 76 38 54 [illegible] - www.jardin-ferroviaire.com - ♿ - juil.-août : 10h-19h ; reste*

5

de l'année : se rens. - 9,50 € (-30 ans 6 €) - 15,40 € billet combiné avec Miripili, l'Île aux Pirates située à St-Antoine-l'Abbaye.

Plusieurs moulins à huile (de noix) attestent l'importance de la culture des noyers dans cette région qui fait partie du territoire de l'**AOC noix de Grenoble**.

Saint-Marcellin B4

10 km à l'est par la D 27, puis la D 20 à droite.

Humbert II, le dernier dauphin du Viennois, installa ici au 14e s. son conseil delphinal qui servait de Parlement, de Conseil d'État et de Chambre des comptes. La ville ne fut pas épargnée par les guerres de Religion : prise deux fois par le baron des Adrets, elle fut définitivement récupérée par les catholiques en 1568.

Le marché du samedi et les foires annuelles attirent les habitants du Bas-Grésivaudan. Le **saint-marcellin**, petite tomme ronde obtenue avec du lait de vache, constitue la spécialité locale.

La **promenade de Joud** offre une jolie vue sur la vallée de l'Isère et le Royans.

★ Le Grand Séchoir, à Vinay C4

26 km à l'est par la D 27 puis la D 1092, sur la commune de Vinay. 705 rte de Grenoble - ✆ 04 76 36 36 10 - www.legrandsechoir.fr - ♿ - avr.-oct. : 10h-18h ; reste de l'année : 14h-17h30 - fermé lun., janv., 1er Mai, 25 déc. - possibilité de visite guidée sur demande (1h) - 4,50 € (-10 ans gratuit) - vente de noix à la boutique.

L'ancienne ferme à séchoir est méconnaissable dans son architecture renouvelée, consacrée exclusivement à la **noix de Grenoble**. Seul subsiste le séchoir, sorte de grand balcon au plancher en lattes de pin sur lequel on étendait les noix à sécher. La noix – franquette, mayette ou parisienne – est racontée sous divers angles : mythique, avec de jolis contes sur ses origines (écouteurs) ; traditionnel, avec des photos anciennes et les outils de la culture d'hier ; botanique, avec la belle **collection de noix** du monde entier, de toutes tailles et formes, des pépinières Treyve, les techniques de greffes et les photos macro sur les fleurs et les feuilles du noyer ; actuel enfin, avec un film intéressant sur les nuciculteurs et la récolte des noix de Grenoble, aujourd'hui.

Notre-Dame-de-l'Osier C4

26 km à l'est par la D 27, puis la D 1092. Traversez Vinay par la D 22, puis prenez à droite la D 201. 45 rte de Bergerandière - ✆ 04 76 36 70 44 - gratuit - été 9h-18h ; hiver 9h-17h30.

L'église actuelle, élevée en 1873, reprend sur une mosaïque un miracle de 1649 : Pierre Port-Combet, paysan protestant, fit saigner, devant témoins et à plusieurs reprises, un osier en le taillant. Il ne comprend d'abord pas ce qui se passe et, huit ans plus tard, reçoit l'apparition d'une « belle demoiselle » l'appelant à changer de vie et demandant aux pèlerins de prier avec plus de ferveur. Les croyants affluent, des miracles se produisent. À « Bon rencontre » sera élevée une chapelle, puis une basilique mineure qui reste un lieu de pèlerinage.

Couvent des Carmes de Beauvoir-en-Royans B4

18 km au sud-est par la D 27.

Dans un beau site qui surplombe la vallée de l'Isère, le couvent des Carmes a retrouvé une nouvelle jeunesse. Seul vestige du palais des princes du Dauphiné (à l'exception de quelques ruines éparses dans le jardin), le couvent du 14e s. se veut désormais un centre culturel et abrite des structures dédiées au Dauphiné.

Le **musée des Dauphins** retrace l'histoire de la dynastie depuis le roi Guigues au 10e s. jusqu'à Humbert II au 15e s. Il explique comment, n'ayant pas de descendant, Humbert II décida de donner son royaume, le Dauphiné, à la couronne de France à la seule condition qu'il soit attribué au fils aîné du roi de

France qui porta dès lors le titre de Dauphin. Il évoque les palais disparus de ces rois dont on ne possède aucun portrait si ce n'est des bustes fantaisistes. Le **Musée delphinal** retrace à travers du mobilier et des gravures, la vie quotidienne des habitants de la région. Il est une résurgence de l'ancien musée delphinal créé au 19e s. par César Filhol. Ce riche mécène, amoureux du Dauphiné, avait réuni une vaste collection d'objets et créé avec sa fille un musée dans le couvent qu'il réussit à faire classer par les Monuments historiques.
La visite se poursuit avec la découverte en salle de la **flore du parc naturel régional du Vercors** et se termine par le **jardin médiéval**. Le bistrot des Carmes et sa boutique vous proposent de déguster des produits régionaux.
Ancienne-Route-de-Presles - ✆ 04 76 38 01 01 - www.couventdescarmes.com - ♿ - 10h-18h, sam. 10h-17h - fermé nov.-mars - 5 € (-12 ans 3 €).

NOS ADRESSES À SAINT-ANTOINE-L'ABBAYE

HÉBERGEMENT

À Saint-Antoine-l'Abbaye

PREMIER PRIX

Chambre d'hôte Les Voureys – *216 montée de la Maladière - ✆ 04 76 36 4[illegible] - www.les-voureys.fr - [illegible] - 3 ch. - 54 € - table d'hôte 20 € (1 j./sem, sur réserv.).* Cette ferme vieille de 150 ans ravira les amateurs de vie au vert : poules, canards, lapins, chèvres et vaches… s'y ébattent. Le domaine, parfaitement entretenu, héberge trois chambres simples, aménagées dans l'ancien grenier, et une cuisine rudimentaire mais suffisante pour préparer un repas. L'accueil est très sympathique et l'on vous proposera pour le petit-déjeuner, en plus des viennoiseries et des fruits de saison, des œufs bien frais et du lait tout juste trait.

RESTAURATION

À proximité

PREMIER PRIX

Le St-Marcellinn – *2 pl. des Carmes - 38160 St-Marcellin - ✆ 04 76 38 3[illegible] 26 - www.resto-le-saint-marcellinn.fr - Tlj - formule déj. 10,90 € - [illegible],90/32,90 €.* Avec ses larges fenêtres, ses murs colorés, ses miroirs, ses banquettes et son personnel nombreux, l'endroit rappelle une brasserie. Cuisine traditionnelle copieusement servie et joliment présentée.

À Saint-Antoine-l'Abbaye

PREMIER PRIX

Chez Camille – *411 rue Hector Garaud - ✆ 04 76 36 86 98 - www.hotel-chezcamille.com - merc.-dim. 9h-15h, vend.-sam. soir sur réserv. seult (✆ 06 82 43 05 99) - menu en sem. 13/15 € - menu le w.-end 20/25 €.* En contrebas de l'abbaye, cette auberge apprête et sert les volailles de la ferme des propriétaires. Chaque jour, un ou deux plats de viande, accompagnés de légumes du jardin, cuisinés sur place, dans l'esprit de « l'effet Colibri ».

AGENDA

Festival Saint-Antoine en Moyen Âge – *1er w.-end d'août - saint-antoine.flavors.me.* Le temps d'un week-end, le village tout entier fait un saut dans le passé. L'atmosphère est bon enfant et les animations nombreuses. Costumes médiévaux de rigueur (possibilité d'en louer sur place).

5

Roussillon

7 983 Roussillonnais – Isère (38)

Ce Roussillon-là est moins connu que celui de Provence. Et pourtant, chaque début d'année, au moment d'envoyer ses vœux, on devrait avoir une petite pensée pour cette vieille cité de la vallée du Rhône. Sans elle, ou plutôt sans l'édit qui porte son nom, on ne saurait pas que le 1er janvier est le « jour de l'an »…

NOS ADRESSES PAGE 293
Hébergement, restauration, achats, activités, etc.

S'INFORMER

Office de tourisme du Pays roussillonnais – *Pl. de l'Édit - 38150 Roussillon - ✆ 04 74 86 72 07 - www.tourisme-pays-roussillonnais.fr - de mi-mai à mi-sept : 14h30-18h30, sam. 10h-12h, 14h-17h (reste de l'année 16h30), vend. et dim. 14h-17h ; reste de l'année : tlj sf dim. et mar. 13h30-17h, fermé lun., vac. de Noël.* L'office se situant à l'intérieur du château de Roussillon *(voir ci-après)*, ne pas confondre ses horaires avec ceux du château.

SE REPÉRER

Carte de microrégion A3 (p. 240-241). Roussillon se trouve à 20 km au sud de Vienne *via* l'A 7 ou la N 7. Le parc naturel régional du Pilat est de l'autre côté du Rhône. La ville domine une vaste zone industrielle dont le développement est lié à l'essor de Rhône-Poulenc (aujourd'hui Rhodia).

À NE PAS MANQUER

Le château Renaissance.

ORGANISER SON TEMPS

Comptez 1h.

Se promener

Château

Pl. de l'Édit - ✆ 04 74 86 72 07 - www.tourisme-pays-roussillonnais.fr - visite guidée (1h30) de déb. mai à mi-sept. : vend.-dim. 17h ; reste de l'année : sam. 16h30 - fermé vac. de Noël - 5 € (-18 ans 4 €) - gratuit dernier sam. du mois.

Ce robuste édifice Renaissance, de style florentin, flanqué d'une tourelle côté ouest, a été construit en 1552 par le cardinal de Tournon. À l'intérieur, un escalier à balustres mène à la salle de l'Édit. Plus loin, la chambre de Catherine de Médicis conserve des vestiges de frise peinte au ras du plafond. L'aile ouest du château abrite la **maison du Pays roussillonnais** dont la salle du patrimoine présente les principales richesses culturelles et architecturales de la région.

Église

De style flamboyant, elle fut construite aux 14e et 15e s. Clocher moderne.

À proximité Carte de microrégion p. 240-241

Montseveroux A3

17 km à l'est par la D 134, puis la D 46 à gauche.

Le **château** (13e-14e s.) a gardé ses épaisses murailles ponctuées de meurtrières, quatre tours d'angle, la vue sur la vallée, l'emplacement de son pont-levis et une belle porte. De larges fenêtres ont été percées à la Renaissance. Remarquez aussi le portail de l'ancienne maladrerie (17e s.) jouxtant le château.

LE PREMIER JOUR DE L'AN

L'édit de Roussillon – En 1564, Charles IX, accompagné de sa mère Catherine de Médicis, vint rendre visite aux Roussillonnais et en profita pour signer l'édit de Roussillon. Ce dernier désigna le **1er janvier** comme premier jour de l'année pour l'ensemble du royaume. Jusqu'alors, chaque région fixait cette date à sa convenance.

Les étapes de l'unification – C'est petit à petit que le royaume a fait son « unité technique » : la « monnaie unique » royale s'imposa à partir du 14e s., lorsque les seigneurs perdirent le droit de battre monnaie ; en 1539, le français fut imposé comme langue administrative par l'ordonnance de Villers-Cotterêts, et en 1582 on adopta le calendrier grégorien en passant en une nuit (sans le moindre « bug » !) du 4 au 15 octobre ; quant aux poids et mesures, il fallut attendre la Révolution et l'adoption du système métrique pour qu'ils aient la même valeur d'une région à l'autre.

Château de Bresson A-B3

17 km à l'est, à Moissieu-sur-Dolon. Suivez la D 134, puis deux fois à gauche la D 51 et la D 134E. 494 montée des Murs - 04 74 84 57 82 - www.chateaude-bresson.com - visite guidée juin-sept. : 9h-12h, 14h-18h - 4,50 € (-12 ans gratuit).
Construit aux 16e et 17e s., modifié au 19e s., il intègre les restes d'une ancienne maison forte dont on trouve les traces dans l'épaisseur des murs et sur la façade arrière. Bel **escalier** central d'inspiration Philibert Delorme ; rare cadran solaire et lunaire dans le jardin en terrasses du 17e s. (dessin, bassin et canalisations d'origine) et labyrinthe de charmes sans doute plus tardif.

Jardin du Bois-Marquis à Vernioz A3

17 km au nord-est par la N 71 puis la D 37. R. des Écoles - 04 74 86 72 07 - www.lejardinduboismarquis.com - tte l'année - possibilité de visite guidée - gratuit.
À l'entrée, un joli jardin botanique de pur style anglais présente des graminées, bruyères et autres plantes vivaces. À gauche, un arboretum de 4 ha regroupe plus de mille essences, dont des bouleaux, chênes, érables asiatiques tandis que deux étangs offrent une agréable fraîcheur à ce petit coin de paradis.

NOS ADRESSES À ROUSSILLON

HÉBERGEMENT

À Roussillon

BUDGET MOYEN

Hôtel Médicis – *15 r. F.-Léger - 04 74 86 22 47 - www.hotelmedicis.fr - 15 ch. 65/85 € - 9 €.* Dans un quartier pavillonnaire calme, hôtel récent aux chambres spacieuses et fonctionnelles. Terrasse, room-service avec possibilité de restauration légère.

À proximité

POUR SE FAIRE PLAISIR

Domaine de la Colombière – *45 montée des Remparts - 38270 Moissieu-sur-Dolon - 04 74 79 50 23 - www.lacolombiere.com - 21 ch. - 109/149 € - 14 € - formule déj. 15 €.* Demeure de 1820 entourée d'un parc de 4 ha. Le décor de chaque chambre reprend l'univers d'un peintre célèbre. Grande salle à manger, salon privé et terrasse.

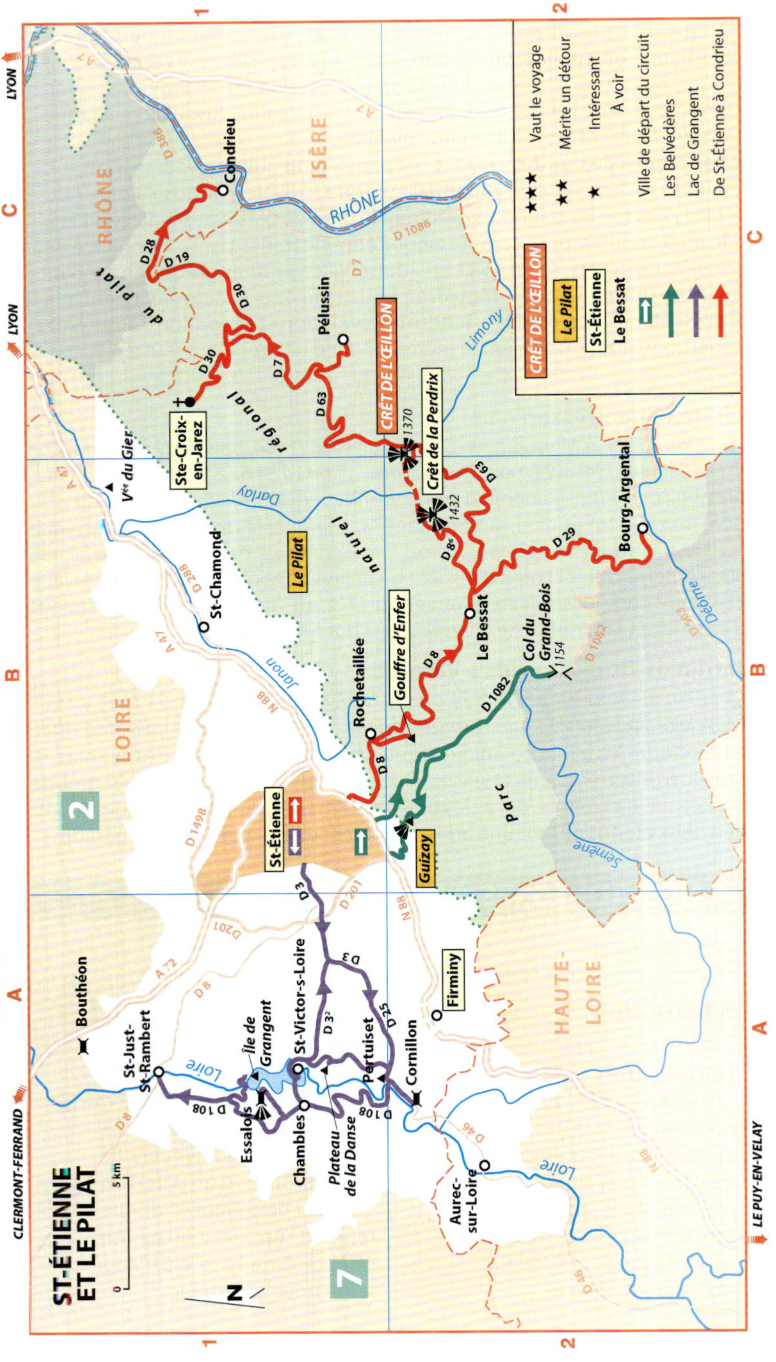
ST-ÉTIENNE ET LE PILAT
0
5 km
CLERMONT-FERRAND
LYON
LYON
LE PUY-EN-VELAY
RHÔNE
ISÈRE
LOIRE
HAUTE-LOIRE
parc naturel régional du Pilat
Le Pilat
CRÊT DE L'ŒILLON
Crêt de la Perdrix
Gouffre d'Enfer
Guizay
St-Étienne
Condrieu
Pélussin
Ste-Croix-en-Jarez
St-Chamond
Vᵉᵉ du Gier
Rochetaillée
Le Bessat
Bourg-Argental
Col du Grand-Bois
1154
1370
1432
Bouthéon
St-Just-St-Rambert
Île de Grangent
Essalois
Chambles
St-Victor-s-Loire
Plateau de la Danse
Pertuiset
Cornillon
Firminy
Aurec-sur-Loire
Rhône
Loire
Limony
Dorlay
Janon
Semène
Déôme
A 7
A 47
A 72
N 88
D 386
D 28
D 19
D 30
D 7
D 63
D 1086
D 288
D 8
D 86
D 29
D 1082
D 503
D 1498
D 201
D 3
D 3²
D 25
D 108
D 46
7
2
Vaut le voyage
Mérite un détour
Intéressant
À voir
Ville de départ du circuit
Les Belvédères
Lac de Grangent
De St-Étienne à Condrieu

Saint-Étienne et le Pilat 6

Cartes Michelin Départements 327 et 331 – Loire (42)

Saint-Étienne

★

St-Étienne : 170 049 hab., St-Étienne métropole : 403 000 hab. – Loire (42)

Gris, St-Étienne ? Noir, certes, un pan de son histoire. Vert – assurément sa couleur de cœur ! Blanc, bleu clair, rose pastel – les façades Art nouveau des beaux quartiers, progressivement ravalées. Rouges, les toits de tuiles qui font d'elle une ville presque méridionale… Oubliez les préjugés qui réduisent « Sainté » à l'image d'une ville encrassée par l'exploitation du charbon et les fumées de ses industries. Assumant son passé, elle a su tirer d'une longue tradition d'innovation – amorcée dès le 16ᵉ s., emmenée aux 19ᵉ et 20ᵉ s. par de grandes entreprises aussi renommées que Manufrance ou Casino – un élan nouveau. Sur les sites industriels désertés, se sont installés des musées d'envergure nationale. Excellant, comme les générations précédentes, dans l'invention d'objets utiles et fonctionnels, ses habitants ont fait du design le fer de lance de la reconversion. Un design du quotidien, éloigné des paillettes comme des prix astronomiques, qui s'épanouit à travers la nouvelle St-Étienne métropole, et se rend visible tout spécialement les années impaires, lors des Biennales du Design.

NOS ADRESSES PAGE 313
Hébergement, restauration, achats, activités, etc.

S'INFORMER

Office de tourisme *– 16 av. de la Libération - 42000 St-Étienne - ✆ 04 77 49 39 00 - www.saint-etiennetourisme.com - juil.-août : 10h-12h30, 14h-18h30, dim. et j. fériés 10h-12h30 ; reste de l'année : tlj sf dim. 10h-12h30, 14h-18h30 - fermé 1er janv., lun. de Pâques, 1er Mai, 25 déc. - visite guidée dans le cadre du label Ville d'art et d'histoire.*

SE REPÉRER

Carte de microrégion B1 (p. 294).
À proximité du massif du Pilat et de la plaine du Forez, St-Étienne occupe le fond de la dépression du Furan. Par la N 88 puis l'A 47, on file vers Lyon et Vienne (situées au nord-est).

SE GARER

La circulation dans la ville n'est pas aisée : il est conseillé de se garer à proximité d'une des places situées

Saint-Étienne. Au premier plan la Cité du design.
C. Pierot/Cité du design

près de la ligne de tramway ou au parking de la gare.

À NE PAS MANQUER
Les collections du musée d'Art moderne et contemporain et du musée d'Art et d'Industrie ; l'expérience de la mine au Puits Couriot ; les boutiques de design.

ORGANISER SON TEMPS
Comptez trois jours pour la ville et ses environs.

AVEC LES ENFANTS
Le planétarium ; la visite du stade Guichard ; les ateliers du chocolat Weiss ; baignade et activités nautiques à St-Victor-sur-Loire.

Découvrir les musées★★ Plans I et II p. 298-301

Bon à savoir – La **St-Etienne City Card**, valable de 1 à 3 jours *(18/38 € - www.saint-etiennecitycard.com)* donne accès gratuitement ou avec d'intéressantes réductions à tous les sites et musées décrits ci-dessous, Ste-Croix-en-Jarez et Firminy, ainsi qu'au réseau de transports de la métropole St-Étienne. Une propositions intéressante si vous visitez chaque jour plus de 2 musées ou sites inclus dans la formule.

★★ Musée d'Art et d'Industrie Plan I, B3

2 pl. Louis-Comte - 04 77 49 73 00 - www.mai.saint-etienne.fr - ♿ - 10h-18h - fermé mar., certains j. fériés - possibilité de visite guidée (1h30) - 6 € (-25 ans 4,50 €) - gratuit 1er dim. du mois.

Réaménagé par l'architecte J.-M. Wilmotte dans l'ancien palais des Arts, il constitue un véritable conservatoire sublimé du savoir-faire régional du 16e s. à nos jours ; une scénographie moderne met en valeur les collections exceptionnelles qui illustrent sur quatre niveaux la créativité de la ville.

D'anciens passementiers viennent régulièrement faire fonctionner les métiers à tisser. Des démonstrations qui rendent plus vivant le souvenir de la florissante activité rubanière de St-Étienne. *Se renseigner à l'accueil.*

Dans l'espace voûté du rez-de-jardin, la plus grande collection publique française de **cycles** retrace au travers de pièces uniques l'histoire de la « petite reine ». En effet, ce que l'on peut considérer comme la première bicyclette fut fabriqué à St-Étienne en 1886 par les frères Gauthier. Ce corps à corps entre l'homme et la machine a donné lieu à des expérimentations audacieuses et insolites, tels le monocycle à cavalier intérieur de Jackson (1870), les vélos horizontaux (entre 1933 et 1945), le vélo avec lequel Roger Rivière battit le record du monde de l'heure sur la piste de Milan en 1957 et, plus récemment, un prototype à double pédalage jaune canari (1993), mis au point par Raymond

SAINT-ÉTIENNE ET LE PILAT

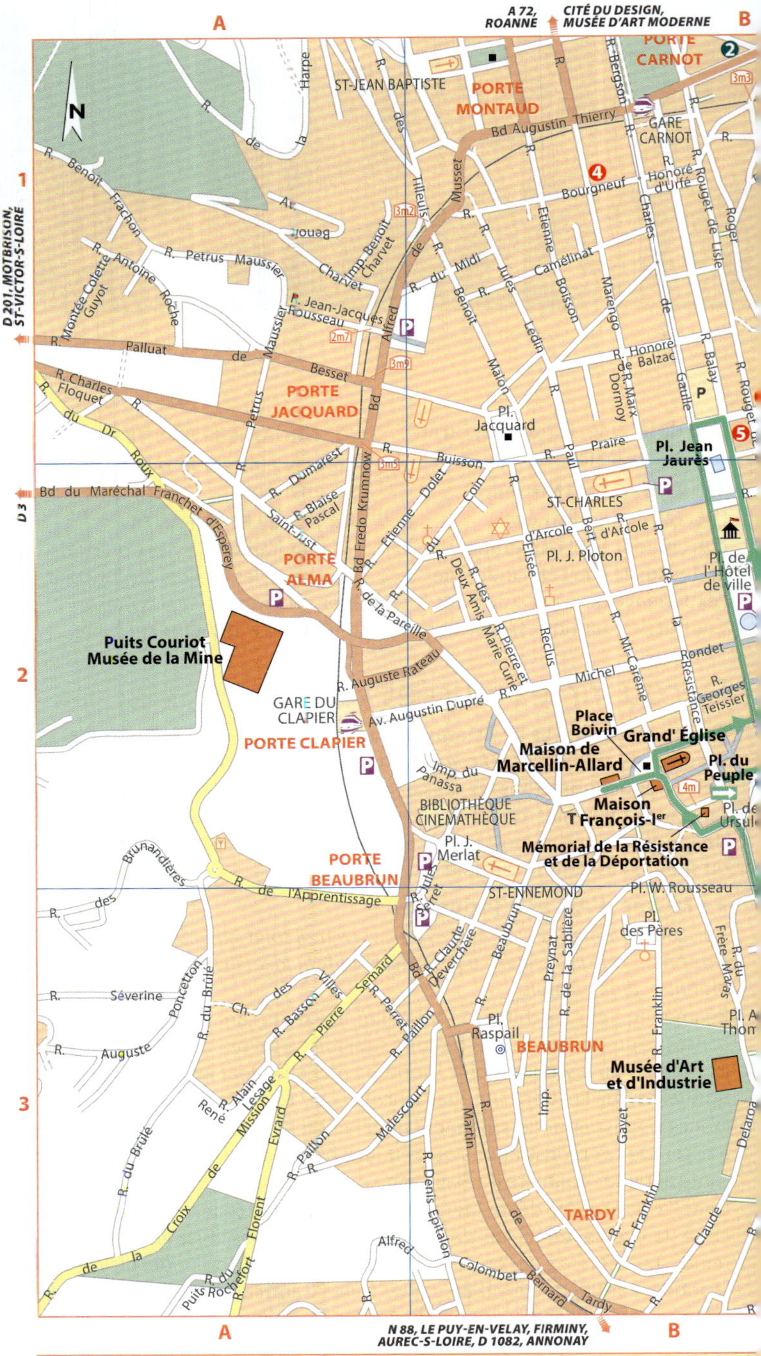

SE LOGER

Hôtel Blanc Discount 2

SE RESTAURER

Chez Colette 5

Corne d'Aurochs............. 2

Demain les vins............... 1

La Table de Florence......... 3

Le Plaisir en équilibre 1

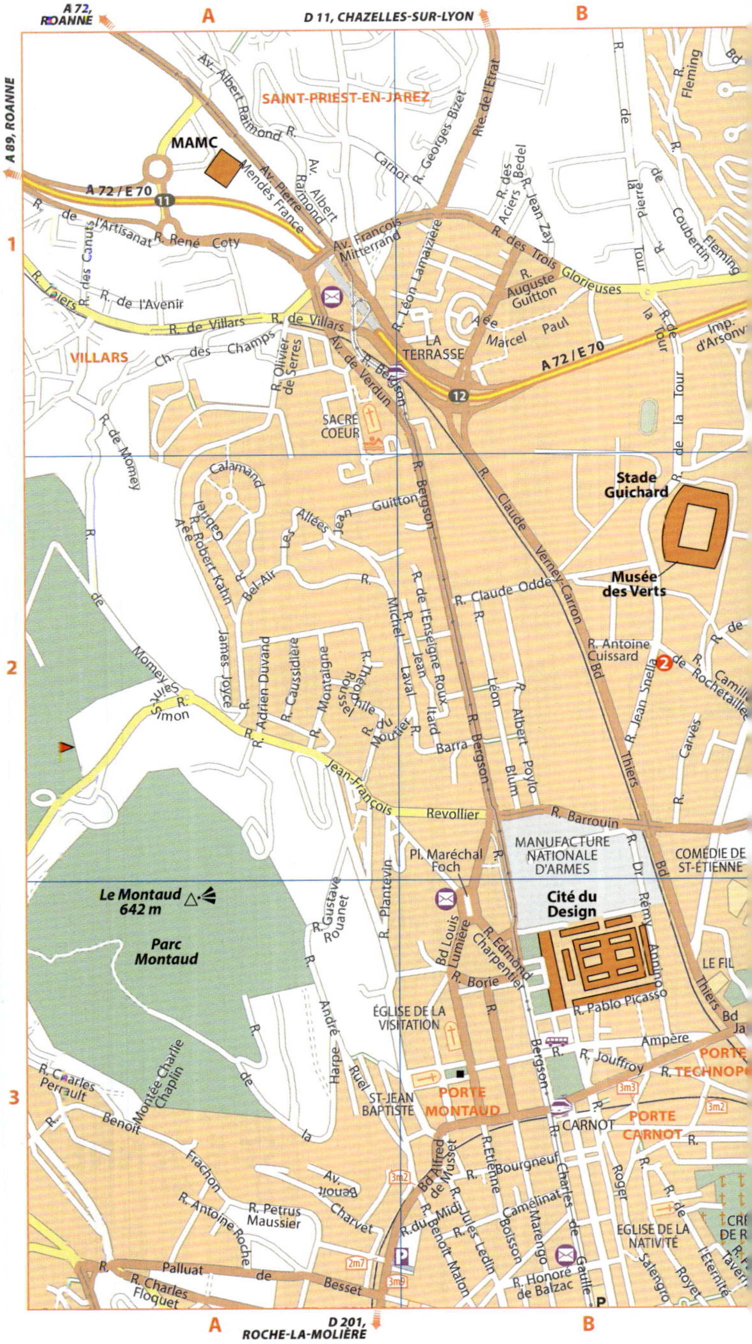
A 72, ROANNE
A
D 11, CHAZELLES-SUR-LYON
B
A 89, ROANNE
1
2
3
SAINT-PRIEST-EN-JAREZ
MAMC
A 72 / E 70
11
12
Av. Albert Raimond
Av. Pierre Mendès France
R. Georges Bizet
Rte. de l'Etrat
R. des Aciers
R. Bedel
R. Jean Zay
R. des Trois Glorieuses
R. Fleming
R. de Coubertin
R. de la Tour
Imp. d'Arsonval
Av. François Mitterrand
R. Léon Lamaizière
R. de l'Artisanat
R. René Coty
R. des Canuts
R. de l'Avenir
R. de Villars
Ch. des Champs
VILLARS
R. Olivier de Serres
Av. de Verdun
R. Bergson
LA TERRASSE
R. Auguste Guitton
Allée Marcel Paul
SACRÉ COEUR
R. de Momey
R. Claude Vermey-Carron
Stade Guichard
Musée des Verts
R. Jean Guitton
Les Allées
R. Claude Odde
R. Antoine Cuissard
R. Jean Snella
R. de Rochetaillée
R. Carvès
R. Robert Kahn
James Joyce
R. Adrien Duvand
R. Caussidière
R. Montaigne
R. Théophile Roussel
R. du Moulier
R. Michel Laval
R. Jean Itard
R. de l'Enseigne Roux
R. Barra
R. Léon Blum
R. Albert Poylo
Bd Thiers
R. Saint-Simon
Jean-François Revollier
R. Barrouin
MANUFACTURE NATIONALE D'ARMES
COMÉDIE DE ST-ÉTIENNE
Pl. Maréchal Foch
Cité du Design
Le Montaud 642 m
Parc Montaud
R. Gustave Rouanet
R. Plantevin
Bd Louis Lumière
R. Edmond Charpentier
R. Borie
R. Dr. Rémy Annino
LE FIL
R. Pablo Picasso
ÉGLISE DE LA VISITATION
R. André Harpe
R. de la Ruel
Ampère
R. Jouffroy
PORTE TECHNOPÔLE
ST-JEAN BAPTISTE
PORTE MONTAUD
CARNOT
PORTE CARNOT
3m3
3m2
R. Charles Perrault
Montée Charlie Chaplin
Benoît Frachon
R. Antoine Roche
R. Petrus Maussier
Av. Benoît Charvet
Bd Alfred de Musset
R. Étienne Boisson
R. Bourgneuf
R. Camélinat
R. Marengo
R. Charles de Gaulle
R. Roger Salengro
ÉGLISE DE LA NATIVITÉ
R. de l'Éternité
R. du Midi
R. Benoît Malon
R. Jules Ledin
R. Honoré de Balzac
R. Palluat de Besset
R. Charles Floquet
2m7
3m9
D 201, ROCHE-LA-MOLIÈRE

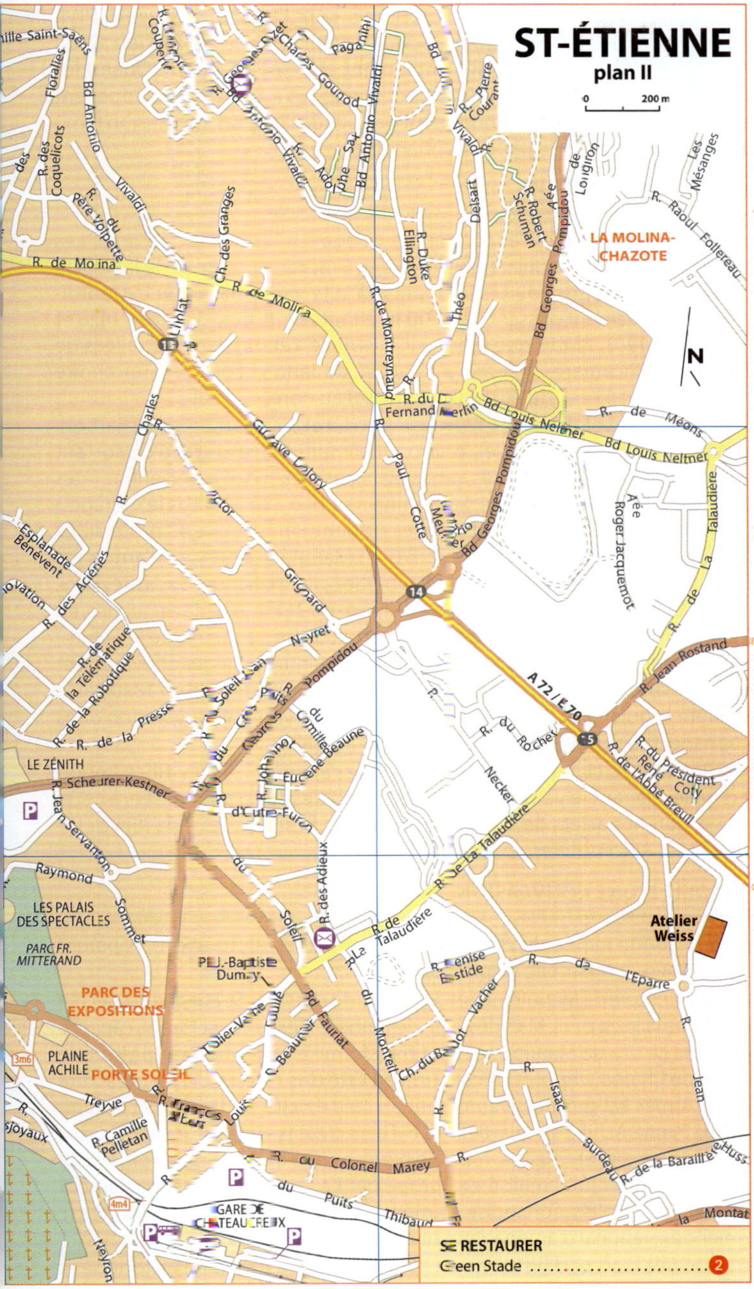
C
D
ST-ÉTIENNE
plan II
0
200 m
1
2
3
N
LA MOLINA-CHAZOTE
R. Raoul Follereau
Les Mésanges
R. Robert Schuman
Bd Georges Pompidou
Bd Louis Neltner
R. de Méons
R. Fernand Merlin
Aée Roger Jacquemot
R. de la Talaudière
R. Jean Rostand
A 72 / E 70
14
15
D 1498. LA TALAUDIÈRE
N 88. LYON
R. du Président René Coty
R. de l'Abbé Breuil
R. du Rochet
R. de Molina
Ch. des Granges
R. de Montreynaud
R. Duke Ellington
Théo
Delsart
R. Pierre Courant
Paganini
R. Charles Gounod
Bd Antonio Vivaldi
Bd Antonio
R. Adolphe Sax
R. des Coquelicots
R. du Père Volpette
Floralies
Esplanade Benevent
R. des Aciéries
R. de la Télématique
R. de la Robotique
R. de la Presse
R. Scheurer-Kestner
R. Jean Servanton
LE ZÉNITH
R. Paul Cotte
Gustave Colory
Charles
Grignard
Neyret
Eugène Beaune
R. du Soleil
R. des Adieux
Bd Fauriat
Atelier Weiss
R. de l'Eparre
R. Denise Bastide
R. Jean
Vacher
Isaac
Burdeau
R. de la Baraillère
Huss
la Montat
Raymond
Sommet
LES PALAIS DES SPECTACLES
PARC FR. MITTERAND
PARC DES EXPOSITIONS
PLAINE ACHILE
PORTE SOLEIL
3m6
4m4
Treyve
R. Camille Pelletan
R. du Colonel Marey
du Puits Thibaud
Neyron
Desjoyaux
R. de Talaudière
Montreil
Ch. du Barlot
P
SE RESTAURER
Green Stade 2

En noir et vert

La ville doit son nom à saint Étienne, premier martyr. De nos jours, *Sanctus Stéphanus de Furano* (au 11e s.) est plus succinctement appelée « Sainté ». Quand les Stéphanois ont des crampons aux pieds, ils s'appellent « les Verts »... Entre eux, ils se nomment parfois les « gagas », expression familière qui désigne aussi le parler stéphanois.

UNE VILLE INDUSTRIEUSE

Au 12e s., St-Étienne n'est encore qu'un village sur les bords du Furan. Les grandes voies de communication l'ignorent. Grâce à la présence de la houille et à l'esprit d'entreprise de ses habitants, la ville va connaître un extraordinaire développement passant de 3 700 habitants en 1515 à 45 000 en 1826 et à 146 000 en 1901, tandis que la zone industrielle s'étend dans les vallées de l'Ondaine (La Ricamarie et Firminy) à l'ouest, du Janon et du Gier (Terrenoire et St-Chamond) à l'est, du Furan (La Terrasse) au nord.

Les Stéphanois exploitent dès 1296 les **« perrières »** ou carrières de charbon, d'abord à des fins domestiques, puis pour alimenter des forges d'où sortent les premiers couteaux, suivis des armes blanches, des arbalètes et, enfin... des armes à feu. Pour sa prospérité, St-Étienne a su prendre à temps le « virage » de l'armement. Ainsi en 1570, la Loge des arquebusiers groupe 40 professions et pratique déjà le travail en série. En 1764 la Manufacture royale d'armes est fondée. Elle vaudra à la cité, sous la Révolution, l'appellation d'« Armeville ». Entre St-Étienne et Andrézieux, sur une distance de 21 km, est mis en service, en 1827, le premier chemin de fer français, construit d'après les plans de Beaunier; il assure le transport du charbon. Les wagons sont tirés par des chevaux. Cet ancêtre des moyens d'acheminement modernes, perfectionné en 1829 par la chaudière tubulaire de Marc Seguin, entraîne une véritable révolution dans les transports et un prodigieux essor de l'industrie.

Dès la fin du 19e s., l'industrie du tissu élastique s'ajoute à celle du ruban importée d'Italie. Flairant le vent de la crise, la région s'est déjà spécialisée, à cette époque, dans les aciers de qualité, l'outillage, le fusil de chasse, la bicyclette et les pièces automobiles.

L'HISTOIRE D'UNE CONVERSION

Dans la seconde moitié du 20e s., de nombreuses restructurations s'opèrent dans la sphère industrielle stéphanoise.

Après la fermeture de Manufrance et des mines de charbon, St-Étienne est décrite comme une ville en péril. Mais dès la fin des années 1990, elle montre sa capacité à rebondir. Le site de Manufrance s'est transformé en **pôle technologique**, le quartier de Châteaucreux est reconstruit en **Cité des Affaires**, la Manufacture royale d'Armes est progressivement réhabilitée en **cité du Design** et le campus de la Plaine Achille en quartier des métiers créatifs et de l'innovation. Dans le domaine urbain, St-Étienne, réputée pour son site de **Firminy** (le plus vaste ensemble architectural réalisé en Europe par Le Corbusier), s'est également illustrée avec l'École stéphanoise d'aménagement, qui a rapporté à la ville le premier prix national d'aménagement urbain en 1999.

Classée « Ville d'art et d'histoire » en 2000 pour son patrimoine historique et industriel magnifiquement réhabilité, labellisée « Ville Unesco de design » en 2010, sa prestigieuse **Biennale internationale du design** attire toujours plus de visiteurs sur le territoire métropolitain (208 000 en 2015).

La Cité du Design (architecte Finn Geipel), sur le site de l'ancienne Manufacture Nationale d'Armes.
Sancho/Photononstop

Ainsi, à l'image de son centre-ville traversé par deux lignes de tramway et parsemé de projets et chantiers, St-Étienne s'affiche résolument ouverte, en mouvement. Jouissant d'une scène culturelle dynamique, égayée de nuit par de nombreux **cafés-concerts** et lieux associatifs.

« ALLEZ LES VERTS ! »

C'est l'histoire d'une légende et de la passion d'une ville pour son équipe de football qui porte le célèbre maillot vert.

L'équipe de St-Étienne (ASSE) est née avec le soutien de l'entreprise Casino et la construction du stade Geoffroy-Guichard en 1931. Les débuts du club sont marqués par l'accession à la première division en 1938, puis la montée vers la gloire de 1957 à 1981, amorcée par de grands joueurs tels Mekloufi, Herbin et Keita ; avec la finale de la Coupe d'Europe des clubs champions en 1976, l'épopée devient mythique. La France se passionne pour la « bande à Herbin » qui fait vibrer le **« Chaudron » de Geoffroy-Guichard**, grâce à des matchs d'anthologie, notamment en quart de finale, où l'ASSE s'impose 3-0 après prolongations contre le Dynamo Kiev, après s'être inclinée 2-0 en Ukraine au match aller. Les Stéphanois échoueront en finale, à Glasgow, contre le grand Bayern Münich 1-0, après avoir pourtant touché les poteaux deux fois…

Revelli, Rocheteau (« l'Ange Vert »), Larqué, Platini (à partir de 1979) incarnent les « dieux du stade » portés aux nues par une médiatisation à l'image de l'extraordinaire palmarès de l'équipe : outre la finale de la Coupe d'Europe des clubs champions, 10 titres de champion de France (1957, 64, 67, 68, 69, 70, 74, 75, 76 et 81), six Coupes de France (1962, 68, 70, 74, 75 et 77) et quatre doublés Coupe-Championnat (1968, 70, 74 et 75). En 1982, une affaire de caisse noire déstabilise l'équipe et met fin à ces grands moments… sans jamais émousser pour autant le soutien sans faille de ses fidèles supporters. Après divers allers-retours entre première et deuxième division, l'équipe revient de manière durable en D1 en 2005. En 2017-2018, les Verts jouent leur 65e saison en première division – une rare longévité.

Cloarec. Les passionnés ne rateront pas les diverses créations de ce dernier, des vélos de haute technologie utilisés par les pistards et pendant les contre-la-montre des épreuves des grands Tours.

Le 1er étage est entièrement consacré aux **rubans** et à la passementerie. La « chambre des rubans » rassemble les trésors de petites tailles : modèles réduits de métiers Jacquard et commodes garnies de livres d'échantillons de velours et de soies du 18e s. La salle du « grand atelier des métiers » contient de gigantesques métiers à tisser dont on saisit toute la complexe mécanique en rejoignant la mezzanine.

Les **armes** du 3e étage offrent une démonstration magistrale de l'inventivité des armuriers : des hallebardes de la Renaissance aux *flash-ball* de 1990, en passant par le siècle d'or de l'armurerie stéphanoise. La salle dédiée aux « grandes heures de la Manufacture royale » expose des pièces très délicatement ouvragées (notamment un fusil de chasse à silex de Louis XIV, 1670).

Le 2e étage est destiné à des expositions temporaires illustrant parfaitement cette heureuse alliance entre l'art et l'industrie.

★ Puits Couriot, parc-musée de la Mine Plan I A2

3 bd Mar.-Franchet-d'Esperey - ✆ 04 77 43 83 26 - www.musee-mine.saint-etienne.fr - juil.-août : 9h30-12h30, 14h-18h30, lun. 14h-18h30 ; reste de l'année : 9h-12h30, 14h-18h, lun. 14h-18h - fermé certains j. fériés - possibilité de visite guidée (1h15) - 7 € (-16 ans gratuit) - gratuit 1er dim. du mois.

Le puits Couriot, annoncé par l'impressionnant chevalement (1913), cette tour de fer de 35 m destinée à supporter le poids des cages et des cables d'extraction, a été exploité de 1913 à 1973 par la Compagnie des Houillères du bassin de la Loire. Au temps de sa pleine activité, le puits, d'une profondeur de 700 m, produisait 3 000 t de charbon par jour et employait 1 500 mineurs. Presque reconquis par la nature, les crassiers (terrils) émergent toujours dans le paysage stéphanois.

Passé la cour d'honneur, ornée d'un monument aux morts, cette passionnante visite commence par la **salle des Pendus★**, vaste pièce qui servait de vestiaire pour les mineurs : leurs tenues y étaient suspendues au plafond pour gagner de la place et mieux sécher ; la salle de douche qui la jouxte témoigne, elle, des conditions de vie collective. L'impression laissée au visiteur est saisissante. La visite se poursuit dans la **lampisterie**, qui renferme les lampes de sûreté distribuées aux mineurs, aptes à éclairer sans danger d'explosion en milieu grisouteux.

La **descente** dans les galeries s'effectue grâce aux cages d'extraction qui servaient à la descente des mineurs, puis à la remontée du charbon, et éventuellement des blessés. La galerie d'accueil – la **recette** – est le point de départ d'un circuit historique en wagonnets qui remonte le temps à partir des années 1960, époque de l'exploitation très automatisée et électrifiée utilisant la technique de la « taille à soutènement marchant » mise au point dans le bassin de la Loire.

Après les années 1950 (la galerie moderne) et les années 1930 (rationalisation plus rigoureuse du travail et utilisation de l'éclairage portatif), la visite se poursuit avec une reconstitution fidèle d'un front de taille de 1900 où toute l'activité était encore manuelle : de l'abattage au pic et du transport par bennes poussées par des enfants, jusqu'à l'élargissement de la galerie. Enfin, une écurie rappelle que les chevaux, qui passaient leur vie dans la mine, constituèrent longtemps l'unique force de trait pour tirer les bennes (technique antérieure à l'exploitation du puits Couriot). Dans *Germinal*, Émile Zola donne au cheval le nom significatif de « Bataille »...

Avant la remontée en surface, la représentation de la patronne des mineurs, sainte Barbe, évoque les grandes festivités religieuses et laïques auxquelles participe, le 4 décembre, chaque cité minière.

La visite se termine par la grande salle du bâtiment de la **machine d'extraction** et de la salle **d'énergie**.

★★ Musée d'Art moderne et contemporain Plan II, A1

À 4,5 km du centre-ville. Tramway 4 dir. Hôpital-Nord, arrêt Musée-d'Art-Moderne. En voiture, quittez St-Étienne au nord par la rue Bergson, en direction de La Terrasse. Sur l'autoroute en direction de Clermont-Ferrand, prenez la sortie La Terrasse-St-Priest-en-Jarez La Terrasse - ✆ 04 77 79 52 52 - www.mam-st-etienne.fr - ♿ - 10h-18h - fermé mar. (sf vac. scol. zone A), certains j. fériés - possibilité de visite guidée - 5,50 € (-25 ans 4,50 €) - gratuit 1er dim. du mois.

Ce très vaste musée, conçu par l'architecte D. Guichard, contient l'une des plus belles collections publiques françaises d'art moderne et contemporain. Le bâtiment sobre et fonctionnel qui couvre le quartier de La Terrasse apparaît de l'extérieur comme une structure de type industriel dont les murs couverts de panneaux en céramique noire rappellent la vocation charbonnière (révolue) de la région. Vivant foyer de rencontres, le musée propose des expositions d'artistes contemporains, talents reconnus ou créateurs émergents, des spectacles, des cycles de conférences, des ateliers de pratique artistique pour tout public, une bibliothèque spécialisée, une boutique et un restaurant.

Les 4 000 m² d'espaces d'exposition ne suffisent pas à mettre totalement en valeur la fabuleuse richesse de la collection, présentée dans une enfilade de salles aux hauts murs blancs, d'autant que la politique du musée vise aussi la diversité d'expositions thématiques ou monographiques consacrées à des artistes majeurs (Gilbert & George, Georg Baselitz, Orlan, Sean Scully, Dennis Oppenheim, Bertrand Lavier, Charlotte Perriand, Djamel Tatah…).

Ainsi, la présentation des 19 000 œuvres, dont des pièces de design et des photographies, est renouvelée régulièrement pour offrir au public un panorama pertinent de l'histoire de l'art de la seconde moitié du 20e s. La collection est enrichie chaque année avec des œuvres contemporaines (Gilbert & George, Bertrand Lavier, Jan Fabre, Sean Scully…) et l'ouverture aux talents d'Europe centrale et orientale. Dans le cadre de sa politique d'acquisition, le musée organise chaque année depuis 2006 le prix des Partenaires. Il est adressé à un jeune artiste vivant et créant en France, particulièrement dans le domaine du dessin. Cette initiative regroupe un jury composé d'une douzaine d'entreprises mécènes de la région stéphanoise. Le musée poursuit et encourage ainsi l'établissement d'une collection d'œuvres d'artistes vivants. Enfin, une profusion d'expositions temporaires rassemblent des artistes internationaux de haut niveau, sur des sujets anthropologiques, socioculturels et « narratifs » reflétant l'actualité artistique contemporaine.

Musée des Verts Plan II, B2

14 r. Paul et Pierre Guichard - ✆ 04 77 92 31 80 - www.museedesverts.fr - mar., merc. et sam. 10h-12h, 14h-18h, jeu.-vend. et dim. 14h-18h - 7 € - billet combiné avec la visite guidée du stade 15 € (12 €).

L'exposition permanente retrace de manière très vivante la naissance, les exploits et les revers de l'Association sportive de St-Étienne, dite ASSE *(voir p. 303)*. De nombreux documents (audio, vidéo, photos, objets) composent une mise en scène dynamique, qui alterne le récit des principales séquences, des zooms sur les joueurs les plus exceptionnels et l'analyse des matchs capitaux, sans oublier de nombreuses anecdotes. Les passionnés apprécieront de tester leurs connaissances grâce à des quizz interactifs.

Stade Guichard – Le premier stade fut construit en 1930 sur un terrain acheté par Geoffroy Guichard, fondateur des magasins Casino. Aggrandi plusieurs fois au rythme des championnats qu'accueillit le club stéphanois, il est un rare exemple de stade construit à l'anglaise : ses tribunes posées au plus près du terrain permettent aux spectateurs d'être très proches des joueurs,. L'ambiance qui en résulte a valu au stade le surnom de « chaudron ». La visite guidée permet de découvrir la salle de conférence de presse, le vestiaire des joueurs, la tribune officielle et le terrain de jeu au repos.

Cité du Design Plan II, B3

3 r. Javelin-Pagnon - ✆ 04 77 49 74 70 - www.citedudesign.com - ♿ - 11h-18h - fermé lun., certains j. fériés - possibilité de visite guidée (1h30) - 2 € (-12 ans gratuit) - 6,20 € visite guidée.

Dédiée à la création, à la recherche et à l'enseignement, la cité du Design a investi le site de l'ancienne Manufacture d'armes (dont les bâtiments classés abritent aujourd'hui des résidences d'artistes). Surplombée par une tour métallique de 32 m de haut offrant un panorama sur le quartier de Carnot, **« la Platine »** ★ est un espace unique de 6 000 m² sans murs ni poteaux et recouvert d'une peau opaque, transparente ou photovoltaïque. Des expositions temporaires y sont présentées, créant une interaction entre les étudiants de l'école de design et le public, dans un esprit de démocratisation du design. Les années impaires, c'est le centre névralgique de la prestigieuse Biennale.

MANUFRANCE : « BIEN FAIRE ET LE FAIRE SAVOIR »

Aujourd'hui reconverti pour accueillir des technologies de pointe, le site de l'ancienne usine Manufrance reste un symbole pour les Stéphanois.

L'aventure commence en 1885 quand Étienne Mimard s'associe à Pierre Blachon, précurseurs de la vente par correspondance, pour reprendre l'entreprise Martinier-Collin. Leur génie consiste à distribuer massivement le catalogue de leurs productions (armes, cycles et machines à coudre), le fameux *Tarif-Album*. Dynamisée par le succès des fusils *Robust* (1913), l'arme de chasse la plus vendue au monde, ou de la bicyclette *Hirondelle* (autour de 1925), la Manufacture (qui deviendra Manufrance en 1947) se développe et investit dans de nouveaux locaux et dans un imposant siège social conçu par Léon Lamaizière. Elle apparaît alors comme « une usine modèle » fondée sur une organisation scientifique de la production, de l'administration et de la publicité, inspirée des méthodes américaines (en particulier celles d'Henry Ford). Mimard gère son entreprise de façon « paternaliste » et s'apprête même à céder la moitié de ses parts à son personnel. Mais une grève de cent jours se déclare en 1937 sur fond de désaccord sur les conventions collectives. Et Mimard se ravise alors au profit de la municipalité de St-Étienne. C'est le premier gros coup dur pour cette grande firme, qui souffrira pendant et après la guerre. Les années 1960-1970 sont celles du renouveau : les produits sont adaptés aux nouveaux besoins des ménages français et les catalogues s'ornent de délicieuses couleurs pop. Malgré son slogan choc « Manufrance, c'est la confiance », la firme a de plus en plus de mal à exister dans un monde où les revendications des ouvriers sont plus fortes, où l'alourdissement des charges et impôts creuse son déficit et où l'apparition des grandes surfaces détourne le consommateur de la vente par correspondance. Malgré de nombreux plans de relance, Manufrance cesse ses activités en 1985, après un siècle d'existence.

Site de la Manufacture française d'armes et cycles de Saint-Étienne Hors Plan, C3

Cours Fauriel. Tracé sous le Second Empire pour être, avec l'avenue de la Libération, l'une des vitrines de l'expansion industrielle stéphanoise, le cours Fauriel fut essentiellement occupé par les bâtiments de la Manufacture édifiés par Léon Lamaizière en 1893 et fonctionnels jusqu'en 1985. Une partie du site a été restaurée et réaménagée en centre de congrès accompagné de bureaux, d'une galerie marchande et d'un planétarium.

Le Planétarium Hors Plan, C3 – *28 r. Pierre-et-Dominique-Ponchardier - 04 77 33 43 01 - www.planetarium-st-etienne.fr - ♿ - visite guidée sur demande préalable (1h) - séance de projection vac. scol. (zone A) et w.-end 14h15 (sf avr.-août), 15h30 et 16h45, merc. 14h15 et 15h30 - fermé 3 premières sem. de sept., 1er janv., jeu. de l'Ascension, 24-25 et 31 déc. - 10,30 € (-25 ans 8,20 €) séance en 3D - réserv. conseillée.* Le planétarium dispose d'un équipement technique très performant qui fait l'attrait de ses spectacles didactiques sur l'Univers. Le cœur du dispositif est un simulateur astronomique qui peut recalculer et projeter les mouvements des planètes et de quelque 3 000 étoiles.

Se promener Plan I p. 298-299

Des allées du jardin des Plantes, en particulier de la terrasse qui s'étend devant la **maison de la Culture** (C3) (1969), se révèle une **vue** caractéristique de la ville : sur le versant opposé, la colline Ste-Barbe et, plus loin, deux terrils, recouverts en partie par la végétation.

★ LE VIEUX SAINT-ÉTIENNE

Circuit tracé en vert sur le plan de ville p. 298-299.

Partir de la **place du Peuple** (B3), champ de foire au Moyen Âge et aujourd'hui étape sur l'avenue utilisée par les tramways. L'angle de la rue Mercière est occupé par une tour du 16e s. s'ouvrant par des arcades et une croisée de pierre ; une maison à colombages, de la même époque, lui fait face.

Rejoignez la **rue Denis-Escoffier** (B2) qui marque l'entrée de l'ancien faubourg d'Outre-Furan. À l'angle de cette rue et de la rue des Martyrs-de-Vingré, une curieuse **maison** du milieu du 18e s., ornée d'une statue, est représentative de l'architecture urbaine du Forez avec sa génoise à quatre rangs de tuiles et des poutres apparentes de belle taille. À gauche au no **3 rue Georges-Dupré**, une façade massive arbore d'imposants linteaux d'une seule pièce. Reprenez la rue des Martyrs-de-Vingré ; les nos **19** et **30** sont des exemples de maisons du 18e s. abritant des ateliers. Remarquez les arcades à bossages au deuxième niveau.

On atteint la place Neuve. Empruntez à droite la rue Nautin qui traverse la rue Michelet.

Rue Michelet B 2-3

Cette artère, percée dans l'axe nord-sud et parallèle à la rue Gambetta, vaut par les exemples d'architecture des années 1930 que l'on découvre aux nos **34, 36, 42** et particulièrement au no **44**, imposant immeuble en béton armé.

Reprenez la rue Nautin et tournez à droite dans la rue Gambetta.

Musée du Vieux-Saint-Étienne B3

11 r. Gambetta - 04 77 25 74 32 - www.vieux-saint-etienne.com - 14h30-18h - fermé dim.-lun. et j. fériés - possibilité de visite guidée (1h30) - 3 € (-18 ans gratuit) - un guide audio est téléchargeable gratuitement sur votre smartphone.

Le musée, installé au premier étage de l'hôtel de Villeneuve (18e s) présente de manière détaillée l'histoire singulière d'une ville longtemps négligée par l'aristocratie autant que par l'Église. On y découvre la première charte mentionnant le nom de St-Étienne en 1258 et divers plans ou gravures illustrant le changement d'orientation de la ville et son expansion à la faveur de sa croissance industrielle. Le rayonnement de St-Étienne est évoqué à travers ses objets manufacturés, qu'on retrouve très tôt dans de nombreuses régions du royaume et au-delà. Ils inspirèrent à leur tour le succès d'autres entreprises, comme le montre l'exemple du moulin à café, repris par Peugeot. Un beau retable baroque sculpté et des statues provenant d'églises stéphanoises sont également exposés. La mise en service de la première ligne de chemin de fer industriel en 1828 à St-Étienne est rappelée à travers une série de documents, dont le premier billet délivré sur cette ligne.

De retour rue Nautin, rejoignez la place Waldeck-Rousseau.

Contournez la place dominée par l'ancien château qui accueille l'école des beaux-arts. La rue du Théâtre conduit à la place Boivin. En arrivant sur la place, remarquez, à gauche, les maisons en encorbellement.

Place Boivin B2

Ancien cœur de la ville, la place marque l'emplacement de l'ancien rempart nord au 15e s. Dirigez-vous vers l'avenue du Prés.-Émile-Loubet située en face de l'église ; au no **12**, belle façade, ornée de cinq cariatides, de la **maison de Marcellin-Allard** (16e s.). À droite de l'église, au début de la rue de la Ville, deux belles façades des 15e et 16e s. Celle du no **5**, la **maison François-Ier**, est ornée de cinq médaillons Renaissance. Un côté de la place est occupé par l'église St-Étienne, dite la Grand'Église.

Grand'Église B2

C'est l'appellation que lui donnent familièrement les Stéphanois. Seul témoin de l'architecture gothique dans la ville et la paroisse la plus ancienne, elle fut bâtie en grès forézien au 15e s. Le clocher n'a été ajouté qu'au 17e s. Dans la première chapelle de gauche, belle *Mise au tombeau* polychrome du 16e s. Le chœur, de style gothique flamboyant, date du milieu du 15e s. et les vitraux du 19e s.

En sortant de l'église, tournez à droite pour rejoindre la rue Ste-Catherine qui descend jusqu'à la rue du Gén.-Foy. Tournez à gauche en direction de la place J.-Jaurès.

Place Jean-Jaurès B2

Avec la place de l'Hôtel-de-Ville, elle concentre une bonne part de l'animation stéphanoise. Son esplanade rénovée, ombragée de platanes et son kiosque à musique séduisent les citadins, notamment à l'arrivée des beaux jours. Elle se termine par la cathédrale ou église St-Charles.

Par la rue Gérentet, la place Dorian et la rue Alsace-Lorraine, revenez à la place du Peuple.

À proximité Carte de microrégion p. 294

Saint-Chamond B1

7 km au nord-est par la N 88.

Saint-Chamond est le noyau industriel le plus important de la **vallée du Gier**, groupant encore quelques forges et aciéries, des constructions mécaniques (fabrication d'engins blindés), tresses, lacets et tissus élastiques, et une teinturerie. L'autoroute ne la traversant plus, la ville réaménage peu à peu son centre et développe un ambitieux projet d'éco quartier industriel « Novacieries ». La bonne surprise est d'y découvrir un **jardin botanique**★ de moins d'un hectare, dessiné avec les moyens du bord, empreint de la fantaisie joyeuse de son créateur Michel Manevy et réunissant quelque 4500 variétés de plantes, arbres et arbustes (collections d'hostas, de lierre, d'hortensias et d'arbustes à fleurs). *Pour y accéder, quittez l'autoroute par la sortie 17 La Varizelle vers St-Chamond. Au rond-point, tournez juste après la gendarmerie. Au 2e feu, prenez à droite la rue Pilat, traversez la petite place puis prenez à gauche la rue du Gén.-de-Gaulle. Le chemin se faufile entre les nos 70 et 72. Le jardin est à quelques mètres à droite (portail rouge). 4 chemin du Jardin-Botanique - ✆ 04 77 22 07 22 - www.saint-chamond.fr - mai-oct. : 14h-18h, sem. sur demande préalable - possibilité de visite guidée - 4 € (-10 ans gratuit).*

Aurec-sur-Loire F2

20 km au sud-ouest par la D 3.

Blottie dans une boucle de la Loire, la bourgade a conservé un bel ensemble médiéval récemment restauré : à partir de l'**église,** construite sur des bases antérieures à l'an mille, on chemine dans le **parc du château** (tour Guillaume-de-la-Roue, 1466) et le long des remparts qui dominent le fleuve, avant de passer sous la porte David (à côté de la maison du Bailli).

Le **château-musée du Moine-Sacristain** et sa **tour** des Bourguignons (16e s.) abritent un **musée** traditionnel bien fourni. *Pl. des Marronniers - ✆ 04 77 35 26 55 - http://amis-du-vieil-aurec.e-monsite.com - juil.-août : 10h-12h, 14h-18h, dim.-mar. 14h-18h ; mai-juin, sept. et déc. : 9h30-12h, 14h-18h, lun., jeu. et w.-end 14h-18h ; reste de l'année : merc. et vend. 9h30-12h, 14h-18h, lun. et jeu. 14h-18h, mar. 9h30-12h - fermé 1er janv., 1er et 11 Nov., 25 déc. - 2 €.*

Château de Bouthéon A1

15 km au nord-ouest par l'A 72 sortie 8 Andrézieux-Bouthéon. Au rond-point, prenez la D 12 rue du Treyve puis la rue M.-de-Bourbon. R. Mathieu-de-Bourbon - ✆ 04 77 55 78 00 - www.chateau-boutheon.com - de mi-juin à mi-sept. : 10h-19h ; reste de l'année : 14h-18h - fermé 1er janv., 25 déc. - possibilité de visite guidée sur demande (1h) - 8,60 € (-7 ans gratuit).

Résidence des Bourbons au 15e s., puis des Gadagne au 16e s., il fut remanié au 19e s. La visite du château se veut ludique et interactive. Lorsqu'elle est guidée, elle peut même se faire théâtrale. Dans les différentes salles, des écrans s'allument, des voix interpellent les visiteurs donnant un semblant de vie au décor. Au cœur de l'édifice, le **centre d'interprétation du Forez** offre un panorama du territoire, de ses évolutions géologiques, naturelles, industrielles, historiques et culturelles à travers panneaux, vidéos, maquettes et de nombreux objets rassemblés dans les caves, la cuisine et la cour basse du château.

Une seconde aile, également utilisée pour les séminaires et les expositions temporaires, permet de découvrir le **centre d'interprétation du fleuve Loire** dont les aquariums ravissent les plus jeunes. Et la chapelle 19e s. dont les vitraux sont signés du balcomérien (natif de St-Galmier) Mauvernay.

Enfin le domaine possède *(en accès libre)* un potager, un jardin à la française, une roseraie, une bambouseraie et un parc botanique et animalier de 12 ha (chevaux de traits de l'Auxois, aurochs, chèvres du Rove).

6

Circuits conseillés Carte de microrégion p. 294

LES BELVÉDÈRES

Circuit tracé en vert sur la carte de microrégion p. 294. Quittez St-Étienne au sud par le cours Fauriel (D 8). La N 82 s'élève au flanc du sauvage ravin du Furet, hérissé de sombres arrachements schisteux.

Le **col du Grand-Bois** (ou de la République) est un très joli site forestier.

Faites demi-tour et par Planfoy où l'on tourne à gauche, gagnez Guizay.

★★ Point de vue de Guizay B2

Du pied de la statue du Sacré-Cœur, on découvre, juste dans l'axe de la célèbre Grande-Rue, une vue sur l'ensemble de la ville. À l'extrême droite, Rochetaillée *(voir p. 319)* apparaît sur sa crête. En avançant vers le relais de télédiffusion, le panorama révèle à gauche le couloir de l'Ondaine : Le Chambon-Feugerolles, Firminy et les monts du Forez. Au cours de la descente, belles échappées sur l'agglomération stéphanoise et la vallée de l'Ondaine.

La D88 ramène à St-Étienne.

★★ LAC DE GRANGENT

80 km. Circuit tracé en violet sur la carte de microrégion p. 294. Comptez 4h. Quittez St-Étienne au sud-ouest par la D 3 puis continuez sur la D 25. Au rond-point, ne pas prendre le pont suspendu mais la sortie suivante St-Paul-en-Cornillon.

Le pont suspendu du **Pertuiset** marque la transition entre la cité industrielle et les paysages sauvages des gorges de la Loire.

Château de Cornillon A2

Quand vous longez la Loire, le château est dans votre dos. Continuez jusqu'à St-Paul et faites demi-tour. C'est en descendant la route prise pour monter que vous aurez un bon aperçu du site.

Le château, perché sur un éperon rocheux, domine les gorges de la Loire ; ce fut jadis le siège d'une des plus importantes baronnies du Forez.

Revenez au rond-point, passez le pont suspendu et prenez à droite la D 108 direction Chambles, sur 10 km.

Le parcours en **corniche★★** escarpée offre de très belles vues sur les méandres sauvages en partie submergés.

Chambles A1

Ce site des gorges de la Loire se remarque de loin à son église trapue et à sa tour qui se dresse sur le rebord d'un haut escarpement, dominant les méandres de Grangent. Cette tour, seul vestige de l'ancien château, est caractéristique du système défensif des forteresses du Moyen Âge par son entrée située à mi-hauteur, qui n'était accessible qu'avec une échelle escamotable ; une porte plus récente permet de grimper au sommet *(accès difficile)*, d'où s'étend un vaste **panorama★** sur le Forez et le Lyonnais ; à gauche, remarquez au loin les silhouettes des châteaux de Vassalieux et d'Essalois.

2 km après Chambles, prenez à droite la petite route vers le château d'Essalois.

Château d'Essalois A1

Lieu-dit Essalois - ✆ 04 77 43 24 46 - www.smagl.com - 9h-19h - fermé janv. - possibilité de visite guidée sur demande (1h30) - tarif, se rens.

Sa robuste silhouette se détache au-dessus des gorges escarpées ; la restauration de l'édifice a consisté à maintenir les murs en état, à refaire un plancher et à couvrir le tout d'un toit. Depuis ce site, **vue★★** impressionnante sur le lac et l'île de Grangent.

LES « SAINT-RAMBERTES »

Saint-Rambert a donné son nom à des embarcations en sapin, les « saint-rambertes », conçues pour tenir le temps d'un seul trajet. Elles étaient fabriquées sur place pour le transport du vin et du charbon. Parvenues à destination, elles étaient détruites ou vendues.

Gorges de la Loire - île de Grangent.
R. Mattes/Mauritius images/age fotostock

À proximité du château, un oppidum celtique témoigne de l'importance stratégique des lieux.

Sur l'autre rive, des sites comme le plateau de la Danse (site préhistorique) ou St-Victor-sur-Loire (base nautique) permettent d'autres points de vue sur les gorges. L'histoire de ces lieux, faite de légendes, de guerres et de croyances religieuses leur confère, aujourd'hui encore, magie et mystère.

Revenez à Chambles par la même route, puis reprenez la D 108 vers le nord.

Sur la route, remarquez à gauche Notre-Dame-de-Grâce de Vassalieux et plus loin, sur votre droite, le château d'Essalois.

Saint-Just-Saint-Rambert A1

Office de tourisme – *7 pl. de la Paix - 42170 St-Just-St-Rambert - 04 77 52 05 14 - www.loireforez.com - juil.-août : 9h30-12h30, 13h30-17h30, w.-end et j. fériés 9h30-12h30, ven. 13h30-17h30 ; reste de l'année : tlj sf mar. et dim. 9h30-12h30, 13h30-17h30, sam. 9h30-12h30.*

Situé au débouché des gorges de la Loire, dans le sud de la plaine du Forez, St-Rambert, ancien bourg gallo-romain d'*Occiacum*, est accroché au flanc d'une butte. St-Just, la partie moderne de la localité, s'étend sur la rive droite.

Église St-André★ – *Pl. Madeleine-Rousseau - 04 77 52 05 14 - www.loireforez.com - horaires, se rens. à l'office de tourisme de Montbrison - possibilité de visite guidée.* C'est un robuste édifice des 11e et 12e s. Deux clochers le surmontent : au-dessus de la façade s'élève un clocher-tour fortifié (11e s.) et à la croisée du transept se dresse le **clocher★** proprement dit, du 12e s. À l'intérieur, les arcs situés entre la nef et les bas-côtés sont de plus en plus larges à mesure que l'on approche du chœur, ce qui a pour effet de donner plus de profondeur à la perspective. À la croisée du transept, une coupole sur trompes soutient le clocher central.

Chapelle Saint-Jean – *R. de Simiane-de-Montchal - 04 77 52 05 14 - www.loireforez.com - possibilité de visite guidée - visite combinée avec l'église St-André, rens. à l'office de tourisme.* Cet édifice du 11e s., qui servait de baptistère, flanque l'église au nord.

6

Musée des Civilisations – *Pl. Madeleine-Rousseau - ✆ 04 77 52 03 11 - www.stjust-strambert.com - 14h-18h - fermé mar., 1er janv., 1er Mai, 25 déc. - possibilité de visite guidée sur demande - 4 € (-10 ans gratuit) - ateliers enf.* L'histoire locale est représentée par des objets d'art évoquant saint Rambert et le passé de la cité. Caricatures de Cham, Daumier, etc. D'autres salles abritent des collections de divers pays, en particulier une collection d'art africain et océanien : **bronzes★** du Bénin et un beau masque égyptien en obsidienne (18e dynastie).

Revenez sur vos pas direction Chambles (d'abord D 102 puis D 108). Prenez à gauche la D 32 direction barrage de Gasteng.

Arrêtez-vous au belvédère d'où la **vue★** sur l'île de Grangent est vraiment belle.

Île de Grangent A1

Le lac artificiel a isolé la languette d'une échine rocheuse portant les vestiges du château de Grangent (tour du 12e s.) et une petite chapelle coiffée de tuiles rouges. Il est possible d'aborder au ras de l'eau les paysages au cours d'une croisière commentée sur le lac et dans les gorges de la Loire. *(départ de St-Victor, voir plus bas).*

Reprenez la D 108 et continuez (15 km) en direction de St-Victor-sur-Loire.

Saint-Victor-sur-Loire A1

Ce bourg, dont la route d'accès est abondamment fleurie, surtout de roses, occupe un **site★** remarquable sur un promontoire s'avançant dans le lac artificiel formé par la Loire en amont de Grangent. Cette retenue et ses rives, très fréquentées en saison par les Stéphanois, se prêtent aux activités sportives (voile, motonautisme, ski nautique, randonnées pédestres et équestres).

Croisière dans les gorges de la Loire – *départ du port de St-Victor-sur-Loire - ✆ 06 88 34 12 71 - http://croisieres-gorges-loire.fr - tlj dép. 15h et 16h15 - 11 € (4-15 ans 6,50 €) - vente des billets à l'embarcadère 15 mn avant le départ.*

Avant d'être quasiment annexé par St-Étienne, St-Victor était un petit bourg rural où les **vergers de cerisiers** embaumaient au printemps. Les habitants venaient vendre leur production de cerises à St-Étienne, ce qui leur a valu le sobriquet de « croque-cerises ».

L'**église** est un édifice roman, remanié aux 16e et 17e s., qui présente une nef et des collatéraux voûtés en berceau et séparés par des piliers carrés. Le maître-autel est constitué par un précieux retable baroque du 17e s. et un devant d'autel en cuir de Cordoue, gaufré et peint, à décor d'hermines. Vitraux modernes de J.-M. Benoît et beau buffet d'orgue.

De la terrasse de l'église, la **vue★** sur la retenue est très belle. Le **château** *(R. du Chevalier - ✆ 04 77 90 49 29 - www.chateau-saint-victor.com - juil.-août : 10h-13h, 14h-18h ; reste de l'année : tlj sf j. fériés 10h-17h30, w.-end 14h30-17h30 - gratuit.)* avec ses tours du 11e s. et le théâtre de plein air occupent le haut de la colline.

Continuez sur la même route. À l'entrée de Quéret, sur la place, prenez à gauche une route en forte descente.

Plateau de la Danse A1

45mn à pied AR. Laissez la voiture au parc de stationnement et suivez un sentier balisé « Point de vue », serpentant dans la forêt.

Ce lieu, chargé d'histoire et de légendes, aurait accueilli un temple de Jupiter. D'un promontoire rocheux, **vue★★** sur la retenue et l'île de Grangent, le promontoire de St-Victor, le château d'Essalois, l'église et la tour féodale de Chambles.

Revenez à St-Étienne par la D 25 et la D 3.

NOS ADRESSES À SAINT-ÉTIENNE

RESTAURATION

À Saint-Étienne

PETIT PRIX

Green Stade – *1 bis r. Jean-Snella - 04 77 61 73 86 - lun.-vend. 8h30-15h et jours de match - 10/18 €.* À deux pas du stade Guichard, dans un quartier qui compte peu d'adresses, ce café-bar sert une cuisine saine et diversifiée (mais aussi, tous les vendredis, un « hamburger stéphanois » qui vaut le détour !).

BUDGET MOYEN

Corne d'Aurochs – *18 r. M.-Servet - 04 77 32 27 27 - fermé w.-end - formule déj. 12,50 € - 18/33 €.* Ce bistrot à la devanture en bois offre un intérieur original avec sa collection de fouets à pâtisserie et ses vieilles affiches publicitaires. Les plats servis (pied de cochon grillé, cervelle d'agneau, ris de veau, etc.) s'inspirent à la fois du style bouchon et de la cuisine traditionnelle.

Le Plaisir en Équilibre – *23 r. Marengo - 04 77 30 67 54 - leplaisirenequilibre.com - fermé dim.-lun. et mar. soir – formules déj. 14/16 € - 23/28,50 €.* Ce restaurant original est le fruit d'une collaboration entre un jeune chef et une diététicienne. Préserver sa santé ne veut évidemment pas dire négliger les saveurs. Ici, la cuisine est légère, aérienne et mélange élégamment goûts et textures.

Demain les vins – *1 bis cours Jovin-Bouchard - 09 86 19 97 37 - www.demainlesvins.com - merc. 11h-19h, jeu.-vend. 11h-23h, sam. 10h-23h, fermé dim.-mar. - 18/35 €.* Forts de leur expérience en ventes privées consacrées aux jeunes vignerons talentueux, les fondateurs sont revenus dans leur ville natale ouvrir cette vinothèque qui associe grands crus et petits trésors, servis au verre ou à la bouteille. En prime : d'excellents conseils. En accompagnement : goûteuses charcuteries et fromages exquis. Une adresse pour refaire le monde... et les vins d'hier et de demain.

La Table de Florence – *7 r. Robert - 04 77 33 42 90 - www.latabledeflorence-st.fr - lun.-vend. 12h-15h, jeu.-sam. 19h-21h - 20/30 €.* Pour goûter de délicieuses versions des spécialités locales (râpée, ou galette de pommes de terre, et cuisses de grenouille) dans une salle agréable et tranquille.

À proximité

BUDGET MOYEN

La Presqu'Île – *10 rte de St-Victor - 42230 St-Victor-sur-Loire - 04 77 53 70 08 - tlj - P ♿ - formule déj. 14 € - 19,50/62 €.* Ce bâtiment, situé aux portes du village médiéval, ménage une très belle vue sur les gorges de la Loire et la presqu'île du Châtelet. C'est donc avec plaisir que vous prendrez place près de la baie vitrée pour déguster une cuisine traditionnelle raffinée, préparée avec des produits frais.

ACHATS

Chocolat Weiss – *8 r. du Gén.-Foy - 04 77 21 61 09 - www.weiss.fr - 9h-19h, lun. 10h-19h - fermé dim., 1er janv., Pâques, ascension, 14 Juil. et 15 août.* Depuis 1882, Weiss est le temple du chocolat stéphanois et compte parmi ses clients les plus grands noms de la cuisine française et internationale qui apprécient particulièrement son savoir-faire artisanal mis au service du cacao grand cru. Napolitains,

6

nougamandines et nougastelles ont fait sa renommée. Depuis 2017, la chocolaterie se visite (dégustation comprise – *mar.-vend. 10h30-16h - 30 mn - 4,50€ (-12 ans gratuit), réserv. au 06 38 30 73 58*) : instructif et savoureux !

Manufrance MF – *6 r. de Lodi - ✆ 04 77 21 29 92 - www.manufrance.fr - lun.-ven. 9h-12h, 14h-18h.* Beaucoup se souviennent avec nostalgie des heures passées à feuilleter l'énorme catalogue de la Manufacture d'armes et cycles de St-Étienne *(voir l'encadré p. 306)*. Aujourd'hui restructurée, la firme et son réseau de magasins présentent une multitude de produits de bricolage, jardinage, maison, loisirs, décoration, chasse, pêche, équitation… toujours disponibles sur catalogue.

Bødo – *3 r. Notre-Dame - ✆ 04 77 57 20 90 - www.mon-bodo.fr - mar.-sam. 10h-13h, 14h30-19h.* De la tendance scandinave, Dorothée a gardé la douceur et la simplicité. La qualité commune aux objets qu'elle sélectionne, c'est que leur production privilégie l'art sanat et les circuits courts. Plus que de la déco, un art de vivre éco-responsable et serein.

Beluga – *9 r. Denfert-Rochereau - ✆ 07 82 74 02 85 - http://beugalerie.blogspot.fr - lun.-vend. 13h30-18h30, sam. 15h-19h.* À l'image de ce qu'évoque son animal totem, l'atelier semble une bulle de quiétude. Annexe d'un petit atelier de céramique, la galerie vend ses créations et celles d'autres artisans. Un tout petit salon de thé, des propositions d'ateliers de couture et des expositions d'artistes, dessinateurs ou graveurs, complètent l'offre de cette adresse à suivre de près.

L'Atelier du coin – *11 r. Roger-Salengro - ✆ 04 77 41 20 09 - http://latelier-du-coin.blogspot.fr - mar.-sam. 13h-19h - fermé en août.* Cette boutique tenue par un collectif d'artisans et d'artistes stéphanois propose un choix éclectique d'objets, de vêtements et de bijoux. « Expos du moment » et ventes spéciales font intervenir encore d'autres créateurs. Un univers chaleureux, propice à de belles découvertes.

Boutique de la Cité du design – *3 r. Javelin-Pagnon - 04 77 49 74 70 - www.citedudesign.com - mar.-vend. 11h-18h, sam.-dim. 11h-12h30, 13h30-18h.* L'adresse incontournable et « technique » où l'on retrouve le gratin du design international (en petit format), toutes sortes d'objets aussi innovants qu'amusants et quelques bonnes surprises, signées par les étudiants de l'École d'art et de design également installée dans la Cité du design.

BOIRE UN VERRE

Certes, la vie nocturne stéphanoise est moins dense que celle de sa rivale et voisine lyonnaise mais les fins de semaine sont vibrantes et, surtout, la ville dispose de nombreux lieux culturels d'excellente facture.

Place Jean-Jaurès – Face à l'église St-Charles, cette grande place est un lieu de rendez-vous habituel à St-Étienne. En partie ombragée (ce qui la rend d'autant plus prisée l'été), la place est bordée de nombreux cafés qui possèdent de larges terrasses. Le **Midi-Minuit** arbore boiseries et banquettes profondes et dispose notamment d'une belle carte de whiskies. À côté, le **café du cinéma Méliès** est particulièrement agréable et propose d'intéressants cocktails.

Rue des Martyrs-de-Vingré – Cette rue est un haut lieu de la vie nocturne stéphanoise. Vous y trouverez de nombreux bars, rassemblant une foule hétéroclite et bigarrée. Le **Little Soba** fait notamment l'unanimité chez les élèves de l'école de design avec ses expos, concerts et vernissages.

SPECTACLES

Infos spectacles – Les infos spectacles de la ville sont contenues dans un bulletin trimestriel diffusé par l'office de tourisme, ainsi que dans *l'Agenda stéphanois* qui paraît tous les 15 jours. Chaque jeudi, le supplément « Sorties » dans l'édition locale du quotidien *Le Progrès* offre un panorama des activités sportives et culturelles.

Le Fil – *20 bd Thiers - 04 77 34 46 40 - www.le-fil.com - fermé juil.-mi-sept.* Bonne scène pour écouter des musiques actuelles. Bar et façade design qui rend hommage à l'histoire industrielle de la ville.

Comédie de St-Étienne, Centre dramatique national – *Pl. Jean Dasté - 04 77 25 14 14 - www.lacomedie.fr - lun.-vend. 14h-19h, sam. 15h-18h - fermé juil.-août - 20 €.* Fondée en 1947 pour promouvoir la décentralisation théâtrale, la Comédie a investi en 2017 une ancienne usine de construction mécanique dans la plaine Achille, confirmant l'émergence de cet ancien quartier industriel comme pôle de créativité stéphanois. La Comédie dispose d'une troupe de comédiens permanents, d'ateliers de construction de décors et de costumes, de plusieurs salles de spectacles et d'un théâtre itinérant. Essentiellement centre de création, elle accueille aussi de nombreuses productions extérieures. Une des scènes incontournables en province aujourd hui.

Opéra Théâtre de Saint-Étienne – *Jardin des Plantes - 04 77 47 83 47 - www.operatheatredesaintetienne.fr - billetterie lun.-ven. 12h-19h - fermé de mi-juil. à mi-août et j. fériés.* L'Opéra Théâtre accueille chaque année plus de 100 000 spectateurs au sein du théâtre Copeau (350 places) et du Grand Théâtre Massenet (1 250 places). Œuvres lyriques, théâtre, danse, musique figurent au programme de ces deux lieux, qui portent en outre une attention particulière envers le jeune public en proposant de nombreuses animations.

Nouvel Espace Culturel (NEC) – *9 r. Cl.-Cottier - 42272 St-Priest-en-Jarez - 04 77 74 41 81 - lun.-vend. 8h30-12h, 13h-16h30 - fermé mi-juil.-août.* Implanté dans la proche banlieue de St-Étienne, le « NEC » a été créé en 1989. De nombreuses troupes de théâtre viennent y présenter leur travail. Concerts de musique classique ou folklorique, danse et spectacles pour enfants complètent une programmation dynamique et exigeante.

Firminy

16 931 Appelous – Loire (42)

Que diable allait-il faire dans cette carrière ? L'apparition en pleine campagne de l'architecte Le Corbusier sous la forme d'un immeuble haut de 50 m a de quoi surprendre. L'édifice (dit « unité d'habitation ») est l'une des cinq constructions que l'inventeur élabora entre 1955 et 1967 pour le quartier de Firminy-Vert. Extension de la ville minière alors en plein essor, ce quartier tout entier raconte les rêves et le revers des Trente Glorieuses… et l'utopie d'une ville nouvelle, vertueuse et heureuse.

S'INFORMER

Office de tourisme – *Maison de la Culture Le Corbusier - Bd périphérique du Stade - 42700 Firminy - ✆ 04 77 61 08 72 - www.saint-etiennetourisme.com - 10h-18h - fermé mar., 1er janv., 1er Mai, 25 déc.*

SE REPÉRER

Carte de microrégion A2 (p. 294).
Firminy se trouve à 15 km au sud de St-Étienne par la N 88.

ORGANISER SON TEMPS

Compter une demi-journée. L'unité d'habitation ne se visite que dans le cadre de visites guidées *(sam. 14h et 15h30, durée : 1h15 - 10 € - réserv. obligatoire).*

AVEC LES ENFANTS

Livret-jeu *(5 €)*, destiné aux 5-9 ans. Ateliers organisés pendant les vacances scolaires pour les 6-12 ans *(5 €)*. Voir *www.sitelecorbusier.com.*

Firminy Vert/Site Le Corbusier★

Accueil et billetterie à la Maison de la Culture et à l'église St-Pierre - ✆ 04 77 61 08 72 - www.sitelecorbusier.com - juil.-août : 10h-12h30, 13h30-18h ; mars-juin et sept.-oct. : tlj sf mar. 10h-12h30, 13h30-18h ; reste de l'année : jeu.-dim. 10h-12h30, 13h30-18h - 6,50 € (-8 ans gratuit).

Située dans la vallée de l'Ondaine, Firminy sert de trait d'union entre la montagne et la « plaine » de St-Étienne. Fondée sur l'**exploitation houillère** depuis le 13e s., la ville s'est construite autour des mines et des usines, sans qu'on ne se préoccupe jamais d'urbanisme. Au milieu du 20e s., les logements ouvriers sont insuffisants, les équipements collectifs presque inexistants.

Élu maire de Firminy en 1953, **Eugène Claudius-Petit** fait appel à l'architecte **Le Corbusier** (1887-1965) pour construire à côté de la ville ancienne une cité nouvelle, avec l'ambition d'en faire la meilleure de son temps. L'occasion est donnée à l'architecte de mettre en application à grande échelle ses théories en faveur de la ville moderne. Associant habitat et équipements culturels, elle doit concilier les exigences de la vie individuelle et collective et répondre aux besoins physiques, culturels, sociaux et spirituels de l'homme.

Lancé en 1955, le « centre de recréation du corps et de l'esprit » voulu par Eugène Claudius-Petit prend place au carrefour de la vieille ville et du quartier nouveau. Après la mort de Le Corbusier en 1965, le chantier est repris par André Wogenscky et José Oubrerie, fidèles au projet initial. Le choc pétrolier de 1973, portant un coup fatal à l'activité industrielle de Firminy, conduit à abandonner le projet de construction d'autres unités d'habitation.

« Les matériaux de l'urbanisme sont le soleil, les arbres, le ciel, l'acier, le ciment, dans cet ordre hiérarchique et indissolublement » écrit Le Corbusier. À Firminy-Vert, bâti sur l'ancienne carrière des Razes, le relief joue aussi un rôle-clé : les formes, les niveaux et les inclinaisons des différents bâtiments se répondent.

Maison de la Culture - Le Corbusier.

P. Raftery/age fotostock © ADAGP Paris 2018 © José Oubrerie [Conception Le Corbusier architecte, José Oubrerie assistant (1960-1965), réalisation José Oubrerie architecte 1970-2006]

Cerné d'un boulevard périphérique tracé par l'architecte, l'ensemble souligne l'harmonie austère du paysage.

Maison de la Culture★ – Premier bâtiment du projet, cet édifice est construit sur la roche en surplomb de ce qui deviendra le stade. Conçu comme un temple de la jeunesse, il évoque l'Acropole du Parthénon dont le jeune Le Corbusier admirait l'efficacité. Audace technologique, son toit incurvé repose sur des câbles tendus entre les deux façades. Celles-ci, très longues, sont rythmées par l'alternance d'ouvertures et d'aplats de couleurs, due à **Iannis Xenakis**. La maison de la culture abrite une salle de spectacles, une bibliothèque, des salles d'exposition, des bureaux et un foyer- bar. Mobilier et equipement, à l'esthétique épurée, sont l'œuvre de **Pierre Guariche**.

Stade – C'est le point central du dispositif déployé par Le Corbusier. On accède aux gradins par le haut, grace au « boulevard des spectateurs » qui offre un beau **point de vue★** sur l'ensemble du site. La **piscine**, construite en retrait du stade, reprend en façade le motif à pans ondulatoires de la maison de la culture.

Église St-Pierre★ – Achevé en 2006 après de longues vicissitudes, le bâtiment évolue, sur la forme d'une pyramide à base carrée, en un cône tronqué qui culmine à près de 34 m. L'impressionnante sobriété de la nef offre un espace unique au jeu de lumière prévu sur le fronton sous la forme de la constellation d'Orion. La partie basse accueille un **centre d'interprétation**, où mobilier, sculptures, maquettes et vidéos témoignent de la richesse de l'œuvre de Le Corbusier.

Unité d'habitation – Juché sur les hauteurs de Firminy, entouré de verdure, cet immense paquebot reprend les 5 points de l'architecture moderne théorisée par Le Corbusier : pilotis, plan libre, façade libre, fenêtre bandeau et toit-terrasse. À l'intérieur, 414 logements, dont un appartement-témoin, s'organisent autour de rues intérieures. L'école maternelle (en activité jusqu'en 1998) s'étendait en plein ciel, sur les trois derniers étages. Cette unité d'habitation est la dernière d'une série de quatre **cités radieuses** construites à Marseille, Rezé et Briey.

Le Pilat

★★

Loire (42)

Ce sont des paysages, beaux et variés : au bord du Rhône, des vergers et des vignobles (comme celui, fameux, de côte-rôtie) qui font place, sur les plateaux, aux herbages, puis en altitude à des forêts de hêtres et de sapins. La fraîcheur des sapinières, des eaux vives et des hauts pâturages, contrastant avec les vallées industrieuses de l'Ondaine, du Janon et du Gier, font du Pilat un lieu apprécié des randonneurs comme de tous ceux qui, pour un temps, rêvent de « se mettre au vert ».

NOS ADRESSES PAGE 324
Hébergement, restauration, achats, activités, etc.

S'INFORMER

www.pilat-tourisme.fr : nombreuses informations pratiques sur les activités proposées dans le parc et possibilité de télécharger gratuitement des parcours de randonnée.

Maison du Parc à Pélussin – *Voir ci-dessous*

SE REPÉRER

Carte de microrégion B-C 1-2 (p. 294). Le massif du Pilat s'élève à l'est de St-Étienne, entre le bassin de la Loire et la vallée du Rhône.

À NE PAS MANQUER

Le panorama sur la vallée du Rhône depuis le crêt de l'Œillon.

ORGANISER SON TEMPS

Comptez une journée pour traverser le massif et profiter de ses paysages.

AVEC LES ENFANTS

La maison du Parc ; la via ferrata pour enfants du Gouffre d'Enfer.

Découvrir Carte p. 320-321

Créé en 1974, le Parc naturel régional du Pilat regroupe 47 communes rurales réparties sur les départements du Rhône et de la Loire. Subissant les influences méditerranéennes dans l'est, et atlantiques dans l'ouest, le Pilat comporte une ligne de partage des eaux, notamment au col de Chaubouret (1 363 m), et joue pour la région stéphanoise un rôle de « château d'eau ».

Maisons du Parc naturel régional

Moulin de Virieu à Pélussin – *2 r. Benay - 04 74 87 52 00 - www.parc-naturel-pilat.fr - - juil.-août : 9h30-12h30, 14h-18h, w.-end et j. fériés 9h30-12h30, 14h-18h30, lun. et vend. 14h-18h ; reste de l'année : 9h30-12h30, 14h-18h, mar. 14h-18h.* Siège administratif du PNR du Pilat, le moulin de Virieu, bâtiment d'un ancien moulinage de soie, accueille une exposition pour les enfants avec de nombreuses maquettes, un diaporama, un théâtre virtuel et un jardin de découverte.

Maison du Châtelet à Bourg-Argental – *18 pl. de la Liberté - 04 77 39 63 49 - www.pilat-tourisme.fr - de déb. juil. à mi-sept. : 9h30-12h30, 14h30-18h30 ; de déb. mai à déb. juil. : 9h-12h, 14h-17h30, lun.-mar. 14h-17h30, w.-end et j. fériés 9h-12h, 14h-18h ; reste de l'année : tlj sf merc. et dim. 9h-12h, 14h-17h30, lun.-mar. 14h-17h30, sam. 9h-12h.* Cet ensemble

Parc naturel régional du Pilat

Parc naturel régional du Pilat.
F. Guiziou/hemis.fr

architectural des 16e et 18e s. abrite l'office de tourisme, un espace de découverte aménagé par le PNR du Pilat et des salles d'expositions temporaires *(avr.-oct.)*. Remarquez le plafond à fougère de style forézien, unique en son genre.

Maisons du Patrimoine

Maison des Tresses et Lacets à La Terrasse-sur-Dorlay – *119 rte des Moulins - le Moulin-Pinte - ✆ 04 77 20 91 06 - www.tressesetlacets.fr - mars-nov. : merc.-dim. 14h-18h - fermé lun.-mar., déc.-fév., 1er Mai - possibilité de visite guidée (1h) - 5 € (-12 ans 3,50 €).* Ce musée-atelier de 1920 possède d'anciens métiers à tresser dont le fonctionnement est très impressionnant, de même que l'une des dernières roues à augets du village.

Maison de la Passementerie à Jonzieux – *✆ 04 77 39 93 38 - www.maison-passementerie.info - de déb. mai à mi-oct. : dim. 14h30-18h30, reste de la sem. sur demande - possibilité de visite guidée sur demande - 3 € (-14 ans 1 €).* L'atelier complet d'un passementier et un métier Jacquard tel qu'il fonctionnait au 19e s.

Maison de la Béate de l'Allier à Marlhes – *Hameau de l'Allier - ✆ 04 77 51 24 70 - www.parc-naturel-pilat.fr - juil.-sept. : dim. et j. fériés 14h-18h30 - entrée libre.* Cette modeste maison de béate – nom donné aux membres d'un ordre religieux de la région – est dédiée à l'histoire locale et à la vie d'autrefois.

Circuit conseillé Carte de microrégion p. 294

DE SAINT-ÉTIENNE À CONDRIEU

▶ *89 km. Circuit tracé en rouge sur la carte double-page suivante. Comptez une journée. Quittez St-Étienne vers le sud-est par la D 8.*

Rochetaillée 31

Au cours de la montée, on découvre le site bien exposé de Rochetaillée, petit village perché sur un étranglement rocheux, entre deux ravins, et dominé par les tours en ruine d'un château féodal.

★ Gouffre d'Enfer B2

Le barrage du Gouffre d'Enfer est accessible à partir d'un parking, situé à 4 km en contrebas de Rochetaillée, au fond de la vallée du Furan. Suivre le chemin qui part au fond du parking, passer devant le torrent et prendre un chemin sur la gauche, en laissant sur votre droite le départ de la via ferrata (voie accessible pour enf.).

Difficile de croire, devant l'aspect ensommeillé qu'offre aujourd'hui ce site, qu'on ait pu le nommer autrefois « Gouffre d'Enfer », ni que le Furan ait été un jour réputé pour son cours capricieux et ses crues soudaines ! Tout cela changea lorsqu'au 19e s., la municipalité de St-Étienne, désireuse de s'assurer un approvionnement régulier en eau (en raison de sa population croissante, et surtout de ses activités industrielles très exigeantes en eau) entreprit la construction d'un barrage. L'inauguration de cet ouvrage, qui offre un bel exemple d'aménagement d'un cours d'eau jadis incontrôlable, fut l'occasion de grandes célébrations dont témoigne la plaque gravée, visible en haut des escaliers qui mènent au barrage du gouffre d'Enfer. Dès sa construction, le site fut aménagé comme un lieu de promenade. L'inspiration romantique est sensible dans le tracé du chemin : celui-ci s'engage entre des parois rocheuses vigoureusement taillées, qui se referment progressivement jusqu'à former un étroit et sombre goulet avant de s'ouvrir sur une étonnante allée plantée d'arbres et de mener, par des escaliers, jusqu'à la crête du barrage, d'où l'on a une belle vue sur la retenue d'eau, au pied de versants couverts de sapins.

Depuis 2003, le barrage qui n'est plus en eau, sert de retenue pour les crues, et le site a perdu de sa superbe. Reste l'agrément de la promenade et le point de vue sur la vallée. À 50 m à gauche, des escaliers donnent accès à un **belvédère** face à Rochetaillée *(attention, la rampe n'est pas sûre).*

Vous pouvez faire le tour de la retenue d'eau, en suivant un sentier qui passe au pied du barrage du Pas-du-Riot, à 1 km en amont. Comptez 1h30.
Pour rejoindre la voiture, tournez à gauche et prenez à droite le chemin passant devant la maison des Ponts-et-Chaussées.

Après Rochetaillée, jolies vues plongeantes, à droite, sur le barrage du Gouffre-d'Enfer et le barrage du Pas-du-Riot. La route passe ensuite par **Le Bessat**, station estivale et de sports d'hiver.

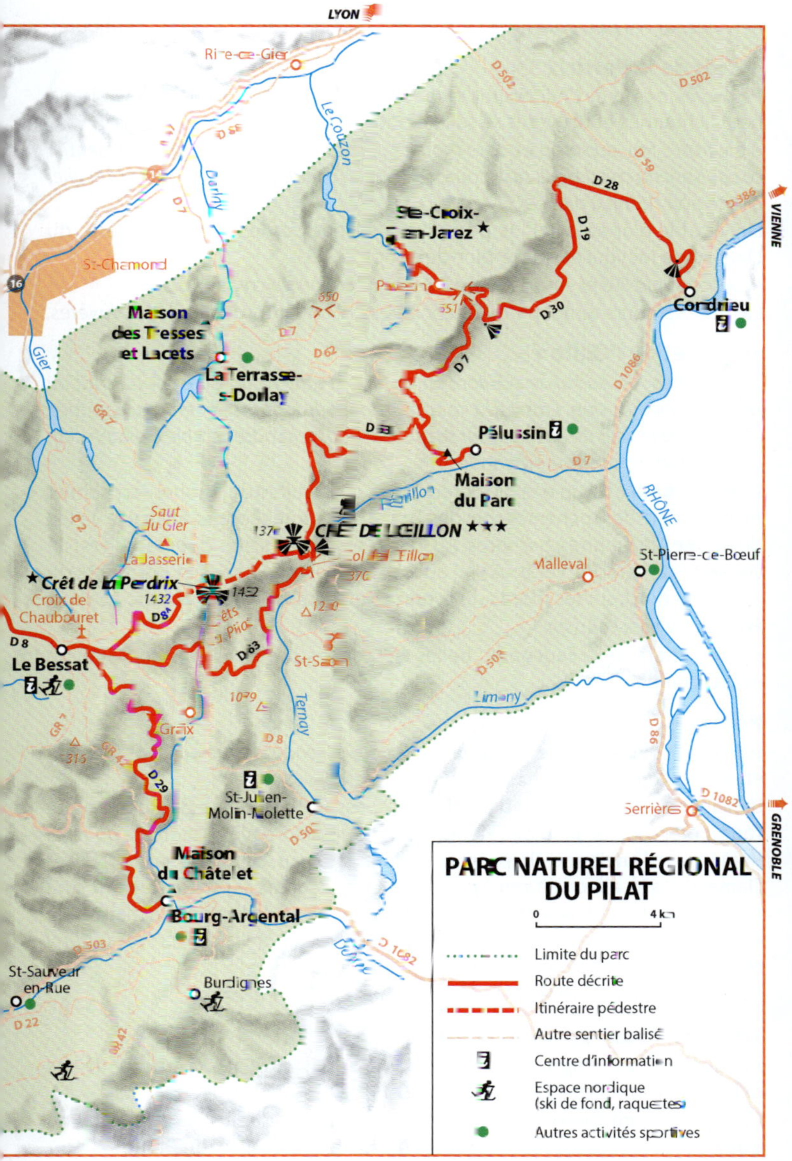

Si vous désirez vous rendre à Bourg-Argental, prenez à droite la D 29 peu après avoir quitté Le Bessat.

Bourg-Argental B2

Cette petite ville active qui abrite une maison du parc, située au pied du massif du Pilat *(voir p. 318)*, a diversifié ses activités industrielles et artisanales.

Reconstruite au 19e s. dans le style roman, l'**église** conserve, sur la façade, un **portail★** sculpté (12e s.) ; remarquez surtout le tympan dont le registre inférieur, sous la mandorle du Christ en majesté, est orné de scènes de la vie de la Vierge, trahissant une certaine influence clunisienne.

Revenez sur vos pas, poursuivez sur la D 8 en direction de la croix de Chaubouret.

★ Crêt de la Perdrix B2

Peu après la croix de Chaubouret, prenez à gauche la D 8^A vers la Jasserie. Épicéas, hauts chaumes et bruyères se succèdent.

À environ 5 km, au sommet de la montée, laissez la voiture à hauteur du sentier conduisant au crêt de la Perdrix couronné par un chirat, éboulis rocheux particulier à la région (15mn à pied AR).

De la table d'orientation, le **panorama** s'étend sur les pics du Mézenc, du Lizieux, du Meygal et du Gerbier-de-Jonc.

Revenez sur la D 8 et empruntez la D 63 en direction du crêt de l'Œillon.

La route serpente tantôt parmi les conifères, tantôt parmi des landes à bruyères.

★★★ Crêt de l'Œillon B/C2

15mn à pied AR. Au col de l'Œillon, empruntez à gauche la route conduisant au relais de télédiffusion. Laissez la voiture au parc de stationnement. Au sommet, contournez l'enceinte du relais par sa gauche pour rejoindre la table d'orientation au pied d'une croix monumentale.

Le **panorama** est l'un des plus grandioses de la vallée du Rhône. Au premier plan, au-delà des rochers du pic des Trois-Dents, vue plongeante sur la vallée du Rhône, de Vienne à Serrières. Au loin à l'est, la vue s'étend sur les Alpes ; au sud-est, sur le mont Ventoux ; à l'ouest, sur le puy de Sancy et les monts du Forez ; au nord, sur les monts du Lyonnais et au nord-est sur le Jura.

Poursuivez vers Pélussin.

Au belvédère de la Faucharat, belles échappées sur les vallées du Régrillon et du Rhône.

Pélussin C1

Laissez la voiture près de la maison du Parc. Descendez la rue du Dr-Soubeyran et prenez à gauche de la rue de la Halle.

L'ancienne halle forme un belvédère au-dessus de la plaine du Rhône et de l'agglomération de Pélussin. *Passez sous une porte fortifiée et tournez à gauche.* Remarquez l'ancienne chapelle et le vieux château. Dans le quartier Notre-Dame, dans le village *(20mn à pied)*, se trouve l'agréable **jardin des Sons** où onze objets jouent avec l'eau et le vent dans le clos de l'ancienne maison de Gaston Baty, homme de théâtre natif de Pélussin. *(la Maison du Parc naturel régional au moulin de Virieu p. 318)*

Faites demi-tour et prenez la D 7 à droite vers le col de Pavezin.

★ Sainte-Croix-en-Jarez C1 *(p. 326)*

Au col de Pavezin, empruntez à droite la D 30 offrant au début de la descente une belle vue sur la vallée du Rhône. Par les D 19 et D 28, on atteint Condrieu.

L'arrivée est précédée, au tournant du calvaire, au-dessus de la ville, d'une **vue★** panoramique sur le bassin de Condrieu et la boucle du Rhône.

LE PATRIMOINE TEXTILE

D'abord artisanal puis industriel, le travail de la soie fut l'une des activités économiques majeures de la région dès le 15e s. lorsque s'installent les premiers moulinages. Le moulinage est la préparation du fil de soie après le dévidage du cocon. Les propriétaires des ateliers, puis des usines, trouvent dans les rivières du Pilat la force motrice nécessaire au fonctionnement de leurs machines. Le fil obtenu est ensuite tissé ou tressé. C'est l'une des particularités de la région que d'avoir connu diverses techniques et largeurs de tissu : tissage de rubans étroits (passementerie) dans l'ouest du Pilat autour de St-Genest-Malifaux, moulinage et tissage d'étoffes, tressage de lacets ou de cordons dans la vallée du Dorlay et dans les environs de St-Chamond. L'activité connaîtra son âge d'or au 19e s. Aujourd'hui, de nombreux bâtiments et aménagements témoignent de cette histoire : maisons-ateliers de passementiers à Jonzieux, vastes usines à St-Julien-Molin-Molette, biefs et petites retenues d'eau dans les fonds de vallons.

Condrieu C1

Office de tourisme – *Pl. du Séquoïa - 69420 Condrieu - 04 74 56 62 83 - www.pilat-tourisme.fr - de mi-juin à fin août : 9h-13h, 14h-18h, dim. 9h30-12h ; de déb. mai à mi-juin et de déb. à mi-sept. : lun. et vend.-sam. 9h30-13h, 14h-18h ; reste de l'année : vend. 10h-12h30, 14h-18h, sam. 9h30-12h30 - fermé 1er janv., 25 déc.*

La position de la ville à la jonction de l'Arbuel et du Rhône est à l'origine de son nom : le terme gaulois *condate* désigne un confluent. Le territoire de Condrieu produit un vin blanc renommé à partir d'un cépage unique, le viognier. Cultivé sur les fortes pentes qui dominent le Rhône, il a connu une large diffusion grâce au dynamisme du port, longtemps animé par ses célèbres mariniers, dont les culottes doublées de cuir leur avaient valu le surnom de « culs-de-piau ». Maintenant la tradition, les Condriots s'affrontent chaque année avec les meilleurs jouteurs nationaux dans des tournois nautiques sur le Rhône. Réduit à une petite dizaine d'hectares à la fin des années 1950 du fait des difficultés d'exploitation, le vignoble a fait l'objet d'une reconquête exemplaire, notamment sur les terrasses viticoles. Le nom de Condrieu est aussi associé à un fromage au lait cru de chèvre consacré en 2009 par une Appellation d'origine contrôlée, la rigotte de Condrieu.

Église – Le tympan de son portail gothique porte un fragment de bas-relief roman, très mutilé. De belles grilles ornementées du 18e s. ferment les chapelles latérales.

Maison de la Gabelle – Située à côté de l'église, sa façade du 16e s. s'orne d'un réseau de moulures s'entrecroisant avec des pilastres à peine saillants, décorés de médaillons. La poutre d'angle sculptée du toit évoque un animal fantastique.

Maison des Villars – Au n° 31 de la rue de l'Arbuel, ce modeste logis de la famille du maréchal de Villars est précédé d'un élégant portail d'entrée.

Quartier du port – Dans la basse ville, il évoque un petit port du littoral méditerranéen. On pourra flâner rue des Sauzes et rue du Grand-Port. Au pied du pont suspendu reliant Condrieu aux Roches, la **place Frédéric-Mistral** rappelle que le grand poète provençal trouva à Condrieu l'inspiration de son *Poème du Rhône*.

NOS ADRESSES DANS LE PILAT

HÉBERGEMENT

PREMIER PRIX

Camping Domaine de l'Astrée – *L'Allier - 42220 Bourg-Argental - (à la sortie du bourg dans le sens St-Étienne-Annonay) - ✆ 04 77 39 72 97 - www.camping-astree.fr - ♿ - 16 empl. - 15,50 € + 22 chalets 515/590 € la sem.* Ce camping municipal installé au cœur du parc naturel régional du Pilat propose des emplacements et des chalets, dont plusieurs accessibles aux handicapés, de très bon confort : cuisine équipée, salle de bains avec WC indépendants, terrasse et salon de jardin. Nombreuses activités sur place et à proximité.

Chambre d'hôte Le Moulin du Bost – *Le Moulin du Bost - 42131 La Valla-en-Gier - 13 km au nord du Bessat par la D 2, puis la D 76 après La Valla-en-Gier dir. Doizieux - ✆ 04 77 20 06 62 - fermé 1er nov.-pâques - 2 ch. 58 € - table d'hôte 19 €.* Marcheur passionné et membre des « relais randonneurs », le propriétaire de cette maison située dans le parc naturel régional du Pilat vous conseillera plusieurs circuits pédestres adaptés à votre niveau. Chambres simples et table d'hôte généreuse. Une adresse pour communier avec la nature. Pique-nique sur demande (11 €).

BUDGET MOYEN

Chambre d'hôte La Rivoire – *42220 St-Julien-Molin-Molette - (5 km à l'est de Bourg-Argental par la D 1082) - ✆ 04 77 39 65 44 - www.larivoire.net - P - réserv. obligatoire en hiver - 5 ch. 65/70 € - table d'hôte 17/23 €.* Avec sa tour ronde et sa terrasse, cette maison familiale, tenue par un jeune couple, souriant et disponible, est pleine de charme. La vue qu'on peut admirer de toutes les chambres est splendide et le repos garanti. Le soir, vraie table d'hôte où l'on partage discussions et produits du jardin.

Hôtel Le Cottage – *6 r. de la Barge - 42410 Pélussin - ✆ 04 74 87 52 52 - www.hotellecottage.com - P - 16 ch. 74/90 € - 9 € (enf. 5,50 €).* Un hôtel au centre du village, scindé en deux bâtiments de part et d'autre de la rue. Les chambres aménagées au-dessus du bar-restaurant sont modestes (WC sur le palier), et moins chères. Choisissez l'aile récente pour plus de confort. Prix sages.

POUR SE FAIRE PLAISIR

Domaine des Soyeux – *42220 St-Julien-Molin-Molette - 1 km au nord de St-Julien par la D 8, dir. Le Bessat - ✆ 04 77 51 56 04 - www.domaine-soyeux.com - réserv. conseillée - 5 ch. 90/135 € + 5 chalets 345/450 €.* Noble demeure fin 19e s. embellie par un grand parc. Restauré dans l'esprit de l'époque, l'intérieur conserve son parquet d'origine et les chambres sont meublées dans les styles Louis XV et Louis XVI. Les salles de bains ont fait quelques concessions à la modernité. Les chalets, avec leurs petites terrasses, sont de bon confort et équipés pour quatre personnes. Ils comprennent l'accès à la piscine du château et au coin barbecue.

RESTAURATION

PREMIER PRIX

Copains comme cochon – *23 pl. de l'Église - 42660 Le Bessat - ✆ 04 77 20 45 90 - www.restaurant-copainscommecochons.com - 10h-19h, w.-end 10h-1h, merc.-jeu. soir sur réserv. - formule déj. 13,50 € - 17/25 €.* D'emblée le nom donne le ton : rillettes, jambon, caillettes ou saucisson composent des assiettes servies sur fond de matchs de rugby, l'autre passion du patron. Le service est sans chichis, l'atmosphère conviviale et les copains côtoient les randonneurs de passage et vous croiserez certainement quelques adeptes des *Bronzés*, avec ou sans ski. Belle carte de glaces artisanales.

BUDGET MOYEN

Le Péché du Pilat – *Le Bourg - 42520 Malleval - ☎ 04 74 87 [illegible] 51 - fermé lun. sept.-juin - formule déj. 18 € - 22,[illegible] €*. Cette adresse simple et efficace, en plein centre de ce petit village escarpé situé à quelques kilomètres seulement de la bruyante vallée du Rhône, tire son nom du dessert fétiche de la maison : pommes caramélisées et glace à la vanille. Autre spécialité ? Les cuisses de grenouille. La cuisine est familiale (tout comme la clientèle), le service diligent. S'il fait beau, installez-vous plutôt à l'extérieur, car la salle est très sonore.

ACHATS

La Maison de Ri[illegible]ette – *Le Bourg - 42520 Malleval - ☎ 04 74 87 97 80 - juil.-août : 10h30-12h30, 14h30-18h30 ; reste de l'année : w.-end.-dim. - fermé en janv.* Après avoir longtemps travaillé dans le tourisme, Daniel Piroir se consacre maintenant à ce que le Pilat produit de meilleur : liqueurs, confitures, terrines et friandises mettent à l'honneur les saveurs du pays (pomme, châtaigne, vigne…). Laissez-vous conseiller par ce fin connaisseur de la région. En prime, petite exposition de poteries à l'étage.

ACTIVITÉS

Le PNR organise des sorties tout public pour découvrir les milieux et espèces remarquables du Pilat. Au **centre d'observation de la nature de l'île du Beurre**, des affûts permettent l'observation des oiseaux et des castors sur le Rhône *(RN 86 - 69420 Tupin-et-Semons - ☎ 04 74 56 62 62 - www.iledubeurre.org)*. Nombreuses activités sportives de pleine nature : trottinette tout-terrain dévalkart, VTT de descente, parcours acrobatiques dans les arbres, via ferrata (Planfoy), téléski nautique (Condrieu) et sports d'eaux-vives (St-Pierre-de-Bœuf). *Rens. à la maison du Parc à Pélussin.*

Sainte-Croix-en-Jarez

★

438 Cartusiens – Loire (42)

Voici certainement un des villages les plus insolites de France : situé dans un vallon verdoyant de la haute vallée du Couzon, il a investi les bâtiments d'une ancienne chartreuse, fondée en 1280 : école, mairie, logements se sont installés dans les cellules des moines... et le monastère est devenu une commune. Comme les autres ? À vous d'en juger !

NOS ADRESSES PAGE 329
Hébergement, restauration, achats, activités, etc.

S'INFORMER

Accueil – *04 77 20 20 81 - http://chartreuse-saintecroixenjarez.com - ♿ - juil.-août : 10h30-12h30, 14h-18h30 ; avr.-juin et de déb. sept. à mi-oct. : tlj sf lun. 10h30-12h30, 14h-18h ; reste de l'année : w.-end et vac. de La Toussaint et vac. de Noël 14h-17h - fermé 1er janv., 1er Mai, 25 déc. - possibilité de visite guidée (1h) - 6 € (-12 ans gratuit) - prêt de fauteuil roulant et de sièges-cannes.*

SE REPÉRER

Carte de microrégion C1 (p. 294).
Comme caché au nord du Pilat, entre Vienne et St-Étienne, ce village est accessible par la petite D 30 depuis Rive-de-Gier ou Condrieu.

À NE PAS MANQUER

La visite guidée qui donne accès aux églises, à l'ancien cloître et à la reconstitution d'un ermitage.

Visiter Plan de monument p. 328

La beauté se mérite : si la route, qui depuis Rive-de-Gier conduit à Ste-Croix, n'est pas très longue, elle comporte de nombreux virages. La récompense ? De beaux paysages, puis ce village original qui a su préserver son authenticité.

★ L'ANCIENNE CHARTREUSE

Façade

Sur la façade des anciens bâtiments conventuels a été ouverte, au 17e s., une **porte monumentale** en granit, flanquée de tours rondes en moellons de schiste et surmontée d'un fronton de style Renaissance avec les **armoiries** des Chartreux : la croix dentelée entourée d'étoiles et de fleurs de lys ; les étoiles symbolisent saint Bruno, fondateur en 1084 de cet ordre contemplatif, et ses six compagnons. De chaque côté s'étend l'ancienne enceinte, défendue, à ses extrémités, par deux tours d'angle et occupée par des maisons d'habitation.

Cour des Frères

La première cour est bordée par des édifices qui abritaient autrefois les activités des frères convers *(voir l'encadré ci-contre)* : pressoirs, celliers, boulangerie, ateliers, forge, écuries... Leurs cellules individuelles se trouvaient dans les bâtiments de gauche tout comme un passage en pente, sous **voûte** (1), qui menait et mène toujours aux potagers bordés par le Couzon : remarquez la belle **imposte en fer forgé** (1692) (2) qui surmonte le vieux portail en bois. Les

Sainte-Croix-en-Jarez, l'ancienne chartreuse.
F. Guiziou/hemis.fr

bâtiments à droite servaient d'**hôtellerie** pour les laïcs. Au fond de la cour, à gauche, s'ouvre une rue dallée, autrefois entièrement couverte, le « **corridor** », qui desservait les pièces destinées à un usage commun : réfectoire pour les repas du dimanche, salle du chapitre pour les réunions, bibliothèque, hôtellerie pour les religieux de passage desservie par un grand escalier, cuisine avec cheminée monumentale dans laquelle étaient préparés les repas de la semaine que les moines prenaient dans leur cellule, cellule du père prieur qui dirigeait le monastère…

Églises et cloître

Les églises, le cloître et la cuisine sont accessibles dans le cadre des visites guidées.

Le **cloître** du 13e s., en partie détruit, desservait la salle du chapitre, l'église et le réfectoire. Les moines sont enterrés dans sa cour.

Le portail de l'**église conventuelle** (devenue l'église paroissiale) est signalé par la présence de deux bénitiers latéraux en pierre. Du 17e s., elle conserve des boiseries des 16e-17e s. et des stalles du 14e s. Au-dessus du portail, le mur est orné de trois tableaux du 17e s. représentant le martyr de saint Sébastien (copie d'un tableau de Mantegna), saint Charles Borromée, agenouillé, et saint Bruno refusant l'épiscopat, vêtu de l'habit cartusien, la « cuculle » blanche.

L'HISTOIRE DE L'ABBAYE

S'étant croisé en 1277, le seigneur Guillaume de Roussillon meurt en Terre sainte. Son épouse, Béatrix de La Tour du Pin, décide alors de se retirer du monde. Une croix lumineuse lui apparaît et la guide en ces lieux où elle fonde un monastère dédié à la Sainte-Croix, confié à l'ordre des Chartreux pendant cinq cents ans. À la Révolution, les moines sont expulsés et, en 1792, les cellules sont vendues puis transformées en fermes, boutiques et bâtiments administratifs. L'abbaye, fait unique dans l'histoire de France, est devenue un village avec sa mairie et son école.

Du chœur, on accède aux vestiges de l'**église primitive** : l'**ancienne salle capitulaire** (3) et l'**ancienne sacristie** (4) du 13e s. Celle-ci conserve de belles **fresques★** du 14e s., restaurées, qui illustrent avec un certain réalisme le couronnement de la Vierge, la Crucifixion (inspirée de Giotto), les funérailles de Thibaud de Vassalieu, qui, en 1312, traita avec Philippe le Bel pour le rattachement du Lyonnais à la couronne de France.
À l'extrémité du corridor, on débouche dans la seconde cour.

Cour des Pères

Elle était autrefois entièrement bordée par un cloître sur lequel donnaient les cellules des Chartreux, surmontées d'un cartouche qui permettait d'identifier le moine. Chaque cellule comportait, au niveau de la cour, un oratoire, une chambre, une terrasse et un promenoir ; au niveau inférieur se trouvaient le bûcher, l'atelier et le jardin ; le moine recevait sa nourriture, les jours de semaine, par un guichet situé à côté de la porte d'entrée de sa cellule. Aujourd'hui, le cloître a disparu et les cellules (sauf une, reconstituée au fond de la cour) ont été transformées en logements, mairie, école... L'une des cellules, à l'ouest dans la cour, est surmontée d'une scène en **bas-relief** (5) représentant saint Bruno méditant sur la mort. À l'angle sud-est se dresse la **tour de l'Horloge** qui n'a plus son cadran depuis la Révolution.
Prenez le **tunnel** qui permettait jadis aux moines de sortir sans être au contact des laïcs. À votre gauche se trouvaient les viviers à poissons, à votre droite, « la **planche à cul** », petit pont qui permettait de transporter le défunt jusqu'au cimetière, étendu sur une planche.
Traversez la départementale et montez en direction de Jurieu (15mn). Depuis la table d'orientation, belle vue sur l'ensemble de la chartreuse. Continuez

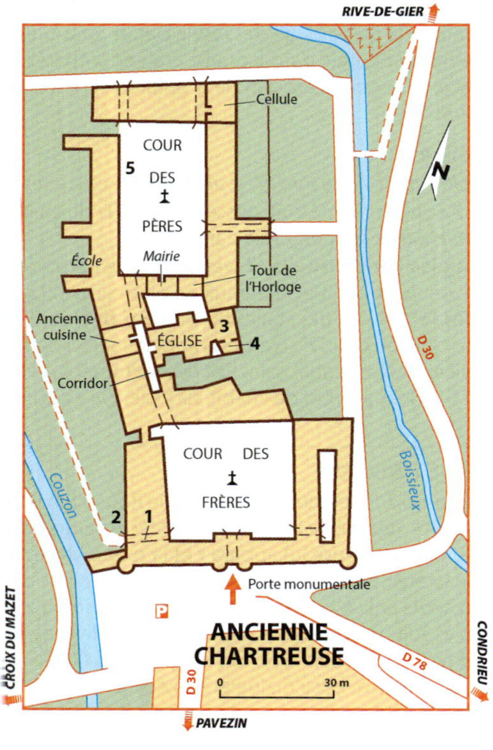

SAINTE-CROIX-EN-JAREZ

> **UNE VIE DE CHARTREUX**
>
> L'ordre des chartreux est fondé au 11e s. par saint Bruno. Désireux de mener une vie de contemplation et de prière, il s'installe avec quelques compagnons dans les Alpes, dans le domaine de la Grande Chartreuse (à Voiron), qui donnera son nom au nouvel ordre. Dans les chartreuses vivent deux catégories de religieux : les convers (frères) et les moines (pères). Les premiers ont pour fonction d'assumer les tâches nécessaires à la vie de la communauté. Les seconds sont des clercs, souvent des prêtres. Ils vivent dans le silence et la solitude et se consacrent à la prière, à la méditation et au travail manuel dans leur cellule. Frères et pères forment une communauté sous la direction du prieur, élu.
>
> Ce qui les distingue fondamentalement des autres ordres religieux contemplatifs, c'est la solitude. Ils vivent quasiment comme des ermites, mais en communauté. Ils prient la plupart du temps seuls dans leur cellule et ne se retrouvent que pour quelques offices et la « récréation » du dimanche. Cette solitude est matérialisée dans l'aménagement des chartreuses : d'un côté le cloître qui distribue les cellules (véritable petite maison, le plus souvent sur deux étages), l'église qui fait la jonction, et de l'autre côté l'hôtellerie pour abriter les pièces « communes » comme la cuisine et le réfectoire, rarement utilisé car les chartreux prennent leur repas seuls, en cellule.

vers les maisons et prenez immédiatement à gauche pour rejoindre la chartreuse par un petit chemin. Vous verrez alors le **moulin** utilisé pour la farine et l'huile, puis les **jardins suspendus** qui permettaient aux moines de cultiver sans être vus et les **promenoirs**, édifices perpendiculaires à la chartreuse qui assuraient aux moines des promenades quotidiennes cachées.

NOS ADRESSES À SAINTE-CROIX-EN-JAREZ

HÉBERGEMENT

BUDGET MOYEN

Chambre d'hôte Le Clos de Jeanne – *Thézy - ✆ 04 77 54 82 28 - www.leclosdejeanne.com - ⊠ - fermé déc.-fév. - 4 ch. - 60 € ☕.* À 1 km de l'ancienne chartreuse (direction Jurieux), cette ferme restaurée avec soin comporte quatre chambres d'hôte. Salon et coin cuisine à la disposition des hôtes. Agréable jardin en été.

RESTAURATION

BUDGET MOYEN

Le Prieuré – *Le Bourg - ✆ 04 77 20 20 09 - www.hotelresto-leprieure.com - fermé jeu. oct.-avr. - formule déj. 13,80 € - 22/33 € - 3 ch. 55/58 €.* Ce restaurant sera parfait pour clore votre visite du village. C'est au sein d'un ancien prieuré décoré avec goût et sobriété que vous pourrez savourer une cuisine du terroir.

Les Saisons de Rosalie – *80 rte de Ste-Croix - 69420 Longes - ✆ 04 37 22 54 67 - www.confiture-bruneton.com - avr.-fin août : w.-end, jours fériés 10h-18h30 ; juil.-août merc.-dim. 15h-18h30 - fermé en janv., 2 sem. en septembre, mi-sept.-mi-mars : le sam.* Le salon de thé que tient Philippe Bruneton, qualifié « meilleur confiturier de France » en 2004, sert petits-déjeuners *(vend.-dim., 9h-11h)* et goûters gourmands. Découvrez des alliances inédites : cerises noires au géranium, tomates vertes au citron et à la vanille.

6

Le Roannais et le Forez 7

Carte Michelin Départements 327 – Loire (42) et Puy-de-Dôme (63)

Parc naturel régional du Livradois-Forez, le village de Lab…

Ch. Guy/hemis.fr

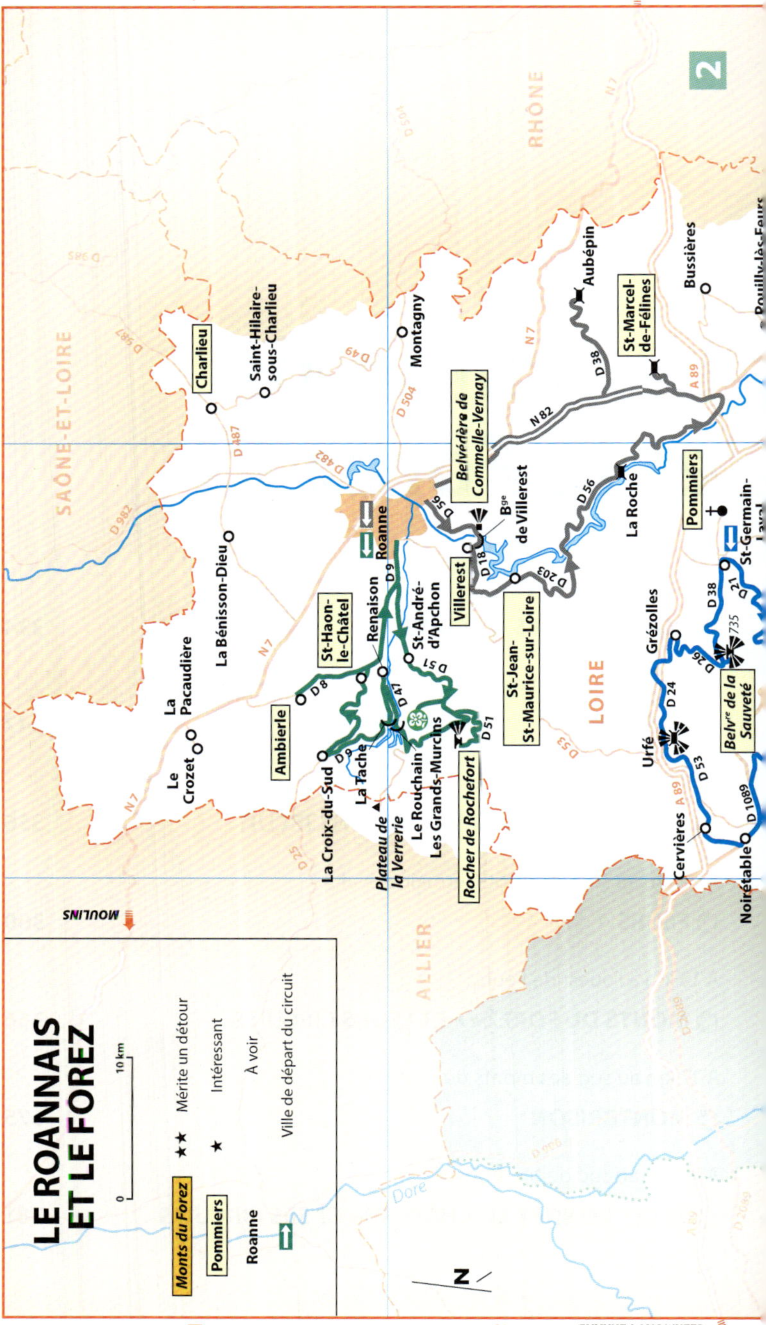
LE ROANNAIS ET LE FOREZ
0
10 km
Monts du Forez ★★ Mérite un détour
Pommiers ★ Intéressant
Roanne À voir
Ville de départ du circuit
N
A
B
C
1
2
2
MOULINS
LYON
CLERMONT-FERRAND
SAÔNE-ET-LOIRE
RHÔNE
LOIRE
ALLIER
Charlieu
Saint-Hilaire-sous-Charlieu
Montagny
La Bénisson-Dieu
La Pacaudière
Le Crozet
Ambierle
St-Haon-le-Châtel
Renaison
Roanne
St-André-d'Apchon
La Croix-du-Sud
La Tache
Plateau de la Verrerie
Le Rouchain
Les Grands-Murcins
Rocher de Rochefort
Villerest
Bge de Villerest
Belvédère de Commelle-Vernay
St-Jean-St-Maurice-sur-Loire
La Roche
Aubépin
St-Marcel-de-Félines
Bussières
Pommiers
St-Germain-Laval
Grézolles
Belvre de la Sauveté
735
Urfé
Cervières
Noirétable
Dore
D 982
D 487
D 482
D 504
D 49
D 987
D 985
N 7
N 82
D 56
D 18
D 203
D 38
D 8
D 9
D 47
D 51
D 53
D 24
D 26
D 21
D 1089
A 89
D 25

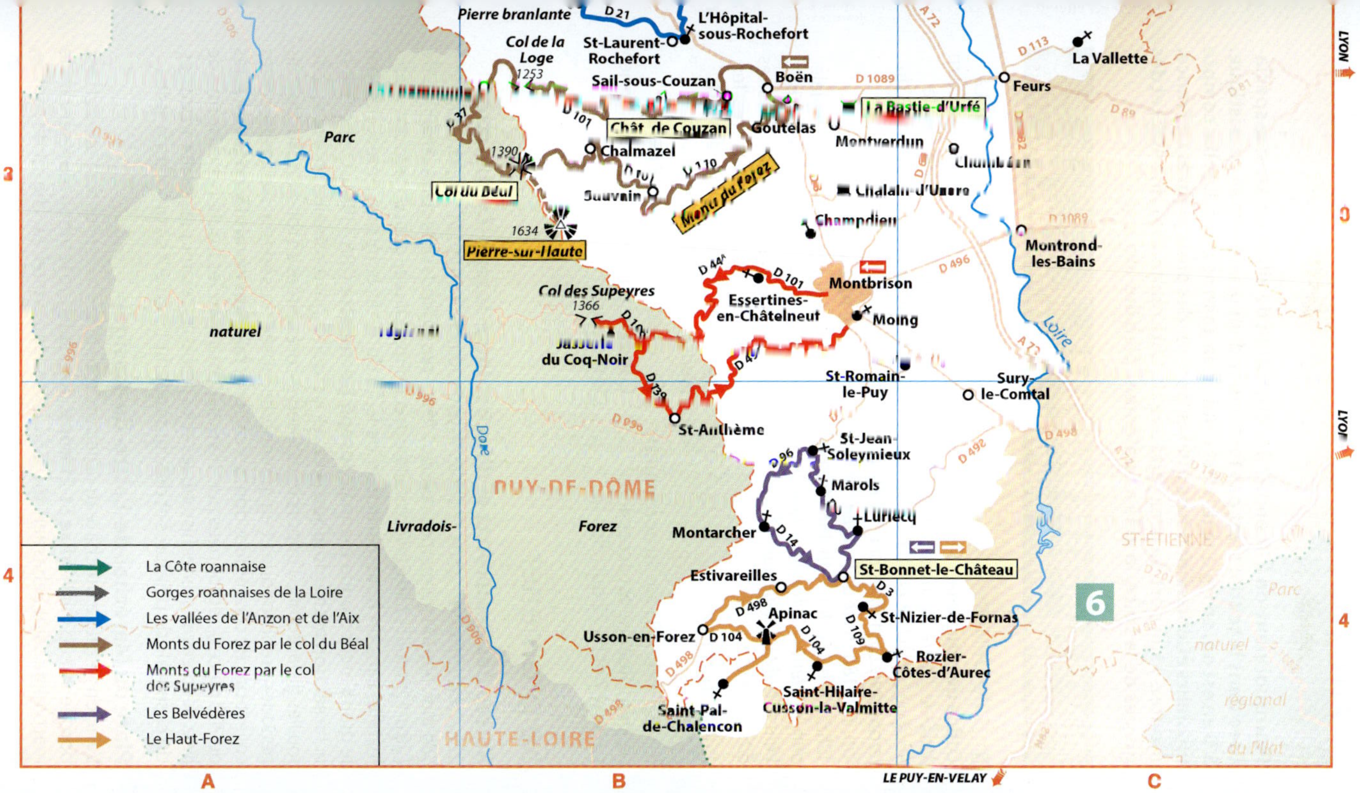

Pierre branlante
D 21
L'Hôpital-sous-Rochefort
St-Laurent-Rochefort
Col de la Loge
1253
Sail-sous-Couzan
Boën
D 1089
Feurs
La Vallette
D 113
A 72
D 89
La Bastie-d'Urfé
Goutelas
Montverdun
Chât. de Couzan
D 101
Parc
Chalmazel
1390
Col du Béal
D 110
Monts du Forez
Châtalain-d'Uzore
Champdieu
Montrond-les-Bains
D 1089
1634
Pierre-sur-Haute
D 496
Montbrison
D 101
Essertines-en-Châtelneuf
Moing
Col des Supeyres
1366
naturel
Jasserie du Coq-Noir
A 72
Loire
St-Romain-le-Puy
Sury-le-Comtal
D 996
St-Anthème
St-Jean-Soleymieux
D 498
D 492
D 96
Marols
PUY-DE-DÔME
Livradois-
Forez
Montarcher
D 14
St-Bonnet-le-Château
ST-ÉTIENNE
Estivareilles
D 3
D 498
Apinac
St-Nizier-de-Fornas
6
Usson-en-Forez
D 104
D 109
Rozier-Côtes-d'Aurec
Saint-Hilaire-Cusson-la-Valmitte
Saint-Pal-de-Chalencon
D 498
D 906
HAUTE-LOIRE
Parc
naturel
régional
du Pilat
La Côte roannaise
Gorges roannaises de la Loire
Les vallées de l'Anzon et de l'Aix
Monts du Forez par le col du Béal
Monts du Forez par le col des Supeyres
Les Belvédères
Le Haut-Forez
A
B
C
3
4
LYON
LE PUY-EN-VELAY

Roanne

36 147 Roannais – Loire (42)

Pourquoi vient-on à Roanne ? Sa réputation de ville industrielle spécialisée dans le textile n'est pas forcément d'un grand attrait touristique. S'il en est un, en revanche, c'est celui de sa gastronomie. La ville compte plusieurs établissements de qualité dont un des plus célèbres de France. Ajoutez-y son port, sa proximité avec la Côte roannaise (vins AOC) et des gorges de la Loire, la ville a finalement bien des atouts !

NOS ADRESSES PAGE 344
Hébergement, restauration, achats, activités, etc.

S'INFORMER

Office de tourisme – *8 pl. du Mar.-de-Lattre-de-Tassigny - 42300 Roanne - ☏ 04 77 71 51 77 - www.leroannais.com - mai-oct. : 9h30-18h, lun. 14h-18h ; reste de l'année : 9h30-12h30, 14h-18h, lun. 14h-18h - fermé dim. et j. fériés - 2e bureau plage de Villerest - 42300 Villerest - ☏ 04 77 23 60 23 - en sais.*

SE REPÉRER

Carte de microrégion B1-2 (p. 332-333). À 85 km au nord-ouest de Lyon, Roanne est accessible par la N 7 et l'A 72 qui relie Clermont-Ferrand à St-Étienne. La ville s'étend dans la vallée de la Loire, plaine limitée par les monts de la Madeleine à l'ouest et les monts du Beaujolais à l'est.

À NE PAS MANQUER

La balade gourmande et conviviale du 14 juillet : promenez-vous dans les vignes un verre à la main et faites halte pour déguster 5 plats chez les vignerons, de l'apéritif au dessert *(Rens. sur www.leroannais.com).*

ORGANISER SON TEMPS

Comptez une journée pour sillonner la région.

Se promener

Musée des Beaux-Arts et d'Archéologie Joseph-Déchelette

22 r. Anatole-France - ☏ 04 77 23 68 77 - www.roanne.fr - 10h-12h, 14h-18h, sam. 10h-18h, dim. 14h-18h - fermé mar., certains j. fériés - possibilité de visite guidée (1h30) - 4,70 € (-18 ans gratuit) - 1,50 € billet combiné avec le Pass Culture - gratuit merc. apr.-midi.

Installé dans un hôtel particulier de la fin du 18e s., le musée a été fondé par le grand archéologue roannais **Joseph Déchelette** (1862-1914). On lui doit la riche **section archéologique** avec ses antiquités gallo-romaines provenant de fouilles de la région ; d'importantes réserves, présentées en rotation, illustrent les périodes préhistorique et égyptienne. Le musée possède aussi d'intéressantes collections de céramiques dont les célèbres **faïences révolutionnaires★** (près de 700 pièces), regroupées par thèmes. Remarquez les bouteilles en forme de livre, décorées de scènes historiques et les pièces de céramiques contemporaines. Un ensemble de peintures et de sculptures du 15e au 20e s. complète la visite.

Place du Maréchal-de-Lattre-de-Tassigny

L'ancienne place du château *(une partie du donjon reste encore debout)* est bordée au sud par l'**église St-Étienne**, dont subsiste le vitrail représentant le martyre de saint Sébastien, du 15e s. *(2e travée à droite)*. Au chevet de l'église, on a mis au jour des fours de potiers gallo-romains. Flanquant l'église au nord, le « caveau de Roanne » est une petite maison à colombages.

Musée de Roanne
I. Lainey/Michelin

Port de plaisance

Jusqu'à la fin du 17e s., le trafic sur la Loire n'est possible qu'en aval de la ville. Des bateaux en chêne, les « cabanes » du nom de l'abri qu'ils transportent, relient Roanne à Paris ou à Nantes. Au 18e s., des travaux rendent la Loire navigable vers St-Étienne.

Le **canal de Roanne à Digoin** est mis en service en 1838. Son trafic commercial est très important jusqu'en 1945. À l'origine, le canal sert presque exclusivement dans le sens Roanne-Digoin pour le transport du charbon venant de St-Étienne, puis le charbon de Montceau-les-Mines « monte » vers Roanne. À partir de 1970, le déclin s'accentue et le trafic commercial s'arrête définitivement en 1992. La navigation de plaisance a pris le relais depuis l'ouverture des écluses le dimanche, d'avril à fin octobre.

De même, la construction du **barrage de Villerest** en 1984 permet à Roanne de célébrer des retrouvailles avec un fleuve longtemps redouté pour ses crues. Aujourd'hui, on y pratique la pêche dite « au coup », une pêche statique qui vise à attirer les poissons dans un endroit précis, et l'on s'y balade également le long du sentier qui rejoint les anciennes gravières de Matel. 5 km offerts

DEUX OU TROIS MOTS SUR ROANNE...

En 1814, la ville résista pendant sept jours aux Autrichiens avec seulement deux canons. Après la capitulation, le maire **François Populle** réussit à éviter le pillage. Un jardin public perpétue son nom.

En 1959, sa fameuse équipe de basket, la Chorale, devient championne de France. Elle collectionne depuis les titres de champions junior, espoir pro, minimes...

Aujourd'hui Roanne est l'un des centres français de l'industrie textile les plus réputés pour la confection, la maille (2e rang en France, après Troyes) et le tissage éponge. Parmi les activités économiques, citons un Arsenal (GIAT, groupe Nexter) et une unité de production Michelin.

aux marcheurs et VTTistes, ponctués de panneaux présentant l'histoire du fleuve et son écosystème.

Chapelle Saint-Nicolas-du-Port

Sa courte silhouette se dresse à proximité des quais du port. La date inscrite au fronton – 1630 – évoque le vœu, fait cette année-là par les mariniers, d'élever une chapelle à leur patron s'ils échappaient à l'épidémie de peste.

À proximité Carte de microrégion p. 332-333

Montagny C2

14 km à l'est par la D 504. Suivez la pancarte « Roseraie » au sortir de Montagny, la parcelle pouvant être déplacée d'une saison à l'autre.

Roseraie Dorieux – *Lieu-dit "La Rue" - ✆ 04 77 66 11 46 - www.dorieux.fr - de mi-oct. à mi-avr. : lun. et vend. 8h-12h, 14h-18h, sam. 8h-12h - possibilité de visite guidée sur demande (1h30) - entrée libre - cours de taille (1er w.-end de mars) et achat de rosiers.* Dans ce paysage régulier de jaune et de vert, la roseraie vient comme une étole jeter ses reflets chatoyants sur la colline. À la belle saison, on peut humer les fragrances des roses créées ici même et baptisées de noms oniriques.

Plateau de la Verrerie B1

40mn. Quittez Roanne à l'ouest par la D 9 jusqu'à Renaison, puis prenez la D 47 à droite : à la Grand'Borne, tournez à droite et suivez la D 478 qui conduit au site de la Tourbière. Pour redescendre : au col de la Rivière prenez la D 39, puis la D 9 pour Roanne ou la D 4 pour un détour par Briennon.

Pour une échappée de la ville, une envie de solitude, choisissez cette route qui grimpe dans la fraîcheur forestière avant de déboucher sur l'aridité du **plateau de la Verrerie**. La tourbière, fleuron écologique du massif, est aménagée pour une agréable promenade. Cette incursion dans les **monts de la Madeleine** découvre une large **vue** sur la plaine de Roanne.

Le Crozet B1

25 km au nord-ouest par la N 7. Cette petite cité médiévale étage ses maisons fleuries sur les premiers contreforts des monts de la Madeleine. Propriété au 10e s. des vicomtes de Mâcon, elle fut cédée au 13e s. aux comtes de Forez qui la fortifièrent et l'élevèrent au rang de châtellenie au siècle suivant.

Laissez la voiture sur le parking prévu à l'entrée.

On pénètre dans l'ancienne place forte par la « Grand-Porte » flanquée de deux tours rondes tronquées et en partie masquées par des maisons.

Maison du Connétable – Elle se distingue par sa belle façade à pans de bois. À cette demeure fait suite l'ancienne halle de cordonnerie (15e s.) ; remarquez les arcades, aujourd'hui murées, qui abritaient les échoppes.

Maison Dauphin – Ancienne halle de la boucherie, cette maison de la fin du 15e s., fortement restaurée, conserve de belles fenêtres Renaissance.

Maison Papon★ – Pénétrez dans la cour afin d'admirer la belle façade Renaissance de céramique émaillée, ornée de fenêtres à meneaux.

Tour de guet – L'ancien donjon, du 12e s., se dresse à proximité de l'église (19e s.). Il a perdu son couronnement de mâchicoulis. Du sommet, la vue se porte sur les monts de la Madeleine au sud, du Charolais à l'est ; table d'orientation.

Musée des Arts et des Traditions populaires du Vieux Crozet – *Le Bourg - ✆ 04 77 63 00 87 - http://museelecrozet.fr - juin-sept. : 10h30-12h, 15h-19h - fermé lun.-mar. et j. fériés - possibilité de visite guidée sur demande (30mn) - 3 €*

(-12 ans 6 €) - 4 € billet combiné avec la visite guidée du village. Un petit intérieur paysan a été reconstitué dans cette maison du 15e s., ainsi qu'un atelier de sabotier et celui d'un maréchal-ferrant taillandier.

Le Petit Louvre à La Pacaudière B1

23 km au nord-ouest par la D 207, puis la N 7. Pl. du Petit-Louvre - 04 77 64 35 25 - www.lesamisdupetitlouvre.fr - juil.-sept. : 14h-18h, sam. 10h-12h - fermé lun.-mar. - possibilité de visite guidée (1h30).

Construite au 16e s., cette ancienne propriété des ducs de Bourbon garde une superbe **toiture★** en tuiles vernissées (motifs de croisillons) de 13 m de haut, une tourelle d'angle et des fenêtres à meneaux.

Circuits conseillés Carte de microrégion p. 332-333

★ LA CÔTE ROANNAISE

Une ligne de coteaux à vignobles, « la Côte », orientée nord-sud, domine à l'ouest le bassin de Roanne. Séparés d'elle par les vallées du Rouchin et de la Tache se dressent en arrière-plan les **monts de la Madeleine**, hauteurs granitiques culminant à la Pierre-du-Jour (1 165 m) et prolongeant les monts du Forez et les Bois-Noirs. À la sévérité des monts de la Madeleine, la Côte oppose un aspect riant et coloré, avec ses vignobles produisant des vins rouges réputés classés AOC, mais aussi des vins rosés ou blancs.

100 km. Circuit tracé en vert sur la carte de microrégion et p. 339. Comptez une demi-journée. Quittez Roanne par la D 9 et empruntez la D 51 vers St-André-d'Apchon.

Saint-André-d'Apchon B2

Au centre du bourg se cache, dans un cadre retiré, un château du 16e s. construit pour le maréchal de Saint-André et conservant sa façade primitive décorée de médaillons Renaissance.

Empruntez à pied, sur la place du monument aux morts, la rue située à l'angle de l'hôtel du Lion-d'Or, puis passez sous le passage voûté à 30 m, à droite.

L'**église**, de style flamboyant, est couverte de tuiles vernissées et ornée de vitraux du 16e s. À droite du clocher, remarquez le portail Renaissance : au tympan, belle statue en pierre de saint André (16e s.), surmontée d'une petite effigie du Père éternel.

Poursuivez sur la D 51 vers Arcon.

La montée en lacet, au-dessus de St-André, offre une succession de vues sur la plaine roannaise.

Quittez Arcon par le nord et gagnez l'arboretum des Grands-Murcins.

Arboretum des Grands-Murcins à Arcon B2

15mn à pied AR. L'arboretum créé en 1936-1937, au cœur d'un domaine forestier de 150 ha, à une altitude moyenne de 770 m, est surtout riche en résineux, parmi lesquels figurent des pins pleureurs de l'Himalaya, des sapins *Abies alba*, *Tsuga canadensis* aux branches en draperies, et *Douglas* qui prospèrent dans la région à une altitude inférieure à 900 m. De la table d'orientation, **vue** sur la plaine de Roanne et les monts du Lyonnais.

Revenez à Arcon et gagnez La Croix-Trévingt. Prenez la D 51 vers St-Priest.

★ Rocher de Rochefort B2

Le rocher de Rochefort est surmonté d'une table d'orientation. **Vues** sur la plaine de Roanne, les monts du Beaujolais et du Lyonnais.

> **LES PAYSANS-TISSEURS**
> Dès le 16e s., le travail domestique des étoffes passa sous contrôle des négociants lyonnais, qui fournirent dès lors la matière première et appliquèrent à cette main-d'œuvre dispersée les règles du système manufacturier. Le tisseur à domicile exerçait donc son activité dans un bâtiment ou une pièce annexe à son habitation (la cabine) tout en continuant à cultiver la terre pour améliorer son revenu.
> Dans la région roannaise, l'industrie textile prit son envol à partir de 1880, époque où s'affairaient plus de 6 000 tisserands. Vingt ans plus tard, l'industrie cotonnière s'étendait des monts de la Madeleine à l'ouest, aux monts du Beaujolais à l'est.

Revenez à La Croix-Trévingt. Par la D 51 à gauche, puis la D 41, encore à gauche, empruntant la vallée du Rouchain, on atteint le barrage du Rouchain.

Barrage du Rouchain 32

Un emplacement pour les voitures et une zone piétonne permettent de s'approcher du barrage. Le pied du barrage est accessible par la route qui va au barrage de la Tache. Ce dernier possède également un parking, un agréable restaurant ainsi que des aires de jeux pour enfants et un mini-golf ; des sentiers s'élèvent vers la crête du barrage. Nombreuses promenades possibles.

Doublant le barrage de la Tache pour alimenter en eau potable l'agglomération roannaise, cet ouvrage (1977) en enrochement est long de 230 m, haut de 55 m, large de 9 m en crête et de 190 m à la base.

Pourvue d'un évacuateur de crue sur la rivière le Rouchain, la retenue possède une capacité de 6 500 000 m³ et occupe trois vallées. La D 47, reliant Renaison au bourg des Noës, suit la berge de la retenue.

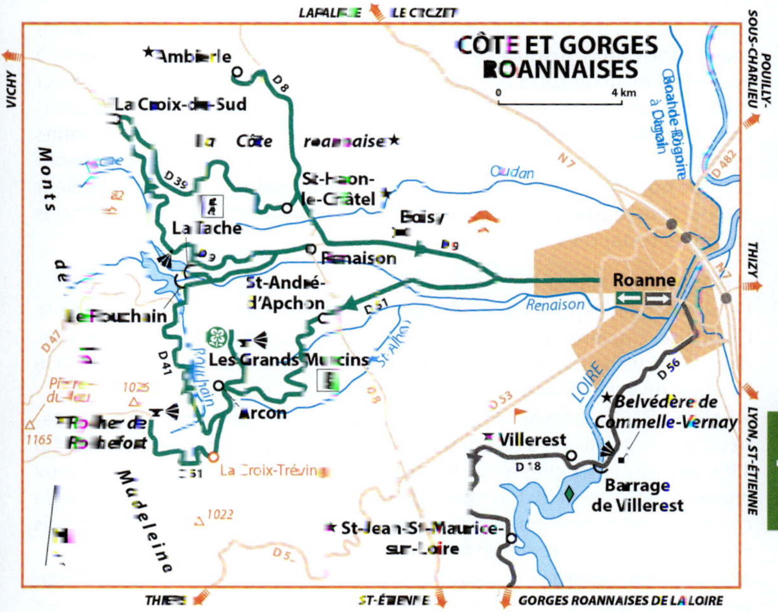

Barrage de la Tache B1

Le barrage de la Tache, long de 221 m et haut de 51 m, a été construit de 1888 à 1892. Son épaisseur, qui n'est que de 4 m au sommet, atteint 47,50 m à la base. Il est du type barrage-poids, c'est-à-dire qu'il résiste par sa masse à la poussée des eaux. Sa capacité est de 3 326 000 m³.

30mn à pied AR. De l'extrémité droite de la crête, près de la D 41, jolie vue sur le lac-réservoir.

Au cours de la descente vers Renaison, bordée de belles plantations de cèdres bleus de l'Atlas, on découvre le vignoble de la Côte roannaise.

Renaison B1

Centre économique de la Côte roannaise. L'église néogothique renferme un orgue romantique du facteur John Abbey.

Faites demi-tour ; suivez la D 9 en direction de La Croix-du-Sud.

À gauche, jolie vue depuis le **rocher-belvédère★** sur le plan d'eau de la Tache. La montée vers le col ménage ensuite des vues sur les hauteurs de la Madeleine.

La Croix-du-Sud B1

Important carrefour de routes établi sur un seuil séparant les monts de la Madeleine de la « Côte », et les vallées de la Teyssonne et de la Tache.

Au cours de la **descente★** par la D 39, remarquez l'étagement de la végétation : sur la crête, landes de bruyères ou manteau forestier ; au-dessous, pâturages et cultures diverses ; plus bas la zone viticole, et enfin, au loin, la plaine, avec ses riches herbages et ses vastes domaines. Avant d'arriver au-dessus des terres rouges du vignoble, belles vues sur les villages de St-Haon-le-Vieux et St-Haon-le-Châtel.

★ Saint-Haon-le-Châtel B1

Laissez la voiture sur une place dans le haut du village et passez, à gauche d'une boucherie, sous une porte fortifiée, à vantaux de bois cloutés.

Capitale du Roannais ! C'est ce que fut, du 15e s. à 1677, Saint-Haon (prononcez « Saint-Han »), jusqu'à ce que l'hôpital et la justice soient transférés à Roanne. Il reste de cette période de relative puissance un bourg à l'aspect médiéval, une partie des remparts, une belle porte du 14e s. avec ses clous en pointes de diamant. Au hasard des ruelles, vous découvrirez de charmants manoirs du 15e s. ou Renaissance, notamment l'ancienne prévôté (panonceau de notaire et mairie), la maison du Cadran solaire, le manoir de la Fleur de lys. Dans l'**église** (12e-17e s.), des peintures murales du 16e s. ont été mises au jour et restaurées.

★ Ambierle

Le bourg, bien exposé au soleil du matin, s'étage sur les pentes de la Côte roannaise, couverte de vignobles produisant un agréable rosé. Il conserve, dans sa partie haute, un ancien prieuré de Cluny montrant encore une porte fortifiée, un vaste logis du 18e s. et une belle église gothique.

★ **Église** – Bâtie à la fin du 15e s., elle est de style gothique flamboyant. À l'intérieur, la nef étroite est d'une grande élégance. De magnifiques **vitraux★** du 15e s. garnissent les cinq fenêtres du chœur, hautes de 13 m, celles des deux chapelles latérales et du bas-côté gauche. Sur le maître-autel, derrière la grille du chœur, est exposé un **retable flamand★** du 15e s. Les sculptures sur bois de la partie centrale représentent des scènes de la Passion.

Musée Alice-Taverne – *R. de la Grye - ✆ 04 77 65 60 99 - www.museealicetaverne.fr - ♿ - 10h-12h, 14h-18h - fermé déc.-janv. - possibilité de visite guidée sur*

Le village d'Ambierle dans le vignoble près de Roanne.
B. Jaubert/imageBROKER/age fotostock

demande (1h) - 5 € (-15 ans 3 €) - 6 € billet combiné avec l'église priorale. Aménagé dans un bâtiment du 18e s., il dévoile les jeux, coutumes, rites et superstitions qui émaillaient la vie dans les campagnes alentour, mais aussi l'habitat et les usages domestiques. Reconstitution de la « maison », pièce unique du logis rural ordonné autour de son âtre central, et de divers intérieurs (auberge, atelier de couturière, etc.). Les collections viennent de sources diverses, la principale provenant des collectes et des fouilles d'Alice Taverne, fille du pays, qui œuvra pour monter ce musée du terroir.

Retour à Roanne par les D 8 et D 9.

À gauche, jolie vue sur la grosse tour ronde du **château de Boisy** *(ne se visite pas)*. Ce château (14e-16e s.) occupe une place importante dans l'histoire roannaise. Il appartint successivement aux Couzan, à Jacques Cœur puis aux Gouffier. C'est en faveur d'Arthur Gouffier, son ancien précepteur, que François Ier érigea la terre de Boisy en duché-pairie de Roannais.

★ GORGES ROANNAISES DE LA LOIRE Carte de microrégion p. 332-333

▶ 139 km. Circuit tracé en gris sur la carte de microrégion (et en partie sur celle page précédente). Comptez une demi-journée. Quittez Roanne au sud par l'avenue de la Libération et prenez à droite la D 43, puis la D 56 en direction du belvédère de Commelle-Vernay, signalisé.

La construction en amont de Roanne du barrage de Villerest a fait apparaître un nouveau « lac de Loire », qui s'allonge sur 33 km et attire, l'été, de nombreux plaisanciers.

★ Belvédère de Commelle-Vernay B2

La **vue** embrasse, au nord, l'agglomération roannaise et le pont de Vernay, à l'ouest, la commune et le barrage de Villerest, ainsi que les installations modernes des Papeteries de Villerest avec, à l'arrière-plan, les monts de la Madeleine. Le **petit train touristique des Belvédères** propose un parcours commenté de 7 km sur la rive droite du lac de Villerest. *✆ 04 77 68 58 12 - www.train-des-belvederes.com - juil.-août : 15h, 16h30 et 18h ; avr.-juin et sept.-oct. : w.-end et j. fériés 15h et 16h30 - 6 € (-12 ans 3,50 €) - trajet (60mn) longeant la Loire.*

Barrage de Villerest B2

Destiné à maîtriser les crues de la Loire, c'est un ouvrage en béton de type barrage-poids d'une longueur de crête de 469 m. Sa forme en arc en accentue la stabilité. La retenue à niveau variable a une longueur de 30 km pour une largeur moyenne de 250 m.

Autour du lac de retenue s'est développée une aire de loisirs avec base nautique, terrain de golf, etc.

Franchissez la crête du barrage pour gagner Villerest.

★ Villerest B2

Le vieux **bourg médiéval** est agréable à parcourir. Il conserve de nombreuses maisons à encorbellement ou à pans de bois et des vestiges de remparts. La **porte de Bise**, du 13e s., marque le début de la visite à pied dont les étapes intéressantes sont illustrées de panneaux explicatifs. En période estivale, les vieilles échoppes sont animées par des artisans.

Musée de l'Heure et du Feu Guy-Champremier – *Pl. Jean-Baudinat - ✆ 04 77 69 66 66 - www.museedelheureetdufeuvillerest.fr - juil.-août : 14h-18h ; juin et sept. : w.-end et j. fériés 14h-18h - fermé mar. - 3 € (-2 ans gratuit).* Ce musée original, installé dans une vieille demeure forézienne, se compose de deux parties. La **section du feu★** retrace l'histoire du feu domestique à travers différents pays, sa création et sa conservation depuis la préhistoire. Sont soigneusement présentés les différents éléments indispensables pour faire du feu, comme l'amadou, qui n'est autre qu'un champignon arboricole.

Dans les vitrines sont exposés toutes sortes de briquets dont un briquet japonais miniature du 18e s., un briquet-couteau à pinces datant de la Révolution française, et le célèbre briquet hydropneumatique de Gay-Lussac, dangereux à manipuler car fonctionnant à l'hydrogène.

Dans la section suivante, plus éclectique, vous verrez un bel ensemble d'horloges et de montres des 18e-20e s. ainsi qu'une intéressante collection de briquets fabriqués par les poilus de 1914-1918

Prenez la direction de St-Jean-St-Maurice-sur-Loire.

★ Saint-Jean-Saint-Maurice-sur-Loire B2

St-Maurice occupe un site★ pittoresque dans les gorges roannaises de la Loire. Dominant un méandre de la retenue du barrage de Villerest, les vieilles maisons du bourg s'accrochent sur un éperon couronné par les vestiges d'un château féodal. Depuis 1974, le village s'est associé à St-Jean-le-Puy pour former la commune de St-Jean-St-Maurice-sur-Loire.

Laissez la voiture sur la petite esplanade à l'entrée de la partie haute du bourg.
De la terrasse du **donjon** (12e s.), belle vue sur les gorges.

Église – L'édifice conserve une abside romane, à chevet plat, décorée d'intéressantes **peintures romanes** du 13e s. Elles représentent, sur les registres de la voûte, l'Annonciation, la Visitation, la Nativité et la fuite en Égypte, le massacre des Innocents et le paradis terrestre (Création d'Ève, le fruit défendu).

Manoir de La Mure-Chantois – On y accède par une porte ornée de sculptures représentant Adam et Ève ; la tour d'escalier (16e s.), qui desservait une partie du logis aujourd'hui disparue, conserve un fronton finement sculpté.

Château de la Roche à St-Priest-la-Roche.
A. Chicurel/hemis.fr

Prenez la direction de Bully d'où l'on redescend du coteau vers la Loire au pont de Presle. Prenez à droite la D 56, route bordière.
Le parcours offre un beau passage rocheux à hauteur du château de la Roche.

Château de la Roche à Saint-Priest-la-Roche B2

Rte touristique des Bords-de-Loire - ✆ 04 77 64 97 68 - www.lechateaudelaroche.fr - ♿ - juil.-août : 10h-12h, 14h-19h ; de mi-avr. à fin juin : tlj sf lun. 14h-18h ; 1er-17 sept. : tlj sf lun. 14h-18h ; 18 sept.-30 oct. : w.-end et j. fériés 14h-18h - possibilité de visite guidée (50mn) - 5,50 € (-18 ans 4,50 €).

Rescapé de justesse du barrage sur la Loire, grâce à la mobilisation de nombreux passionnés, cet étonnant petit château de style troubadour (19e s.) est devenu l'endroit idéal pour présenter les évolutions des gorges de la Loire au cours des siècles (maquette et photos).

En amont, la vallée présente un aspect plus pastoral. *Peu après le viaduc de Chessieux, on atteint Balbigny, où l'on emprunte à gauche la N 82 vers Neulise. À 6 km, tournez à droite dans la D 5.*

Saint-Marcel-de-Félines C2

Situé en terrasses sur une croupe de terrain dominant la cuvette de Feurs, face aux monts du Forez, ce bourg paisible possède un château, maison forte du 12e s., agrandie et embellie au 16e s.

★ **Château** - *✆ 04 77 63 54 98 - www.chateaudesaintmarceldefelines.fr - ♿ - visite guidée (1h) août : dim.-lun. et j. fériés 14h30, 15h30 et 16h30 ; du w.-end de Pâques à fin juil. et de déb. sept. au dernier dim. d'oct. : dim. et j. fériés 14h30, 15h30 et 16h30 - 5 € (-3 ans gratuit).* Ses toitures, ses tours basses et la belle teinte dorée des pierres lui donnent une silhouette pittoresque ; remarquez les lucarnes aux frontons ornés de motifs en forme de bulbe. Par un pont franchissant les anciens fossés, on accède à la cour intérieure d'inspiration italienne ; un vieux puits est orné de sphinge. Les salons doivent leur homogénéité à des **peintures** ★ de la seconde moitié du 17e s. Lambris et plafonds sont divisés en compartiments peints de rinceaux, figures allégoriques ou grotesques,

7

natures mortes, paysages ou portraits. Dans le salon de Jeanne d'Arc, un des rares portraits de la sainte habillée en femme.
Revenez sur la N 82, puis à Neulise tournez à droite dans la D 38. Après Croizet, franchissez le Gand et prenez le chemin à droite.

Château de l'Aubépin C2

☎ 06 19 74 20 19 - ♿ - parc 10h-12h30, 14h-17h - fermé mar. et jeu., lun. de Pentecôte,15 août - visite des pièces intérieures du château uniquement J. du patrimoine uniquement - gratuit. Cette jolie demeure (16e-18e s.), flanquée de pavillons d'angle coiffés en poivrière et précédée d'un avant-corps à décor de mascarons, est campée en terrasses dans un cadre verdoyant.
Ouverte à la visite, elle accueille aussi des hôtes qui profitent de chambres douillettes *(90-140 €).*
Regagnez Roanne par la N 82. La route offre des vues sur la Côte roannaise et vers la cuvette de la Loire, en aval.

NOS ADRESSES À ROANNE

HÉBERGEMENT

À Roanne

POUR SE FAIRE PLAISIR

Grand Hôtel – *54 cours de la République - face à la gare - ☎ 04 77 71 48 82 - www.grand-hotel-roanne.com - fermé 1er-15 août - P 7 € - 31 ch. 95/115 € - ☕ 10 €.* Situé en face de la gare de Roanne, cet hôtel début 20e s., bien tenu, a été récemment rénové. Chambres de différentes tailles.

À proximité

POUR SE FAIRE PLAISIR

Chambre d'hôte Domaine du Fontenay – *42155 Villemontais - 12 km au sud-est de Roanne par la D 53, puis la D 8 et chemin à dr. - ☎ 04 77 63 12 22 - www.domainedufontenay.com - P - 4 ch. 83 € ☕.* Dans un domaine viticole de 10 ha, un chemin grimpant parmi les vignes mène à cette maison dont les chambres spacieuses, lumineuses et aménagées avec goût, offrent une vue splendide sur les vignobles et la plaine du Roannais. Les propriétaires, charmants, proposent une dégustation de leur vin à l'ancienne.

Chambre d'hôte L'Échauguette – *Ruelle Guy-de-la-Mure - 42155 St-Jean-St-Maurice-sur-Loire - 12 km au sud-ouest de Roanne par la D 53 et la D 203 - ☎ 04 77 63 15 89 - www.echauguette-alex.com - 🚭 - 2 ch. - 82 € ☕ - table d'hôte 28 €.* Située en lisière du bourg, L'Échauguette surplombe un lac entouré de collines. Les chambres sont toutes différentes et le petit-déjeuner se prend dans la cuisine ou, s'il fait beau, sur la terrasse d'été où vous ne perdrez aucune miette du panorama !

RESTAURATION

Bon à savoir – Pour vous faire plaisir sans trop dégarnir votre porte-monnaie, vous trouverez des petits restaurants sympathiques et peu onéreux du côté de la rue Victor-Basch. On a aimé la crêperie l'Armorique, ainsi que La Petite Fourchette et Le Coq en Paille qui proposent tous deux une cuisine plus traditionnelle.

Roanne « Table ouverte » – Chaque année, au mois d'octobre, se déroule le Festival Roanne table ouverte qui associe gastronomie et spectacles. À cette occasion, de nombreux restaurants proposent des représentations variées à l'heure du dîner (théâtre, musique classique, magie, chanson française…), et les Halles Diderot organisent des soirées dégustation. Exposition à thème culinaire et ateliers de cuisine ou d'œnologie. *www.roannetableouverte.com*

À Roanne

BUDGET MOYEN

Aux Anges – *6 pl. Georges-Clémenceau - ✆ 04 77 78 19 85 - www.aux-anges.com - fermé merc. et dim. - réserv. obligatoire – formules déj. 19 €/25 € (en semaine) - 29/55 €.* Une étoile au Guide Michelin 2017 pour Marco, jeune chef italien, qui ne manque ni de fougue ni d'imagination. Sa cuisine créative et brute de décoffrage se joue des conventions et ose les accords de saveurs les plus originaux, le tout réalisé avec de délicieux produits. On est… aux Anges !

POUR SE FAIRE PLAISIR

Le Central – *58 cours de la République - face à la gare - ✆ 04 77 67 72 72 - www.troisgros.com - fermé 3 sem. en août, dim. et lun. - réserv. obligatoire – formules déj. 23/30 € - 28/32 €.* Si le restaurant Troisgros a quitté les abords de la gare routière pour s'installer à quelques kilomètres de là, dans un splendide domaine à Ouches, il reste le bistrot-épicerie familial où l'on sert une cuisine simple, au goût du jour, fréquemment renouvelée. Les bocaux, qui composent en partie le décor, peuvent être achetés côté épicerie.

À proximité

BUDGET MOYEN

Ma Chaumière – *3 r. St-Marc - 42120 Le Coteau - rive droite de la Loire - ✆ 04 77 67 25 93 - www.machaumiere.fr - fermé dim. soir, mar. soir et lun. - formule déj. 14 € en sem. - 15/45 €.* Bon accueil et bonne table dans ce restaurant situé entre les quais et le centreville. Le sympathique couple qui tient la maison avec passion soigne ses clients avec sa cuisine traditionnelle élaborée à partir de produits frais.

Le Prieuré – *r. de la Mairie - 42820 Ambierle - ✆ 04 77 65 63 24 - www.leprieureambierle.fr - fermé dim. soir, mar. et merc. - réserv. obligatoire - formule déj. 24 € (en semaine) - 42/90 €.* Au centre de ce village de vignerons, on se laisse surprendre par le terroir revu et corrigé selon Thierry Fernandes, chef créatif et inspiré (une étoile au Guide Michelin 2017). Quels que soient les plats proposés, la technique est au rendez-vous et les saveurs tout autant. Le cadre, épuré, joue la carte scandinave, la jolie terrasse vous tend les bras. Le bon plan ? Tous les vendredis, le chef met en scène les produits de saison dans un menu de 5 plats… à 30 € *(déj. et dîner, réserv. obligatoire).*

ACHATS

Bon à savoir – Il existe encore quelques fabricants textiles réputés en France, dont les boutiques d'usine sont accessibles aux particuliers. Vous y trouverez des articles de l'année précédente à des tarifs très intéressants.

Griffon *(41 r. G.-Plasse - ✆ 04 77 23 65 60)* et **Lewinger-Degriff** *(50 r. St-Alban - ✆ 04 77 71 01 00)* proposent du prêt-à-porter masculin et féminin.

Janine Pauporté – *6 bd Charles-de-Gaulle - 42120 Le Coteau - ✆ 04 77 68 82 24 - mar.-vend. 9h30-12h30 et 14h-18h30, sam. 13h30-18h30 - fermé 1 mois l'été.*

s'adresse exclusivement aux femmes. Et, pour les enfants, vous pourrez opter pour **FGM** *(14 r. J.-Mermoz - ✆ 04 77 68 97 18).*

Pralus – *8 r. Charles-de-Gaulle/ les Halles Diderot - ✆ 04 77 71 24 10 ou 04 77 67 69 02 - www. chocolats-pralus.com - tlj sf dim. et lun. 8h30-12h15, 14h-19h.* Adresse célèbre pour ses « pralulines », brioches au beurre agrémentées de pralines.

Domaine Sérol – *Les Estinaudes - 42370 Renaison - ✆ 04 77 64 44 04 - www.domaine-serol.com - 9h-12h, 14h-19h, dim. et j. fériés sur RV.* Ce domaine familial de 20 ha fournit depuis plus de vingt ans la maison Troisgros en vins AOC de la Côte roannaise rouge et rosé. Vue magnifique et très sympathique, caveau de dégustation-vente.

Les Brasseurs du Sornin – *400 r. de Roanne - 42720 Pouilly-sous-Charlieu - ✆ 04 77 60 82 28 - www. sornin.com - tlj sf dim. et j. fériés 9h-12h, 14h-18h.* Cet établissement familial créé en 1998 bénéficie de l'expérience d'un maître brasseur formé en Belgique. Parmi les 17 parfums originaux proposés, goûtez la Perle Verte, à base de lentilles du Puy-en-Velay, la Bière Rouge, aux baies de fleurs et la Bière des Verts, aux couleurs des célèbres maillots stéphanois…

La Maison des métiers d'art – *Pl. du Mar.-de-Lattre-de-Tassigny - ✆ 04 77 67 87 90 - tlj sf dim. et lun. 14h-18h30 (les j. d'exposition).* L'Association des métiers d'art du Roannais regroupe les artisans de la région autour d'expositions thématiques. Poterie, sculpture, céramique, ébénisterie… Cette vitrine du savoir-faire artisanal mérite le détour.

EN SOIRÉE

Bon à savoir – Le **château de la Roche** accueille des expositions tout au long de l'année. Des apéro-concerts sont organisés chaque vendredi et samedi soir de juillet à août ainsi que la fête de l'Oiseau et de la Nature en juin. Enfin, Halloween y est célébré dans un décor digne des plus effrayants films d'horreur.

Charlieu

★

3 717 Charliendins – Loire (42)

Aux confins du Roannais et du Brionnais, Charlieu est un joyau qui vous charmera par ses richesses inattendues : renommée pour ses trésors architecturaux que sont l'abbaye bénédictine et le couvent des Cordeliers, la ville fut dès le Moyen Âge une étape du chemin de Compostelle ainsi qu'un marché actif sur la voie reliant les vallée de la Saône et de la Loire avant de devenir au 19e s. un grand centre de tissage de soieries. Avec ses adresses gourmandes et ses belles maisons à pans de bois ou encorbellement, Charlieu semble combiner le meilleur du Roannais et de la Bourgogne, toute proche.

NOS ADRESSES PAGE 355
Hébergement, restauration, achats, activités, etc.

À NE PAS MANQUER
Les visites guidées de l'abbaye bénédictine et du couvent des cordeliers *(billet combiné – voir le « centre des visiteurs » p. 349)*, les collections de tissus et de robes d'époque du musée de la Soierie et l'église St-Philibert pour ses stalles et peintures uniques en France.

ORGANISER SON TEMPS
Comptez une journée pour visiter l'abbaye et le couvent, découvrir l'église paroissiale et flâner dans la vieille ville.

AVEC LES ENFANTS
Démonstrations de tissage au musée de la Soierie et questionnaire-jeu pour découvrir le centre historique.

Découvrir les sites monastiques

Bon à savoir – *Si vous souhaitez visiter les deux sites monastiques de Charlieu (abbaye bénédictine et couvent des Cordeliers), optez pour un billet combiné (visite libre 6 €, visite guidée incluse 7,50). Il existe un autre billet combiné, valable un an, incluant, outre les sites monastiques de Charlieu, le prieuré de Pommiers et le château de la Bastie-d'Urfé.*

★ ABBAYE BÉNÉDICTINE

Fondée vers 870 et rattachée à Cluny vers 930, l'abbaye fut transformée en prieuré un siècle plus tard. Au 12e s., elle bénéficia de la collaboration des architectes et artistes de Cluny (qui reconstruisirent l'église et ajoutèrent l'avant-nef et le nouveau portail, cette fois-ci latéral), ainsi que de l'aide de Philippe Auguste, son protecteur, qui la fit fortifier.

En entreprenant leurs recherches, les archéologues ont découvert sur le site de l'abbaye une succession de constructions. Les **fouilles** attestent ainsi la présence de deux églises, du 9e et du 10e s., ainsi que d'une abbatiale du 11e s., légèrement désaxée.

À partir du 10e s., l'église est flanquée de collatéraux pour permettre la circulation des pèlerins autour des reliques des saints Fortuné et Étienne. La prieurale du 11e s. adopte le plan de la croix latine, avec un transept et un chœur à absidioles orientées typiquement bénédictin.

Juste avant la tourmente révolutionnaire, le prieuré bénédictin ne compte plus que six moines. Il est délaissé en 1788, et les bâtiments – dont l'église St-Fortuné, « la plus parée des filles de Cluny » – sont en grande partie démolis. Le site entame alors une longue période de déclin qui se poursuivra jusque vers la fin du 19e s.

De St-Fortuné ne subsistent aujourd'hui que la dernière travée, dont les chapiteaux sont typiques du Brionnais, et l'avant-nef ajoutée au 12e s.

★★ Façade

La façade nord de l'avant-nef s'ouvre par un **grand portail** du 12e s., véritable chef-d'œuvre de l'art roman. Bien que toutes les têtes aient été brisées ou martelées à la Révolution, il continue d'éblouir par la qualité de sa décoration sculptée.

Au centre du **tympan**, le Christ en majesté apparaît dans une mandorle (gloire ovale en forme d'amande), soutenue par deux anges et entourée des symboles des quatre évangélistes (l'ange pour Matthieu, le lion pour Marc, le taureau pour Luc, et l'aigle pour Jean) ; sur le linteau sont représentés la Vierge assistée de deux anges et les douze apôtres. Quelques copies de têtes ont été placées, sans que l'on soit vraiment sûr de leur attribution (les originaux sont conservés au musée lapidaire de l'abbaye). Aux impostes des piédroits apparaissent, à gauche, mutilés, le roi David et sans doute Boson, roi de Bourgogne et de Provence, qui aurait été l'un des bienfaiteurs de l'abbaye, qu'il porte entre ses mains ; à droite, saint Jean-Baptiste et l'évêque Robert, fondateur de l'abbaye. Au-dessus de l'archivolte trône l'agneau pascal. Le même travail de la toison

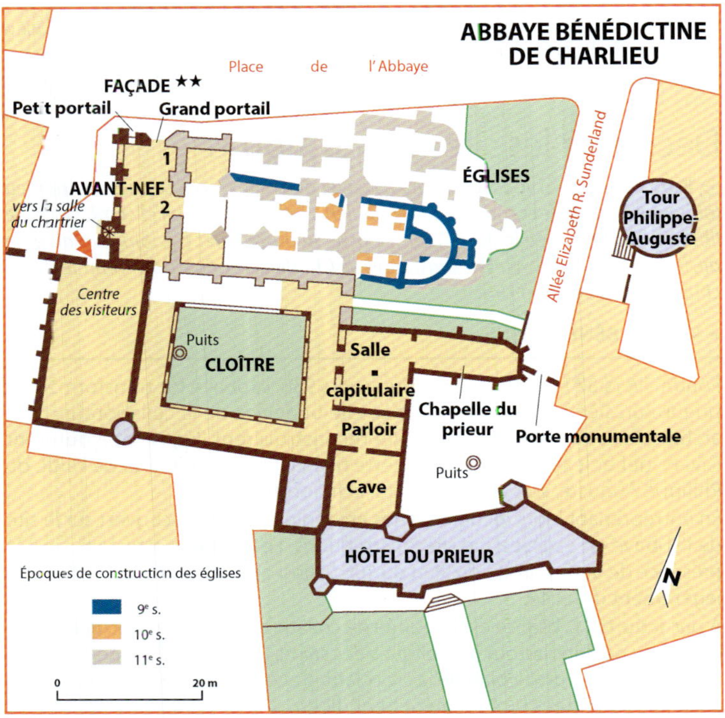

Abbaye bénédictine de Charlieu, narthex, tympan du grand portail.
A. J. Cassaigne/Photononstop

se retrouve dans la peau de bête dont est vêtu Jean-Baptiste. Aux voussures et sur les colonnes qui encadrent la porte s'allient les motifs géométriques et floraux dont la luxuriante décoration, d'inspiration orientale, est un héritage des croisades.

Le tympan du **petit portail,** à droite, est lui aussi intéressant. On reconnaît au linteau des animaux qui sont amenés vers un personnage assis pour être sacrifiés : la scène, qui évoque le temple de Jérusalem et les rites de l'ancienne Alliance, s'inspire des représentations antiques de sacrifices païens. Elle est surmontée par les noces de Cana, premier miracle du Christ.

À l'archivolte, la transfiguration du Christ est dominée par un nuage : des nuées sortaient le visage et le bras de Dieu (martelés) pour désigner son fils. Ce portail résume par ses scènes successives le passage de l'ancienne à la nouvelle Alliance.

Centre des visiteurs

Pl. de l'Abbaye - ✆ 04 77 60 09 97 - www.loire.fr - juil.-août : 10h-12h, 13h-19h ; avr.-juin et sept.-oct. : tlj sf lun. (sf j. fériés) 10h-12h30, 14h-18h30 ; reste de l'année : tlj sf lun. (sf j. fériés) 10h-12h30, 14h-17h30 - fermé janv., 24-25 et 31 déc. - possibilité de visite guidée (1h30) - 3 € (-12 ans gratuit) - gratuit 1er w.-end de juin.

Aménagé dans l'ancien dortoir des novices, à l'entrée de l'abbaye, le centre des visiteurs comporte une boutique ainsi qu'une petite exposition sur l'univers monastique organisée autour d'une maquette de l'abbaye et la présentation de la règle de saint Benoît, autrefois en vigueur dans l'abbaye de Charlieu.

De là, vous pénétrez à proprement parler dans l'abbaye.

Intérieur de l'abbaye

Avant-nef – Édifice rectangulaire de 17 m de longueur sur 10 m de largeur environ, il comprend deux salles superposées, voûtées d'arêtes, dont une abrite un **sarcophage gallo-romain** (1), trouvé au cours de fouilles archéologiques. À l'est, le mur est constitué par la façade occidentale de l'ancienne église St-Fortuné, consacrée en 1094, qui comporte : un portail (2), dont le tympan, encadré de trois voussures à arêtes vives, figure le Christ en majesté ; deux baies géminées à voussures, séparées à l'extérieur par un pilier flanqué d'une colonnette cannelée à chapiteau corinthien (au-dessus, deux figures affrontées).

À l'étage du narthex – On accède à l'étage supérieur du narthex par un escalier en vis. À l'est, la grande baie est flanquée de deux petites arcades aveugles et surmontée de belles voussures reposant sur les chapiteaux à feuillages des colonnes engagées.

Elle offre une vue d'ensemble sur les fondations des trois sanctuaires des 9e, 10e et 11e s. qui se sont succédé à cet emplacement, et que distinguent la couleur des joints et la verdure de la pelouse. La vue englobe également la tour Philippe-Auguste, l'hôtel du Prieur et les toits de la ville. Dans la première travée de l'ancienne église du 11e s., observez d'intéressants chapiteaux : une représentation de Daniel dans la fosse aux lions et une sirène bicaudée.

Cloître – Il a été édifié au 15e s., en remplacement du cloître roman. Un vieux puits subsiste, adossé à la galerie ouest. Dans la galerie est, six arcades massives reposent sur des colonnettes jumelées dont les chapiteaux présentent une simple ornementation de feuilles d'acanthe, d'oiseaux et de motifs géométriques.

Parloir – Cette belle salle voûtée du début du 16e s. abrite un **musée lapidaire** où, à côté d'anciens chapiteaux du prieuré, on remarque deux bas-reliefs : l'un, carolingien (10e s.), représente à nouveau Daniel dans la fosse aux lions ; l'autre (12e s.) figure l'Annonciation dans un ensemble de quatre arcades accolées.

Cave – Voûtée de deux berceaux en plein cintre, elle accueille un **musée d'Art religieux** comportant un bel ensemble de statues 15e au 18e s. Les plus intéressantes sont en bois polychrome : remarquez la Vierge à l'oiseau provenant de l'église d'Aiguilly, près de Roanne, et une Vierge à l'Enfant, toutes deux gothiques (15e s.). Remarquez aussi les visages expressifs des petits chantres (19e s.).

Salle capitulaire – Elle date du début du 16e s. Ses ogives reposent sur un pilier rond portant un lutrin sculpté dans la masse.

Chapelle du prieur – Édifiée à la fin du 15e s., elle est surmontée d'un clocheton couvert de lamelles de bois. Le carrelage de terre cuite a été reconstitué sur le modèle ancien.

Hôtel du prieur – Ce logis borde une élégante cour ornée en son centre d'un puits au couronnement en fer forgé. La construction (1510) comprend deux tours d'angle aux toitures couvertes de petites tuiles de Bourgogne. Sur la tour située à l'angle sud-est figure le blason des prieurs de la Madeleine.Admirez la **porte monumentale** du 16e s., en anse de panier, surmontée de créneaux décoratifs et d'un blason de prieur.

Tour Philippe-Auguste

Cette imposante tour, de belle pierre ocre, faisait partie du système défensif de l'abbaye construit sur ordre du roi vers 1180. Philippe Auguste estimait la place forte de Charlieu « très utile à la Couronne ».

★ COUVENT DES CORDELIERS Hors plan de ville

Chemin des Cordeliers - ✆ 04 77 60 07 42 - www.loire.fr - ♿ - juil.-août : 10h-13h, 14h-19h ; avr.-juin et sept.-oct. : tlj sf lun. 10h-12h30, 14h-18h ; fév.-mars et nov. : tlj sf lun. 14h-17h - possibilité de visite guidée (45mn) - 4,30 € (-12 ans gratuit).

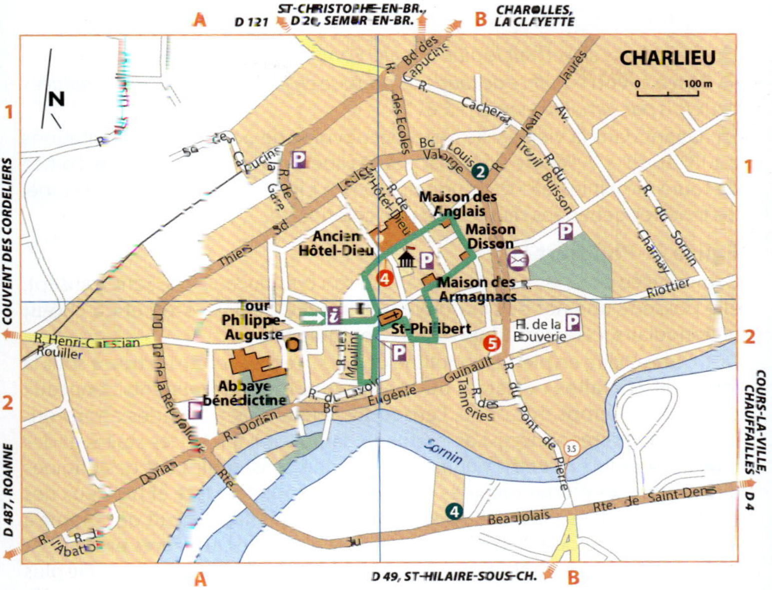

SE LOGER
Hôtel Relais de l'Abbaye 4
Le Lion d'Or 2

SE RESTAURER
Cotte et Saveurs 5
Le Bistrot Gourmand 4

Pour rejoindre le couvent des Cordeliers, sortez de la ville à l'ouest par la rue Ch.-M.-Rouiller.

C'est au 13e s. que les bourgeois de Charlieu firent appel aux franciscains, qui s'établirent à St-Nizier-sous-Charlieu. Situés hors des remparts de la ville, les bâtiments de leur couvent ont souffert de la guerre de Cent ans.

Les galeries du **cloître** (fin 14e-début 15e s.) sont décorées de motifs végétaux très variés. Les **chapiteaux★** de la galerie nord *(à droite en entrant)* sont les plus intéressants, bien qu'on s'interroge encore sur leur signification. Faisant l'hypothèse qu'ils représentent les vices et les vertus, certains déchiffrent ainsi, dans l'ordre : à l'intérieur, l'hermine (la pureté), le félin (la prudence), le porc-épic (la justice), l'agneau (la douceur), le coq et l'écureuil (le travail), le chien (la fidélité) ; à l'extérieur, un autre chien (la vigilance), une chouette (la sagesse), une tête de religieux (la sérénité), un animal casqué (le courage), deux dragons (le mal contrôlé), un visage voilé (la pudeur). Les vices occupent l'autre partie de la galerie : à l'extrémité opposée, on voit le singe (la lubricité), le serpent (l'hypocrisie), le perroquet (le bavardage), le vieillard (l'orgueil), quatre personnages dansants (la luxure) : un moine et une femme et, à l'intérieur, un soldat et la mort, le chien (la paresse), les lions (la colère), le centaure (le vol) et de nouveau le singe.

L'église (14e s.) à nef unique, sans transept, avec trois chapelles latérales au sud (fin 15e-début 16e s.), a été en partie restaurée. Entièrement peinte à l'origine, elle conserve quelques pans de son décor dans le chœur.

Se promener Plan de ville page précédente

Circuit tracé en vert sur le plan de ville. Comptez 1h.

Bon à savoir – *L'office de tourisme propose en juillet-août des visites guidées deux fois par semaine (env. 2h - 5 €).*

En flânant dans la vieille ville, vous découvrirez de nombreuses habitations du 13e au 18e s. À l'angle de la place St-Philibert et de la rue Grenette, l'office de tourisme est installé dans une maison en pierre du 13e s. Notez, à l'étage, les fenêtres géminées réunies par une colonnette.

Église St-Philibert★

Commencée au 13e s., cette église a reçu son tympan au 20e s. Sans transept, elle possède une nef de cinq travées, flanquée de bas-côtés, et un chœur rectangulaire, caractéristique de l'art bourguignon.

Outre une chaire en pierre monolithe du 15e s., l'église recèle un trésor sous la forme de 24 **stalles★★** datées du 14 s et surmontées d'étonnants panneaux peints. Longtemps méconnu, l'ensemble a fait l'objet d'études approfondies ces dernières années. L'assemblage, semble-t-il tardif, des stalles et des panneaux peints pourrait signifier que les deux ensembles ont des origines différentes. Les études récentes soulignent le caractère rare et précieux des panneaux, visibles à la qualité des pigments utilisés (lapis-lazuli, or) comme à la maîtrise technique des décors en relief et glacis. Les peintures présentent les caractéristiques du style gothique international, dont elles seraient le plus important exemple connu en France... En attendant confirmation, prenez le temps d'admirer les œuvres pour elles-mêmes et d'identifier chaque personnage. Les peintures de la rangée de gauche représentent 12 saints et saintes ; celles de la rangée de droite, signés du maître huchier Colinet, font se succéder les apôtres portant chacun une phrase du Credo et saint Paul présentant un verset de son épître aux Philippiens.

Remarquez la statue de Notre-Dame-de-Septembre, patronne de la corporation des tisserands, portée chaque année en procession le deuxième dimanche de septembre. Dans la chapelle Ste-Anne, à droite du chœur, le retable peint sur pierre (15e s.) représente la Visitation et la Nativité. Dans la chapelle St-Crépin, à gauche du chœur, remarquez une *pietà* du 17e s. et la statuette de saint Crépin, patron des cordonniers et des bourreliers, en pierre polychrome.

Ancien Hôtel-Dieu

Ce bâtiment du 18e s., dont on peut apprécier la belle façade sur la rue Jean-Morel, regroupe deux musées.

★ **Musée de la Soierie** – *9 bd du Gén.-Leclerc - ✆ 04 77 60 28 84 - http://musees-de-charlieu.webnode.fr - avr.-oct. : 10h-12h30, 14h-18h - fermé lun. - possibilité de visite guidée (40mn) - 4,50 € (-18 ans 2 €) - 8 € billet combiné avec le Musée hospitalier.* Ce musée témoigne des traditions du tissage de la soie à Charlieu. La ville est d'ailleurs le siège de la dernière corporation de tisserands en France. Le beau choix de soieries (luxueuses robes anciennes, créations personnalisées pour les grandes familles, échantillons de tissus de rêve…), accompagnant les imposants métiers à tisser, montre un reflet de l'évolution des techniques depuis le 18e s. Du métier « à bras » au métier sans navette, l'ensemble du matériel présenté fonctionne en **démonstrations★**.

À l'étage, vous trouverez une exposition de tissus et de créations de grands couturiers, et vous pourrez assister à une projection vidéo sur les techniques traditionnelles et actuelles du tissage de la soie.

Musée hospitalier – *9 bd du Gén.-Leclerc - ✆ 04 77 60 28 84 - www.amisdesartscharlieu.com - ♿ - de mi-juin à fin août : 10h-13h, 14h-19h ; reste de l'année :*

Charlieu, église Saint Philibert du XIIIe siècle.

ici

14h-18h - fermé lun. (sf lun. de Pâques et lun. de Pentecôte), janv.-fév., 25 déc. - possibilité de visite guidée (45mn) - 4,50 € (-12 ans gratuit) - 8 € billet combiné avec le musée de la Soierie - ateliers enf. vac. scol. L'Hôtel-Dieu, où officièrent pendant trois siècles les religieuses de l'ordre de Ste-Marthe, a cessé son activité en 1981. Transformé en musée, il témoigne de l'atmosphère quotidienne d'un petit hôpital, de la fin du 19e s. aux années 1950. L'apothicairerie a conservé son aménagement du 18e s., et la lingerie, ses belles armoires régionales. L'une des grandes salles des malades a été reconstituée avec son double alignement de lits ceints de rideaux ; par la fenêtre qui permettait aux patients d'assister de leur lit à l'office, on contemple la chapelle qui abrite un bel **autel en bois doré** (1733), au devant paré de cuir repoussé.

Rejoignez le n° 32 de cette même rue Jean-Morel.

Maison des Anglais

C'est la plus jolie de la vieille ville. Datant du début du 16e s., elle est dotée de fenêtres à meneaux séparées par une niche gothique, d'une galerie et de deux échauguettes qui flanquent la façade. Pour apercevoir sa tour de guet, empruntez la rue de la Fromagerie sur quelques mètres.

Tournez à droite dans la rue André-Farinet.

Observez les maisons à pans de bois aux nos 31 et 27, et vous verrez la **maison Disson**. Au n° 29, maison en pierre du 13e s. ; à l'angle en vis-à-vis, au n° 22, quelques vestiges d'un grenier à sel du 14e s.

Prenez à droite dans la rue Charles-de-Gaulle.

Maison des Armagnacs

Au n° 9, cette maison des 13e et 14e s. présente deux fenêtres géminées, surmontées d'arcs trilobés, décorés à gauche d'un motif floral, à droite d'une tête humaine ; l'étage à pans de bois surplombe le tout.

Prenez la rue Michon et la rue Chanteloup, commerçante. Obliquez à droite, à la hauteur de l'église, pour trouver la rue du Tour-de-l'Église, qui compte diverses maisons à pans de bois et bancs d'échoppe. Gagnez ensuite la rue du Merle.

Aux angles formés avec la rue des Moulins (n° 11), puis avec la rue des Moulins et la place St-Philibert, se dressent de vieilles maisons à pans de bois.

À proximité Carte de microrégion p. 332-333

Saint-Hilaire-sous-Charlieu C1

6 km au sud par la D 49.

Le Grand Couvert des Perches – *Lieu-dit Les Perches - ☏ 04 77 60 12 42 - www.charlieubelmont-tourisme.com - ♿ - tte la journée - fermé Festival Paroles paysannes (en août) - 2 € (16mn) diaporama son et lumière.* Cette grange au large toit à quatre pans très inclinés, d'où le nom de « grand couvert », est typique de l'architecture rurale de la région. Ce type de bâtiment date généralement du 18e ou début 19e s. Des panneaux et des écrans présentent l'ouvrage et le pays de Charlieu.

La Bénisson-Dieu B1

Dans la vallée de la Teyssonne, le village possède une **église** précédée d'une grande tour carrée du 15e s. Ce sont les seuls vestiges de l'abbaye fondée au 12e s. par les disciples de saint Bernard et qui devint un couvent de femmes au 17e s. La nef de l'église, du début de la période gothique, est couverte d'une superbe toiture aiguë à **tuiles vernissées** disposées en losanges.

Dans le bas-côté droit sont réunies de belles œuvres du 15e s. : stalle abbatiale, statues en pierre du Père éternel et de sainte Anne, la Vierge et l'Enfant (de l'école de Michel Colombe). La chapelle de la Vierge, à droite en entrant, est une adjonction du 17e s. due à l'abbé de Nérestang : peintures murales et belle Vierge en marbre blanc.

NOS ADRESSES À CHARLIEU

HÉBERGEMENT ET RESTAURATION

À Charlieu

POUR SE FAIRE PLAISIR

Hôtel Relais de l'Abbaye – *415 rte du Beaujolais - ✆ 04 77 60 00 88 - www.relais-abbaye.fr - P ♿ - 28 ch. 68/110 € - ☕ 12 € - formule déj. 20 € (en semaine), 26/69 €.* Chambres fonctionnelles, colorées et bien tenues. Vaste pelouse avec aire de jeux pour enfants. Côté restaurant, on trouve aux fourneaux un jeune chef passionné de beaux produits qui célèbre la production régionale (andouille de Charlieu, viande charolaise, fromage, etc.) dans des assiettes généreuses et soignées.

RESTAURATION

BUDGET MOYEN

Côté saveurs – *4 pl. de la Bouverie - ✆ 04 77 69 08 42 - www.cote-saveurs.com - mar.-dim. 12h-13h30, vend. et sam. 19h-20h30 - formule déj. 14,50 € (en semaine), 27/36 €.* Côté saveurs : des produits du cru, une carte resserrée autour d'inventions de saisons; côté salle : des expositions de peinture et sculpture. Sympathique combinaison.

Le Bistrot gourmand – *1 pl. de la Mairie - ✆ 04 77 44 68 76 - fermé dim. et lun. - formule déj. 15,50 €, 29,90 €.* Dans un décor sobre et dynamique avec ses murs orange vitaminé, un service efficace et surtout, dans l'assiette, ces produits frais et faits maison. La salle est petite, mieux vaut réserver.

PETITE PAUSE

Crêperie La Roche aux fées – *30 rue André Farinet - ✆ 04 77 78 25 30 - fermé lun. - 10,50/21,50 €.* Nichée dans une jolie ruelle, cette adresse conviendra aux petites faims. Mention spéciale pour le cadre agréable et l'accueil familial et chaleureux.

ACHATS

Les Chocolats Bernard-Dufoux – *32 r. Centrale - La Clayette (à 20 km au N de Charlieu par la D987) - ✆ 03 85 28 15 76 - www.chocolat-dufoux.com - 8h30-19h30, dim. 8h30-13h.* Le Club des Croqueurs de chocolat désigne Bernard Dufoux comme l'un des meilleurs chocolatiers de France depuis 1998. Le choix de la matière première et un savoir-faire acquis durant quarante ans de travail expliquent un tel succès. Le foie gras de chocolat, le palet d'or et les chocolats aux épices pour l'apéritif comptent parmi les spécialités de cet artisan, qui donne aussi des cours le premier mercredi de chaque mois.

AGENDA

Les Grandes Fêtes de la Soierie – *2e we de sept.* Nombreuses animations à l'occasion de la fête de la nativité de la vierge Marie, patronne de la corporation des tisserands : procession présidée par les « enfants de Marie » habillés de bleu et blanc, défilés de chars, épreuve cycliste, concerts, exposition de photographies et dégustation de la grcue (brioche).

Saint-Germain-Laval

1 670 Germanois – Loire (42)

L'Aix arrose ce bourg de montagne, agréablement circonscrit par un amphithéâtre de collines qui se nuancent, au fil des saisons, du doré au vert sombre. Un endroit charmant où il fait bon flâner et demeurer. Vous serez sans doute séduit, comme le poète ardéchois Louis Pize qui lui trouvait une atmosphère virgilienne.

S'INFORMER

Syndicat d'initiative – *28 r. Robert-Lugnier - 42260 St-Germain-Laval - ✆ 04 77 65 48 75 - www.leroannais.com - juil.-août : 9h-12h, 14h-17h30 ; reste de l'année : 9h-12h, 14h-17h30, vend. 9h-12h, 14h-16h - fermé w.-end et j. fériés.*

SE REPÉRER

Carte de microrégion B2 (p. 332-333).

La voie d'accès la plus rapide est certainement l'A 72, qui passe à 5 km de St-Germain (sortie 5). Le bourg se trouve à 33 km au sud de Roanne.

À NE PAS MANQUER

Le charmant village perché de Pommiers ; le panorama depuis le belvédère de la Sauveté.

ORGANISER SON TEMPS

Comptez 1h.

AVEC LES ENFANTS

Randonnée facile au belvédère de la Sauveté.

Se promener

La D 38, en venant de l'ouest, offre une vue agréable de ce bourg forézien, établi sur un mamelon dominant le vallon de l'Aix.

Église de la Madeleine

Datant du 18e s. et couverte d'un dôme en lanternon, elle est désaffectée et sert de cadre à des expositions thématiques durant la belle saison.

Église paroissiale

Situé à l'autre extrémité du bourg, cet édifice néogothique abrite une **statue de Moïse** (1065), en pierre, à droite en entrant, et une petite *pietà* naïve en bois polychrome, dans une niche au-dessus des fonts baptismaux.

Place de la Mairie

Elle est bordée de demeures anciennes : l'une d'entre elles, à pans de bois, est la maison natale de l'explorateur Daniel Greysolon Duluth (1636-1710) qui partit à la découverte de la Nouvelle-France, l'actuel Canada, et dont une ville du Minnesota porte aujourd'ui son nom.

La mairie, installée dans un hôtel du 18e s., à l'emplacement de l'ancienne forteresse, abrite un petit **musée** : tapisseries, mobilier, miniatures françaises et orientales. Deux belles tapisseries d'Aubusson sont à voir dans la grande salle. *2 r. du Marché - ✆ 04 77 65 41 30 - www.st-germain-laval.fr - 8h30-12h, 13h30-17h - fermé w.-end et j. fériés - possibilité de visite guidée (15mn) - gratuit.*

À proximité Carte de microrégion p. 332-333

Chapelle Notre-Dame-de-Laval

1,3 km par la D 38, à la sortie ouest de St-Germain.

Pommiers
C. Gibot/age fotostock

La chapelle, gothique, apparaît comme une vision de grâce au bord de l'Aix, enjambé par un beau pont médiéval. La façade, ornée d'un gâble flamboyant, surmonte deux portails en anse de panier ; à l'intérieur, statue de la Vierge noire. Ce sanctuaire dédié à Notre-Dame reçut la visite de Louis XI, revenant du Puy, et attira des foules de pèlerins du Moyen Âge au 17e s.

★ Pommiers E2

▶ *3 km à l'est de St-Germain par la D 21. L'arrivée par le sud (D 94) offre un coup d'œil nettement plus beau.*

En limite du Forez et du Roannais, ce très joli village perché, tout en rondeur, vous enchantera, tout en vous dépaysant agréablement. Ce site, occupé dès l'époque romaine et les premiers temps de l'ère chrétienne, s'est développé au 9e s., autour d'un monastère bénédictin rattaché à Nantua. Au 14e s., comme beaucoup de villages inquiets de la montée des dangers dûs à la guerre de Cent-Ans, Pommiers s'entoure d'épaisses murailles. C'est à l'intérieur de cette enceinte fortifiée que nous vous invitons à musarder un peu.

Le conseil général de la Loire s'est rendu propriétaire de l'**ancien prieuré bénédictin**.

Église – L'église bénédictine est aujourd'hui paroissiale. Cet édifice des 11e et 12e s. frappe dès l'abord par son austérité. Le vaisseau central gagne ainsi en rigueur. À partir de la 5e travée, la voûte de la nef est percée de petits orifices, les échéas, sortes d'amphores encastrées dans la maçonnerie servant à améliorer l'acoustique.

L'absidiole nord a conservé une intéressante série de **peintures murales** du 16e s. Remarquez dans le collatéral nord une arcature sur pilastre, d'inspiration rhodanienne, et dans une niche, un beau **torse de Christ en bois**, datant du 13e s.

Bâtiments conventuels – *Prieuré - ✆ 04 77 65 46 22 - www.loire.fr - avr.-sept. : 10h-13h, 14h-19h ; reste de l'année : w.-end et j. fériés 10h-13h, 14h-17h - fermé 1er janv., 24-25 et 31 déc. - possibilité de visite guidée - 4,30 € (-12 ans gratuit) - 12 € billet combiné avec le couvent des Cordeliers, l'abbaye bénédictine de Charlieu et le château de la Bastie-d'Urfé.* Au 16e s., le prieur commendataire fait édifier une façade Renaissance devant la Maison Forte où il tient ses séances de justice. Aux 17e et 18e s., le prieuré est complètement reconstruit, avec un cloître ample et majestueux donnant sur l'église romane, demeurée intacte.

Circuit conseillé Carte de microrégion p. 332-333

LES VALLÉES DE L'ANZON ET DE L'AIX

90 km. Circuit tracé en bleu sur la carte de microrégion. Comptez 5h. Quittez St-Germain-Laval au sud par la D 1 puis empruntez à droite la D 21 en direction de Nollieux. Poursuivez jusqu'à l'Hôpital-sous-Rochefort.

L'Hôpital-sous-Rochefort B3

Comme il le précise dans son journal de voyage, Montaigne, de retour d'Italie, fait étape dans cette « petite ville close » : le village et l'**église** furent fortifiés au 15e s. Des remparts, il reste deux portes d'enceinte. La façade de l'**église** du 12e s. présente un mur carré surmonté d'une jolie arcature ouverte. La nef, étroite, abrite une remarquable **Vierge à l'Enfant**★★ en bois polychrome, de la fin du 15e s. Cette statue, grandeur nature, est merveilleuse de grâce et de fraîcheur.

Quittez l'Hôpital-sous-Rochefort par la D 21 à l'ouest, direction St-Didier-sur-Rochefort, sur cette route s'embranche le chemin d'accès à Rochefort (vieux village perché). Revenez sur la D 21 et prenez la direction de St-Didier-sur-Rochefort.

Saint-Laurent-Rochefort B3

Remarquez, à côté de l'église, une belle croix à personnages du 15e s.

Gagnez St-Didier-sur-Rochefort par la D 21. Entre St-Didier-sur-Rochefort et St-Julien-la-Vêtre, un mégalithe, la **Pierre branlante**, se dresse au bord de la route (D 73).

Poursuivez vers St-Julien-la-Vêtre par la D 73, puis vers Noirétable par la D 1089.

Noirétable B2

Office de tourisme – *1 r. de la Conche - 42440 Noirétable - 04 77 24 93 04 - http://loireforez.com - avr.-oct. : tlj sf mar. 9h-12h30, 14h30-17h30, merc. 9h-12h30 ; reste de l'année : 9h-12h30 - fermé dim. et j. fériés.*

Aux confins du Puy-de-Dôme et de la Loire et au cœur des montagnes du Haut-Forez, la station climatique de Noirétable domine la vallée de l'Anzon, trouant le manteau de sombres sapinières qui l'encadre. Artisanat (coutellerie, broderie au fil d'or, fabrication de ruches) et industrie du bois constituent les principales ressources de cet agréable bourg de montagne.

Église – De style gothique flamboyant dans son ensemble (15e s.), elle tire son originalité du **porche** précédant la façade. Autrefois beaucoup plus vaste, celui-ci servait de marché couvert. Au sommet de son fronton se dresse la statue de saint Jean Baptiste, dans une pose évoquant un empereur romain ; de part et d'autre, Moïse et Élie. Toutes ces statues du 17e s., en pierre noire de Volvic, proviennent du monastère de l'Hermitage *(8 km au sud-ouest de Noirétable)*, d'où elles furent apportées sous la Révolution. Sous la voûte, à gauche, remarquez une statue représentant Madeleine étendue (17e s.), la main sur un crâne.

La région de Noirétable est particulièrement riche en pierres dites « druidiques », pour ne citer que les pierres creuses juxtaposées de **La Baronnie** *(qui se situe à 1 km de Cervières)* et les pierres branlantes des environs de **St-Julien-la-Vêtre**.

À la sortie ouest de Noirétable, prenez la D 24 au nord en direction de Cervières.

Cervières B2

Laissez la voiture sur l'esplanade à l'entrée du village. Passé la belle arche de granit, vous voici au Moyen Âge dans la superbe résidence d'été des comtes de Forez : le bourg de Cervières tout entier.

Dans l'**église** gothique, un peu trapue, les retombées d'ogives se font sur des éléments sculptés en forme de masques. À voir, une petite *pietà* naïve.

En face de l'église, une belle maison Renaissance appelée l'Auditoire, car elle fut habitée par plusieurs générations de juges. Franchissez le passage voûté et longez à gauche la ligne ombrée des anciennes fortifications jusqu'à une nouvelle arche de granit ; là, une ruelle en montée ramène à l'église.

Après la mairie, on atteint le champ de foire qui surplombe joliment les alentours.

Maison des Grenadières – *Le Bourg - ✆ 04 77 24 98 71 - www.grenadieres.com - de déb. avr. à la fin des vac. de la Toussaint : jeu.-dim. 14h30-18h - possibilité de visite guidée sur demande (45mn) - 5 € (-12 ans gratuit).* Les brodeuses du canton de Noirétable fabriquaient, au 19e s., l'emblème de la gendarmerie et des pompiers, la « grenade », une munition en flamme. Ces réalisations en grandes séries, brodées de cannetilles d'or, leur valurent le nom de « **grenadières** ». Au nombre de 500 dans les années 1960, les brodeuses subirent de plein fouet la mécanisation et la création des insignes métalliques ; elles ne sont plus qu'une dizaine aujourd'hui mais leur répertoire de clients n'est pas des moindres : grands couturiers, représentants de l'État, académiciens…

Installé dans la coquette maison de l'Échevin (Renaissance), le musée retrace avec précision et émotion l'histoire et les techniques de ce métier : une scénographie moderne valorise outils, dessins (manteau de Napoléon Ier), écussons (pattes d'épaules de Bokassa Ier) et costumes. Au 3e étage, démonstration et initiation par une grenadière. La vidéo du rez-de-chaussée rassemble des témoignages touchants. Une exposition temporaire complète la visite.

Continuez sur la D 24 jusqu'aux Salles, puis gagnez Champoly par la D 53. À gauche part une petite route revêtue et balisée qui conduit au site du château d'Urfé.

Château d'Urfé B2

45mn à pied AR. Cette forteresse (12e-15e s.) a été la résidence de la famille d'Urfé, avant la construction de la Bastie-d'Urfé *(voir p. 361)*. Ce château, également connu sous le nom de « Cornes d'Urfé », est progressivement restauré. Une **table d'orientation** installée en haut du donjon accompagne la belle vue circulaire sur les monts du Lyonnais et les contreforts des monts d'Auvergne.

Revenez vers Champoly pour emprunter la D 24. Après St-Marcel-d'Urfé, suivez la D 1 à droite qui mène à Grézolles.

Grézolles B2

Village dominé par le clocheton d'ardoise d'une petite chapelle du 16e s.

Gagnez St-Martin-la-Sauveté par la D 26 et, au sud du village, prenez à gauche de la D 20 le sentier d'accès au belvédère.

★ Belvédère de la Sauveté B2

15mn à pied AR. Table d'orientation. Le chemin mène au pied du château d'eau et de la statue de la Vierge ; vaste **panorama**.

Revenez à l'entrée de St-Martin et prenez la D 38 à droite vers St-Germain-Laval.

Feurs

7 922 Foréziens – Loire (42)

Feurs a connu une réelle prospérité au temps des Gaulois dont elle était une place commerciale importante. Aujourd'hui elle bénéficie encore de sa position stratégique dans la vallée de la Loire. Cet atout lui apporte pas mal d'activités et en fait une étape pratique pour rayonner dans la plaine forézienne.

NOS ADRESSES PAGE 365
Hébergement, restauration, achats, activités, etc.

S'INFORMER

Office de tourisme – *Pl. Antoine-Drivet - 42110 Feurs - 04 77 26 05 27 - www.forez-est.com - 9h-12h, 14h-18h, sam. 9h-12h, lun. 14h-18h - fermé dim. et j. fériés.*

SE REPÉRER

Carte de microrégion C3 (p. 332-333).

Entre Roanne (à 41 km au nord) et St-Étienne (à 50 km au sud), Feurs est établi au centre de la plaine forézienne, sur la rive droite de la Loire.

ORGANISER SON TEMPS

Comptez 2h pour la ville et ses environs.

AVEC LES ENFANTS

Musée du Tissage et de la Soierie de Bussières.

Se promener

Musée d'Archéologie

3 r. Victor-de-Laprade - 04 77 26 24 48 - www.feurs.org - mar.-vend. et 1 dim./mois 14h-18h - fermé j. fériés - 3,20 € (-26 ans gratuit) - gratuit 1 dim. par mois, se rens.

Il est consacré à l'archéologie gauloise et gallo-romaine ainsi qu'aux arts et traditions populaires. Exposition sur le cheval en Forez et section consacrée aux peintres paysagistes du 19e s.

Église Notre-Dame

C'est un édifice à trois nefs, de style gothique flamboyant. Le clocher, très ouvragé, refait au 19e s., porte une horloge à jacquemart de la fin du 15e s. Le chœur du 12e s. subsiste en partie. À droite de celui-ci, une Vierge à l'Enfant de J.-M. Bonnassieux. Les boiseries et les stalles (18e s.) proviennent du prieuré de Pommiers.

À proximité Carte de microrégion p. 332-333

Dès que l'on s'écarte des grands axes pour emprunter ses petites routes sinueuses, la cuvette intérieure du Forez réserve d'agréables découvertes.

Pouilly-lès-Feurs C2

7 km au nord par la D 1082 et la D 58.

Ancien bourg fortifié dont l'église romane, intéressante, dépendait d'un **prieuré** clunisien ; remarquez surtout la façade, très sobre, et, à l'intérieur,

l'homogénéité de la construction du 12e s. ✆ 04 77 26 05 84 - *visite guidée sur demande préalable (1h) se rens. auprès de la mairie au* ✆ *04 77 26 05 84.*
À l'ouest de Pouilly, un petit pavillon Renaissance conserve un fronton sculpté et une loggia à l'étage.

Musée du Tissage et de la Soierie de Bussières C2

14 km au nord par la D 1082, puis la D 58 à droite. Pl. Vaucanson - ✆ *04 77 27 33 95 - www.museedutissage.com -* ♿ *- visite guidée (1h30) atelier et visite libre exposition juil.-août : 15h-18h, dép. des visite 15h, 16h et 17h ; avr.-juin et sept.-oct. : w.-end 15h-18h - fermé lun. - 5 € (-16 ans gratuit).*

Ce musée présente une collection étonnante de machines à tisser qui datent de 1800 aux années 2000 et qui sont toutes en état de marche. La visite des ateliers est faite par des bénévoles qui ont travaillé pour la plupart dans le milieu du tissu. Passionnés, ils vous raconteront la grande épopée du tissage des premiers métiers à bras à la révolutionnaire mécanique Jacquard *(voir p. 424)* qui a bouleversé le monde des tisserands, jusqu'aux machines industrielles des années 2000. Tout en vous montrant les différents types de tissus – soierie, velours, éponge… – et en vous expliquant comment les obtenir, ils mettront pour vous les machines en marche et vous pourrez ainsi observer l'ingéniosité de ces incroyables métiers à tisser.

La Vallette C3

7 km au nord-est par la D 113. À 2 km à l'est de Salvizinet, empruntez à droite, après le pont sur la Charpassonne, le chemin d'accès revêtu s'amorçant devant l'auberge.

Humble **église** rurale, au flanc du vallon de la Charpassonne. C'est un petit édifice roman à nef unique et chœur surélevé ; mobilier typiquement forézien, d'une naïve rusticité.

Chambéon : Écopôle du Forez C3

6 km au sud par la D 1089 et la D 107. Fléché à partir de Chambéon et de Magneux-Haute-Rive. 3 chemin de Turagneux - ✆ *04 77 27 86 40 - www.ecopoleduforez.fr -* ♿ *- avr.-oct. : 13h30-19h ; reste de l'année : merc., w.-end, vac. scol. et j. fériés 13h30-18h - fermé 1er janv., 24-25 et 31 déc. - possibilité de visite guidée (1h30) - 3 € (-7 ans gratuit)*

À proximité de l'aéroport de St-Étienne, mais aussi et surtout de la Loire, l'Écopôle est une zone préservée en milieu humide devenue un observatoire idéal pour étudier les oiseaux migrateurs et la faune aquatique. Un grand centre d'observation et 12 km de sentiers pédagogiques invitent à découvrir les secrets de la nature sur les berges de la Loire. Si vous en avez, emportez vos jumelles pour mieux observer les oiseaux. À défaut, il y a possibilité d'en emprunter (sur le grand observatoire) ou d'en louer pour votre parcours.

★ **Château de la Bastie-d'Urfé** B3

13 km à l'ouest par la N 89. À partir du village de St-Étienne-le-Molard, des panneaux fléchés indiquent le chemin jusqu'au château. ✆ *04 77 97 54 68 - www.loire.fr -* ♿ *- avr.-sept. : 10h-19h ; oct.-nov. : 10h-13h, 14h-17h ; reste de l'année : w.-end 10h-13h, 14h-17h - fermé 1er janv., 25 déc. - possibilité de visite guidée (1h30) - 4,30 € (-13 ans 2,70 €) - 12 € billet combiné avec le prieuré de Pommiers, l'abbaye bénédictine de Charlieu et le couvent des Cordeliers - visite libre des expositions temporaires et des jardins.*

Bienvenue au pays d'Astrée et de Céladon. Vous êtes en effet dans la verdoyante vallée du Lignon, lieu d'inspiration inépuisable si l'on en croit Honoré d'Urfé qui y a commis *L'Astrée*, célèbre roman-fleuve de quelque… 5 000 pages !

Château de la Bastie d'Urfé, Saint-Étienne-le-Molard.
C. Gibot/age fotostock

Mais on vient surtout à la Bastie-d'Urfé pour découvrir son château, véritable joyau Renaissance – style d'ailleurs très rare dans la région – connu pour ses belles galeries superposées et sa séduisante grotte de rocaille *(l'illustration p. 438)*.

Trois corps de bâtiment entourent la cour d'honneur à laquelle on accède en franchissant la seule partie subsistante des douves. À gauche, l'aile réservée au corps de garde comprend un cellier légèrement enterré, surmonté d'une suite de six loges voûtées. L'aile de droite est composée de deux galeries superposées à l'italienne et d'une rampe dont le départ est marqué par un sphinx *(voir page suivante)*. Le rez-de-chaussée ouvre sur une cuisine médiévale tandis que les salles du premier étage montrent d'admirables plafonds peints. Les pièces de réception sont ornées d'un mobilier raffiné (16e s.), d'un beau **buste★** de Marc Aurèle et d'une collection de tapisseries représentant des scènes de *L'Astrée*.

Au rez-de-chaussée du corps de logis central s'ouvre la célèbre **grotte de rocaille★★** ou salle de fraîcheur. Son revêtement de cailloutis, de coquillages et de sables diversement teintés, d'où se détachent des figures en relief, forme un ensemble richement coloré. On reconnaît dans les thermes, dont le bas du corps se termine de manière informe, l'été et l'hiver. Les statues antiques du printemps et de l'automne occupaient les niches. Celle du dieu Pan est remplacée aujourd'hui par un Dionysos. Du décor païen de ce nymphée, on passe aux scènes bibliques qui décorent la **chapelle** contiguë. L'élégante **voûte★** à caissons de stuc doré est d'un raffinement exquis.

À l'extérieur, les abords et les jardins sont recomposés pour former à nouveau un bel écrin d'eau et de verdure.

Montverdun B3

18 km à l'ouest par la N 89 et la D 42.

Curiosité géologique insolite, le « pic » de Montverdun s'élève entre la vallée du Lignon et le mont d'Uzore. C'est une éminence volcanique formée à l'ère tertiaire par les mouvements tectoniques qui ont donné naissance à la plaine

La Bastie-d'Urfé, château de légende

UN LIEU SPIRITUEL

Au 15e s., les rudes seigneurs d'Urfé se bâtissent un manoir sur les rives du Lignon. Le terme Bastie ou Bâtie, comme celui de bastide, désigne une maison forte. Pendant les guerres d'Italie, Claude d'Urfé séjourne plusieurs années à Rome : il y représente François Ier au concile de Trente, où est proclamé le dogme de la présence réelle du Christ dans l'eucharistie. Il en ressort catholique convaincu, choisissant l'agneau immolé comme armoiries. À son retour, il transforme son manoir en demeure Renaissance, dont les thèmes religieux et humanistes s'entremêlent dans l'architecture et le décor : dès l'entrée, un sphinx, symbole de la science et de la connaissance, trône en bas de la rampe. Derrière, la grotte de rocaille est isolée par une superbe grille ornée des raisins du vin de messe. Elle est parée de stalactites, de coquillages, d'antiques rapportés d'Italie, dont un dieu Pan (qui engendre la panique), et mène à la chapelle. C'est le passage du paganisme au christianisme. Sur la porte de la chapelle, remarquez les signes trinitaires : les 3 marches, les fleurs à 3 pétales, le triangle. Le contraste avec le décor explicite de la chapelle est saisissant. Les armes de la famille et les phrases en hébreu proclament la foi et la culture de cet humaniste catholique. Dans la partie profane de l'habitation, la rampe cavalière est ornée d'un personnage (le Christ ? l'homme de bonne volonté ?) qui porte sa croix, d'une scène de lutte (la connaissance contre l'ignorance ? la vertu contre le vice ?), d'une femme chargée de la corne d'abondance, et mène à... la bibliothèque, le lieu du savoir.

LE BEST-SELLER DU ROMAN PASTORAL

L'Astrée, publié de 1607 à 1623, lance en France la mode du roman et des bergeries. Les interminables amours d'un berger, Céladon, et de sa bergère, Astrée, serviront de cadre à un bréviaire de « l'honnête homme » au 17e s. Les amours vécues par son auteur **Honoré d'Urfé** (1567-1625) furent tout aussi romanesques. L'homme de lettres passe son enfance dans le cadre raffiné de ce château. Après des études au collège de Tournon, il regagne la Bastie auprès de son frère aîné. L'épouse de celui-ci, la belle et ardente **Diane de Châteaumorand**, lui inspire une brûlante passion. Ayant obtenu l'annulation de son premier mariage non consommé, elle épouse son beau-frère en 1600. Les nouveaux époux s'installent à Châteaumorand, dans le château de Diane au nord-ouest de La Pacaudière. Mais cette union n'est pas plus heureuse. Honoré d'Urfé fuit la propriété et se remet à la rédaction de *L'Astrée*, ébauchée à son retour de Tournon.

MISÈRES D'URFÉ

Lorsque la famille d'Urfé s'éteint au 18e s., le château entre dans une redoutable succession de propriétaires. En 1872, en triste état, il tombe entre les mains d'un avocat de Montbrison. C'est lui qui fait araser les bastions de la façade sud au premier étage, supprime les jacobines qui éclairaient les combles et vend à un antiquaire lyonnais les décors du château. Ceux de la chapelle, les plafonds de la galerie, les portes de la grotte partent pour le Louvre, la collection Rothschild, le Metropolitan Museum à New York. Sauvé par La Diana *(voir p. 372)*, le bâtiment a retrouvé les peintures de sa chapelle, l'autel et le tympan de la porte, ainsi que les grilles de la grotte.

Montverdun.
F. Guiziou/hemis.fr

du Forez. Au cours de son histoire, elle a été couronnée d'un prieuré fortifié et a vu un village se développer à ses pieds.

Prieuré – *Partant du bourg moderne, une route mène à la butte. Laissez la voiture à l'extérieur de l'enceinte. ✆ 04 77 97 53 33 - www.gitedupriieuredemontverdun.fr - visite guidée sur demande préalable (1h) avr.-sept. : 10h-19h, dim. et j. fériés 14h-19h ; reste de l'année : tlj sf dim. et j. fériés 14h-18h - fermé en cas d'intempéries - 3 € (-12 ans gratuit).* Le prieuré, fondé au 8e s. par **saint Porcaire**, fut confié au 13e s. aux bénédictins de La Chaise-Dieu, qui en firent un domaine important. Le dernier moine s'y éteignit en 1700. Du monastère fortifié ne subsistent que les soubassements, l'église et des vestiges des bâtiments conventuels, dont le logis prieural. Le cloître a disparu.

L'**église** est un édifice des 12e et 15e s., dont la sévérité est accentuée par l'emploi de basalte noir. Remarquez un bénitier du 15e s. et un autel en bois doré du 18e s., dédié à la Vierge. Des peintures murales ont été dégagées : observez celles surmontant la porte dans le mur nord, qui donne accès au cimetière. À gauche, dans le chœur, est exposée la châsse en argent finement ciselée (17e s.) de saint Porcaire, torturé par les Sarrasins au 8e s. Dans le croisillon sud, on repère la pierre tombale d'un Bourbon, archevêque de Narbonne et prieur à Montverdun au 15e s.

Le **cimetière** est jonché de croix en fonte désordonnées. De cet endroit, la fortification du monastère apparaît évidente : murailles percées de meurtrières, tour crénelée. Les dimensions du clocher de l'église laissent supposer la présence passée d'un hourd.

Le **logis du prieur** a conservé sa remarquable **galerie en chêne★** du 15e s. À l'étage, dans la salle ornée d'une cheminée gothique aux armes des Bourbons, ont été dégagés des décors peints superposés dont les premiers dateraient du début du 13e s.

Du terre-plein, la **vue★** s'étend sur le Forez, le Beaujolais, le Lyonnais, et barrant la perspective au sud, le mont d'Uzore.

NOS ADRESSES À FEURS

HÉBERGEMENT

À Feurs

PREMIER PRIX

Chambre d'hôte La Bussinière – *Rte de Lyon - ✆ 04 77 27 06 36 - www.labussiniere.fr - ⊠ P - 4 ch. 52/60 € ⊐ - table d'hôte 19 €.* Les chambres occupent une dépendance de cette ferme rénovée située en bord de route. Toutes sont confortables, parfaitement tenues et insonorisées. Accueil des plus charmants ; cuisine familiale et produits du jardin à la table d'hôte.

BUDGET MOYEN

Chambre d'hôte La Ferme des Roses – *Le Clair - 42360 Panissières - 20 km au nord-est de Feurs par la D 89 puis la D 60 - ✆ 04 77 28 63 43 - lafermedesroses free.fr - ⊐ - ⊠ - 5 ch. 70/80 € ⊐ - table d'hôte 20 € (sur réserv.).* Chacune des chambres de cette ancienne ferme (1813), garnies de meubles contemporains, porte un nom de roses, seconde passion du propriétaire après celle des chevaux. Les repas mettent à l'honneur les produits du terroir notamment le traditionnel « casse-croûte forézien », sur réservation, servi en guise de petit-déjeuner.

POUR SE FAIRE PLAISIR

Gîte Le Nid Douillet – *Rte de Montbrison 42110 Poncins - 5 km à l'ouest de Feurs par la D 1089 - ✆ 04 77 27 30 36 - www.le-nid-douillet.com - ⊐ - 6 chalets 325/500 €/sem. pour 6 pers., 50 €/ nuit basse saison - restauration.* Ce parc résidentiel et de loisirs aménagé au cœur de la plaine du Forez dispose de chalets équipés (four, linge fourni, terrasse et salon de jardin) pouvant accueillir 4 à 6 pers. Possibilité de louer à la nuitée hors saison. Piscine avec solarium et transats ; 10 box à chevaux pour « touristes équestres ».

RESTAURATION

À Feurs

BUDGET MOYEN

La Boule d'Or – *42 r. R.-Cassin - ✆ 04 77 26 20 68 - fermé 27 juil.- 17 août, dim. soir, merc. soir et lun. - ♿ - formule déj. 27 € - 18,50/47 €.* Située à la sortie de la petite ville, sobre bâtisse abritant trois salles à manger colorées où se déguste une solide cuisine traditionnelle. Terrasse de poche ombragée.

À proximité

BUDGET MOYEN

Assiette Saltoise – *Le Bourg - 42110 Salt-en-Donzy - ✆ 04 77 26 04 29 - www.assiette-saltoise.com - 12h-13h30 et 19h30-20h45 - fermé lun. - formules déj. 13,50/17,30 € - 23/34 € - réserv. conseillée.* Cette auberge de campagne jouxte la petite église romane d'un paisible village. Dans cette vieille maison, devancée par une terrasse ombragée d'une tonnelle et de tilleuls, le cadre est simple pour une cuisine du terroir généreuse et soignée.

AGENDA

Estival de la Bâtie – *à la Bâtie d'Urfé et dans tout le département de la Loire - ts les ans, 3 sem. fin juin-déb. juil. - culture@loire.fr.* Musique classique et du monde, cirque et théâtre, musiciens débutants et artistes chevronnés ; le WE à la Bâtie d'Urfé et, en semaine, dans d'autres lieux inédits de la Loire.

Monts du Forez

★★

Loire (42) et Puy-de-Dôme (63)

Pays des hauts chaumes, des jasseries et de l'estive, les monts du Forez ou « montagnes du Soir » offrent des paysages contrastés, assombris par les noirs bois de sapins. Mais au-dessus, souvent masqués par les brumes et les nuages, les sommets surprennent par leurs vastes landes dénudées paraissant abandonnées. Cet étrange paysage devient presque lunaire sous certains éclairages ; seuls, des rochers granitiques, de profondes tourbières ou des buissons de genêts marquent ces rudes étendues.

NOS ADRESSES PAGE 373
Hébergement, restauration, achats, activités, etc.

S'INFORMER

Maison du parc naturel régional Livradois-Forez *(ci-dessous).*
Syndicat mixte des pays du Forez – *Pl. du Prieuré - 42600 Champdieu - 04 77 97 70 35 - www.paysduforez.fr - visite guidée dans le cadre du label Pays d'art et d'histoire.*

SE REPÉRER

Carte de microrégion A-B 3 (p. 332-333). Au sud-ouest de Roanne, les monts du Forez se situent au cœur d'un quasi-rectangle ponctué, à l'ouest, par Ambert et Thiers et, à l'est, par St-Germain-Laval et Montbrison.

À NE PAS MANQUER

Les panoramas du col du Béal et du balcon du Forez ; le point de vue depuis le col des Supeyres.

ORGANISER SON TEMPS

Comptez une journée et demie pour découvrir la région.

AVEC LES ENFANTS

Station de ski de Chalmazel ; Docil'Âne à Valensanges (*« Nos adresses dans les monts du Forez » p. 373*).

Parc naturel régional Livradois-Forez

Sommet des monts du Forez, Pierre-sur-Haute et les buttes de Limagne au premier plan.
Ch. Guy/hemis.fr

Découvrir Carte de microrégion p. 332-333

PARC NATUREL RÉGIONAL LIVRADOIS-FOREZ

Les monts du Forez sont une petite partie du parc naturel régional Livradois-Forez, créé en 1984 et couvrant plus de 300 000 ha. Ses objectifs sont la revitalisation d'un milieu rural en déclin, la présentation et la promotion du patrimoine local, notamment artisanal et industriel. Par ailleurs, le parc cherche à favoriser le tourisme vert.

Maison du Parc (Saint-Gervais-sous-Meymont) – *à côté de la mairie - 63880 St-Gervais-sous-Meymont (30 km au sud-ouest de Noirétable par les D 53 et D 906) - 63880 St-Gervais-sous-Meymont - ✆ 04 73 95 57 57 - www.parc-livradois-forez.org - 9h-12h30, 13h30-17h30, vend. 9h-12h30, 13h30-16h30 - fermé w.-end et j. fériés - gratuit.*

La Maison du parc naturel régional Livradois-Forez met à disposition différents documents, vend des topoguides et tient l'agenda de l'ensemble des manifestations et animations du parc. Vous pourrez aussi visiter « l'Atelier encyclopédique », exposition de maquettes et d'objets qui s'appuie sur six pages connues d'une *Encyclopédie des arts et techniques du Livradois-Forez* disparue, traitant de l'utilisation de la roue et de la force hydraulique.

La route des Métiers

Terre de traditions et de savoir-faire ancestraux (papier, coutellerie, minoterie, tannerie, tissage, tressage, chapelet...), le parc naturel régional Livradois-Forez vous propose de suivre cette route, qui regroupe des châteaux, musées, artisans d'art et producteurs fermiers, et fait découvrir aux visiteurs les témoignages des métiers d'autrefois.

> **ZONE PROTÉGÉE**
> Préservée grâce à son enclavement, la montagne forézienne offre aux amoureux de la nature des trésors floristiques et faunistiques inouïs, parmis lesquels des papillons liés aux tourbières et quelque 300 espèces de plantes, souvent rares et protégées (tel le lys martagon). Mais pour respecter et honorer ce patrimoine, n'oubliez jamais cette règle : si vous devez cueillir des fleurs, veiller à n'arracher ni les racines ni les bulbes !

MONTS ET VALLÉES
Les monts granitiques du Forez forment, sur 45 km, une chaîne centrale de laquelle se détachent des chaînons parallèles séparant les pittoresques vallées qui se dirigent d'un côté vers la Dore, de l'autre vers la Loire. Le versant est domine la plaine du Forez; il est moins abrupt que le versant ouest qui tombe brusquement sur le fossé de la Dore.

Circuits des Balcons et du Basalte

Pour une découverte plus longitudinale du Forez, suivez les panneaux : tout en hauteur, la route des Balcons relie Cervières à St-Juste-St-Rambert tandis que la route du Basalte chemine en contrebas dans les plaines, entre Boën et Montbrison.

Circuits conseillés Carte de microrégion p. 332-333

★ PAR LE COL DU BÉAL

84 km au dép. de Boën. Circuit tracé en marron sur la carte p. 369. Comptez une journée.

Boën B3

Dominant la rive gauche du Lignon, Boën (prononcez « Bo-in ») marque la limite entre la plaine et la montagne foréziennes. La ville est la patrie de l'**abbé Terray** (1715-1778), contrôleur général des Finances à la fin du règne de Louis XV. Les mesures impopulaires qu'il dut prendre pour rétablir l'équilibre du budget, compromis par les dépenses de la Cour, lui valurent le triste surnom de « vide-gousset ».

★ **Château de Boën – musée des Vignerons du Forez** – *Pl. de la République - ✆ 04 77 24 08 12 - www.chateaumuseeboen.fr - ♿ - 14h-18h, jeu. 10h-18h, 1er dim. du mois 14h-18h - fermé dim.-lun., déc.-fév., 1er Mai - possibilité de visite guidée sur demande (1h30) - 4,50 € (-18 ans 2 €).* Cette élégante demeure du 18e s. abrite un **musée** à la scénographie inventive. Il est constitué presque exclusivement de dons de Foréziens, ce qui confère une réelle authenticité aux reconstitutions d'intérieurs traditionnels (loges, fermes) comme aux présentations plus techniques de l'activité viticole. La visite débute au 2e étage et propose un cheminement historique au travers de mobiliers, d'outillages, d'alambics, d'ambiances sonores (ne manquez pas le bistrot sous les combles) et de récits de la vie d'autrefois racontés avec le savoureux accent du Forez. Toute la vie vigneronne de jadis est là dans cet écrin muséographique. Avant de partir, ne manquez pas la dernière salle œnologique présentant des testeurs olfactifs et gustatifs des côtes du Forez.

Quittez Boën par la D 1089, puis à 2,5 km, prenez à gauche la D 6 vers Sail-sous-Couzan.

Sail-sous-Couzan B3

Ce village tranquille est devenu depuis peu un lieu de pèlerinage pour les passionnés de foot qui veulent connaître l'endroit où Aimé Jacquet a fait ses premières armes ou plutôt ses premières passes. Inévitable, le stade qui porte son nom près de la rivière offre une belle vue sur le château. Il ne faudrait pas quitter Sail-sous-Couzan sans faire un petit tour à sa fontaine où coule une eau gazeuse déjà recommandée par un prieur au 17e s.

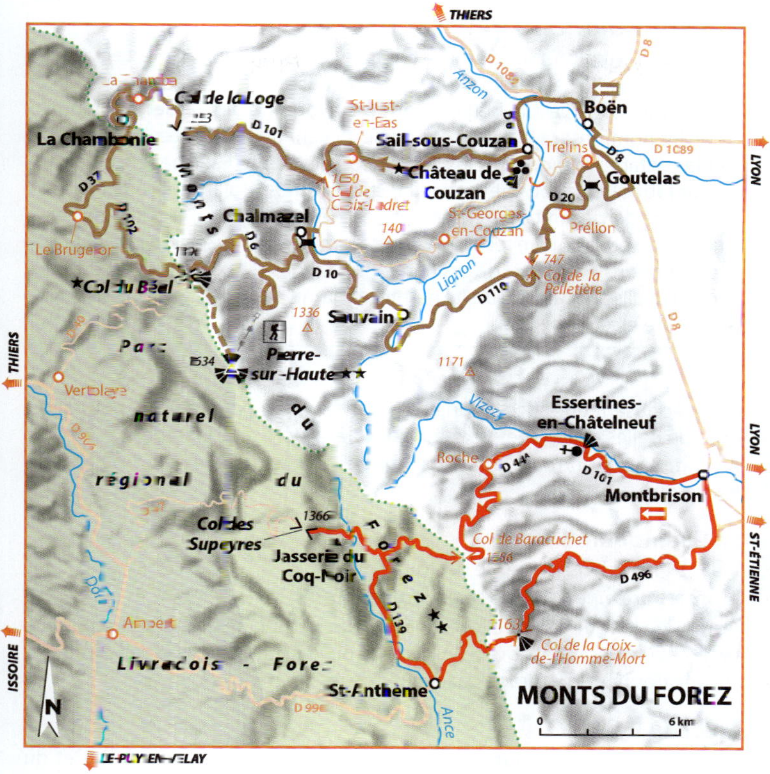

Empruntez, sur la route de St-Georges-en-Couzan (D 6), le chemin revêtu, à droite, menant en très forte montée jusqu'au pied des ruines où on laisse la voiture.

★ Château de Couzan B3

Fort de ses trois enceintes épaulées de puissantes tours, le château de Couzan se dresse sur un promontoire rocheux, étranglé entre les ravins du Lignon et du Chagnon. Il fut construit à partir du 11e s. par les Damas, issus d'une importante famille bourguignonne. Quand ils venaient au château, les seigneurs de Couzan résidaient dans la citadelle qui couronne la place forte. Elle est progressivement restaurée et, en saison, un centre culturel (La Diana) y entretient une animation locale.

★ **Panorama** – Du promontoire rocheux situé derrière le château, à l'ouest, admirez la vue sur les murailles de l'enceinte, ancrées à pic au-dessus du Lignon, et le vigoureux contraste entre les âpres ravins du côté montagne et la plaine forézienne.

De retour à Sail-sous-Couzan, rejoignez à gauche la D 97 en direction de St-Just-en-Bas.

La route franchit le col de la Croix-Ladret puis poursuivre vers le **col de la Loge** : le rideau de sapins s'entrouvre en clairière, délimitant une fraîche pelouse. Avant La Chamba, la forêt cède la place à un paysage pastoral ; le

L'ESTIVE DANS LES HAUTES CHAUMES

L'homme, ou plutôt la femme, a cherché à s'accommoder à cet environnement hostile : en effet une société matriarcale s'est développée dans les fermes d'estive à la belle saison ; c'est l'origine des **jasseries**. Tandis que les hommes travaillaient et moissonnaient dans la vallée, les femmes et les enfants rejoignaient les hauteurs avec le bétail (vache ferrandaise) pour fabriquer la fourme ou cueillir les « simples » (plantes médicinales). Ce mode de vie difficile a lentement décliné puis disparu ; cependant, certaines jasseries ont été restaurées sous forme d'écomusées qui présentent les traditions et métiers de ces fières « amazones ». Le territoire est désormais labellisé Natura 2000 (site naturel remarqué au niveau européen pour sa rareté et sa fragilité).

tracé, épousant une succession de cirques occupés par de beaux pâturages, offre de belles échappées vers la trouée de la Dore et le Livradois.

2 km après La Chamba, tournez à gauche et poursuivez en direction du Brugeron.

La Chambonie B3

Village niché dans un cirque pastoral.

Aussitôt après une scierie, prenez à droite la D 37.

Après une longue montée forestière, la **vue** se dégage de façon magnifique sur la chaîne des monts Dôme. Après un nouveau passage forestier, on atteint la zone des hauts pâturages parsemés de jasseries.

★ Col du Béal B3

Du col, on jouit d'un **panorama** étendu sur les monts d'Auvergne et du Lyonnais. Il forme un seuil entre les deux versants du Forez.

★★ Pierre-sur-Haute B3

2h30 à pied AR, promenade recommandée par temps clair, en montant directement à travers les chaumes par la ligne de crête, ou accès par télécabine. 04 77 24 85 09 - www.loire-chalmazel.fr - de mi-déc. à fin mars : 9h15-17h ; juil.-août : jeu.-dim. 14h-18h - fermé avr.-juin et de déb. sept. à mi-déc., certains j. fériés - tarif, se rens.

Pierre-sur-Haute (1 634 m), point culminant des monts du Forez, est une montagne granitique en forme de dôme, couronnée par des installations de radars de l'armée. Les landes qui la tapissent, balayées par le vent, sont surmontées çà et là de gros éboulis rocheux. Des jasseries sont établies sur ses flancs.

Du point culminant (signal et croix), à droite des installations militaires, le **panorama** englobe tout le Forez, les monts du Lyonnais et du Beaujolais, la Limagne, les monts Dôme, les monts Dore, le Cantal, les monts du Velay et du Vivarais.

Au cours de la descente rapide du col du Béal sur Chalmazel, trois types de paysages se succèdent : chaumes, puis belle forêt de sapins et enfin une zone de pins et de prairies.

À 7 km du col du Béal une route sur la droite mène aux pistes de ski et à la télécabine de Pierre-sur-Haute.

À l'arrivée sur Chalmazel, jolie vue plongeante sur le château.

Ferme près d'Égliseneuve-des-Liards au Col des Supeyres.
R. Manin/age fotostock

Chalmazel E3

Accroché au flanc du ravin du Lignon, ce bourg montagnard, animé par les sports d'hiver est dominé par l'ancien **château des Talaru-Marcilly** (13e s.), grosse bastide flanquée de tours d'angle conservant son chemin de ronde et son souterrain de fuite. La chapelle est ornée de fresques du 16e s. ✆ *04 77 24 88 09 - www.chateaudechalmazel.com - visite guidée (1h) juil.-août : 14h30-18h30 ; du w.-end de Pâques à fin juin et de déb. à mi-sept. : w.-end et j. fériés 14h30-17h30 ; reste de l'année sur demande - fermé lun. - 6,50 € (-16 ans 4,50 €).*

Prenez la D 101 en direction de Sauvain.

Sauvain B3

On ne saurait affirmer avec certitude que le village ait été fondé par les sylvains, sympathiques génies des bois, même s'il y a de fortes présomptions ! La **maison Sauvagnarde**, ancienne ferme du 17e s., appartenait au célèbre Louis Lépine, organisateur du fameux concours d'innovations. Les expositions du **Musée de la Fourme et des Traditions** illustrent la fabrication de la fourme, la vie et les métiers dans la région au début du siècle. *Le Bourg -* ✆ *04 77 76 30 04 - http://museedelafourme.com - juil.-août : 14h30-18h30 ; mai-juin et sept.-oct. : dim. et j. fériés 14h30-18h30 - fermé lun. - 4 € (-12 ans 2,50 €) - possibilité de visite guidée 1er dim. du mois 15h.*

Poursuivez la D 101 en direction de Montbrison. Aussitôt après avoir traversé le Lignon à Pont-de-Pierre, prenez à gauche la D 110 vers le col de la Pelletière. Par La Bruyère et Prélion (D 20), gagnez Trelins où vous prenez à droite la D 20E.

Château de Goutelas B3

Dominant en terrasses la plaine du Forez, c'est une jolie demeure de la fin du 16e s., restaurée, qui accueille des stages et des séminaires. On peut pénétrer dans la cour d'honneur et faire le tour extérieur du bâtiment.

Faites demi-tour pour regagner Boën par la D 8.

LE SAVIEZ-VOUS ?

Feurs, Forez, c'est toujours la même racine latine (*forum* = marché, place) qui désigne aussi bien la plaine que la montagne forézienne.

La Société historique et archéologique du Forez, La Diana, œuvre pour la connaissance du passé de la région ; elle anime les sites de la Bastie-d'Urfé et du château de Couzan.

Au moins une personnalité forézienne est universellement connue : **Aimé Jacquet,** l'entraîneur de cette fameuse équipe de football française qui remporta la Coupe du monde en 1998.

★ PAR LE COL DES SUPEYRES

70 km au dép. de Montbrison. Circuit tracé en rouge sur la carte ci-contre. Comptez une demi-journée.

Montbrison B3 (*p. 375*)

Quittez Montbrison à l'ouest par la D 101 qui remonte le ravin pelé et rocailleux du Vizezy. Un court crochet mène au village d'Essertines.

Essertines-en-Châtelneuf B3

Petite église gothique à décoration flamboyante. Du bourg, vue sur la plaine du Forez d'où émerge le piton de St-Romain-le-Puy.

Reprenez la D 101, puis tournez à gauche par la D 44A. À Roche, prenez à gauche la D 44 et poursuivez ensuite par la D 113 vers le col de Baracuchet.

La route offre quelques échappées sur la plaine du Forez. La montée se poursuit en traversant des vallons cultivés dominés par des hauteurs boisées. À l'approche du col, les arbres rabougrissent, puis laissent la place à une vaste clairière d'où l'on aperçoit, à gauche, la vallée de l'Ance et, face à la route, la ligne de crête du Forez.

La montée au col des Supeyres s'effectue au milieu des hauts chaumes tapissés de bruyères. Çà et là des jasseries apparaissent. On laisse à gauche les jasseries du Grand Genévrier qui seront visitées au retour.

Col des Supeyres

Alt. 1 366 m. Situé dans l'est du parc naturel régional Livradois-Forez, il offre un paysage steppique de hauts chaumes mal drainés, d'une solitude prenante. On ressentira particulièrement cette impression de sauvage isolement en empruntant une amorce de route en direction de Pierre-sur-Haute, carrossable sur 1 km environ. Une table de lecture de paysage, « la Montagne des Allebasses », et un sentier à thème *(durée 2h30)*, aident à la compréhension de la vie dans la région.

À la descente du col vers St-Anthème, la route longe le groupe de **jasseries du Grand Genévrier**, dont l'une se visite.

Jasserie du Coq-Noir au Grand Genévrier B3

La visite de cette ancienne ferme de transhumance instruit sur la vie pastorale en montagne, l'art de couvrir les toits de chaume et la fabrication des fourmes. On peut y faire collation de lait, de pain de seigle et de fourme de St-Anthème.

La descente vers St-Anthème offre des vues sur les sucs du Velay : Meygal, Lizieux, Mézenc et Gerbier-de-Jonc.

Saint-Anthème B4
Ce bourg abrite ses toits rouges au creux de la vallée de l'Ance.
Pour le retour à Montbrison, empruntez à St-Anthème la D 496.
Après le col de la Croix-de-l'Homme-Mort, la route offre de très jolies vues sur la plaine du Forez, les monts du Lyonnais et le mont Pilat.

NOS ADRESSES DANS LES MONTS DU FOREZ

HÉBERGEMENT

PREMIER PRIX

Chambre d'hôte L'Écusson – *Le Bourg - 42560 Marols - ☎ 04 77 76 70 38 - ⌿ - fermé de nov. à mi-avr. - 4 ch. - 55 € ☕.* Vous vous sentirez vite à l'aise dans cette maison rénovée avec goût et qui hébergeait jadis un bistrot-boulangerie (le four à bois fonctionne toujours). C'est à l'humour et à la bonne humeur contagieuse de la propriétaire que l'on doit le nom des jolies chambres meublées d'ancien.

Chambre d'hôte du Mazet – *42990 St-Georges-en-Couzan - ☎ 09 54 31 94 03 - www.aubergedumazet.com - P - 5 ch. 57,50 € ☕ - table d'hôte 17 €.* Cette maison perchée sur les hauteurs du village profite d'une belle vue sur les monts du Forez. Appétissante cuisine élaborée avec les produits des fermes du coin servie dans un cadre rustique. Cinq chambres et un gîte d'étape, simples et bien tenus.

RESTAURATION

PREMIER PRIX

Ferme-auberge des Granges – *42920 Chalmazel - Les Granges 5 km au sud-ouest de Chalmazel dir. le col du Béal - ☎ 04 77 24 80 62 - fermé nov. et 10 jours au printemps - réserv. conseillée le soir - 13,50/23 €.* Ce long chalet élevé à seulement 100 m des pistes s'avère des plus commodes pour recharger ses batteries après une tonifiante journée de ski. Copieuses préparations valorisant les sains produits de la ferme.

Les 4 Saisons – *21 r. St-Jean - 42130 Boën - ☎ 04 77 24 09 04 - fermé le soir - formule déj. 13,50 € bc.* Ne vous fiez pas à l'aspect passe-partout de cet établissement. Derrière sa devanture toute simple se cache en effet un petit restaurant fort sympathique, très prisé des locaux. Au menu, plusieurs formules qui vont du plat unique à « la totale » avec foie gras maison, sauté de biche et assiette gourmande.

BUDGET MOYEN

Rival-Renaud – *R. Centrale - 42550 Usson-en-Forez - ☎ 04 77 50 63 65 - www.hotel-restaurant-rival-renaud.fr - fermé 2 sem. en fév. et 1 sem. mi-nov. - formule déj. en sem. 13 €, 15/40 € - 5 ch. 65 €.* Proche de l'écomusée du bourg, sur le chemin de Compostelle, cet établissement offre des menus ouvriers en semaine. Le w.-end, le chef dévoile ses talents dans une cuisine semi-gastronomique à prix raisonnable. Chambres douillettes.

Auberge de Garnier – *7 chemin de l'Église - 42940 St-Bonnet-le-Coureau - ☎ 04 77 76 83 86 - www.aubergedegarnier.com - ouv. avr.-oct. - menu 21,50€ (-8 ans 10,50€).* Installée dans une ancienne jasserie, à plus de 1 300 m, au milieu des estives, cette auberge de campagne sert une cuisine simple (menu unique) et savoureuse. Goûtez, si vous le pouvez, le patia, à base de pommes de terres cuites dans la crème. Idéal après une balade dans les estives (conseils de randonnées disponibles sur le site de l'auberge).

PETITE PAUSE

Comptoir de Zanzibar – *7 chemin de l'Église - 42170 Chambles - ✆ 04 77 52 46 61 - www.comptoirdezanzibar.com - fermé merc. - lun.-mar., jeu. et dim. 15h-18h, vend. et sam. 15h-19h.* Cet « atelier de gourmandises », est un rêve éveillé pour tout gourmand soucieux des produits et des conditions de production. Au fourneau – ou plutôt au chaudron (en cuivre) –, Géraldine qui mitonne depuis 10 ans meringues, guimauves, pains d'épice et, notre grand favori, le Caramargue, caramel au beurre salé (à la fleur de sel de Camargue) à tartiner... ou pas.

ACHATS

Les Vignerons Foréziens – *72 rte de Montbrison - 42130 Trelins - Le Pont-Rompu - ✆ 04 77 24 00 12 - www.vigneronsforeziens.fr - mar.-sam. 9h-12h et 14h-18h ; avr.-déc. : dim. 15h-18h.* Cette cave coopérative produit chaque année des vins principalement issus du cépage gamay noir à jus blanc. Outre l'enfant du pays, le côtes-du-Forez AOC, on appréciera particulièrement la cuvée du domaine de Montaubourg ou encore le vin de pays d'Urfé (cépage chardonnay) en rosé demi-sec.

ACTIVITÉS

Ski – *Les Granges - 42920 Chalmazel - ✆ 04 77 24 83 11 - www.loire.fr - forfait journée 21 € (enf. 13 €), -5 ans gratuit.* Un télésiège, plusieurs téléskis, une batterie de canons à neige et toutes sortes de pistes. Que demander de plus pour être de plain-pied avec le panorama de Pierre-sur-Haute ?

Docil'Âne – *Valensanges - 42600 Lézigneux - ✆ 04 77 58 68 22 - www.lahaltebleue-docilane.fr - sur réserv. - fermé vac. de la toussaint - location 1 âne : 28 € la 1/2 j. ; 44 € la j. - circuit de 1 à 7 jours.* Les randonnées paraissent faciles quand un âne porte les bagages. Partageant les locaux avec la Halte Bleue, cette structure de loisirs propose des séjours-promenades de plusieurs jours pour découvrir le Forez de manière originale. À vivre en famille.

Montbrison

15 324 Montbrisonnais – Loire (42)

Montbrison, bâti en cercle autour d'une butte volcanique, est dominé par le dôme (18e s.) de l'ancien couvent de la Visitation (actuel palais de justice) et par l'imposant clocher de son église gothique. Au 11e s., quelques maisons se groupent au pied du château des comtes de Forez. Des boulevards ombragés remplacent désormais les anciens remparts de cette ville close. Différentes festivités culturelles animent l'ancienne capitale du comté de Forez qui vit aujourd'hui surtout du commerce de la fourme (AOP), dont la forme et le goût en font un fromage tout en rondeur.

NOS ADRESSES PAGE 379
Hébergement, restauration, achats, activités, etc.

S'INFORMER

Office de tourisme – *Pl. Eugène-Beaune - 42600 Montbrison - ☎ 04 77 96 08 69 - www.loireforez.com - juil.-août : 9h30-12h30, 13h30-17h30, sam. 9h-12h, 14h-17h30, fériés 9h-12h ; reste de l'année : tlj sf j. fériés 9h30-12h30, 13h30-17h30, sam. 9h30-12h30, 14h-18h, jeu. 13h30-17h30 - fermé dim. - possibilité de visite guidée.*

SE REPÉRER

Carte de microrégion B3 (p. 332-333).

Montbrison est situé sur la D 8, à 34 km au nord-ouest de St-Étienne.

À NE PAS MANQUER

Les orgues de la collégiale N.-D.-d'Espérance, l'église fortifiée de Champdieu ; les boiseries et plafonds du château de Sury-le-Comtal.

ORGANISER SON TEMPS

Comptez une demi-journée pour la ville et ses environs.

AVEC LES ENFANTS

La collection de poupées du musée d'Allard.

Se promener

Collégiale Notre-Dame-d'Espérance

R. Notre-Dame - ☎ 04 77 96 08 69 - www.loireforez.com - possibilité de visite guidée (1h30) - gratuit. Fondée en 1226 par Guy IV, comte de Forez, cette importante construction gothique a été restaurée en 1970. L'austérité de la façade est accentuée par l'aspect massif de la tour-clocher épaulée de contreforts.

LE « MONT BRISÉ »

Une tradition raconte que les Gaulois avaient dédié le site de Montbrison à Brisc, la déesse des Songes. Mais le nom de la ville signifierait plutôt « mont brisé », en référence à la butte d'origine volcanique sur laquelle elle est construite. La ville a vu naître **Pierre Boulez**, le célèbre compositeur créateur de l'Ircam *(voir p. 429)*, et la comique **Muriel Robin**, à 30 ans d'écart exactement.

7

Le portail flamboyant, ajouté au 15e s., expose au tympan une jolie Vierge à l'Enfant du 14e s.

L'**intérieur★** frappe par l'aspect harmonieux et la longueur de la nef. Remarquez la disposition des grandes fenêtres en triple lancette ; leur partie inférieure offre l'aspect d'un triforium aux arcatures trilobées.

Le chœur, de style gothique rayonnant, abrite, à gauche, le tombeau de Guy IV. À l'extrémité du collatéral nord, beau gisant du 14e s.

L'orgue est classé monument historique : son buffet, réalisé par le facteur d'orgue alsacien Callinet, se compose de 46 jeux ou registres, et de 4 claviers. Sa qualité lui permet de recevoir, une année sur deux, le Concours international d'improvisation.

La Diana

7 r. Florimond-Robertet - ✆ 04 77 96 01 10 - www.ladiana.com - merc. et sam. 9h-12h, 14h-17h, mar. et vend. 14h-17h - bibliothèque merc. et sam. 9h-12h, 14h-17h - possibilité de visite guidée sur demande (1h) - 3,50 € (-12 ans gratuit).

Construite à l'occasion du mariage du comte de Forez, Jean Ier, en 1296, cette salle servit plus tard de lieu de réunion aux prêtres du doyenné, du latin *decanatus*, d'où son nom de « Diana ». L'intérieur (14e s.) est remarquable par sa voûte en bois, divisée en petits caissons peints – près de 1 700 – représentant les armoiries de grandes familles françaises et maisons nobles du Forez. C'est assurément un édifice à ne pas manquer ! La salle donne accès à un musée lapidaire *(dont la réouverture est prévue en 2016).*

Musée d'Allard

13 bd de la Préfecture - ✆ 04 77 96 39 15 - www.ville-montbrison.fr - visite guidée sur demande préalable (1h) 14h-18h - fermé mar., 1er janv., 25 déc. - 4 € (-18 ans 2 €) - 9 € billet famille (2 adultes + 2 enf.) - gratuit RV au jardin (juin).

Situé dans l'ancien hôtel particulier de Jean-Baptiste d'Allard, ce musée est aménagé sur 4 niveaux. Au sous-sol et au rez-de-chaussée sont rassemblées d'importantes collections de minéraux (beaux spécimens de roches fluorescentes) et d'oiseaux naturalisés.

Au 1er étage est exposée une importante collection de **poupées** du monde entier (plus de 600 pièces) basée sur les réalisations de l'usine de jouets montbrisonnaise GéGé, créée en 1934, du nom de son créateur Germain Giroud. Vous avez l'embarras du choix, depuis les *ouchebtis* découvertes dans les sarcophages égyptiens jusqu'aux poupées de mode du 18e s., en passant par les modèles précolombiens en terre cuite. Remarquez les dînettes anciennes et récipients miniatures, en porcelaine de Limoges ou de Chine et en faïence de Nevers, et une remarquable collection de bénitiers de chevet. Le musée s'est agrandi pour accueillir des petits trains et du matériel ferroviaire miniature.

Jardin d'Allard

Ce jardin public est agréablement tracé et ombragé. Il fut aménagé à la demande de Jean-Baptiste d'Allard, derrière son hôtel particulier.

Promenade dans la ville

Il faut prendre le temps de baguenauder un peu dans le centre ancien, qui cache de **beaux hôtels particuliers,** notamment rue St-Pierre *(n°s 1, 7, 10, 11, 13 et 17)*, rue Puy-de-la-Bâtie *(n°s 5, 9, 11, 14, 18, 19 et 20)* et rue M.-Bernard *(n°s 5, 14, 23 et 25).*

L'office de tourisme a édité des circuits de balades qui vous guideront aussi vers le **palais de justice**, ancien couvent de la Visitation dont l'autre partie sert de cadre à un centre musical, la **butte du Calvaire**, et la **chapelle des Pénitents**, transformée en centre culturel, dont la façade 18e s. est attribuée à Soufflot.

Vue aérienne de Champdieu.
C. Moirenc/hemis.fr/Getty Images

À proximité Carte de microrégion p. 332-333

Moingt B3

3 km au sud par la D 8.

Cette ancienne cité, de fondation romaine, a gardé son aspect médiéval avec ses ruelles étroites et sinueuses. L'**église** St-Julien est intéressante pour son clocher et ses chapiteaux à entrelacs datant du 11e s. La place de l'église s'ouvre sur une porte voûtée, flanquée d'une tour du 15e s., vestiges d'un château médiéval.

Champdieu B3

4,5 km au nord par la D 8.

Église et prieuré – À la limite de la plaine et des monts du Forez, Champdieu possède une remarquable **église romane★** construite pour un prieuré bénédictin. Au 14e s., l'église et l'ensemble des bâtiments du prieuré reçurent une puissante armature fortifiée.

Elle surprend par l'importance de son appareil défensif : de hautes arcatures forment mâchicoulis sur le flanc et le croisillon sud de l'église ; un même système d'arcatures se développe le long des murs du prieuré établis en quadrilatère autour d'une cour dont l'église forme le côté méridional. Des deux clochers du sanctuaire, le plus remarquable, d'époque romane, est celui du transept, percé de jolies baies en plein cintre. Le second clocher, sur la façade, date du 15e s. ; sa base forme le narthex. Au portail de la façade, à gauche, regardez le chapiteau représentant une sirène à double queue.

À l'**intérieur**, on est frappé par la sobriété des lignes et l'influence très marquée du style roman auvergnat, le prieuré de Champdieu relevant de l'abbaye de Manglieu en Auvergne : nef centrale en berceau, collatéraux voûtés en quart-de-rond et croisillons saillants, percés à leur extrémité d'une arcature encadrant un arc en mitre caractéristique. Une arcature, à colonnettes et chapiteaux sculptés, décore l'abside principale. Sous le chœur s'étend une crypte de la fin du 11e s., dont la partie centrale est divisée en trois nefs par des colonnettes à chapiteaux sculptés.

Réfectoire – *Accès par une porte s'ouvrant à gauche de l'église.* Au rez-de-chaussée de la partie ouest du prieuré, l'ancien réfectoire des moines a conservé sa décoration du 15e s. : plafond peint à caissons et, au-dessus de la cheminée, belle peinture murale représentant la Cène.

Château de Vaugirard – Classique et relativement modeste, la construction présente, dans sa façade et ses pavillons, une symétrie caractéristique du 17e s. Parmi les bas-reliefs rapportés sur la façade, l'un commémorerait le passage d'Henri IV. Mais c'est l'intérieur qui se révèle le plus intéressant : d'abord par la signification des armes du constructeur Jacques Girard, négociant en grain anobli pour avoir fait don de ses réserves lors d'une famine, qui choisit trois épis surmontés de trois roses avec pour devise « L'espoir d'une autre vie ». Ensuite pour les plafonds à la française, cheminées (19e s.) et fresques des salles d'apparat. Malheureusement très restaurées « à l'identique », les fresques offrent une rare représentation du grand carrousel de Louis XIV.

Chalain-d'Uzore B3

7,5 km au nord par la D 5.

Le **château** (14e-16e s.) *(8 chemin du Château-d'Eau - ☏ 06 68 72 20 40 - visite guidée sur demande préalable (50mn) de mi-juin à fin août : 14h-18h - 5 € (-16 ans gratuit).)* est surtout intéressant pour son ancienne salle de Justice, transformée en salle des Fêtes à la Renaissance (cheminée monumentale), et pour sa galerie aux portes sculptées. De la terrasse, jolie vue sur les monts du Forez. Jardins à la française.

Montrond-les-Bains C3

11 km à l'est par la D 496.

Cette station thermale du Forez, où l'on soigne le surpoids et le diabète, a gardé son château dont les ruines se dressent sur une motte basaltique proche de la Loire. Brûlé au 18e s., le **château** a conservé intact son mur d'enceinte. Le vaste porche orné de pilastres cannelés et de chapiteaux en marque l'entrée. La visite débute dans l'espace muséographique dédié aux seigneurs de Montrond et à l'entrée royale d'Henri II à Lyon en 1548. Reconstitution, costumes Renaissance et livres sonores dévoilent les fastes de l'époque. À l'extérieur, une bande audio accompagne votre déambulation dans les vestiges du corps de logis des 14e et 15e s. (belles fenêtres à meneaux et vestiges de monumentales cheminées). Dans la salle souterraine, c'est en sons et lumières que l'ambiance des festins vous est contée, alors que depuis les tours s'offre une belle vue sur la plaine et les monts du Forez à l'ouest, le mont Pilat au sud-est. La tour ronde accueille un insolite **Musée postal du Forez**. *R. Marguerite-d'Albon - château - ☏ 04 77 94 64 74 - www.montrond-les-bains.fr/Chateau-Medieval - juil.-août : tlj sf mar. 14h30-19h ; juin et sept. : vend.-dim. et j. fériés 14h30-19h ; avr.-mai : w.-end et j. fériés : 14h30-19h - fermé mar., oct.-mars - possibilité de visite guidée sur demande (1h30) - 5,50 € (-12 ans gratuit) - 5 € (-12 ans gratuit) animations médiévales 2 dim./mois (avr.-sept.).*

Saint-Romain-le-Puy C3

7 km au sud-est par les D 8 et D 95.

L'église de l'ancien prieuré de St-Romain-le-Puy qui dépendait, dès la fin du 10e s., de l'abbaye St-Martin-d'Ainay, à Lyon, se dresse sur un piton volcanique émergeant de la plaine du Forez, dominant une verrerie de St-Gobain située au pied du pic. Une source minérale est exploitée au nord-est de la localité près de la D 8 (source Parot).

De la plate-forme devant l'église, le panorama s'étend sur un vaste cercle montagneux : monts du Forez à l'ouest, d'Uzore au nord et de Tarare et du Lyonnais du nord-est au sud-est.

Église du prieuré★ – *Accès en voiture à partir de la place Michalon jusqu'au parking situé à mi-pente. Montée de Leymiec - ✆ 04 77 76 92 10 - http://prieure-saint-romain-le-puy.com - ♿ - juin-août : 10h-12h, 14h-19h ; sept. : 10h-12h, 14h-18h ; reste de l'année : w.-end et j. fériés 14h-18h - fermé nov.-mars - possibilité de visite guidée (45mn) - 2,50 € (-12 ans gratuit) - visite nocturne scénarisée, se rens.* Par sa situation, son ancienneté, l'originalité de sa construction et de son décor sculpté, l'édifice est très curieux. On y relève la trace de plusieurs chantiers successifs. Les vestiges les plus anciens sont antérieurs au 10e s. (partie proche de la porte et, du côté droit, deux portes, murées, avec une alternance de briques). Les murs sont construits en moellons de granit rose ou gris, mêlés de blocs de basalte. Le chevet est la partie la plus intéressante avec son arcature en plein cintre et, surtout, la curieuse frise sculptée encastrée sous l'arcature et constituée de plaques rectangulaires ou carrées, décorées de motifs en relief très frustes.

L'**intérieur** frappe par son aspect archaïque et la dissymétrie du plan. Le sol de l'abside et du chœur est surélevé par rapport au niveau de la nef primitive. L'ensemble des chapiteaux est à décor floral et géométrique.

Des vestiges de **peintures murales**, exécutées en plusieurs étapes du 12e au 15e s., sont visibles en différents endroits ; elles ont été restaurées.

Sury-le-Comtal C4

▶ *10 km au sud-est par la D 8. Laissez la voiture sur la place de l'Église et dirigez-vous vers l'entrée du château qui se trouve à droite de l'église.*

Château – *Pl. de l'Église - ✆ 04 77 30 18 80 - www.loireforez.com - juil.-sept. : jeu.-sam. 9h-12h, 14h-17h - possibilité de visite guidée (1h) - 5 € (-18 ans gratuit).* La **décoration★** de ce château du 17e s. est constituée de riches boiseries et plafonds sculptés. Admirez dans le salon du cardinal de Sourdis, les deux cheminées Louis XIII, l'une en pierre, l'autre en bois sculpté, et un cabinet dont les panneaux illustrent des scènes de *L'Astrée* ; dans le salon d'été, le plafond et, au 1er étage, dans la chambre de Marie de Médicis, les boiseries et les coquilles du plafond.

Également dans la chambre de Diane restaurée, le panneau de la cheminée, l'arche de l'alcôve et le plafond sont remarquables.

Église – C'est un édifice gothique, couvert de belles voûtes d'ogives. Remarquez la clef de voûte du chœur, représentant le Père éternel entouré des quatre évangélistes, et la première chapelle du collatéral gauche, d'époque Renaissance.

NOS ADRESSES À MONTBRISON

HÉBERGEMENT

À proximité

BUDGET MOYEN

Chambre d'hôte Sous le Pic – *La Péroliere - 20 av. J.-Moulin - 42610 St-Romain-le-Puy - ✆ 04 77 76 97 10 - www.laperoliere.net - ⊠ - fermé 15 déc.-15 mars - 3 ch. - 78 € ☕.* Cette ferme forézienne soigneusement rénovée se trouve au pied d'un prieuré du 11e s. illuminé le soir. Après une bonne nuit au calme, vous pourrez déguster un petit-déjeuner gourmand (salades de fruits, gâteaux et confitures maison, etc.). Accueil charmant.

RESTAURATION

À Montbrison

BUDGET MOYEN

La Roseraie – *61 av. Alsace-Lorraine - ✆ 04 77 58 15 33 - www.laroseraierestaurant.com - fermé 1er-22 sept., dim. soir, mar. soir et merc. - formule déj. 19 € en sem. - 22/39 € bc.* Cuisine actuelle inspirée du terroir à déguster dans la salle à manger colorée, sous l'agréable véranda ou à l'ombre de la cour intérieure.

Restaurant L'Apicius – *29 r. Martin-Bernard - ✆ 09 82 38 34 65 - www.restaurantapicius.net - fermé merc., sam. midi et dim - formule déj. 18 € en sem. - 34/47 €.* Une cuisine pleine de fraîcheur et de combinaisons inattendues, souvent agrémentées de plantes et fleurs sauvages, composée et servie par un jeune couple formé dans de belles maisons : un coup de coeur !

À proximité

POUR SE FAIRE PLAISIR

Restaurant Yves Thollot – *93 rte de Lyon - 42600 Savigneux - ✆ 04 77 96 10 40 - www.yves-thollot.com - fermé vac. de fév., 3 sem. en août, dim. soir, lun. et mar. soir - P ♿ - 24/67 €.* Cette maison récente, entourée d'espaces verts, abrite une salle à manger moderne ponctuée de discrètes touches agrestes. Cuisine simple et généreuse.

ACHATS

Spécialité – La **fourme de Montbrison**, fromage à pâte onctueuse et persillée, est plus moelleuse que celle d'Ambert. Fabriquée sur les Hautes Chaumes, elle est très parfumée. La fourme de Montbrison (AOP) et son patrimoine forézien sont labellisés « site remarquable du goût » *(www.sitesremarquablesdugout.com).*

Pour vos emplettes, privilégiez le **marché** du samedi ainsi que les **journées annuelles** de la fourme en octobre. Il existe quatre sites de production de fourme dans les monts du Forez qui accueillent les visiteurs et proposent dégustation et vente sur place : la fromagerie des Hautes Chaumes à Sauvain *(✆ 04 77 76 89 12 - www.fromagerie-hautes-chaumes.com)*, l'Entreprise laitière de Sauvain *(✆ 04 77 96 20 79)*, La Griotte (bio) à Sauvain *(✆ 04 77 76 84 67)* et, enfin, la fromagerie du Pont-de-la-Pierre *(✆ 04 77 76 82 86)* à St-Bonnet-le-Courreau.

Chocolatier Philippe Bel – *33 r. Tupinerie - ✆ 04 77 58 66 90 - www.chocolatphilippebel.fr - mar.-sam. 9h-12h, 14h-19h.* Meilleur ouvrier de France, Philippe Bel réalise de délicieuses perles de chocolat d'où s'échappent caramel fondant et ganaches parfumées, sans oublier les guimauves recouvertes d'une fine couche de chocolat qui vous rappelleront les oursons d'autrefois... en mille fois meilleur.

ACTIVITÉS

Les Thermes – *362 r. du Geyser - 42210 Montrond-les-Bains - ✆ 04 77 94 67 61 - www.lesthermes-montrond.fr - lun.-sam. 6h45-16h30 - fermé nov. à mars.* Outre leurs qualités digestives reconnues, les eaux thermales de Montrond-les-Bains permettent de traiter différents troubles de la nutrition. Bains hydromassants, douches au jet…

Collégiale du 15e s. de style gothique forézien, Saint-Bonnet-le-Château.
F. Guiziou/hemis.fr

Saint-Bonnet-le-Château

★

1 583 Castel-Bonisontins – Loire (42)

Au pays des hauts chaumes, Saint-Bonnet est un village de caractère, avec son église gothique et ses ruelles médiévales montant lestement à l'assaut de la butte qui porte la collégiale. « La perle du Forez », ancien oppidum romain, semble ainsi rayonner de la plaine du Forez au Pilat. C'est aujourd'hui un petit centre industriel actif, réputé pour sa fabrique de boules de pétanque.

NOS ADRESSES PAGE 387
Hébergement, restauration, achats, activités, etc.

S'INFORMER

Office de tourisme – *7 pl. de la République - 42380 St-Bonnet-le-Château - ℘ 04 77 50 52 48 - www.loireforez.com - horaires, se rens. sur le site Internet.*

SE REPÉRER

Carte de microrégion 34 (p. 332-333). La ville se trouve à 30 km à l'ouest de St-Étienne et à 32 km au sud de Montbrison.
Il faut découvrir le site en arrivant par la D 3 à l'est.

À NE PAS MANQUER

La vieille ville ; l'écomusée des monts du Forez à Usson-en-Forez.

AVEC LES ENFANTS

L'écomusée des monts du Forez à Usson-en-Forez.

UN ÉVÊQUE ARVERNE
Saint-Bonnet-le-Château porte le nom d'un ancien évêque arverne dont les reliques ont été transférées de Lyon à Clermont en 722 à travers le Forez. Plusieurs paroisses prirent le nom du saint lors de son passage.

Se promener Plan de ville ci-contre

LA VILLE ANCIENNE

Circuit tracé en vert sur le plan de ville.

Maisons anciennes
Sur le chemin de l'église, remarquez au passage deux maisons Renaissance à l'entrée des rues s'ouvrant à gauche de la place du Cdt-Marey et, plus loin, d'autres maisons des 15e et 16e s., rue de la Châtelaine, rue et place des Fours-Banaux, où se dressent, à l'angle, deux vastes logis du 15e s.

★ Chemin des Murailles
Il suit les anciennes fortifications du 14e s. et contourne la butte. Le panorama sur la plaine du Forez donne un vif attrait à cette promenade que l'on prolongera jusqu'à la **porte de la Châtelaine**, du 14e s. La « châtelaine » est le nom donné à l'oratoire Notre-Dame-de-Bon-Secours. À l'occasion d'une épidémie de peste au 18e s., les Castel-Bonisontins lui ont symboliquement confié la protection de la ville par un oratoire logé dans la porte elle-même, auquel ne manque que la statue d'origine.
Presque au bout du chemin, traversez le jardin vers la collégiale.

★ Point de vue
De la terrasse au nord du chevet de la collégiale *(table d'orientation)*, la vue s'étend sur la plaine du Forez d'où émergent la butte de St-Romain-le-Puy, les monts du Beaujolais et du Lyonnais, les Alpes, le mont Pilat, le pic du Lizieux et le Mézenc.

Collégiale
Cet édifice gothique, du début du 15e s., a fière allure avec ses deux clochers et surtout sa situation exceptionnelle. L'acte de naissance de la collégiale est gravé dans un mur de la crypte, indiquant précisément le 8 mai 1400. Elle est achevée dans les premières années du 16e s. Collégiale jusqu'à la Révolution, elle connut sous l'Ancien Régime une renommée due notamment à la qualité de ses musiciens.
L'intérieur surprend par la faible élévation des voûtes.
La **bibliothèque** se trouve dans une salle à gauche du chœur. Le fonds ancien, installé en 1716, présente des incunables, en particulier un missel lyonnais du 15e s., une bible de Louis XI de 1476, et les *Chroniques* de Froissart (1490), reliées aux armes des d'Urfé. Remarquez aussi une bible de Robert Estienne (1565) et un exemplaire de *Lancelot du lac* (1520). *Espl. de Taillefer - ✆ 04 77 50 52 48 - www.st-bonnet-le-chateau.fr - visite guidée (1h) juin-sept. : 10h-12h30, 14h-18h ; reste de l'année : 10h-12h30, 14h-17h30 - fermé lun.-mar. et 1er w.-end du mois, nov.-mars, 1er Mai - 6 € (-6 ans gratuit) - billet donnant accès à la crypte.*
Dans la nef, avec une jolie rampe en fer forgé, la **chaire** du 18e s. représente Jésus – enfant – enseignant au Temple, les quatre apôtres et le Bon Berger.

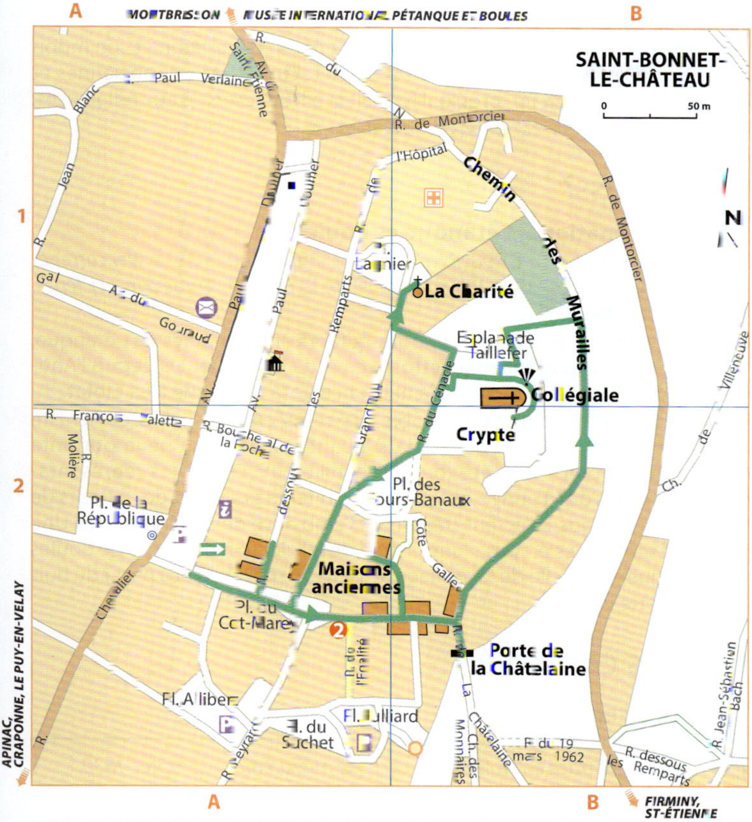

SE RESTAURER
La Calèche 2

Au fond de la nef à droite se trouve le **caveau des Momies** contenant une trentaine de corps desséchés qui datent de la seconde moitié du 17e s. Ces sépultures ont été découvertes dans l'église en 1838, et leur bon état de conservation leur a valu l'appellation impropre de « momies ».

Ressortez par le portail principal Renaissance et contournez l'église par la droite. L'entrée du bureau des guides se trouve à la hauteur du chevet de la collégiale.

Crypte

✆ 04 77 50 11 [illegible]5 - visite guidée (1h) juin-sept. : 10h-12h30, 14h-18h ; avr.-mai et oct. : 10h-12h30, 14h-17h30 - fermé [illegible]-mar., 1er Mai, 1er w.-end du mois - 6 € (-6 ans gratuit) - permet l'accès à la visite de la bibliothèque.

La crypte, située sous le chœur et accessible par une porte extérieure à droite de l'église, est revêtue de peintures murales du 15e s. Parmi les sujets représentés, empruntés au Nouveau Testament, les plus remarquables sont les quatre évangélistes (petites voûtes du chœur) et la Crucifixion (mur nord). On voit aussi des anges musiciens.

Descendez l'escalier à droite du parvis et, via la rue de l'Oratoire, tournez à droite dans la Grand'Rue.

7

Chapelle de la Charité

Cet édifice du début du 17e s. est intéressant par sa décoration et son mobilier : plafond à caissons peints, devant d'autel sculpté, statues anciennes et une très belle grille en fer forgé qui fermait la partie réservée aux religieuses. *Revenez en passant en contrebas de la collégiale.*

À voir aussi

Musée international Pétanque et Boules Hors plan de ville

Au nord de la ville par la D 498. 5 rte du Cros - ☏ 04 77 50 15 33 - www.carrepetanque.fr - ♿ - 9h-12h, 13h30-18h, sam. 10h-12h, 13h30-18h - fermé dim. et j. fériés, 1 sem. (vac. de Noël) - 2 €.

Aménagé dans des locaux d'un important fabricant de boules de pétanque, ce musée original présente une rétrospective du jeu de boules depuis l'Antiquité jusqu'à l'année 1910 qui vit la naissance de la pétanque à La Ciotat.

On observe tour à tour un remarquable **bas-relief** en bois sculpté et incrusté d'ivoire, du 18e s., figurant des soldats jouant aux boules, une importante collection de boules cloutées (depuis le milieu du 19e s.), des représentations populaires de « Fanny » destinées aux joueurs perdants, des extraits de films et des répliques d'acteurs restituant l'ambiance des boulodromes. Une vidéo présentant les étapes d'une chaîne de fabrication moderne de boules de pétanque et de celle du façonnage artisanal du cochonnet à partir du buis termine cette visite.

Circuits conseillés Carte de microrégion p. 332-333

LES BELVÉDÈRES

35 km. Circuit tracé en violet sur la carte de microrégion. Comptez 1h30. Quittez St-Bonnet par la D 498, au nord.

Luriecq B4

L'**église**, très simple, est un édifice de style gothique flamboyant, avec porche Renaissance ; beau Christ en bois dans la nef.

Mains de dentellière travaillant sur le métier, Monts du Forez.
J. Damase/Photononstop

Dans une maison, sur la place de l'Église, modeste collection d'objets foréziens d'autrefois.

Faites demi-tour et prenez la D 5 à droite.

Marols

L'**église** a été fortifiée au 14e s. Des deux clochers, le plus élancé, au-dessus du chœur, est une véritable tour défensive.

Poursuivez sur la D 5.

Saint-Jean-Soleymieux B4

L'**église** est intéressante pour sa crypte du 12e s., dont les piliers trapus portent de frustes chapiteaux. Ce village est situé à proximité d'une très ancienne voie de passage. Reliant les futures Lyon et Bordeaux, la grande *via Agrippa*, qui desservait dans l'Antiquité le pays des Vellaves et des Gabales, fut baptisée au Moyen Âge la voie de Bolène. D'après Franck Imberdis, professeur d'université de Clermont-Ferrand au milieu du 20e s., on trouve la trace de son nom au lieu-dit Boulaine, situé entre Usson et St-Bonnet.

Empruntez successivement la D 96 et la D 44.

Montarcher A-B 4

De la terrasse de la petite **église** (12e-15e s.), ornée à l'entrée du chœur d'un bel arc décoratif rustique, **vue★** sur le mont Pilat, le Mézenc, les sucs de la région d'Yssingeaux et les monts de la Margeride. L'eau de source de Montarcher a été commercialisée en 1999.

Les D 14 et D 498 ramènent à St-Bonnet.

LE HAUT-FOREZ

50 km. Circuit tracé en orange sur la carte de microrégion p. 332-333. Comptez 2h. Quittez St-Bonnet par la D 3 au sud-est et prenez la D 109 à droite.

Saint-Nizier-de-Fornas B4

La jolie **église** de style flamboyant conserve d'importants éléments romans (façade et nef). Extérieurement, le clocher rectangulaire, dont les contreforts s'ornent de pinacles et de grosses gargouilles, lui donne, du côté sud, une silhouette particulière. À l'intérieur, bel ensemble de clefs de voûte sculptées.

Continuez sur la D 109.

Rozier-Côtes-d'Aurec B4

L'**église**, construite aux 11e et 12e s., est celle d'un prieuré clunisien ; le clocher à double étage de baies géminées a été refait sur le modèle primitif. La façade présente un mur plat dont le pignon repose sur une corniche ornée d'une frise. Au **tympan**, un groupe sculpté, d'une admirable sobriété d'exécution, représente l'Adoration des Mages, et dénote une influence espagnole ; remarquez l'allongement des visages.

À l'intérieur, la nef unique est étayée d'arcatures. À voir surtout : l'abside décorée d'une **belle arcature** dont les pilastres cannelés évoquent les églises romanes rhodaniennes héritières des traditions romaines. Dans la nef, à gauche, **bas-relief roman**, représentant le Christ bénissant. Dans la chapelle sud, *pietà* en pierre du 15e s.

Faites demi-tour et prenez à gauche la D 104, puis de nouveau à gauche la D 42.

Saint-Hilaire-Cusson-la-Valmitte B4

Église en partie romane, remaniée aux 15e et 19e s. ; remarquez le petit déambulatoire ménagé en arrière de l'arcature de l'abside primitive. Deux statues de bois polychrome du 15e s., la Vierge et saint Jean, sont disposées à l'entrée du chœur. Chaire du 18e s.

Faites demi-tour pour prendre tout de suite à gauche, à la hauteur de l'église, la route qui ramène à la D 104, que vous prenez à gauche.

Moulin de Vignal à Apinac B4

✆ 04 77 50 80 23 - www.moulindevignal.fr - juil.-août : 14h30-18h30 ; du dim. de Pâques à fin juin et de déb. sept. à la Toussaint : w.-end et j. fériés 14h30-18h30 - possibilité de visite guidée (1h) - 4,50 € (-16 ans 2,50 €).

Sauvé par une association, cet ensemble de bâtiments du 18e s., qui comprend quatre moulins, a été soigneusement restauré. Grâce au bief en prise sur l'Andrable, les roues horizontales et verticales tournent à nouveau et produisent de la farine par gros sacs, mais aussi de l'huile de colza. Les astuces et mécaniques du moulin sont ingénieuses et intéressantes à découvrir.

Revenez vers Apinac et tournez à gauche pour attraper, à droite, la D 443. Continuez par la D 24.

Saint-Pal-de-Chalencon A4

Bourg fortifié conservant plusieurs portes anciennes.

L'ensemble formé par l'église et la maison attenante du côté sud offre un joli coup d'œil. À l'intérieur de l'**église**, voyez notamment une *pietà* en bois du 15e s., dans le bas-côté gauche.

Les D 241 et D 91 conduisent à Usson.

Usson-en-Forez A4

Le bourg, autrefois fortifié, est dominé par la haute flèche de son clocher (16e s.). La nef de l'**église** date du 15e s. ; de part et d'autre du chœur, remarquez le **décor sculpté des deux petites niches** ménagées dans les retombées des ogives et les statues en bois doré de saint Sébastien et de saint Roch.

Écomusée des monts du Forez★ – *Pl. Alex-Folléas - ✆ 04 77 50 67 97 - www.ecomusee-usson-en-forez.fr - ♿ - 14h-18h - fermé 1er janv., 25 déc. - possibilité de visite guidée (1h15) - 4 € (-16 ans 1,50 €).* Créé en 1993 à partir d'une donation privée, il occupe d'anciens bâtiments conventuels restaurés et ranime les modes de vie, coutumes et métiers de la région. Pas à pas, en allant du peigne à la lessiveuse, du vêtement journalier au carreau de dentellière, se reconstitue la **vie familiale** dans une maison de bourg. L'étable abrite encore les outils de travail. À l'étage, les centres d'intérêt s'élargissent aux métiers disparus des sabotiers (jolie collection de sabots), scieurs de long, paillons ou charrons, à la grande tradition de la **dentelle**, avec un utile décryptage des nombreux points, et à **la pratique religieuse du Haut-Forez★**, illustrée par une riche collection d'objets de la piété populaire. Dans les bâtiments annexes, écoutez les **contes** (mis en forme par Henri Pourrat, ethnologue qui a collecté la littérature orale du 20e s. dans la région) qui se transmettaient pendant les longues soirées d'hiver et découvrez une collection de calèches rutilantes. Un joli jardin de curé, reconstitué à partir des plans de celui d'Usson, conclut le parcours.

À la sortie sud du bourg, à 300 m à gauche de la D 498, **chapelle Notre-Dame-de-Chambriac**, dont l'abside romane abrite une statue ancienne de la Vierge.

Prenez la D 498 vers Estivareilles.

Estivareilles B4

Les maquis régionaux entreprirent en août 1944 de couper ici le repli des colonnes allemandes, ce lieu a donc été le théâtre de violents combats lors de la libération du Forez. Le **musée d'Histoire du 20e s.** *(R. du Couvent - ✆ 04 77 50 29 20 - www.estivareilles42.fr - ♿ - de déb. avr. à mi-nov. : 14h-18h ;*

reste de l'année : tlj sf sam. et lun. 14h-18h - fermé 1er janv., 25 déc. - 3,10 € (-16 ans 1,50 €) - 12 € billet combiné avec l'écomusée des Monts-du-Forez, le musée des Civilisations (à St-Just-St-Rambert) et le musée d'Allard - visioguide disponible. retrace les étapes de cette campagne et, au-delà, grâce à une muséographie moderne et ludique, les grands bouleversements de ce siècle mouvementé. Les époques ressurgissent au travers d'objets, de vêtements, de musiques ou de petits films significatifs.

La D 498 ramène à St-Bonnet.

À SAINT-BONNET-LE-CHÂTEAU

HÉBERGEMENT

À Saint-Bonnet

BUDGET MOYEN

Le Béfranc – *7 rte d'Augel - ✆ 04 77 50 54 54 - www.hotel-lebefranc.com - P - fermé 19 oct.-4 nov., 1er-17 mars, dim. soir et lun. sf juil.-août - 7 ch. - 63 € - ☕ 8 € - rest. formule déj. 12,50 € - 21/41 €.* Aux portes d'une localité surnommée « la perle du Forez », hébergement des plus « honnêtes », mettant à profit les anciens locaux de la gendarmerie ! Chambres proprettes. À l'heure de passer à table, choix de préparations traditionnelles.

À proximité

PREMIER PRIX

Chambre d'hôte La Campagnarde – *Rte d'Estivareilles - 42380 St-Nizier-de-Fornas - ✆ 04 77 50 72 19 - ⇆ - P - ouv. 1er avr.- 1er nov. - 3 ch. - 57 € ☕ - table d'hôte 18 €.* Pas de chichis, mais une bonne humeur toujours de mise en cette vaste ferme forézienne perchée à plus de 900 m d'altitude. Les chambres, au calme, possèdent toutes salle de bains et WC privatifs. Après un solide petit-déjeuner servi auprès de la grande cheminée de la salle commune, vous serez prêt à démarrer la journée.

RESTAURATION

À Saint-Bonnet

POUR SE FAIRE PLAISIR

La Calèche – *2 pl. du Cdt-Marey - ✆ 04 77 50 15 58 - www.restaurantlacaleche.fr - ouv. merc.-dim. midi, ven. soir et sam. soir - formule déj. 16,50 € - 19,50/62 €.* Le restaurant, aménagé dans une maison classée (17e s.), dispose de trois salles à manger joliment colorées. Le chef y concocte une cuisine dans l'air du temps personnalisée.

COMPRENDRE LA RÉGION

Belley, canal d'amenée, navigation sur le Rhône.
C. Moirenc/[illegible].fr

La région aujourd'hui

Si la France des années 1960 a placé Lyon au cœur du Rhône-Alpes, la cité du Rhône y a trouvé son compte. Centrale par sa position géographique, foyer de développement économique, elle se pose aujourd'hui en leader d'influence et, de fait, en poids lourd dans les décisions politiques. Si force est de constater que la capitale des Gaules gagne en autorité, à quoi ressemble « ses régions » (Rhône, Loire, Ain, Isère) en pleine phase de décentralisation ? Portrait d'un territoire jeune, peuplé, urbanisé, d'une puissance industrielle et touristique incontestable… qui doit miser sur son dynamisme et cultiver sa bonne image pour affronter les défis et la conjoncture du 21e s.

Il n'est de richesse que d'hommes

En 1960, l'entité Rhône-Alpes est créée. Lyon endosse le rôle de métropole d'équilibre au cœur d'un territoire prospère. De préfecture, elle devient rapidement leader économique. Avec une voix qui compte, du pouvoir, des aires d'influence… Le visage actuel de la Région en est directement inspiré.

UN TERRITOIRE DENSE, PEUPLÉ…

En 2012, la Région a un potentiel démographique fort. Affichant 10 % des naissances françaises, le territoire continue d'attirer du monde, notamment dans l'Ain, département frontalier et terre d'immigration historique, mais aussi dans le Rhône et l'Isère, plébiscités par les jeunes et les familles. Sur toute sa superficie, le territoire est fortement peuplé : plus de 748 000 habitants dans la Loire, 1 756 500 habitants dans le Rhône, 1 206 000 habitants dans l'Isère et 597 000 habitants dans l'Ain.

Lyon, troisième ville la plus peuplée de France, présente une densité énorme face aux départements qui l'entourent : 9 922 hab./km² pour 520 hab./km² dans le Rhône, 160 hab./km² dans l'Isère, 155 hab./km² dans la Loire et 101 hab./km² dans l'Ain.

… ET TRÈS URBANISÉ…

Si elle a été rurale dans le passé, la région lyonnaise s'est fortement urbanisée. En 2011, selon l'Insee, 97 % des habitants vivent dans un espace urbain ou « sous influence d'un pôle urbain ». Ainsi, on peut désormais visualiser la région en grandes « aires urbaines », développées autour des villes les plus génératrices d'emplois : Lyon, Roanne, St-Étienne, Vienne, Bourg-en-Bresse, Oyonnax, Montbrison.

Le plus souvent, leurs « couronnes » (dues à la fusion des petites communes et au rattachement de villes périphériques en « banlieues ») ne cessent de s'étendre.

Dans le tableau général, l'aire urbaine lyonnaise fait figure de mastodonte. Après avoir « absorbé » les pôles de Bourgoin-Jallieu, l'Isle-d'Abeau, Ambérieu-en-Bugey, Villefranche-sur-Saône et La Tour-du-Pin elle est aujourd'hui devenue le premier « bassin de vie » de la Région. En abritant sous son aile les 2/3 de la population de la Région, elle a gagné du poids et une véritable aire d'influence.

... EN PLEINE ÉBULLITION

Avec une telle force de frappe, Lyon prépare l'avenir et s'organise pour réaliser ses projets. En avril 2012, dans le sillage d'autres villes françaises, le Grand Lyon crée un « pôle métropolitain » – zone d'intérêts économiques communs – aux côtés de St-Étienne Métropole Vienne Agglo et Bourgoin-Jallieu (CAPI, Porte de l'Isère).
Le 1er janvier 2015, l'agglomération franchit l'étape décisive. Dans la lignée des lois de décentralisation et modernisation de l'action publique, le Grand Lyon devient « Métropole de Lyon ». Son statut est pionnier en France. Pour la première fois une collectivité territoriale fusionne une communauté urbaine et un conseil général. Et reçoit le droit de cumuler, sur son territoire, les compétences de l'agglomération, du département, voire de la région et de l'État dans certains cas. Conséquence : avec 1,3 million d'habitants sur 59 communes, la Métropole devient la seconde agglomération de l'Hexagone. Elle traite directement – donc plus rapidement – la grande majorité des dossiers (développement économique, social, solidaire, mobilité, aménagement urbain, culture, tourisme...). Ce qui devrait lui permettre de gagner en efficacité, en dynamisme, en indépendance... et en visibilité !

Une région carrefour

La vallée du Rhône doit, en partie, sa richesse à sa situation géographique. Située au croisement de l'axe Rhin-Rhône, orienté nord-sud, et de l'arc méditerranéen, orienté est-ouest, elle a toujours constitué un carrefour, « passage obligé » pour le transport des hommes comme le trafic des marchandises.

TERRE D'ÉCHANGES

De sa situation de terre de passage et de commerce historique, la région lyonnaise a conservé une économie ouverte, profondément tournée vers l'international. Aujourd'hui, les secteurs textile, poids lourds, chimie, pharmacie et composants électroniques exportent un tiers de leurs productions.
De nombreuses firmes étrangères sont installées sur le territoire (des PME comme des gros groupes) et Lyon demeure un centre d'affaires internationales, lieu d'importants salons. Sur son site d'Eurexpo, il accueille naturellement la Foire annuelle (héritage de la Renaissance !) mais surtout des rendez-vous professionnels essentiels, tels Ipharmex (pharmacie), Pollutec (écotechnopole et développement durable), Solutrans (transport) et le Sirha (métiers de bouche).

UN COULOIR DE TRANSIT

Pour entretenir aisément des échanges économiques avec l'Europe, la Région s'est bâtie un réseau de communication important. Par extension, elle est devenue l'un des grands pôles français du transport de marchandises et de la logistique (porté par la firme Lyon Urban Trucks et le pôle de compétitivité LUTB Transport & Mobility Systems).

Aujourd'hui, le territoire jouit d'un réseau **autoroutier** gigantesque (plus de 1 400 km) qui le relie dans le sens nord-sud à l'Europe du Nord et méditerranéenne, et dans le sens ouest-est au Massif central, à la Suisse et à l'Italie *via* St-Étienne, Clermont-Ferrand, Genève, Annecy, Chambéry et Grenoble. Parallèlement, l'activité **fret** reste importante avec 235 millions de tonnes en 2011.

Aussi, pour soutenir l'activité, le réseau continue-t-il de se renforcer. L'ouverture de l'A 89 a nourri tous les espoirs. D'autres aménagements de circulation sont envisagés à Lyon, très concernée par le transit (contournement est de la ville, périphérique à péage nord-ouest, projet anneau des sciences de contournement ouest).

Depuis 1981, en complément de nombreuses liaisons **ferroviaires** rapides avec l'ensemble de la France, la région lyonnaise bénéficie d'une desserte accélérée par le Train à Grande Vitesse (TGV) vers Paris, Marseille et Strasbourg depuis 2011 grâce à la LGV Rhin-Rhône entre Dijon et Mulhouse. D'autres projets nourrissent le « rêve » de villes moyennes : telle Roanne sur une seconde ligne LGV Paris-Lyon…

Côté **aérien**, St-Étienne et Roanne ont désormais leur aéroport. À Lyon, le trafic de l'aéroport Lyon-St-Exupéry (pôle multimodal et international avec trois terminaux, une gare TGV et un projet de fret dédié) se hisse au 4e rang français, avec 34 000 passagers par jour dont 62 % de provenance internationale. L'aéroport de Bron (aviation d'affaires) est à la 3e place.

Enfin, le trafic **fluvial** est en pleine croissance. À Lyon, il a gagné 40 % entre 2008 et 2012, atteignant 1,5 million de tonnes par an. Il bénéficie de la place stratégique du port Édouard-Herriot, situé au sud de Gerland, ensemble multimodal (fer, route, barge) qui relie Pagny en Côte-d'Or au nord (par la Saône) et Fos-sur-Mer au sud (par le Rhône).

Une économie diversifiée

En 2010, la région Rhône-Alpes représentait 10 % du PIB français. Son tissu économique se compose de 420 610 exploitations agricoles, commerces, établissements industriels, sociétés de services et entreprises artisanales. Son succès est lié à une économie plurielle et un socle industriel puissant qui a su s'adapter aux mutations du 20e s. La Région poursuit sa diversification.

LES GRANDES ENTREPRISES

On se rappelle de l'émission de télévision *Ushuaïa, le magazine de l'extrême*, sponsorisée par Rhône-Poulenc, dont le logo dessinait le tour de l'écran en ouverture de chaque nouveau reportage. La firme a depuis été rachetée, mais à son image, nombreuses sont les entreprises d'envergure internationale qui ont été créées sur le territoire. Citons celles qui y ont conservés leurs sièges sociaux : LCL (ex-Crédit Lyonnais) à Lyon, SEB (électroménager) et Casino à St-Étienne. D'autres entreprises y sont fortement implantées : Blédina (alimentation bébé) à Villefranche-sur-Saône ; Panzani (pâtes) à Lyon, Boiron (homéopathie) à Lyon, Renault Trucks (véhicules industriels) à St-Priest, Lafarge à St-Quentin-Fallavier, Vicat (cimentier) à l'Isle-d'Abeau, Fermob (mobilier de jardin) à Thoissey, Plastic Omnium (transformation plastique) dans l'Ain, Devernois (textiles) à Roanne, Jalla (linge) à Régny, Badoit (eaux) à St-Galmier.

Lyon, vue aérienne de quais avec containers.
E. Saillet/Photononstop

UN SOCLE INDUSTRIEL PUISSANT

Aujourd'hui, Rhône-Alpes demeure la seconde région industrielle de France. Un secteur qui représente 37 % de son activité.
Sur le territoire lyonnais, de grandes spécialités se distinguent : métallurgie, plasturgie, pharmacie, électronique suivis par la mécanique, la chimie l'agroalimentaire et l'énergie.
Comment se répartissent-elles ?
Le Rhône regroupe plus d'un tiers des salariés de la région Rhône-Alpes. La majorité (34 %) travaille dans les grandes entreprises du secteur automobile, pharmaceutique et chimique (dans le fameux « couloir de la chimie » du sud de l'agglomération lyonnaise).
L'Isère est spécialisée dans l'industrie informatique et électronique.
La Loire, région marquée par de nombreuses reconversions suite aux fermetures de sites industriels historiques de la métallurgie et du textile, compte aussi de nombreuses PME spécialisées dans la fabrication de produits métalliques et dans le secteur des industries alimentaires.
La force de l'Ain, dont le tissu est constitué majoritairement de PME, se trouve dans le Haut-Bugey : la « Plastics Vallée » et le pôle compétitivité Plastipolis rassemblent le plus grand nombre d'entreprises de plasturgie d'Europe.
Bourg-en-Bresse et la plaine de l'Ain (PIPA) sont, quant à eux, spécialisés dans le secteur automobile et agroalimentaire.

DES MUTATIONS RÉUSSIES : LE CAS DU TEXTILE

La soie en France fut longtemps associée à la ville de Lyon. Les vers étaient élevés dans la région et la soie obtenue tissée à Lyon. Mais, atteinte par la maladie et fortement ébranlée par les révoltes des canuts au 19e s., cette industrie finit par péricliter.
Importée d'Italie ou du Japon, la soie naturelle ne représente plus, actuellement, qu'un infime pourcentage des quantités traitées. La soie produite dans la région

lyonnaise est désormais destinée à la haute couture. Pourtant, la région Rhône-Alpes demeure leader du textile en France devant le Nord-Pas-de-Calais.
Les ressorts de son succès ? Lyon est parvenue à rebondir au 20e s., profitant de la connexion avec d'autres industries (chimiques notamment) pour innover et développer des tissus synthétiques aux fibres performantes (résistantes à la chaleur, à l'agression chimique, à l'usure) qui se sont révélés précieux.
À quoi servent-ils ? Essentiellement à fabriquer des textiles dit « fonctionnels » dont les débouchés sont infinis : ils sont, par exemple, utiles au bâtiment (pour remplacer l'amiante), dans l'agriculture (filet de protection, emballage), dans le sport (automobile, montagne), pour les transports (isolation phonique), dans l'industrie aéronautique, spatiale… Et même dans le domaine de la santé (prothèse et bandes). Un exemple ? En 2013, Brochier Technologies (issu du groupe Brochier Soiries) a sorti un tissu qui soigne la jaunisse des nouveaux-nés !
Ainsi, l'industrie du textile s'est convertie en industrie de pointe, axée sur la recherche et le développement. Si son bassin est essentiellement concentré autour de St-Étienne, Roanne et Bourgoin, c'est à Lyon, sur le pôle de compétitivité Techtera, que se trouve sa vitrine.

LA CHIMIE, SECTEUR DE POINTE

Quand vous prenez un cachet de paracétamol ou lorsque vous achetez un objet conçu en PVC, vous consommez quasi automatiquement du *made in* vallée du Rhône. Pourquoi ?
La belle histoire de la chimie du Rhône commence à la fin du 18e s. Des entrepreneurs mis au service de soyeux lyonnais inventent des solutions pour le nettoyage des fibres, le blanchiment et la teinture. Pendant deux siècles, leurs compétences s'élargissent aux domaines de la pharmacie, de la photographie, de la fabrication des fibres artificielles… et la région se spécialise progressivement, jusqu'à attirer la plupart des industriels français du secteur. Aujourd'hui, ils se concentrent principalement dans le « couloir de la chimie » lyonnais.
Quatre grands ensembles composent la chimie moderne. La **chimie lourde**, symbolisée par la raffinerie pétrochimique de Feyzin, consiste à fabriquer des produits de base à partir de matières premières. C'est l'activité de groupes d'envergure internationale comme Rhodia ou Air Liquide. La **chimie fine**, dite « de spécialités »,

LA FABRICATION DE LA SOIE

La soie est obtenue par l'élevage du bombyx (sériciculture) dans des magnaneries. Après l'étape de la filature, la soie grège n'est pas assez résistante pour être tissée : il faut donc une opération préparatoire, le moulinage, qui assemble et tord les fils.
Les bobines sont alors disposées sur un cadre, le cantre, puis déroulées en faisceau sur un ourdissoir. Les chaînes ainsi réalisées sont tendues sur le métier (fils parallèles) et sont croisées perpendiculairement par des fils de trame placés dans les canettes. Pour laisser passer la trame, les fils de chaîne sont soulevés par des cordelettes, les lisses, qui sont actionnées par différentes mécaniques dont la plus célèbre est celle de Jacquard (cartons perforés). Il existe plusieurs types de croisements possibles que l'on appelle « armures » : les principales sont le taffetas, le sergé et le satin.

utilise les produits issus de la chimie lourde pour élaborer des molécules complexes (polymère, esthomère). Elle mobilise beaucoup de chercheurs et de nombreuses PME et PMI. La **parachimie** fabrique des produits ciblés : colles et adhésifs, insecticides, herbicides, explosifs, peintures, vernis... Enfin, la **pharmacie** utilise les principes actifs de la chimie fine afin d'élaborer des médicaments pour les hommes et les animaux.

En ce début de 21e s., la tendance est à la réduction des industries de chimie lourde, en butte à une forte concurrence internationale et à des enjeux environnementaux (comme celui de la pollution atmosphérique). Ainsi, la vallée se développe au profit d'entreprises à forte valeur ajoutée ou spécialisées sur d'autres domaines, tels les *cleantech* (écoactivités). Le pôle de compétitivité Axelera (axé sur la chimie, les écotechnologies et l'environnement) élabore des programmes autour du traitement de l'eau, de l'écoconception des matériaux, de l'usine décarbonnée, de composés dépolluants... et travaille notamment sur les bio-ressources, dont l'objectif est de substituer les matières premières renouvelables aux ressources pétrolières (en créant par exemple du carburant à partir de déchets verts). La chimie verte est en route !

LA BIO-INDUSTRIE LYONNAISE

S'il est un domaine où Lyon continue à aller « Avant ! Avant ! Lion le *melhor* ! » selon sa devise, c'est celui des sciences du vivant. L'agglomération constitue le **premier centre de fabrication de produits biologiques du monde.** Une position telle qu'on parle de « Health Valley » lyonnaise !

C'est un fait. L'agglomération rassemble près de 500 firmes, dont des leaders mondiaux : Genzyme (biotechnologie médicale), Sanofi Pasteur (vaccins humains) et Merial (vaccins à usage vétérinaire) du groupe Sanofi, BioMérieux (diagnostic bactériologique), Boiron (homéopathie), Merck-Santé (traitement du diabète), SMAD-Fresenius (secteur de la dialyse). Au total, 66 000 personnes œuvrent à la fabrication de médicaments, de vaccins, de molecules bioactives, de matériels médicaux...

Naturellement, dans ce secteur de pointe, la recherche est capitale. À ce titre, Lyon se distingue en matière de **thérapie génique.** Elle abrite le Centre international de recherche sur le cancer, le Centre européen d'immunologie et de virologie, la Fondation Marcel-Mérieux et sa prestigieuse **unité de recherche européenne consacrée aux maladies infectieuses émergentes ou résurgentes,** plusieurs centres universitaires et hospitaliers, de nombreux instituts fédératifs de recherche... et des pôles de première importance, tels que **Cancéropôle Lyon Auvergne Rhône-Alpes, Lyon Biopôle** (labellisé pôle de compétitivité) et le prochain Bioaster (Institut de recherche technologique en infectiologie et santé).

CAP SUR LE TERTIAIRE ET L'INNOVATION

Si l'industrie est encore puissante, le secteur tertiaire s'avère aujourd'hui très dynamique. Désormais, c'est dans les services que se créent le plus d'entreprises. Parmi les domaines en croissance, l'informatique, l'ingénierie et les études techniques arrivent en tête, suivi du traitement des déchets (notamment au Roussillon).

Et c'est dans le secteur de la recherche et du développement que la Région se distingue nettement... À tel point qu'un consul des États-Unis à Lyon se félicitait dernièrement de voir une région où « l'on construit l'avenir » avec une véritable « culture de l'innovation », en dépit du « climat déprimant de la France » ! Ce dynamisme est porté par le bassin lyonnais, ainsi que par ses régions satellites. Pour les zones les plus touchées par les fermetures de sites industriels et les reconversions difficiles, l'innovation représente l'avenir. De fait, les communes n'hésitent pas à investir dans ce secteur. Comme la Loire, qui mise non seulement sur le partenariat noué avec l'aire lyonnaise, via le pôle métropolitain, mais encore sur la diversification de son économie vers les services, le commerce, la construction, la santé et, surtout, la recherche et développement. Son objectif : devenir le territoire de prédilection des PME innovantes qui présentent un fort potentiel de développement (notamment sur le créneau design et création, secteur de prédilection de la Région).

L'AGRICULTURE EN BONNE PLACE

Rhône-Alpes a été une puissance agricole. Son visage a changé. Si le territoire reste composé aux trois quarts par les espaces ruraux, le secteur pèse peu dans l'activité économique. Le nombre des exploitations a diminué tandis que les surfaces ont augmenté (en moyenne 27 ha). Aujourd'hui, les agriculteurs, aux revenus insuffisants, sont souvent obligés de compléter en exerçant une seconde activité (tourisme vert, activité extérieure). Pour autant, l'agriculture reste un secteur bien actif. La preuve : nombre d'agriculteurs prennent le chemin du « bio ». L'engouement pour ce dernier offre d'ailleurs de belles perspectives. De même, le secteur affiche de beaux titres : en 2012, on recense 55 AOC et un commerce agroalimentaire actif (350 marchés hebdomadaires, le marché de gros de Lyon-Corbas deuxième de France). Quels sont les points forts de la Région ?

À l'image de la Région, qui se situe au 5e rang national des producteurs de lait, dans la Loire, l'Ain, l'est du Rhône et l'Isère, la **production laitière** est prédominante. Les fromages de qualité, labellisés, sont nombreux – bleu de Bresse et de Gex, mont-d'or du Lyonnais, fourme de Montbrison…

Grosse productrice de **viande bovine** (la Loire représente le premier cheptel bovin du territoire), la région est surtout prisée pour sa **volaille**. L'Ain fait sa réputation, avec le poulet de Bresse mondialement reconnue pour la finesse de sa chair, et ses étangs de la Dombes qui fournissent de savoureux brochets, truites et carpes.

En matière de culture, les céréales, en particulier le maïs (au 5e rang national), prédominent dans la vallée du Rhône.

Le verger rhône-alpin, déployé sur 42 500 ha, alimente aujourd'hui le tiers de la production nationale. Aussi, chaque printemps, la vallée se transforme-t-elle en un superbe champ fleuri. Un climat doux, des sols favorables, des systèmes d'irrigation et des méthodes de production qui, bien que mécanisées, restent en majeure partie artisanales, tels sont les secrets de la grande qualité des fruits de la région. Citons les framboises et groseilles des monts du Lyonnais, les pommes, poires et cerises du Rhône.

Enfin les **vignobles** sont une source de revenus très importante pour la région, devenue 4e producteur de vins en France. Le Beaujolais a joué depuis quelques années la carte du vin primeur, très apprécié des consommateurs. Quant aux vins du territoire (beaujolais, côtes-du-Rhône, coteaux-du-lyonnais), ils exportent dans le monde entier (30 % de leur production en 2012).

Supporters dans le stade Geoffroy-Guichard pendant un match de l'équipe de Saint-Étienne.
Ville de Saint-Étienne

Et demain ?

Au cœur de Rhône-Alpes, la région lyonnaise est une destination touristique de choix. Une manne financière, qui profite à l'ensemble du territoire, soutient son économie et confirme l'image d'un territoire attractif auprès des riverains comme auprès des investisseurs.

LE TOURISME : UNE FORCE

La région lyonnaise jouit d'une offre de qualité labellisée très diversifiée. Le **tourisme culturel** bénéficie largement à Lyon. Le site historique de la ville, inscrit au patrimoine mondial de l'humanité, ne cesse d'attirer les touristes. Son musée des Beaux-Arts est le premier de la région en terme de fréquentation. Pour autant, les autres régions ne sont pas en reste. L'engouement actuel pour l'art contemporain et le patrimoine industriel remplit les musées de St-Étienne et Roanne. Côté châteaux, Bouthéon, Bâtie et Virieu arrivent en tête. Pour tous ces territoires, le tourisme culturel représente une aubaine.

Les communes (parfois petites !) n'hésitent pas à investir en créant force événements et **festivals** d'été. Ce sont d'ailleurs ces derniers qui permettent à la région de briller en été. Le succès d'événements internationaux, tels que Jazz à Vienne, les Nuits de Fourvière, la Biennale d'art contemporain de Lyon, ou la fête des Lumières *(voir l'encadré p. 51)* ne se dément pas avec les années.

Dans un autre style, le **tourisme fluvial** sur le Rhône est en fort développement tandis que l'**activité thermale** est maintenant bien installée, en particulier dans la Loire.

Quant au **tourisme vert**, aussi bien « nature » que « rural », c'est un secteur en pleine croissance. Il est déjà fort diversifié : de l'offre de logements (fermes, écogîtes…) aux offres d'activités (routes thématiques, œnotourisme, artisanat, découverte familiale, tourisme sportif, écotourisme). Un secteur qui profite de la tendance actuelle du « retour à la nature » (fort désir d'authenticité,

QUI NE SAUTE PAS N'EST PAS LYONNAIS

Créé en 1950, l'**Olympique lyonnais** accède à l'élite du football français dès les années 1960 en remportant deux Coupes de France. Sous la houlette de son ambitieux président, Jean-Michel Aulas, en 1987, le club aux couleurs blanc-bleu-rouge domine les championnats des années 2000, établissant un record du plus grand nombre de titres consécutifs : 7 fois champions de France, 4 Coupes de France, 1 Coupe de la Ligue, 6 trophées des Champions. La capitale des Gaules, longtemps considérée comme « la banlieue de St-Étienne » face au palmarès de sa rival l'ASSE, devient capitale du ballon rond. Ses victoires rejaillissent sur l'image de la ville, comme l'enthousiasme de ses supporters qui scandent le fameux : « Qui ne saute pas n'est pas Lyonnais ! »

À l'OL, la liste des joueurs d'exception est impressionnante, citons : Chiesa, Lacombe, Di Nallo (le « petit prince de Gerland »), Jacquet (l'entraîneur victorieux de la Coupe du monde 1998), Domenech (ancien entraîneur de l'équipe de France), Juninho (le magicien du coup franc), Anderson, Ben Arfa, Benzema… Sans oublier le palmarès de l'équipe féminine, qui affiche sept titres consécutifs de championne de France depuis 2007 et deux Ligues des Champions en 2011 et 2012 (première équipe française à remporter le titre !).

En 2016, une page symbolique se tourne. Pour l'Euro 2016 (10 juin/10 juillet), abandonnant le stade historique de Gerland, l'OL joue au « stade des Lumières », un écrin flambant neuf de presque 60 000 places sur 6 ha implanté dans la banlieue est de Lyon. Le stade de Décines (ou « Grand Stade OL ») accueille 6 matches de l'Euro 2016 dont un 1/8e de finale et une demie-finale. Il accueille 35 événements par an dont 26 matchs de l'OL. Mais aussi les finales 2016 de la Champions Cup et de la Challenge Cup de rugby. Et la Coupe du Monde féminine de la FIFA 2019.

Le chantier privé aura duré 3 ans. C'est le « plus grand stade que la région ait jamais connu ». Un stade nouvelle génération à énergie positive dessiné par Populous, architecte des stades olympiques de Sotchi et de Wembley. Avec 16 000 places de parking et 58 buvettes (!).

de terroir et de sensibilisation environnementale). Pour les régions rurales, c'est le moyen idéal de maintenir leur identité… sans perdre leur âme !

L'ATTRACTIVITÉ : UNE CLÉ

Avec son dynamisme et sa place de deuxième pôle d'enseignement et de recherche français, Lyon semble avoir toutes les cartes pour conserver ses têtes pensantes et attirer les investisseurs. Mais elle voit plus loin. Pour pérenniser son attractivité, la ville investit sur son image de marque. Son objectif est de développer sa visibilité en France et à l'étranger en se dotant d'outils adéquats : agence de promotion, campagne OnlyLyon, création d'un label « *invest in French metropoles* » avec six autres villes de province. Enfin, la construction d'un nouveau stade de foot *(voir l'encadré ci-dessus)*… promeut, sans en avoir l'air, l'image d'une ville jeune, sportive, pleine de vitalité !

Gastronomie et vins

Il était une fois… l'un des terroirs d'élections de la gastronomie française. Un pays où la variété et la beauté des paysages semblent directement s'imprimer dans la composition des tables. Une terre où le vignoble se fait généreux, où les étangs et les champs forment un vivier tel que volailles de Bresse, saucissons, cervelles de canut et autres quenelles de brochet en deviennent des mets raffinés. Il était une fois… le Lyonnais, un royaume pour les gourmets dont les ministres sont toqués.

La table

LYON, TABLE EN FÊTE

Ne cachant pas son amertume devant une ville qui lui avait déplu, Stendhal, qui savait avoir la dent dure, se sentait obligé d'admettre : « Je ne connais qu'une seule chose qu'on fasse bien à Lyon, c'est manger. »

Nettement moins frileux, le célèbre journaliste gastronomique Curnonsky n'hésitait pas à la qualifier en 1935 de « capitale gastronomique du monde » ! Sans atteindre un tel superlatif, on peut s'accorder à dire qu'aujourd'hui Lyon conserve son aura en France et la porte au-delà des frontières. Après quelques bouillons, elle a d'ailleurs rejoint le réseau des cités gastronomiques, créé à la suite de l'inscription par l'Unesco du « repas gastronomique des Français » au patrimoine mondial de l'humanité. Une consécration officielle et attendue. Mais d'où vient cette renommée ? Lyon est une chanceuse. À ses portes se pressent les riches élevages de la Bresse et du Charolais, les eaux poissonneuses des vallées de la Dombes et leurs gibiers, les potagers et les vergers de la vallée du Rhône et du Forez. Des produits d'exception, que les « mères » d'antan (ces robustes cuisinières du cru) comme les chefs célèbres sélectionnent et cuisinent avec un soin jaloux depuis des générations.

Les spécialités au menu

De bistrots en restaurants gastronomiques, voici une petite sélection pour rêver des plaisirs de bouche avant le départ : la **quenelle** de brochet gratinée au four se sert dans un beurre blond, le **saucisson de Lyon** est délicieux dans le fourreau de sa brioche chaude. On appréciera le **cervelas** chaud truffé et pistaché. La truite se cuisine volontiers braisée et farcie, et les volailles, surtout la poularde demi-deuil, reçoivent des lames de truffes entre chair et peau avant d'être cuites au bouillon.

Plus traditionnels : le poulet à la crème, les cardons à la moelle ou gratinés, la galette de Pérouges et les **bugnes**, beignets de Mardi gras.

DES CUISINES RÉGIONALES DE CARACTÈRE

En sillonnant au plus près la région rhodanienne, on gagne à faire connaissance avec des spécialités qui ne manquent pas de caractère.

La Bresse et la Dombes

Ici les gourmets sont gâtés. Côté eau, les étangs de la **Dombes** fournissent la carpe (frite, farcie, fumée, en terrine ou en paupiette), les grenouilles et attirent le gibier d'eau comme les colverts et les sarcelles. En **Bresse**, la terre brille avec les **quenelles** de brochet et de volaille, les **crêpes vonassiennes** (à base de pâte à crêpe et de purée de pommes de terre), la **galette bressane** (nappée de crème et saupoudrée de sucre), les **gaudes** (farine de maïs grillé) que l'on prépare salées ou sucrées, et bien sûr toutes les volailles. Le village de **Pérouges** est aujourd'hui indissociable de sa fameuse **galette**, fabriquée avec de la pâte briochée fine et craquante, et saupoudrée de sucre.
Parmi d'autres recettes locales, signalons le **gratin de queues d'écrevisses**, concocté dans une sauce Nantua (beurre d'écrevisse et crème fraîche), les **cuisses de grenouilles** sautées avec une persillade, le **poulet à la crème et aux morilles**, le **gâteau de foies blonds** (œufs, crème et foies de volaille) ou, récemment ressuscité, le **fromage de Clon**, spécialité au lait cru dans lequel du safran est infusé.

Le Bugey

Le Bugey, terre de prédilection des laitages ? Écoutez Jean-Anthelme Brillat-Savarin, en préambule de *Physiologie du goût ou Méditations de gastronomie transcendante* : « Un dessert sans fromage est une belle à qui il manque un œil. » Avec ce délectable aphorisme, le député du 19e s. né à Belley *(voir l'encadré p. 227)*, l'un des pères fondateurs du concept de « gastronomie », offre l'éternité aux saveurs de son terroir natal : **bleu de Gex** à la savoureuse pâte persillée, et **ramequin**, fromage de vache que l'on fait fondre dans une eau parfumée d'ail et de poivre.

Terroir du Forez et pays roannais

Dans le Forez et du côté de Roanne, volailles, écrevisses et truites du Lignon entrent dans la préparation de nombreux plats, mais la qualité des viandes de boucherie est aussi exceptionnelle, notamment dans le département de la Loire où une grande partie des bovins est de race charolaise. Sur l'étal des marchés, vous pourrez trouver du pâté en croûte, de délicieux jambons de pays, sans oublier la **rosette** de Feurs et l'**andouille** de Charlieu.
La **fourme de Montbrison** (AOP) est l'un des plus anciens fromages de France. La dégustation de ce bleu persillé précède avantageusement celle des airelles, ces myrtilles sauvages glanées dans les bois du Pilat et du Forez en août.

À la carte du Bas-Dauphiné

Le Bas-Dauphiné rhodanien est avant tout le pays du gratin de pommes de terre (cuites au lait et à la crème), connu sous le nom de **gratin dauphinois**. Autre grande spécialité : la **raviole**, pâte fraîche farcie de comté, de fromage blanc frais et de persil revenu dans du beurre.
Sur la carte des fromages locaux trônent le **saint-marcellin** et le **picodon** (AOC).
Enfin, le Bas-Dauphiné (autour de La Chatte) s'enorgueillit de son **AOC noix de Grenoble** ; elles sont cultivées de manière extensive en diverses variétés. La longue tradition régionale dans « l'élevage » des noix a permis l'élaboration de divers desserts, comme le dauphinoix, savoureux gâteau aux noix.

LES GRANDS CHEFS DE LA RÉGION

La vallée du Rhône est gourmande. La preuve : depuis plus de deux siècles, la région est peuplée de grands chefs élevés au rang de mythes.

Toques d'hier

Alors que la grande cuisine est un milieu souvent prisé par les hommes, à Lyon, ce sont les femmes qui ont ouvert la voie. Dès la fin du 18e s., les « **mères** » sont les premières à avoir su mêler cuisine populaire et bourgeoise, rassemblant le gratin de l'élite autour des tables et façonnant des plats passés « grands classiques ».
Au panthéon des toquées, les caractères façonnent les légendes. Citons les plus trempés : **Dame Guy** (la première !) et sa matelote d'anguille, la **Mère Filloux** et sa cuisson demi-deuil, **Léa Bidaut** et son gratin de macaronis… et, bien sûr, la **Mère Brazier**, première étoilée du guide Michelin en 1933, une année faste pour la région : **Fernand Point** obtient la triple consécration à Vienne. C'est l'un des plus grands chefs français de l'entre-deux-guerres. De 1925 à 1955, son restaurant *La Pyramide* marque l'étape gastronomique incontournable de la Nationale 7, une institution sur la route du Midi.
Dans ses cuisines œuvrent deux frères des plus talentueux : **Pierre et Jean Troisgros**, l'un aux fourneaux et l'autre aux sauces, y feront leur classe avant de reprendre l'hôtel de leur père à Roanne et lui donner ses lettres de noblesse. Ils sont triplement récompensés en 1968.

Génération Bocuse

S'il est un emblème de la région, c'est bien celui de **Paul Bocuse**. Comme guidé par le destin, le cuisinier taille ses premiers légumes chez La Brazier à la Luère. Son parcours de chef est unique. 3 étoiles depuis 1965 : un record ! Certaines de ses créations sont déjà passées à la postérité tels le loup en croûte ou la soupe aux truffes.
Figure de novateur dans les années 1965-1970, vitrine internationale de la cuisine française jusque dans les années 1990, « Monsieur Paul » est devenu un monument.
Grand meneur d'hommes et remarquable formateur de talents, il ouvre un Institut (désormais centre de formation, école de cuisine et centre de recherche) dont les élèves font la renommée de la gastronomie française. Il est également l'initiateur du concours « Le Bocuse d'Or », l'un des concours de chefs les plus sélectifs au monde. Il se déroule dans le cadre du Sirha, un salon international où professionnels de la restauration et de l'hôtellerie concoctent tous les deux ans les innovations et tendances culinaires des prochaines années. Qu'il figure sur des halles ou sur la carte d'une brasserie, le nom de Bocuse a basculé dans l'imaginaire collectif comme une marque de référence.
Et ce n'est pas tout ! Pour le métier, Paul Bocuse a réalisé plus que son travail. « J'ai fait sortir les chefs de leurs cuisines », résume-t-il parfaitement. . Profitant de sa célébrité et de son sens du contact, Bocuse a porté ses confrères au devant de la scène médiatique. La corporation lui doit la popularité. Rien de moins.
Dans son sillage, **Alain Chapel** (1937-1990), son illustre contemporain, reste pourtant moins connu du grand public. Passé chez Fernand Point, il reprend en 1967 *La Mère Charles*, auberge fondée par ses parents à Mionnay, dans l'Ain. Et la porte au sommet ! Triplement étoilé et consacré meilleur ouvrier de France en 1973, il attire le monde entier pour sa poularde de Bresse en vessie et son gâteau de foies blonds. Lui aussi forme les talents à sa

cuisine. Alain Ducasse le considère comme son mentor.
Enfin, un peu plus jeune mais directement inspiré, citons **Georges Blanc**, le maître de Vonnas (Ain), dont le nom est devenu marque, à son tour. Au départ, c'est toujours une histoire de famille. Reprenant l'auberge de la mère Blanc, sa grand-mère sacrée par Curnonsky « meilleure cuisinière du monde », le jeune chef y forge une cuisine de grand cru. Triplement étoilé en 1981, il cultive le plaisir de manger « à la bressane », autour de la poularde, ses sauces aux goûts profonds et ses cuissons savantes. Puis il rachète progressivement le centre du bourg pour y créer un « village gourmand ». Vonnas est ainsi devenu Blanc : luxueux mais sans ostentation, du terroir qui vit avec son temps, sur 5 hectares dans un cadre embelli et protégé.

Tables contemporaines

Que les amateurs de patrimoine se rassurent. La plupart des grandes maisons d'hier ont encore pignon sur rue. Les maîtres ont changé mais la relève a le souci d'innover en conservant l'esprit d'antan.
À Roanne, **Michel Troisgros**, digne successeur de la lignée, conserve ses 3 étoiles avec une cuisine créative de haute volée.
À Vienne, *La Pyramide* est tenue depuis 1989 par **Patrick Henriroux,** dont le talent a permis de décrocher 2 étoiles. Identité contemporaine dans le décor, âme dans l'assiette. Sa devise : « Travailler sans oublier, mais sans oublier d'être au goût du jour. »
À Lyon, **Mathieu Viannay**, meilleur ouvrier de France, a repris *La Mère Brazier* en 2008. Il est récompensé par deux étoiles. Avec lui, les classiques sont revisités et les recettes emblématiques conservées, comme la volaille de Bresse demi-deuil et l'artichaut au foie gras.

Mais, au-delà de ces « classiques », la région lyonnaise offre pléthore de possibilités à tester. Auberge traditionnelle, petit restaurant, bistrot, bouchon… faites votre choix et profitez-en ! Car ici la bonne chère est à portée de toutes les bourses. Lyon, par exemple, fait partie des rares villes où l'on peut bien manger à tous les prix. Quant à l'assiette, elle est aussi savoureuse que variée. Cuisine traditionnelle, classique, au goût du jour, contemporaine… Au royaume des gourmets, il y en a pour tous les palais !

Un vignoble varié

Sur les coteaux dominant la Saône et le Rhône s'étagent les prestigieux vignobles qui sont l'objet d'une culture spécialisée intensive. La diversité des terroirs, des cépages et du climat permet à la région de décliner toute une gamme de vins classés selon leur qualité : les meilleurs bénéficient de l'Appellation d'origine contrôlée (AOC) ; viennent ensuite les Vins délimités de qualité supérieure (VDQS), puis les Vins de pays et Vins de table.

LE BEAUJOLAIS

Les vins du Beaujolais se rattachent par tradition au patrimoine gastronomique de la région. Légers en bouche, souples et fruités, servis entre 10 et 14°, ces vins sont idéaux pour accompagner les produits du terroir.
Le vignoble s'étend sur une longueur de 60 km et une largeur de 12 km. Il occupe une superficie de près de 22 000 ha, avec une production moyenne de 1 300 000 hl par an. Il s'étage entre T180 et 550 m d'altitude et couvre la pente des coteaux ensoleillés qui dominent la Saône. Le cépage commun est le gamay noir à jus blanc pour les vins rouges ; au nord,

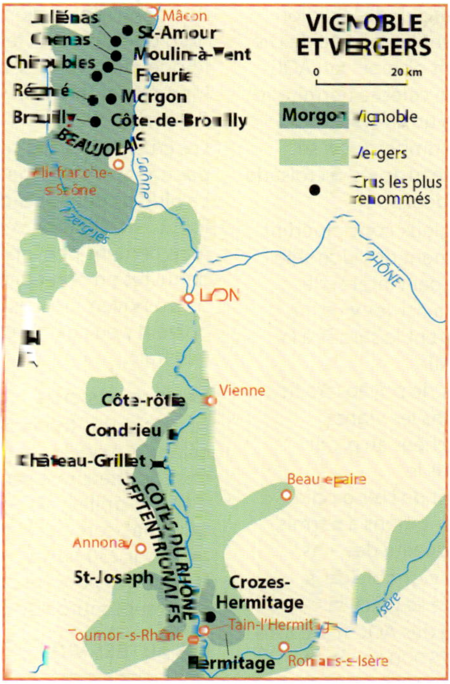

l'élite du Beaujolais est constituée de 10 crus ; les beaujolais-villages, au cœur du vignoble, sont des vins charpentés et fruités de qualité ; plus au sud, le pays des Pierres-Dorées regroupe des beaujolais supérieurs. La caractéristique du beaujolais est de se boire jeune et frais ; chaque année, le 3e jeudi de novembre à minuit, une partie de la production est commercialisée sous le nom de « beaujolais nouveau ». Cependant, les crus charnus et robustes se conservent jusqu'à cinq ans.

LES CÔTES-DU-RHÔNE

L'origine des vignobles remonte au temps des Romains ; les vétérans des légions romaines plantèrent des vignes qui prospérèrent jusqu'au coup d'arrêt de Domitien, qui en ordonna la destruction par crainte de concurrence. La production devint clandestine, puis reprit de plus belle.

DE L'IDENTITÉ DU BEAUJOLAIS

Les vins de Beaujolais se rattachent au patrimoine gastronomique de la région, ils en ont littéralement forgé l'identité. Pour s'en convaincre, et s'en amuser, il faut lire l'hilarant *Clochemerle* (1934) de Gabriel Chevallier… Dans son village (fictif et hautement métaphorique), « le vin étant l'unique affaire, l'intelligence se mesure à la finesse du palais. Quiconque sur trois lampées, plusieurs fois promenées autour des gencives, ne sait pas dire : brouilly, fleurie, morgon ou juliénas est un imbécile de modèle courant pour tous ces fervents vignerons » ! Un vin dont la puissance n'est pas « débonnaire bistrouille à fonds baptismaux, ni tisane pour diseurs de messe gastralgiques ».

Le vin le plus ancien de la région est certainement la clairette de Die, qui n'a pourtant obtenu son AOC qu'en 1993. Son célèbre hermitage doit son nom à un chevalier, Gaspard de Stérimberg, qui se retira sur le coteau après la croisade contre les Albigeois.
Les ordres religieux contribuèrent au développement des vignobles, parfois relayés par l'intérêt de la cour royale ; ainsi, les vins du Vivarais connurent le succès à la cour de Louis XII.
À la fin du 19e s., le phylloxéra fit des ravages dans les vignes, qui furent arrachées au profit de vergers ; mais le développement de l'œnologie et des réglementations a permis d'améliorer la qualité des vins. Aujourd'hui, le vignoble de la vallée du Rhône se place au deuxième rang des AOC françaises, en superficie (75 000 ha) et en production (3 500 000 hl). Il s'étend sur 200 km en un long ruban de part et d'autre du fleuve et doit sa variété aux cépages choisis, aux différences des sols sur lesquels il s'est installé, aux nuances climatiques des bassins et, enfin, aux diverses expositions des gradins qui s'étagent en direction des Cévennes et des Alpes. S'y distinguent les côtes du Rhône septentrionales, au nord de Valence, et les côtes du Rhône méridionales, au sud de Montélimar *(voir le Guide Vert Provence)*.
Les crus, de qualité, sont réalisés par un savant dosage des cépages. La plupart des côtes-du-Rhône font d'excellents vins de garde, mais certains peuvent être dégustés en primeur à partir de mi-novembre. Les rouges se boivent peu chambrés, les blancs très frais.

Les grands crus

Les côtes-du-Rhône doivent leur célébrité à quelques grands crus tels condrieu (rare sur 130 ha), château-grillet, saint-joseph (sur 1 000 ha), cornas, saint-péray, côte-rôtie (sur 230 ha) ou encore crozes-hermitage, pour n'évoquer que les côtes septentrionales.

LES AUTRES VINS

Les vins de la Loire

Le pays roannais et le Forez, situés dans le département de la Loire, recèlent chacun une AOC de rouge ou rosé. Très fruité, le **côte-roannaise** (qui reçut l'AOC en 1994) se boit jeune et frais. Le **côtes-du-forez** (qui obtint l'AOC en 1999) est également un vin fruité à savourer dès son plus jeune âge.

LES EAUX DE SOURCE

Parmi les sources du département de la Loire, fort réputées, la plus connue est la **Badoit**. Eau minérale naturellement gazeuse, elle est riche en calcium, magnésium, sodium et fluor. La production de bouteilles se fait à St-Galmier (*p. 148*).
Pétillante aussi, l'eau de **Parot** provient de St-Romain-le-Puy dans le Forez. Elle contient notamment du bicarbonate de soude et du fluor.
St-Alban-les-Eaux et **Sail-les-Bains**, deux cités au long passé thermal, commercialisent leurs eaux. La seconde a la particularité d'être riche en silicate, ce qui lui donne des vertus thérapeutiques en matière de dermatologie.
Enfin, peut-être buvez-vous fréquemment de la **Montarcher** sans le savoir ? Cette eau des monts du Forez remplit en effet nombre de fontaines d'eau placées dans les entreprises.

Le Beaujolais, le Col de la Vieille Morte.
H. Hughes/hemis.fr

Moins connu mais très agréable, le vin de pays d'Urfé (rouge ou blanc) est un agréable vin local.

Les vins de Vienne

Déjà, sous l'Empire romain, le vignoble de Seyssuel était réputé. Pendant des siècles, on a apprécié le « goût de poix » de ses vins rouges. Après sa destruction par le phylloxéra à la fin du 19e s., il renaît, mais sa production connaît quelques faiblesses. Dans les années 1990, trois vignerons plantent des cépages syrah et viognier (cépages anciens) près du château des Archevêques. De leurs douze hectares « jaillissent » à présent deux cuvées nommées Sotanum et Taburnum.

Les coteaux-du-lyonnais

Produits à l'ouest de Lyon, les vins des coteaux du Lyonnais bénéficient d'une AOC. Les rouges sont issus du gamay, avec des tonalités de framboise et cassis, les blancs du chardonnay avec des parfums de pêche blanche. Les premiers accompagnent mieux les viandes, les seconds les fruits de mer.

Les vins du Bugey

Le vignoble du Bugey s'étend sur 500 ha. L'AOC Bugey s'adresse aux vins de Manicle, Cerdon et Montagnieu. L'AOC « Roussette de Bugey » est réservée aux blancs issus du cépage altesse et provenant de Montagnieu et Virieu-le-Grand.

Nature et paysages

Coupée en son milieu par la vallée du Rhône, alimentée par la Loire et la Saône, la région lyonnaise déploie ses plaines, ses collines et ses montagnes autour de la cité et de ses lumières. Une fois sorti de l'agglomération, le visiteur en quête de nature découvrira une belle campagne pourvue d'étangs, de vignobles, de vergers et de champs verts, mais aussi de jolis villages aux maisons bâties en pierre et en terre dont le style révèle bien les différents terroirs.

Des paysages contrastés

Dans une éblouissante variété de couleurs, du plateau de la Dombes au Haut-Beaujolais montagneux jusqu'à la vallée du Rhône, la région lyonnaise se compose d'une mosaïque de paysages. Encadrées par les montagnes anciennes du Massif central à l'ouest et les pics montagneux des Alpes à l'est, partagées dans le sens nord-sud par la Saône et le Rhône, Lyon et sa région sont traversées par de grandes rivières et de vastes fleuves.
Tout comme le **Rhône** *(voir p. 217)*, la **Loire**, qui prend sa source en Ardèche, s'écoule dans le département qui porte son nom.
La **Saône** entre en Rhône-Alpes par l'Ain, traverse le Beaujolais puis se jette dans le Rhône au niveau de Lyon.
L'**Ain**, qui parcourt la Bresse et la Dombes, rejoint le Rhône un peu au nord de Lyon.

LA FORMATION DU RELIEF

À la fin de l'ère primaire, il y a environ 200 millions d'années, un bouleversement de l'écorce terrestre (plissement hercynien) fait surgir le sol granitique du Massif central sous forme de hautes montagnes.
Durant l'ère secondaire, les sédiments calcaires s'accumulent à la périphérie du massif, qui s'aplanit sous l'action de l'érosion. S'ensuit, pendant la première moitié de l'ère tertiaire, un affaissement progressif du socle hercynien de direction générale nord-sud : il est à l'origine du couloir rhodanien.
Le plissement alpin exerce ensuite une formidable poussée sur le Massif central qui, trop rigide pour se plisser à nouveau, bascule d'est en ouest en se disloquant.
À la faveur des fissures, le magma interne, en fusion, jaillit ; des volcans s'édifient.
Au début de l'ère quaternaire, il y a environ 2 millions d'années, le Rhône, charriant de grandes quantités de matériaux arrachés aux montagnes voisines, crée des systèmes complexes de terrasses alluviales. Au milieu de cette ère, les glaciers ont de leur côté « sculpté » les paysages en se retirant : reliefs constitués de moraines, lacs tels

Chemin dans le parc naturel régional du Livradois-Forez, près de Sallèdes.
Ch. Guy/hemis.fr

que ceux de la Dombes et du Bas-Dauphiné.

LES PAYS DU COULOIR RHODANIEN

La Bresse

Vallonnée et sillonnée de nombreux ruisseaux, les « caunes », la plaine de la Bresse s'étend de la Saône au Revermont jurassien. Les sols lourds sont difficiles à travailler, c'est pourquoi la région s'est essentiellement tournée vers l'élevage, particulièrement avicole.

La Dombes

C'est un plateau argileux au sol imperméable parsemé d'étangs. Le plateau se termine sur les vallées qui l'enserrent sur trois versants par les côtes assez abruptes de la Saône à l'ouest et du Rhône au sud. Au nord, il se confond avec la Bresse. Les eaux de fonte du glacier rhodanien ont creusé en surface de légères cuvettes et laissé sur leurs bords les moraines, accumulation des débris qu'elles entraînaient. Le charme de la Dombes naît des lignes sereines de ses paysages, de ses rangées d'arbres et de ses eaux dormantes. Les étangs couvrent plus de 14 000 ha de la région Rhône-Alpes dont la majorité se situe dans la **Dombes** (11 600 ha). Ces plans d'eau, où s'est développée la pisciculture, font le bonheur des poissons comme celle des pêcheurs qui recherchent la friture (gardon, perche…) ou le gros (brochet, carpe, truite…).

Le Bugey

Limitrophe de la Savoie, de la Haute-Savoie et de l'Isère, il s'étend sur les contreforts du Jura. Sa partie centrale se compose d'un relief alternant bassins et plateaux montagneux. On distingue généralement deux Bugey. Le Bas-Bugey, vallonné, serein, verdoyant et propice aux vignobles, et le Haut-Bugey, montagneux, aux cirques rocheux et aux sombres forêts de sapins.

Le Bas-Dauphiné

Au sud-est de Lyon, les reliefs du Bas-Dauphiné se sont édifiés lors de la fonte des glaciers durant l'ère quaternaire. Ses paysages sont multiples. Entre Lyon et le plateau de Crémieu, connu pour ses grottes et ses pâturages, les prairies voisinent avec les champs cultivés. Viennent ensuite les collines granitiques et schisteuses des **Balmes** viennoises qui font place à l'est aux vallées étroites qui découpent le plateau des **Terres-Froides**.

Le Beaujolais

Au nord, le **Haut-Beaujolais** est une zone montagneuse de terrains, essentiellement granitiques, issus du plissement hercynien. Sur les versants abrupts dévalent les affluents de la Saône orientés ouest-est.
Le **Bas-Beaujolais**, au sud, est surtout formé de terrains

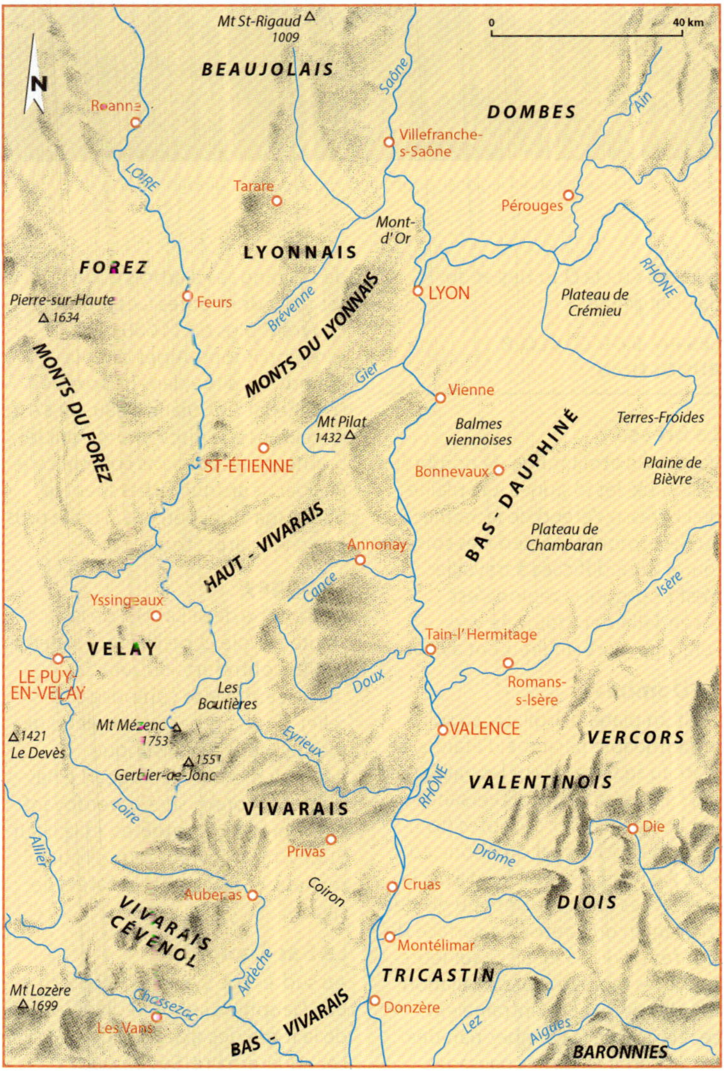

sédimentaires de l'ère secondaire qui furent fortement fracturés. Parmi eux, les calcaires tirant sur l'ocre lui valent l'appellation de **« pays des Pierres Dorées »**.

Le Lyonnais

Entre le bassin de St-Étienne, les monts de Tarare et l'agglomération lyonnaise, ce plateau est marqué de hautes croupes herbeuses, de bois de pins et de hêtres, et de vergers sur les versants les mieux exposés. Le Mont-d'Or y forme un ensemble aux allures accidentées. Le Lyonnais s'achève avec le superbe promontoire de Fourvière, qui domine le confluent de la Saône et du Rhône, et sa grande métropole

Le Forez et le Roannais

Dans les monts du Forez, jusqu'à près de 1 000 m d'altitude, s'étendent des champs et des prairies bien irriguées. Plus haut, des forêts de sapins et de hêtres couvrent les pentes. À partir de 1 200 m dominent les croupes dénudées des **Hautes Chaumes**, vastes espaces composés de landes montagnardes. Au pied de ces montagnes, la plaine humide du Forez a été comblée par les alluvions à l'ère tertiaire. Elle est piquetée de buttes volcaniques. On dénombre aussi 1 600 ha d'étangs. Le bassin de Roanne, séparé du Forez par le seuil de Pinay, est un pays rural fertile, orienté vers l'élevage et dominé, à l'ouest, par les coteaux couverts de vignes des monts de la Madeleine.

Le Pilat et le bassin stéphanois

Le massif du Pilat offre une silhouette pyramidale rehaussée de beaux ensembles forestiers qui lui donnent un air montagnard. Ses sommets, qui atteignent 1 432 m au crêt de la Perdrix, sont coiffés de blocs de granit appelés **« chirats »**. À ses pieds, la région de St-Étienne, formée par les dépressions du Furan, de l'Ondaine, du Janon et du Gier, épouse la forme en amande du bassin houiller qui s'étend entre la Loire et le Rhône. Celui-ci correspond à un pli synclinal (« en creux ») de couches carbonifères, formées à la fin de l'ère primaire. Ce sillon s'élève à une altitude variant entre 500 et 600 m.

Le Rhône

Rapide et majestueux, le Rhône est le plus puissant des fleuves français. Au sud de Lyon, entre les talus du Massif central et des Préalpes, sa course vers le Midi offre l'aspect d'une percée lumineuse d'une ampleur magnifique. Il est une route romantique à lui seul. À chaque instant, à chaque méandre, la vallée se pare sur ses rives baignées de soleil d'une beauté nouvelle, parfois appuyée par la violence et la force du mistral.

UN FLOT RAPIDE ET PUISSANT

Le Rhône prend sa source en Suisse au glacier dit « du Rhône ». Il fait son entrée en France après avoir traversé le lac Léman et, jusqu'à son arrivée dans le delta de la Camargue, il n'arrose pas moins de onze départements.

Il est aussi l'un des fleuves français dans lequel se jettent le plus de rivières : l'Ain, le Doubs puis la Saône, l'Ardèche, le Gard, mais aussi l'Arve, le Fier, l'Isère, la Drôme et la Durance. Il draine en toute saison, à vive allure, un important volume d'eau. Son impétuosité est due à sa pente relativement forte : 0,50 m par km entre Lyon et Valence ; elle s'accentue encore entre Valence et le confluent de l'Ardèche (0,77 m) pour retomber entre le confluent de l'Ardèche et celui du Gardon (0,49 m). Plus en aval, la pente diminue fortement.

La **puissance hydraulique** du Rhône est remarquable : 1 350 m³/s en eaux moyennes à Valence.

Pour un tel débit, sa vitesse est de l'ordre de 2,50 m/s. Pendant son parcours français, le fleuve reçoit des affluents de régimes différents : rivières alpines en crue au printemps et en été, torrents du Vivarais en automne et en hiver, si bien que, même en été, le Rhône garde un débit important.
Ses **crues** sont liées à celles de ses affluents. Les plus fortes sont aujourd'hui en bonne partie régulées par les nombreux barrages et autres aménagements répartis sur son cours. Le Rhône n'est plus vraiment cette « grande rivière sauvage » de Chateaubriand ; les « colères terrifiantes du Rhône » évoquées par Clavel se font rares même s'il est encore parfois ce « Rhône puissant, insolent, roulant vers le Midi une eau énorme et boueuse ; une eau à faire trembler tout ce qui (vit) dans la vallée ».

DES NAUTES AUX AUTOMOTEURS

À l'époque romaine, la navigation y devient très active. Le fleuve est alors la grande voie de commerce du vin ; des villes importantes se créent : Lyon, Valence, Vienne. Les **nautes** rhodaniens forment les corporations les plus puissantes des villes romaines. Ils deviendront, sous l'Ancien Régime, les **« coches d'eau »** desservant les villes bordières qui ont toutes leur port. La vie marinière est de ce fait intense.
À la fin du 18e s., les **bateliers** remplacent les « coches d'eau » : chargés de marchandises, les trains de barques descendent le Rhône au gré du courant et le remontent halés par des chevaux. Le transport est lent et, lorsque les **bateaux à vapeur** apparaissent en 1829, la concurrence est dure. Le chemin de fer porta ensuite le dernier coup, presque fatal, aux modes de transports fluviaux.
Commence alors l'ère de la « houille blanche », l'hydroélectricité, et les travaux entrepris sur le fleuve redonnent au Rhône toute son importance. Après l'exploitation par **remorqueurs**, le transport est maintenant assuré, grâce aux travaux d'aménagement de la Compagnie nationale du Rhône (création de 13 biefs et de 12 écluses), par des **automoteurs** de 1 500 t et des convois poussés de 5 000 t et plus. Le tonnage annuel (5 100 000 t) comprend hydrocarbures, produits métallurgiques et agricoles, matériaux de construction.

L'AMÉNAGEMENT DU RHÔNE

La Compagnie nationale du Rhône a été créée en 1934 en vue de l'aménagement du fleuve. Sa règle d'or se résume en trois mots : navigation, irrigation, électricité. Les ouvrages de la Compagnie font du Rhône un gigantesque escalier d'eau entre le lac Léman et la mer, et fournissent chaque année environ 16 milliards de kWh – le fleuve compte 20 centrales hydroélectriques sur son cours français et 3 sur son cours suisse. De Lyon à la mer, ce sont 330 km de voies navigables.

Des travaux imposants

En aval de Lyon, la vallée large et cultivée, aux berges généralement basses, ne permettait pas l'aménagement de réservoirs artificiels alimentant de hautes chutes comme en montagne. Aussi est-ce le Rhône lui-même que l'on a barré et dérivé dans un lit artificiel. Chaque ouvrage comprend un barrage en travers du fleuve qui dérive l'eau dans un canal d'amenée alimentant une usine « au fil de l'eau » à gros débit. Sortant de l'usine, les eaux rejoignent le Rhône par un canal de fuite. Des écluses équipent ces canaux à hauteur des usines et permettent le passage des bateaux.

Vue sur Condrieu et le Rhône.
G. Marché/Photononstop

L'aménagement complet du Rhône de Lyon à la mer a été achevé en 1980 par la mise en service des ouvrages de Vaugris, près de Vienne.
En amont de Lyon, quatre usines de basse chute valorisent l'utilisation de l'ensemble Génissiat-Seyssel.

L'INTERNATIONALISATION DU RHÔNE

Dès 1833, un canal relie les bassins du Rhône et du Rhin à partir de la Saône et jusqu'au port fluvial de Strasbourg. Mais c'est seulement dans les années 1960 que l'on relance l'idée d'un grand axe Rhin-Rhône : il s'agit de concurrencer l'axe Rhin-Main-Danube. Cependant, le projet s'essouffle pour des raisons de rentabilité. Le Rhône n'en reste pas moins un fleuve cosmopolite grâce à la multiplication des croisières pour vacanciers. Un secteur générateur de richesse, très encouragé par les élus locaux et, de fait, actuellement en plein développement.

L'IRRIGATION, SOURCE DE RICHESSE

Grâce à l'irrigation de milliers d'hectares, les plaines de la vallée du Rhône sont des terres de bon rendement. La production fruitière, en particulier, bénéficie de cette mise en valeur. Mais ces dernières années ont montré que cette ressource n'est pas inépuisable et qu'elle doit être gérée avec rigueur.

L'EXPANSION INDUSTRIELLE

Le développement industriel de la vallée, lié aux aménagements du fleuve, a profondément modifié l'aspect du couloir rhodanien.
Au sud de Lyon, **usines et installations** se succèdent : raffineries de Feyzin, constructions mécaniques, verre, engrais, papier, carton de Chasse et Givors, centrale thermique de Loire-sur-Rhône, usines chimiques des Roches, St-Clair-du-Rhône et Le Péage-de-Roussillon, ensemble industriel de Portes-lès-Valence et Montélimar, textiles de La Voulte, chaux et ciments de Cruas, Le Teil et Viviers.

Dans le domaine **nucléaire**, les centrales de St-Alban-St-Maurice, de Cruas-Meysse, du Tricastin et l'ensemble des aménagements de Pierrelatte confèrent à la vallée du Rhône un rôle de tout premier plan dans l'approvisionnement énergétique du pays et des états limitrophes.

LES PONTS

Alors que les **Romains** n'avaient construit que deux ponts sur le Rhône, dont l'un en pierre à Vienne, les architectes du **Moyen Âge**, déjouant les difficultés, en lancèrent trois. Ce sont les frères pontifes, un ordre de moines bâtisseurs, qui édifièrent au 13e s. le pont de la Guillotière à Lyon. Au 19e s., les frères Seguin, en créant la technique du pont suspendu par câble en fer, apportèrent au problème du franchissement du fleuve une solution économique. Le premier pont suspendu construit sur le Rhône fut celui de Tournon ; inauguré en 1825, il a été démoli en 1965 (celui visible aujourd'hui date de 1846). **La dernière guerre** a détruit la plupart des ponts suspendus. À l'occasion de leur reconstruction, on a fait appel aux techniques les plus récentes, comme à Tournon, Le Teil, Viviers ; la travée centrale suspendue dépasse souvent 200 m de longueur (Le Teil : 235 m). Le **béton** précontraint a été utilisé pour lancer des ponts non suspendus ; le plus remarquable est le pont de chemin de fer de La Voulte (1955). Les derniers ponts routiers ouverts à la circulation sont ceux de la déviation de Vienne (autoroute A 7) en 1973, celui de Chavanay en amont du Péage-de-Roussillon (fin 1977) et le pont de Tricastin sur le canal d'amenée de la chute de Donzère-Mondragon en 1978.

Préserver la nature

LES PARCS NATURELS RÉGIONAUX

Ces parcs (PNR) disséminés sur l'ensemble du territoire français ont été créés dans le but de préserver un environnement naturel remarquable. La région Rhône-Alpes en compte six. Un record national, qui jouxte les 6 réserves biologiques naturelles, les 2 parcs nationaux et les 12 réserves naturelles de la région lyonnaise.

DÉVELOPPEMENT ÉCOLOGIQUE, ECONOMIE DURABLE

L'énergie renouvelable est un thème qui ne cesse de monter en puissance. En la matière, Rhône-Alpes dispose de ressources abondantes (énergie hydraulique, biomasse, ensoleillement, vent), donc de bon potentiel. Si elle a été pionnière en matière de développement hydroélectrique (encore 72 % de l'énergie produite par la Région en 2007), les autres filières énergétiques connaissent un essor important depuis quelques années, comme la filière bois (27 %). De son côté, la filière éolienne est en voie de développement dans la vallée du Rhône et fournissait 3 % de la puissance électrique de France en 2010.

LA FIN DES BATELIERS

« Ainsi, depuis ce jour de 1829 où le *Pionnier* avait monté d'Arles jusqu'à Lyon, en moins de quarante-huit heures, 1 150 quintaux de marchandises, une ombre pesait sur la vallée. On commençait déjà de se remémorer avec tristesse le temps où plus de deux mille bateaux assuraient le trafic, faisant vivre tout un peuple de bateliers et de riverains. »
Bernard Clavel, *Le Seigneur du fleuve, 1971.*

Histoire

La région lyonnaise est depuis toujours une voie de communication de premier ordre. Marquée par la culture romaine, animée par les foires médiévales, reconnue pour sa production de soie, ses idées liées à la Réforme, son esprit de Résistance et son développement énergétique, l'histoire régionale témoigne d'un dynamisme sans cesse renouvelé.

LES GRANDES DATES

- **121 av. J.-C.** – Défaite des Allobroges. Les légions romaines s'installent à Vienne.
- **43 av. J.-C.** – Fondation de Lugdunum, future Lyon.
- **27 av. J.-C.** – Lugdunum devient capitale des Gaules.
- **1074** – Le pape Grégoire VII fait de l'archevêque de Lyon le primat des Gaules. Il élève la ville au rang de capitale religieuse du royaume de France.
- **1349** – Rattachement du Dauphiné à la France.
- **1450** – Charles VII accorde à Lyon le monopole de la vente de la soie dans le royaume.
- **1536** – François Ier prend possession du comté de Forez.
- **1601** – En échange d'un domaine italien, Henri IV obtient du duc de Savoie, la Bresse, le Bugey, le Valromey et le pays de Gex.
- **1793** – Résistance lyonnaise contre la Convention, réprimée par la Terreur.
- **1831-1834** – Principales insurrections des canuts à Lyon.
- **1863** – Fondation du Crédit Lyonnais.
- **1934** – Création de la Compagnie nationale du Rhône pour l'aménagement du fleuve.
- **Fin 1940** – Lyon, capitale de la Résistance réfugiée en zone libre.
- **1971** – Ouverture du tunnel de Fourvière.
- **1972** – Création de la région Rhône-Alpes.
- **1986-1998** – Fonctionnement à Creys-et-Pusignieu de Superphénix, premier réacteur européen à neutrons rapides.
- **1998** – Le site historique de Lyon (confluent) est inscrit sur la liste du patrimoine mondial de l'Unesco.
- **2000** – L'aéroport international prend le nom de Saint-Exupéry, en mémoire de l'écrivain et aviateur né à Lyon en 1900.
- **2008** – **L'Olympique lyonnais** remporte son septième titre consécutif de champion de France de football.
- **2012** – Constitution d'un pôle métropolitain. Il regroupe Grand-Lyon, St-Étienne Métropole, ViennAgglo et CAPI Bourgoin-Jallieu.
- **1er janv. 2015** – Lyon accède au statut de Métropole.
- **2017** – Création de St-Étienne métropole, qui rassemble 53 communes.

LÉGENDE CELTIQUE

Deux princes, Momoros et Atepomaros, se seraient arrêtés un jour au confluent du Rhône et de la Saône et auraient décidé d'y construire une ville. Tandis qu'ils creusaient les fondations, une nuée de corbeaux s'abattit autour d'eux. Reconnaissant dans cette manifestation une intervention divine, ils nommèrent leur cité **Lugdunum** (colline des corbeaux).

De Lugdunum à la ville chrétienne

LA PRÉHISTOIRE

Les découvertes actuelles situent l'arrivée de l'*Homo sapiens* dans la région aux alentours de 40 000 ans av. J.-C. Déjà, la vallée du Rhône est une voie de passage. Des groupes s'y sont installés ; l'agriculture, l'artisanat et le commerce (ambre, étain…) s'y développent bientôt. Au néolithique, les hommes vivent en sédentaire. De leur époque demeurent les cités lacustres du lac de Paladru.

DES ALLOBROGES AUX ROMAINS

Au 7e s. avant notre ère, les **Celtes** s'installent de part et d'autre du Rhône. Les Allobroges occupent la rive gauche du Rhône jusqu'aux contreforts des Alpes, de la région lyonnaise à la Drôme. Ils fondent la ville de Vienne. Les Segusiaves, moins nombreux, s'installent également dans la région lyonnaise et les Ambarres en Bresse.
Les **Romains**, désireux de conquérir la Gaule, comprennent rapidement l'importance stratégique du Rhône : ils s'en servent comme voie de pénétration pour leurs produits, mais aussi pour leur civilisation. Les légions romaines s'installent à Vienne, capitale des Allobroges, et sur la rive gauche du fleuve en 121. En 118 av. J.-C., les Romains créent la Narbonnaise, province qui s'étend de Vienne à la Méditerranée. Vienne est alors une cité importante qui s'étend sur les deux rives du Rhône qui la traverse.

LA CAPITALE DES GAULES

Dans sa volonté de conquérir la Gaule, César choisit le site de la future ville de Lyon pour établir son camp de base. L'emplacement est en effet idéal. Les alluvions du Rhône ont repoussé vers le sud le confluent qui se situait jadis au pied de la colline formant une presqu'île qui deviendra le centre vital du camp. La Saône et le Rhône offrent le magnifique spectacle de leurs cours contrastés, au pied des collines de Fourvière et de la Croix-Rousse, face à la basse plaine dauphinoise. Venue du nord, la Saône contourne le petit massif du Mont-d'Or et s'engage dans le défilé de Pierre-Scize, creusé entre Fourvière et la Croix-Rousse. Le Rhône arrive des Alpes en un large flot qui bute contre la Croix-Rousse.
Après la mort de César, en l'an 43 av. J.-C., l'un de ses lieutenants, Munatius Plancus fonde Lugdunum, future ville de Lyon, en installant des colons romains sur les hauteurs qui dominent les rives de la Saône. En 27 av. J.-C., Agrippa, qui a reçu d'Auguste la mission d'organiser la Gaule, décide d'élever *Lugdunum* au rang de **capitale des Gaules**.
Les différents Césars, à commencer par Auguste, réorganisent la région qui entre dans une période de paix favorable au commerce et à la construction. Des cités nouvelles surgissent de terre de même que des théâtres, amphithéâtres, villas, etc.
Dès lors, le réseau des routes impériales s'établit au départ de Lyon : cinq grandes voies rayonnent vers l'Aquitaine, l'Océan, le Rhin,

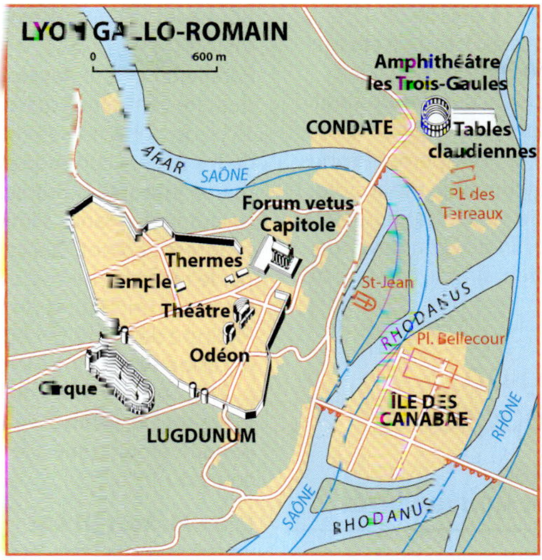

Arles et l'Italie. Auguste séjourne dans la cité. L'empereur Claude y naît. Au 2e s., des aqueducs conduisent à Fourvière l'eau des monts voisins. La ville, gouvernée par sa curie, a le monopole du commerce du vin dans toute la Gaule. Les nautes de son port sont de puissants armateurs ; ses potiers, de véritables industriels. Les riches négociants occupent un quartier à part dans l'île des Canabae, à l'emplacement actuel d'Ainay.

Sur les pentes de la Croix-Rousse s'étend la ville gauloise, **Condate**. L'amphithéâtre des Trois-Gaules (dont on a retrouvé en 1958 l'inscription votive) et le temple de Rome et d'Auguste accueillent chaque année la bruyante assemblée des Gaules.

L'empereur Claude, natif de Lyon, obtient pour la ville la citoyenneté romaine. On peut désormais lire son discours sur les deux plaques de bronze découvertes dans le quartier de la Croix-Rousse à Lyon (*voir le Musée gallo-romain de Lyon-Fourvière p. 52*). Quant à la ville de Vienne, forte de 30 000 habitants, elle possède des entrepôts d'une taille impressionnante qui attestent de son rôle commercial. Ses riches et vastes demeures, ses monuments et ses nombreux ateliers d'artisans témoignent de son importance.

LES MARTYRS DE LYON

Lugdunum est devenue le rendez-vous d'affaires de tous les pays. Soldats, marchands ou missionnaires arrivant d'Asie Mineure se font les propagateurs du nouvel Évangile et bientôt grandit dans la ville une petite communauté chrétienne. Grand centre économique et intellectuel, Lyon devient dès lors le point de départ de la diffusion du christianisme en Gaule. Elle le reste malgré les persécutions de Marc Aurèle. En 177 éclate une émeute populaire qui aboutit aux célèbres martyres de **saint Pothin**, de **sainte Blandine** et de leurs compagnons (➲ *p. 54*).

Vingt ans plus tard, le règne de Septime Sévère est marqué par de fréquentes incursions des barbares et par un climat d'insécurité qui met à mal la prospérité de la région. Après avoir triomphé de son compétiteur Albin soutenu par

Lyon, l'empereur décide de livrer la ville aux flammes. Il trouve encore à Lyon 18 000 chrétiens qu'il fait massacrer ; parmi eux, figure saint Irénée, successeur de saint Pothin. En 280 apr. J.-C., l'empereur Probus enlève aux Lyonnais le monopole de la vente du vin en Gaule. C'est le début du déclin de Lyon devenue, sous Dioclétien, simple capitale de province.

Une région qui s'impose

LE MOYEN ÂGE, UNE ÉPOQUE MOUVEMENTÉE

Les **Burgondes**, puis les **Francs** se substituent aux Romains dans la région : c'est, du 5e au 6e s., la période des grandes invasions mais aussi de la fondation des premières abbayes dans la vallée, de cathédrales à Lyon et à Vienne. Trace de ce passé, l'**île Barbe** (nord-ouest du centre de Lyon), aujourd'hui domaine de calmes propriétés privées, abritait l'une des plus puissantes abbayes lyonnaises, fondée au 5e s.

Au 8e s., la région lyonnaise appartient à l'empire carolingien. Le christianisme se diffuse largement dans le royaume. En 843, le traité de Verdun partage l'empire de Charlemagne entre les trois fils de Louis le Débonnaire. Lothaire reçoit les territoires allant de Rouen à la mer du Nord, la Provence, la vallée du Rhône et la Bourgogne.

Bientôt, l'ensemble du territoire se morcèle avec l'ascension de **puissances féodales** – comme les comtes de Forez – qui en viennent à dominer de vastes domaines. S'instaure alors une époque de croissance économique, urbaine et démographique dans la région et au-delà. Les comtes d'Albon, « Dauphins de Viennois », étendent leurs possessions. Leurs terres, du Rhône aux Alpes, recevront le nom de Dauphiné.

Parallèlement, le développement des cités entraîne l'octroi au 13e s. de nombreuses chartes de franchises communales. À la même époque, la puissance du royaume de France s'impose progressivement. Elle se conclut par le rattachement à la France du Lyonnais, en 1310, et du Dauphiné. Philippe de Valois fait ériger à cette occasion une tour à Vienne *(voir p. 247)*. En 1349 sont constitués les **États du Dauphiné**. Vienne est définitivement unie à la France au cours du 15e s.

LYON AU MOYEN ÂGE

Après le règne de Charlemagne, legs et dots font passer Lyon de main en main. Dès le 11e s., la ville est devenue le lieu de résidence de l'épiscopat français. Le pouvoir des évêques dépasse le simple domaine religieux. Et, finalement, la ville tombe sous l'autorité temporelle de ses archevêques. Le 12e s. est marqué par l'apparition des Vaudois, un groupe de Lyon qui prêche la pauvreté. D'abord tolérés par l'église, ses adeptes finiront par être condamnés comme hérétiques.

C'est une grande époque de construction. L'ordre cistercien influence l'architecture régionale. À Lyon et dans tout le Lyonnais fleurissent églises et abbayes. Le pont du Change est lancé sur la Saône ; le pont de la Guillotière, œuvre des frères pontifes, permet de franchir le Rhône.

Au début du 14e s., Lyon est rattachée directement au pouvoir royal et obtient le droit d'élire douze consuls : la commune est proclamée à l'île Barbe en 1312. Les consuls, issus de la riche bourgeoisie, lèvent les impôts et assurent la police. C'est à cette époque que Lyon acquiert sa devise, toujours valable : « Avant !

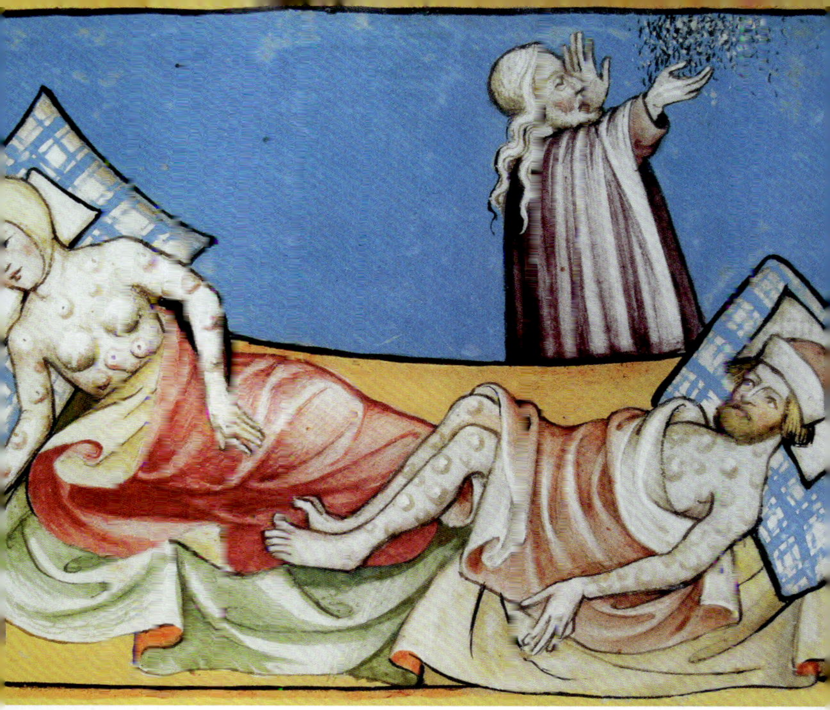

Illustration de la peste noire.
D.R

Avant ! Lion le *melhor* ! ». Le petit peuple, volontiers porté à la *rebeyne* (rébellion), et qui n'avait pas hésité à assiéger l'archevêque dans son palais, découvre alors que la main des consuls est encore moins tendre que celle du clergé.

LE TEMPS DES FOIRES

Le calme et la prospérité reviennent dans la région, se traduisant par la création de l'université de Valence en 1452, la nouvelle spécialisation de St-Étienne dans la fabrication d'armes à feu et le développement des foires et marchés, dans le Velay et à Lyon. Les premières foires de Lyon sont instituées en 1419 par le dauphin Charles, futur Charles VII. Dès 1463, Louis XI confirme les foires de Lyon par privilèges royaux. La ville devient une plaque commerciale et financière incontournable pour toute l'Europe. Au nombre de quatre par an au milieu du 15e s., les foires de Lyon déclinent au 16e s. pour des raisons fiscales et des difficultés économiques plus ou moins liées aux guerres d'Italie, puis aux guerres de Religion.

LE TRIOMPHE DES LETTRES ET DES ARTS AU 16e S.

À la fin du 15e s., les foires et le développement de la banque attirent les commerçants de l'Europe entière. La vie mondaine, intellectuelle et artistique s'épanouit, stimulée par la venue de François Ier et de sa sœur, la reine Marguerite. S'y distingue le personnage de la Belle Cordière (Louise Labé). De célèbres « libraires », Jean Neumeister (ancien disciple de Gutenberg), Jean de Tournes et Guillaume Roville portent au loin le renom de l'imprimerie lyonnaise qui compte 100 ateliers en 1515, puis plus de 400 en 1548. Peintres, sculpteurs, céramistes, imprégnés de culture italienne, préparent la Renaissance française.

À Lyon brillent des poètes comme Maurice Scève et Clément Marot, des conteurs comme **Rabelais** ; médecin à l'Hôtel-Dieu, ce dernier publie coup sur coup, en 1532 et 1534, à l'occasion des foires, son *Gargantua* et son *Pantagruel*.

Cocons, magnans et soierie

DE LA CHINE À LYON

Jolie histoire que celle de la découverte de la soie ! Selon la tradition, une princesse chinoise prenait le thé à l'ombre de son jardin, dans les règles de l'art, quand, plof ! une boule blanche tomba dans son bol. L'élégante dame entreprit donc de l'en retirer, avec des baguettes, bien sûr. Mais les baguettes glissaient sur la boule, elle dut s'y reprendre à plusieurs reprises et, surprise, finit par voir la boule blanche tourner comme une toupie dans la décoction bouillante : un cocon de bombyx du mûrier était tombé dans son thé, elle avait attrapé la soie et découvrait que ce fil, résistant, était d'une longueur impressionnante (jusqu'à 1,5 km). Histoire ou légende ? Qui sait ? Toujours est-il que la soie est utilisée en Chine dès le 17e s. av. J.-C. et que le secret de sa fabrication y est gardé pendant vingt-trois siècles.
Après avoir traversé la Perse et l'Inde, l'élevage des vers à soie passe la Méditerranée (particulièrement en Italie) aux alentours du 12e s., arrive en Provence avec les papes d'Avignon. Jusqu'alors, la plus grande partie des étoffes de soie vendues en France venait d'Italie. En 1450, Charles VII accorde à Lyon le monopole de la vente de la soie dans le royaume, mais la ville est devancée vingt ans plus tard par Tours. En 1536, le Piémontais **Étienne Turquet** propose d'amener à Lyon des tisseurs génois et d'y établir une manufacture. Soucieux de combattre l'exportation d'argent, François Ier accepte et poursuit ainsi la politique de Louis XI qui avait déjà supprimé taxes et impôts sur ce travail. François Ier, puis Henri IV se mêlent de l'affaire et encouragent la culture de la soie, ce dernier avec l'aide du savant Olivier de Serres. Soixante ans plus tard, l'importation de soierie est interdite dans le royaume.

L'ESSOR

La soierie lyonnaise, en même temps que les élevages de magnans (vers à soie), prend un grand essor au 18e s. Son expansion continue sous le règne de Louis XIV, favorisée par d'illustres novateurs comme Philippe de Lassalle. Dessins et techniques sont d'une complexité croissante. Malheureusement l'essor de la production de la soie est momentanément stoppé par la Révolution.
À l'aube du 19e s., élevage et tissage deviennent une activité majeure dans l'ensemble de la région. En 1804, **Joseph-Marie Jacquard**, s'inspirant d'une machine de Vaucanson, invente un métier qui, utilisant un système de cartes perforées, permet à un seul ouvrier de faire le travail de six. Le quartier de la Croix-Rousse se couvre alors de ses maisons-ateliers caractéristiques : leurs étages élevés abritent les métiers sur lesquels les **« canuts »**, ouvriers de la soie, tissent le fil fourni par le fabricant *(voir p. 84)*. Dopée par une forte relance sous l'Empire, la soierie lyonnaise atteint son apogée vers 1850. La production explose et, à sa suite, les révoltes de canuts en 1831, 1834, 1848 et 1885.

LA CRISE

En 1850, la pébrine, maladie du ver à soie, ravage la sériciculture du Vivarais. Lorsque Pasteur y trouve un remède, le marché s'est orienté vers d'autres sources ; les magnaneries disparaissent une à une. L'introduction du métier mécanique et le changement de

La crise lyonnaise. Intérieur d'un tisseur en soie. D'après nature, par Jules Férat.
D.R

la mode, qui n'est plus aux étoffes façonnées ou brochées, réduisent les canuts à la misère. Malgré le perfectionnement de son savoir-faire, le tissage ne tarde pas à prendre la suite : la Première Guerre mondiale, l'apparition des tissus synthétiques portent le coup de grâce à la grande époque de la soierie lyonnaise. La concurrence extérieure, la découverte de fibres artificielles et l'industrialisation massive ont depuis profondément modifié cette industrie ; mais la soierie lyonnaise est restée une référence au service de la mode et du luxe français. Seuls subsistent aujourd'hui quelques métiers destinés à la fabrication d'étoffes spéciales de très grand prix.

La Révolution et l'essor de l'industrie

« LYON N'EST PLUS »

La **Révolution** offre à Lyon son premier statut de « municipalité », mais, bientôt, la résistance lyonnaise à la Convention engendre les terribles représailles de la Terreur. Du 22 août au 9 octobre 1793, elle est assiégée par l'armée : chaque jour, d'innombrables Lyonnais périssent, victimes de l'exaltation des agents de Robespierre. Couthon prescrit la destruction des maisons de Bellecour. Le 12 octobre 1793, à l'issue de ces cinquante jours de siège, le Comité de salut public rend le célèbre décret : « Lyon fit la guerre à la Liberté, Lyon n'est plus. » Le texte prévoit que la ville soit détruite, à l'exception de certaines maisons. Le nom de Lyon est changé en celui de « Commune affranchie ». Un an plus tard, une loi du 16 vendémiaire an III (7 octobre 1794) redonne son nom à la ville.

L'ESSOR DES SCIENCES AU 18e S.

Après l'essor littéraire et artistique, les sciences prennent leur revanche au 18e s. avec les **frères Jussieu**, illustres botanistes, et **Claude Bourgelat** (1712-1779) qui fonde à Lyon, en 1762, la première école vétérinaire d'Europe. En 1783, **Jouffroy d'Abbans** expérimente sur la Saône la navigation à vapeur avec son « pyroscaphe » qui ne lui rapportera guère que le surnom moqueur de « Jouffroy la pompe ». En 1784, Joseph de Montgolfier et Pilâtre de Rozier réussissent, aux Brotteaux, une des premières ascensions en aérostat. Quelques années plus tard, André-Marie Ampère, physicien, révèle à son tour un génie inventif.

L'ENVOL INDUSTRIEL

Comme dans le reste de la France, une fois les troubles apaisés, la **croissance industrielle** prend son essor : 1800 voit les débuts de la fabrication de la mousseline à Tarare, que suivront les industries des cotonnades quelque trente ans plus tard. Le **chemin de fer** relie St-Étienne à Andrézieux en 1827, puis à Lyon en 1832. Dix ans ne sont pas passés avant que ne suive l'inauguration du **canal de Roanne**. En 1880, le phylloxéra détruit la moitié du vignoble ardéchois, mais les vignes sont rapidement remplacées par des vergers dans les vallées du Rhône et de l'Eyrieux. La fin du siècle assiste à la naissance de l'**industrie chimique** lyonnaise et l'essor de la **métallurgie** dans la vallée du Rhône.

Aussi, le bassin industriel trouve-t-il naturellement sa place dans l'effort national de la Grande Guerre. Lyon, Roanne, la vallée du Gier et St-Étienne sont foyers de fabrications d'armes (obus, armes légères, artillerie, composants pour explosifs, poudres, fumigènes, ypérite) et moteurs d'avions. Les camions Berliet arpentent la « voie sacrée » pour acheminer hommes et matériels vers le front de Verdun. Plus éloignée mais riche de vivres, la région d'Ambérieu acquiert en 1916 le rôle de plate-forme de ravitaillement pour les troupes.

Enfin, tradition hospitalière oblige, Lyon, placée sur l'axe d'évacuation ferroviaire, assure une belle part du traitement des grands blessés. Elle s'illustre, entre autres, dans la chirurgie des « gueules cassées ».

L'OCCUPATION ET LA LIBÉRATION

Au début de la Seconde Guerre mondiale, alors que le gouvernement vaincu de la France s'installe à Vichy, la ligne de démarcation passe au nord de la région. À la fin de 1940, Lyon devient la **capitale de la Résistance** réfugiée en zone libre. La ville est occupée par les Allemands, le 11 novembre 1942, rendant plus dangereux les actes de résistance : en mai 1943, **Jean Moulin** est arrêté près de Lyon par la Gestapo. En 1944, les combats de la Libération gagnent la vallée du Rhône. Les ponts sont détruits par les Allemands. C'est en 1987 que sera jugé le chef de la Gestapo pour la région lyonnaise, **Klaus Barbie**. Condamné pour crimes contre l'humanité à Lyon, il décédera en prison en 1991.

L'INDUSTRIE, L'ÉNERGIE ET LA CITÉ INTERNATIONALE

En 1960, la région Rhône-Alpes est créée, regroupant huit départements dans une circonscription unique. Lyon endosse le rôle de métropole d'équilibre. À l'époque, un second souffle (production hydroélectrique, pétrole rafffiné puis nucléaire) accompagne la mutation des industries. Le bassin lyonnais devient le premier centre français de l'industrie chimique et pharmaceutique. Dans les années 1980, la région se réjouit de la construction à Creys-et-Pusignieu de Superphénix, premier réacteur européen à neutrons rapides (1986)… et de l'arrivée du premier TGV, qui relie Paris à Lyon (1981).

Avec ce dernier s'annonce la prospérité et la perspective d'une position stratégique. Outre son influence régionale, Lyon aspire à compter hors des frontières. En 1996, un an après l'élection à la mairie de Raymond Barre, ex-Premier ministre, la cité accueille le sommet du G7. Depuis les accords signés en 1998 avec la Lombardie et la Catalogne, elle cherche à confirmer sa position internationale et développe force partenariats avec l'Europe et le reste du monde.

En pays protestant

La région Rhône-Alpes est, depuis le 16e s., une terre conquise par le protestantisme. Aujourd'hui, elle reste un des bastions de la Réforme.

LA RÉFORME ET LES GUERRES DE RELIGION

Durant la première moitié du 16e s., la Réforme se propage vers les Cévennes par la vallée du Rhône, le Vivarais et la vallée de la Durance. Lyon imprime et diffuse les doctrines prêchées à Bâle et à Genève.

Vers 1528, les premiers prédicateurs œuvrent à Annonay. Malgré la répression exercée par le Parlement de Toulouse, l'« hérésie » gagne du terrain. Le protestantisme est stimulé par le rayonnement, sur l'autre rive du Rhône, de l'Église vaudoise, réformée à partir de 1532, qui répand les influences genevoises et lyonnaises. Les habitants ont été sensibles aux idées calvinistes qui répondent à leur goût d'indépendance.

Vers 1550-1560, la Réforme est implantée dans tout le pays. Les artisans sont rejoints par des savants (Olivier de Serres) et des nobles (comte Antoine de Crussol). Les « religionnaires » affirment publiquement leurs croyances. Comme à Genève, le protestantisme se durcit. Les « consistoires », assemblées représentatives et délibérantes, mènent campagne contre les festins, les danses, les cartes et les dés. En 1546 s'ouvre la première église réformée lyonnaise. C'est pendant la seconde moitié du 16e s. que catholiques et protestants s'affrontent. Dans le Dauphiné et le Vivarais, c'est une guerre de sacs de villes et de massacres qui est menée par les « religionnaires » et les « papistes ». Le baron des Adrets s'empare des principales villes du Dauphiné, où il conduit le mouvement huguenot. Il décime la vallée du Rhône avec ses bandes, puis marche sur le Forez où il fait tomber Montbrison. Plus tard, passant à nouveau au catholicisme, sa foi d'origine, il se retourne contre les réformés, alors défendus par le connétable François de Lesdiguières. Ailleurs, comme en Velay, le catholicisme triomphe sur le terrain. Les plus grandes villes (Lyon, Le Puy) se déclarent pour le parti ultracatholique de la Ligue, qui résista au roi jusqu'en 1595.

La paix n'est rétablie qu'en 1596, et,

LE PROTESTANTISME AUJOURD'HUI EN RHÔNE-ALPES

En France, et en Rhône-Alpes notamment, le protestantisme demeure une composante essentielle du paysage religieux. Particulièrement bien représentée en Ardèche, dans la Drôme et le Rhône, l'Église réformée s'est dotée en 2008 d'un nouveau temple de l'Est implanté au cœur du quartier de la Soie à Vaulx-en-Velin (Grand-Lyon). En 2012, elle a inauguré la rénovation très symbolique du Grand Temple lyonnais. Enfin, en mai 2013, Lyon reconnue pour sa tradition œcuménique, a accueilli le premier synode national de l'Église protestante unie de France, née de l'union de l'Église réformée et de l'Église évangélique luthérienne de France.

en 1598, Henri IV promulgue l'édit de Nantes, stipulant que les sujets du roi, adeptes du protestantisme, obtiennent la liberté de conscience et des lieux de culte.

LA CONTRE-RÉFORME ET LES DRAGONNADES

Dès 1536, après la mort de François Ier, son ministre le cardinal François de Tournon se consacre à la lutte contre la Réforme. Il fonde le collège de Tournon, foyer de la culture de la Renaissance.
La Contre-Réforme prend une ampleur décuplée au 17e s. avec la création de nombreux couvents (augustins, visitandines), et les missions de saint Jean-François Régis en Velay et Vivarais. Ces efforts refoulent progressivement les réformés.
À partir de 1661, Louis XIV, désirant réaliser l'unité politique et religieuse du royaume, entreprend une vive campagne contre la « religion prétendue réformée » et lance sur le Languedoc et les Cévennes les fameuses « dragonnades ». Ces persécutions conduisent à des abjurations massives. Louis XIV signe, le 18 octobre 1685, la révocation de l'édit de Nantes : le culte réformé est interdit. Cette décision entraîne l'exode de nombreux huguenots vers les pays protestants : les conséquences pour la vie économique de la région et de la France sont importantes. Après l'insurrection camisarde qui éclate dans les Cévennes entre 1702 et 1704, le protestantisme renaît clandestinement dans le Vivarais avec des prédicateurs comme **Antoine Court** (1695-1750) jusqu'en 1787, date à laquelle Louis XVI met fin aux persécutions avec l'édit de Tolérance.

QUELQUES MOTS USUELS

Bistanclaque : onomatopée pour parler du métier à tisser *(l'encadré p. 83)*.
Bouchon : auberge rustique qui propose des spécialités lyonnaises roboratives comme le **tablier de sapeur** ou la **cervelle de canut**. À l'origine, ce nom désigne un fagot de petit bois accroché au-dessus de l'établissement pour signaler qu'il sert du vin.
Bugne : nom local donné au beignet saupoudré de sucre glace.
Canut, canuse : ouvrier spécialisé de la soie qui tient son nom par métonymie de son outil de travail, la canette, glissée entre les fils de trame du métier à tisser *(p. 83)*.
Cervelle de canut : préparation, à base de fromage de chèvre frais assaisonné de ciboulette coupée et d'échalote, qui remplaçait la cervelle d'agneau que les **canuts** ne pouvaient s'offrir.
Ficelle : surnom donné au funiculaire qui serpente sur les collines de Fourvière et de la Croix-Rousse.
Gone : gamin des rues.
Mâchon : dérivé du verbe mâcher, désigne le repas copieux pris sur le pouce par les canuts avant de commencer leur journée de travail ; encore servi le week-end dans certains **bouchons**.
Tablier de sapeur : panse de porc rissolée au vin blanc, coupée en triangle et servie avec une sauce tartare. On associe l'origine de ce nom au maréchal de Castellane, gouverneur militaire de Lyon sous Napoléon III, grand amateur de tripes et ancien sapeur du génie.
Traboule : passage couvert qui relie des cours d'immeubles sans passer par la rue *(l'encadré p. 37)*.

Quelques portraits

Claude Chevally, en ouverture du *Dictionnaire des grands Lyonnais*, écrivait qu'en deux mille ans « Lyon a non seulement enfanté des hommes sortant de l'ordinaire, qui ont su faire preuve d'intelligence, d'imagination, de courage, d'initiative, d'un grand sens artistique, mais cette cité de passage a aussi toujours accueilli, hébergé ou promu d'autres hommes et femmes venus d'ailleurs méritant attention ». Formule que l'on peut appliquer à toute la région. De son terreau fertile, on ne compte plus les grands noms que l'Histoire retiendra, de ceux qui ont révolutionné leurs métiers à ceux que la région a profondément marqués… En voici quelques-uns.

Des novateurs en tout genre

Cinématographe, machine à coudre, métier à tisser… la région s'avère être une pépinière de savants et d'ingénieurs dignes du concours Lépine (lequel est précisément né à Lyon !).

LE BALLON DES FRÈRES MONTGOLFIER

Dans les dernières années de l'Ancien Régime, les frères **Joseph** (1740-1810) et **Étienne** (1745-1799) **de Montgolfier**, descendants de l'une des plus anciennes familles de papetiers d'Europe, ont acquis la célébrité en réussissant les premières ascensions en ballon. Poursuivant inlassablement sa recherche d'un gaz plus léger que l'air, Joseph fait une première expérience concluante avec un parallélépipède en taffetas qu'il emplit d'air chaud en faisant brûler un mélange de paille mouillée et de laine. Associant son frère à ses recherches, et après plusieurs tentatives fructueuses, dont l'une menée dans les jardins de la papeterie familiale à Vidalon-lès-Annonay, il lance avec succès son premier aérostat, place des Cordeliers à Annonay, le 4 juin 1783.

Mandés dans la capitale pour renouveler leur exploit devant le roi, ils décident de se séparer momentanément, le temps que l'un d'eux accomplisse cette mission. C'est ainsi que le 19 septembre de la même année fut inauguré à Versailles, sous la conduite d'Étienne et devant la famille royale et la Cour médusées, le premier vol habité. Au ballon est attachée une cage à claire-voie, avec comme passagers un coq, un canard et un mouton. En quelques minutes, le *Réveillon* timbré sur fond bleu du chiffre du roi, s'élève dans les airs, puis se pose en douceur dans le bois de Vaucresson. Le mammifère et les deux volatiles semblent avoir parfaitement supporté le voyage ! Tous les espoirs sont donc permis.

DU FIL À L'ÉTOFFE

Jacquard et les risques du métier

Joseph-Marie Jacquard naît à Lyon en 1752. Son père, modeste fabricant en étoffes façonnées,

l'emploie à « tirer les lacs », ces cordes qui font mouvoir la machine compliquée servant à former le dessin de la soierie. L'enfant, de santé fragile, n'y résiste pas. On le place chez un relieur, puis chez un fondeur de caractères.
Après la mort de son père, Jacquard tente de monter une fabrique de tissus. Son inexpérience commerciale et ses recherches pour perfectionner le tissage le ruinent. Il doit se placer comme ouvrier chez un fabricant de chaux du Bugey, tandis que sa femme tresse la paille. En 1793, il s'engage dans un régiment de Saône-et-Loire avec son fils qui sera tué à ses côtés. Rentré à Lyon, Jacquard travaille le jour chez un fabricant et, la nuit, à la construction d'un nouveau métier et d'une machine à fabriquer les filets de pêche. La jeune République cherche des inventeurs : Carnot, ministre de l'Intérieur, fait venir Jacquard à Paris.
En 1804, Jacquard retourne à Lyon pour achever le métier auquel son nom est resté attaché. À un attirail de cordages et de pédales exigeant le travail de six personnes, il substitue un mécanisme simple, permettant à un seul ouvrier d'exécuter les étoffes les plus compliquées aussi facilement qu'une étoffe unie. Trois ouvriers et deux ouvrières se trouvent supprimés pour chaque métier; dans une ville qui compte alors 20 000 métiers, des dizaines de milliers d'ouvriers se voient menacés dans leur travail. Les canuts se dressent contre cette « évantion » qui leur coupe les bras.
Pourtant, Jacquard parvient à convaincre les canuts de l'utilité de sa découverte. Des fabricants montrent l'exemple et, en 1812, plusieurs « Jacquards » fonctionnent à Lyon. Retiré à Oullins, leur inventeur peut enfin goûter un repos bien mérité. Il décède en 1834.

La machine à coudre de Thimonnier

Aussi opiniâtre que le tisseur lyonnais, **Barthélemy Thimonnier** (1793-1857) n'eut pas comme lui le bonheur de voir sa découverte exploitée dans son pays natal.
Quelques années après que la famille s'installe en 1795 à Amplepuis, le jeune Barthélemy est placé comme apprenti tailleur. En 1822, il s'installe comme tailleur d'habits à Valbenoîte près de St-Étienne. Hanté par l'idée de coudre mécaniquement et s'inspirant du crochet utilisé par les brodeuses des monts du Lyonnais, il construit dans le secret un appareil en bois et en métal permettant d'exécuter le point de chaînette. La machine à coudre était née.
Pour parvenir à breveter son invention, il s'associe à **Auguste Ferrand**, répétiteur à l'école des mineurs de St-Étienne. Une demande est déposée le 13 avril 1830 au nom des deux associés.
Thimonnier quitte ensuite St-Étienne pour la capitale où le premier atelier de couture mécanique voit le jour au 155 rue de Sèvres. Là, 80 machines à coudre ont un rendement six fois plus important que la couture à la main. Cela déclenche la furie des tailleurs parisiens qui, lui reprochant de vouloir ruiner leur profession, saccagent l'atelier; Thimonnier, ruiné, revient à Amplepuis, où il reprend son métier de tailleur.
En 1848, une compagnie de Manchester s'intéresse à son « couso-brodeur ». Épuisé par trente ans de travail et de luttes, il s'éteint à l'âge de 64 ans, trop tôt pour connaître l'extraordinaire essor de la machine à coudre (*le musée Barthélemy-Thimonnier de la machine à coudre et du cycle, à Amplepuis p. 140*).

Louis et Auguste Lumière.
NMPFT/SSPL/Science & Society Picture Library/age fotostock

UNE MARIONNETTE VIEILLE DE DEUX CENTS ANS

Laurent Mourguet (1769-1844) était ouvrier de la soie, forain et arracheur public de dents. Pour attirer les clients, il improvise des saynètes avec des poupées animées. Mourguet utilise donc ce moyen « publicitaire » avec la marionnette vedette en ce début du 19e s. : **Polichinelle**. Il innove rapidement avec l'apparition de **Gnafron** et, en 1808, de **Guignol**. Les Lyonnais se reconnaissent de bon cœur dans ce dernier, sympathique marionnette qui porte sous son bonnet noir une petite tresse qu'il appelle son « sarcifis ». Sous la naïveté et la gentillesse du personnage perce un esprit moqueur qui sait déceler les ridicules et s'en amuser. Il incarne parfaitement l'âme du « gone » lyonnais : beaucoup de bon sens, une ironie narquoise, un zest d'esprit frondeur et une pointe de poésie. Sa femme **Madelon**, avec laquelle il a souvent des scènes de ménage, est une épouse modèle mais ronchonneuse.

L'inséparable ami, c'est le truculent Gnafron dont le nez rubicond traduit un net penchant pour le beaujolais ; lui demande-t-on sa profession, il la définit ainsi : « Les gens qui ont reçu de l'éducation nous appellent savetiers, ceux qui n'en ont pas reçu nous appellent gnafres. » Fort du succès remporté lors des premières représentations, Mourguet se consacre uniquement à ces spectacles. Les représentations se déroulent dans un « castelet » mobile en plein air puis dans un café, pour distraire un public populaire, qui vient entendre parler de lui-même dans une langue qui est la sienne. Bientôt l'audience s'élargit et Mourguet joue un peu partout à Lyon, mais plus souvent au jardin du Petit Tivoli dans la grande allée des Brotteaux où le dimanche on dispose un triple rang de chaises.

BERNARD ET BICHAT : LA RÉVOLUTION MÉDICALE

Il y a du sucre dans le foie, plus précisément du glycogène : par cette grande découverte (1843),

le physiologiste **Claude Bernard (1813-1878)** explique le diabète en 1853. Théoricien de la médecine expérimentale, il a aussi contribué à comprendre le système nerveux. Quel parcours pour ce membre des Académies de médecine et des sciences, cet enseignant qui délivra des cours à la Sorbonne et au Collège de France ! Il est l'auteur de *La Science expérimentale* (1876).
Fils d'humbles vignerons de St-Julien dans le Beaujolais, Claude Bernard est né en 1813 : on peut voir sa maison au hameau de Chatenay, pres du musée qui lui est consacré *(voir p. 120)*. C'est, dit-on, grâce au curé du village qu'on l'envoya étudier à Lyon. De là, il « monta » à Paris pour étudier la médecine.
Les découvertes de **François-Xavier Bichat** (1771-1802), né à Nantua, font de lui l'un des plus grands anatomistes et physiologistes de l'histoire. Il développa l'enseignement médical, se consacra tout spécialement à la physiologie, découvrit que des organes différents peuvent contenir un même tissu, et contribua à différencier des pathologies confondues. Il est ainsi à l'origine de la révolution médicale de la fin du 18e s. et du début du 19e s.

LUMIÈRE ! ET LE CINÉMA EST NÉ...

En 1882, un photographe venu de Besançon, Antoine Lumière, s'installe dans un hangar de la rue St-Victor à Lyon et entreprend la fabrication de plaques sèches au gélatino-bromure, selon une formule qu'il a trouvée. Quatre ans plus tard, il a déjà vendu plus d'un million de plaques sous le nom d'« étiquette bleue ». Ses deux fils, **Auguste** (1862-1954) et **Louis** (1864-1948) **Lumière**, associés à leur père, travaillent à un appareil de leur invention. Ils le présentent en 1895 à la Société d'encouragement. L'appareil, qui reçoit finalement le nom de cinématographe, est présenté à Lyon le 10 juin 1896.
D'abord indifférent, le public se rue bientôt pour voir les dix premiers films, courtes saynètes dont l'humour n'a pas vieilli. Sortie d'un hangar lyonnais, la prodigieuse aventure du cinéma commençait...
Elle se poursuit avec le Festival Lumière, né en 2009 et qui met à l'honneur le cinéma pour tous. Le prix Lumière a été décerné en 2009 à Clint Eastwood, en 2010 à Milos Forman, en 2011 à Gérard Depardieu et en 2012 à Ken Loach.

TONY GARNIER ET LA CITÉ INDUSTRIELLE

« En matière d'urbanisme, toute idée neuve et hardie est intéressante » : cette phrase de Tony Garnier, l'un des plus grands architectes du 20e s., résume bien son élan. Né à Lyon en 1869, il y laissera à sa mort, en 1948, une œuvre abondante et innovante qui influencera le Bauhaus ainsi que de nombreux confrères, dont Le Corbusier. Son avant-gardisme et sa modernité étonnent encore aujourd'hui, tant ils se révèlent... à la pointe de l'urbanisme actuel !
Après ses études aux écoles nationales des beaux-arts de Lyon et de Paris, il travaille dans l'atelier de Julien Guadet et se passionne pour la conception d'une « cité industrielle ». Son projet mêle une organisation rationaliste, fonctionnelle et déjà environnementale des lieux à une vision utopique d'une société qui n'aurait besoin ni de police ni de religion, mais serait régie par la loi du travail.
En architecture, il emprunte des éléments classiques à la Grèce et recourt à des matériaux encore mal connus, comme le béton armé. En

1905, le nouveau maire, Édouard Herriot, lui confie la direction des « Grands Travaux ». Tony Garnier commence par un coup de maître, en construisant une immense halle (halle Tony-Garnier) au cœur des nouveaux abattoirs de La Mouche. Il poursuit en réalisant un stade olympique (stade de Gerland), un hôpital pavillonnaire (hôpital Édouard-Herriot), une école de tissage, le quartier d'habitation des États-Unis, le monument aux morts de l'île du Souvenir au parc de la Tête-d'Or...

Autres figures...

HISTORIQUES

Vincent de Paul (1581-1660), prêtre. Landais d'origine, c'est dans l'Ain que « Monsieur Vincent » décide d'aller évangéliser les campagnes. Curé de Châtillon-les-Dombes (Châtillon-sur-Chalaronne), en 1617, il fonde la première confrérie des filles de la Charité, composée de dames modestes travaillant pour les pauvres et les malades.

Marc Bloch (1886-1944). L'historien du Moyen Âge, élève de l'École normale supérieure, auteur des *Rois thaumaturges* (1924), professeur à la Sorbonne et créateur des Annales, est né à Lyon. Juif et résistant, chef des MUR, il est arrêté rue des Quatre-Chapeaux à Lyon puis fusillé par les Allemands en 1944 dans l'Ain, à St-Didier-de-Formans.

Antoine Pinay (1891-1994) est né à St-Symphorien-sur-Coise. Maire de St-Chamond, député, ministre, président du Conseil sous la IVe République, ministre des Finances du général de Gaulle, il instaure le « nouveau franc » en 1959. Pour rendre hommage à la mémoire du garçon de « St-Sym », fils de maître-chapelier (de paille), rendez-vous sur sa place éponyme. Une gigantesque pièce en bronze pesant... 130 kg fait figure de stèle.

L'**abbé Pierre**, alias Henri Grouès (1912-2007). Cette grande figure du 20e s. est mondialement connue pour son combat sans relâche contre la pauvreté et son appel historique de 1954... qui contribua à la naissance du mouvement Emmaüs. Cet homme, qui avait l'art du sens de la parole et du symbole, était le fils d'un riche commerçant lyonnais en soierie et draps de la place Bellecour. À 19 ans, il entre chez les Capucins et renonce à sa part du patrimoine familial... On connaît la suite.

SCIENTIFIQUES

André-Marie Ampère (1775-1836) est né à Poleymieux-au-Mont-d'Or. Physicien et chimiste, celui que Maxwell appelait le « Newton de l'électricité » reste l'un des plus grands savants de son siècle : fondateur de l'électromagnétisme, père du vocabulaire de l'électricité et... d'une branche de la physique.

Jean-Baptiste Guimet (1795-1871), polytechnicien, fait fortune à Lyon avec la fabrication du premier colorant chimique, le bleu outremer artificiel de son invention, qui lui valu le Prix de la société pour l'Encouragement de l'Industrie. Son fils **Émile** (1836-1919), grand voyageur, collectionna les œuvres d'art asiatique. Ses trésors se trouvent en partie au musée des Confluences (fonds de l'ancien musée Guimet de Lyon), mais la plus grande partie est visible au musée Guimet de Paris.

LITTÉRAIRES

Louise Labé (1524-1566), dite la « Belle Cordière », poétesse de l'école lyonnaise de la Renaissance, elle crée avec Maurice Scève l'un des premiers salons littéraires de la région Centre, de l'hôpital. En 1555, elle publie à Lyon ses œuvres (un *Débat de Folie et d'Amour* en prose, trois élégies et 24 sonnets, le tout précédé d'une épitre dédicatoire aux revendications féministes). C'est l'une des premières à revendiquer une place pour le beau sexe dans la création littéraire.

Paul Claudel (1868-1955) – Le diplomate, poète, dramaturge, essayiste, repose au pied de la demeure où il passa ses dernières années, dans le parc du château de Brangues, non loin de Morestel. Il aimait tant le Valromey qu'il écrivit un jour… « je vis dans le plus beau pays qu'on puisse voir ».

Gertrude Stein et les intellectuels du Bugey – Les montagnes du Bugey, refuges des maquisards pendant la Seconde Guerre mondiale, accueillirent des artistes qui s'y sentirent en sécurité. Gertrude Stein (1874-1946) fut de ceux-ci. Auteur de l'ouvrage d'avant-garde *The Making of Americans* (1925), cette célèbre écrivaine américaine applique la déconstruction cubiste à la littérature. Elle écrit, lors de son séjour à Belley, son livre principal, *Autobiographie d'Alice B. Toklas* (1932), et prépare *Les Guerres que j'ai vues* (1945). Artistes et auteurs français et américains lui rendent visite : Georges Hugnet, Paul Bowles, William Seabrook, Charles Henri Ford… En 1939 séjournent près de là, à Chémillieu, l'écrivain résistant René Tavernier et le surréaliste André Breton.

Antoine de Saint-Exupéry (1900-1944) – L'écrivain et aviateur naît au 8 de la rue du Peyrat à Lyon (rebaptisée aujourd'hui rue Antoine-de-Saint-Exupéry). Si la mémoire de l'auteur du *Petit Prince* est associée à jamais à l'image de la ville (l'aéroport porte son nom, sa statue s'élève place Bellecour), c'est dans le Bugey qu'il aurait nourrit ses premiers rêves d'aviateur. Après la mort de son père, il passe ses vacances à St-Maurice-de-Rémens dans la « vieille maison qu'il aimait », si bien décrite dans *Terre des Hommes*.

Frédéric Dard (1921-2000) – Le père du commissaire San-Antonio fit vivre 200 aventures à son héros. Un véritable phénomène éditorial que l'auteur n'a pas toujours assumé. Originaire de Jallieu, l'homme de plume est inhumé au cimetière de St-Chef en Dauphiné. Il écrivait au sujet de la commune de son enfance, son fief de cœur : « village heureux, blotti dans les collines, le lieu du recueillement, de la méditation, de la sérénité… »

Éric-Emmanuel Schmitt – Le dramaturge prolixe est né en 1960 à Ste-Foy-lès-Lyon. On ne compte plus ses succès : *Le Visiteur, M. Ibrahim et les fleurs du Coran, Oscar et la dame rose*… En 2009, récompensé pour son œuvre par la ville de Lyon, il en profite pour souligner son attachement pour celle « qu'il aime et qui l'a formé », où il a reçu la vocation… en voyant Jean Marais jouer *Cyrano* au théâtre des Célestins. Enfin – ses fans sont-ils au courant ? – en 2002, il a publié un guide de la région au drôle de titre : *Guignol aux pieds des Alpes* !

ARTISTIQUES

Pierre Puvis de Chavannes (1824-1898) est né à Lyon. Classé parmi les peintres académiques, il fut cependant admiré par les symbolistes et de jeunes confrères avant-gardistes tels que Gauguin. De son œuvre gigantesque, on peut admirer à Lyon le décor de l'escalier du palais St-Pierre, actuel musée des Beaux-Arts qui regroupe une collection de 130 dessins (dont le célèbre *Figure de femme volant*).

Hector Guimard (1867-1942) – Les Parisiens le connaissent souvent sans le savoir puisque c'est à lui qu'on doit le dessin des bouches du métro parisien. Pourtant l'architecte est né à Lyon ! Pour avoir un aperçu du style Art nouveau, dont il fut chef de file, rendez-vous au musée des Beaux-Arts de Lyon. « La chambre à coucher de Mme Guimard » (1910) offre un ensemble admirable qui associe avec grâce architecture et décoration intérieure.

Bertrand Tavernier – Le cinéaste (*Capitaine Conan*, *La Vie et rien d'autre*...) est président de l'Institut Lumière à Lyon. Une ville où il est né en 1941, qu'il a quittée cinq ans plus tard, mais dont il conserve des images fugaces de guerre, c'est – son père, René, directeur de la revue littéraire *Confluences* a abrité Louis Aragon et Elsa Triolet à cette époque. Les murs de la ville ont d'ailleurs fourni les décors de l'un de ses premiers films : *L'Horloger de St-Paul* (Prix Louis-Delluc).

Raymond Depardon – Le photographe, fondateur de l'agence Gamma et cinéaste au regard sans fard sur la France « ordinaire » est un « enfant du pays » cher aux médias locaux. Né à Villefranche-sur-Saône en 1942, fils d'agriculteurs, il a vécu ses premières années dans le Beaujolais. Dans *La Ferme du Garet*, il livre le récit d'une enfance « formidable » où rien ne manque... même pas « les culottes courtes, les cousins, le dimanche, les cimetières, les cousines de Bresse qui parlent fort ».

MUSICIENNES

Hector Berlioz (1803-1869). De la *Symphonie fantastique* au *Grand traité d'instrumentation*, le mélodiste surdoué est l'inventeur d'un style polyphonique dont l'influence s'exerce encore sur la production actuelle. De son enfance à La Côte-St-André, où travaille son père, médecin, il reste de jolies phrases dans ses *Mémoires* et un musée incontournable (*p. 282*).

Pierre Boulez est né en 1925 à Montbrison. Chef d'orchestre, compositeur dodécaphoniste, fondateur de l'Institut de recherche et coordination acoustique/musique (Ircam) de Paris, il est une personnalité majeure de la musique contemporaine française et sa célébrité dépasse les frontières.

... ET SPORTIVES !

Aimé Jacquet, né en 1941 à Sail-sous-Couzan (Loire), footballeur jusqu'en 1975 (principalement à l'AS St-Étienne), est le sélectionneur de l'équipe de France de football sacrée championne du monde en 1998.

Alain Prost, champion du monde de course automobile en 1985, 1986, 1989 et 1993, victorieux de 51 Grand Prix de Formule 1 entre 1980 et 1993, est né en 1955 à Lorette (Loire).

Émile Ntamack, dit « Milou » ou « La Panthère noire », joueur international de rugby, est né à Lyon en 1970 mais a réalisé sa carrière au Stade toulousain avec 46 sélections en équipe de France (grand chelem du Tournoi des 5 Nations en 1997).

Laure Manaudou, née en 1986 à Villeurbanne (Rhône), première nageuse française championne olympique (400 m en 2004), comptabilise 119 médailles...

DES PLANCHES AU PETIT ÉCRAN

Ne serait-ce qu'un hasard, ou les enfants de la (grande) région lyonnaise auraient-ils le gène de la scène ? Qu'ils s'inscrivent dans l'héritage des foires, des théâtres antiques, de Guignol, ils portent l'art des mots, du rire, de l'auditoire. En voici quelques-uns nés par ces contrées au siècle dernier : Dominique Blanc, Myriam Boyer, Clovis Cornillac, Muriel Robin, Florence Foresti pour la scène. Roger Planchon, Marcel Maréchal en coulisses, à la mise en scène. Bernard Pivot, Jacques Martin, Jean Amadou, Stéphane Bern... sur le petit écran.

Art et architecture

La région lyonnaise, traversée par la vallée du Rhône, fut et demeure un lieu de passage emprunté par des penseurs d'horizons divers qui ont véhiculé avec eux coutumes, religions et idées. De leurs influences plurielles mêlées à la vitalité artistique locale a jailli un patrimoine bâti et culturel considérable, heureusement préservé à travers les remous de l'histoire. Amis amateurs, réjouissez-vous. Ici, il y en a pour tous les goûts.

Les grandes étapes de la création

Au carrefour entre le nord de l'Europe et la Méditerranée, les diverses influences contribuent à la richesse du patrimoine artistique de la région, au même titre que les vestiges des civilisations antiques ou les créations contemporaines.

LES MONUMENTS ROMAINS

Fondées après la conquête de la vallée du Rhône par les légions romaines une centaine d'années av. J.-C., les cités de Lyon et de Vienne sont au faîte de leur splendeur au 2e s. apr. J.-C. Elles déclinent à partir du 4e s., puis les troubles et les incursions barbares occasionnent des ravages multiples.
Au Moyen Âge, les grands monuments servent de carrière. Rares sont les vestiges gallo-romains encore visibles. À partir de 1922 à Vienne et de 1933 à Lyon, sur les chantiers des sites archéologiques, des ensembles monumentaux remarquables (théâtres, odéons) sont exhumés.

Les théâtres

Ils se composent de gradins ceinturés par une colonnade, d'un orchestre réservé aux personnes de marque et d'une scène surélevée par rapport à l'orchestre.
Les acteurs jouent en avant d'un mur percé de portes par où se font leurs entrées. Derrière le mur de scène richement décoré se trouvent les loges des acteurs et les magasins. Au-delà encore, un portique donnant sur des jardins reçoit les acteurs avant leur entrée en scène. Les spectateurs viennent s'y promener pendant les entractes ou s'y abriter de la pluie. L'acoustique des théâtres romains étonne encore dans ces édifices pourtant à moitié détruits, ce qui peut se vérifier à Fourvière (notamment lors des Nuits de Fourvière) et à Vienne.

Les temples

Demeures des dieux et non lieux de culte, les temples se composent d'un sanctuaire fermé contenant une effigie divine – qui peut être également celle d'un empereur divinisé – et d'un vestibule ouvert. Les temples sont entourés partiellement ou totalement d'une colonnade. Le temple d'Auguste et de Livie à Vienne, comparable à la Maison carrée de Nîmes, est l'un des derniers temples romains dans la région ; seules les grandes cités en possèdent un. À l'image des temples romains d'Italie, celui de Vienne est construit sur un

Lyon, Halle Tony Garnier, architecte Tony Garnier, réhabilitation et aménagements Albert Constantin.
E.Saillet/Photononstop

podium auquel on accède par un escalier frontal ; le portique est profond, la colonnade avec ses chapiteaux à feuillage enroulé est d'ordre corinthien. De dimensions imposantes et majestueuses, ces temples reflétaient, de par leur architecture, la grandeur d'un règne et l'importance de la cité.

Les thermes

Les thermes romains, gratuits, sont à la fois bains publics, établissements de culture physique, clubs, casinos, centres de conférences. Le fonctionnement des thermes démontre une grande maîtrise des problèmes d'adduction d'eau et de chauffage. L'eau arrive par un aqueduc, elle est accumulée dans des citernes, puis distribuée par un circuit de canalisations en plomb et en mortier ; l'évacuation se fait par un réseau d'égouts. Le chauffage de l'eau et des pièces est assuré par un système de foyer et d'hypocaustes en sous-sol.

Dans ces très vastes bâtiments, la décoration est somptueuse : colonnes et chapiteaux rehaussés de couleurs vives, parements de mosaïques, revêtements de marbres de couleur, voûtes à riches caissons, fresques sur les murs. Les fouilles de St-Romain-en-Gal (*voir Vienne p. 242*) ont exhumé quelques vestiges de décorations luxueuses, le site lui-même, grâce aux proportions du musée et à l'emprise au sol des ruines, donnant une idée plus concrète de l'importance de ces établissements au sein des cités romaines.

L'amphithéâtre

L'élément principal est l'arène, de forme ovale généralement, où se donnent les spectacles : combats de fauves ou de gladiateurs, exécutions de condamnés non citoyens romains qui sont livrés aux bêtes ou au bourreau. Le cri « aux lions, les chrétiens » est resté tristement célèbre. Autour de l'arène s'ordonnent les gradins qui reçoivent les spectateurs. Lyon, centre du culte officiel de Rome en Gaule, se devait d'avoir un amphithéâtre : c'est l'amphithéâtre des Trois-Gaules.

Le cirque
Il attire les foules passionnées de courses de chars. Au milieu de la piste se trouve une longue construction rectangulaire, la *spina*, marquée au centre par une « pyramide » et limitée à chaque extrémité par de grosses bornes semi-circulaires. Les chevaux et les cochers portent les couleurs blanches, bleues, rouges ou vertes des factions rivales qui organisent la compétition. Le cirque est construit en grande partie en bois, ce qui explique qu'on en trouve si peu de traces.

L'ART ROMAN

La vallée du Rhône n'est pas à l'origine d'une grande école comme la Bourgogne ou l'Auvergne. La diversité de ses régions, de ses reliefs et de ses paysages se retrouve dans la floraison d'églises romanes qui reprennent, mêlent, et parfois subliment des influences artistiques très différentes.

Lyonnais et région de Vienne
Les églises romanes de ces régions assurent la transition entre la Bourgogne, la Provence et le Velay. Elles témoignent aussi quelquefois de la diffusion de découvertes artistiques. Ainsi, les absides à bancs et colonnettes de marbre des cathédrales de Lyon et de Vienne relèvent d'une technique décorative d'inspiration orientale dont on trouve le premier exemple à Ste-Sophie à Constantinople et qui a gagné la vallée du Rhône par l'intermédiaire de l'Italie (St-Marc à Venise). Elle caractérise l'art viennois-lyonnais.
Parmi les monuments majeurs de la région lyonnaise, la basilique St-Martin-d'Ainay à Lyon est reconnaissable à la toiture de son clocher-porche (pyramide encadrée d'acrotères) ; l'influence bourguignonne se retrouve surtout dans la composition intérieure et le décor des chapiteaux.
Plus en aval sur le Rhône, l'église St-Pierre à Vienne présente également un imposant clocher-porche à trois niveaux d'arcades. Mais la présence d'arcs trilobés évoque déjà le Velay ou la Provence.

Forez
La Loire et le Forez ont largement bénéficié du rayonnement artistique de l'école de Cluny. Souvent fortifiées, les églises sont d'une sobre élégance comme en témoigne le portail de l'église de Bourg-Argental.

LA PÉRIODE GOTHIQUE (13e-15e S.)

Dans la vallée du Rhône et les régions voisines, l'époque gothique est loin d'être aussi riche que la période romane.

Monuments religieux
L'emploi systématique de la croisée d'ogives et de l'arc brisé constitue le caractère essentiel de l'architecture religieuse. Désormais, l'architecte dirige les poussées de l'édifice sur les quatre piliers déterminant une travée au moyen des arcs, ogives, formerets et doubleaux. Il suffit alors d'épauler les piliers par des contreforts et des arcs-boutants. L'église ainsi soutenue, on peut évider les murs et garnir les baies de vitraux. Avec le style flamboyant, illustré à Bourg-en-Bresse par un chef-d'œuvre, l'église du monastère royal de Brou *(voir p. 166)*, apparaissent des arcs purement décoratifs, dits « liernes » et « tiercerons ».
La vallée du Rhône n'a subi que des influences méridionales, discernables dans la largeur des édifices et l'horizontalité de leurs toits. Les cathédrales de Lyon et de Vienne, amples monuments aux lignes austères et rudes, sont intéressantes dans leurs détails. L'abbatiale de St-Antoine (12e-15e s.) permet de suivre l'évolution du style gothique de sa naissance à

son déclin. L'église St-Nizier de Lyon et celle d'Ambierle offrent de bons exemples du style flamboyant, sans les outrances habituelles du genre.

Monuments civils

L'architecture militaire issue de la féodalité rhodanienne est abondamment représentée en cette marche-frontière entre le « Royaume » et « l'Empire ».

LA RENAISSANCE (16e S.)

L'architecture

Sous l'influence de l'Italie, l'architecture Renaissance suit une orientation nouvelle marquée par le retour aux formes antiques. La Renaissance italienne a trouvé dans le sillon rhodanien son principal chemin d'accès vers le nord de la France. Elle a laissé son empreinte dans certaines maisons lyonnaises des quartiers St-Jean et St-Nizier et, près de Feurs, au château de la Bastie-d'Urfé.

Poètes humanistes et gens de lettres

Dans le domaine littéraire, Lyon connaît au 16e s. une intense activité culturelle. Des ateliers de nombreux imprimeurs partent des ouvrages de poètes italiens, dont les chantres de la Renaissance, Pétrarque et Dante.
C'est dans ce contexte que se succèdent au cours du siècle les tenants de la poésie emblématique, néo-latine et amoureuse, écrivant en latin puis en langue française. Rabelais rencontre à Lyon Symphorien Champier, auteur et éditeur ; Maurice Scève, soucieux du renouveau de la langue littéraire, participe à un concours de poésie organisé par Clément Marot et organise à Lyon les fêtes en l'honneur du séjour de François Ier. Les femmes ne sont pas exclues de cette recherche esthétique, avec des poétesses comme Pernette du Guillet et **Louise Labé**, dont les œuvres tranchent sur le formalisme ambiant par leur ardeur et la sincérité des sentiments exprimés.
Cette grande période humaniste de Lyon s'éteint dans la seconde moitié du 16e s. avec le déclin des foires de Lyon, l'écroulement d'un emprunt d'État, la crise financière qui s'ensuit et l'austérité militante des débuts de la Réforme.

PÉRIODE CLASSIQUE (17e-18e S.)

Tantôt sobre et relevant de la manière antique, tantôt surchargé et s'inspirant de l'esprit baroque, l'art classique a laissé maintes traces dans la vallée du Rhône, mais on ne découvre d'ensembles majeurs qu'à Lyon.
Au 17e s., l'urbanisme classique trouve son principal champ d'action dans le quartier des Terreaux et, au 18e s., dans les quartiers de Bellecour et Perrache : la place Bellecour, tracée sous Louis XIV et encadrée d'immeubles Louis XVI, en est l'élément capital. L'architecte bourguignon **Germain Soufflot** (1713-1780), auteur du Panthéon à Paris, arrive à Lyon en 1738, fait figure de chef d'école à l'égard du style Louis XVI par son souci de remettre l'Antiquité à l'honneur.

PÉRIODE MODERNE (19e-20e S.)

La peinture

Au cours du 19e s., de nombreux artistes de la région sont formés à la peinture de fleurs à l'école des beaux-arts de Lyon. Ils composent minutieusement des motifs pour les fabricants de soieries. L'un des plus réputés sera **Simon Saint-Jean** (1808-1860). Un style renouvelé à la fin du siècle avec, entre autres, Jacques Martin (1844-1919) et l'ouverture d'une « classe de fleurs » à l'École des Beaux-Arts de Lyon.
C'est en 1817 que Paris évoque pour la première fois une « école lyonnaise de peinture ». Elle est partagée entre le réalisme et

l'idéalisme, alliant une certaine austérité allant parfois jusqu'à la mélancolie, sensible dans les portraits, les paysages, les natures mortes. Dans la première moitié du siècle s'imposent des artistes réalistes, tels **Antoine Berjon** (1754-1843), auteur attentif de natures mortes et de portraits, puis **Jean-Michel Grobon** (1770-1853) qui se consacre surtout au paysage. Vers 1840, la peinture lyonnaise est marquée par un fort courant mystique dont le chef-d'œuvre est certainement le célèbre *Poème de l'âme* de **Louis Janmot** (1814-1892). La seconde moitié du siècle est marquée par le triumvirat composé d'**Auguste Ravier** (1814-1895), **Louis Carrand** (1821-1899) et **François Vernay** (1821-1896). Ces peintres prolongent le mouvement des paysagistes installés à Barbizon. Ils annonceront les luministes de la fin du siècle et préfigureront les impressionnistes. Après avoir arpenté la région, Ravier s'installe à Crémieu, puis Morestel *(p. 265 et p. 273)*. Le 20e s. voit l'apparition de courants novateurs et la place grandissante d'artistes femmes dans la peinture : Georgette Agutte (1867-1922), Jacqueline Marval (1866-1932), Émilie Charmy (1878-1974) De grands groupes d'artistes lyonnais marquent leur territoire, tels les **Ziniars** (1920-1924), fondés par le critique Marius Mermillon, qui prolongent l'héritage de Cézanne, à l'origine de la création Sud-Est en 1925 ; les **Nouveaux** (1931-1935) qui prônent la peinture figurative dans la lignée de Bonnard et Derain ; le groupe **Témoignage** (1936-1943), influencé par le surréalisme et le cubisme, autour du poète Marcel Michaud ; enfin les **Sansistes**, initié à la fin des années 1940 par André Cottavoz et Jean Fusaro, qui jouera un rôle majeur dans les débats du moment, figuration contre abstraction. Les années 1960 voient l'éclatement des styles et des groupes au profit des individualités, en recherche de spontanéité, d'assemblage. Et, dès les années 1980, tournés vers un art contemporain mêlé de graphisme, de plastique, de nouveaux médias, etc. Leurs noms ? Jacques Truphémus, Alain Chevrette, Stéphane Braconnier… Mais, dans la région, difficile de tous les citer, tant le vivier est considérable ! Pour les découvrir, rien de tel qu'une visite dans les musées de St-Étienne, Villefranche-sur-Saône et Lyon.

20e-21e siècles : Lyon, une architecture éclairée

Ici les architectes et ingénieurs se sont exprimés sur le Rhône à partir de 1825, avec le lancement de ponts suspendus en fer (remplacés après 1945 par des ouvrages en béton), puis en 1872 lors de la construction de la **basilique de Fourvière**, au style byzantin-médiéval original. Si la cité peut désormais décliner son histoire au fil de quartiers préservés, cela n'a pas toujours été le cas. Dans les années 1960, il était question de démolir le quartier Renaissance ! Oui, Lyon est une chanceuse. Les amateurs de patrimoine ont su la défendre et ses maires la transformer avec sagesse. **Édouard Herriot** (1872-1957), le plus célèbre, avait confié en partie sa politique d'urbanisation énergique à **Tony Garnier**. Son audacieuse charpente métallique de la **Halle Tony-Garnier** est classée, en 1975, monument historique. Sa cité des États-Unis, projet social d'envergure réalisé en 1920-1930, est reprise en 1934 par Môrice Leroux pour élever notamment dix gratte-ciel à Villeurbanne.
L'après-guerre est marquée par un plan d'urbanisme structuré,

imaginé pour répondre à la croissance et l'installation de nouveaux foyers, d'où sont issus les vastes ensembles de Bron-Parilly, Rillieux-la-Pape, Vénissieux, la Duchère et Vaulx-en-Velin. Suivront l'aménagement du port Édouard-Herriot pour le commerce, la restauration du Vieux-Lyon, la rénovation des quartiers Mercière-St-Antoine et Tolozan-Martinière, l'aménagement du quartier du Tonkin à Villeurbanne. En 1977, le **« Crayon »**, tour du Crédit Lyonnais (aujourd'hui rebaptisée tour La Part-Dieu) implantée au cœur du quartier de La Part-Dieu (165 m), marque le nouveau repère de la silhouette lyonnaise. Il symbolise la prospérité et un second centre-ville, quartier d'affaires « à l'américaine ». Un bâtiment se faisant souvent le reflet de modernité et dynamisme, Lyon n'hésite pas à construire ou moderniser. La **Cité internationale** à la fin des années 1990 est l'objet de toutes les attentions. Mais l'œuvre la plus spectaculaire de la fin du 20e s. reste **l'aéroport de Lyon-Saint-Exupéry** (par l'architecte Santiago Calatrava). Au 21e s., Lyon continue à bâtir et se rénover à travers de grands projets. Mais les tendances ont évolué. Il s'agit de construire une ville contemporaine ; entendez belle, mais encore agréable à vivre et plus efficace. Aussi La Part-Dieu est-elle en train de se « moderniser ». Certes avec une *skyline* enrichie : la **tour Oxygène** (115 m de verre et d'acier) est sortie de terre, la **tour Incity** 180 m émerge et d'autres sont envisagées… Mais accompagnée d'une réorganisation du quartier, vers une zone plus végétale et moins polluée par l'automobile ! Autre symbole, même esprit. Au sud de la presqu'île, l'immense réhabilitation du quartier **Confluence**, en véritable vitrine, convoque la signature des célébrités du moment (Wilmotte, Jakob & MacFarlane…) au profit d'un quartier aménagé pour le bien-être en harmonie avec l'eau, le paysage, la ville et l'écoconception à la pointe du développement durable. Partout, aménagements et rénovations s'accompagnent de développement d'espaces verts. Ainsi le quartier de Gerland, où est installé le stade municipal, laisse une place importante à la nature, tout comme le nouveau quartier « Carré de Soie », à cheval sur les communes de Vaulx-en-Velin et Villeurbanne. Les berges de la rive gauche du Rhône se sont métamorphosées avec grâce en véritable « voie verte » piétonne, adorée des Lyonnais. Le projet « Rives de Saône » et son *river movie* artistique semble bien partie

LYON, VILLE LUMIÈRE

La ville de Lyon avait sans doute des prédispositions pour valoriser son éclairage public. Elle le prouve avec son « Plan lumière » qui a pour objectifs la sécurité et la mise en valeur de son patrimoine. Plus d'une centaine de sites et monuments bénéficient de mises en lumière cohérentes qui leur donnent une nouvelle dimension. La basilique de Fourvière se détache comme un phare au sommet de la colline. L'Opéra se projette dans le ciel avec son immense verrière rougeoyante. Les places des Terreaux ou de la Bourse, les quais de Saône ou du Rhône s'illuminent chaque soir d'éclairages indirects et de toute une palette de couleurs chaudes ou froides selon les lieux. Le « Crayon » de La Part-Dieu comme de nombreux autres monuments participent à ce vaste spectacle qui crée une atmosphère empreinte de poésie et d'onirisme. Cette invitation à la vie nocturne fait de Lyon *by night* une étape incontournable. À tester !

Les maisons rurales traditionnelles

En marge de l'architecture de prestige, les maisons rurales expriment elles aussi la culture régionale. Adaptées au travail des champs, utilisant les ressources naturelles locales – terre cuite et lauze pour les toits, terre, pierre et bois pour les murs – et subissant l'influence des régions voisines et des nouveaux procédés de construction, elles montrent comment les hommes ont su intégrer les particularités géographiques et climatiques de leur province et créer ainsi des types d'habitats traditionnels.
Les maisons rurales s'ordonnent généralement autour d'une pièce principale pourvue d'un foyer et d'une grande table, qui sert à la fois de cuisine et de salle à manger.

LES MATÉRIAUX EMPLOYÉS DANS LA RÉGION LYONNAISE

Le **pisé** est fréquemment utilisé pour construire les granges et les fermes mais également des maisons de ville dans la Bresse, la Dombes, le Dauphiné et la Loire. Il s'agit de terre crue compressée, simplement séchée. Certains bâtiments ont été par la suite recouverts d'un enduit extérieur mais, à l'origine, les murs étaient simplement protégés de la pluie par une toiture débordante.
Le **bois** de construction est généralement du résineux qui provient en partie des Alpes. Le hêtre, le noyer ou le chêne servent davantage au mobilier ou aux portes des maisons.
La **pierre** est le matériau privilégié pour l'architecture lyonnaise : calcaire gris très dur du nord de l'Isère, calcaire couleur crème de l'Ain, calcaire doré des Monts-d'Or et du Beaujolais. Les galets du Bas-Dauphiné sont parfois incrustés dans le mortier des murets. Les lauzes en calcaire ou en ardoise, destinées à couvrir les toits, étaient extraites dans le Forez et le nord de l'Ain.

LES MAISONS DU FOREZ ET DU LYONNAIS

La ferme forézienne – Elle ordonne ses hauts murs autour d'une cour fermée. Certaines sont pourvues d'une galerie de bois à balustrade. La couverture est généralement en tuiles, également en lauzes de calcaire ou d'ardoise. Sur les hauteurs du Forez et du Pilat, les jasseries sont des annexes éloignées de la ferme où, durant l'été, le berger (ou plutôt la bergère car il est question d'une sorte de société matriarchale) dispose du matériel nécessaire à la fabrication des fromages et, au-dessous, d'une cave d'affinage.
La maison du Beaujolais – Couverte de tuiles romaines, la demeure beaujolaise, bâtie sur plan rectangulaire, est en pierre grise dans le Nord, brune ou rousse dans la montagne, dorée dans le Sud. Robuste et simple, elle comporte au rez-de-chaussée une cave ou un caveau à l'entrée en anse de panier. Un escalier extérieur couvert d'un avant-toit formant auvent, soutenu par des colonnes de bois ou de pierre, donne accès au logement. Les bâtiments annexes ferment rarement la cour.

LA MAISON DE L'AIN

La ferme de la Dombes – Allongée, la ferme bressane est basse de plafond, pourvue d'un étage qui sert de remise pour les récoltes. Elle se compose d'une armature en bois formant des colombages dont les espaces sont remplis de pisé (terre crue) ou de briques (terre cuite). Elle repose souvent sur une assise de pierre. Elle a la particularité de pouvoir se démonter entièrement : si le paysan veut déménager, il n'emporte avec lui que l'armature en bois et laisse sur place le pisé, facile à refaire par ailleurs. Parfois, les murs extérieurs sont protégés par un crépi. Le toit en tuiles rondes soutenu par des étais forme auvent. Certains bâtiments sont couverts de lauzes. Certaines fermes bressanes sont dotées d'une cheminée sarrasine installée au centre de la pièce principale (*l'encadré p. 163*).

La ferme et la maison de vigneron du Bugey – Une galerie-bûcher abritée sous un auvent, une grange et une écurie en retrait, telles sont les caractéristiques des solides fermes du Bugey, propres à résister à l'altitude. Les maisons de vignerons jouissent de toits très pentus en montagne et de couvertures en tuiles rondes dans les régions plus basses.

LA MAISON DU BAS-DAUPHINÉ

Entre Bourbre et Isère, les maisons sont en cailloux roulés, abondants dans cette région de dépôts morainiques et alluviaux. Les cailloux sont placés de chant, sur un lit de mortier, en arêtes de poisson. Dans la région de Morestel, à Creys, Brangues, Mérieu, le « pignon à manteleure » ou à escalier de pierre est un mode de couverture emprunté aux Préalpes. Le toit, en tuiles plates, prend appui sur les pignons des murs latéraux dont les rampants présentent des décrochements ; les marches ainsi constituées sont couvertes d'une grosse dalle de pierre débordante.

Le mobilier

Dans les campagnes, il est assez rustique, en chêne, en noyer, en frêne, en merisier, orné de motifs régionaux. Dans les fermes bressanes, le linge est rangé dans de massives **armoires** de style Louis XIV. Ailleurs on leur préfère les **coffres** dont la décoration est plus raffinée. Les **lits** peuvent être clos pour garder la chaleur. Sur certaines tables bressanes, des cavités rondes creusées dans le bois remplacent les assiettes. Les ustensiles de cuisine – cuillères, louches, moules à beurre... – sont en bois et la vaisselle en terre cuite.

Des **vanneries** aux formes variées sont employées pour conserver les aliments ou pour effectuer certains travaux. La **poterie**, aujourd'hui moins présente que dans le sud de la France, a connu dans l'Ain ses heures de gloire avec la création du blanc de Bresse qui permet de fixer les couleurs sur les plats. Meillonnas produisait une faïence particulièrement appréciée sous Louis XV (*p. 165*).

ABC d'architecture

Les dessins présentés dans les planches qui suivent offrent un aperçu visuel de l'histoire de l'architecture dans la région et de ses particularités. Les définitions des termes d'art permettent de se familiariser avec un vocabulaire spécifique et de profiter au mieux des visites des monuments religieux, militaires ou civils.

Architecture civile

LA BASTIE-D'URFÉ (14e au 16e s.)

Ce joyau de la Renaissance, bordé par le Lignon, est un exemple très abouti des transformations inspirées par la Renaissance italienne pour égayer et orner les austères manoirs de province.

R. Corbel/MICHELIN

MARCY-L'ÉTOILE – Château de Lacroix-Laval (17e et 18e s.)

Remanié sur les conseils de Soufflot au 18e s., ce château a été complètement mis à sac à la Révolution. Plusieurs fois restauré, il a conservé une façade classique représentative des demeures d'agrément du 18e s.

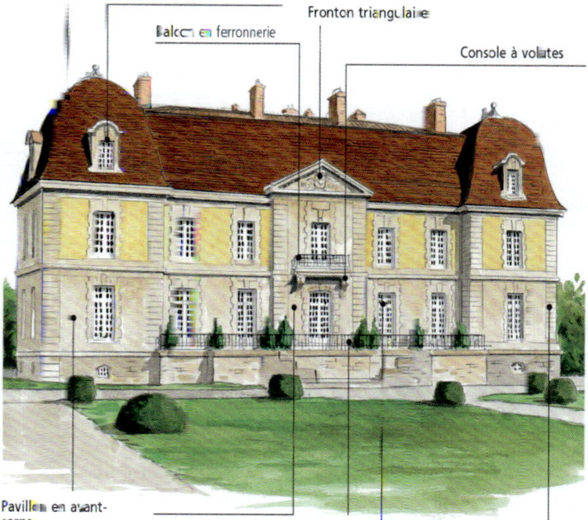

Architecture industrielle

LYON – Halle Tony-Garnier (1914)

Cette « cathédrale de fer », véritable prouesse technique permettant de couvrir près de 18 000 m² sans piliers, a été conçue au début du siècle par l'architecte lyonnais Tony Garnier. Bien qu'ayant changé de vocation, elle reste une référence et marque l'architecture industrielle contemporaine.

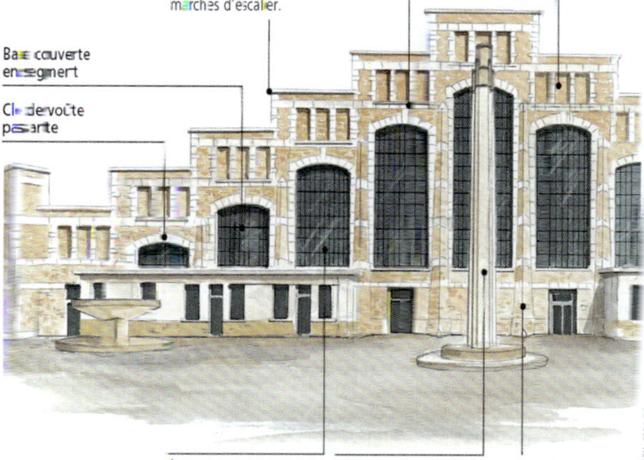

R. Corbel/MICHELIN

LYON – Primatiale St-Jean (12e au 15e s.)

Cette cathédrale doit son nom au rang de l'Archevêque de Lyon qui est « Primat des Gaules » depuis 1079.

LYON – Basilique Notre-Dame de Fourvière (19e s.)

Réalisée par l'architecte Bossan, cette « citadelle » surprend par ses proportions massives à peine atténuées par une riche et abondante décoration.

LYON – Horloge astronomique de la primatiale St-Jean (14e au 18e s.)

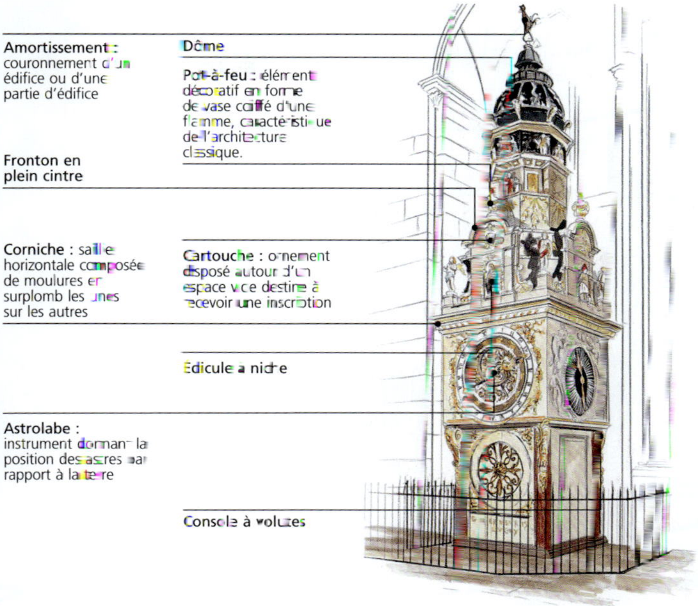

VILLEFRANCHE-SUR-SAÔNE Chaire en marbre (17^{e} s.)

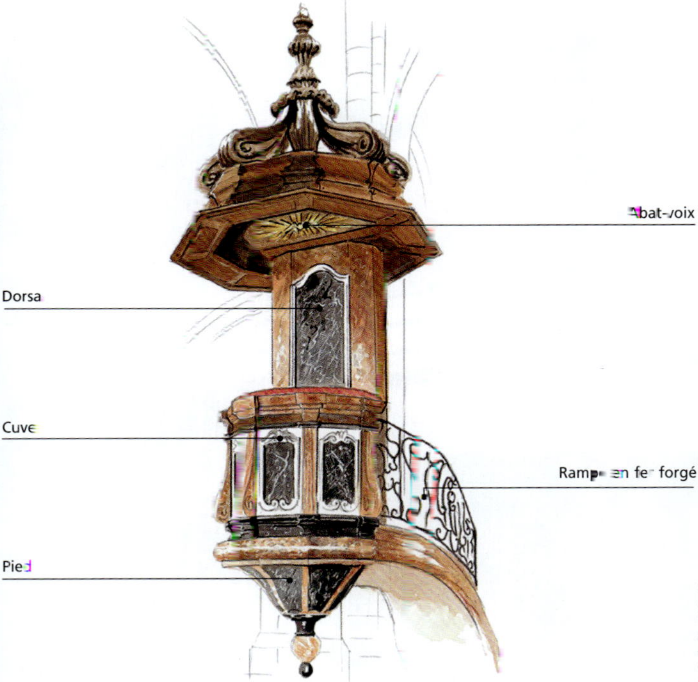

R. Corbel/MICHELIN

ORGANISER SON VOYAGE

À St-Étienne, chalets de Bizillon, des maisons sans escaliers, construites par A. Bossu.
Ch. Guy/hemis.fr

La région en quelques thèmes

CÔTÉ NATURE	
Paysages et points de vue remarquables	Grand Colombier★★★ et col de la Faucille★★ (Ain) Lac de Paladru★ (Isère) PNR du Pilat et crêt de l'Œillon★★★, lac de Grangent★★ (Loire) Circuit du pays des Pierres-Dorées★★ et Signal St-André★★ (Rhône)
Faune et flore	Dans l'Ain, le parc des Oiseaux de la Dombes★★ Lyon, parc de la Tête-d'Or (roseraie★, serres et jardin botanique★) À Romanèche-Thorins (Saône-et-Loire), Touroparc★
La vie dans les campagnes d'hier et d'aujourd'hui	À St-Cyr-sur-Menton (Ain), musée de la Bresse★ À St-Trivier-de-Courtes (Ain), ferme-musée de la Forêt★ À Usson-en-Forez (Loire), écomusée des monts du Forez★
CULTURE	
Villes et châteaux remarquables	Château de Fléchères (Ain)★, château 17e et son temple Vieux-Lyon★★★ : rues médiévales et Renaissance, traboules Le village médiéval de Pérouges (Ain)★★
Beaux-arts	À Lyon, musée des Beaux-Arts★★★ À St-Étienne (Loire), musée d'art moderne et contemporain★★
Monuments religieux	À Brou (Ain), monastère royal de Bourg-en-Bresse★★★ À Charlieu (Loire), abbaye bénédictine★ et couvent franciscain des Cordeliers★ À Ste-Croix-en-Jarez (Loire), le cas unique d'une chartreuse★ (13e-17e s.), transformée en village à la Révolution.
Patrimoine industriel	À Charlieu (Loire), musée de la Soierie★ À Chazelles-sur-Lyon (Loire), atelier-musée du Chapeau★ À Lyon, musée des Tissus★★, ateliers de soierie vivante★ et musée de l'Imprimerie et de la Communication graphique★★ À Rochetaillée-sur-Saône (Rhône), musée de l'Automobile Henri-Malartre★★ À St-Étienne (Loire), musée d'Art et d'Industrie★★ et puits Couriot, parc-musée de la Mine★
Architecture et design	À Éveux (Rhône), couvent de la Tourette★ À Firminy (Loire), site Le Corbusier★ À Lyon, le quartier de la Confluence★, la halle et le musée urbain Tony-Garnier À St-Étienne (Loire), cité du Design
HISTOIRE	
Archéologie et Antiquité	À Lyon, musée gallo-romain★★ et parc archéologique★ de Fourvière Dans les monts du Lyonnais, aqueducs romains À Vienne (Isère), cité gallo-romaine de St-Romain-en-Gal et musée★★
Les deux Guerres mondiales et la Résistance	À Anse (Rhône), écomusée sur la Grande Guerre À Izieu (Ain), maison-mémorial des enfants juifs exterminés À Lyon, centre d'histoire de la Résistance et de la Déportation★ À Nantua (Ain), musée d'histoire de la Résistance et de la Déportation de l'Ain et du Haut-Jura★

Venir dans la région

Par la route

LES GRANDS AXES

A 6 (Paris-Lyon)
A 7 (Lyon-Marseille)
A 39 (Dole-Bourg-en-Bresse)
A 40/42 (Lyon-Bourg-en-Bresse, Lyon-Genève)
A 43 (Lyon-Chambéry)
A 43/48 (Lyon-Grenoble)
A 47 (Lyon-St-Étienne)
A 89 (Lyon-Clermont-Ferrand)
Informations autoroutières – *0 892 681 077* - www.autoroutes.fr.

LES CARTES MICHELIN

Cartes **Départements 321** (Haute-Saône, Jura), **327** (Loire, Rhône), **328** (Ain, Haute-Savoie) et **333** (Isère, Savoie).
Carte **Région 523** (Rhône-Alpes).
Cartes **Zoom 110** (Environs de Lyon), **112** (Vallée du Rhône).
Carte de France 721.
En ligne : calcul d'itinéraires sur **www.ViaMichelin.fr**.

DISTANCES EN KM	Bourg-en-Bresse	Lyon	Roanne	St-Étienne	Vienne
Bordeaux	576	570	497	541	576
Bourg-en-Bresse	–	60	123	119	111
Dijon	143	193	205	253	225
Lille	603	693	618	754	719
Limoges	380	424	370	395	439
Lyon	60	–	146	64	34
Marseille	372	315	416	334	285
Nantes	610	677	647	679	715
Paris	406	465	402	478	494
Roanne	123	146	–	86	136
St-Étienne	119	64	86	–	52
Strasbourg	381	495	502	551	522
Toulouse	533	537	515	421	510
Valence	161	101	211	121	80
Vienne	111	34	136	52	–

En train

LES GRANDES LIGNES

Au départ de Paris, **TGV** pour Lyon (1h55), St-Étienne (2h45). Bellegarde-sur-Valserine (3h). Les gares de La Part-Dieu et de Perrache sont à proximité du centre-ville de Lyon et bien desservies par le réseau de trams et le métro.
Informations et réservations – ✆ 3635 (0,34 €/mn) - www.voyages-sncf.com.

LES TRAINS EXPRESS RÉGIONAUX

Depuis Lyon, vous pouvez rejoindre de nombreuses destinations parmi lesquelles Roanne (1h15), St-Étienne (1h), Villefranche-sur-Saône (30mn), Bourg-en-Bresse (40mn), Bourgoin-Jallieu (40mn), Meximieux-Pérouges (30mn), Vienne (20mn).
Des lignes d'**autocars** (TER) vous permettent d'effectuer des liaisons peu commodes en train.
Bon à savoir – La carte préférentielle **TER illico liberté** (40 € par an) octroie des réductions de 25 % en semaine (50 % le week-end) pour une personne et trois accompagnants en Rhône-Alpes, et en direction de l'Auvergne et de la Bourgogne.
Informations et réservations – ✆ 3635 (0,34 €/mn) - www.ter-sncf.com/rhonealpes.

En avion

LES COMPAGNIES AÉRIENNES

Air France – ✆ 3654 (0,34 €/mn) - www.airfrance.fr. Liaisons pour Lyon au départ d'Ajaccio, Brest, Biarritz, Bordeaux, Clermont-Ferrand, Caen, Calvi, Le Havre, Lille, Limoges, Lorient, Marseille, Mulhouse, Metz, Nantes, Nice, Paris, Pau, Poitiers, Rennes, Strasbourg, Toulouse…
Easyjet - www.easyjet.com. Liaisons pour Lyon au départ d'Ajaccio, Biarritz, Bordeaux, Bastia, Nantes, Nice, Toulouse…

LES AÉROPORTS DESSERVANT LA RÉGION

Lyon-St-Exupéry – ✆ 0 826 800 826 - www.lyon.aeroport.fr.
St-Étienne-Bouthéon – 42160 Andrézieux-Bouthéon - ✆ 04 77 55 71 71 - www.saint-etienne.aeroport.fr.
St-Étienne se spécialise dans les vols à bas coûts internationaux (Fès, Porto, Turquie, Dubaï).

LIAISONS DEPUIS LES AÉROPORTS

Aéroport de Lyon-St-Exupéry – Il est situé à 25 km à l'est de Lyon. L'aéroport est également desservi par une gare de TGV.
Pour rejoindre le centre-ville, le moyen le plus simple est de prendre le **Rhônexpress**, tramway qui fait la jonction avec le métro lyonnais en passant par Meyzieu, Vaux-en-Velin - La Soie, Lyon Part-Dieu – trajet de 30mn - ttes les 15mn de 6h à 21h ; ttes les 30mn de 5h à 6h et de 21h à 0h - aller simple 15 € (au distributeur) et 13,50 € (sur Internet) - informations sur www.rhonexpress.fr.
En **taxi**, le trajet jusqu'à Lyon Part-Dieu vous coûtera 45/50 € de jour et 60/65 € de nuit, pendant le week-end et les jours fériés.
Liaisons régulières en **bus** avec quelques villes de la région (Voiron, Bourg-en-Bresse, Bourgoin-Jallieu) – www.lyon.aeroports.com.
Aéroport de St-Étienne-Bouthéon – Liaisons régulières en **bus** pour le centre-ville (www.saint-etienne.aeroport.fr). Pour rejoindre la gare de St-Étienne : ligne 37 puis correspondance pour la gare de Chateaucreux par le tram (lignes T1 et T2).

Avant de partir

Météo

Services téléphoniques de Météo France – ✆ **3250.**

Accès aux prévisions du département – ✆ **0 892 680 2** suivi du numéro du département (0,34 €/mn).

En ligne : **www.meteo.fr**.

Au printemps : neige persistante sur les massifs du Forez et du Pilat, douceur et coups de froid alternent dans les vallées.

De juin à septembre : le temps est plus sec et ensoleillé. Il peut faire très chaud (30/34 °C), notamment en plaine. En altitude, les températures restent fraîches.

Automne : la saison est plutôt douce le long du Rhône. Premiers flocons en altitude, pluies abondantes, gelées et brouillard dans les vallées.

Hiver : froid sec avec belles éclaircies sur l'axe Saône-Rhône, neige abondante sur les pentes du Pilat et du Forez.

Adresses utiles

INSTITUTIONS

En ligne : **www.franceguide.com** et **www.rhonealpes.fr**.

Comité régional du tourisme

Rhône-Alpes (Ain, Loire, Rhône) – 104 rte de Paris - 69260 Charbonnières-les-Bains ✆ 04 72 59 21 59 - www.rhonealpes-tourisme.com.

Comités départementaux du tourisme

Ain – 34 r. du Gén.-Delestraint - BP 78 - 01002 Bourg-en-Bresse Cedex - ✆ 04 74 32 31 30 - www.ain-tourisme.com.

Isère – 14 r. de la République - 38000 Grenoble - ✆ 04 76 54 34 36 - www.isere-tourisme.com ou Maison de l'Isère - 2 pl. André-Malraux - 75001 Paris - ✆ 01 42 96 08 43.

Loire – 22 r. Balay - 42000 St-Étienne - ✆ 04 77 43 59 14 - www.loiretourisme.com.

Rhône – 142 bis av. de Saxe - 69003 Lyon - ✆ 04 72 56 70 40 - www.rhonetourisme.com.

Offices de tourisme locaux

Les adresses des offices de tourisme se trouvent dans la rubrique « S'informer » de chaque ville ou site dans la partie « Découvrir la région ».

PERSONNES HANDICAPÉES

Le symbole ♿ signale les sites accessibles aux personnes à **mobilité réduite**.

Accessibilité des infrastructures touristiques

Sur www.franceguide.com (rubrique « Voyageurs », puis « Tourisme et Handicap »), retrouvez les sites labellisés **Tourisme et Handicap**.

Association Tourisme et Handicaps – 43 r. Max-Dormoy - 75018 Paris - ✆ 01 44 11 10 41 - www.tourisme-handicaps.org.

Bon à savoir – À **Lyon**, l'office de tourisme met à disposition des malvoyants une brochure en braille décrivant les différentes visites guidées et propose un tarif spécial pour les personnes qui les accompagnent.

Accessibilité des transports

Train – SNCF Accès Plus – ✆ 0 890 640 650 (0,12 €/mn, 7h-22h) - www.accessibilite.sncf.com.

Avion – Air France propose le service d'**assistance Saphir** : ✆ 0 820 01 24 24 - www.airfrance.fr.

Se loger

Retrouvez notre sélection d'hébergements dans « Nos adresses à… » situées en fin de description des principaux sites dans la partie « Découvrir la région ».

Bon à savoir – Les comités départementaux de tourisme et certains offices de tourisme proposent un service de réservation en ligne, des formules thématiques de courts séjours et des offres promotionnelles.

NOTRE SÉLECTION

Les établissements sont classés par catégories de prix *(voir le tableau ci-dessous)*. Les tarifs communiqués, prix minimum et maximum, sont ceux pratiqués pour une chambre double en haute saison.

À consulter aussi : **Le Guide Michelin France** et le **Guide Camping Michelin France**.

Ville Pass'ion

Ville Pass'ion propose des courts séjours à prix doux (offre w.-end : venez deux nuits, payez-en une) à St-Étienne : www.villepassion.fr.

SERVICES DE RÉSERVATION

Fédération nationale des comités départementaux du tourisme – 74-76 r. de Bercy - 75012 Paris - ✆ 01 44 11 10 20 - www.destination-france.net.

Fédération nationale Clévacances – 54 bd de l'Embouchure - 31022 Toulouse Cedex 2 - ✆ 05 32 10 82 30 - www.clevacances.com.

Samedi Midi Éditions – www.samedimidi.com.

Charme & Traditions – www.charme-traditions.com.

HÉBERGEMENT RURAL

Fédération des gîtes de France – ✆ 01 49 70 75 75 - www.gites-de-france.com ; pour le Rhône, centrale téléphonique de réservation ✆ 04 72 77 17 50.

Fédération française des stations vertes de vacances – BP 71698 - 21016 Dijon Cedex - ✆ 03 80 54 10 50 - www.stationverte.com. L'Ain : Vonnas, Hauteville-Lompnes, Pont-de-Vaux, Nantua, Trévoux, Villars-les-Dombes, Châtillon-sur-Chalaronne, Poncin, Montrevel-en-Bresse. Le Rhône : Fleurie, St-Martin-en-Haut. La Loire : Usson-en-Forez, St-Just-en-Chevalet, St-Germain-Laval, Saint-Galmier, Villerest.

Pour les randonneurs

En ligne : **www.gites-refuges.com**.

AUBERGES DE JEUNESSE

Fédération unie des auberges de jeunesse (FUAJ) – 27 r. Pajol - 75018 Paris - ✆ 01 44 89 87 27 - www.fuaj.org.

NOS CATÉGORIES DE PRIX

	Hebergement		Restauration	
	Province	Grandes villes	Province	Grandes villes
Premier prix	jusqu'à 60 €	jusqu'à 90 €	jusqu'à 16 €	jusqu'à 19 €
Budget moyen	de 60 € à 80 €	de 90 € à 120 €	de 16 € à 30 €	de 20 € à 35 €
Pour se faire plaisir	de 80 € à 120 €	de 120 € à 190 €	de 30 € à 45 €	de 35 € à 50 €
Une folie	plus de 120 €	plus de 190 €	plus de 45 €	plus de 50 €

Se restaurer

Retrouvez notre sélection de restaurants dans « Nos adresses à… » situées en fin de description des principaux sites dans la partie « Découvrir la région ». Comme pour « Se Loger », ils sont listés par catégories de prix, sur la base d'un repas complet.

NOTRE SÉLECTION

Pour répondre à toutes vos envies, nous proposons des **restaurants** régionaux, mais aussi classiques, gastronomiques et des adresses où faire une petite pause.
À consulter aussi : **Le Guide Michelin France**.
En ligne : les fermes-auberges sur **www.bienvenue-a-la-ferme.com**.

LABELS

Sites remarquables du goût

Ce label national est décerné aux sites dont la richesse gastronomique se double d'un environnement culturel intéressant. Aux environs de Lyon, deux sites sont ainsi distingués : dans l'Ain, un parcours parmi les **étangs de la Dombes** pour la pêche traditionnelle *(voir p. 179)*; dans la Loire, Montbrison pour sa fourme *(voir p. 380)*.
Pour en savoir plus : www.sitesremarquablesdugout.com.

Bistrots Beaujolais

Le réseau des bistrots du Pays Beaujolais, conseillés par l'Inter-Beaujolais. Il garantit la tradition, une certaine qualité dans l'assiette et de la diversité dans les verres !
Guide à télécharger et carte en ligne sur www.beaujolais.com.

Bouchons Lyonnais

Difficile, quand on n'est pas du cru, de reconnaître un vrai bouchon lyonnais d'un restaurant attrape-touriste… Pour aider ses visiteurs, la Chambre de commerce et d'industrie de Lyon en partenariat avec les Bouchons Lyonnais a défini un label, qui garantit le style, l'ambiance et l'authenticité (il s'agit d'une sélection) : liste disponible sur www.lyon-france.com

Toques Blanches Lyonnaises

Plus qu'un label, c'est l'association de plus d'une centaine de chefs cuisiniers de Lyon et de la région Rhône-Alpes. Pour le passant d'un soir, c'est l'assurance de bonnes tables sur tout le territoire. À consulter pour faire son marché de bonnes adresses… sans hésiter car elles déçoivent rarement ! http://www.l©yonresto.com/restaurant-lyon/Toque-blanche/restaurant-lyon-Toque-blanche.htm

Sur place de A à Z

Pour obtenir de la documentation sur toutes les activités possibles, s'adresser aux **comités départementaux** et **régionaux** de tourisme *(voir p. 448)*. Leurs brochures sont souvent téléchargeables en ligne. De même, ne pas hésiter à télécharger les applications mobiles des départements et des grandes villes (Rhône, lyon.fr…) qui sont le plus souvent gratuites.

ACHATS

Retrouvez notre sélection d'adresses dans « Nos adresses à… » situées en fin de description des principaux sites dans la partie « Découvrir la région ».

À déguster

Vins – Les plus connus sont ceux du **Beaujolais** et des **Côtes-du-Rhône**. Mais ne passez pas pour autant à côté des vins de pays. Côté Bugey, signalons le rosé pétillant du Cerdon et les vins blancs des coteaux de Seyssel. Pour les amateurs de **liqueurs**, rendez-vous à La Côte-St-André. « Gastronomie et vins : un vignoble varié » p. 402.

Fromages – **St-Marcellin** en Isère, **bleu de Gex**, **comté**, **fromage de Clon** et **ramequin** dans l'Ain.

Friandises – **papillotes**, **quenelles** et **coussins** lyonnais, **gaudrioles** de l'Ain.

Autres spécialités – **quenelles** et **charcuteries** lyonnaises, **truite fumée**, **carpes**, **quenelles de brochet à la sauce Nantua** et **grenouilles** de la Dombes, **volailles** de Bresse, **truffes** du Bugey.

Style

Bonneterie et **pulls** à Roanne, **foulards** et **cravates** en soie à Lyon ou à La Bâtie-Montgascon, **chapeaux** à Chazelles-sur-Lyon

Artisanat

Soie et **produits tissés** à Lyon. **Peintures**, **sculptures**, **poteries** au marché de la Création qui se tient à Lyon sur le quai Romain-Rolland. Artisanat d'art dans la vallée du Rhône (poteries, sculptures…) : parmi les villages les plus réputés figure Oingt (Beaujolais).

Jouets et jeux

Nounours au musée de l'Ours et de la Poupée de Lens-Lestang (ours en kit, à réaliser chez soi, avec les tissus de son choix) ; **boules de pétanque** fabriquées à St-Bonnet-le-Château.

ACTIVITÉS AQUATIQUES

Le nombre important de **lacs et plans d'eau** permet la pratique des sports nautiques : natation, voile, planche à voile, canoë-kayak et parfois ski nautique. Certains d'entre eux ont été aménagés en **bases de loisirs** : Miribel-Jonage, lac de Paladru, retenues de Villerest et de Grangent, St-Pierre-de-Bœuf…

Comités départementaux :

Ain – Canoë-kayak 01 - 01500 Ambronay - ✆ 04 74 39 14 17 - www.canoe-kayak01.com.

Portail francophone de descente de canyon – www.descente-canyon.com. Le site répertorie et décrit les canyons praticables dans les différents départements.

CYCLOTOURISME ET VTT

De nombreux topo-guides sont proposés aux amateurs de VTT : *Le Lyonnais à VTT*, *La Côte roannaise*, *VTT grand large*… Mais il n'y en a pas que pour le VTT dans la région. Vous trouverez sur le site Internet du conseil général du Rhône (www.rhone.fr) des informations sur les boucles cyclotouristiques du département. Autres publications à consulter : *Guide vélo de l'Ain* ainsi qu'un circuit de découverte de la vallée de la Valserine - www.parc-haut-jura.fr.

Sur la **ViaRhôna,** projet de voie cyclable le long du fleuve Rhône qui devrait rejoindre, à terme, le Léman à la Méditerranée (700 km !), plusieurs tronçons sont déjà praticables (Groslée-Belley, Lyon-Jons, Sablons-Vienne…) et diverses randonnées ont été imaginées – www.viarhona.com

Fédération française de cyclotourisme – 12 r. Louis-Bertrand - 94207 Ivry-sur-Seine Cedex - 01 56 20 88 88 - www.ffct.org.

Fédération française de cyclisme – 5 r. de Rome - 93561 Rosny-sous-Bois Cedex - 01 49 35 69 00 - www.ffc.fr. Demandez le guide gratuit (contre une enveloppe timbrée, se renseigner pour le tarif). Sentiers labellisés dans la région : – Val de Saône, Ars-sur-Formans (Ain) ; – Lac de Paladru - Val d'Ainan, Charavines (Isère) ; – Pays du Beaujolais, Avenas, Saône vallée, Trévoux (Rhône).

La journée « **Vélocio** » attire chaque année en juin tous les « mordus » du cyclotourisme sur les pentes du col de la République, près de St-Étienne.

FORFAITS ET PASS

De nombreux « pass » ont été mis en place dans la région pour faciliter l'accès à la culture et aux loisirs. Parmi eux, citons :

La carte Tip Top offre des avantages sur 37 sites partenaires (www.rhonetourisme.com)

La carte Musées de Lyon (20 € par personne) qui permet de visiter, pendant un an, l'ensemble des collections permanentes et des expositions temporaires des 6 musées municipaux, hors Biennale de Lyon).

JARDINS

Comité des parcs et jardins de France – 168 r. de Grenelle - 75007 Paris - 01 53 85 40 47 - www.parcsetjardins.fr - Répertoire des jardins publics ou privés qui se distinguent par leur beauté, leur originalité, leur style. On en dénombre 19 dans l'Isère, 3 dans l'Ain, 9 dans la Loire, 16 dans le Rhône. À noter : 19 d'entre eux ont reçu le label **Jardin remarquable.**

PÊCHE

Les étangs de la Dombes, exploités selon un cycle faisant alterner les périodes d'évolage et d'assec *(voir « La Dombes » p. 173)* regorgent de tanches, de gardons, de rotengles et de brochets. Ils sont aussi le domaine privilégié des carpes royales ou carpes « miroir ».

La Saône, de Villefranche au confluent du Rhône, abrite le plus grand poisson d'eau douce que l'on puisse pêcher en France : le **silure glane**, pouvant atteindre 3 m de longueur pour un poids avoisinant 100 kg.

Fédération nationale de la pêche en France – 17 r. Bergère - 75009 Paris - 01 48 24 96 00 - www.federationpeche.fr.

Pour en savoir plus : www.club-halieutique.com.

PROMENADES EN BATEAU

Croisières organisées

Sur le Rhône, l'Isère, les canaux dans la Loire… Grande variété d'embarcations disponibles, du simple bateau à la péniche-hôtel. De nombreux organismes proposent des excursions de durées variables sur un tronçon

du Rhône et la partie basse de la Saône, assorties d'un large éventail de prestations (restauration, animations, guidage touristique).
Aqua Viva – Rens. et réserv. au ✆ 0 800 304 96 15 - www.vikingrivercruises.com. Croisières d'une semaine, de mars à nov., de Chalon-sur-Saône à Avignon.
Nautiboat – 2 chemin de la Saône - 69220 Belleville - ✆ 04 74 66 97 70 - www.nautiboat01.com. Balades (de 15mn à 2h30) aux départs de Trévoux, Albigny, Curis-au-Mont-d'Or, Anse, Jassans-Riottier, Montmerle-sur-Saône et Belleville. Réservation conseillée.
Les Marins d'eau douce – Port de plaisance - 42720 Briennon - ✆ 04 77 69 92 92. Croisières-repas sur le canal de Roanne à Digoin.
Lyon Cityboat – ✆ 04 78 42 96 81 - www.lyoncityboat.com - Pour de petites croisières promenades guidées, des formules déjeuners-ou dîners-croisières autour de Lyon (durées 1h à 6h) sur le Rhône ou la Saône.

Bateaux habitables

En respectant la réglementation en vigueur, on peut naviguer sur la Saône et le Rhône de Corre à Port-St-Louis-du-Rhône. Les ports de Lyon, des Roches-de-Condrieu et de Valence-l'Épervière offrent des prestations complètes ; un ravitaillement élémentaire peut être obtenu à St-Germain-au-Mont-d'Or, Tournon-sur-Rhône, Viviers et Avignon.
De Lyon à la mer, la descente du **Rhône**, rendu navigable grâce aux canaux de dérivation, nécessite le franchissement de 12 écluses sur un parcours de 310 km. La durée moyenne de la descente est de deux jours.
L'agglomération lyonnaise a développé un système de haltes fluviales aménagées le long de la Saône, permettant aux plaisanciers d'accoster en sécurité le temps d'une promenade pour admirer la région : Caluire, Albigny, Collonges-au-Mont-d'Or, Rochetaillée, Neuville-sur-Saône, Lyon et Virignin.
Le **canal de Roanne à Digoin** offre un parcours de 55 km jalonné de 10 écluses. D'avril à octobre, il est ouvert les week-ends à la navigation de plaisance. La partie décrite dans ce guide se limite aux ports de Roanne et de Briennon.
Des bateaux habitables sont disponibles à la **location** à Port-sur-Saône, St-Jean-de-Losne et Roanne.

RANDONNÉE ÉQUESTRE

Association Rhône-Alpes pour le tourisme équestre – Isère Cheval Vert - Maison du tourisme - 14 r. de la République - 38000 Grenoble - ✆ 04 76 42 85 88 - www.isere-cheval-vert.com.
L'Ain à Cheval – Bernard Vulin - 705 r. Centrale - 01700 Beynost - ✆ 04 78 55 58 17 - http://01acheval.ffe.com. L'association a balisé plus de 1 000 km de circuits à travers le Bugey, jusqu'au Revermont.

RANDONNÉES PÉDESTRES

Les GR

Le **GR 3** part du mont Gerbier-de-Jonc (source de la Loire), longe le fleuve dans son bassin supérieur et rejoint le col du Béal en suivant la ligne de crête des monts du Forez.
Le **GR 7** et ses variantes permettent d'effectuer le tour des monts du Beaujolais et celui des monts du Lyonnais. Dans le massif du Pilat, le Haut-Vivarais et le Velay, il suit, au plus près, la ligne de partage des eaux entre l'océan Atlantique et la Méditerranée.
Le **GR 42** domine en corniche la vallée du Rhône, découvrant d'amples panoramas.
Fédération française de la randonnée pédestre – 64 r. du Dessous-des-Berges - 75013 Paris - ✆ 01 44 89 93 90 -

www.ffrandonnee.fr. Elle donne le tracé détaillé des GR, GRP et PR à travers ses collections de topo-guides, ainsi que d'utiles conseils. Le **Comité départemental de randonnée pédestre de l'Ain** édite deux topo-guides qui couvrent Bresse-Val de Saône Nord pour le premier, Haut-Bugey- Pays bellegardien-Pays de Gex pour le second - ✆ 04 74 32 38 67 - www.ain-ffrandopdestre.com.

Autres itinéraires

Le parc naturel régional du Pilat est sillonné, en dehors du GR 7, par plusieurs sentiers à thèmes. D'autres circuits font connaître le pays des Pierres-Dorées.
En ligne : **www.rhonerando.com** et **www.ain-rando.com** : documentation, conseils et topo-guides.

ROUTES THÉMATIQUES

Route du Bugey – Thématisée « Vins et fours » autour de la richesse viticole du Bugey (de Cerdon à Seyssel, en passant par les coteaux de Montagnieu et de Belley) et des villages abritant fours et lavoirs, elle est aussi prétexte à de belles balades dans les villages, pour rencontrer les artisans et apprécier la beauté des paysages.
Association Route du Bugey – 34 r. Gén.-Delestraint - BP 78 - 01002 Bourg-en-Bresse Cedex - ✆ 04 74 32 31 30 - www.ain-tourisme.com.

SPORTS D'HIVER

Le massif du Pilat et le secteur du col de la Loge dans les monts du Forez permettent la pratique du **ski de fond** et de la **randonnée nordique**.
Le **ski alpin** se pratique à Graix et à la Jasserie, dans le parc du Pilat, ainsi qu'à Chalmazel, dans le Forez.
Stations du massif du Pilat – Allô neige - ✆ 04 77 20 43 43 (station du Bessat).
Stations des monts du Forez – Allô neige - ✆ 04 77 24 83 11.

TOURISME INDUSTRIEL

Empreinte d'une longue histoire industrielle, la région Rhône-Alpes se démarque par le dynamisme de ses entreprises. De l'artisan chocolatier ou brasseur, en passant par les artisans d'art, maître horloger ou souffleur de verre, jusqu'aux industries les plus à la pointe de la technologie, comme Renault Trucks qui conçoit et produit des véhicules industriels, ces professionnels passionnés vous ouvrent leur antre pour vous dévoiler leurs secrets de fabrication.
Comité départemental du tourisme du Rhône – 142 bis av. de Saxe - 69003 Lyon - www.rhonetourisme.com - ✆ 04 72 56 70 40.
TISTRA (Tourisme industriel scientifique et technique en Rhône-Alpes) – Villa Créatis - CP 601 - 2 r. des Mûriers - 69258 Lyon cedex 9 - ✆ 04 72 18 96 47 - www.tistra.com.

TRAINS TOURISTIQUES

Le relief tourmenté de la région a favorisé le développement, au début du 20e s., de réseaux ferrés d'intérêt local qui eurent leur heure de gloire dans l'Entre-deux-guerres, avant de connaître une fermeture progressive dans les années 1960. Certains de ces tronçons, remis en état par des associations, offrent, le temps d'une excursion, un aperçu original de sites naturels préservés.
Chemin de fer du Haut-Rhône – ✆ 04 78 81 84 30 - www.cft-hr.com. Un train à vapeur relie en 50mn Montalieu au pont de Sault-Brénaz et permet de découvrir l'Est lyonnais de mai à octobre. Les cyclo-draisines permettent également de pédaler en forêt et le long du Rhône.

Le train touristique des monts du Lyonnais – Maison du tourisme de Brussieu - 04 74 70 90 64 - train-touristique-monts-lyonnais.com. Il relie l'Arbresle à Ste-Foy-l'Argentière tous les dimanches d'été. Une exposition de matériel ferroviaire est présentée dans la gare de Ste-Foy. Possibilité d'embarquer également sur un réseau miniature de trains à vapeur (Hobby 69), le dim. de juin à sept.

VILLES ET PAYS D'ART ET D'HISTOIRE

Les Villes et Pays d'art et d'histoire cités dans ce guide sont **le pays du Forez, Lyon, le pays des Trois Vals** (Paladru), **St-Étienne** et **Vienne**.
En famille : visites-découvertes et ateliers du patrimoine pour les enfants (merc., sam. et vac. scol.). Renseignements auprès des offices de tourisme des villes ou sur le site **www.vpah.culture.fr**.

VINS

Prolongeant la Bourgogne au sud par le Beaujolais, la vallée du Rhône réunit une grande variété de vignobles qui produisent d'agréables vins de pays, mais aussi des crus AOC de grande renommée.

Beaujolais

Destination Beaujolais – Maison du tourisme - 96 r. de la Sous-Préfecture - 69400 Villefranche-sur-Saône - 04 74 07 27 50 - www.destination-beaujolais.com.

Côtes-du-Rhône

Consultez le site Internet : www.vins-rhone.com. Liste des caveaux, itinéraires de routes des vins et documents d'information sont disponibles sur demande à :
Maison des vins de Tournon – 16 av. du Mar.-Foch - 07300 Tournon - 04 75 07 91 50.

Vins du Bugey

Depuis 2009, deux appellations ont obtenu l'AOC : Bugey et Roussette du Bugey.
Syndicat des vins du Bugey – 04 79 42 20 94 - www.vinsdubugey.net.

Œnotourisme

Labels – Le Beaujolais des Pierre-Dorées et les aires de Pelussin, Condrieu, Vienne, Roussillon ont été labellisés « vignobles et découvertes », label de tourisme vitivinicole qui vise à promouvoir le tourisme sur le thème du vin et de la vigne. Demandez le programme des circuits découverte ! www.condrieu-coterotie.com ou www.beaujolais.com.
Guide – L'œnotourisme est tendance. De nombreuses régions publient leur guide. L'InterBeaujolais a le sien, en vers on bilingue ! (anglais/français)
Les offices de tourisme du pays de Vienne et du Beaujolais proposent des parcours thématiques autour du vin. Ce dernier propose même des audioguides à télécharger gratuitement sur le site www.zevisit.com.

En famille

Bonne nouvelle pour les parents : le tourisme en famille prenant une importance considérable, les musées ont désormais leur livret pédagogique, visites spéciales, maquettes interactives, ateliers… La plupart des offices de tourisme proposent des brochures « spécial famille » qui recensent les sites remarquables et activités de loisirs. Retrouvez notre sélection dans le tableau suivant et dans la partie « Découvrir la région », grâce au pictogramme.

DES LABELS ET DES IDÉES

Stations vertes – **Châtillon-sur-Chalaronne** (Ain) et **Usson-en-Forez** (Loire) ont obtenu le prix de l'accueil des enfants, décerné par la Fédération des stations vertes de vacances.

Jeux de pistes et circuits d'aventure – Rien de tel pour découvrir le patrimoine sans s'ennuyer ! Pour les découvrir, ouvrez dans l'**Ain** le Guide des petites virées de Fifrelin (www.aupaysdefifrelin.com) et à **Nantua** le livret des P'tits Caïds (www.nantua-tourisme.com).
Cerdon, **Bourg-en-Bresse**, **Châtillon-sur-Chalaronne**, **Courmangoux** et **Montrevel-en-Bresse** proposent également des aventures-jeux, pochettes à retirer aux offices de tourisme (5 à 12 €).
Bellegarde-sur-Valserine suggère aux plus jeunes de suivre Goupilou dans ses aventures sur différents circuits de balades. Dans le **Rhône** (www.rhonetourisme.com), les jeux FamiliTop permettent de découvrir **Beaujeu**, **St-Symphorien-sur-Coise**, **Mornant** et **Le Bois d'Oingt**. Les défis de Gorgulu accompagnent les musées des **monts du Lyonnais** tandis que les balades proposées sur Randoland (www.randoland.fr) vous entraînent à travers les **monts du Lyonnais** et le **Beaujolais**.

RESSOURCES SUR INTERNET

www.bullesdegones.com (Lyon) ; www.graindesel.com ; www.ain-famille.com.

SITES ET ACTIVITÉS À FAIRE EN FAMILLE

Chapitre du guide	Nature	Musées	Loisirs
Ambérieu-en-Bugey		Musée du Cheminot château des Allymes musée des Traditions bugistes	Lacs et plans d'eau des environs
Le Beaujolais	Voie verte du Beaujolais Balade au sommet du mont St-Rigaud	Apothicairerie de l'Hôtel-Dieu (Belleville) Tour d'Oingt Tour du télégraphe Chappe	
Belley		Maison d'Izieu	Baignade, base de loisirs, vélo sur la ViaRhôna

Chapitre du guide	Nature	Musées	Loisirs
Bourg-en-Bresse	Maison de l'eau (Pont-de-Vaux)	Monastère de Brou, apothicairerie de l'Hôtel-Dieu, musées du Revermont (Cuisiat), de la Bresse (St-Cyr-sur-Menthon), ferme-musée de la Forêt (St-Trivier-de-Courtes), Maison de Pays (St-Étienne-du-Bois)	Base de loisirs de Montrevel-en-Bresse
Bourgoin-Jallieu	Domaine des fauves (Fitilieu), vivarium du château de Moidière		
Charlieu		Musée de la Soierie	
Châtillon-sur-Chalaronne		Musée Traditions et Vie	Marché du terroir (sam. mat.)
Côte Saint-André			Le Paradis du chocolat
La Dombes	Parc des Oiseaux (Villars-les-Dombes), Musée vivant de la Plante aquatique (St-Didier-sur-Chalaronne)	Château de Fléchères	
Feurs		Musée du Tissage et de la Soierie (Bussières)	
Monts du Forez			Station de ski (Chalmazel), Docil'Âne (Valensanges) : ânes porteurs pour les balades
Grand Colombier	Sentier d'interprétation du marais de Lavours, massif du Grand Colombier	Maison du marais de Lavours, observatoire de la Lèbe	
Lyon	Jardin zoologique de la Tête-d'Or (Rive gauche)	Musées des Marionnettes du monde, des Automates, Miniature et Cinéma, horloge astronomique de la primatiale St-Jean, musées Lumière et africain (Rive gauche), musée de l'Imprimerie et de la Communication graphique, musée des Confluences	Spectacles de Guignol (Vieux-Lyon, Rive gauche), Fourvière Aventures (parc des Hauteurs), parc de Gerland (Rive gauche)

Chapitre du guide	Nature	Musées	Loisirs
Grand-Lyon	Aquarium de Lyon (La Mulatière)	Planétarium de Vaulx-en-Velin	Train touristique le Furet (Marcy-l'Étoile), parc de Miribel-Jonage
Monts du Lyonnais	Parc animalier (Courzieu), parc zoologique (St-Martin-la Plaine)	Maison des Métiers (St-Symphorien-sur-Coise), Atelier-musée du chapeau (Chazelles-sur-Lyon), Musée-théâtre Guignol (Brindas)	Parc Salva Terra (Haute-Rivoire), Yzeron Aventures (Yzeron)
Montbrison		Collection de poupées du musée d'Allard	
Morestel			Parc Walibi-Rhône-Alpes
Nantua	Grottes du Cerdon	Musée et site archéologique d'Izernore	Baignade
Lac de Paladru		Musée de Charavines	Baignade, nautisme
Le Pilat	Maison du parc (Pélussin)		Via ferrata pour enfants du Gouffre d'Enfer
Romanèche-Thorins	Touroparc Zoo	Hameau Dubœuf	
St-Antoine-l'Abbaye		Musée des plantes médicinales et des parfums (dans les anciennes écuries)	Grand Séchoir (Vinay), Jardin ferroviaire de Chatte
St-Bonnet-le-Château		Écomusée des monts du Forez (Usson-en-Forez)	
St-Étienne	Planétarium de la Manufacture		Baignade (base de loisirs de St-Victor)
St-Germain-Laval			Randonnée facile au belvédère de la Sauveté
Monts de Tarare		Musée Barthélemy Thimonnier de la machine à coudre et du cycle (Amplepuis)	Baignade (lac des Sapins à Cublize)
Vallée de la Valserine	Pertes de la Valserine	Fort l'Écluse	Fête médiévale du château de Musinens
Vienne		Cité romaine de St-Romain-en-Gal	Base nautique de Condrieu

Mémo

Agenda

JANVIER

Ampuis – Marché aux vins de Côte-Rôtie (w.-end le plus proche de la St-Vincent) - www.marche-aux-vins-ampuis-cote-rotie.com.

Côte roannaise – La St-Vincent : fête des vignerons ; fabrication de brioches reproduisant des formes humaines (dernier sam.).

Villefranche-sur-Saône – Fête des conscrits, défilé de « La Vague » (dernier dim.) - www.villefranche-beaujolais.fr.

MARS

St-Étienne – Biennale internationale du design. 80 lieux d'exposition dans St-Étienne, son agglomération et sur la région. www.biennale-design.com

Lyon – Foire internationale (2e quinz.) - www.foiredelyon.com.

Lyon – Carnaval des Dragons de St-Georges : carnaval de quartier avec cortège, concerts, jeux pour enfants, repas, feu d'artifice et bal. Quartiers St-Georges, St-Jean, St-Paul - http://dragons.st.georges.online.fr.

AVRIL

Beaujolais – Fête des Crus autour des villages du Beaujolais (de fin avr. à déb. mai).

Boën – Fête des Vignerons et du Terroir (2e dim.)

Lyon – Concours international de musique de chambre de Lyon - www.cimcl.fr

Lyon – Championnat de France des rallyes, manche Lyon-Charbonnières-Rhône (3e w.-end) - www.asarhone.com.

Lyon et Grand-Lyon – Biennale internationale de la marionnette : spectacles dans les salles de spectacle, théâtres, bars et rues - www.moissondavril.com.

Pérouges – Printemps musical (de mi-avr. à déb. juil.) : des artistes très variés pour ce festival d'expression vocale, dont le programme thématique se déroule dans l'église-forteresse de Pérouges, le prieuré de Blyes et sur l'ensemble du territoire de la plaine de l'Ain - www.festival-perouges.org.

MAI

Belleville – Montgolfiades du Beaujolais (w.-end du 1er Mai) - http://montgolfiades.over-blog.fr.

Bugey - Printemps des vins du Bugey (fin mai) - www.leprintempsdesvinsdubugey.com.

Lyon – Festival Quais du Polar - www.quaisdupolar.com

Lyon – Festival de musique électronique Les Nuits sonores : quatre jours de concerts dans les lieux nocturnes, historiques, galeries d'art ou bâtiments industriels - www.nuits-sonores.com.

PENTECÔTE

Lyon – Tournoi bouliste de Pentecôte - www.cbd69.fr.

JUIN

Lyon – Fête des bannières du monde : accompagné par les pennons de Lyon (nom donné au Moyen Âge aux drapeaux de chaque quartier), cortège sous les bannières des villes et provinces du monde jusqu'au village des bannières, où sont représentées les cultures des cinq continents - www.fetes-lyon.com.

Lyon – Lyon BD Festival - www.lyonbd.com
St-Étienne – Journée Vélocio : rassemblement international de cyclotouristes - http://journeevelocio.fr.
St-Étienne – Rallye du Forez (déb. juin) - www.asaforez.com.
Tarare – Fête des mousselines (tous les cinq ans, prochaine édition en 2020).
St-Étienne – Festival Paroles et Musiques : chanson française (2e sem.) - www.paroles-et-musiques.net.
St-Romain-en-Gal – Journées gallo-romaines. À la fois ludique, théâtral, scientifique et historique - www.musees-gallo-romains.com.

JUIN-JUILLET

Vienne – Jazz à Vienne (de fin juin à mi-juil.) : le théâtre antique retrouve sa vocation première avec concerts, animations destinées aux mélomanes, ateliers jazz. L'un des plus importants rendez-vous de la musique jazz en Europe - www.jazzavienne.com.
Beaujolais – Continents et Cultures. Un festival itinérant en Beaujolais, qui rassemble de grands artistes français et étrangers, parrainé en 2013 par Bernard Pivot.

JUIN-AOÛT

Lyon – Les Nuits de Fourvière : théâtre, danse, concerts, cinéma en soirée et en plein air dans les théâtres antiques de Fourvière - www.nuitsdefourviere.com.

JUILLET

Châtillon-sur-Chalaronne – Festival Les Temps chauds (1re quinz.) - Musiques et voix du monde - www.lestempschauds.org.
Bourg-en-Bresse – Estivales de Brou : art lyrique au sein notamment du monastère royal - www.estivalesdebrou.net.
Dombes – Festival de cuivres : trompettistes, trombonistes ou quatuors de cors dans des lieux historiques - www.cuivresendombes.org.
Nantua – Estivales du lac (mi-juil.) - ✆ 06 73 68 22 07.
Dans la Loire (St-Étienne, Roanne, Montbrison...) – Festival été musical Loire en Rhône-Alpes - www.loire-etemusical.fr.
Serrières – Joutes nautiques (mi-juil.) : les « sauveteurs de Serrières » s'affrontent en compétition officielle - ✆ 04 75 34 00 46 (mairie).
Ternand – Fête médiévale - www.ternandmedieval.com

JUILLET

Château de la Bastie-d'Urfé – Estival de la Bastie : théâtre, musique, danse.

AOÛT

Ars-sur-Formans – Pèlerinage pour la fête du curé d'Ars (le 4 août) - www.arsnet.org.
Charavines-Paladru – Régates amicales (juin et août) - www. spac-voile.org.
Pierre-de-Bresse – Marché des potiers et vaniers de Bourgogne (vers le 10 août) - www.ecomusee-de-la-bresse.com.
Montrond-les-Bains – Fête médiévale (1er w.-end, année impaire). Le fort ouvre ses portes. http://www.montrond-les-bains.fr.
La Côte-St-André – Festival Berlioz - www.festivalberlioz.com.

SEPTEMBRE

Bellegarde-sur-Valserine – Fête médiévale du château de Musinens (mi-sept.).
Mont Brouilly – Pèlerinage des vignerons à la chapelle de Brouilly (1er sam.).
Châtillon-sur-Chalaronne – Marché aux plantes rares (2e w.-end).

Lyon – Foire aux tupiniers (anciens potiers) - www.tupiniersduvieuxlyon.com.

Lyon – Biennale d'art contemporain les années impaires et Biennale internationale de la danse les années paires (2e quinz. de sept. à déb. janv.) - www.biennale-de-lyon.org.

St-Étienne – Foire économique (2e quinz.) - www.foiredesaintetienne.com.

St-Étienne – Fête à la brocante.

Chalamont – Ronde des terroirs - produits des terroirs et cuisiniers de la Dombes - www.villars-les-Dombes.com.

Vonnas, Châtillon-sur-Chalaronne – Lyricuement Vôtre : opéras, opérettes, expositions d'art plastique… - www.lyricuement-votre.com.

SEPTEMBRE-OCTOBRE

Ambérieu-en-Bugey – La Ronde des Grangeons - www.amberieumarathon.org.

Ambronay – Festival de l'abbaye – festival de musique baroque - ✆ 04 74 38 74 00.

OCTOBRE

Belley – Entretiens de Belley (2e vend.) : salon gastronomique - ✆ 04 79 81 29 06.

Lyon – Lumière Grand-Lyon Film Festival : festival de cinéma (mi-oct.) avec projections de films restaurés - www.festival-lumiere.org.

Montbrison – Journée de la fourme et des côtes du Forez : défilé à thème (1er w.-end) - www.ville-montbrison.fr.

Roanne – Festival Roanne table ouverte : dégustations, salons, dîners, spectacles - www.roannetableouverte.com.

St-Étienne – Fête du Livre (mi-oct.) - www.fete-du-livre.saint-etienne.fr.

St-Étienne-du-Bois – Fête de la Paria - Pour découvrir la confiture bressane, et les fermes d'autrefois - www.maisondepaysenbresse.com.

Treffort-Cuisiat – Journée des fruits d'automne (mi-oct.) - www.fruitsnatureenrevermont.fr.

OCTOBRE-MARS

Dombes – Les Pêches d'étangs : pêche traditionnelle commentée et vente de poissons vivants.

OCTOBRE-NOVEMBRE

Lyon – La Vogue des marrons : depuis 1865, sur le bd de la Croix-Rousse, une fête foraine pour déguster des marrons grillés et découvrir le quartier de la soie du 19e s. (canuts).

NOVEMBRE

Fêtes du Beaujolais nouveau – *L'événement* à vivre dans tout le Beaujolais et à Lyon, autour du 3e mercredi du mois. Cinq jours de manifestations festives, sportives, gustatives : Beaujol'ympiades, Beaujolais Gourmand, Festival des nouvelles voix, Fête des saveurs, Sarmentelles, Marathon international du Beaujolais, Nec'art nouveau, Nuit du Marathon… www.beaujolaisdays.com.

Bourg-en-Bresse – Salon de la gastronomie : rassemblement d'artisans des métiers de bouche avec une région à l'honneur - www.ainterexpo.com.

Chénelette – Foire aux chèvres et aux bestiaux (11 Nov.).

Nantua – Festival BD dans l'Ain - www.bd-dans-lain.com.

Gex - Salon des vins et de la gastronomie (3e sem.) - www.pgpa.asso.cc-pays-de-gex.fr.

NOVEMBRE-DÉCEMBRE

Lyon – Festival de musique baroque de Lyon (mi-nov. à mi-déc.) - www.lachapelle-lyon.org.

Lyon – Marché des soies : vente au mètre, cravates, foulards, accessoires ; expositions et mise en marche d'un métier à tisser - www.intersoie.org.

DÉCEMBRE

Beaujeu – Vente de vins des Hospices de Beaujeu : ventes aux enchères à la bougie.

Bourg-en-Bresse, Louhans, Montrevel-en-Bresse, Pont-de-Vaux – Concours de volailles les quatre Glorieuses de Bresse (3e sem.) - www.glorieusesdebresse.com.

Lyon – Fête des lumières (4 j. autour du 8 déc.) - www.fetedeslumieres.fr.

Roanne – Marché des producteurs fermiers (mi-déc.).

Bibliographie

PRESSE ÉCRITE

Le Progrès, trois éditions : Rhône, Loire, Ain. www.leprogres.fr.

Le Dauphiné libéré, éditions pour ce guide : Rhône, Ain, Isère Nord. www.dauphinelibere.com.

Lyon Plus, www.lyonplus.com.

Utopia, guide culturel de Rhône-Alpes, à consulter en librairie et à lire en ligne. www.utopia-culture.fr.

Le Petit Paumé, city-guide annuel et site internet pour sortir et boire à Lyon animé par les étudiants de l'EMLyon Business School. www.petitpaume.com.

LIVRES

Ouvrages généraux

La collection « Encyclopédie Bonneton » propose des ouvrages collectifs consacrés au Dauphiné, au Forez, au Lyonnais-Beaujolais.

La Loire, mille kilomètres de bonheur, J.-M. Laclavetine, National Geographic, 2002.

Lyon et ses environs, M.-H. Chaplain, F. Bayard, éd. Ouest-France, 2001.

www.guichetdusavoir.org Sur la toile, une mine d'informations offerte par la Bibliothèque municipale de Lyon (sur tous les sujets y compris Rhône-Alpes !)

Histoire - Art - Traditions

Histoire de Lyon et du Lyonnais, J.-P. Gutton, PUF, coll. Que sais-je ? 2000. Une indispensable synthèse, aussi courte que précise.

Dictionnaire des peintres et scuplteurs à Lyon aux 19e et 20e s., B. Gouttenoire, La Taillanderie, 2000.

Les Dynasties lyonnaises : des Morin-Pons aux Mérieux, du 19e s. à nos jours, B. Angleraud, C. Pellissier, Perrin, 2003. L'histoire de l'essor des grands industriels de la région.

Les Camisards, P. Joutard, Gallimard, coll. Folio Histoire, 1999. La révolte des paysans sous Louis XIV.

La Soierie lyonnaise, J. Ètèvenaux, G. Gambier, La Taillanderie, 2003.

D'un siècle à l'autre : la collection du musée d'Art moderne de St-Étienne, Skira/musée d'Art moderne, 2007.

Les Grandes Heures de Lyon, J. Ètèvenaux, Perrin, 2005.

Lyon, 1940-1947 : l'Occupation, la Libération, l'épuration, G. Chauvy, Perrin, 2004. Récit.

L'Architecture rurale en Bresse du 15e au 19e s. : Ain, Jura, Saône-et-Loire, M. Diot, éd. du Patrimoine, 2005.

Une histoire de la peinture à Lyon et en Rhône-Alpes depuis 1845, S. Carlier (dir.), M. Paul-Dini/IAC, 2008.

Une histoire de la peinture à Lyon, P. Béghain, Éd. S. Bachès, 2011.

Dictionnaire des Grands Lyonnais (2 vol.), C. Chevally, Éditions des Traboules, 2008-2009.

Histoire de Pérouges, M. Rudigoz-Lassère, L'Harmattan, 2017.

Et pour les amateurs d'archives audiovisuelles : http://fresques.ina.fr, l'excellent site hypermédia « Lumières sur Rhône-Alpes » dédié à la mémoire contemporaine de la région (1940-2010) – Plus de

300 documents à consulter en ligne, agrémentés de notices historiques.

Littérature

L'Astrée, H. d'Urfé, Gallimard, coll. Folio Classique 1984.

Longs désirs : Louise Labé, Lyonnaise, F. Weinberg, Éd. lyonnaise d'art et d'histoire, 2002.

Clochemerle, G. Chevallier, Le Livre de Poche, [1934]. Du rififi dans le Beaujolais sous la IIIe République. Savoureux !

Le Goût de Lyon, textes choisis par G. Vaudey, Mercure de France, coll. Le Petit Mercure, 2004. Le regard d'écrivains sur la ville.

Myrelingues la brumeuse ou L'an 1536 à Lion sur le Rosne, J. Le Marcquet, Traboules, 2004 (rééd.). Un chef-d'œuvre Renaissance méconnu.

Calixte ou l'introduction à la vie lyonnaise, J. Dufourt, Éd. lyonnaise d'art et d'histoire, 2002 (rééd. 1926). Un Parisien s'initie aux rouages de la société lyonnaise… Délectable !

Le Seigneur du fleuve, B. Clavel, J'ai Lu, 1974 et Pocket, 2000. Le peuple des bateliers qui montent et descendent le Rhône à l'ère des premiers vapeurs : de quoi remonter le temps à un autre rythme.

Gastronomie

Nouvelles Merveilles de la cuisine lyonnaise, P. Grison, A. Eay, éd. Lejeune, 1998.

Rhône-Alpes, l'Inventaire du patrimoine culinaire de la France, Albin Michel/CNAC, 1995.

Les Meilleures Recettes des bouchons de Lyon, J.-M. Fonteneau, Ouest-France, 1998.

Les Vignobles de la vallée du Rhône, P. Bouchet, Quintette, 1998.

Voyage gourmand en Rhône-Alpes, J. Paté, F. Petit et T. Vallier, Glénat, 2006.

L'Étonnante Histoire du Beaujolais nouveau, G. Garrier, Larousse, 2002.

Gourmandises ! Histoire de la gastronomie à Lyon, M.-A. Privat-Savigny et collectif, Musée Gadagne/Silvana Éditoriale, 2011.

Randonnée

La Fédération française de randonnée pédestre (FFRP) édite des guides : *La Loire à pied : 42 promenades et randonnées*, *Les Monts du Beaujolais et du Lyonnais à pied : 20 promenades et randonnées*, *Le Pays de l'Emblavez à pied : entre Loire et volcans*.

Cinéma

Parmi les nombreux films tournés dans la région :

L'Affût, Yannick Bellon, 1992. Au cœur de la Dombes et de la Bresse.

Lucie Aubrac, Caude Berri, 1997. Tourné à Lyon, à Irigny, au Fort de Loyasse et sur le plateau de Retord.

Les Enfants du marais, Jean Becker, 1998. Tourné dans la cuivrerie du Cerdon avec les anciens ouvriers.

Effroyables jardins, Jean Becker, 2002. Tourné à Pélussin, Maclas et Roissey (Loire).

Dialogue avec mon jardinier, Jean Becker, 2007. Tourné dans le Beaujolais et dans l'Ain.

Le Renard et l'Enfant, Luc Jacquet, 2007. Tourné sur le plateau de Retord.

Les Lyonnais, Olivier Marchal, 2011. Tourné à Lyon naturellement…

Pour une femme, Diane Kurys, 2013. Tourné à Lyon et toute la région.

Sans Adieu, Christophe Agou, 2017. Un documentaire sur la résistance que mènent les éleveurs de bovins du Forez contre les lois du marché agro-alimentaire.

Les pneus s'usent plus vite sur les petits trajets en ville...

VRAI !

La fréquence des freinages et des accélérations en ville use davantage vos pneus ! Dans les embouteillages, armez-vous de patience et conduisez en douceur.

La pression des pneus agit uniquement sur la sécurité...

FAUX !

Au-delà de la tenue de route et de la consommation de carburant, une sous pression de 0,5 Bar diminue de 8 000 km la durée de vie de vos pneus. Pensez à vérifier la pression environ une fois par mois, surtout avant un départ en vacances ou un long trajet.

Si vous êtes confrontés à des **conditions hivernales occasionnelles**, allant de la pluie soudaine, aux chutes de neige ou au verglas, vous pouvez opter pour **un seul type de pneu.**
?
VRAI !
Le pneu révolutionnaire ***MICHELIN CrossClimate*** vous garantit mobilité et praticité quels que soient les aléas climatiques. C'est le tout premier pneu été avec une certification hiver !

MICHELIN S'ENGAGE

▶ MICHELIN EST LE **N°1 MONDIAL DES PNEUS ÉCONOMES EN ÉNERGIE** POUR LES VÉHICULES LÉGERS.

▶ POUR **SENSIBILISER LES PLUS JEUNES À LA SÉCURITÉ ROUTIÈRE,** MÊME EN DEUX-ROUES : DES ACTIONS DE TERRAIN ONT ÉTÉ ORGANISÉES DANS **16 PAYS** EN 2015.

QUIZZ

1 POURQUOI BIBENDUM, LE BONHOMME MICHELIN, EST BLANC ALORS QUE LE PNEU EST NOIR ?

Le personnage de Bibendum a été imaginé à partir d'une pile de pneus, en 1898, à une époque où le pneu était fabriqué avec du caoutchouc naturel, du coton et du soufre et où il est donc de couleur claire. Ce n'est qu'après la Première guerre mondiale que sa composition se complexifie et qu'apparaît le noir de carbone. Mais Bibendum, lui, restera blanc !

2 SAVEZ-VOUS DEPUIS QUAND LE GUIDE MICHELIN ACCOMPAGNE LES VOYAGEURS ?

Depuis 1900, il était dit alors que cet ouvrage paraissait avec le siècle, et qu'il durerait autant que lui. Et il fait encore référence aujourd'hui, avec de nouvelles éditions et la sélection sur le site MICHELIN Restaurants dans quelques pays.

3 DE QUAND DATE « BIB GOURMAND » DANS LE GUIDE MICHELIN ?

Cette appellation apparaît en 1997 mais dès 1954 le Guide MICHELIN signale les « repas soignés à prix modérés ». Aujourd'hui, on le retrouve sur le site et dans l'application mobile MICHELIN Restaurants.

INDEX GÉNÉRAL

Lyon : villes, curiosités et régions touristiques.
Moulin, Jean : noms historiques ou termes faisant l'objet d'une explication.
Les sites isolés (châteaux, abbayes, grottes...) sont répertoriés à leur propre nom.
Nous indiquons par son numéro, entre parenthèses, le département auquel appartient chaque ville ou site. Pour rappel :
01 : Ain
69 : Rhône
38 : Isère
71 : Saône-et-Loire
42 : Loire

A

B

C

Q-R

S

T

U

V

W-Y-Z

CARTES ET PLANS

CARTE GÉNÉRALE

CARTES DES MICRORÉGIONS

PLANS DE VILLE

PLANS DE MONUMENTS, DE SITES

CARTES THÉMATIQUES

CARTES DES ITINÉRAIRES

Collection Le Guide Vert sous la responsabilité de Philippe Orain

Édition
Irène Lainey, Julien Bourbiaux

Rédaction
Luc Decoudin, Clarisse Deniau, Michel Doussot, Irène Lainey, Alice Lay, Hélène Le Tac, Laurence Michel, Aurore de Neuville, Lise de Rocquigny, Magali Triano, Jacques Vernier, Philippe Vouillon

Cartographie
Karina-Andreea Gruia, Iulia-Elena Costache, Thierry Lemasson
Plans de ville : © MICHELIN et © 2006-2016 TomTom. All rights reserved.

Remerciements
Hervé Dubois, Sophie Roques, Anne-Sophie Hedan (iconographie), Nathalie Rajon (Agence de développement touristique de la Loire), Anne-France Decroix et Marion Richez (Saint-Étienne Tourisme), Lydie Jalabert (Office de tourisme du pays de Charlieu - Belmont)

Conception graphique
Christelle Le Déan, Sandro Borel (maquette intérieure)
Laurent Muller (couverture)

Régie publicitaire et partenariats
business-solutions@tp.michelin.com
Le contenu des pages de publicité insérées dans ce guide n'engage que la responsabilité des annonceurs.

Contacts
Michelin
Guides Touristiques
27, cours de l'Île-Seguin, 92100 Boulogne-Billancourt
Service consommateurs : tourisme@tp.michelin.com

Parution 2018

Michelin Travel Partner
Société par actions simplifiées au capital de 11 288 880 EUR
27, cours de l'Île-Seguin - 92100 Boulogne-Billancourt (France)
RCS Nanterre 433 677 721

Dépôt légal : 11-2017 – ISSN 0293-9436
Compograveur : IGS-CP, L'Isle-d'Espagnac
Imprimeur : Book Partners China
Imprimé en Chine : 11-2017

Usine certifiée 14001
Sur du papier issu de forêts gérées durablement (100 % PEFC)